Systematisches Requirements Engineering und Management

 Dr. **Christof Ebert** ist Geschäftsführer bei Vector Consulting Services. Er unterstützt Unternehmen verschiedener Branchen bei der Verbesserung der technischen Produktentwicklung sowie im Veränderungsmanagement. Mit vielen Kunden hat er bereits das Requirements Engineering und Produktmanagement optimiert. Zuvor war er zwölf Jahre bei Alcatel in verschiedenen Engineering- und Führungsfunktionen weltweit tätig, zuletzt als Direktor für Engineering mit weltweiter Verantwortung für SW-Plattformen. Seine Beiträge zur zielorientierten Prozessverbesserung haben viele Unternehmen sowie die heutige Assessmentmethodik beeinflusst. Er ist Autor mehrerer Bücher, hat einen Lehrauftrag an der Universität Stuttgart, ist vom SEI autorisierter CMMI-Trainer und arbeitet in den Leitungskomitees internationaler Zeitschriften und Konferenzen. Auf der internationalen Requirements Engineering Konferenz (IEEE RE'05) wurde er für den besten Praxisbeitrag ausgezeichnet.

christof.ebert@vector-consulting.de

Christof Ebert

Systematisches Requirements Engineering und Management

Anforderungen ermitteln, spezifizieren, analysieren und verwalten

2., aktualisierte und erweiterte Auflage

Dr. Christof Ebert
christof.ebert@vector-consulting.de

Lektorat: Christa Preisendanz
Copy-Editing: Ursula Zimpfer, Herrenberg
Satz: Peter Eichler, Eberbach
Herstellung: Birgit Bäuerlein
Umschlaggestaltung: Helmut Kraus, www.exclam.de
Druck und Bindung: Koninklijke Wöhrmann B.V., Zutphen, Niederlande

Fachliche Beratung und Herausgabe von dpunkt.büchern im Bereich Wirtschaftsinformatik:
Prof. Dr. Heidi Heilmann · Heidi.Heilmann@augustinum.net

Bibliografische Information Der Deutschen Bibliothek
Die Deutsche Bibliothek verzeichnet diese Publikation in der Deutschen Nationalbibliografie;
detaillierte bibliografische Daten sind im Internet über <http://dnb.ddb.de> abrufbar.

ISBN 978-3-89864-546-1

2., aktualisierte und erweiterte Auflage 2008
Copyright © 2008 dpunkt.verlag GmbH
Ringstraße 19
69115 Heidelberg

Die vorliegende Publikation ist urheberrechtlich geschützt. Alle Rechte vorbehalten. Die Verwendung der Texte und Abbildungen, auch auszugsweise, ist ohne die schriftliche Zustimmung des Verlags urheberrechtswidrig und daher strafbar. Dies gilt insbesondere für die Vervielfältigung, Übersetzung oder die Verwendung in elektronischen Systemen.
Es wird darauf hingewiesen, dass die im Buch verwendeten Soft- und Hardware-Bezeichnungen sowie Markennamen und Produktbezeichnungen der jeweiligen Firmen im Allgemeinen warenzeichen-, marken- oder patentrechtlichem Schutz unterliegen.
Alle Angaben und Programme in diesem Buch wurden mit größter Sorgfalt kontrolliert. Weder Autor noch Verlag können jedoch für Schäden haftbar gemacht werden, die in Zusammenhang mit der Verwendung dieses Buches stehen.
5 4 3 2 1 0

Meinen Eltern Elfriede und Otto
und meinem Lehrer Prof. Rudolf Lauber.
Sie haben mir gezeigt,
dass ein *Werk* nur dann zu einem *Wert* wird,
wenn die *Anforderungen richtig* verstanden und umgesetzt sind.

Vorwort zur 2. Auflage

It isn't that they can't see the solution.
It is that they can't see the problem.

– Gilbert Keith Chesterton

Das Problem in vielen Unternehmen ist, dass zu oft Features und zu selten Träume verkauft werden. Als Ingenieure sind wir darauf geeicht, Lösungen zu finden. Wir definieren Funktionen und implementieren sie. Allerdings führen diese – angenommenen – Lösungen nicht immer zum Markterfolg und zu zufriedenen Kunden. Das überrascht uns, wo doch die Lösung so viele interessante Features hat. Aber haben wir wirklich ein Problem und einen Bedarf adressiert? Werden durch unser Produkt eine Vision und ein Traum wahr, oder ersticken die Benutzer in Komplexität?

Ein Produkt ist dann erfolgreich, wenn es den Bedürfnissen seiner Benutzer und seiner Umgebung gerecht wird. Anforderungen kommunizieren diese Bedürfnisse, und Requirements Engineering ist die Disziplin, die die Behandlung von Anforderungen über den gesamten Lebenszyklus der Software hinweg umfasst.

Dieses Buch beschreibt praxisorientiert und systematisch das gesamte Requirements Engineering – von der Konzeption bis zur Evolution eines Projekts oder Produkts. Es ist kein weiteres Buch zur Theorie des Requirements Engineering. Es zeigt keine neuen Analyseverfahren und elaboriert keine komplexen Zusammenhänge, sondern konzentriert sich allein darauf, wie man die Disziplin des Requirements Engineering systematisch – und damit erfolgreich – in die Praxis umsetzt.

Requirements Engineering, oder RE, ist eine sehr bunte und spannende Disziplin. Sie reicht weit über die Softwaretechnik hinaus, wiewohl wir uns in diesem Buch auf die Anwendung in IT- und Softwareprojekten konzentrieren. Requirements Engineering bedient sich der Erfahrungen aus der Systemtechnik, der Psychologie, der Betriebswirtschaftslehre, dem Marketing, dem Produktmanagement, dem Projektmanagement und natürlich der Informatik. Durch RE werden Ziele konkretisiert, Wünsche geweckt und Realitäten geschaffen. Da es keine absoluten Wahrheiten gibt, kommt dem RE die einmalige Aufgabe zu, Wahrnehmungen und Ziele zu entwickeln. Wegen dieser zahlreichen Einflüsse aus verschiedenen Disziplinen ist Requirements Engineering sehr schwierig in der erfolgreichen Umsetzung! Softwareprojekte scheitern häufig wegen eines unzureichenden Requirements Engineering.

Das Dilemma speziell innerhalb der Softwaretechnik wird durch Chestertons Zitat von Problem und Lösung unterstrichen. Wir stürzen uns viel zu schnell auf eine Lösung, weil es das ist, was wir dank Ausbildung und unter Projektdruck als Ergebnis sehen wollen. Aber ohne die Anforderungen zu kennen und ohne sie zu erkennen, wird jedes Projekt zu einer Falle mit unvorhersehbaren Ergebnissen. Ein Projekt, das von einer – angenommenen – Lösung aus startet, führt dazu, dass man einer Fata Morgana nachläuft, die sich ständig ändert. Wenn es uns gelingt, die Ziele und Anforderungen zu verstehen und systematisch umzusetzen, dann können wir jedes Projekt beherrschen.

Diese zweite Auflage vertieft verschiedene Themen, die in der ersten Auflage eher gestreift wurden. Dazu gehören die Ermittlung, Validierung, Vereinbarung und Verwaltung der Anforderungen. Der Business Case für das Requirements Engineering mit konkreten Beispielen wurde aufgenommen, um zu zeigen, dass sich RE rechnet. Schließlich wurde die Rolle des Requirements-Ingenieurs und die nötigen Kompetenzen eingeführt sowie ein Kapitel, das sich mit dem Certified Professional Requirements Engineer befasst.

Entstanden ist das Buch aus einer Reihe von Seminaren und Tutorien, die ich bereits seit vielen Jahren durchführe. In diesen Seminaren hat sich gezeigt, dass es den Teilnehmern primär darum geht, eine systematisierte Übersicht zu erhalten, die es erlaubt, konkret und systematisch das herauszugreifen, was zum Projekterfolg nötig ist.

Ich bedanke mich bei den vielen Personen und Unternehmen, ohne deren Unterstützung ein solches Werk nicht möglich gewesen wäre. Dies gilt insbesondere für die Kunden und Mitarbeiter von Vector Consulting Services, mit denen viele der genannten Praktiken konkret umgesetzt und verbessert wurden. Beratungsprojekte zeigen unmittelbar, ob Lösungen die richtigen Probleme adressieren. Danken möchte ich auch Alcatel-Lucent, wo ich weltweit sowohl das Requirements Engineering als auch das Produktmanagement aufbauen und verbessern konnte.

Requirements Engineering als Disziplin wird primär durch die »International Requirements Engineering Conference« und das IEEE Software Magazine angetrieben. Seit vielen Jahren arbeite ich im Programmkomitee der Konferenz und im Herausgeberkomitee dieses Magazins. Mein Dank geht daher an den früheren Chefredakteur von IEEE Software, Al Davis, der zu den ganz Großen des Requirements Engineering gehört. Al hatte nicht nur die erfolgreiche Reihe der internationalen Konferenzen mitbegründet, sondern auch mich stimuliert, Requirements Engineering als Disziplin in der Industrie zu verankern. Die enge

Zusammenarbeit mit Personen wie Ian Alexander, Dan Berry, Anthony Finkelstein, Don Gause, Michael Goedicke, Martin Glinz, Andrea Hermann, Ann Hickey, Matthias Jarke, Neil Maiden, Barbara Paech, Klaus Pohl, Suzanne Robertson, Chris Rupp, Ian Sommerville, Karl Wiegers und Roel Wieringa führte zu einer Verzahnung von Theorie und Praxis, wie sie in vielen anderen Disziplinen der Softwaretechnik noch immer fehlt. Die Geschwindigkeit, mit der Ergebnisse aus Studien und wissenschaftlicher Arbeit in die Praxis umgesetzt werden, ist im Requirements Engineering wohl am höchsten. Technologietransfer muss hier nicht extra stimuliert werden. Er resultiert aus der engen Zusammenarbeit von engagierten Personen in Praxis und Forschung.

Zum wirtschaftlichen Erfolg einer Disziplin der Softwaretechnik gehört nicht nur eine solide Basis, sondern auch eine gute Werkzeugunterstützung. Im Requirements Engineering ist dies für Erfassung, Modellierung, Analyse, Verfolgung und Test von Anforderungen essenziell. Ich möchte mich bei den vielen Werkzeugherstellern bedanken, mit denen ich seit über zehn Jahren das Vergnügen habe, intensiv zusammenzuarbeiten. Ein spezieller Dank geht an Borland, IBM, Sophist, Telelogic und Vector für die Fallstudien.

Ein Buch für die Praxis braucht ein praktisches Beispiel. Danken möchte ich dafür dem Institut für Automatisierungs- und Softwaretechnik der Universität Stuttgart und Stephan Pech, der die Zweitauflage vielfältig unterstützt hat. Schließlich geht mein Dank an den dpunkt.verlag und insbesondere an Christa Preisendanz, die mich auf vielfältige Weise stimuliert hat, dieses Buch zu schreiben – und es gut zu schreiben. Heidi Heilmann als Herausgeberin dieser Reihe stellte wie gewohnt gute Fragen, die zeigten, dass man als Autor nie auslernt.

Requirements Engineering ist spannend und wächst sehr schnell. Es beeinflusst nicht nur Softwareprojekte, sondern ist, wie das Projektmanagement, eine Disziplin, die innerhalb der Softwaretechnik angesiedelt ist und dennoch weit darüber hinausgeht. Ich stehe Ihnen, verehrte Leser, daher während und nach der Lektüre des Buchs für Fragen und Unterstützung gerne zur Verfügung. Das hilft Ihnen als Leser und unserer Disziplin des Requirements Engineering in zweifacher Hinsicht. Einerseits werden neue Gedanken geboren und diskutiert und andererseits werden Ergebnisse weitergegeben.

Ich wünsche Ihnen und Ihren Projekten Erfolg mit diesem Buch und mit einem lösungsorientierten Requirements Engineering, das auf die richtigen Probleme eingeht!

Christof Ebert
Stuttgart, im April 2008

Inhalt

1	**Einleitung**	**1**
1.1	Warum ein Buch über Requirements Engineering?	1
1.2	Risiken des Requirements Engineering	3
1.3	Der Business Case für Requirements Engineering	8
1.4	Eine kurze Übersicht des Buchs	12
1.5	Einführung in das durchgängige Beispiel	14
1.6	Wie Sie von diesem Buch profitieren	16
1.7	Ein Blick über den Tellerrand	19
2	**Konzepte des Requirements Engineering**	**21**
2.1	Was ist eine Anforderung?	21
2.2	Marktanforderungen	25
2.3	Produktanforderungen (Prozess, funktional, nichtfunktional)	26
2.4	Komponentenanforderungen	29
2.5	Requirements Engineering und Requirements Management	30
2.6	Wichtige Begriffe	35
2.7	RE-Standards und Prozessmodelle (CMMI, SPICE)	38
2.8	Tipps für die Praxis	47
2.9	Fragen an die Praxis	47
3	**Methodik und Prozesse**	**49**
3.1	Methodik des Requirements Engineering	49
3.2	Schritte zu einer strukturierten Spezifikation	54
3.3	Lebenszyklus und Vorgehensmodelle	60
3.4	Produktlebenszyklus-Management (PLM)	68
3.5	Stringentes Requirements Engineering	70
3.6	Iteratives Requirements Engineering	72
3.7	Agiles Requirements Engineering	73
3.8	Tipps für die Praxis	77
3.9	Fragen an die Praxis	77

4	**Rollen und Verantwortungen**	**79**
4.1	Interessenvertreter, Perspektiven und Zielgruppen	79
4.2	Aufgaben, Rollen und Organisationsstruktur	85
4.3	Der Requirements-Ingenieur	91
4.4	Positionsbeschreibung: Requirements-Ingenieur	92
4.5	Zertifizierung zum Requirements-Ingenieur	95
4.6	Produktmanagement	96
4.7	Projektmanagement	103
4.8	Tipps für die Praxis	110
4.9	Fragen an die Praxis	111

5	**Anforderungen ermitteln**	**113**
5.1	Die richtigen Anforderungen: Vision und Ziele	113
5.2	Die Stimme des Kunden verstehen	118
5.3	Techniken zur Ermittlung und Entwicklung von Anforderungen	124
5.4	Workshops	129
5.5	Nichtfunktionale Anforderungen	131
5.6	Einschränkungen	138
5.7	Checkliste für die Anforderungsermittlung	140
5.8	Tipps für die Praxis	142
5.9	Fragen an die Praxis	143

6	**Anforderungen spezifizieren**	**145**
6.1	Sprache und Spezifikation	145
6.2	Vorlagen für eine individuelle Anforderung	148
6.3	Vorlagen für die Spezifikation	151
6.4	Anforderungen und Spezifikationen strukturieren	154
6.5	Attribute für Anforderungen	161
6.6	Delta-Anforderungen spezifizieren	162
6.7	Checkliste für die Anforderungsspezifikation	166
6.8	Tipps für die Praxis	167
6.9	Fragen an die Praxis	168

7	**Anforderungen verifizieren und validieren**	**169**
7.1	Qualitativ gute Anforderungen spezifizieren	169
7.2	Qualitätskriterien für Anforderungen	172
7.3	Hilfsmittel und Prüftechniken	174
7.4	Abnahmekriterien	177
7.5	Test auf Anforderungserfüllung	179
7.6	Checkliste zur Validierung von Anforderungen	183
7.7	Tipps für die Praxis	188
7.8	Fragen an die Praxis	189

8	**Anforderungen modellieren und analysieren**	**191**
8.1	Lösungen entwickeln	191
8.2	Der Strukturbruch zwischen Anforderungen und Lösung	197
8.3	Analysemethoden und Modellierungstechniken	199
8.4	Aufwandschätzung	214
8.5	Risiken identifizieren und abschwächen	222
8.6	Priorisierung von Anforderungen	224
8.7	Checkliste für die Anforderungsanalyse	229
8.8	Tipps für die Praxis	231
8.9	Fragen an die Praxis	232

9	**Anforderungen vereinbaren**	**233**
9.1	Anforderungen für das Projekt vereinbaren	233
9.2	Überrumpelung vermeiden	236
9.3	Zügig zum Projektstart kommen	240
9.4	Gesetzliche Rahmenbedingungen	243
9.5	Vertragsmodelle	250
9.6	Checkliste für Verträge und für die Anforderungsvereinbarung	252
9.7	Tipps für die Praxis	255
9.8	Fragen an die Praxis	256

10	**Anforderungen verwalten**	**257**
10.1	Änderungsmanagement	257
10.2	Verfolgung von Anforderungen (Traceability)	265
10.3	Versionierung und Varianten von Anforderungen	272
10.4	Maße und Kennzahlen	273
10.5	Komplexität beherrschen	282
10.6	Checkliste für die Verwaltung	286
10.7	Tipps für die Praxis	286
10.8	Fragen an die Praxis	287

11	**Werkzeugunterstützung**	**289**
11.1	Werkzeuge für das Requirements Engineering	289
11.2	Beispiel: Anforderungen erfassen und verwalten mit CaliberRM	296
11.3	Beispiel: Use-Case-getriebenes RE mit CARE	300
11.4	Beispiel: Beschreibung und Verfolgung von Anforderungen mit DOORS	306
11.5	Beispiel: Bewertung und Planung von Anforderungsszenarien mit eASEE	311
11.6	Beispiel: Anforderungsmanagement mit RequisitePro	316
11.7	Checkliste für die Werkzeugauswahl und -einführung	320
11.8	Tipps für die Praxis	327
11.9	Fragen an die Praxis	327

| 12 | **Aus der Praxis für die Praxis** | **329** |

12.1 Praxisregeln und Gesetzmäßigkeiten 329
12.2 Fallstudie: Praktisches Requirements Engineering 333
12.3 RE und Produktlinien 336
12.4 Fallstudie: Agiles RE für ein Internetprojekt 343
12.5 RE für extern beschaffte Software (COTS) 346
12.6 Fallstudie: Den RE-Prozess verbessern 351
12.7 Tipps für die Praxis 357
12.8 Fragen an die Praxis 358

| 13 | **Zusammenfassung und Ausblick** | **359** |

13.1 Der »Stand der Technik« des Requirements Engineering 359
13.2 Trends in der IT und Softwaretechnik 360
13.3 Trends im Requirements Engineering 367
13.4 Ein konstruktiver Ausblick 378

Anhang

| A | **Ressourcen im Internet** | **379** |

Glossar   **383**

Literatur   **405**

Index   **413**

1 Einleitung

Wer sein Ziel nicht kennt, kann jeden Weg nehmen.

– Alice im Wunderland

1.1 Warum ein Buch über Requirements Engineering?

Alice fragte: »Könntest du mir bitte sagen, welchen Weg ich von hier aus nehmen soll?« »Das hängt vor allem davon ab, wohin du gehen willst«, sprach die Katze. »Ich weiß es nicht ...«, sagte Alice. »Dann ist es egal, wohin du gehst«, antwortete die Katze.

Dieser kurze Dialog aus dem Buch »Alice im Wunderland« beschreibt wunderschön, warum Anforderungen und Ziele eine Rolle spielen. Viel zu oft zerbrechen wir uns vorschnell den Kopf über eine Lösung – ohne verstanden zu haben, wie das Problem überhaupt aussieht. Wir laden zu einer Besprechung ein, ohne zu hinterfragen, was sie eigentlich bringen soll. Wir entwickeln Features für ein Softwaresystem und wissen nicht, welchen Wert sie für die Käufer und Benutzer darstellen. Wir optimieren und bemühen uns ständig, bessere Produkte zu entwickeln – ohne uns klarzumachen, was diese Produkte erreichen sollen, wenn sie auf den Markt kommen. In der Folge ändern sich Anforderungen an diese Produkte ständig, denn es ist uns zu keinem Zeitpunkt klar, was wir damit konkret erreichen wollen.

Prüfen Sie sich einfach einmal selbst, und beantworten Sie die beiden folgenden Fragen spontan und ehrlich. Hat Ihr derzeitiges Projekt einen expliziten Business Case (also nicht nur einige undurchsichtige und schwammige Marketingvorgaben)? Gibt es für jede einzelne Anforderung eine Begründung, die aus Benutzersicht (oder aus der Sicht derjenigen, die für das Produkt bezahlen sollen) beschreibt, was durch diese Anforderung besser wird? Falls nicht, ist das Buch das richtige für Sie. Falls ja, lesen Sie die Fragen nochmals und gehen aufrichtig in sich.

Klassisch sind in diesem Zusammenhang schon die Migrationsprojekte, die als wichtigste Vorgabe immer angeben, dass »alle Funktionen des existierenden Altsystems übertragen werden müssen«. Ein Fehler. Erstens kann sowieso keiner mehr alle existierenden Altfunktionen im Zusammenhang beschreiben (und Archäologie gehört zu den wenigen Disziplinen, die nicht explizit im Software-Engineering verankert sind). Und zweitens ist gerade ein neues System die einzige Chance, gleichzeitig auch alte Prozesse und Workflows über Bord zu werfen.

Die Anforderungen an Software werden zunehmend komplexer. Abbildung 1–1 zeigt das Komplexitätswachstum von verschiedenen Softwaresystemen, die wir untersucht haben[1]. Auf der waagrechten Achse sind die Jahreszahlen angegeben, während senkrecht das Softwarevolumen in tausend Objektcodebefehlen dargestellt ist. Diese Darstellung erschien uns als die einzig praktikable, wenn wir so unterschiedliche Systeme, wie Betriebssysteme, Vermittlungssysteme und eingebettete Software, vergleichen wollen. Während das Wachstum in den siebziger und achtziger Jahren eine Verdoppelung des Umfangs nach 5-7 Jahren brachte, verdoppelt sich heute der Umfang bereits alle 2-4 Jahre. Die Verdoppelungsrate hat sich verdoppelt! Mit diesem Wachstum steigt auch der Umfang der Spezifikationen an. Gab es Anfang der neunziger Jahre beispielsweise einige wenige Steuergeräte in einem Neuwagen mit ungefähr hundert Seiten an Spezifikationen, so sind es heute bereits knapp fünfzig Steuergeräte mit über 100.000 Seiten an Spezifikationen. Mit dieser zunehmenden Komplexität sind Funktionen immer häufiger korreliert und in unterschiedlichen Hardwaresystemen vernetzt, was zusätzliche Komplexität durch nichtfunktionale Anforderungen mit sich bringt.

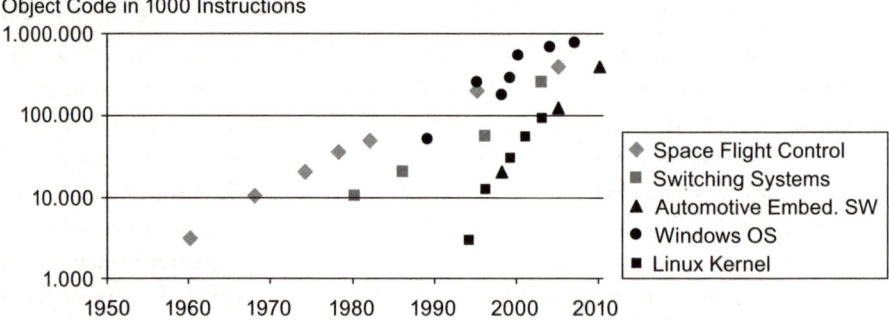

Abb. 1–1 Komplexitätswachstum von Softwaresystemen

Diese schnell wachsende Komplexität fordert systematisches RE, um die Qualität und Kosten nachhaltig kontrollieren zu können. Projektmanager und Entwickler wissen, dass es erprobte Methoden sowie werkzeugunterstützte Hilfsmittel für das Requirements Engineering gibt. Häufig fehlt ihnen aber der Überblick über die Theorie und Praxis des Requirements Engineering, um die für ihre Situation

---

1. Quellen der Daten: Eigene Studien des Autors zu Vermittlungssystemen von Alcatel-Lucent (S12) und Siemens (EWSD), NASA, Studien der HIS sowie Codeanalysen bei Windows und Linux. Konversionen soweit nötig gemäß den Korrekturfaktoren von Les Hatton (*http://www.leshatton.org/Documents/LOC2005.pdf*).

passenden Methoden, Verfahren und Hilfsmittel auszuwählen, sowie die notwendige Kenntnis im Detail, um sie produktiv nutzen zu können.

Das Buch füllt diese Lücke und liefert Theorie und Praxis des Requirements Engineering, sodass die Konzepte direkt umgesetzt werden können. Die gängigen Verfahren der Anforderungsanalyse und -verfolgung sind beschrieben. Die Leser erhalten Einblick in die Art und Weise, wie Anforderungen ermittelt, entwickelt, dokumentiert und im Projekt verfolgt werden. Die grundsätzlichen Methoden, Verfahren, Werkzeuge und Notationen des Requirements Engineering werden übersichtlich behandelt. Sie werden durch konkrete Beispiele aus der Projektarbeit illustriert. Notationen und Modelle sind in der Regel mit UML 2.0 beschrieben. Fallstudien demonstrieren die konkrete Umsetzung und Erfahrungen aus der Praxis.

1.2 Risiken des Requirements Engineering

Projekte scheitern aus verschiedenen Gründen. Die neueste Studie der Standish Group aus 2006 zeigt, dass nur 35 % der Projekte zu einem erfolgreichen Abschluss kommen, 19 % werden abgebrochen, und der Rest kommt zwar zu einem Abschluss, aber nur unter Aufgabe von ursprünglichen Zielen [Standish2007]. Unzureichendes Requirements Engineering ist in diesen Studien nach wie vor ein Hauptgrund für den Misserfolg.

Die meisten Projekte, die abgebrochen wurden, hatten nur ungenügend geklärte Anforderungen und konnten Änderungen der Anforderungen nicht beherrschen [Standish2007, Ebert2007a, Charette2005]. Ein wichtiger Grund dafür, dass Projekte ihre Ziele nicht erreichen, liegt in nicht sauber definierten Zielen. Abbildung 1–2 zeigt diesen Zusammenhang und unterstreicht schon aufgrund der Datenlage die immense – und wachsende – Bedeutung eines guten RE. Nach wie vor ist unzureichendes RE der Hauptgrund für abgebrochene Projekte oder solche, die ihre Ziele nicht erreichen. Technologische Herausforderungen sind per se keine wichtigen Projektrisiken. Ihr Management dagegen schon.

Doch es gibt auch genügend Projekte, die ihre Ziele erreichen. Durch den systematischen Einsatz von besten Praktiken im Projektmanagement, in der Entwicklung und natürlich auch im RE hat sich die Zahl der erfolgreichen Projekte seit Mitte der neunziger Jahre verdoppelt. Abbildung 1–3 zeigt diesen Zusammenhang, in dem die Ergebnisse der ursprünglichen Studie der Standish Group aus 1994 mit jener aus 2006 verglichen werden.

Erfolg ist machbar. Viele Unternehmen haben ihre Produktentwicklung bereits erfolgreich verbessert. Die Erfolgsfaktoren sind in der Regel die gleichen:

- Ergebnisorientierte Vorgaben
- Zielorientierte Prozesse
- Kompetentes Produkt- und Projektmanagement
- Standardisierte und optimierte Infrastruktur
- Fokus auf Anforderungen, Änderungen und Risiken im Projekt

Erfolgsquote von SW- und IT-Projekten

- 19% Abgebrochen
- 35% Erfolgreich
- 46% Zu spät oder über Budget

Hauptgründe für Projektprobleme

Prozessfähigkeit	91%
Organisationsmanagement	87%
Requirements Management	87%

Abb. 1–2 *Unzureichendes Requirements Engineering reduziert Projekterfolge*

Methodisch können diese Erfolgsfaktoren unterschiedlich erreicht werden, solange diszipliniert gearbeitet wird. Anhaltspunkte und konkrete Ansätze für die zielorientierte Verbesserung der Entwicklungsprozesse geben Modelle wie das CMMI [Chrissis2006]. Wir wollen in diesem Buch darauf eingehen, welche Techniken des RE Sie einsetzen sollten, um mit Ihren Projekten und Produkten zu den Gewinnern zu gehören.

Auf was muss man beim RE achten? Aus unterschiedlichen Praxiserfahrungen lassen sich die wichtigsten Risiken im RE ableiten. Die Risiken zu kennen, heißt, dass man sich darauf vorbereiten kann, um sie beim nächsten Mal zu vermeiden. Oder wie es Mao Zedong formulierte: »Die Niederlage zu verstehen ist der erste Schritt zum Sieg.« Die folgende Liste wurde ursprünglich von drei sehr erfahrenen RE-Praktikern erstellt [Lawrence2001] und wurde hier nochmals aktualisiert.

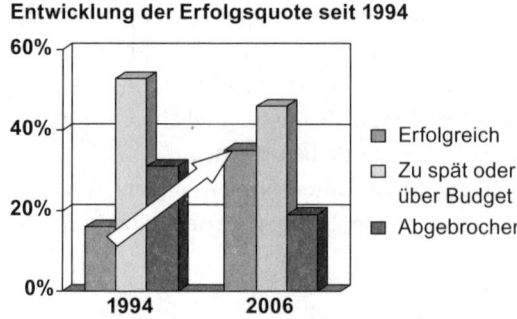

Abb. 1–3 *Projekte verbessern sich durch konsequente Nutzung der richtigen Techniken*

1.2 Risiken des Requirements Engineering

Risiko 1: Kunden sind unzureichend repräsentiert

Unzureichende Einbeziehung der Benutzer führt zu nicht akzeptierten Produkten und zu unzufriedenen Kunden. Oftmals erscheint es einfacher, die Anforderungen zu Projektbeginn vom Kunden oder Benutzer – oder intern vom Vertrieb oder Marketing – zu ermitteln, und danach das Projekt zu beginnen, um diese Anforderungen zu implementieren. Häufig übernehmen interne Stellen die Rolle des Kunden, ohne ihn direkt einzubeziehen. Das Problem dabei ist, dass sich das Projekt in zwei getrennte Richtungen entwickelt. Schließlich lernen sowohl die Projektmitarbeiter als auch der Kunde ständig dazu. Da der Kunde allerdings nicht weiß, wie er damit umgehen soll, wartet er. Das Gleiche gilt für den Projektmanager, der eine Liste führt, was er beim nächsten »offiziellen« Projektreview auf den Tisch bringen will. Bei diesem nächsten Projektreview sind dann die Divergenzen sehr viel größer, als wenn es kontinuierliche Konsultationen gegeben hätte. Eine andere Facette ist, dass es beim Kunden verschiedene Rollen gibt, aber nur dessen Einkauf repräsentiert ist. Auch das führt später zu einem bösen Erwachen, wenn man feststellen muss, dass der Einkauf primär auf formale Kriterien achtete, aber nicht auf Benutzbarkeit oder Effizienz des Produkts. Ein dritter Aspekt, der Kundenmitarbeit nötig macht, ist der, dass viele Fragen und Unklarheiten erst auftreten, wenn das Projekt in der Entwicklung ist. Sie sollten ohne großen Zeitverlust geklärt werden. Zur Abschwächung empfehlen wir daher den Kunden, kontinuierlich am Projekt zu partizipieren, und dem Projektleiter, alle wichtigen Rollen auf Kundenseite zu berücksichtigen. Beides ist nicht in allen Projekten möglich. Schließlich wollen viele Kunden ihre Zeit nicht unbedingt mit Projektarbeit verbringen. In einem solchen Fall bietet es sich an, bestimmte Aspekte vertraglich zu regeln, damit dem Kunden von Anfang an bereits klar ist, dass er sehr viel präzisere Anforderungsreviews durchführen muss, wenn er nachher nicht aktiv mitarbeitet. Eine letzte Warnung: Zu viel Kundenmitarbeit ist für beide Seiten »tödlich«. Viele Projekte scheitern, da sie wachsweich aufgesetzt werden. Man weiß ja, dass man nachher im Projekt sowieso eng zusammenarbeitet, und verschiebt Detailfragen auf später. Dann aber kann man kaum von Projekt sprechen, sondern eher von einem Versuchsballon. Und dass jene die Tendenz haben, zu platzen, das dürfte hinreichend bekannt sein. Machen Sie also im Vorfeld die Rollen der Kunden bei der Projektarbeit sehr deutlich und klären Sie wie bei jedem anderen Projekt (ohne Kundenmitarbeit) vor Projektstart, was das Projekt zu liefern hat.

Risiko 2: Kritische Anforderungen werden übersehen

Eine der Schlüsselregeln im RE besagt, dass man dem Kunden das liefern muss, was er will, und nicht das, was er braucht. So flapsig das klingt – ein wahrer Kern steckt darin. Im Zweifelsfall zählt, was vertraglich abgestimmt wurde. Allerdings sollte ein Lieferant im Interesse einer nachhaltigen Kundenbeziehung im Vorfeld klären, was der Kunde braucht, um dann *vor* Projektbeginn eine Abstimmung zu erreichen zwischen dem, was gebraucht und gewünscht (also vertraglich festgehalten) wird. Eine wirksame Basis für erfolgreiches Kundenmanagement ist es, zuallererst den Business Case des Kunden zu verstehen. Dabei geht es darum zu erkennen, was der Kunde – anders – machen will, wenn er erst einmal das gewünschte Produkt in Händen hält. Den Business Case zu verstehen, bedeutet, dass man als Produkt- oder Projektmanager versteht, welche Funktionen oder Anforderungen an das Projekt den größten Nutzen bringen. Man versucht, aus der späteren Anwendung innerhalb der Geschäftsprozesse des Kunden heraus einzuschätzen, welche Anforderungen kritisch sind und ob vielleicht bestimmte Einschränkungen übersehen wurden.

Risiko 3: Nur funktionale Anforderungen werden berücksichtigt
Anforderungen haben verschiedene Ausprägungen, wie wir gesehen haben. Neben den funktionalen Anforderungen gibt es nichtfunktionale Anforderungen. Neben den Produktanforderungen gibt es auch Prozessanforderungen. Nur die Hinterfragung aller dieser Typen macht die Anforderungsdokumentation vollständig. Wichtig wird diese Vollständigkeit vor allem auch bei der Testspezifikation. Testfälle müssen alle diese Kategorien von Anforderungen abdecken.

Risiko 4: Unkontrollierte Änderungen von Anforderungen
Anforderungen, die sich ständig ändern und deren Änderungen nicht beherrscht werden, führen zu Kosten- und Terminüberschreitungen und reduzieren die Qualität. Häufig existiert eine gewisse Basis von Anforderungen, mit denen dann ein Projekt gestartet wird. Einige Punkte sind noch offen und sollen rasch geklärt werden. Da das Projekt läuft, hat der Kunde manches Mal kein großes Interesse mehr, diese Punkte zu klären. Schließlich könnte er bei der Abnahme davon profitieren, wenn nicht alles so läuft, wie abgesprochen, denn das ist die einmalige Chance, komplett neue Anforderungen als Kompensation für diesen Projektfehler kostenlos zu erhalten. Anforderungen ändern sich in beinahe jedem Projekt. Die Änderungsrate unterscheidet sich zwischen Projekten und ist abhängig vom Wiederholungsgrad der Technologie bei Lieferant und Benutzer und der Anwendung beim Benutzer. Zur Minderung dieses Risikos ist es wichtig, die Änderungsrate zu verfolgen. Zu bestimmten Meilensteinen muss die Änderungsmenge reduziert werden, um die nächste Phase erfolgreich durchlaufen zu können. Üblich ist es, mit einem Puffer zu arbeiten, der sowohl Schätzungenauigkeiten als auch Anforderungsänderungen abfangen kann. Eine weitere Maßnahme ist die sogenannte Rückwärtsplanung von der Übergabe an zurück ins Projekt, um zu erkennen, ab wann der kritische Pfad keine Parallelarbeit als Puffer mehr zulässt. Mancher Projektmanager und auch Kunde wird überrascht sein, wie früh im Projekt dies der Fall ist. Als Regel gilt, dass in der zweiten Projekthälfte nur noch sehr wichtige Änderungen zugelassen werden – in zeitkritischen Projekten bereits

früher als zur Hälfte. Eine dritte Maßnahme ist schließlich, Änderungen grundsätzlich nur zu diskutieren, wenn eine Analyse der Auswirkungen stattgefunden hat. Andernfalls verschwenden beide Seiten ihre Zeit. In diesem »Spiel« wird gern gepokert, nur um zu sehen, wie sich der Lieferant verhält. Oftmals genügt daher ein einfacher Projektplan, um zu zeigen, dass die vorgeschlagene Änderung Kosten und Projektdauer unzulässig erhöhen wird.

Risiko 5: Beschreibung von Anforderungen als Entwurf
Anforderungsbeschreibungen und Entwurfsbeschreibungen sind zwei grundlegend unterschiedliche Dinge. Das leuchtet jedem ein. Es geht bei den Anforderungen darum, was geliefert werden muss. Bei der Entwurfsbeschreibung geht es darum, wie die Lösung entwickelt wird. Trotzdem werden diese Was- und Wie-Perspektiven immer wieder vermischt. Häufig geschieht dies aus einer vermeintlichen Zeitersparnis heraus. Man beginnt Anforderungen zu notieren. Im Beschreiben kommen erste Ideen zu gegenseitigen Abhängigkeiten und zur möglichen Realisierung, die einfach mit der Anforderung zusammen notiert werden. Selbst wenn man dies in getrennten Teilen der Anforderung macht, sollte es klar sein, dass prinzipiell nie eine 1:1-Abbildung möglich ist. Die nächste Anforderung hat vielleicht überlappende Einflüsse und schon passt das Muster nicht mehr. Schlimm wird es vor allem, wenn sich Anforderungen später ändern oder gestrichen werden. Wohin mit der teilweisen Analyse, die vielleicht auch noch von anderen Anforderungen gebraucht wird? Hier gilt die klare Regel, immer zwei Spezifikationsdokumente zu halten, nämlich die Liste der Anforderungen (Lastenheft) und die Liste der Lösungsspezifikation (Pflichtenheft). Verfolgbarkeit durch eindeutige Bezeichner und eventuell eine angepasste Werkzeugunterstützung erlauben später, auch umfangreiche Änderungen schnell in trockene Tücher zu bekommen.

Risiko 6: Anforderungen werden nicht geprüft
Zu stark vereinfachte oder oberflächliche Spezifikationen resultieren später in fehlender oder falscher Funktionalität. Aus Zeitgründen und zur Vereinfachung werden Anforderungen häufig wortwörtlich von Kunden- oder Benutzerinterviews übernommen. Dies ist allerdings nur eine Rohfassung, die erweitert und präzisiert werden muss. Nehmen Sie sich die Zeit, Anforderungen mit Reviews und Inspektionen zu prüfen und prüfen zu lassen. Auf der Seite des Projekts erledigen das die Systemanalysten, Projektmanager, Produktmanager und Tester. Mehrdeutige Anforderungen bedeuten Mehrarbeit im gesamten Projekt. Gerade Tester finden sehr viele Ambivalenzen, die sonst erst sehr viel später entdeckt werden, wenn sie vielleicht vom Entwickler bereits falsch implementiert wurden.

Risiko 7: Perfektionierung von Anforderungen und Spezifikationen
»Gold Plating«, also Verschnörkelungen der Entwickler und Benutzer, bringt unnötige Funktionen, Verzögerungen und zu hohe Kosten ins Projekt. Entwickler versuchen oft, Anforderungen, die sie verstanden haben, mit Leben zu

füllen, und entwickeln weitere Funktionen, die nie vereinbart wurden. Im besten Fall passiert gar nichts, denn der Kunde wird sich hüten, solche verzichtbaren Funktionen zu würdigen. Im Normalfall allerdings wird diese Komplexität unbeherrschbar, weil ja keine Ressourcen dafür vorgesehen wurden. Jede weitere Funktion bringt Abhängigkeiten zu anderen Funktionen, Sonderfälle, Ausnahmesituationen – und damit zusätzlichen Entwicklungs-, Korrektur- und Testaufwand. Anforderungen sollen widerspiegeln, was der Kunde als relevant betrachtet. Wenn sich Kunde oder Benutzer nicht sicher sind, werden sie weggelassen. Das Gleiche gilt für Spezifikationsdokumente. Dies sind Dokumente, die straff beschreiben, was oder wie gearbeitet wird. Es sind keine detaillierten Entwurfsbeschreibungen. Hilfreich ist es, von vornherein mit verschiedenen Dokumenten zu arbeiten, sodass Entwurfsentscheidungen von Beginn an im richtigen Dokument – also der Architektur- oder der Entwurfsbeschreibung – dokumentiert werden, ohne den Umweg über ein Spezifikationsdokument, wo solche Informationen nicht hingehören. Im Unterschied zu diesen Verschnörkelungen sollten allerdings Ausnahmebehandlungen der regulären Anforderungen durchaus mit dem Kunden geklärt und als Erweiterung der Anforderung spezifiziert werden. Use Cases beispielsweise haben bereits in ihrem Template eine solche Ausnahmebehandlung vorgesehen. Wird die Behandlung von Ausnahmen nicht vorab abgestimmt, kann dies zu sehr verwickelten und inkonsistenten Realisierungen führen.

1.3 Der Business Case für Requirements Engineering

Die Einführung und systematische Umsetzung von RE erfordert Aufwand sowohl in der Entwicklung als auch an ihren Schnittstellen, also Produktmanagement, Produktmarketing und Vertrieb. Häufig wird dieser Aufwand als zu hoch und zu zeitraubend gesehen, sodass die Anforderungen weiterhin ad hoc in das Projekt hineinpurzeln und dort bruchstückhaft und mit vielen Nacharbeiten umgesetzt werden, bis einmal mehr das Projekt seine Ziele verfehlt oder abgebrochen werden muss. Aus unserer Beratungspraxis kennen wir das Dilemma: Verbesserungen in Methodik, Prozessen, Ausbildung und Werkzeugen werden nicht angegangen, da der Anfangsaufwand, um diese Verbesserungen anzustoßen, als zu hoch betrachtet wird. Daher wollen wir in diesem Kapitel die Nutzen eines systematischen RE quantitativ unterstreichen und vor allem konkrete Hinweise geben, wie Sie in Ihrer eigenen Umgebung den Nachweis führen können, dass sich der Aufwand für das RE lohnt. Eine weitaus umfangreichere Darstellung der ROI-Konzepte und zugrunde liegenden Projektaufwandsdaten findet sich in [Ebert2007a].

Systematisches RE bringt klare Vorteile für die Softwareentwicklung. Die zwei am häufigsten zitierten empirischen Studien untersuchten in Hunderten von Projekten den Zusammenhang von RE und dem Projekterfolg. Die Termintreue von Projekten wurde dabei als primärer Erfolgsfaktor betrachtet, denn in den meisten Branchen geht es heute aufgrund von Hyper-Wettbewerb und Time-to-

1.3 Der Business Case für Requirements Engineering

Profit auf der Kundenseite eines IT- oder Softwarelieferanten darum, Softwarelösungen präzise zum gewünschten Termin zu liefern [Hamel2007, Graham2005].

Die umfassendste Untersuchung zum Nutzen von RE kommt von Alcatel-Lucent. Über mehrere Jahre hinweg wurden in einer longitudinalen Feldstudie unterschiedliche Projektdaten systematisch erfasst und analysiert (Abb. 1-4) [Ebert2006a]. Gute Termintreue wird nur dann erreicht, wenn die vier folgenden Techniken gleichzeitig umgesetzt werden (Abb. 1-4, rechte Seite). Wurde eine oder mehrere dieser Techniken vernachlässigt, führte das sofort zu Terminverzug (Abb. 1-4, 0-3 Techniken eingesetzt).

- Ein aktives Kernteam mit Produktmanagement, Marketing, Entwicklung und Produktion, das das gesamte Projekt (oder das Produktrelease) von der Strategie bis zur Evolution steuert
- Konsequente Nutzung eines definierten Lebenszyklus für die Entwicklung mit Meilensteinen, Checklisten und Vereinbarungen
- Transparenz aller Projektvereinbarungen (z.B. Anforderungen) im Intranet
- Gemeinsame Anforderungsanalyse durch das Kernteam mit Produktmanagement, Marketing, Entwicklung und Produktion

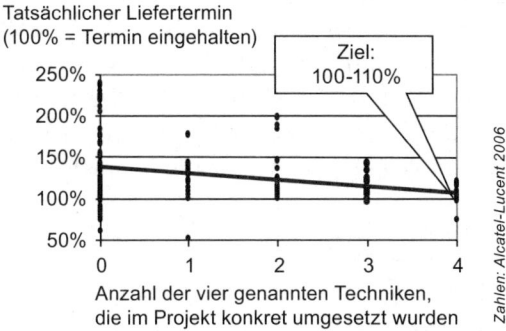

Abb. 1-4 Der gleichzeitige Einsatz von vier wesentlichen Techniken des RE (Kernteam, Lebenszyklus, Transparenz, gemeinsame Analyse) verbessert den Projekterfolg

Eine weitere umfassende Studie zum Nutzen von RE in Entwicklungsprojekten kommt von der NASA (Abb. 1-5) [Forsberg1997]. Der Zusammenhang ist auch in dieser Studie offensichtlich. Wenn die NASA in ihre Projekte weniger als 5% Vorbereitungsaufwand (insbesondere auch Anforderungen) investiert, kommt es zu starken Verzögerungen. Bei einem Anteil von 10-20% am gesamten Projektaufwand reduzieren sich die Terminverzüge auf unter 30%.

Eine dritte longitudinale Feldstudie zum Nutzen von RE in IT-Projekten kommt ebenfalls von der NASA (Abb. 1-6) [Hooks2001]. Im Unterschied zu den beiden vorigen Studien wurde hier die Kosteneinhaltung in Abhängigkeit vom Aufwand für RE untersucht. Projekte mit 5% Aufwand für RE führen zu einer Kostenüberschreitung von 80% bis knapp 200%. Wird dieser Aufwand in Rich-

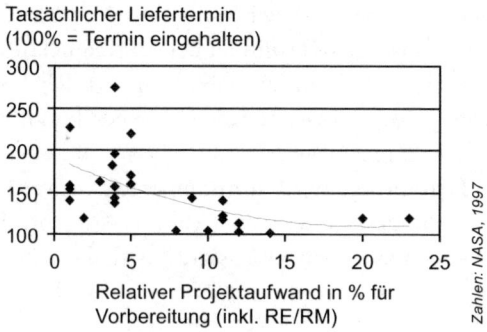

Abb. 1-5 Termineinhaltung in Abhängigkeit vom Aufwand für die Projektvorbereitung

tung 8-14% verdoppelt, liegt die Kostenüberschreitung bei unter 60%. Offensichtlich sind IT-Projekte sehr anfällig für eine unzureichende Anforderungsanalyse und -spezifikation, denn die Anforderungen werden sich im Projektverlauf zunehmend ändern und zu beträchtlichen Zusatzaufwänden führen. Auch hier gilt, dass die absoluten Zahlen für Überschreitungen von Kosten natürlich durch viele Faktoren bestimmt werden. Aber ein unzureichendes RE hat einen starken Anteil an überbordenden Kosten.

Das deckt sich auch mit einer Studie von Borland mit 348 IT-Verantwortlichen in den USA [Borland2006]. Über 90% der Antwortenden unterstrich, dass eine Verbesserung der RE-Prozesse einen klaren Wettbewerbsvorteil bringen würde. Mehr als die Hälfte der Antwortenden erklärte, dass mit einem besseren RE eine Senkung der Entwicklungskosten um 30% möglich wäre.

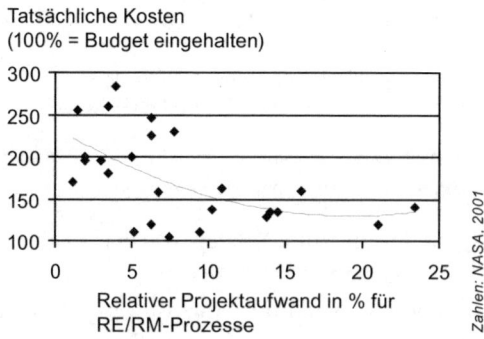

Abb. 1-6 Kosteneinhaltung in Abhängigkeit vom Aufwand für RE

Der Nutzen eines guten RE kann an verschiedenen Faktoren festgemacht werden. Im Folgenden geben wir Anhaltspunkte für die eigene Nutzenrechnung, die wir aus verschiedenen Kundenprojekten in unterschiedlichen Branchen konkret realisiert hatten [Ebert2007a, Standish2003, Stevens1998, Leffingwell1997].

1.3 Der Business Case für Requirements Engineering

- Produktivitätsverbesserung. Typischerweise werden 30-50% des Entwicklungsaufwands für Fehlerbehebung und nicht entwicklungsbezogene Aktivitäten eingesetzt. Die Hälfte der Fehler kommen direkt aus unzureichenden Anforderungen und unkontrollierten Änderungen. Im Systemtest sind es 80% der Fehler, die von unvollständigen (31%) oder falschen (49%) Anforderungen resultieren.
- Verbesserte Projektplanung und Ressourceneinteilung, weniger Verzögerungen vor Projektstart, eine schnellere Anlaufphase sowie Termintreue aufgrund von bekannten Anforderungen und klaren Verantwortungen im Projektteam und im Vertrieb. Mehr Aufwand für Entwicklung und konsequente Umsetzung und Test der Anforderungen schaffen eine Verbesserung der Termintreue und reduzieren Verzögerungen auf unter 20%.
- Kürzere Durchlaufzeiten durch Fokus auf jene Aktivitäten und Inhalte, die Wert schaffen. Über die Hälfte aller Funktionen eines Softwaresystems werden nicht genutzt. Das gilt sowohl in der IT wie auch in technischen Produkten. Weniger Anforderungen reduzieren die Komplexität und machen damit die Projekte verlässlicher sowie die Qualität besser.
- Weniger Nacharbeiten von inkonsistenten Anforderungen durch Einflussanalyse bei sich ändernden Anforderungen und Verfolgbarkeit zu den betroffenen Arbeitsergebnissen. Werden die Anforderungen so umgesetzt, wie sie vom Kunden oder Benutzer beschrieben werden, führt das zu Nacharbeiten, die im Schnitt 45% des Projektaufwands ausmachen.
- Wiederverwendung von Anforderungen und davon abgeleiteten Arbeitsergebnissen (z.B. Mechanismen zur Systemsicherheit)
- Bessere Kundenzufriedenheit durch konsistentes Verständnis über die wirklichen Anforderungen

Einige dieser Faktoren, wie Termintreue oder weniger Nacharbeiten, schaffen einen unmittelbar greifbaren Nutzen. Andere, wie beispielsweise die Kundenzufriedenheit, sind eher opportunistisch und werden in Form nachhaltig guter Kundenbeziehungen und weiterer Projekte greifbar. Insgesamt zeigen unsere Erfahrungen, dass eine Verdoppelung des Aufwands für RE hin zu 10% des Projektaufwands in den Bereichen Methodik, Prozesse, Training und Werkzeugunterstützung konkret realisierbare Projektnutzen von über 20% schafft. Das ist ein ROI von mehr als 4, und damit sind nur die direkt messbaren Vorteile berücksichtigt.

1.4 Eine kurze Übersicht des Buchs

Abbildung 1–7 zeigt die Struktur des Buchs. Das Thema RE wird zunächst anhand verschiedener Übersichtskapitel eingeführt. In Kapitel 2 werden die wichtigsten Begriffe sowie die relevanten Standards in einem Zusammenhang beschrieben. Die Kapitel 3 und 4 erläutern das Vorgehen im Requirements Engineering aus verschiedenen Sichten. Zuerst wollen wir die Methodik und Systematik einführen. Dann werden Aufgaben und Rollen und ihr Zusammenhang zum RE charakterisiert. Dabei nehmen wir bewusst eine umfassende Perspektive ein und wollen uns auch mit den angrenzenden Rollen (z.B. des Produktmanagers) auseinandersetzen.

Die Kapitel 5 bis 10 beleuchten die einzelnen Aktivitäten innerhalb des RE systematisch. Kapitel 5 beschreibt, wie Anforderungen ermittelt werden. Wir wollen bewusst nicht vom Sammeln sprechen, denn häufig sind die Anforderungen unbekannt und müssen mühevoll herausgeschält und entwickelt werden. Dieses Kapitel ist ausdrücklich kundenorientiert und soll den Lesern unter Ihnen, die eher die Sicht des Einkäufers oder Kunden einnehmen, dabei helfen, diesen Prozess aus den verschiedenen Perspektiven zu verstehen. Kapitel 6 betrachtet die Spezifikation, also das Beschreiben von Anforderungen. Dabei geht es um die Verbesserung der Anforderungsqualität und um verschiedene formale Arten der Beschreibung, die hinsichtlich ihrer Praktikabilität und Schwierigkeit in der Umsetzung diskutiert werden. Kapitel 7 beleuchtet die Validierung der Anforderungen. Häufig werden die falschen Anforderungen realisiert oder Fehler in der Umsetzung gemacht. Wir zeigen hier Techniken zu Reviews, Prüfungen und konkrete Checklisten, um die Anforderungsqualität zu verbessern. Kapitel 8 beschreibt verschiedene Analyseverfahren, wobei wir ein einheitliches Beispiel einsetzen, um die Unterschiede und Gemeinsamkeiten besser zeigen zu können. Kapitel 9 greift eine oft vernachlässigte Aktivität im Projekt auf, nämlich die Vereinbarung von Anforderungen. Das Kapitel betrachtet »Gesetze« vor dem Hintergrund des Bürgerlichen Gesetzbuchs und seiner Einflüsse auf die Softwareentwicklung. Wir wollen hier kurz die wichtigsten vertraglichen Aspekte skizzieren, vor allem aus der Sicht von Gewährleistungs- und Haftungsfragen. Die Konsequenzen sind hinreichend bekannt und führen dazu, dass verschiedene Interessengruppen eine unterschiedliche Sicht auf das Problem und die Lösung haben und diese nachher mit ziemlicher Sicherheit auch durchfechten wollen. Schließlich beschreibt das Kapitel 10 die Methoden der Anforderungskontrolle und -verfolgung. Während die bisherigen Aktivitäten vorzugsweise vor Start des Projekts durchgeführt und abgeschlossen werden, beschreibt dieses Kapitel all jene Tätigkeiten, die erst im Projekt so richtig interessant werden. Es geht dabei um das Änderungsmanagement, die vertikale und horizontale Verfolgung, Maßzahlen, Komplexitätsbeherrschung und den Test.

Die vielfältigen Werkzeuge, die im RE zum Einsatz kommen, werden in Kapitel 11 charakterisiert und beschrieben. Zuerst gibt dieses Kapitel eine Über-

1.4 Eine kurze Übersicht des Buchs

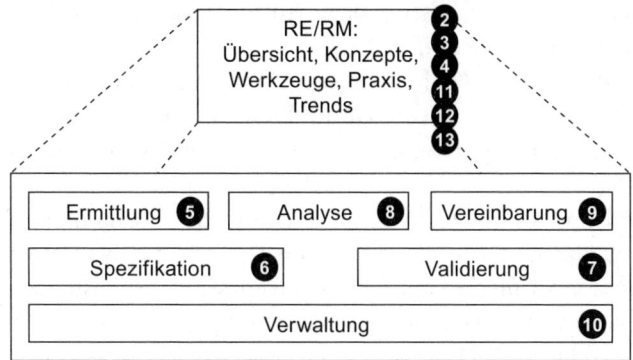

Abb. 1-7 *Zuordnung der Buchkapitel zu den Themen des RE/RM (schwarze Kreise sind Kapitelnummern)*

sicht, in welchen Situationen welche Werkzeuge eine Unterstützung bieten. Daran schließen sich einige Fallstudien an, die gemeinsam mit Werkzeugherstellern für dieses Buch erarbeitet wurden. Sie dienen nicht der Übersicht über ein spezifisches Werkzeug, sondern zeigen namhafte RE-Werkzeuge in unterschiedlichen Szenarien. Diese verschiedenen Szenarien, die die Erfassung von Anforderungen bis hin zu Verfolgung und Änderungsmanagement abdecken, helfen Ihnen als Leser dabei, sich ein praktisches Urteil davon zu bilden, wie Sie die Werkzeuge einsetzen und welchen Nutzen Sie daraus ziehen können.

Ein Buch aus der Praxis und für die Praxis braucht natürlich auch noch ein dezidiertes »Praxiskapitel«, das all jene Themen aufgreift, die in die bisherige Struktur nicht passten und eher integrierenden Charakter haben. Dies geschieht in Kapitel 12, wo Praxiserfahrungen aufgegriffen werden.

Das abschließende Kapitel 13 fasst den Stand der Technik nochmals zusammen und beleuchtet die wichtigsten Trends des RE in den nächsten Jahren. Hier werden auch die empirischen »Gesetzmäßigkeiten« des RE nochmals an einer Stelle zusammengefasst. Das mag etwas abgehoben klingen in einer Disziplin, die so viele kunden- und projektspezifische Eigenarten hat. Aber genau so, wie auch die Vorgehensweise strukturiert und systematisch beschrieben werden kann, gibt es einige Regelmäßigkeiten, die mit empirischen Studien aus zahlreichen abgeschlossenen Projekten abgeleitet wurden. Dieser Stand der Technik gewinnt an Bedeutung im Projektgeschäft, wenn Sie nachweisen müssen, dass Sie die relevanten Techniken des RE auch wirklich einsetzen. Das kann in Gerichtsverfahren eine Rolle spielen, wenn es zu Schadensersatz- oder Produkthaftungsfragen kommt. Das Kapitel weist aus einer positiven Sichtweise auf, wie sich die ganze Disziplin des Software-Engineering (oder der Softwaretechnik) voraussichtlich weiterentwickelt. Anstatt Angst vor Outsourcing zu schüren, wollen wir an der Stelle lieber betrachten, welche großen Betätigungsfelder alleine das RE eröffnet, wenn die Disziplin nur sauber beherrscht wird.

Abgerundet wird das Buch durch eine Zusammenstellung von Internetressourcen, also den wichtigsten URLs zum Thema RE. Diese URLs können sich natürlich ändern, aber die beschriebene Auswahl hat sich in den vergangenen Jahren als recht stabil erwiesen.

Alle Begriffe, die im Buch definiert werden oder auf deren Definitionen zurückgegriffen wird, sind im Glossar am Ende des Buchs nochmals zusammengefasst. Eine Zusammenstellung der Literaturquellen sowie ein Index runden das Buch ab.

Jedes der Kapitel besitzt am seinem Ende mehrere Unterkapitel mit jeweils gleichem Titel, die sich wie ein roter Faden durch das gesamte Buch ziehen. Zunächst liefert ein Unterkapitel jeweils angepasste Checklisten zum jeweiligen Thema. Ein weiteres Unterkapitel fasst kurz und prägnant alle wichtigen Praxistipps zusammen. Diese Zusammenstellung spricht die Sprache des Praktikers und wurde so ausgewählt, dass Sie als Leser und Benutzer einzelne Elemente herausgreifen können und direkt in Ihrem Projektgeschäft und Ihrer Tagesarbeit umsetzen können. Ein jeweils letztes Unterkapitel stellt einige Fragen an die Praxis. Damit können Sie das gerade Gelesene in Ihrem eigenen Kontext reflektieren und leichter umsetzen. Es handelt sich also nicht um die Art von Verständnisfragen, wie Sie es aus Lehrbüchern kennen, sondern eher um Fragen, die Ihren eigenen Horizont öffnen, um das gerade konsumierte Wissen zu verdauen und genau das abzuleiten, was Ihre eigenen Projekte konkret benötigen.

1.5   Einführung in das durchgängige Beispiel

Ein Buch für die Praxis braucht ein praktisches Beispiel. Dieses Beispiel soll möglichst alle Facetten eines realen Produkts abbilden, also beispielsweise IT, eingebettete Systeme, nichtfunktionale Anforderungen verschiedener Art und Wartungsaufgaben. Gewählt haben wir dazu eine funktionsfähige Personenaufzugsanlage, die am Institut für Automatisierungs- und Softwaretechnik der Universität Stuttgart steht. Aufgrund der vielfältigen Anwendungsmöglichkeiten verbindet das Beispiel sowohl Aspekte der IT-Welt als auch eingebetteter Systeme. Die Anlage besteht aus zwei Aufzugsschächten mit jeweils vier Stockwerken und erlaubt eine unabhängige Personenbeförderung in beiden Schächten. Abbildung 1–8 zeigt die Aufzugsanlage.

Zur Übersicht werden die zentralen Funktionen kurz beschrieben. Fahrgäste drücken in einem der vier Stockwerke einen Rufknopf mit Richtungsvorwahl. Eine der beiden Kabinen fährt das Stockwerk an und öffnet die Türe. Innerhalb der Kabine wird das Zielstockwerk vorgewählt, das dann angefahren wird. Die aktuelle Stockwerknummer wird in der Kabine dargestellt. Bei gleichzeitiger Benutzung des Aufzugs durch verschiedene Fahrgäste werden die beiden Kabinen in ihrer Fahrt so optimiert, dass nur kurze Wartezeiten entstehen. Aus Sicherheitsgründen sind verschiedene Schutzfunktionen eingebaut, wie beispielsweise Rauchmelder in den Kabinen, eine Notstromunterstützung für einen etwaigen Stromausfall sowie Türverriegelungen, um ein unbeabsichtigtes Öffnen während der Fahrt zu vermeiden.

1.5 Einführung in das durchgängige Beispiel

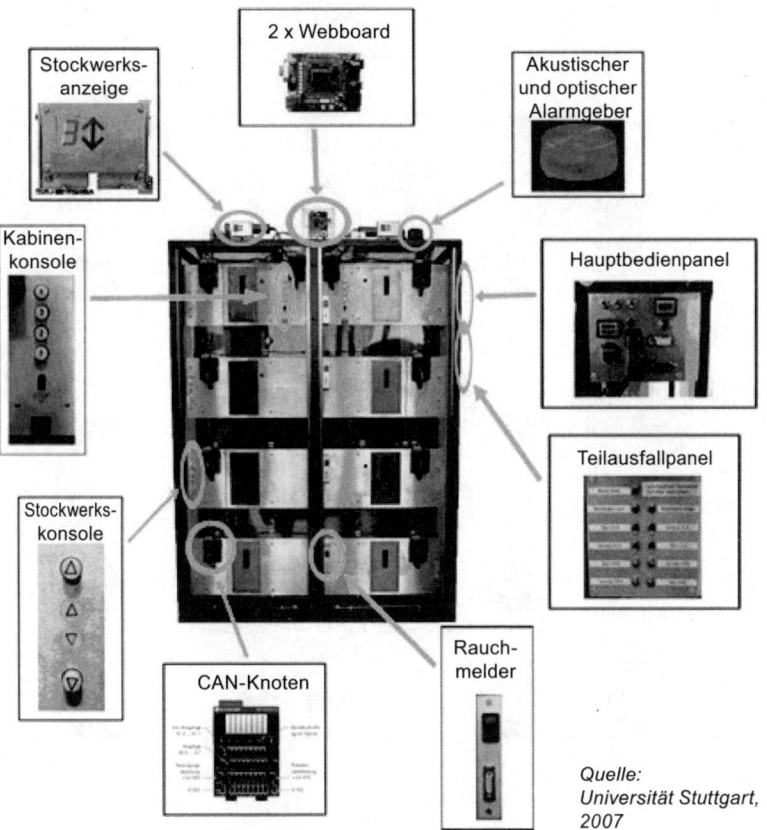

Abb. 1–8 Personenaufzug als betriebsfähiges Modell aufgebaut

Abbildung 1–9 zeigt die Systemarchitektur des Personenaufzugs. Der dargestellte Embedded-PowerPC übernimmt sämtliche Steuerungsaufgaben des Modellprozesses. Als Betriebssystem kommt auf dem Steuerungsrechner Linux zum Einsatz. Bis auf wenige Ausnahmen werden alle Sensor- und Aktordaten über den zentralen CAN-Bus mit dem Aufzugsmodell ausgetauscht. Die Kabinen selbst sind als aktive CAN-Knoten realisiert. Die Positionserkennung der Kabinen im Schacht erfolgt mittels Mikroschaltern. Um eine reale Anlage nachbilden zu können, wurden viele Bedienelemente eines realen Aufzugs (wie zum Beispiel Wahltasten für das Zielstockwerk, Stoppschalter usw.) in das Aufzugsmodell integriert. Die Stromversorgung erfolgte über ein in das Modell integriertes Netzteil. Eine Machine-to-Anywhere (M2A)-Schnittstelle erlaubt die Fernwartung. Soll eine Fernsteuerung bzw. Ferndiagnose des Modellprozesses durchgeführt werden, so muss ein Fernwartungsclient vom PowerPC aus über Ethernet erreichbar sein. Die Fernsteuerung bzw. Ferndiagnose erfolgt dann über ein Benutzerschnittstellenprogramm, das auf dem zu verwendenden Endgerät installiert wird. Neben dem CAN-Bus existieren noch zwei weitere Signalleitungen zwischen dem Pro-

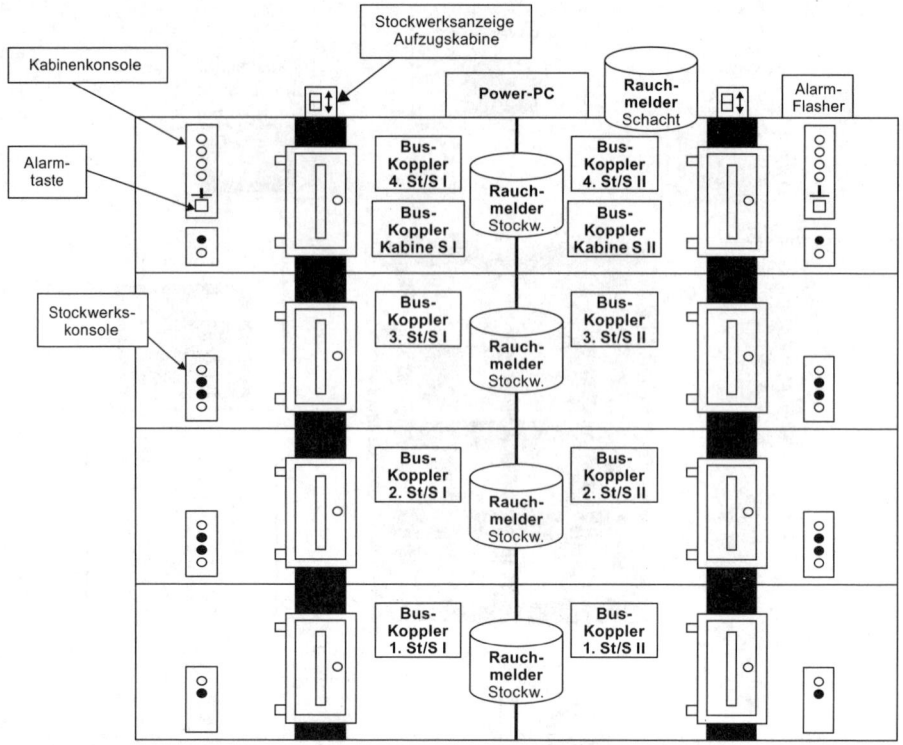

Abb. 1–9 *Systemarchitektur des Personenaufzugs*

zessmodell und dem PowerPC, die die Signalstatus-Stromversorgung und Notstromversorgung aktivieren. Diese sind aus Gründen der Betriebssicherheit nicht in den CAN-Bus integriert.

Das Beispiel wird an verschiedenen Stellen aufgegriffen, um Aspekte des RE zu konkretisieren, beispielsweise für die Beschreibung oder Modellierung einer funktionalen Anforderung oder einer Sicherheitsanforderung.

1.6   Wie Sie von diesem Buch profitieren

Dies ist ein Buch für Einsteiger und Profis. Nach der Lektüre

- haben Sie einen Überblick über Theorie und Praxis des Requirements Engineering;
- haben Sie einen ersten Einblick, wie moderne Werkzeuge und Notationen Sie beim Requirements Engineering praktisch unterstützen können;
- können Sie die wichtigen Elemente des Requirements Engineering in Ihren Projektalltag übertragen und dort produktiv einsetzen.

Soweit Sie als Softwareentwickler in einem Unternehmen arbeiten, gibt Ihnen dieses Buch einen guten Überblick zu den relevanten Fragestellungen und Lösungen

1.6 Wie Sie von diesem Buch profitieren

des Requirements Engineering. Praktische Tipps am Ende jedes Kapitels helfen Ihnen dabei, essenzielle Vorgehensweisen schnell und »leicht verdaulich« zu extrahieren. Die Techniken sind praxiserprobt und leicht umsetzbar. Requirements Engineering klingt zwar nach Formalismus und wird häufig in einen Topf geworfen mit Aufwandschätzung, Modellierung und Projektmanagement. Das Buch versucht, die Themen sauber zu trennen und trotzdem einen Querbezug zu schaffen.

Falls Sie Software in Eigenregie entwickeln, liefert das Buch die Basis für ein funktionierendes Requirements Engineering. Es spricht die wichtigsten Grundlagen an, die selbst in sehr kleinen Projekten eine große – oft überlebensnotwendige – Rolle spielen. Da es sehr klar zwischen Prozessen und Werkzeugen trennt, werden Sie lernen, wie Sie mit einfachsten Mitteln eine solide Basis Ihrer Anforderungen halten und verwalten. Die angesprochenen Prinzipien sind skalierbar und nicht nur für große Projekte relevant. Beispielsweise braucht auch ein Kleinstprojekt ein funktionierendes Änderungsmanagement, um zu verfolgen, welche Anforderungen im Moment akzeptiert sind und welche sich noch in der Pipeline befinden. Wenn Sie einem Kunden einen Termin auf der Basis von gegenseitig vereinbarten Anforderungen versprochen haben, werden sie es häufig erleben, dass kurze Zeit später die ersten Änderungen kommen. Dies ist normal, muss aber konsequent abgefangen werden. Wenn Sie einmal damit beginnen, solche Änderungen auf Zuruf zu akzeptieren, weil sie ja »sehr klein« sind, haben Sie eine Türe aufgemacht, die Sie nie mehr bei diesem Kunden schließen können. Auf welcher Basis würden Sie argumentieren, dass manche Änderungen »sehr klein« und andere »nicht mehr so klein« sind?

Besser ist es, von vornherein einen Prozess zu vereinbaren, der besagt, dass alle Anforderungen in einer Liste gepflegt werden. Falls es zu Änderungen kommt, werden diese analysiert und dann vereinbart. Änderungen können Auswirkungen auf Termine und Kosten haben. Falls Sie zu einem Festpreis arbeiten, wird es Ihnen manchmal sogar helfen, eine späte Änderung noch aufzunehmen, da Sie damit Termine und den Preis nochmals beeinflussen können. Es gibt keine Änderung ohne vorherige Abschätzung und formalisierte Vereinbarung. Danach finden sich die Anforderungen auf Ihrer Liste wieder. Das geht mit wenig Aufwand, und die Kunden werden Ihre Professionalität schätzen.

Das Buch empfiehlt wirksame Prinzipien und Vorgehensweisen, die sich an der Praxis orientieren. Es wird kaum auf Gegenliebe stoßen, wenn Sie von Ihren Kunden verlangten, dass sich die Anforderungen nicht mehr ändern dürfen. Anforderungen sind naturgemäß Änderungen unterworfen. Also müssen beide Seiten damit umgehen können. **Wichtig ist, dass man die Änderungen konsistent bearbeitet und erst dann Zusagen macht, wenn man sie auch einhalten kann.**

Falls Sie Projekte leiten, bietet sich das vorliegende Buch sowohl als Einführung in das Thema als auch als weiterführende Literatur an, die spezielle Bereiche vertieft. Sie finden eine Menge wertvoller Tipps und lernen, wie Requirements Engineering konkret implementiert wird und wie Risiken und typische Schwierigkeiten im Requirements Engineering gehandhabt werden können. Dieses Buch bietet eine Menge an konkreten Tipps aus dem Projektalltag, die der Autor in seiner beruflichen Praxis gesammelt hat. Fallstudien und Praxiserfahrungen am Ende des Buchs (Kapitel 12) greifen die wichtigsten Themen nochmals aus der Sichtweise konkreter betrieblicher Fragestellungen auf. Sie helfen bei der »Übersetzung« des Themas Requirements Engineering und der zugehörigen Lösungen in Ihren eigenen betrieblichen Alltag.

Sind Sie in der Systementwicklung tätig, ohne überhaupt Software zu betrachten? Wir empfehlen das Buch auch für andere Branchen, wo RE gebraucht wird, aber keine spezifische Methodik zur Verfügung steht. Die hier vorgestellten Methoden und Prozesse sind größtenteils nicht Software- oder IT-spezifisch, sondern universell in der Systemtechnik einsetzbar.

Als Requirements-Ingenieur und als Produktmanager zeigt Ihnen das Buch, wie Sie erfolgreich eine Brücke bauen zwischen den sehr verschiedenen Sichtweisen heterogener Interessengruppen innerhalb und außerhalb des Projekts. Zielkonflikte tragen zu besseren Lösungen bei und sollten nicht sofort zu Konfrontationen führen. Wir unterstützen Sie mit Methoden und Tipps, um solche verschiedene Ziele und Perspektiven herauszuarbeiten, zu verstehen, daraus die richtige Balance der Anforderungen zu ermitteln und damit Win-win-Ergebnisse zu erreichen.

Soweit Sie als Qualitätsverantwortlicher oder im Bereich der Prozessverbesserung arbeiten, hilft Ihnen das Buch, die verschiedenen Modelle (z.B. ISO 9001, CMMI, SPICE) praktisch einzusetzen. Der Autor hat selbst viele Jahre damit verbracht, unterschiedliche Unternehmen und Produktlinien im Anforderungs- und Produktmanagement zu verbessern. Wir wollen uns hier vor allem auch mit der Messbarkeit und Verfolgung von Anforderungen im Lebenszyklus befassen – ein Thema, das in den meisten Büchern zum Requirements Engineering zu kurz kommt.

Neulinge im Thema Requirements Engineering und Studierende der Informatik oder der Softwaretechnik (Software-Engineering) werden von den ersten Kapiteln stark profitieren, denn dort betten wir das Thema in einen größeren Bezug zu anderen Prozessen der Softwaretechnik ein. Fragen an die Praxis am Ende eines jeden Kapitels helfen dabei, sich selbst zu prüfen und zu erkennen, ob die relevanten Themen auch im Kontext verstanden wurden. Diese Fragen beziehen sich daher nicht ausschließlich auf das Kapitel, in dem sie auftreten. Oftmals bauen sie auch auf vorangegangenen Themen auf.

Beiden Gruppen, den Einsteigern und den Praktikern, gerecht zu werden, gelingt durch eine klare Struktur, die in jedem Kapitel wichtige Themen zusammenfasst. So wissen Einsteiger, was gemeint ist, und können sich orientieren, während die Profis sofort in die Tiefe gehen und finden können, was ihre derzeitige Situation gerade verlangt.

1.7 Ein Blick über den Tellerrand

Dieses Buch fokussiert auf die systematische und zielorientierte Umsetzung von RE in der Praxis. Daher können wir nicht alle Themen detaillieren, wie dies ein Grundlagenwerk tun kann. Wir empfehlen daher – als Blick über den Tellerrand des Tagesgeschäfts hinaus – einige weitere Bücher, die solche Grundlagen liefern. Eines können wir versprechen: Jedes der im folgenden genannten Bücher gibt Ihnen weitere Impulse und Ideen.

Der Rahmen, in den RE eingebettet ist, nämlich die Softwaretechnik, deren Vorgehensweisen und Managementprinzipien, ist im Buch von Balzert beschrieben [Balzert2008]. Das Buch stellt die relevanten Managementtechniken und Vorgehensmodelle vor und beschreibt, wie verschiedene Modelle in der Praxis eingesetzt werden. Verschiedene Schwerpunktthemen, wie strategisches Management in der IT und globale Softwareentwicklung, verdeutlichen die heutige Ausrichtung der Softwaretechnik.

Die Grundlagen des RE sind umfassend im umfangreichen Werk von Klaus Pohl beschrieben [Pohl2006]. Viele Themen, beispielsweise Notationen und Methoden, die wir hier aus Platzgründen und aufgrund der umsetzungsorientierten Ausrichtung dieses Buchs nicht vertiefen können, werden dort auf eine saubere Basis gestellt. Wir empfehlen sein Buch als Ergänzung zum Nachschlagen von Prinzipien, die Sie grundlegend einordnen und verstehen wollen.

Eine gute Ergänzung zur Erreichung von Win-win-Ergebnissen im RE ist das hervorragende Buch von Al Davis [Davis2005]. Analog unserer Philosophie beschreibt er, wie man RE so umsetzt, dass eine Balance zwischen »hinreichend guten« Ergebnissen erreicht wird, ohne zu viel Overhead zu erzeugen.

Wie gute Anforderungen beschrieben werden, zeigt uns Ian Alexander in [Alexander2002]. Chris Rupp verrät sprachliche Besonderheiten und erklärt, auf was Sie in Spezifikationstexten zu achten haben [Rupp2006]. Beide Bücher adressieren die Spezifikationsphase und liefern viele Beispiele zur Darstellung von funktionalen und nichtfunktionalen Anforderungen.

Eine Vertiefung der Notationen UML und SysML ist in [Weilkiens2006] zu finden. Falls Sie sich für die geschichtliche Entwicklung von Analyse- und Spezifikationssprachen interessieren, empfehlen wir zusätzlich [Sommerville1998]. Dieses Buch geht sehr viel stärker auf Notationen und Modellierungstechniken ein, als wir dies hier aus Platzgründen tun können.

An verschiedenen Stellen des Buchs unterstreichen wir, dass RE als Disziplin so spannend und in der praktischen Software- und Systementwicklung so ungemein wichtig ist, weil man mit Menschen arbeitet und gemeinsam zielorientiert die Grundlagen für immer wieder neue Produkte und Geschäftserfolge schafft. Dazu braucht es sehr viel mehr als die Beherrschung von Notationen und Werkzeugen. Es geht um die Fähigkeit, mit anderen Menschen gemeinsam erfolgreich zu sein. Dazu gehören »Soft Skills«, die aus der Sicht der Softwareentwicklung im

Buch von Vigenschow und Schneider [Vigenschow2007] dargestellt sind. Wir empfehlen dieses Buch, um den Blick über den Tellerrand etwas zu verbreitern und um sich selbst weiterzuentwickeln.

2 Konzepte des Requirements Engineering

Man muss die Dinge so tief sehen, dass sie einfach werden.

– Konrad Adenauer

2.1 Was ist eine Anforderung?

Eine Anforderung beschreibt, was der Kunde oder Benutzer vom Produkt erwartet (Bedingungen, Attribute, Ziele, Nutzen etc.). Formal lassen sich Anforderungen wie folgt definieren [IEEE1990]:

- Eigenschaft oder Bedingung, üblicherweise vom Kunden festgelegt, um ein Problem zu lösen oder ein Ziel zu erreichen.
- Eigenschaft oder Bedingung, die ein System oder eine Systemkomponente erfüllen muss, um einen Vertrag, einen Standard, eine Spezifikation oder andere formal festgelegte Dokumente zu erfüllen.
- Eine dokumentierte Repräsentation einer Eigenschaft oder Bedingung wie in den vorigen Punkten beschrieben.

Wir trennen klar zwischen **Anforderungen** und **Lösungen**. Eine Anforderung beschreibt ein Bedürfnis oder einen Nutzen, der erreicht werden soll. Sie beschreibt nicht, wie dieser Nutzen zu realisieren ist. Diese Implementierungssicht wird durch die Lösung beschrieben. Abbildung 2–1 veranschaulicht diesen Unterschied durch die Trennung zwischen Problemraum (Marktanforderungen, Lastenheft etc.) und Lösungsraum (Lösungsspezifikation, Pflichtenheft, Design, Fachkonzept etc.). Der Problemraum ist zunächst immer nur unscharf umrissen und wird im Verlauf der Lösungskonzeption eingeschränkt.

Es gibt nicht die »Anforderung« schlechthin. Zu einer Anforderung gehört immer die Perspektive, aus der sie beschrieben wird. Eine Anforderung ist eine Bedingung oder eine Fähigkeit, die ein Benutzer benötigt, um ein Problem zu lösen oder um ein Ziel zu erreichen. Das heißt, sie hängt von der Perspektive ab. Ein Benutzer kann der Kunde sein, der für die Lösung bezahlt, aber es kann auch

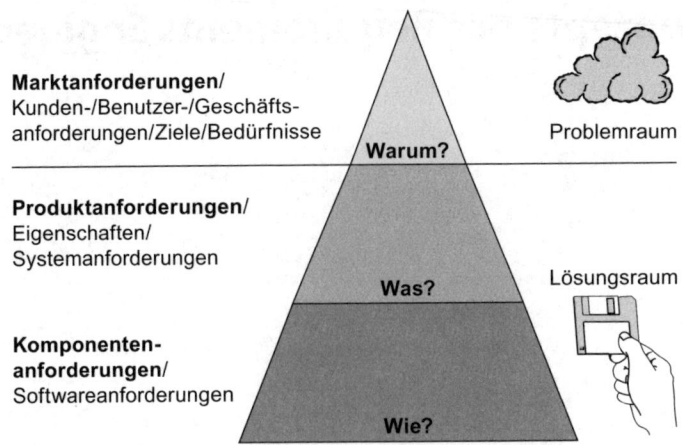

Abb. 2–1 *Anforderungen und Lösungen*

ein Entwickler sein, der daraus eine Architektur ableitet. Entsprechend unterschiedlich sind die Schwerpunkte und Inhalte, die durch diese Anforderung beschrieben werden. Was dem einen die Anforderung ist, ist dem anderen die Lösung. Man trennt daher in der Praxis unterschiedliche Arten von »Anforderungen«, beispielsweise Marktanforderungen oder Komponentenanforderungen, und vermeidet von einer »Anforderung« ohne Präzisierung zu sprechen.

Drei verschiedene Sichten auf Anforderungen werden im Laufe der Lösungskonzeption unterschieden:

- **Marktanforderungen**
  Sie werden auch als Kunden-, Benutzer-, Geschäftsanforderungen oder Bedürfnisse bezeichnet. Sie sind die Ziele, die Benutzer und die Außenwelt mit dem zu entwickelnden Produkt erreichen wollen. Sie beschreiben, **warum** ein Projekt überhaupt durchgeführt wird.

- **Produktanforderungen**
  Dies sind Eigenschaften des Produkts und Systemanforderungen, die aus der Sicht des Produkts beschrieben werden. Sie beschreiben, **was** verschiedene Benutzer mit dem Produkt machen können in der Sprache des Produkts, also auch nichtfunktionale Anforderungen mit den nötigen Details. Sie definieren den Lösungsraum und die Prioritäten.

- **Komponentenanforderungen**
  Dies sind die konkreten Softwareanforderungen, die aus Entwicklersicht beschreiben, **wie** zu entwickeln ist. Sie umfassen Komponenten, Architektur, Technologien, Struktur und Dynamik sowie Algorithmen. Sie sind hinreichend klar, um eine Komponente durch einen externen Lieferanten entwickeln zu lassen, der den gesamten Systemkontext nicht kennt.

2.1 Was ist eine Anforderung?

Abbildung 2–1 zeigt diese drei Sichten, die sich durch Verfeinerung auseinander ergeben. Offensichtlich ist diese Dreiteilung rekursiv: Die Komponentenanforderung an einen Lieferanten ist dort wiederum eine Marktanforderung. Diese drei Sichten und ihre Trennung sind also nicht im Voraus definiert, sondern hängen von der Lösungsstruktur ab. Beispielsweise könnte ein Benutzer oder Kunde die Anforderung wie folgt stellen:

> *M-Req-11-18: Das System verwaltet die Kundendaten im Format Name, Vorname, Adresse.*

Der Requirements-Ingenieur spezifiziert dazu eine Lösung mit der folgenden Komponentenanforderung:

> *K-Req-11-24: Die Datenbank zur Verwaltung der Kundendaten wird mit Oracle 10 realisiert.*

Offensichtlich sind dies zwei Anforderungen an die Datenhaltung, die aus verschiedener Perspektive beschrieben sind, nämlich Nutzung und Realisierung. Nun könnte aber auch der Kunde bereits eine technische Anforderung zur Realisierung haben, da er eine mySQL-Umgebung einsetzt und Kompatibilität sowie günstigere Lizenzkosten will. Er spezifiziert:

> *M-Req-11-19: Die Datenbank zur Verwaltung der Kundendaten wird mit mySQL realisiert.*

Nun wird aus der bisherigen Komponentenanforderung (K-Req-11-24) eine Marktanforderung (M-Req-11-19). Gleichermaßen gibt es Situationen, wo das Lastenheft und die Geschäftsanforderungen so vage sind, dass das Pflichtenheft auch als Problembeschreibung fungiert. Anstatt über solche Feinheiten zu debattieren, ist es wichtig, dass die Anforderungen immer mit ihrer jeweiligen Quelle spezifiziert werden. Dann ist zu jedem Zeitpunkt klar, wie es zur Anforderung kam und welche Freiheitsgrade für eine Änderung bestehen, was die Realisierung erleichtert. M-Req1911 lässt sich sehr viel schwerer beeinflussen als die konzeptionell gleiche K-Req2411, da die M-Req1911 direkt vom Kunden stammt, und daher unsere Lösung bereits definiert.

Abbildung 2–2 zeigt, wie sich die zwei Sichten im Lösungsraum (Produkt- und Komponentenanforderungen) gegenseitig bedingen. Die beiden Sichten (in der Abbildung horizontal als funktionale Sicht und vertikal als Realisierungssicht beschrieben) sind nicht exklusiv, sondern hängen voneinander ab. Daher müssen auch die Komponenten und Entwurfsentscheidungen modelliert und analysiert sein, bevor Produktanforderungen vereinbart werden können (siehe auch Kap. 9.1).

Der Versuch, beide Sichten zu vermischen, führt zu einem Strukturbruch, der nur schwierig zu handhaben ist. In der Regel ist die Konsequenz, dass Kunden das Design definieren wollen oder dass spätere Benutzer Vorgaben hinsichtlich der Architektur oder Komponentenauswahl machen. Das ist zwar als Einschränkung durchaus vernünftig, beispielsweise, wenn das Softwaresystem mit anderen

Systemen zusammenarbeiten muss (z.B. Webservices), doch sollte man immer versuchen, Anforderungen auf der Basis von Standards und Schnittstellen zu beschreiben, anstatt eine bestimmte Implementierung anzudeuten und damit mögliche Lösungsräume einzuengen.

Modelle helfen dabei, den Strukturbruch zu beherrschen und Konsistenz zwischen den Sichten (Problem vs. Lösung) zu erreichen (siehe Kap. 8). Beispielsweise muss die Systemumgebung sehr frühzeitig definiert werden. Ein Architekturmodell wiederum hilft bei der Identifizierung von Komponentenanforderungen.

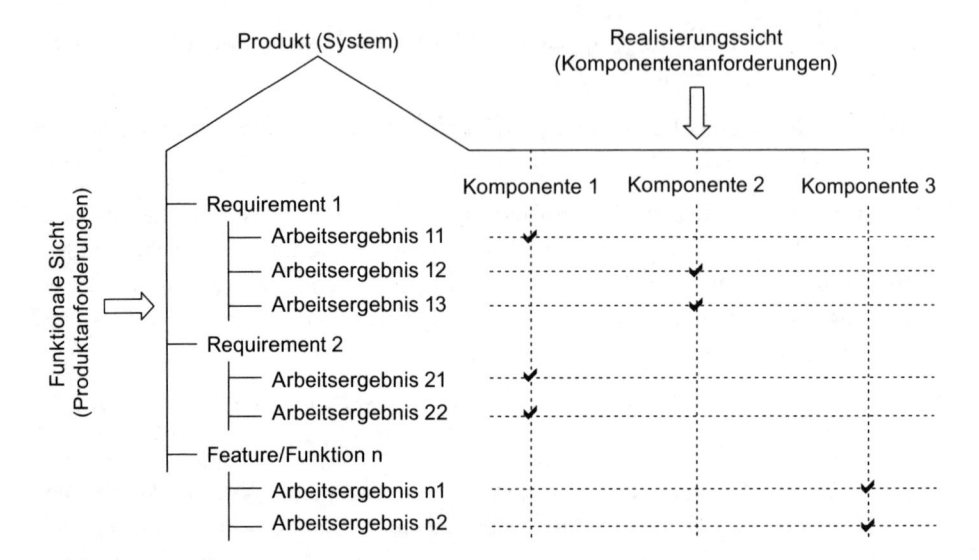

Abb. 2–2 *Komponentenanforderungen werden aus Produktanforderungen abgeleitet*

Anforderungen können mehrdeutig sein, sie können überspezifiziert sein, sie können unvollständig sein, sie können kontextspezifisch sein, sie können sich widersprechen, sie können unmöglich oder falsch sein. In aller Regel jedoch sind es zu viele, um unter gegebenen Einschränkungen realisiert werden zu können. All dies bringt auch unser Beispiel mit dem Wunschzettel von Paul zum Ausdruck (Abb. 2–3).

Wunschzettel von Paul

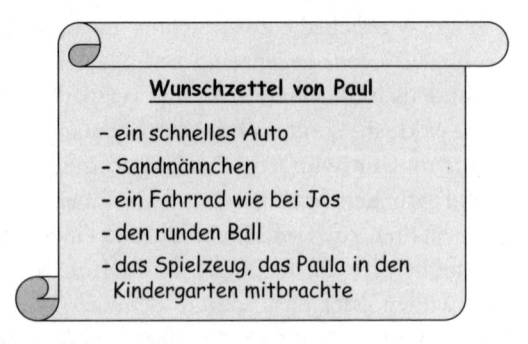

- ein schnelles Auto
- Sandmännchen
- ein Fahrrad wie bei Jos
- den runden Ball
- das Spielzeug, das Paula in den Kindergarten mitbrachte

Abb. 2–3 *Anforderungen sind der »Wunschzettel« des Kunden*

Eine sehr interessante Eigenschaft von Anforderungen beschreibt das Online-Dictionary of Computing, das sich hierfür ausschließlich an beobachteten Verhaltensweisen orientiert [Dictionary2004]. Es unterstreicht, dass eine gemeinsame Eigenschaft jeglicher Software und damit auch von Softwareanforderungen ist, dass sich diese Anforderungen im Lebenszyklus *ständig ändern*. Diese lapidare Feststellung wird uns durch das Buch hindurch beschäftigen.

Requirements Engineering ist vor diesem Hintergrund eine Sisyphusarbeit, denn es ist bereits früh klar, dass es Verluste gibt, wenn man nicht aufpasst. Ob die Verluste letztendlich in Ihrem Unternehmen auftreten oder auf der Kundenseite, ist nahezu egal. Ein Projekt kennt in der Regel nur Gewinner *oder* Verlierer. Ein Kunde, der zu lange warten muss und der nicht erhält, was er will, ist unzufrieden – selbst wenn das Projekt im Budget abgeschlossen hat. Er wird diese Unzufriedenheit auf vielfältige Art zum Ausdruck bringen. Requirements Engineering muss also versuchen, diese verschiedenen Interessen und Sichtweisen unter einen Hut zu bringen. Es hat sehr viel weniger technische Aspekte und sehr viel mehr »politische« und psychologische Aspekte, als man gemeinhin wahrhaben will.

2.2 Marktanforderungen

Marktanforderungen beschreiben Anforderungen an ein Produkt aus der Sicht des Markts und des Kunden. Sie werden daher auch als Kunden-, Benutzer- oder Geschäftsanforderungen bezeichnet. Bei komplexen Kundenbeziehungen werden sie vom Vertrieb und Marketing entwickelt und beschreiben deren Sicht als Proxy für die tatsächlichen Kundenbedürfnisse. Marktanforderungen stellen den Nutzen und die Erfahrungen aus der Sicht des Kunden dar. Sie beschreiben eine Eigenschaft in der Sprache des Kunden oder Benutzers. Ihr Wert und Erfüllungsgrad ist die Wahrnehmung oder Spezifikation des Kunden. Marktanforderungen werden im Lastenheft spezifiziert.

Marktanforderungen sind Bestandteil von Verträgen, Entwicklungsaufträgen, Projektplänen, Teststrategien etc. Sie dienen als Basis für Abschätzung, Planung, Durchführung und Verfolgung der Projekttätigkeiten. Sie sind in der Sprache und im Kontext des Kunden formuliert. Das bringt oftmals die gleichen Schwierigkeiten mit sich, mit denen auch Eltern sich auseinandersetzen müssen, die einen Wunschzettel ihres Sprösslings in der Hand halten (Abb. 2–3). Es gibt Widersprüche, Inkonsistenzen und verborgene Prioritäten. Die Anforderungen sind zu umfangreich und das Budget ist limitiert. Damit haben auch die Eltern ganz normale Projektbedingungen.

Wir sprechen im Requirements Engineering von einer Kundenbeziehung. Dabei kann der Kunde ein externer Benutzer sein oder eine interne Abteilung. Beispielsweise werden Marktanforderungen an ein Konsumgut, wie z.B. eine digitale Kamera, sehr konkret auf Benutzungsaspekte eingehen, also auf die Lebensdauer der Akkus oder die Pixelzahl und damit die Bildschärfe und -auflösung. Die gleichen Anforderungen an diese digitale Kamera werden im Unternehmen, das sie herstellt, übersetzt in Produktanforderungen und sprechen dann die Sprache des internen Produktmarketings oder Produktmanagements. Schließlich werden sie in Anforderungen an Komponenten übersetzt und sprechen die Sprache von Entwicklungsingenieuren oder Einkäufern, die diese Komponenten entwickeln oder beschaffen. Änderungen der Anforderungen werden hinsichtlich ihres potenziellen Einflusses auf bestehende Pläne und Produkte abgeschätzt, geprüft und in die bestehenden Anforderungen aufgenommen. Anforderungen werden durch das ganze Projekt hindurch kontrolliert, um ihren Status zu kennen und um beurteilen zu können, wie weit das Projekt – aus Kundensicht – fortgeschritten ist.

2.3 Produktanforderungen (Prozess, funktional, nichtfunktional)

Eine Produktanforderung ist eine Anforderung an ein Produkt aus der Perspektive der Realisierung und der späteren Lösung. Produktanforderungen beschreiben, wie Marktanforderungen und Kundenbedürfnisse in ein Produkt umgesetzt werden. Sie erläutern eine Eigenschaft in der Sprache des Produkts und werden daher auch als Funktionen, Eigenschaften, Qualitätsattribute oder Systemanforderungen bezeichnet. Produktanforderungen werden im Pflichtenheft (auch Fachkonzept bei IT-Lösungen) spezifiziert.

Produktanforderungen werden hinsichtlich ihrer Ausprägungen unterschieden und mit verschiedenen Methoden und Techniken analysiert und implementiert. Abbildung 2-4 zeigt eine Klassifikation der verschiedenen Typen von Anforderungen. Wir unterscheiden dabei prozessorientierte, funktionale und nichtfunktionale Produktanforderungen.

Prozessorientierte Anforderungen beschreiben Bedürfnisse und Einschränkungen in den Geschäftsprozessen auf der Lieferanten- und der Kundenseite. Häufig umfasst dies heutzutage eine ganze Anzahl von Lieferanten, Unterauftragsnehmern oder Offshore-Outsourcing-Partnern. Bereits hier werden die Randbedingungen des späteren Projekts definiert, denn schließlich müssen der Preisrahmen und die geplanten Umsatzzahlen im Marketing lange vor der exakten Spezifikation bekannt sein.

Auch organisatorische Randbedingungen spielen eine Rolle, auch wenn sie nur ungern als Anforderung zugegeben werden. Jedoch gibt es seit Jahren Untersuchungen über den Einfluss der Organisationsform auf die Architektur. Melvin Conway hat daraus bereits vor knapp 40 Jahren ein Gesetz abgeleitet, das bis heute nach ihm benannt ist [Conway1968]. Conways Gesetz besagt, dass die Struktur und Architektur eines Produkts die organisatorische Struktur der beteiligten Personen widerspiegeln. Konkret bedeutet dies, dass durch die Festlegung einer Matrixorganisation automatisch auch eine modulare Struktur definiert wird. Wenn die Matrix nur grob strukturiert ist oder gar eine Linienorganisation vorherrscht, wird man vergeblich nach klaren Schnittstellen innerhalb des Produkts suchen.

Zu starker Projektfokus in Verbindung mit einer stark iterativen Vorgehensweise führt dazu, dass nach und nach die Architektur verloren geht. Dies ist als Problem agiler Vorgehensweisen bekannt (siehe auch Kap. 12.4) und weißt auf die Grenzen solcher Vorgehensweisen hin. Eine verteilte Entwicklung (also beispielsweise Offshore-Outsourcing oder die Entwicklung an verschiedenen Standorten) hilft zwar dabei, Schnittstellen zu stabilisieren, aber sie führt zu Verzögerungen und Zusatzaufwand – also auch wieder zu Anforderungen und Einschränkungen an das Projekt [Ebert2001a].

Geprüft wird die Prozessfähigkeit mit sogenannten Reifegradmodellen (siehe auch Kap. 2.7). Diese Modelle bewerten die Prozessfähigkeit eines Unternehmens anhand von Zielvorgaben, die in der Tagesarbeit erreicht werden müssen. Diese Ziele definieren keinen Prozess und schreiben auch keinerlei Werkzeuge vor, sondern gewährleisten, dass die jeweiligen Prozesse im Unternehmen zur Liefersicherheit und Qualität und damit zum Geschäftserfolg beitragen. Sie bewerten, wie die Prozesse gelebt werden, wie sie kommuniziert und trainiert werden und ob sie auch in Grenzsituationen und Feuerwehreinsätzen konsistent angewendet werden. Für das RE beispielsweise lauten entsprechende Zielvorgaben, dass Anforderungen erfasst und kontrolliert werden, dass die Projektpläne darauf abgestimmt sind oder dass Änderungen von Anforderungen kontrolliert erfolgen und, falls sie akzeptiert sind, in allen Projektergebnissen nachgezogen werden.

Produktanforderungen

Prozessorientiert
– Kosten
– Marketing
– Durchlaufzeit
– Vertrieb und Verteilung
– Organisation
– Dokumentation

Funktional

Benutzersicht
– Benutzerschnittstelle
– Anwendungsfälle
– Dienstleistungen

Entwicklungssicht
– Architektur
– Lastbalancierung
– Stromversorgung

Nichtfunktional

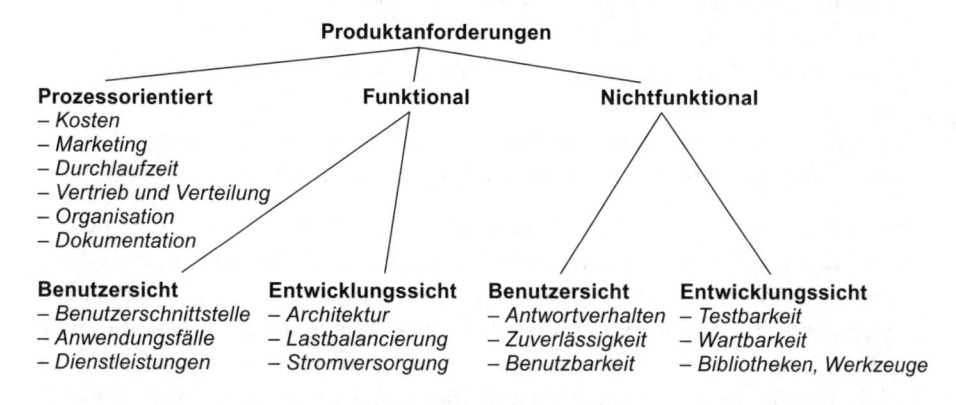

Benutzersicht
– Antwortverhalten
– Zuverlässigkeit
– Benutzbarkeit

Entwicklungssicht
– Testbarkeit
– Wartbarkeit
– Bibliotheken, Werkzeuge

Abb. 2–4 *Klassifikation der unterschiedlichen Typen von Produktanforderungen in Softwareprojekten*

Funktionale Produktanforderungen beschreiben funktionsorientiert und in der Sprache des Produkts, was das Produkt tut. Sie definieren funktional, wie Eingangsparameter vom Produkt auf dessen Ausgangsparameter abgebildet werden oder wie sich bestimmte Funktionsabläufe beispielsweise als Szenarien oder Use Cases verhalten. Sie lassen sich in der Entwicklung sehr leicht verfolgen und auch verifizieren und validieren. Man kann für eine bestimmte Funktion einen Testfall schreiben, der nachher in verschiedenen Testphasen geprüft wird. Beispiele für solche funktionalen Anforderungen sind konkrete Ablaufsbeschreibungen und Szenarien, wie ein System auf bestimmte Eingangssignale oder Eingaben zu reagieren hat. Dazu gehören auch Daten- oder Schnittstellenanforderungen, die beispielsweise nötig sind, damit das zu entwickelnde System in einer bestimmten Umgebung eingesetzt werden kann.

Im beschriebenen Beispiel bestehen funktionale Anforderungen u.a. darin, dass der Aufzug auf Knopfdruck ein Stockwerk anzufahren hat oder dass im Falle von Rauchentwicklung ein Feueralarm ausgelöst wird.

Nichtfunktionale Produktanforderungen (NFA) oder Qualitätsattribute sind Eigenschaften und Einschränkungen des Produkts. Sie machen nur in Verbindung einer Menge von funktionalen Anforderungen Sinn, denn damit sind Verhaltensweisen und Qualitätseigenschaften der funktionalen Anforderungen spezifiziert. Bestimmte funktionale Anforderungen können spezifische NFA bedingen, beispielsweise die Robustheit gegenüber unzulässiger Eingaben oder Signalrauschen. NFA sind Produktanforderungen wie auch die funktionalen Produktanforderungen. Beispiele für NFA sind Wartbarkeit, Sicherheit und Verlässlichkeit. Eine systematische Struktur der NFA liefert der ISO-Standard 9126 [ISO2001]. Nichtfunktionale Anforderungen haben alle die gleichen Charakteristika, die sich schwer beschreiben und umsetzen lassen:

- Schwer zu spezifizieren und zu testen
- Nur auf Komponentenebene validierbar, während Fehler aus dem Zusammenwirken von Komponenten resultieren
- Aufwendige Realisierung im System (end-to-end)
- Starke Wechselwirkungen mit der Architektur und den umgebenden Systemen und Menschen
- Abhängigkeiten untereinander und zu funktionalen Anforderungen
- Schwierige und häufig unzureichende Diagnose und Fehlermanagement

NFA sind in der Verfolgung um einiges schwieriger, da sie nur aus der Produkt- oder Systemsicht greifbar werden. Sicherlich lässt sich Wartbarkeit durch Inspektionen und Codeanalysewerkzeuge prüfen, und Anforderungen an Sicherheit lassen sich durch Inspektionen und Reviews prüfen. Aber eine konkrete Bestätigung zu geben, dass diese Anforderungen auch wirklich implementiert sind, ist nicht einfach. Das hat in der Vergangenheit häufig dazu geführt, dass nur die funktionalen Anforderungen hinreichend präzise spezifiziert wurden, während die nichtfunktionalen Anforderungen vage blieben. Mit wachsender Produkthaftung und expliziten Vertragsstrafen, die sich auf Nichterfüllung von Anforderungen beziehen, wächst allerdings das Interesse auf der Kunden- und Lieferantenseite, alle Anforderungen so präzise zu definieren, dass sie eindeutig implementiert und geprüft (oder abgenommen) werden können.

Im beschriebenen Aufzugsbeispiel sind nichtfunktionale Anforderungen beispielsweise Anforderungen an die Zuverlässigkeit und Verfügbarkeit des Aufzugs oder an die Sicherheit der Benutzer des Aufzugs. Auch die Wartbarkeit und Erweiterbarkeit anhand der externen Machine-to-Anywhere-Schnittstelle ist eine nichtfunktionale Anforderung.

Bei den funktionalen und nichtfunktionalen Produktanforderungen trennen wir in eine interne (Entwicklung) und eine externe (Kunde, Benutzer) Sichtweise. Die interne Sichtweise beschreibt Anforderungen, die vor allem aus Entwicklungssicht eine Rolle spielen. Dazu gehören beispielsweise konkrete Anforderungen zum Stromverbrauch oder zur Architektur, aber auch nichtfunktionale Anforderungen, wie die Testbarkeit. Die externe Sichtweise spiegelt die Kunden- oder Benutzersicht wider. Dabei geht es um direkten Zusatznutzen aus der Sicht dessen, der dafür bezahlen soll. Die meisten explizit beschriebenen Anforderungen in einem Software- oder Systemprojekt gehören in diese Kategorie der funktionalen Anforderungen aus Benutzersicht.

Gesetzliche Vorgaben oder Standards können in eine der drei Kategorien fallen. Es gibt viele Standards, die Produkte in bestimmten Märkten hinsichtlich funktionaler und nichtfunktionaler Anforderungen stark beeinflussen. Beispielsweise gilt dies für sicherheitskritische Systeme bei Zugsteuerungen, Luftraumüberwachung, Medizintechnik oder der Industrieautomatisierung. Viele Ausschreibungen im System- und Softwarebereich fordern heute eine hinreichende Prozessfähigkeit des Lieferanten. Hintergrund dafür ist, dass die Kunden immer weniger in der Lage sind, genau zu beurteilen, ob die Lieferanten tatsächlich auf der Höhe der Zeit sind und ob sie ihre Zusagen auch einhalten können. Eine solche Anforderung könnte lauten, dass der Lieferant den CMMI-Reifegrad 3 hat. Vor dem Hintergrund der immer noch alltäglichen Projektverzögerungen und Kostenüberschreitungen (siehe auch Kap. 1.2), die uns immer wieder begegnen, ist diese Forderung nachvollziehbar.

2.4 Komponentenanforderungen

Unter Komponentenanforderungen versteht man die Anforderungen an eine Komponente eines Produkts aus der Perspektive der Realisierung und der späteren Lösung. Komponentenanforderungen beschreiben, wie Produktanforderungen durch eine Komponente des Produkts (z.B. Benutzerschnittstelle, Betriebssystem) adressiert werden. Sie dienen zur rekursiven Verfeinerung einer Produktanforderung oder eines Systems in handhabbare Teile. Aus der Sicht eines Lieferanten, der diese Komponente liefert, ist dies wiederum eine Marktanforderung. Komponentenanforderungen werden wie die Produktanforderungen auch im Pflichtenheft (in IT-Projekten oftmals auch Fachkonzept genannt) spezifiziert.

Im beschriebenen Aufzugsbeispiel sind Komponentenanforderungen u.a. die Anforderungen an das Steuergerät, an sein Betriebssystem oder an die Rauchmelder. Solche Komponenten werden in der Regel nicht vom gleichen Hersteller wie das Produkt entwickelt, sondern zugekauft. Daher müssen diese Anforderungen frühzeitig präzise spezifiziert werden, um danach die Entwicklungsarbeit verteilen und später die Ergebnisse integrieren zu können.

2.5 Requirements Engineering und Requirements Management

Requirements Engineering (RE) ist das disziplinierte und systematische Vorgehen (d.h. »Engineering«) zur Ermittlung, Strukturierung, Spezifikation, Verifikation, Analyse, Evolution und Verwaltung von Anforderungen unter kundenorientierten, technischen, wirtschaftlichen und erfolgsorientierten Vorgaben. Gutes RE macht den Unterschied aus zwischen einem erfolgreichen Produkt und einer Feature-Sammlung

Requirements Management (RM) ist ein Teil des Requirements Engineering, der sich mit Pflege, Verwaltung und Weiterentwicklung von Anforderungen im Lebenszyklus befasst.

Im Englischen ist RE der Oberbegriff für alle Aktivitäten zur Behandlung von Anforderungen. Im Deutschen ist der gleiche Trend zu beobachten, sodass wir hier primär den Begriff des Requirements Engineering verwenden. In Fällen, wo wir speziell auf die Pflege und Verwaltung, also das »Managen« von Anforderungen, eingehen, verwenden wir den Begriff des Requirements Management (RM). Der Buchtitel trägt beide Begriffe (auch als RE/RM abgekürzt), da gerade im Deutschen das RM noch nicht konsistent als Teil des RE verwandt wird.

RE ist eine Kerndisziplin des **Software-Engineering** und auch der **Systemtechnik**. Wir sprechen hier über Systementwicklung und Softwareentwicklung, denn häufig wird Software als Bestandteil eines größeren Systems geliefert. Wir reden von einem System, wenn es sich um eine Verbindung von Hardware, Software, Prozessen und Personen handelt, die gemeinsam die Fähigkeit haben, ein bestimmtes Ziel zu erreichen oder bestimmte Eigenschaften auszuprägen. Wir wollen uns hier primär mit technischen Systemen befassen, obwohl die besprochenen Vorgehensweisen analog auch für nicht technische Systeme anwendbar sind. In der Tat ist gerade das RE eine sehr interdisziplinäre Tätigkeit, die Methodik und Techniken aus ganz unterschiedlichen Anwendungsbereichen entlehnt hat.

RE versucht, eine gemeinsame Basis über die (zugrunde liegenden) Anforderungen zwischen den Benutzern und den Entwicklern eines Produkts zu erreichen. Damit spielt RE eine Schlüsselrolle während der gesamten Produktentwicklung. Es ist nicht auf den Beginn der Entwicklungsaktivitäten beschränkt, sondern begleitet den **Entwicklungsprozess** bis zur Auslieferung des Produkts. Wenn wir hier von **Produkt** sprechen, umfasst dies individuelle Softwarelösungen bis hin zur Software, die in größeren Systemen eingebettet ist. Auch Dienstleistungen sind Produkte. Die **Benutzer** oder Anwender des Produkts sind diejenigen, die nach der Auslieferung damit in irgendeiner Form in Berührung kommen. Wir

2.5 Requirements Engineering und Requirements Management

wollen dieses »in Berührung kommen« später nochmals aufgreifen (siehe Kap. 5), denn es ist bei der Sammlung von Anforderungen wichtig, hier die Basis nicht zu sehr einzuschränken. Beispielsweise ist es relevant zu unterscheiden, wer exakt **Kunde** ist (also vertraglich in die Entstehung eingebunden ist und dafür bezahlt) und wer das Produkt nachher nutzt.

Oft sind die Kunden nicht die Benutzer, was im RE zu massiven Konflikten führen kann (siehe Kap. 4.1). Kunden und Benutzer sind auch nicht notwendigerweise immer außerhalb der eigenen Firma. Letzteres gilt offensichtlich für interne Softwaresysteme, wie beispielsweise Intranetlösungen oder betriebliche Informationssysteme. Es gilt aber auch für viele kommerzielle Produkte, bei denen innerhalb des Unternehmens eine Marketing- oder Produktmanagementgruppe die Kundenrolle übernimmt. Dies hat den Vorteil, einen konkret greifbaren und ansprechbaren Benutzer zur Hand zu haben, was außerhalb des Unternehmens oft nicht ganz einfach ist. Produktentwicklung schließlich meint den Prozess oder Ablauf von der ursprünglichen Idee oder Vision eines Produkts bis hin zu seiner Auslieferung an die späteren Benutzer.

RE beschreibt die Disziplin innerhalb der Softwaretechnik und der Systemtechnik, die sich mit den gewünschten Eigenschaften und Einschränkungen von Softwaresystemen befasst. Damit ist gutes RE eine unabdingbare Voraussetzung für gutes Projektmanagement:

- Das Ziel von Requirements Engineering ist es, qualitativ gute – nicht perfekte – Anforderungen zu generieren, die es erlauben, das Projekt mit einem akzeptablen Risiko zu beginnen.
- Der Zweck des Requirements Engineering ist es, ein Einverständnis zwischen dem Kunden und dem Softwareprojekt (also dem Lieferanten) über jene Anforderungen zu erreichen, die durch das Softwareprojekt abgedeckt werden.

Hier drückt sich der starke Projektbezug des RE aus, der uns auch durch das ganze Buch hindurch als Richtschnur dienen wird. Anforderungen existieren nur im Kontext eines Projekts, in dem sie entwickelt werden. Alles andere sind Wünsche oder Visionen, aber keine Anforderungen. Sobald ein Projekt mit ins Spiel kommt, geht es auch um Zeitpunkte, Budgets, Ressourcen, Qualität etc. RE als Disziplin ist Teil der – gut etablierten – Disziplin des Projektmanagements [PMI2004] und gehorcht primär den Gesetzmäßigkeiten dieser Disziplin. Das hat sicherlich eine gewisse Logik, denn unser Ziel ist es ja nicht, perfekte Anforderungen zu spezifizieren, sondern sie als Funktionen in einem Produkt oder einer Lösung konkret nutzen zu können.

Achtung! Genauso wenig wie es einen standardisierten Softwareentwicklungsprozess gibt, kann es einen standardisierten RE-Prozess geben. Produkte und Projekte sind zu unterschiedlich, um ein solches Ziel realistisch zu verfolgen. Allerdings kann und sollte es für bestimmte – eingeschränkte – Projekttypen durchaus definierte RE-Prozesse geben. Wenn Sie beispielsweise eine Produktlinie haben, die sowohl eine Plattform als auch Varianten davon für Kunden produziert, dann macht es sicherlich Sinn, die Variantenproduktion durch einen definierten RE-Prozess zu steuern. Ein solcher Prozess könnte beispielsweise Zugriff auf alle existierenden Funktionen der ganzen Produktlinie bieten, sodass Entscheidungen zu Durchführbarkeit und Aufwand vereinfacht und reproduzierbar werden.

RE betrachtet das Softwareprodukt oder die Dienstleistung innerhalb eines größeren Kontextes, also in der Umgebung, in der das System einmal arbeiten muss. Das kann ein PC sein, vor dem ein einzelner Benutzer sitzt (z.B. ein Computerspiel), eine Rechnerumgebung mit verschiedenen Benutzern (z.B. ein Ressourcenplanungssystem in einem Unternehmen), eine interaktive Online-Umgebung mit sehr vielen unbekannten Benutzern (z.B. ein Onlinebuchungssystem), ein gemischtes Hardware-Software-System (z.B. eine Gebäudeautomatisierung) oder auch ein eingebettetes System, bei dem man kaum noch an Software denkt (z.B. ein Getränkeautomat, der in die Logistikkette eines Getränkelieferanten eingebaut ist).

Da Software ohne Hardware nicht arbeitsfähig ist, betrachtet das RE immer auch die Umgebung, in der die Software einmal laufen muss. RE kann niemals nur den Blick auf die Software allein richten, sondern muss zumindest betrachten, was ein Benutzer oder jemand, der dafür bezahlt, von dieser Software innerhalb einer bestimmten Umgebung erwartet. Daher hat RE prinzipiell immer die **Ziele** im Blick, die von der zu liefernden Software innerhalb einer bestimmten Umgebung zu erreichen sind.

RE muss nicht nur die Ziele des Softwaresystems präzisieren, sondern auch dessen Umgebung. Es ist ein Unterschied, ob die Software als Computerspiel auf einem Rechner läuft, wo im Zweifelsfall der Benutzer Performanzschwierigkeiten aus Mangel an weiter gehenden Kenntnissen auf seinen Rechner (d.h. Grafikkarte) schiebt, oder ob es als eingebettete Anwendung in einem Spielcenter läuft, wo der Benutzer zeitabhängig zu zahlen hat. Solche Laufzeiteinschränkungen als Folge unzureichender Ziel- und Umgebungsvorgaben haben schon oft das frühzeitige Ende von Softwaresystemen gebracht. Bekannte Beispiele sind Systeme zur zivilen Luftraumüberwachung, von denen es über Jahrzehnte hieß, dass man sie nicht effektiv entwickeln kann [Glass1998]. Aber auch die Unkenntnis von Benutzeranforderungen an das Laufzeitverhalten oder an das Antwortverhalten bedeuten das Ende von vielen Softwaresystemen, insbesondere im Onlinebereich, wo in kürzester Zeit über den Erfolg oder Misserfolg einer Anwendung entschieden wird.

RE betrachtet als Querschnittsprozess die Fragestellung der Ziele und Zielerreichung eines Softwaresystems von den frühen Phasen des Marketings und Produktmanagements über die Angebotserstellung, die Projektplanung bis hin zu Projektausführung, Implementierung, Test und Wartung. Die Wartungsphase bringt nochmals völlig neue Fragestellungen für das RE, denn nun geht es auch um Wartbarkeit oder Erweiterbarkeit, also nichtfunktionale Anforderungen, die im Vorfeld oft übergangen worden sind.

2.5 Requirements Engineering und Requirements Management

»*To begin with the end in mind*« ist eine Denkweise, und selten gilt sie so stark wie im Requirements Engineering. Jedes Projekt, jedes Produkt und jede Lösung brauchen eine Vision. Die Vision beantwortet, was anders sein wird, wenn das Softwaresystem erst einmal fertig ist. Damit lässt sich schneller und transparenter entscheiden, ob das System denn auch die dazu nötige Investition wert ist. Um die richtigen Anforderungen herauszuarbeiten, ist es interessant, nicht nur das erste Release zu sehen (obwohl das zugegebenerweise über den Gesamterfolg entscheidet), sondern auch darüber nachzudenken, wie sich das System entwickeln wird, so es denn erfolgreich ist. Wird es Varianten für verschiedene Märkte, Bedürfnisse oder Kunden geben? Wie lange soll das System leben und gepflegt werden? Jeder kennt die Geschichten der NASA, die immer wieder von der Laufzeit ihrer Satelliten- und Weltraumprogramme überrascht ist und entsprechend dann auch die Überwachungsstationen am Leben erhalten muss. Legendär sind die Aktionen, in denen die NASA Prozessoren über das Internet gesucht hat, weil man sie nirgends mehr kaufen konnte. Microsoft und viele andere große Firmen sind dafür bekannt, dass sie die komplette Entwicklungs- und Testumgebung eines jeden Produkts (also die Hardware und alle Softwaretools) sicher aufbewahren, um im Einzelfall erneut produzieren zu können. Wartungsfragen spielen eine große Rolle bei der Sammlung und Bewertung von Anforderungen.

RE ist als Disziplin sowohl problem- als auch lösungsorientiert. Als problemorientierte Disziplin betrachtet RE die Fragestellungen oder Probleme, die dadurch entstehen, dass Software als Lösung für übergeordnete Ziele eingesetzt wird. Ein problemorientiertes RE arbeitet sehr eng mit dem Produktmanagement, Marketing und auch der Psychologie zusammen (siehe Kap. 4.5) [Ebert2007b]. Es betrachtet die zu erreichenden Ziele im Gesamtkontext des späteren Systems, der Personen, die diese Ziele zu ihrem eigenen Nutzen einsetzen wollen (siehe Kap. 4.1), und den Problemen, die innerhalb gegebener Einschränkungen und Grenzen zu lösen sind. Als lösungsorientierte Disziplin hängt RE stark mit dem Software-Engineering zusammen. Als Softwareanforderungen werden Funktionen, Qualitätsziele und andere Eigenschaften beschrieben, die das Softwaresystem besitzen soll. Beide Perspektiven (also Problem- und Lösungsorientierung) finden im RE zusammen.

Man kann also RE als jene Disziplin charakterisieren, die **Bedürfnisse auf Lösungen abbildet**. Das hat sich im deutschsprachigen Raum bereits frühzeitig in der klaren Trennung zwischen Lastenheft und Pflichtenheft niedergeschlagen. Der angelsächsische Sprachraum tat sich da mit nur einer »Spezifikation« beträchtlich schwerer, denn es ist in der Praxis fast unmöglich, die Anforderungen (aus Kunden- oder Benutzersicht) direkt auf eine Lösung abzubilden. Sobald jedoch die Abbildung nicht mehr eins zu eins aufgeht (also für jede Anforderung ein Lösungselement), benötigt man zwei separate Dokumente (oder Kapitel), die es erlauben, beliebige n:m-Abbildungen zu handhaben.

RE ist die systematische Vorgehensweise, um alle Anforderungen (also Prozessanforderungen, funktionale und nichtfunktionalen Produktanforderungen)

- zu ermitteln,
- zu spezifizieren,
- zu validieren,
- zu analysieren,
- zu vereinbaren und einem Projekt zuzuweisen,
- im Projekt zu verwalten und Änderungen konsistent umzusetzen.

Diese Systematik ist in Abbildung 2–5 dargestellt. Wir haben bewusst noch keinen Prozess (also eine Abfolge von Schritten über die Zeit) eingeführt, um das Konzept nicht zu kompliziert zu machen. Hier geht es zuerst um die Schritte und die Disziplin des Requirements Engineering. Die Abbildung impliziert bereits eine gewisse Ordnung, denn sicherlich kommt die Analyse der Anforderungen nach deren Ermittlung. Dies erklärt im oberen Teil die Sequenz von Schritten. Der untere Teil der Spezifikation/Verifikation sowie Verfolgung/Änderungsmanagement ist zeitlich nicht limitiert. Änderungsmanagement muss es bis zum Projektende geben, und der Bedarf dafür wird im Laufe des Projekts eher größer.

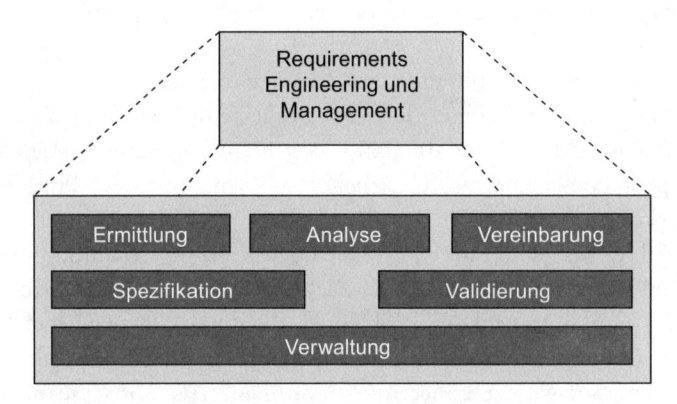

Abb. 2–5 *Inhalte des Requirements Engineering und Requirements Management*

Eine oft vernachlässigte Komponente in Abbildung 2–5 ist die *Vereinbarung der Anforderungen*. **RE umfasst Einführung und Aufrechterhaltung einer Übereinkunft über die Anforderungen an das Softwareprojekt mit dem Kunden.** Schriftliche Übereinkünfte werden mit jedem Kunden des Projekts gepflegt. Sie enthalten sowohl die technischen als auch die nicht technischen Anforderungen an die Software für den gesamten Produktlebenszyklus. Das Projektteam prüft die Anforderungen hinsichtlich Durchführbarkeit, Klarheit, Konsistenz und Testbarkeit – bevor sie als Projektinhalt vereinbart werden. Gefundene Probleme werden gemeinsam mit dem Kunden behoben, bevor die Anforderungen akzeptiert werden.

Ein Schlüsselproblem des RE ist die – inhärente – Unsicherheit der Anforderungen. Dies wird in einem alten Slogan von Systemanalytikern deutlich, die in solch unwägbaren Situationen typischerweise auf IKIWISI verweisen (*I know it when I see it*; siehe Kapitel 10). Das ist natürlich etwas übertrieben, zeigt aber, dass es Produktvisionen gibt, die nur durch exploratives Arbeiten (auch eine RE-Methode; siehe Kap. 3) zu konkretisieren sind.

RE als Disziplin wird durch diese inhärente Unsicherheit stark beeinflusst. Dies erklärt, warum RE nicht so präzise definiert ist und formalisiert werden kann, wie wir das aus der Informatik eigentlich gewöhnt sind. **Für das RE gibt es keine geschlossene Theorie und die Gesetzmäßigkeiten sind empirischer Natur.**

2.6 Wichtige Begriffe

Modelle oder Notationen sind im RE nicht wegzudenken. Sie helfen dabei, die Realität zu verstehen und sich schrittweise eine Lösung zu erarbeiten. Doch was ist ein Modell? Was ist der Unterschied zwischen einem Modell und einer Methode? Oftmals werden die Begriffe Methode, Prinzip und Notation verwechselt. Wir wollen in diesem Kapitel kurz auf diese Begriffe eingehen, um sie später im Buch konsistent zu verwenden. Abbildung 2–6 beschreibt die verschiedenen Begriffe, die uns immer wieder begegnen (siehe auch [Balzert2008]). Die grafische Darstellung verläuft von konkret (unten) nach abstrakt (oben). Die Umsetzung bewegt sich von links nach rechts, also links die Vorgehensweisen und rechts deren konkrete Ergebnisse.

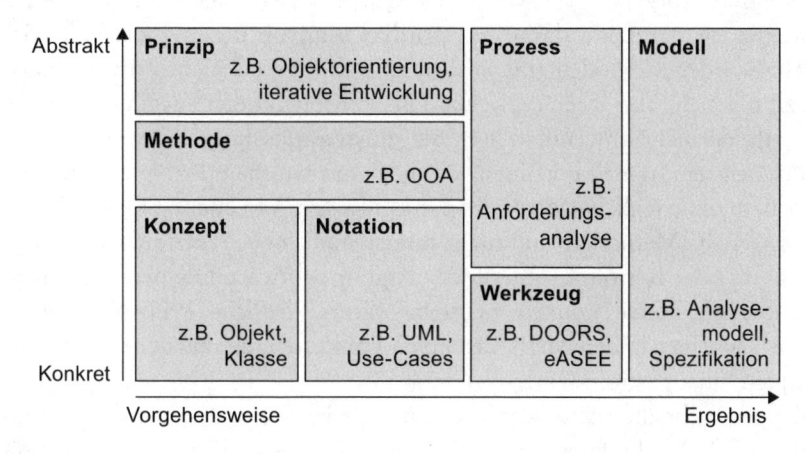

Abb. 2–6 *Terminologie in der Softwaretechnik*

Wir beginnen in der oberen linken Ecke der Abbildung 2–6 und finden dort die Prinzipien. **Prinzipien** umfassen grundlegende Regeln, die im Zusammenhang angewandt werden. Die grundlegenden Regeln werden nicht einzeln hinterfragt und sind im Allgemeinen auch kaum empirisch belegbar. Damit werden die Argumentationsketten einzelner Regeln vereinfacht, da die Prinzipien wie mathematische Axiome nur im Zusammenhang angewandt werden. Prinzipien versuchen generell zu sein, hinreichend von konkreten Anwendungsfällen zu abstrahieren und nicht zu beantworten, wie die Ziele erreicht werden können. Nur durch diese Verallgemeinerung können sich Prinzipien überhaupt halten. Ein bereits klassisches Prinzip ist die Objektorientierung. Ein modernes Prinzip zur Definition und Realisierung von Informationssystemen ist die serviceorientierte Architektur (SOA). Was das Prinzip bewirkt, wird separat untersucht und hängt von den Methoden ab, die zur Umsetzung des Prinzips eingesetzt werden. Die Objektorientierung wurde beispielsweise lange Zeit per se als der Wartbarkeit förderlich propagiert, bis konkrete Studien herausfanden, dass objektorientierte Systeme ohne dezidierte Methodik für bessere Wartbarkeit über die Lebensdauer ihre Wartbarkeit schneller einbüßen als strukturierte prozedurale Systeme [Hatton1998, Deligiannis2004].

Eine **Methode** wird aus Prinzipien abgeleitet oder durch sie bestimmt. Methoden sind systematisch eingesetzte, wohldefinierte Prozeduren oder Techniken, um vorgegebene Ziele durch die Ausführung von einzelnen Schritten in definierter Reihenfolge zu erreichen. Innerhalb der Objektorientierung (als Prinzip) gibt es verschiedene spezifische Methoden, um ein System beispielsweise objektorientiert zu analysieren. In einem Fall gibt die Methode beispielsweise vor, wie Objekte aus den Gegenständen des Anwendungsbereichs extrahiert werden können. Diese Extraktion hängt von der Umgebung ab und kann daher nicht Teil des Prinzips sein. Eine Methode verfeinert ein Prinzip und macht es praktisch anwendbar. Methoden müssen ein Ziel erreichen, das nachprüfbar ist. So kann eine Methode vorgeben, die Wartbarkeit zu verbessern. Dann müssen die daraus resultierenden Artefakte daraufhin prüfbar sein, ob dieses Ziel auch wirklich erreicht wurde. Methoden tragen ihre Anwendbarkeit nicht notwendigerweise implizit mit sich (also ihren typischen Einsatzbereich oder Ausschlussgründe, wo die Methode nicht anwendbar ist). Sie müssen allerdings insoweit geschlossen beschrieben sein, um zu erkennen, wann sie mit welchem Erfolg einsetzbar sind. Ein Prinzip ohne jegliche Methodik zur konkreten Anwendung bleibt ein theoretisches Gerüst. Methoden sind nicht immer nur einem Prinzip zuzuordnen. Die Top-down- oder Bottom-up-Methoden sind im Software-Engineering sehr populär geworden. Beide können für sehr unterschiedliche Prinzipien eingesetzt werden[2]. Insofern bilden Methoden einen Baukasten, der bei der Umsetzung von Prinzipien hinzugezogen wird.

Es gibt nicht die beste oder eine einheitliche Methode. Allerdings gilt, dass praktisch jede Methode besser ist als eine Ad-hoc-Arbeitsweise. Das liegt daran, dass eine Analysemethode den Ingenieur dazu zwingt, strukturiert und diszipliniert zu arbeiten, und damit Flüchtigkeitsfehler verringert und die Transparenz der Lösung in dieser frühen Phase verbessert. Die Ergebnisse einer Analyse müs-

---

2. Die Objektorientierung erlaubt top-down mit bekannten Klassen zu beginnen, die für einen Zweck angepasst und verfeinert werden, oder bottom-up mit einzelnen identifizierten Objekten, die zu Klassen generalisiert werden. Diese beiden Prinzipien des Top-down- und Bottom-up-Ansatzes können analog auch im prozeduralen Prinzip eingesetzt werden.

2.6 Wichtige Begriffe

sen beschrieben werden, um später verifiziert werden zu können und um die zugrunde liegenden Annahmen zu kennen. Die gewählte Methode verbessert nicht per se die Qualität der resultierenden Spezifikation. Es steckt so viel Erfahrung und Kreativität in einer Lösung, dass selbst eine sehr gute Methode noch nicht für das Ergebnis garantieren kann. Allerdings sollte die ausgewählte Methode die Denk- und Arbeitsweise der Benutzer und der Entwickler bestmöglich unterstützen.

Ein **Konzept** ist eine Abstraktion, die es erlaubt, eine Sache aus einer bestimmten oder aus verschiedenen Perspektiven zu modellieren. Konzepte sind universell und lassen sich auf ganz unterschiedliche Aspekte innerhalb ihres definierten Anwendungsbereichs einsetzen. Sie bilden die Bestandteile von Methoden. Innerhalb der Methode der strukturierten Programmierung gibt es die Konzepte einer Sequenz, einer Schleife oder einer Entscheidung.

Eine **Notation** ist eine Menge von Symbolen, die es erlaubt, ein oder mehrere Konzepte zu repräsentieren. Innerhalb der strukturierten Programmierung ist ein Strukturdiagramm eine brauchbare Notation. UML ist heute eine sehr häufig eingesetzte Notation, um ganz unterschiedliche Konzepte zu beschreiben. Notationen werden im Unternehmen oder im Projekt standardisiert, um Verständlichkeit zu gewährleisten. Schließlich sollte nicht jeder Entwickler oder Analyst sich zuerst mit einer neuen Nuance der Modellierungssprache auseinandersetzen müssen.

Ein **Modell** ist eine abstrakte Repräsentation einer realen Sache in einer beliebigen Form (z.B. mathematische Symbolik, physikalische Formel, grafische Darstellung, verbale Beschreibung), um einen bestimmten Aspekt dieser Realität vereinfachend darzustellen. Modelle werden eingesetzt, um komplizierte oder komplexe Sachverhalte in ihrer Schwierigkeit einzuschränken und damit beschreibbar zu machen. Ein Modell ist das Ergebnis des Einsatzes einer Methode und häufig stark mit ihr gekoppelt. Wir wollen in Kapitel 8 auf verschiedene Analysemodelle und die zugehörigen Methoden eingehen.

Modelle vereinfachen immer und sind daher prinzipiell falsch, da sie bestimmte Aspekte der Realität zur besseren Veranschaulichung eines anderen Aspekts ignoriert haben. Modelle werden anhand ihrer Brauchbarkeit, bestimmte Sachverhalte darzustellen, ausgewählt. Innerhalb der Anforderungsanalyse sind Modelle eines der wichtigsten Ergebnisse, denn sie helfen, die Aufgabe zu erfassen und daraus eine mögliche Lösung zu generieren.

Modelle werden mit dem Ziel entwickelt, einen bestimmten Sachverhalt zu beschreiben. Das kann der Datenfluss zwischen unterschiedlichen Verarbeitungsschritten sein, so zum Beispiel die Folge von Prozessschritten in einem Workflow, oder die Änderungen an einem Dokument. Ein ganz anderes Modell für die gleiche Lösung könnte den Zusammenhang zwischen einzelnen technischen Komponenten des Systems beschreiben, also beispielsweise die Rechnerkomponenten und die dazugehörige Kommunikationsinfrastruktur. Wieder andere Modelle beschreiben die dynamische oder statische Struktur des Systems, also beispielsweise den Austausch von Informationen und die Reaktion auf externe Ereignisse oder aber die Einordnung von Klassen in eine Hierarchie von Vererbungen und Abhängigkeiten.

Ein **Prozess** ist die definierte Abfolge von Tätigkeiten, die der Erreichung eines Ziels dient. Er beschreibt Eingaben oder Voraussetzungen und Ausgaben, die vor beziehungsweise nach Abschluss des Prozesses generiert werden. Prozesse können dazu dienen, Methoden und Konzepte umzusetzen. Beispielsweise kann ein Prozess die Arbeit der Anforderungsanalyse beschreiben und dabei auf den Einsatz der strukturierten Analyse oder aber der objektorientierten Analyse (OOA) eingehen. Prozesse werden in der Regel im Projekt vorgeschrieben, um zu gewährleisten, dass sich alle Projektmitarbeiter in die gleiche Richtung bewegen.

Werkzeuge bieten eine automatisierte Unterstützung bei der praktischen Arbeit mit Prozessen, Methoden, Konzepten und Notationen. Werkzeuge sind aufwendig in der Herstellung und später im Einsatz, sodass die Hersteller versuchen, sie hinreichend allgemeingültig zu belassen, um unterschiedliche Notationen damit umsetzen zu können. Beispielsweise sind moderne Modellierungswerkzeuge nicht nur offen für UML, sondern darüber hinaus auch für Spracherweiterungen. Werkzeuge forcieren den Einsatz einer Methode und sie erzwingen den korrekten Umgang mit einer Notation, so diese syntaktisch und semantisch vollständig definiert ist. Ein Compiler wird niemals eine Syntax erlauben, die durch die gewählte Programmiersprache nicht unterstützt wird. Im Requirements Engineering ist dies etwas schwieriger, da die zugrunde liegenden Sprachen – so auch UML – semantisch nicht vollständig definiert sind. Werkzeuge verbessern die Produktivität der Entwickler, denn sie bieten Bibliotheken, um häufig gewünschte Konstrukte wiederzuverwenden oder um Fehler frühzeitig zu finden. Im Unterschied zu der berüchtigten »back of the envelope«-Darstellung eines Diagramms helfen Werkzeuge dabei, die Modelle und Spezifikationen wartbar und damit konsistent zu späteren Änderungen zu halten.

2.7 RE-Standards und Prozessmodelle (CMMI, SPICE)

Standards sind Anweisungen, die Vereinbarungen zu Produkten, Prozessen oder Vorgehensweisen beschreiben, die auf nationaler oder internationaler Ebene von anerkannten Berufs-, Industrie- oder Standesverbänden und von Handels- oder Regierungsorganisationen vereinbart wurden. Häufig sind es auch nur »de facto« akzeptierte und von Praktikern oder der Gesellschaft ausgeführte Vorgehensweisen, die die Zusammenarbeit erleichtern. Im Software- und IT-Bereich sind die meisten Standards de facto entstanden, beispielsweise zum Austausch von Dateien oder zum Programmieren von Schnittstellen. Prozessvorgaben haben eher den Charakter einer national oder international legitimierten Anweisung, denn häufig bedingen sie – zumindest anfangs – Mehrausgaben. Standards sind nützlich, denn sie erleichtern die internationale Zusammenarbeit und bieten Ver-

2.7 RE-Standards und Prozessmodelle (CMMI, SPICE)

lässlichkeit in Projekten und in der Nutzung von externen Komponenten für die Produktentwicklung.

Abbildung 2–7 zeigt einige der relevanten Standards, die in der System- und Softwareentwicklung zum Einsatz kommen. Oftmals sind sie Bestandteil von Ausschreibungen. Die Abbildung beschreibt im oberen Teil die Ziele und Randbedingungen an Entwicklungsprozesse. Im unteren Teil befinden sich jene Standards, die konkret zeigen, wie solche Vorgaben umgesetzt werden. Dabei sind die für das RE verbindlichen Standards ganz unten im Diagramm zu erkennen. Dunkel getönte Ovale zeigen die international verbindlichen ISO-Standards, die weißen Ovale stellen De-facto-Standards dar, die in der Praxis große Verbreitung haben. Die Pfeile deuten auf gegenseitige Einflüsse zwischen den Standards hin. Seit Ende der neunziger Jahre achtet die ISO stark darauf, dass Standards konsistent sind und sich nicht überdecken. Gerade bei den drei Standards ISO 12207 (Lebenszyklus), ISO 9001 (Qualitätsmanagement) und ISO 15504 (Prozessbewertung) hat dies zu einer einheitlichen Terminologie geführt, die wir auch in diesem Buch verwenden.

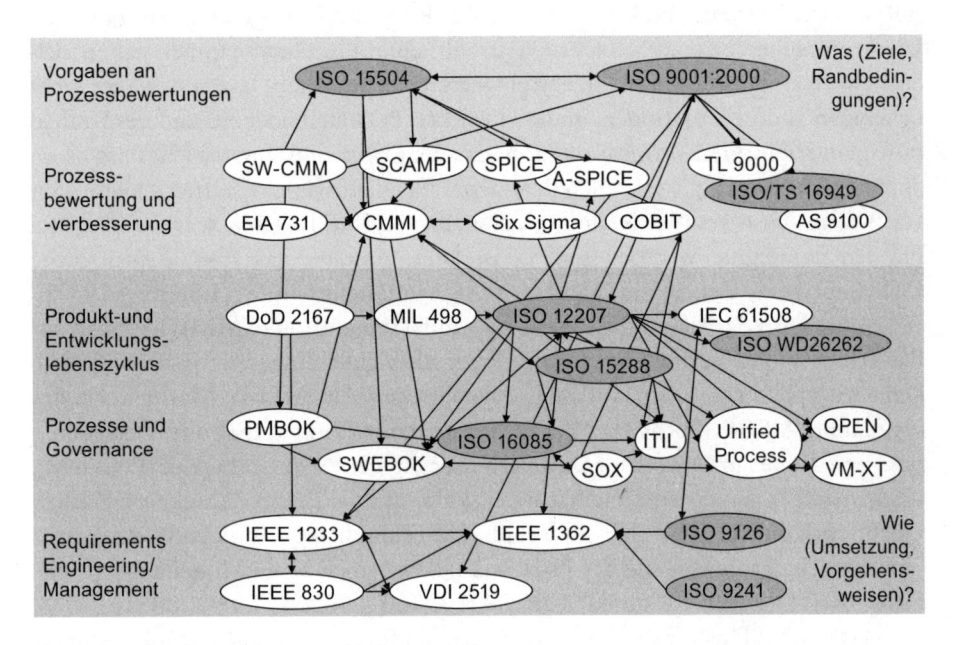

Abb. 2–7 *Standards für System- und Softwaretechnik*

Ein grundlegender Standard der Softwaretechnik und der Vorgehensweisen, wie Software entwickelt wird, ist das Capability Maturity Model Integration (CMMI) [Chrissis2006]. Das CMMI und sein Vorgänger, das CMM, sind in den achtziger Jahren des vergangenen Jahrhunderts an der Carnegie Mellon University in Pittsburgh entstanden. Dort wurde das Software Engineering Institute (SEI) gegründet, um die Qualität und Verlässlichkeit der Softwareentwicklung zu verbessern. Das CMMI basiert auf der Erkenntnis, dass die Zusammenstellung von einzelnen besten Praktiken keine Lösung verspricht. Man muss den gesamten Lebenszyklus der Software von der Konzeption bis zur Lieferung betrachten, wenn man etwas grundlegend verbessern will. Sie brachten die besten Unternehmen jener Zeit zusammen und erarbeiteten mit Hunderten von Mitwirkenden aus ganz unterschiedlichen Wirtschaftszweigen und Unternehmensgrößen einen Satz von besten Praktiken, die schrittweise aneinander angepasst und in ein zusammenhängendes Modell integriert wurden. Sorgfältig wurde darauf geachtet, dass die Elemente individuell einführbar sind, dass sie wie ein Puzzle zusammenpassen und dass sie unabhängig bleiben von der eingesetzten Methodik, von der Größe und Art des Unternehmens und von den Produkten oder Lösungen, die entwickelt werden.

Dieser Fokus auf integrierte Prozessschritte von Beginn (also Anforderungsphase) bis zur Lieferung war die große Neuerung oder der Paradigmenwechsel, den das CMMI mit sich brachte. Vorher (und teilweise bis heute) versuchten Forscher und Fachleute aus der Praxis immer wieder mit Einzelmaßnahmen, beispielsweise mit bestimmten Werkzeugen oder Methoden, wie Objektorientierung (OO) oder Extreme Programming (XP), Projektschwierigkeiten zu beheben. Dieses Vorgehen ist zum Scheitern verurteilt, denn Einzelmaßnahmen helfen vielleicht in einer ganz bestimmten, eng eingegrenzten Situation, lassen sich aber nicht beliebig in andere Situationen, andere Projekte, Personen oder ein anderes Umfeld transplantieren. Fred Brooks erkannte das als Erster und unterstrich, dass es im Software-Engineering – wie auch in anderen Ingenieurwissenschaften – keine »Silver Bullets«, also keine Allheilmittel, gibt [Brooks1987]. Damit war der Weg frei für den Paradigmenwechsel, und es ist kein Wunder, dass das ursprüngliche CMM nur kurze Zeit später, nämlich 1988, vorgestellt wurde [Humphrey1987].

Heute wird das Capability Maturity Model Integration (CMMI) weltweit zur Bewertung – und Verbesserung – der Prozessfähigkeit eingesetzt [Chrissis2006]. Daneben spielt vor allem auf dem europäischen Automotive-Markt auch das sogenannte SPICE (Software Process Improvement and Capability Determination) eine Rolle zur Bewertung und Verbesserung der Prozessfähigkeit [Emam98]. Beide Modelle haben eine mehrstufige Skala, die die Prozessfähigkeit zwischen »nicht vorhanden« oder chaotisch und »kontinuierlich optimierend« einordnet. Hinsichtlich der Bewertung der Prozessfähigkeit haben beide Modelle die gleiche Basis, nämlich den ISO-Standard 15504 [ISO2003, ISO2004, ISO2006a].

Das CMMI gliedert die zugrunde liegenden Prozessbereiche in fünf aufeinander aufbauende sogenannte Reifegrade (Maturity Levels, Abb. 2–8). Jeder dieser Reifegrade oder auch Ebenen – außer der ersten, initialen Ebene, auf der jeder per Definition beginnt – besteht aus sogenannten Schlüsselbereichen, die alle vollständig vorhanden sein müssen, um einen bestimmten Reifegrad zu erreichen.

RE spielt im CMMI eine große Rolle und taucht daher in den Prozessbereichen gleich mehrfach auf (Abb. 2–9) [Chrissis2006]. Es beginnt mit dem Prozessbereich Anforderungsmanagement (engl. Requirements Management), das dem

2.7 RE-Standards und Prozessmodelle (CMMI, SPICE)

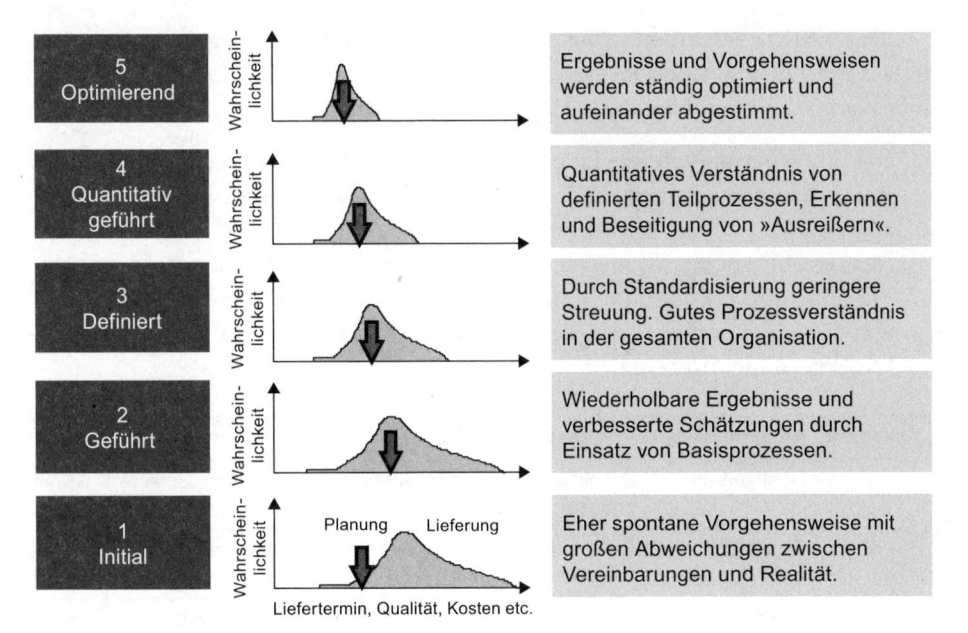

Reifegrad	Beschreibung
5 Optimierend	Ergebnisse und Vorgehensweisen werden ständig optimiert und aufeinander abgestimmt.
4 Quantitativ geführt	Quantitatives Verständnis von definierten Teilprozessen, Erkennen und Beseitigung von »Ausreißern«.
3 Definiert	Durch Standardisierung geringere Streuung. Gutes Prozessverständnis in der gesamten Organisation.
2 Geführt	Wiederholbare Ergebnisse und verbesserte Schätzungen durch Einsatz von Basisprozessen.
1 Initial	Eher spontane Vorgehensweise mit großen Abweichungen zwischen Vereinbarungen und Realität.

Abb. 2–8   *Die fünf Reifegrade im CMMI*

Reifegrad 2 zugeordnet ist. Man kann also nicht auf Reifegrad 2 oder höher gelangen, wenn man kein grundlegendes Anforderungsmanagement im Unternehmen praktiziert. Dabei geht es nicht primär um den Einsatz von Methoden und Werkzeugen, sondern um Managementgrundsätze, beispielsweise dass Anforderungen und ihre Änderungen vor der Zusage beim Kunden erst einmal im Projekt abgestimmt sein müssen. Ein anderes wichtiges Prinzip unterstreicht, dass alle Anforderungen mit den wesentlichen Arbeitsergebnissen des Projekts konsistent gehalten werden müssen. Schließlich müssen die Anforderungen verfolgbar sein, um ein konsistentes Änderungsmanagement zu erreichen.

Auf Reifegrad 3 taucht RE noch zweimal auf, in Form der Prozessbereiche der Anforderungsentwicklung (engl. Requirements Development) und der technischen Umsetzung (engl. Technical Solution).

Implizit ist RE in andere Prozessbereiche eingebettet, beispielsweise in das Konfigurationsmanagement, in die Projektplanung, in die Validierung und in das Management von Lieferantenvereinbarungen. Jeder dieser Prozessbereiche eines Reifegrads unterteilt sich weiter in Ziele, die erfüllt sein müssen, um den Prozessbereich abzudecken. In einem Assessment wird ganz konkret für jedes Ziel überprüft, ob die nötigen Maßnahmen eingeführt sind und praktiziert werden, die zur Erreichung des jeweiligen Ziels beitragen. Als Handreichung, aber nicht im Detail verpflichtend, bietet das CMMI auch noch eine größere Anzahl von Praktiken an, die bei der Umsetzung des Ziels helfen. Diese Praktiken haben einen starken Prozesscharakter, weswegen man auch von einem Modell zur Prozessverbesserung spricht.

Das CMMI beschreibt keine Prozesse, sondern gibt Zielvorgaben, die durch Prozesse erreicht werden müssen. Für das RE gibt es zwei Prozessbereiche mit sehr klaren Zielvorgaben, die wir uns zu eigen machen sollten [Chrissis2006]:

- Die Anforderungsentwicklung dient dazu, die Anforderungen der Kunden sowie die Anforderungen an Produkte und Komponenten zu ermitteln und zu analysieren.
- Das Requirements Management dient dazu, die Anforderungen an die Produkte und Produktkomponenten eines Projekts zu managen und Inkonsistenzen zwischen diesen Anforderungen und den Plänen und Ergebnissen des Projekts zu identifizieren.

Reifegrad	Beschreibung	Prozessbereiche
5	Optimierend	Organisationsweite Innovation und Verbreitung, Ursachenanalyse und Problemlösung
4	Quantitativ geführt	Performanz der organisationsweiten Prozesse, quantitatives Projektmanagement
3	Definiert	Anforderungsentwicklung, technische Umsetzung, Produktintegration, Verifikation, Validierung, Prozessfokus, Prozessdefinition, Training, integriertes Projektmanagement, Risikomanagement, Entscheidungsanalyse und -findung
2	Geführt	Anforderungsmanagement, Konfigurationsmanagement, Projektplanung, Projektverfolgung und -steuerung, Messung und Analyse, Qualitätssicherung, Management von Lieferantenvereinbarungen
1	Initial	*Keine Voraussetzungen (Einstiegsbereich)*

Abb. 2–9   *Prozessbereiche des CMMI*

Diese zwei Ziele korrespondieren mit den sechs Aktivitäten im RE, wie wir sie Kapitel 2.5 eingeführt haben (siehe auch Abb. 2–5). Das erste Ziel (CMMI Requirements Development) umfasst die Ermittlung, Spezifikation, Analyse und Validierung. Das zweite Ziel (CMMI Requirements Management) umfasst die Vereinbarung und die Verwaltung.

Diese Perspektive auf Zielvorgaben anstatt präziser Implementierungsrichtlinien führt zu einer universellen Anwendbarkeit und Klarheit und damit zur großen Verbreitung dieses Modells als De-facto-Standard weltweit. Das CMMI hat bei Ausschreibungen einen wachsenden Einfluss, da sich Kunden darauf verlassen, dass sich Unternehmen auf einem höheren Reifegrad auch professioneller verhalten und verlässlich liefern. Das CMMI ist im Gegensatz zu den ursprünglichen Qualitätsstandards, wie ISO 9001, stärker an der Umsetzung der Prozesse interessiert und nicht daran, nur Rahmenbedingungen zu diktieren. Es ist in diesem Zusammenhang keine Überraschung, dass sich ISO 9001 in seiner Aktualisierung im Jahre 2000 sehr stark am CMMI orientierte und heute ebenfalls auf die erfolgreiche Ausführung von Prozessen ausgerichtet ist [ISO2000].

2.7 RE-Standards und Prozessmodelle (CMMI, SPICE)

Die Umsetzung von Forderungen oder Zielen im CMMI ist aufgrund der zielorientierten generischen (und damit »modeunabhängigen«) Beschreibung im CMMI nicht trivial. Das CMMI ist kein Kochbuch, aus dem man einen RE-Prozess kopieren kann. Beispielsweise geht es auf Reifegrad 2 um die Vereinbarung von Anforderungen für ein Projekt und das Management der Anforderungen in diesem Projekt. Reifegrad 3 fokussiert auf die Entwicklung und Zuweisung von Anforderungen zu einem Produkt oder zu Produktkomponenten. Das klingt pragmatisch, denn schließlich will man seine begrenzten Entwicklungsressourcen nur auf solche Anforderungen einsetzen, die auch vereinbart und dem Projekt zugewiesen sind. Die Zuweisung setzt aber voraus, dass ein minimaler RE-Prozess besteht, wie wir ihn überblicksartig in Abbildung 2–5 skizziert haben. Man muss also zusätzlich noch weitere eher vorschreibende Standards betrachten, die bei der Einführung von RE helfen. Dieses Buch nimmt genau diese Rolle ein, indem es versucht, konkrete Inhalte zu beschreiben.

Auch das SPICE, das primär im Automotive-Bereich und dort vor allem in Europa eine Rolle spielt, baut viele seiner Vorgaben direkt um das RE herum auf [ISO2003, ISO2004, ISO2006a]. Innerhalb von SPICE sind es drei Prozesse, die direkt mit dem RE zu tun haben, nämlich »Requirements Elicitation« (Ermittlung von Anforderungen, ENG1), System Requirements Analysis (ENG2), System Architectural Design (ENG3) und Software Requirements Analysis (ENG4). Darüber hinaus beschreibt das Konfigurationsmanagement (SUP8), wie Arbeitsergebnisse im Projekt kontrolliert und abgelegt werden. Das Änderungsmanagement (SUP10) wird bei der Analyse von Anforderungsänderungen eingesetzt. Wir erkennen aus dieser kurzen Synopse, dass sich das CMMI und SPICE hier stark ähneln. Beide Modelle haben die gleiche Wurzel und verhalten sich konform zu den Vorgaben des ISO-15504-Standards.

Interessant sind die Modelle aus der Sicht des Lieferantenmanagements, wo Anforderungen und ihr Management eine zentrale Rolle spielen. Beide Modelle verweisen darauf, dass ein Kunde, der als Systemintegrator arbeitet und seine Systeme aus Komponenten externer Lieferanten integriert (also beispielsweise im Automobilbau ein OEM), primär die Prozessbereiche um das Requirements Engineering und Management sowie jene der Systemintegration optimieren sollte. Er wird dies aus der Sicht des Auftraggebers tun und auf Klarheit im Lastenheft, Projektsteuerung, Risikomanagement, Integration und Vertragsgestaltung achten. Der Lieferant wiederum wird die gleichen Prozessbereiche verstärkt aus dem Blickwinkel seiner eigenen Entwicklung heraus betrachten, beginnend mit dem Pflichtenheft und der Änderungskontrolle der Anforderungen. Insbesondere wird der Lieferant aus einem Prozessbereich wie Requirements Management im CMMI (SPICE: Requirements Elicitation) sofort ableiten, dass er die Aufgabe hat, Lastenheft und Pflichtenheft aktuell und konsistent zu halten.

Themen wie Werkzeugunterstützung werden in den Modellen weit weniger unterstrichen, als dies für die Praxis des systematischen RE nötig ist. Allerdings muss man den Modellen zugutehalten, dass sie eben nicht eine spezielle Werkzeugsicht im Sinne von »ich habe DOORS, also habe ich Requirements Management« wollen, sondern zuerst eine systematische und disziplinierte Umsetzung der Anforderungen von ihrer Ermittlung bis hin zum Änderungsmanagement und der Validierung propagieren.

Neben CMMI, SPICE und ISO 9000 gibt weitere, zumeist internationale Standards, die im RE eine große Rolle spielen. Wir wollen sie in zwei Gruppen betrachten, nämlich Standards im Bereich des Lebenszyklus der System- oder Softwareentwicklung und eine zweite Gruppe mit Standards, die sich dezidiert mit dem RE befassen.

Standards zum Lebenszyklus:

- ISO/IEC-Standard 15288
  System Life Cycle Processes [ISO2002]. Der erste umfassende Standard zum Systemlebenszyklus. Er deckt sowohl die Systementwicklung als auch die darunterliegenden Elemente, nämlich Hardware, Software und Benutzerschnittstellen, ab. Als Lebenszyklus beginnt er mit der Konzeption des Systems und endet mit dem Ersetzen aller installierten Systeme. Der Standard deckt sowohl Prozessziele über den ganzen Lebenszyklus hinweg ab als auch Möglichkeiten, Prozesse zu bewerten und zu verbessern. ISO 15288 beschreibt insbesondere auch die nötigen Schnittstellen im gesamten Lebenszyklus, beispielsweise zwischen Lieferant und Kunde. Diese Schnittstellen machen den Standard als Rahmen für Verträge sehr interessant, denn man kann damit für einen ausgewählten Prozess oder eine ganze Lieferkette leicht spezifizieren, welche Kriterien die Lieferantenprozesse erfüllen müssen, um einerseits den internen Maßgaben, aber andererseits auch externen weiteren Standards oder Regelungen Genüge zu tun. Er wurde als hinreichend flexibler Standard definiert, sodass Unternehmen ihn je nach ihren Bedürfnissen anpassen können. Das gilt beispielsweise für Dienstleister, die nur bestimmte Services rund um die Wartung oder die Installation anbieten. ISO 15288 bezieht sich auf ISO 9001, indem es einen Rahmen für alle Prozesse rund um die Produktentwicklung beschreibt. Dieser Standard ist eher abstrakt und braucht noch weitere Standards, wie beispielsweise IEEE 1220, um konkret implementiert zu werden.

- ISO/IEC/IEEE-Standard 12207
  Standard for Software Life Cycle Processes [ISO1997b]. Dieser Standard ist die Basis für Lebenszyklusbeschreibungen der Softwareentwicklung. Dieser Standard beschreibt einen IT-spezifischen Lebenszyklus basierend auf den Vorgaben von ISO 9001 und dem generischen Lebenszyklusstandard ISO 15288. Seine Terminologie und auch die Einzelheiten des Lebenszyklus und die darunterliegenden Entwicklungs- und Managementprozesse sind spezifisch für die Softwareentwicklung [ISO1997a]. Er lässt sich daher sehr leicht in Softwareprojekten einsetzen, beispielsweise als Referenzmodell für bestimmte Projektphasen. Er trennt zwischen Primärprozessen (wie Einkauf,

Verteilung, Entwicklung, Betrieb und Wartung), Unterstützungsprozessen (wie Dokumentation, Konfigurationsmanagement, Qualitätssicherung, Verifikation, Validierung, Reviews, Audits oder Problemmanagement) und organisatorischen Prozessen (wie Projektmanagement, Infrastrukturmanagement, Änderungsmanagement und Training). Wie ISO 15288 beschreibt auch ISO 12207 das sogenannte »Tailoring«, also die Anpassung und Reduzierung des Standards für das Tagesgeschäft unter bestimmten – eingeschränkten – Voraussetzungen. Während er sich in Deutschland bisher noch nicht durchgesetzt hat, spielt er in internationalen Ausschreibungen eine gewichtige Rolle.

Standards speziell für das RE:

- IEEE-Standard 1233
Guide for Developing of System Requirements Specifications [IEEE1998a]. Dieser Standard beschreibt die Entwicklung von Anforderungen, Spezifikationen und deren Behandlung in der gesamten Produktentwicklung. Damit deckt er die ganz frühen Phasen im Projekt oder in der Produktentwicklung ab, wo es um die Extraktion von konkreten Anforderungen aus den vage geäußerten Bedürfnissen der Kunden oder Benutzer geht. Neben der Ermittlung und Definition von Anforderungen beschreibt er auch die Prozesse um das Änderungsmanagement von Anforderungen und die Organisation von Anforderungen im Projekt.

- IEEE-Standard 830
Recommended Practice for Software Requirements Specifications [IEEE1998b]. Ein sehr konkreter und praxisnaher Standard zur Beschreibung und Definition von Softwareanforderungen. Unter allen genannten Standards ist er wohl derjenige, der mit den wenigsten Anpassungen direkt ins Projektgeschäft übernommen werden kann. Er beschreibt eine Struktur für Anforderungsspezifikationen (Lastenheft und Pflichtenheft) und enthält sogar einige konkrete Beispiele für deren Umsetzung in die Praxis. IEEE 830 eignet sich sehr gut auch für die Auswahl und den Kauf von fertigen Softwarekomponenten von externen Anbietern. Er deckt Themen um den Lebenszyklus der Produktentwicklung insoweit ab, wie sie bereits für die Spezifikation eine konkrete Rolle spielen, also beispielsweise der Wartungsprozess oder bestimmte Dienstleistungen, die für das korrekte Verhalten der Software spezifiziert werden müssen. Ein Beispiel soll dies veranschaulichen. Wartungstätigkeiten bestimmen die Anforderungen nicht nur durch das spätere Wartungsprojekt, sondern auch durch implizite Anforderungen an die Wartbarkeit.

- IEEE-Standard 1362
Guide for Information Technology – System Definition [IEEE1998c]. Der IEEE 1362 ist ein eher spezieller Standard im RE, der sich konkret mit den Anforderungen an den Betrieb eines Softwaresystems auseinandersetzt. Er beschreibt, wie ein sogenanntes Betriebsdokument (auch User Guide) entwi-

ckelt wird, und nimmt daher ausschließlich die Benutzerperspektive ein. Dabei trennt er zwischen quantitativen und qualitativen Anforderungen und bildet sie auf entsprechende Zielgruppen, wie Vertrieb, Einkauf, Wartungspersonal oder Betreiber, ab. Er beschreibt Tätigkeiten, die aus Benutzersicht relevant sind, und berücksichtigt das Training am System, die organisatorischen und technischen Randbedingungen für den korrekten Betrieb der Software, aber auch, welche Personen mit welchen Fähigkeiten zum Betrieb des Systems gefordert sind. Gemeinsam mit IEEE 830 bildet IEEE 1362 eine solide Basis, um ein praktikables Anforderungsdokument zu entwickeln – egal ob aus Lieferanten- oder aus Kunden- oder Benutzersicht.

- VDI-Richtlinie
VDI 2519 Blatt 1 – Vorgehensweise bei der Erstellung von Lasten-/Pflichtenheften [VDI2001]. Dies ist der deutsche Standard zur Beschreibung von Lasten- und Pflichtenheften. Dieser VDI-Standard ist sicherlich die beste Basis für die Strukturierung eines Lastenhefts und eines Pflichtenhefts. Die englischsprachigen Standards trennen nicht so klar zwischen Aufgabe aus Benutzersicht und Aufgabenbeschreibung aus Systemsicht, wie es dieser deutsche Standard macht. Für Ausschreibungen im deutschsprachigen Raum ist er oftmals die Basis, um ein Gerüst für Anforderungen zu vereinbaren. Neben der Strukturierung dieser beiden Dokumente spricht VDI 2529 insbesondere Themen wie Systembeschreibung, Schnittstellen, systemtechnische Anforderungen, Inbetriebnahme, Qualität und Projektorganisation an. Er ist unabhängig vom zu entwickelnden System oder Unternehmen und setzt auf eine generische Terminologie. Damit erfordert er für reine Softwaresysteme noch etwas Zusatzaufwand, um die Details aus der Softwareentwicklung zu berücksichtigen. Dabei bietet es sich an, das Gerüst des VDI 2519 zu nehmen und mit softwarespezifischen Aspekten des IEEE 830 und des IEEE 1362 anzureichern.

Alle internationalen ISO-Standards werden im Allgemeinen unverändert auf europäischer und nationaler Ebene umgesetzt. Damit wird aus ISO 9001 eine EN 9001 (European Norm) und schließlich ein DIN/ISO 9001 (Deutsche Industrie Norm).

2.8 Tipps für die Praxis

- Trennen Sie bei der Anforderungsentwicklung zwischen der externen Sicht (Marktanforderungen, Bedürfnisse, Problembeschreibung) und der internen Sicht (Produktanforderungen, Lösungskonzeption, Komponentenanforderungen).
- Bilden Sie in der Spezifikation der Anforderungen drei Typen von Anforderungen, nämlich Marktanforderungen, Produktanforderungen und Komponentenanforderungen. Vermischen Sie nicht diese drei verschiedenen Sichtweisen, denn sie helfen bei der Strukturierung und Entwicklung der späteren Lösung und bei der sauberen Behandlung von Änderungen auf einer dieser drei Abstraktionsebenen.
- Vermischen Sie niemals das Was und das Wie. Beginnen Sie nicht zu früh mit der Lösung, solange noch nicht klar ist, was die wesentlichen Bedürfnisse sind.
- Modellieren Sie beim Übergang von der Problembeschreibung (z.B. Lastenheft) zur Lösungskonzeption (z.B. Pflichtenheft) sowohl die Systemumgebung als auch die zu entwickelnde Systemarchitektur. Beim Übergang zu den Komponentenanforderungen muss die Systemarchitektur bereits hinreichend detailliert sein, um Auswirkungen von Entwurfsentscheidungen (z.B. Partitionierungen) bewerten zu können.
- Antworten Sie immer auf der Basis der Konsequenzen auf den Projektplan, falls es zu Änderungsvorschlägen kommt. Begeben Sie sich nie in eine Situation, in der Änderungswünsche isoliert von den Auswirkungen im Projekt und der Rückwirkung auf andere Funktionen behandelt werden.
- Berücksichtigen Sie alle Anforderungen. Fragen Sie relevante Interessenvertreter, ob etwas übersehen worden ist. Machen Sie dabei klar, dass die Ermittlung von Anforderungen noch keine Garantie für deren Lieferung ist. Geliefert wird nur, was vereinbart und bezahlt wird.

2.9 Fragen an die Praxis

- Was funktioniert im RE in Ihrem Unternehmen? Wo liegen die Herausforderungen?
- Wie sehen die Anforderungen in Ihrem Unternehmen aus? Woher kommen sie?
- Decken die typischen Projektanforderungen die gesamte Bandbreite möglicher Kundenwünsche ab? Denken Sie an Kunden innerhalb und außerhalb Ihres Unternehmens.
- Nichtfunktionale Anforderungen spielen gerade in der Software- und Systementwicklung eine große Rolle. Welche Erfahrungen haben Sie bei Ermittlung, Spezifikation, Umsetzung und Validierung von nichtfunktionalen Anforderungen gemacht?
- Können Sie sich Projekte vorstellen, in denen organisatorische Randbedingungen zu Anforderungen werden?
- Spielen gesetzliche Randbedingungen (als Anforderungen) nur in sicherheitskritischen Systemen eine Rolle? Welche Anwendungsbereiche werden in Ihrem Umfeld durch gesetzliche Anforderungen beeinflusst?
- Weshalb wird zwischen Marktanforderungen und Produktanforderungen konzeptionell und in der Spezifikation unterschieden? Was würde geschehen, wenn es keine solche Trennung gäbe?

3 Methodik und Prozesse

*Wenn ich acht Stunden hätte, um einen Baum zu fällen,
würde ich davon sechs Stunden verwenden, die Axt zu schärfen.*

– Abraham Lincoln

3.1 Methodik des Requirements Engineering

Schon in den ersten Projektphasen werden die entscheidenden Weichen über den Erfolg oder Misserfolg des Projekts gestellt. Eine unzureichende Definition der Projektziele, mangelnde Einbindung der Kunden und Benutzer, unpräzise Anforderungen und unkontrolliert eingeflossene Änderungen im Verlauf des Projekts sind die häufigsten Gründe für das Scheitern von Projekten.

Die Methodik zur Entwicklung und Pflege von Anforderungen ist grundsätzlich relativ einfach. Anforderungen werden ermittelt, beschrieben, analysiert und einem Projekt oder einer Projektphase zugeordnet. Wir haben das bereits in Abbildung 2–5 gesehen. Anforderungen müssen darüber hinaus einige Kriterien erfüllen, um brauchbar zu sein. Sie müssen vollständig, korrekt, konsistent, testbar, verständlich, notwendig, eindeutig und umsetzbar sein. Das alles klingt ganz einfach. Die Schwierigkeit beginnt allerdings bereits mit dem »Sammeln« der Anforderungen. Schließlich liegen sie nicht einfach im Projekt herum. Und nur selten haben die Kunden eine vollständige Spezifikation greifbar, die nur noch analysiert zu werden braucht.

Erfolgreiches Requirements Engineering bringt Ihre eigenen Unternehmens- oder Geschäftsziele mit den Zielen der verschiedenen Interessenvertreter, den Projektschnittstellen, den Anforderungen, dem verfügbaren Budget und der zur Verfügung stehenden Zeit unter einen Hut. Nur wenn diese Interessen gebündelt werden können, kann damit ein motiviertes Projektteam mit einer gemeinsamen Mission geformt werden. Für den Projektmanager oder Produktmanager, der in diesen frühen Phasen die ganz unterschiedlichen Interessen sammeln und zusammenbringen muss, erfordert dies umfangreiche Erfahrungen, eine zielorientierte und politisch sensible Vorgehensweise sowie eine auf den Kunden angepasste Methodik.

Wir wollen in diesem Kapitel auf die Methodik des Requirements Engineering eingehen. Dabei gehen wir von einem Schema der Aktivitäten im RE (siehe Kap. 2.5, Abb. 2–5) aus und wollen diese mit Arbeitsergebnissen verbinden.

Die Methodik des RE basiert auf einem kundenorientierten Ansatz, der die Wünsche verschiedener Interessengruppen erfasst, bewertet und verbindet. Danach werden die Anforderungen übersetzt, denn nur selten sprechen sie die Sprache des Projektteams, das danach damit arbeiten muss. Das Projektteam setzt die Anforderungen um in Funktionen oder Eigenschaften, die implementiert werden. Die Implementierung wird ständig mit den Anforderungen verglichen. Eventuelle Änderungen werden dokumentiert, mit den bestehenden Anforderungen und Ergebnissen verglichen, mit den Interessenvertretern unter Berücksichtigung der Einflüsse auf das laufende Projekt abgestimmt und fließen dann kontrolliert in den Entwicklungsprozess hinein.

Wir sprechen hier von Kundenorientierung im weitesten Sinne, denn um das Projekt erfolgreich zu machen, sind die Kunden nicht nur diejenigen, die dafür bezahlen, sondern die Benutzer oder auch Interessenvertreter im eigenen Unternehmen, die Ressourcen oder finanzielle Mittel zur Verfügung stellen müssen. Es gibt einige wesentliche Herausforderungen im RE, mit denen sich alle Interessenvertreter eines Softwareprojekts auseinandersetzen müssen:

- Zeitraum bis zur Nutzbarkeit der Software (Time-to-Market)
- Zeitraum bis zum wirtschaftlichen Nutzen der Software (Time-to-Profit)
- Produktqualität der erstellten Software
- Kosten der Umsetzung der Anforderungen in der Entwicklung
- Kosten der Anforderungen über den gesamten Produktlebenszyklus
- Anpassbarkeit der Software an neue Anforderungen (Requirements und Change Management)

In Abwandlung unserer früheren Darstellung der Kundenperspektive und der Lösungsperspektive (siehe Kap. 2.1) wollen wir nun zunächst einmal die verschiedenen Arten von Anforderungen diskutieren (Abb. 3–1). Diese Unterscheidung hilft uns, die Methodik des RE zu verstehen.

Wir sehen zunächst – häufig anfangs unscharfe – **Marktanforderungen**, die in der Perspektive eines späteren Benutzers oder Kunden existieren. Sie resultieren aus Verträgen oder Verhandlungen. Oftmals sind sie vage, inkonsistent, unvollständig oder auch einfach falsch. Denn häufig weiß ja der spätere Benutzer noch gar nicht, wie er am besten sein Problem formulieren soll. Daher ist RE eine iterative Tätigkeit, bei der parallel zu den Gesprächen mit dem Kunden eine Lösung konzipiert und modelliert wird, die den Problembereich bestmöglich adressiert.

Das bringt uns zur nächsttieferen Ebene, den **Produktanforderungen**. Diese Produktanforderungen sind bereits konkreter und sprechen die Sprache des Lieferanten. Das heißt natürlich nicht, dass es dabei um eine technische Dokumentation der Kundenbedürfnisse geht. Vielmehr handelt es sich um eine Konkretisierung zu einer machbaren Lösung. In vielen Fällen sind die Marktan-

3.1 Methodik des Requirements Engineering

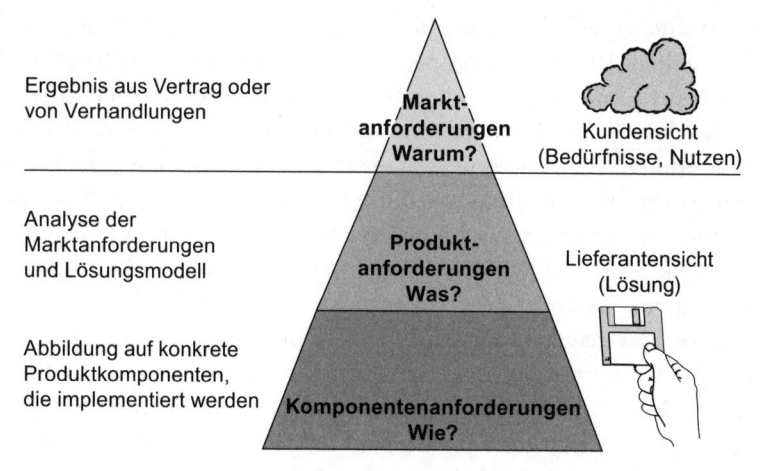

Abb. 3-1 Anforderungen existieren in verschiedenen Sichtweisen

forderungen ungenau oder widersprechen sich. Beispielsweise kann eine Fokusgruppe sehr unterschiedliche Bedürfnisse signalisieren, oder unterschiedliche Märkte in verschiedenen Regionen Europas oder gar der ganzen Welt haben unterschiedliche Bedürfnisse, die aus wirtschaftlichen Gründen mit einer Lösung adressiert werden sollen. Damit haben wir einen Konflikt, der nur zu lösen ist, wenn parallel zu den verschiedenen Marktanforderungen bereits ein Lösungsmodell entsteht. Es deckt Konflikte auf und versucht eine zusammenhängende und konsistente Lösung zu synthetisieren. Man muss bei dieser Lösungsbeschreibung allerdings aufpassen, dass man nicht einfach die vorliegenden Kundenanforderungen oder -dokumente kopiert. Oftmals wird die Lösung später einem anderen Kunden gezeigt und sollte dann nicht gerade die Ideen seines Wettbewerbers detaillieren. Sorgen Sie also dafür, dass die Lösungsbeschreibung neu geschrieben wird und dennoch die Sprache des Kunden spricht. In IT-Projekten redet man anstelle von Produktanforderungen auch von Systemanforderungen. Bei nur einem Kunden mit einer fertigen Spezifikation, beispielsweise im Falle eines Unterauftrags für eine spezielle Komponente, können die Markt- und Produktanforderungen in einem Dokument (z.B. tabellarisch) zusammengefasst werden, um unnötige Dokumente und damit Arbeit zu vermeiden. **Grundsätzlich müssen die Kundensicht und die Lösungssicht immer strukturell getrennt werden**, selbst wenn sie sich in der gleichen Spezifikation befinden.

Auf der dritten und tiefsten Ebene der Anforderungen finden sich die **Komponentenanforderungen**. Sie resultieren aus der Abbildung der Produktanforderungen in Funktionen und Architektur der gewählten Lösung. Das sind dann zwar noch immer Anforderungen (also keine Designbeschreibungen), aber sie sprechen die Sprache ihrer implementierten oder zu implementierenden Funktionen oder Eigenschaften. Beispielsweise wird man auf dieser Ebene bei einem eingebetteten Regelungssystem bereits Algorithmen sehen, wo auf den höheren Ebenen noch Anforderungen an das Systemverhalten angegeben waren. Oftmals werden Produktkomponenten nicht komplett im eigenen Haus entwickelt, sondern zugekauft. Hier helfen detaillierte Komponentenanforderungen, das System entsprechend zu gliedern und in technischen Beschreibungen von Anbietern zu prüfen, was diese konkret liefern können. Komponentenanforderungen unterstützen die Wiederverwendung von Komponenten, denn sie beschreiben, welche Funktionen dort bereits vorhanden sind, und was die eventuellen Lücken sind. Eine gut strukturierte Produktanforderungsliste ist ein idealer Übergang von Kunden- und Produktanforderungen zu einem Analyse- und Designmodell. Sie hilft auch dabei, Anforderungen in der Produktentwicklung zu verfolgen.

Mit dieser dreigeteilten Struktur der Anforderungen wollen wir nun die Methodik des RE betrachten. Dabei wollen wir ausgehend von einer Sicht auf grundlegende Aktivitäten nun auch auf die wichtigen Arbeitsergebnisse eingehen (Abb. 3–2). Obwohl sich im RE aufgrund der beschriebenen iterativen Vorgehensweise schwerlich eine lineare Zeitachse vorstellen lässt, gibt es doch einige grundsätzliche Abhängigkeiten, die wir in der Abbildung von links nach rechts ablaufen lassen.

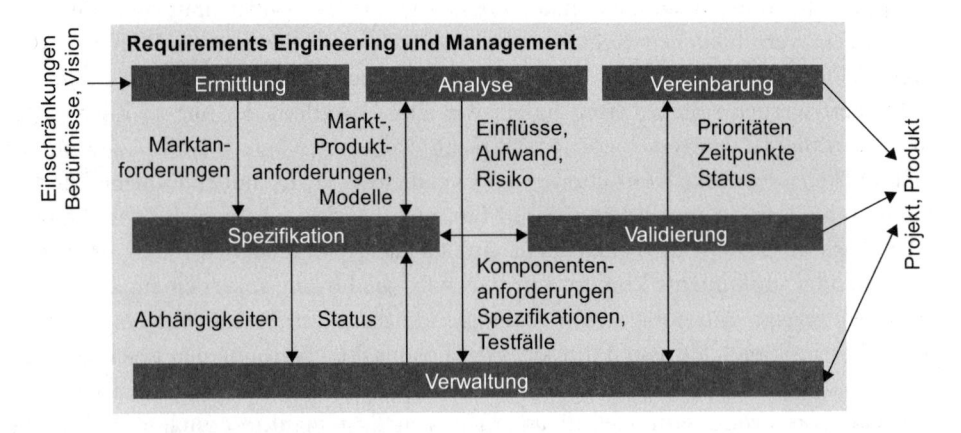

Abb. 3–2   *Aktivitäten und Ergebnisse des RE*

Zu Beginn stehen potenzielle Benutzer oder »Betroffene« und deren Bedürfnisse. Daraus werden eine Vision der Lösung sowie Einschränkungen aus der Umgebung entwickelt. Wie bereits erwähnt sprechen alle drei Eingaben die Sprache der verschiedenen Interessenvertreter, also nicht nur die der Benutzer, sondern auch jene der Produktmanager, des Marketings etc. Wichtig ist insbesondere, die Vision zu kennen. Was wird durch das Projekt verändert? Wer wird das Produkt nutzen? Wie soll sich das Produkt auf die Geschäftsprozesse des Kunden auswirken? Wie wird das avisierte Produkt genutzt? Was machen Benutzer, Administratoren, Betreiber damit? Ändern Sie die Perspektive vielfältig: Was könnten Verbrecher oder Hacker damit anstellen wollen? Was bedeutet das für die Bedürfnisse und Einschränkungen?

3.1 Methodik des Requirements Engineering

Diese Eingaben werden ermittelt (oder definiert oder entwickelt; siehe dazu auch Kap. 5) und spezifiziert. In den Anforderungen sollte immer alles spezifiziert, also beschrieben werden, was besprochen wurde. Gerade auf so unsicherem Terrain wie bei Anforderungen und Bedürfnissen ist es wichtig, keine Kundendarstellung zu übersehen. Aus den Marktanforderungen entstehen dann in der Analyse zuerst Produktanforderungen und danach Komponentenanforderungen. Parallel dazu modelliert man den Problem- und den Lösungsraum. Diese Modelle, selbst wenn sie nur temporär bestehen, sind wichtig, um Abhängigkeiten und Einflüsse zu erkennen. Anforderungen isoliert zu analysieren bringt große Unsicherheiten und sollte unterlassen werden. Die Analyse liefert bereits einen abgeschätzten Aufwand, der in der Regel aus dem Lösungsmodell mithilfe von Analogieschlüssen, Erfahrungswerten oder anhand des angenommenen funktionalen Umfangs berechnet wird. Schließlich sollte in der Analyse auch das Projektrisiko abgeschätzt werden, denn im Moment geht es ja auch noch darum, ob Ihr Unternehmen das Projekt überhaupt durchführen kann und will. Oftmals bedingt ein zu hohes technisches Risiko, dass alternative Lösungsmodelle entwickelt werden. Die Analyse sollte daher prinzipiell verschiedene Alternativen entwickeln und eventuell sogar zwei Sätze von Produktanforderungen pflegen, bis die Entscheidung für eine bestimmte Lösung gefallen ist.

Nach der Analyse werden die Anforderungen anhand ihrer gegenseitigen Abhängigkeiten, Aufwände und Prioritäten zu Paketen zusammengefasst, die in einem oder mehreren Projekten bearbeitet werden. Die Paketgröße wird von den Einschränkungen an das Projekt bestimmt, also dem verfügbaren Budget, den Ressourcen mit ihren Fähigkeiten und dem erlaubten Zeitraum. Bei den meisten Projekten ist heute der Liefertermin die wichtigste Größe, und die anderen Parameter sind dieser Zielvorgabe untergeordnet. Man wird also den Liefertermin festlegen und danach anhand des vorhandenen Budgets entscheiden, welche Anforderungen pro Release geliefert werden können.

Die Zuweisung von Anforderungen folgt primär den Geschäftskriterien. Sie sollte strategischen und operativen Zielen untergeordnet sein und niemals lokal optimieren. Viele Projekte scheitern daran, dass die Beziehungen zu anderen Projekten, Kunden, Wettbewerbern oder Märkten zu spät erkannt wurden. Wir wollen in Kapitel 4 detaillierter auf das Thema der Verantwortungen und Schnittstellen eingehen.

Eine letzte und vielleicht die wichtigste Aktivität im RE ist die Verfolgung der Anforderungen und die Verwaltung von Änderungen. **Anforderungen sind in aller Regel unsicher. Sie ändern sich mit einer monatlichen Rate, die 1-5 % des gesamten Projektaufwands betragen kann** [Ebert2007a]. Das heißt, dass sich von Anforderungen, die mit insgesamt 100 Personenwochen Projektaufwand ursprünglich abgeschätzt wurden, pro Monat Anforderungen im Umfang von bis zu 5 Wochen ändern. Diese 5 Wochen relative Änderung sind nicht immer mit 5 Personenwochen Aufwand zu erledigen. Stellen Sie sich vor, dass die Änderung erst kommt, nachdem die Anforderung bereits integriert ist. Dann kann eine

Änderung ein Vielfaches des ursprünglich dafür nötigen Aufwands betragen. Diese Hebelwirkung unterstreicht nochmals den Geschäftsnutzen eines systematischen RE (siehe auch Kap. 1.3).

Was über diesen 5% Änderungsrate pro Monat liegt, gefährdet den Projektverlauf massiv und kann eigentlich nur mit evolutionären Vorgehensweisen abgefangen werden (siehe Kap. 3.6 und 3.7). Die Verfolgung von Anforderungen bedeutet, dass Beziehungen zwischen den verschiedenen Anforderungen aufrechterhalten werden und Beziehungen zu Entwicklungsergebnissen aufgebaut und gepflegt werden. Anforderungen zu verfolgen bedeutet, dass der Projektmanager zu jedem Zeitpunkt aus Kundensicht weiß, welche Anforderungen bereits implementiert, getestet oder freigegeben sind. Er muss dies wissen, um bei Gefahr von Terminüberschreitungen rechtzeitig niedrig priorisierte Anforderungen verschieben zu können.

Eine gute Verfolgbarkeit erleichtert das Änderungsmanagement von Anforderungen (siehe Kap. 10.1). Da sich Anforderungen ändern, müssen die Änderungen sauber gepflegt werden und bestimmten Kriterien genügen. Beispielsweise sollten Anforderungen nicht einzeln analysiert werden, wenn sich eine Änderung ergibt. Das bringt einen hohen Zusatzaufwand. Änderungen werden gebündelt analysiert, entschieden und dann einzeln entweder dem Projekt zugewiesen oder auch abgelehnt. Professionelles Änderungsmanagement überzeugt Kunden von der notwendigen Projektdisziplin. Wenn ein Projektmanager allzu leicht Änderungen akzeptiert oder wenn er dies gar seinen Mitarbeitern erlaubt, entwickelt jeder Kunde das Gefühl, dass ein Telefonanruf ausreicht, um nochmals »abzustimmen«. Diese Mehrkosten sind dann meistens versteckt, tragen aber zur mangelnden Profitabilität oder zu Zeitverschwendung und Verzögerungen bei. Wenn Änderungen als realistisch erkannt werden, müssen Einflüsse auf Projektpläne und praktisch alle davon betroffenen Entwicklungsergebnisse betrachtet werden. Beispielweise müssen Teststrategie oder Benutzerdokumente angepasst werden. Nur wenn diese Einflüsse immer noch akzeptabel sind, werden die Änderungen akzeptiert.

3.2 Schritte zu einer strukturierten Spezifikation

Prozesse sind durch die Dokumente oder Arbeitsergebnisse am Eingang und Ausgang von Prozessschritten definiert. Jeder Prozess bearbeitet bestimmte Dokumente, verändert sie und führt damit schrittweise zum endgültigen Produkt. Definierte Meilensteine und Freigabekriterien in der Verifikation und Validierung sichern eine ausreichende Qualität dieser Dokumente. Die Meilensteine im Produktlebenszyklus prüfen, ob diese Dokumente freigegeben sind. Im RE werden verschiedene Dokumente erzeugt beziehungsweise bearbeitet, auf die nachher weitere Entwicklungsschritte aufbauen. Abbildung 3–3 weist die wesentlichen Arbeitsergebnisse den Aktivitäten des Requirements Engineering zu.

3.2 Schritte zu einer strukturierten Spezifikation

Arbeitsergebnis	Ermittlung	Analyse	Validierung	Vereinbarung	Verwaltung
Vision	X				
Use Case/Szenario	X				
Bewertung	X	X	X		X
Lastenheft	X	X	X	X	X
Projektplan		X	X	X	X
Teststrategie		X	X		X
Lösungsmodell		X	X		X
Pflichtenheft		X	X	X	X
Releaseplanung		X		X	X
Produktkatalog				X	X
Vertrag			X	X	X
Abnahme				X	X

Abb. 3-3 *Arbeitsergebnisse und Dokumente im RE*

Wir trennen im Requirements Engineering zwei Formen von Spezifikationen:

- **Anforderungsspezifikation**
  Sie beschreibt, was von der Lösung erwartet wird. Diese Spezifikationsform wird häufig als **Lastenheft** bezeichnet [VDI2001]. Sie deckt die Marktanforderungen ab (siehe auch Kap. 2.1).

- **Systembeschreibung** oder **Lösungsspezifikation**
  Sie beschreibt, wie die Lösung realisiert wird, und wird häufig als **Pflichtenheft** oder Fachkonzept (bei IT-Lösungen) bezeichnet [VDI2001]. Sie deckt die Produktanforderungen und Teile der Komponentenanforderungen ab (siehe auch Kap. 2.1).

Die Anforderungsspezifikation erwächst aus allen Anforderungen, die zum Projekt gehören (Abb. 3-4). Sie bündelt Kundenwünsche, aber auch interne Vorgaben oder solche Anforderungen, die aus gesetzlichen Randbedingungen erwachsen. Die Anforderungen stammen von allen Interessengruppen und werden auf dem Weg zur Spezifikation (oder Lastenheft) gefiltert, analysiert, bewertet und priorisiert. Häufig müssen sie zunächst einmal klar beschrieben werden, um überhaupt bewertet werden zu können.

Die Schritte zu einer Anforderungs- und danach Lösungsspezifikation beschreiben einen praxisorientierten RE-Prozess:

1. **Identifizierung der verschiedenen Interessengruppen**
   Die Schlüsselfrage lautet: Wer hat Interesse am Erfolg dieses Projekts oder Produkts? Interessengruppen werden nach Kunden, Lieferanten, Vertriebspartnern und firmeninternen Gruppen getrennt.

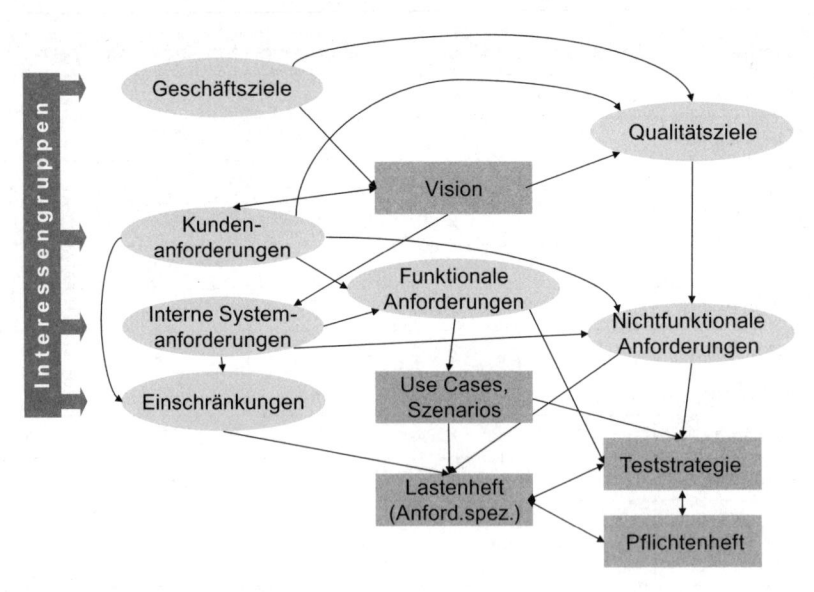

Abb. 3-4 *Die Anforderungsspezifikation fasst alle Arten von Anforderungen zusammen*

2. **Definition der Vision und Zielsetzung** des Projekts oder Produkts
   Hier wird Folgendes entschieden: Was wird sich durch das Produkt konkret ändern? Wie sieht die Änderung aus? Was wird durch das Produkt besser oder anders?
3. **Ermittlung der Anforderungen**
   Hier geht es darum, alle Anforderungen an die spätere Lösung zu identifizieren, also technische, nicht technische, funktionale und nichtfunktionale Anforderungen, aber auch Einschränkungen, gesetzliche Regelungen etc. Die entscheidende Frage hier ist: Was sind die Eigenschaften, welche die Lösung nachher verkaufen? Weshalb investiert jemand in dieses Produkt? Ermitteln Sie die Anforderungen zunächst möglichst flexibel und einfach. In diesem Schritt ist die Struktur noch untergeordnet, denn sie könnte die Kreativität einschränken oder Lösungsmöglichkeiten und Zusammenhänge verstecken. Abbildung 3–5 zeigt den Unterschied zwischen einer unstrukturierten Ermittlung (Schritt 3) und der strukturierten Spezifikation (Schritt 4), auf die dann die noch folgenden Schritte aufbauen. Checklisten und Fragelisten helfen beim Extrahieren von Anforderungen, die vielleicht sonst verborgen blieben.
4. **Strukturierte Spezifikation der Anforderungen**
   Die Anforderungen werden systematisch erfasst und beschrieben. Dieser Schritt beantwortet die Fragen: Wie kann ich die Anforderungen so beschreiben und strukturieren, dass ich sie später wieder finden kann? Wie hängen die Anforderungen zusammen und können zur besseren Verständlichkeit gebündelt werden? Die Systematik dient dazu, Anforderungen zu separieren und lesbar zu machen. Numerische Codes werden eingeführt, damit jede ein-

3.2 Schritte zu einer strukturierten Spezifikation

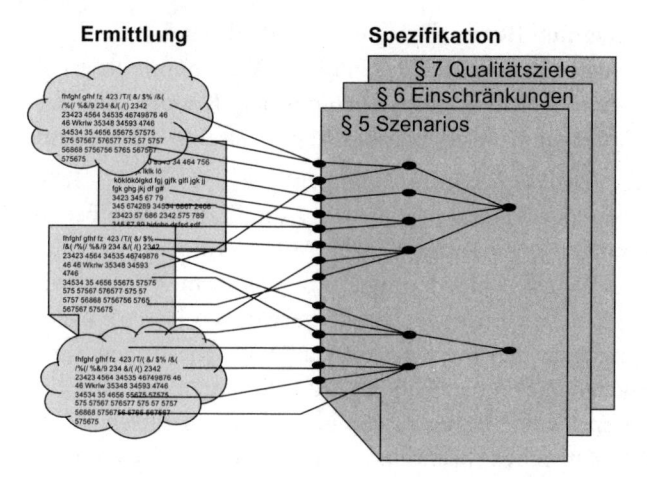

Abb. 3–5 *Die Spezifikation strukturiert Anforderungen*

zelne Anforderung identifizierbar und damit verfolgbar ist. Die Verfolgung von Anforderungen ist nicht nur während des Projekts wichtig, sondern auch bereits für das spätere Änderungsmanagement. Wie wollen Sie eine Änderung kommunizieren, wenn Sie dazu keine Referenz haben? Dazu eignen sich vorgegebene Templates oder Datenbanken (siehe Kap. 6.2), aber auch einfache Tabellen- oder Textprogramme. Niemals sollten Anforderungen nur mit Papier und Bleistift übernommen werden! Dies führt zu psychologischen Blockaden, denn der Änderungsaufwand selbst für kleinste Änderungen wird als zu groß betrachtet. Beschreiben Sie daher die Anforderungen bereits frühzeitig in einem offenen und änderungsfreundlichen Werkzeug.

5. **Beschreibung der Systemumgebung**
   Die Schlüsselfrage hier ist: In welcher Umgebung wird das System eingesetzt? Hier werden die vielfältigen Schnittstellen des Systems identifiziert und spezifiziert, also die Eingangs- und Ausgangsparameter eines interaktiven Systems oder die physikalischen Schnittstellen eines eingebetteten Systems. An dieser Stelle entscheidet sich häufig auch bereits, wie portabel die Lösung später einmal sein wird. Wenn beispielsweise ein bestimmtes Kommunikationsprotokoll vorausgesetzt wird, kann es später schwierig sein, dies zu ändern. Halten Sie also die Schnittstellen so abstrakt wie möglich oder isolieren Sie die Schnittstellen vom restlichen Lösungsraum.

6. **Bestimmung des Lösungsraums**
   Hier wird gefragt: Was ist das zu entwickelnde System und was ist es nicht? Es geht ganz klar darum, was die Grenzen der Lösung sind, also welche Komponenten oder Lösungsbestandteile geliefert werden müssen und daher Teil des Projekts sind und welche Anteile bereits vorhanden sind oder aber zu einem späteren Zeitpunkt zur Verfügung stehen.

7. **Verhandlung und Beschreibung der Kundenkontakte**
   Dieser Schritt beantwortet die Fragen: Wie kommuniziert das Projekt mit dem Kunden? Welche Schnittstellen mit dem Kunden oder dessen Interessengruppen existieren? Wie sehen das Reporting und die Eskalationswege aus?

8. **Vorläufige Analyse der Anforderungen**
   Entscheidend sind hier Antworten auf die Fragen: Wie beeinflussen sich die Anforderungen gegenseitig? Welche Anforderungen ermöglichen Wiederverwendung? Welche Anforderungen können so modifiziert werden, dass sich Teile von früheren Lösungen wiederverwenden lassen? Welche Anforderungen verursachen den meisten Aufwand? Welche tragen am meisten zu den vorgegebenen Zielen bei? Gibt es Anforderungen, die sehr viel Aufwand verursachen und wenig Bezug zu den identifizierten Zielen haben? Die Antworten aus diesem Schritt beeinflussen typischerweise die parallel laufenden Vertragsverhandlungen hinsichtlich der Angebotsgestaltung. Je nach der zur Verfügung stehenden Zeit kann in diesem Schritt auch bereits eine erste und noch grobe Modellierung von Problem- und Lösungsraum erfolgen (Schritte 11 und 12).

9. **Klassifikation und Priorisierung der Anforderungen**
   Aus dem Verhältnis von Aufwand und Nutzenbeitrag lässt sich eine erste interne Priorisierung ableiten. Die Kernfrage lautet: Welche Anforderungen sind erfolgsentscheidend und welche könnten vernachlässigt werden? Idealerweise können Sie die Priorisierung direkt mit dem Kunden verhandeln. Er hat meistens ein Interesse an termingenauer Lieferung und weiß um die Schwierigkeiten, alle Anforderungen und Einflüsse exakt abzuschätzen. Bedenken Sie, dass der Kunde seine eigenen Geschäftsmodelle hat, und was für Sie wichtig oder unwichtig erscheint, muss es nicht für den Kunden sein. Versuchen Sie daher, das Geschäftsmodell des Kunden immer wieder zu hinterfragen, um zu prüfen, wie seine Anforderungen dazu passen. Falls der Kunde kein Interesse an der Priorisierung hat oder falls die Priorisierung nicht ausreichend ist (z.B. wenn nur 10 % des Aufwands niedrig priorisiert sind), muss diese Aufgabe firmenintern übernommen werden, beispielsweise durch den Key Account Manager für diesen Kunden oder den Vertrieb oder das Marketing. Die Priorisierung darf nie allein im technischen Bereich erfolgen! Die Klassifikation der Anforderungen baut auf der Priorisierung auf und bildet die Anforderungen auf verschiedene Inkremente, Iterationen oder Produktversionen (Releases) ab. Sie unterscheidet die Anforderungen auch nach der Art der Realisierung. Beispielsweise sind manche Anforderungen nicht technischer Natur und verlangen nach organisatorischen Änderungen beim Benutzer.

10. **Prüfung der Anforderungen**
    Dieser Schritt beantwortet die Frage: Haben die Anforderungen die richtige Qualität? Sind sie hinreichend beschrieben, um daraus eine gute und brauchbare Lösung abzuleiten? Die Prüfung enthält Checks hinsichtlich der Vollständigkeit, Widerspruchsfreiheit, Testbarkeit, Erweiterbarkeit, Konsistenz oder Verständlichkeit. Wir gehen auf die Prüfung in Kapitel 7 ein.

11. **Modellierung des Problemraums**
    Der Problemraum wird modelliert, um Zusammenhänge zu erkennen. Die Schlüsselfragen sind: Wie hängen die Anforderungen zusammen? Welche Einflüsse aus der Umgebung und untereinander treten auf? Die Modellierung ist zwangsläufig eine Einschränkung der Realität, um bestimmte Blickwinkel einzunehmen oder bestimmte Fragestellungen zu beantworten. Beispielsweise kann ein Anforderungsmodell die zeitlichen Abhängigkeiten von externen Szenarien beschreiben. Oder es kann auf Anwendungsfälle (engl. Use Cases) eingehen. Wir beschreiben Modellierungstechniken und deren Einsatz in Kapitel 7.

12. **Modellierung und Beschreibung des Lösungsraums**
    Ähnlich wie die Modellierung des Problemraums dient die Modellierung des Lösungsraums dazu, die Lösung und deren interne und externe Abhängigkeiten besser zu verstehen. Sie beantwortet die Frage: Ist die vorgeschlagene Lösung hinreichend, um die Anforderungen abzudecken? Ein Lösungsmodell dient der Kommunikation von bestimmten vorläufigen Lösungsentscheidungen, bevor mit dem Design oder der Architektur begonnen wird. Beispielsweise beschreibt die Lösung, welche Objekte oder Komponenten im System eingesetzt werden und wie sie untereinander und mit der Außenwelt kommunizieren. Andere Modelle erläutern, wie Datenstrukturen aussehen und wie darauf zugegriffen wird. Bei eingebetteten Systemen beschreibt ein Lösungsmodell zeitliche Abhängigkeiten oder wie auf äußere Ereignisse reagiert wird. Wir gehen auf verschiedene Modellierungstechniken in Kapitel 7 ein.

Achten Sie auf einen schnellen – aber nicht vorzeitigen – Abschluss der Ermittlungsphase. Das Ende ist erreicht, wenn alle nötigen Vereinbarungen für das Projekt unterzeichnet sind. Alle wichtigen Interessengruppen müssen darin übereinstimmen, das Ende erreicht zu haben, sonst werden sie nie aufhören, Änderungen vorzuschlagen. Änderungen an Projektinhalten sollten vertraglich geregelt werden, insbesondere der Änderungsprozess und die Entscheidung, welche Änderungen aufgenommen werden. Häufig führt die Furcht vor eigenen Unzulänglichkeiten in der Ermittlungsphase in einen viel zu langen und unproduktiven Kreislauf von Spezifikationen, Nachbesserungen und Abstimmungsgesprächen. Den Interessengruppen müssen drei Regeln ganz klar sein:

- **Anforderungen sind nicht stabil**
 Anforderungen vor Projektstart einfrieren zu wollen, ist der falsche Ansatz. Wichtig ist es, ein sauberes Änderungsmanagement zu vereinbaren, um später mit Änderungen umgehen zu können.
- **Zu lange Analyse führt zu Paralyse**
 Das Projekt muss gestartet werden, um den Markteintritt nicht zu verpassen. Jeder Kunde oder Markt will eine Lösung für die artikulierten Bedürfnisse zum optimalen Zeitpunkt und nicht ein übergewichtiges Produkt viel zu spät. Nehmen Sie Funktionen heraus, über die man sich nicht einigen kann; sie sind offensichtlich nicht so wichtig. Priorisieren Sie nach Marktwert und Machbarkeit. Ein komplexes Produkt, das zu viele Bedürfnisse in einem Schritt erfüllen will, findet nachher keinen großen Markt.
- **Nur ein zügiger Projektabschluss kann die Anforderungsfluktuationen begrenzen**
 Vereinbaren Sie eine kurze Projektdauer, und die Änderungen und Unsicherheiten gehen automatisch zurück. Wenn Technologien noch nicht ganz bekannt sind, dann teilen Sie das Projekt in Inkremente auf.

3.3 Lebenszyklus und Vorgehensmodelle

Wir haben bereits in Kapitel 2.7 aus der Sicht von Standards über die Notwendigkeit eines Lebenszyklus in der Produktentwicklung gesprochen. Dabei hatten wir verdeutlicht, dass die Entwicklung von Lösungen oder Produkten oft mit einer Systemperspektive beginnt, die alle Anforderungen an die Lösung oder an das System darstellt. Diese Anforderungen werden im Lebenszyklus bearbeitet und bei einem kombinierten Hardware- und Softwaresystem aufgeteilt in Anforderungen, die von Softwarekomponenten realisiert werden, und solchen, die vom Hardwaresystem oder auch gemeinsam von Software und Hardware abgedeckt werden. Alle diese Anforderungen werden im Produktlebenszyklus verfolgt. Wir wollen im Folgenden betrachten, was ein Produktlebenszyklus ist und wie er mit Requirements Engineering zusammenhängt.

Zur Veranschaulichung, wie RE in die Produktentwicklung eingebunden wird, wollen wir von einem einfachen **Vorgehensmodell** ausgehen (Abb. 3–6). Vorgehensmodelle beschreiben den **Lebenszyklus** oder einen Ausschnitt davon (beispielsweise den Entwicklungsprozess) und dessen Ergebnisse als Abfolge von Aktivitäten. Sie werden deshalb auch als »Modelle des Lebenszyklus« bezeichnet, denn notwendigerweise abstrahieren sie kräftig, um eine bestimmte Perspektive zu unterstreichen. Die Zusammenhänge können kausaler oder temporärer Natur sein und werden unabhängig von speziellen Projektanforderungen beschrieben. Damit dient ein solches Vorgehensmodell als Vorlage für die Durchführung eines Entwicklungsprojekts und ermöglicht die Analyse, Quantifizierung, Standardisierung und Verbesserung der zugrunde liegenden Prozesse [Balzert2008].

3.3 Lebenszyklus und Vorgehensmodelle

Betrachtet man den linearen Ansatz in Abbildung 3–6, so fragt man sich zu Recht, weshalb hier von einem »Lebenszyklus« gesprochen wird. In der Tat ist die zeitliche Abfolge aus Sicht eines spezifischen Projekts (z.B. Entwicklung einer Version) immer monoton mit definiertem Anfang und Ende. Wir haben daher im gleichen Bild auch einige archetypische Projekte (d.h. Entwicklung, Wartung) mit veranschaulicht, um diesen vordergründigen Widerspruch aufzuklären. Ein Entwicklungsprojekt beginnt mit einem fertigen Projektplan, Projektzielen, vereinbarten Ressourcen und einem Projektmanager, der es leitet. Es ist beendet, wenn es seine Ziele erreicht hat – oder wenn es abgebrochen wurde. Es gibt im Projekt keinen Zyklus, sondern einen Fluss (engl. Project Flow). Das Gleiche gilt auch für ein Wartungsprojekt, wobei hier durchaus verschiedene kleinere, untergeordnete Wartungsprojekte unterschieden werden können. Projekte haben einen definierten Startpunkt und einen definierten Endpunkt.

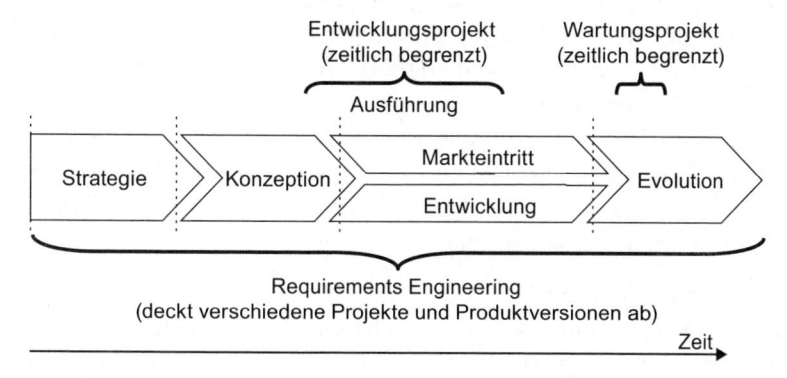

Abb. 3–6 *Der Lebenszyklus eines Produkts oder einer Lösung*

Der **Produktlebenszyklus** (engl. **Product Life Cycle** oder **PLC**) dagegen betrachtet das Produkt (oder eine Lösung) als Ergebnis von einem oder mehreren Projekten. Er beschreibt alle wichtigen Aktivitäten oder Prozessschritte, um ein Produkt oder eine Lösung und deren Varianten und Versionen zu definieren, zu entwickeln, zu produzieren, zu betreiben, zu pflegen, zu warten, zu erweitern und schließlich zu beenden. Er wird in einzelne Phasen aufgeteilt, die durch Meilensteine getrennt sind. Eine neue Phase kann nur begonnen werden, wenn der vorhergehende Meilenstein erfolgreich durchlaufen wurde und damit die vorhergehende Phase abgeschlossen wurde. Der Lebenszyklus setzt keine bestimmte Abfolge der Phasen voraus und erlaubt auch iteratives Vorgehen.

Das Produkt existiert über das eigentliche Entwicklungsprojekt hinaus und muss gepflegt werden. Diese Pflege kann zum Kerngeschäft werden, beispielsweise in großen Systemen, wie betrieblichen Informationssystemen oder Telekommunikationssystemen. Dann wächst das Produkt ständig und entwickelt sich in einem Zyklus weiter, der jeweils wieder die Form der Abbildung 3–6 annimmt. Parallel zum Lebensende eines Release kann das nächste Release folgen. Ein Migrationsprojekt fällt auch in diesen Lebenszyklus. Migration bedeutet hier den

Übergang von einem zum nächsten Release und damit das Lebensende der bisherigen Produktversion.

Jede Phase in Abbildung 3-6 kann in weitere Prozesse verfeinert werden (siehe Kap. 3.4). Wir wollen in diesem Kapitel einige wichtige Bausteine eines typischen Lebenszyklus kennenlernen. Später wollen wir betrachten, wie diese Bausteine angeordnet werden können, um damit je nach Umgebung eines Projekts einen passenden Lebenszyklus oder Entwicklungsprozess festzulegen. Dabei werden wir auf einige »Archetypen« von Lebenszyklen eingehen, nämlich den klassischen, stringenten Wasserfallprozess, der durch seine sequenzielle Anordnung von Prozessschritten eine gute Verständlichkeit und einfache Einführung gewährleistet. Danach wollen wir zunehmend »agilere« Prozesse betrachten, die inkrementell Lösungen liefern. Gerade diese zunehmende Flexibilität eines Lebenszyklus wird durch das Requirements Engineering stark bestimmt. Wenn Anforderungen unbestimmt sind und große Unsicherheiten haben, dann müssen die Lebenszyklen und das Projekt so angepasst sein, dass sie ohne Mehraufwand und zeitraubende Wiederholungen erlauben, Anforderungen zu ändern – selbst wenn das Projekt bereits läuft.

Unser Vorgehensmodell nimmt eine Systemsicht ein und beschreibt die Abfolge von Phasen durch den gesamten Lebenszyklus eines Produkts oder einer Lösung (Abb. 3-6). Von links nach rechts läuft die Zeitachse, auf der vier wesentliche Elemente des Lebenszyklus angeordnet sind:

1. **Strategie und Konzeption**
   Dies ist die sogenannte »Upstream«-Phase in der Produktentwicklung, bevor ein Projekt begonnen hat. Sie ist für das RE besonders wichtig, denn jetzt wird festgelegt, welche Anforderungen berücksichtigt werden. Das Projekt wird sukzessive aufgesetzt und die Inhalte, Ziele und Meilensteine werden vereinbart. Hier entsteht die Produktvision, beispielsweise welche Märkte in welcher Form adressiert – oder auch nicht adressiert – werden. Der Business Case wird in dieser Phase zusammengestellt und damit die Kosten-Nutzen-Rechnung aufgemacht. Dabei ist es wichtig, den gesamten weiteren Zyklus zu betrachten. Oftmals wird nur die Entwicklungsphase gesehen und es werden zwar Anforderungen und Ziele an das Entwicklungsprojekt geklärt, aber nicht, was dies für die Wartung oder spätere Migration bedeutet. Beispielsweise könnte es sein, dass nicht das Produkt selbst, sondern Dienstleistungen um das installierte Produkt herum im Vordergrund stehen (z.B. bei Open Source und kommerziellen Paketen). Hier müssen ganz klare Anforderungen an Wartbarkeit, Portierbarkeit etc. berücksichtigt werden.

   Ähnlich verhält es sich bei eingebetteter Software, wo die Systemtechnik noch vor der Softwareentwicklung steht. Oftmals ist hier nicht die Softwareentwicklung allein kritisch, sondern die Software im Zusammenspiel mit anderen Systemen, die sie umgeben oder in die sie eingebettet ist. Dies ist im RE bei Kraftfahrzeugen oder in sicherheitskritischen Anwendungen der Fall, wo die Software im isolierten Betrieb durchaus funktionieren kann, aber in der Hardwareumgebung mit Störungen der Betriebsspannung und der Kommunikationssysteme versagt. RE in der Planungsphase bezieht sich nicht nur auf die Sammlung von Anforderungen und deren Spezifikation und Analyse, sondern vor allem auch auf die Analyse der Systemumgebung, des Benutzerverhaltens und der späteren Entwicklungsschritte.

2. **Entwicklung**
In dieser Phase wird das Produkt entwickelt. In der Entwicklungsphase geht es um die Umsetzung der Anforderungen in ein funktionsfähiges Produkt im Rahmen der vereinbarten Einschränkungen (z.B. Zeit, Kosten, Ressourcen etc.). Die Entwicklungsphase lässt sich in bestimmte Prozesse verfeinern, die in verschiedener Form durchlaufen werden können. Die grundlegenden Prozesse decken das Management der Anforderungen ab, die Entwicklung einer Architektur, eines Entwurfs, einer Verifikations- und Validierungsstrategie, einer Implementierung, einer Paketierung und einer Qualitätskontrolle. Innerhalb der Entwicklung gibt es einen **Entwicklungslebenszyklus** oder **Entwicklungsprozess**, der die Abfolge dieser Prozesse beschreibt. Beispielsweise können die einzelnen Schritte streng sequenziell geordnet sein. Man spricht dann auch von einem »Wasserfallmodell«, da auf jede Stufe die nächste folgt.

Abbildung 3–7 zeigt den typischen Entwicklungsprozess. Wichtig ist, dass die Stufen zyklisch oder iterativ durchlaufen werden können (z.B. wenn sich Anforderungen durch die Systemanalyse aufklären oder aber Ungenauigkeiten entdeckt werden, muss die Anforderungsermittlung nochmals durchlaufen werden) [Boehm1988]. Des Weiteren drückt seine »V-Form« aus, dass es zu jedem konzeptionellen Schritt auf der linken Seite auch einen äquivalenten Verifikations- oder Validierungsschritt auf der rechten Seite gibt. Dieses generische Modell wird daher auch als »V-Modell« bezeichnet[3].

Dieses archetypische Entwicklungsmodell setzt die relevanten Aktivitäten des Entwicklungsprozesses in einen – kausalen – Bezug. Damit wird deutlich, dass es Abhängigkeiten zwischen den einzelnen Entwicklungsschritten gibt. Diese Kausalität sollte nicht mit einer zeitlich linearen oder monotonen Folge verwechselt werden, obwohl dies eine mögliche Implementierungsform dieses Prozesses ist. Das archetypische Modell erlaubt, die einzelnen Prozesse auch in anderer Form anzuordnen – solange die kausalen Beziehungen nicht völlig außer Acht gelassen werden. Wenn beispielsweise die Implementierung ohne vorhergehendes Design erfolgt, dann wird ein solcher Fehler begangen, und man sollte sich über das Ergebnis nicht wundern.

---

3. Wir verwenden den Begriff »V-Modell« in diesem Buch generisch aufgrund der charakteristischen Form eines »V« und nicht, um auf das gleichnamige Referenzmodell zu verweisen, das in Deutschland teilweise für öffentliche Ausschreibungen verwendet wird (siehe *www.v-modell-xt.de*, [Balzert2008]).

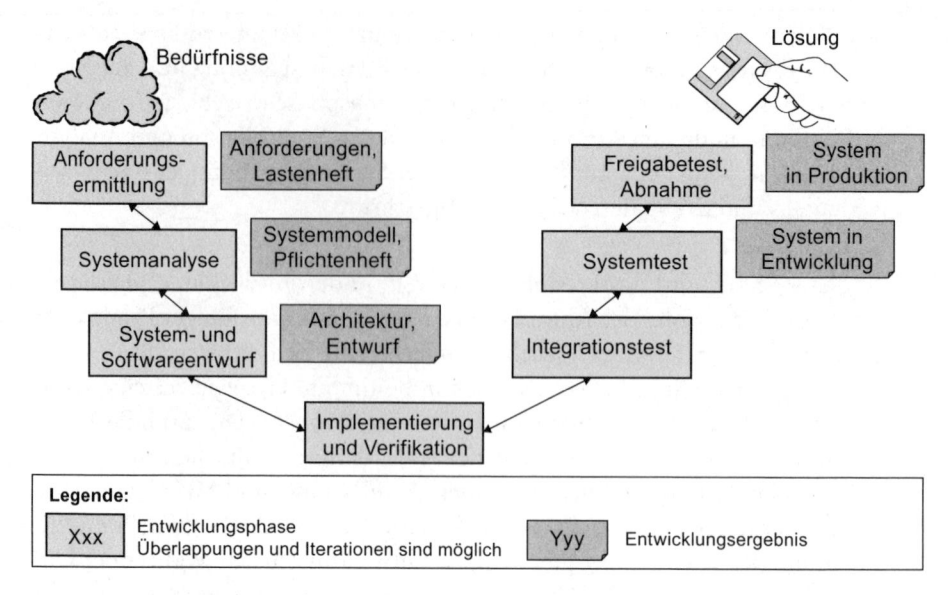

Abb. 3–7 *Der Entwicklungsprozess eines Systems*

Während der Entwicklung eines Systems entsteht eine Folge von Entwicklungsergebnissen. Dabei sind die in jeder Entwicklungsphase vorgegebenen Ziele verschieden. Im RE werden die aus der Sicht des späteren Anwenders nötigen Anforderungen an das zu entwickelnde System in Form eines Lastenhefts oder einer Anforderungsspezifikation angegeben. In einem nächsten Schritt wird eine Lösungskonzeption oder ein Systemmodell als Bestandteil eines Pflichtenhefts festgelegt. Auf dieses Systemmodell folgt der Entwurf der Software- und möglicherweise der Hardwarestruktur, der die Realisierung der Lösungskonzeption beschreibt. Schließlich erfolgt die Implementierung dieses Entwurfs auf einem Rechnersystem. An die Implementierung schließen sich verschiedene Validierungsschritte an – bis zur Übergabe oder Freigabe des Systems für die Anwender.

Der RE-Prozess ist eng mit der Analysephase und der Validierung (Systemtest) gekoppelt. Das kann im V-Modell durch eine Verknüpfung von konstruktiven Schritten (linker Ast) mit den jeweiligen Prüf- und Testschritten (rechter Ast) erfolgen (siehe Kap. 10.2). Anforderungen müssen testbar sein (siehe Kap. 9). Daher ist es sinnvoll, die Teststrategie und die Testfälle parallel zum Analysieren der Anforderungen zu entwickeln.

Es gibt eine Vielzahl von **Vorgehensmodellen** im Software-Engineering. Sie haben sich über die Zeit entwickelt und werden anhand der Randbedingungen von Projekt und Produkt ausgewählt. Abbildung 3–8 zeigt einige der populären Vorgehensmodelle und deren Einsatz in zwei Dimensionen. Beide Dimensionen werden durch Anforderungen bestimmt. Die horizontale Achse beschreibt die Stabilität der Marktanforderungen und die vertikale Achse Anforderungen an den Projektcharakter.

3.3 Lebenszyklus und Vorgehensmodelle

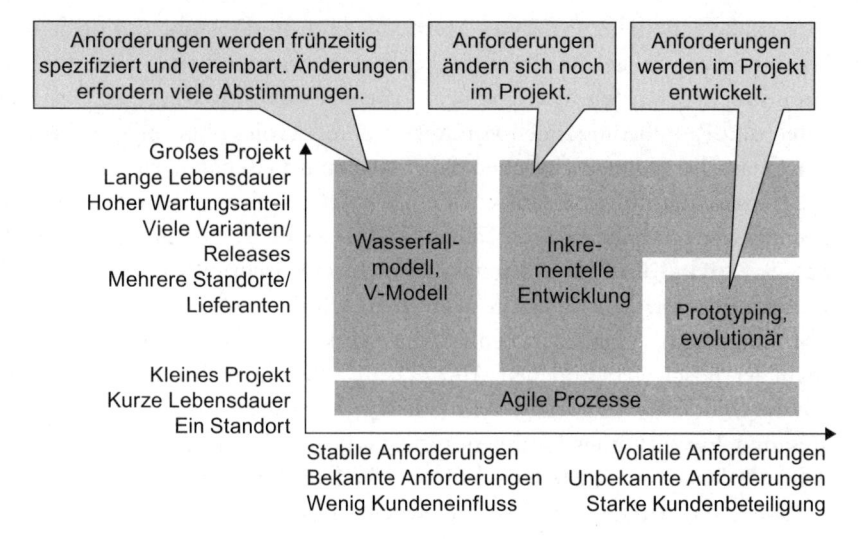

Abb. 3–8 *Verschiedene Vorgehensmodelle und deren Eignung in Abhängigkeit von Projekteigenschaften*

Wichtig bei diesen Unterscheidungen ist, dass die Elemente des archetypischen Entwicklungsprozesses die gleichen bleiben und nur deren Anordnung variiert wird. Egal, ob es sich um einen agilen Entwicklungsprozess oder um ein sequenzielles Vorgehen handelt (und diese Vorgehensweise ist gar nicht so altmodisch, wie oftmals suggeriert wird), es gibt immer ein RE und einen Test.

RE hängt in seiner Ausgestaltung vom gewählten Vorgehensmodell ab. Gemeinsam ist allen Vorgehensmodellen, dass Anforderungen vor ihrer jeweiligen Umsetzung ermittelt und analysiert werden. Dies passiert aber mit unterschiedlichem Tiefgang. In einem stringenten Modell (z.B. Wasserfall) werden die Anforderungen festgeschrieben, während sie sich in eher agilen Modellen parallel zum Projekt herauskristallisieren. Anforderungen können sich in jedem dieser Modelle während des gesamten Entwicklungsprojekts ändern und sie müssen daher durch das ganze Entwicklungsprojekt hindurch verfolgt werden.

Dabei stellt sich naturgemäß die Frage, wie viel Requirements Engineering richtig oder wichtig ist? Was davon ist unnötiger Ballast? Die Antworten darauf versuchen wir hier zu geben. Allerdings wird es keine Standardantwort geben, die allen Projekten genügt. Unter bestimmten Randbedingungen kann man das RE stark vereinfachen – ohne jedoch die wichtigsten Prinzipien[4] über Bord zu werfen (z.B. Analyse vor Vereinbarung, Trennung von Markt- und Produktanforderungen). Die Antwort darauf, wie viel RE angeraten ist, bezieht sich immer auf das Projektrisiko und die Rahmenbedingungen des Projekts.

---

4. Eine Zusammenfassung der wesentlichen Prinzipien des RE findet sich in Kapitel 13.1.

Vorgehensmodelle, Prozesse, Methodik und die Dokumentation hängen davon ab, wie lange das Produkt gepflegt werden soll, wie viele Kunden damit arbeiten werden, wie lang sein Lebenszyklus ist und welche Unsicherheiten und Randbedingungen von außen in das Projekt kommen. Prinzipiell kann man die Balance zwischen Prozessen und Geschäftszielen immer mit einer einfachen Regel beantworten: **So viel Prozess wie nötig, um die Geschäftsziele anhaltend zu erreichen, und so wenig wie möglich, um Flexibilität, Kreativität und Innovationskraft nicht einzuschränken.** Viele Prozesse wachsen über die Zeit stark an, weil man sich nie fragte, was davon inzwischen unnötig ist. Auf jeden Fehler im Produkt kam ein weiterer Testschritt. Mit jeder falsch verstandenen Anforderung aus einem Kundenkontakt hat sich die Checkliste vergrößert. Mit jedem größeren Projekt haben sich Templates und Entwicklungsdokumentation vergrößert. Verkleinert und vereinfacht werden sie nie automatisch. Daher bedeutet Agilität auch, das zu hinterfragen, was bereits an Ballast angewachsen ist.

Eine vergleichende Bewertung der drei wichtigsten Vorgehensmodelle in der Praxis und deren Eignung in Abhängigkeit von kritischen Projekt- und Produktparametern ist nochmals in Abbildung 3–9 dargestellt. Ein diszipliniertes und formalisiertes RE benötigt man in jedem Fall, sowohl bei traditioneller als auch bei agiler Vorgehensweise, aber wie dies abläuft, welche Prozesse wie gestaltet werden, kann differieren.

Vorgehens-modell	Projektgröße und -komplexität			Bekanntheit der Anforderungen		Stabilität der Anforderungen			Zeit-druck	
	klein	komplex	sehr groß	bekannt	unbekannt	stabil	mittel	gering	kritisch	
Stringent	+	o	–	+	–	+	–	–	–	
Iterativ	o	+	+	+	+	+	+	o	–	
Agil	+	o	–	+	+	+	+	o	+	

Abb. 3–9 Die Eignung des Vorgehensmodells wird durch externe Parameter bestimmt

3. Markteintritt

Für die Aufnahme und Akzeptanz eines Produkts ist vor allem die Phase des Markteintritts relevant. Sie variiert in ihrem Zeitpunkt und in ihrer Dauer abhängig von externen Einflüssen, wie Marktgröße und Produktart. Ein B2B-Produkt hat eine klare Abfolge von Strategie, Konzeption und Markteintritt, während bei B2C-Produkten, vor allem bei Konsumgütern, der Markteintritt sehr lange dauert und bereits zur Strategie- und Konzeptionsphase beginnt. Der Markteintritt beeinflusst den wahrgenommenen Nutzen. Der Nutzen und Wert eines Produkts hängt vom richtigen Markteintritt ab. Hier einige Beispiele: Nutzen werden zu einem bestimmten Zeitpunkt erwartet. Wenn Ihre IT-Dienstleistung just dann fertig ist, wenn Ihr Management sich für ein Outsourcing entschlossen hat, ist der Gesamtnutzen hinfällig. Nutzen ist nur dann wirtschaftlich gegeben, wenn es ein Nutzen für das ganze Unternehmen ist. Eine neue und hervorragende Serverplattform in einer Anwendung, die sich nicht verkauft, ist nicht nützlich. Auch Marktverschiebungen, neue Wettbewerber, veränderte gesetzliche Randbedingungen oder auch neue Technologien beeinflussen direkt die Nutzenfunktion.

4. **Evolution**
   In die Evolution (oder Wartungsphase) tritt das Produkt mit Ende der Entwicklung oder der Markteinführung ein. Je nach Vertragsbedingungen kann der Übergang fließend sein, beispielsweise, wenn das Entwicklungsprojekt mit der ersten Übergabe an den Kunden endet und die dann noch auftretenden Fehler und Nachbesserungen an unzureichender Funktionalität bereits als Wartungsprojekt bearbeitet werden. Die Wartungsphase wird durch zwei Änderungsarten am existierenden Produkt bestimmt, nämlich Fehlerkorrekturen und Erweiterungen. Beides führt zu einem neuen Release und damit streng genommen zu einem neuen Produkt (man spricht hier von einem neuen Produktrelease), da sich die Software mit diesen Änderungsmaßnahmen verändert.

   Die Wartungsphase wird oftmals als separates Wartungsprojekt durchgeführt, um die Änderungen und den Aufwand dahinter (aber auch die dafür nötigen Ressourcen) besser kontrollieren zu können. Auch dann besteht wieder dringend Bedarf an einem disziplinierten RE, um zu entscheiden, welche Änderungen in der Wartung bei begrenzten Ressourcen durchgeführt werden können. Häufig gibt es Ressourcen- und Architekturkonflikte in Wartungsprojekten, wenn sie nicht sauber geplant und aufgesetzt werden. Ein vernünftiges Portfoliomanagement ist für erfolgreiche Wartungsprojekte unabdingbar (siehe Kap. 4.6). RE spielt in Wartungsprojekten daher eine sehr große Rolle. **Es geht darum, bei jeder Änderung (ob Fehlerkorrektur oder neuer Funktion) abzuwägen, ob sie in die Gesamtstrategie passt, ob sie zum bestehenden Business Case passt und wie sie im Rahmen aller anderen bereits vereinbarten Wartungsanforderungen behandelt wird.** Verfolgbarkeit von Anforderungen in den Entwurf, in den Code und zu den Testfällen ist eine wichtige Voraussetzung für gutes RE in der Wartungsphase (siehe Kap. 9).

   Zum **Lebensende** eines Produkts oder eines Produktrelease geht es vor allem darum, einen definierten Ausstieg zu vereinbaren und auch durchzuführen. Das Lebensende kommt selten zum richtigen Zeitpunkt – ganz so wie im richtigen Leben. Es kommt entweder unerwartet früh, weil Entwicklungsprojekte ihre Ziele nicht erreicht haben und das Projekt abgebrochen werden muss (siehe Kap. 1.2). Oder aber es kommt zu spät. Dies ist in den meisten Produkten und Unternehmen der Fall und liegt daran, dass viele Unternehmen kein ausreichendes Portfoliomanagement haben, das kontinuierlich betrachtet, welche Produkte (oder Releases) beendet werden müssen, da sie keinen anhaltenden Beitrag zum Unternehmenserfolg mehr liefern können (siehe Kap. 4.6) [Benko2003, Ebert2007a].

Das Leben einer Softwareanwendung wird in der Regel durch die Terminierung der Pflege oder bestehender Wartungsverträge beendet. Konkret steht dahinter, dass der Hersteller oder Autor der Software wieder ein neues Produkt verkaufen will und daher versucht, die bisherigen Benutzer zu einem Umstieg zu bewegen. Mit dem angekündigten Lebensende gibt es keine Erweiterungen und Korrekturen mehr. Das ist häufig auch die einzig mögliche Maßnahme, Softwareanwendungen einem Ende zuzuführen, denn die Software bleibt in ihren Installationen unkontrollierbar, und einige Anwender werden sich sogar dafür entscheiden, dass sie mit dem erreichten Status zufrieden sind und es sich für sie nicht (mehr) lohnt, zu einem neuen Produkt zu wechseln (beispielsweise werden SAP R/2 oder bestimmte DOS- und Windows-Versionen auch noch Jahre nach ihrem »Lebensende« praktisch genutzt).

Bei eingebetteter Software ist dies schwieriger, da oftmals die sie umgebende Hardware entsorgt werden muss. Im Gegensatz zur Software altert die Hardware. Sie muss gepflegt werden, und sie stellt häufig auch eine Altlast dar, die entsorgt werden muss. Im Rahmen der aktuellen Gesetzgebung müssen solche eingebetteten Systeme bereits so entwickelt werden, dass die Rücknahme oder Entsorgung gewährleistet ist. Das RE spielt also auch für das Lebensende eine Rolle. Man wird häufig eine Strategie fahren, die die Anwender schrittweise zu einem neuen Release führt. Obwohl dies mehr mit Marketing und Produktmanagement zu tun hat, spielt es in die Wartungs- und Entwicklungsarbeiten – über das RE – hinein. Während beispielsweise die Lieferung neuer Funktionen eher schnell gestoppt werden kann, wird die Fehlerkorrektur häufig noch eine Weile fortgesetzt, damit der Kunde das Vertrauen in den Lieferanten nicht zu schnell verliert.

3.4 Produktlebenszyklus-Management (PLM)

Im **Produktlebenszyklus-Management** (engl. **Product Life Cycle Management** oder **PLM**) wird der gesamte Lebenszyklus von Produkten als Einheit betrachtet, als ein Prozess, der vereinheitlicht, überwacht, gesteuert und verbessert werden kann. Die Kooperation entlang der gesamten Wertschöpfungskette kann durch die Beseitigung geografischer, organisatorischer und technologischer Grenzen verbessert werden. PLM betrachtet auch die informationstechnische Automatisierung des Lebenszyklus. Typischerweise steht dahinter ein Produktdatenmanagement als gemeinsame Referenz, die es erlaubt, die Wertschöpfungskette und deren individuelle Werkzeuge zu koppeln und einen durchgängigen Workflow zu schaffen von den Anforderungen hin zur gelieferten Lösung und deren Wartung oder Weiterentwicklung.

3.4 Produktlebenszyklus-Management (PLM)

Das RE durchdringt wie kein anderer Prozess – außer vielleicht das Controlling – das Produktlebenszyklus-Management. Abbildung 3–10 zeigt den Lebenszyklus in der oberen Hälfte der Abbildung. Unten wird er detailliert, um die für die Produktentwicklung relevanten Prozesse zu zeigen. Alle skizzierten Prozesse werden durch das RE beeinflusst, denn als Ziel oder Eingangsgröße stehen die Anforderungen, egal ob es um die Strategiedefinition, das Lieferantenmanagement oder die Evolution geht. Die relevanten Beziehung (z.B. Dokumente, Schnittstellen) sind durch die Pfeile veranschaulicht. Eine Übersicht zu diesen Dokumenten im Lebenszyklus findet sich in Kapitel 6.4.

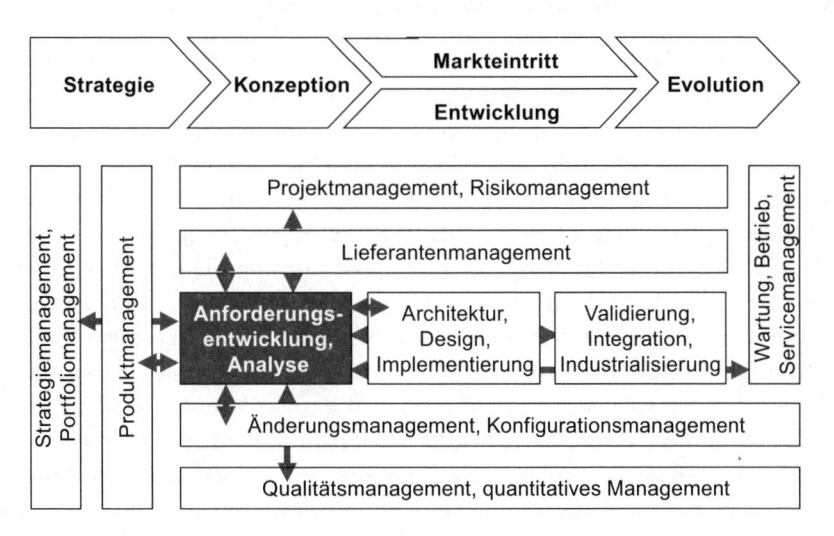

Abb. 3–10   *RE durchdringt das Produktlebenszyklus-Management (PLM)*

RE spielt im Lebenszyklusmanagement eine so herausragende Rolle, weil eine erfolgreiche Produktentwicklung eine umfassende Kenntnis der geforderten Funktionen, eine konsistente Bearbeitung der Anforderungen und eine schnelle Markteinführung dieser Funktionen bedingt. Wenn man ein interessantes Produkt einige Monate zu spät auf den Markt bringt, kann es zu einem Flop werden. Man muss also früher mit der Phase der Produktfindung und -entwicklung fertig sein. Gleichzeitig wächst bei Softwaresystemen (egal ob reine oder eingebettete Software) die Bedeutung von Wartung und Service.

Je komplexer die Produkte werden, umso mehr verlagert sich die gesamte Wertschöpfung in den hinteren Bereich der Lebenskette, also zu Service und Wartung. Das erfordert eine gute und umfassende Kenntnis des Produktzustandes (Konfigurationen, Funktionen, Versionen von Plattformkomponenten) beim Kunden. Ein häufiger Fehler im Lebenszyklusmanagement besteht darin, dass nur das erste Release betrachtet wird. Das mag für Start-ups, also neue Firmen, die noch gar nicht wissen, ob sie das erste Release ihrer Produktidee überleben, richtig sein, aber sicherlich nicht für etablierte Dienstleister und Softwareentwickler. Viele Firmen haben diesen Sprung nicht geschafft und stagnieren mit einem unzureichenden Produkt, das anfangs zwar hervorragend aussah, sich aber nicht mehr weiterentwickeln ließ. Netscape ist hierfür das klassische Beispiel, wo RE und Projektplanung komplett vernachlässigt wurden und damit eine Architekturruine entstand [Cusumano2000].

Nur ein phasenübergreifendes Produkt- und Entwicklungsmanagement – eben das Produktlebenszyklus-Management – sorgt dafür, dass Durchlaufzeiten kürzer und Geschäftsziele erreicht werden.

3.5 Stringentes Requirements Engineering

Stringentes RE verlangt, dass die Anforderungen zu einem Großteil bereits zu Projektstart bekannt und definiert sind. Abbildung 3–11 zeigt das typische Vorgehen in einem stringenten Entwicklungsprozess. Stringent heißt hier, dass der Entwicklungsprozess klar definierte Phasen und Meilensteine hat, die immer das Gesamtsystem und seinen Fortschritt von der Spezifikation hin zu einem lauffähigen Produkt betrachten. Es impliziert, dass die Anforderungen im Zusammenhang analysiert, modelliert und zu einer Gesamtlösung hin entwickelt werden. Änderungen der Anforderungen werden sehr gut kontrolliert, um Fehler und Integrationsschwierigkeiten zu reduzieren. Stringent heißt allerdings nicht, dass die Anforderungen eingefroren werden müssen. Wichtig ist eher, dass frühzeitig abgeschätzt wird, welche Anforderungen sich ändern könnten, und darauf hin das Projekt und die Produktarchitektur ausgerichtet werden. Andererseits ist es klar, dass ein stringentes Projekt viele Barrieren aufbaut, damit sich Anforderungen nicht chaotisch ändern, wie man es von der Anwendungssoftware her kennt. Schließlich wollen die verschiedenen Zielgruppen mit einem definierten Budget ein Produkt entwickeln und nicht in der Dokumentationsphase stecken bleiben.

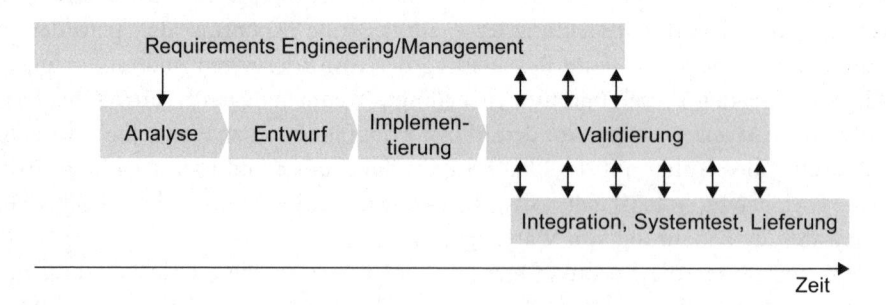

Abb. 3–11 RE/RM im stringenten Entwicklungsprozess

Soll das Produkt in verschiedenen Varianten gepflegt werden oder sieht es einem längerfristigen Einsatz (z.B. als eingebettetes System) entgegen, dann greift man zu einem stringenten Vorgehensmodell mit definierten Teilprozessen und Phasen, die aufeinander aufbauen. Aber auch die Stabilität der Anforderungen bestimmt die Auswahl des Vorgehensmodells. Sind die Anforderungen bekannt und eher stabil,

3.5 Stringentes Requirements Engineering

dann kann man ein solch statisches Modell wählen, das dann auch größtmögliche Konsistenz der Phasenergebnisse liefert. Abbildung 3–12 zeigt beispielhaft für dieses stark meilensteinorientierte Vorgehen, wie es in vielen Unternehmen heute üblich ist, den Produktlebenszyklus bei Siemens [Broy2007]. Man erkennt anhand der angegebenen Richtwerte als Prozentzahlen für Stabilität bei den wichtigen Meilensteinen M100, M150 und M200 den konkreten Bezug zum RE.

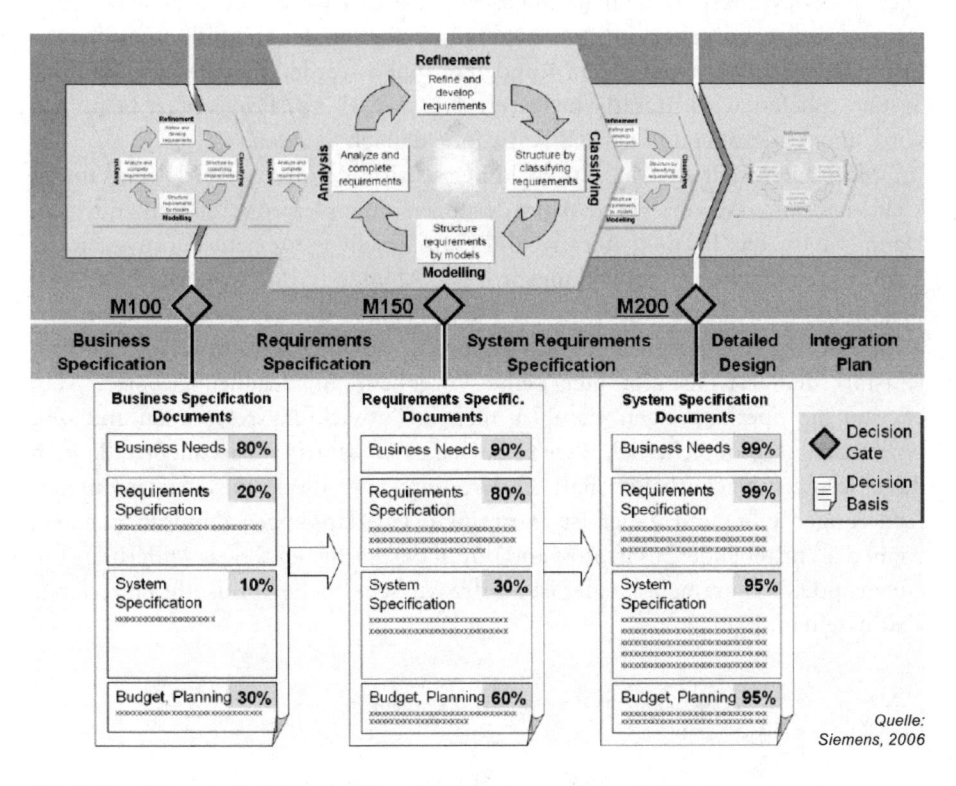

Abb. 3–12 *Stringenter Produktlebenszyklus mit Meilensteinen und Phasen bei Siemens*

Eine solch stringente Ausrichtung mit klaren Anforderungen zu Projektstart ist übrigens bei vielen Projekten nötig, beispielsweise, wenn ein Altsystem durch ein neues System mit gleicher Funktionalität abgelöst werden soll oder wenn in einem Großprojekt Teilsysteme entwickelt werden sollen. Auch in großen Projekten in der Raumfahrt oder in sicherheitskritischen Anwendungen dominieren diese Vorgehensweisen. Projekte mit vielen Lieferanten, die sich frühzeitig zu Schnittstellen, Standards und Randbedingungen einigen müssen, wählen in aller Regel ein stringentes Vorgehensmodell, zu dem sich alle Partner verpflichten. Meilensteine innerhalb des Projektverlaufs sichern, dass Teilergebnisse synchronisiert werden können und der Gesamtfortschritt nicht durch das Versagen eines Lieferanten infrage gestellt wird.

3.6 Iteratives Requirements Engineering

Sind die Anforderungen eher unbekannt und entwickeln sich vielleicht erst im Laufe der Systementwicklung, dann muss das Vorgehensmodell dieser Volatilität Rechnung tragen, und man wählt ein inkrementelles, iteratives oder gar evolutionäres Vorgehen. Ein iteratives RE wird in einer ganzen Bandbreite unterschiedlicher Entwicklungsparadigmen eingesetzt, beispielsweise im weitverbreiteten inkrementellen Vorgehen, im Prototyping und auch in der Definition von Iterationen, die schrittweise mit einem Kunden evaluiert werden, bevor das endgültige System geliefert wird. Iterativ bedeutet, dass das RE vor Projektstart begonnen wird, aber ein großer Teil der RE-Aufwände danach anfallen.

Man durchläuft einzelne Entwicklungsschritte iterativ, beispielsweise um in kleinen Schritten jeweils einige Anforderungen zu implementieren und zu testen. Dann wächst das Produkt iterativ und man spricht von einem iterativen (oder auch inkrementellen) Entwicklungsprozess. Abbildung 3–13 zeigt anhand von drei Inkrementen, wie dieser Entwicklungsprozess die »Bausteine« anordnet. Zahl und Abhängigkeiten innerhalb dieser Entwicklungsschritte werden zu Projektstart definiert. Es gibt hier keine Vorgaben, nur Erfahrungswerte. Man erkennt die Überlappungen, die dazu dienen, Entwicklungsressourcen und -zeit optimal zu nutzen. Sicherlich wäre es besser, einen Schritt abzuschließen, da man dann weniger Nacharbeiten hat. Andererseits zeigt die Praxis, dass es immer Änderungen gibt, und daher ist es optimal, Überlappungen dann zu machen, wenn der entstehende Zusatzaufwand durch Nacharbeiten wegen Änderungen in einem anderen Inkrement kleiner ist als der wirtschaftliche Verlust durch zu lange Zykluszeiten.

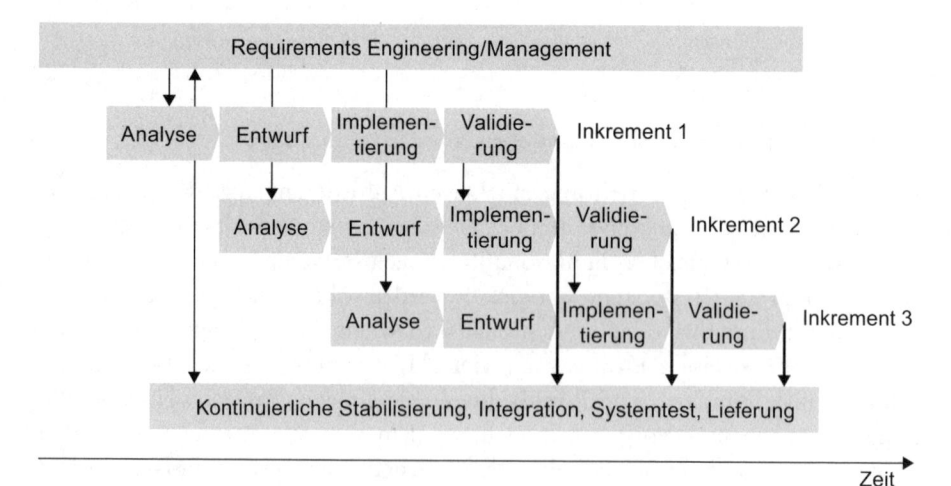

Abb. 3–13   *RE/RM im iterativen/inkrementellen Entwicklungsprozess*

Zu Projektstart müssen vor allem die kritischen Anforderungen mit Einfluss auf Architektur, Performanz und Projektdefinition ermittelt und analysiert werden. Dann wird festgelegt, wie viele Inkremente oder Iterationen entwickelt werden und wie Anforderungen auf diese Schritte verteilt werden. Im iterativen Vorgehen werden danach Teilprojekte gebildet. Im inkrementellen Vorgehen werden die Inkremente aufeinander aufbauend entwickelt und integriert. Man spricht dann auch von einem kontinuierlichen Build, da das Gesamtsystem kontinuierlich mit den Inkrementen wächst. Entscheidend bei den iterativen Vorgehensmodellen ist, dass Fortschritt an implementierten und getesteten Anforderungen fest gemacht wird und nicht an Dokumenten, wie im stringenten Vorgehen.

Iterative Vorgehensweisen, wie beispielsweise das Prototyping, werden vor allem in Benutzerschnittstellen eingesetzt, wo es kaum Sinn macht, eine umfangreiche Spezifikation zu liefern. Die meisten Benutzerschnittstellen entwickeln sich weiter, wenn sie erst einmal greifbar sind. Evolutionäre Vorgehensweisen kommen auch in Projekten zum Tragen, wo sehr viele neue Technologien eingesetzt werden. Man weiß dann anfangs noch nicht, welche Technologie ausgewählt wird, muss aber dennoch ein Projekt definieren. In einem solchen Fall mit sehr vielen unbekannten Parametern werden Teilprobleme isoliert und evolutionär gelöst. Was funktioniert, wird iterativ integriert, wobei es durchaus passieren kann, dass ein späteres Entwicklungsergebnis nochmalige Änderungen bedingt.

3.7 Agiles Requirements Engineering

Agilität heißt, den richtigen Prozess für eine gegebene Umgebung und gegebene Projektziele zu schaffen. Dabei stehen das Projekt und der Kunde im Mittelpunkt, nicht eine umfassende Dokumentation. Im agilen Vorgehen dominieren Flexibilität und Anwender- oder Kundeninteraktion. Prozesse müssen sowohl effektiv als auch effizient sein; sie dürfen nicht durch zu viele Einschränkungen Innovationen und Kreativität behindern. Wichtig ist, dass die Vorgehensweisen im RE durch Agilität statt schwergewichtiger Regeln bestimmt wird.

Einfache, klare, agile Regeln stimulieren Nachdenken und Innovation – gerade in unsicheren und neuen Situationen. Schwerfällige und komplexe Vorgaben schränken ein und führen oft zu Bürokratie. Oftmals habe ich gerade im RE eine Scheinwelt aus schwerfälligen Prozessen und Werkzeugen bemerkt, während die Produktmanager und Entwickler mit einem agilen Spreadsheet gearbeitet haben. Auch die Produktmanager und der Vertrieb haben dann ihre jeweils eigene Scheinwelt, wo sie den Kunden Zusicherungen machen, ohne dass sie vorher mit der Entwicklung und den zur Verfügung stehenden Ressourcen abgeglichen wurden. Beides führt zu Fehlern durch Inkonsistenz, zu Redundanzen und Nacharbeit und demotiviert die Mitarbeiter. RE-Prozesse müssen unterstützen ohne einzuengen. Sie müssen aktiv vorgelebt werden, um zur Disziplin zu erziehen. Agilität heißt daher nicht, dass Prozesse unkontrolliert wegfallen, sondern dass schlanke Prozesse auf die wesentlichen Bedürfnisse abgestimmt sind.

Agiles RE trägt der Tatsache Rechnung, dass die Anforderungen erst dann bekannt werden, wenn sich das Produkt entwickelt. Zudem orientiert es sich daran, dass nur solche Inhalte entwickelt werden, für die es im Moment auch einen Markt gibt. Man produziert in einem sich schnell ändernden Umfeld, wie der Software- und Informationstechnik, keine komplexen Architekturen, denn sie könnten bereits bei der Lieferung überholt sein.

Ein wesentliches Merkmal im agilen RE ist der ausgesprochene Minimalismus, der sich aus dem »agilen Manifest« ableitet und die Richtschnur für jegliche Prozesse und Inhalte ist [Beck2001]. Das agile Manifest spezifiziert die Randbedingungen, unter denen agile Prozesse anwendbar sind [Beck2001, Cockburn2001, Highsmith2002]:

- Mitarbeiterorientierte Umgebung
- Kleine Teams an einem Ort (bis ca. 10 Personen)
- Sich schnell ändernde Anforderungen und Zielvorgaben
- Kontinuierliche Kommunikation mit den Kunden
- Einfach, minimalistisch, am Code orientiert
- Schnelles Feedback, was funktioniert und was nicht
- Proaktiv, gelebtes Risikomanagement

Wir empfehlen, diese Randbedingungen genau zu prüfen und agile Prozesse nur dann in ihrer Gesamtheit einzuführen, wenn alle genannten Randbedingungen vollständig erfüllt sind. Sollten sie nur teilweise erfüllt sein, werden agile Prozesselemente wie aus einem Menü ausgewählt. Beispielsweise basieren viele agile Techniken auf einer inkrementellen Vorgehensweise, die in sehr verschiedenen Umgebungen sinnvoll genutzt werden kann. Der Verzicht auf Dokumentation dagegen ist nur bei kleineren Projekten und kurzer Produkt- oder Release-Lebensdauer möglich. Dieser menüorientierte Ansatz wird in jedem Fall Erfolg zeigen, denn die Elemente als solche hängen nicht zusammen und können isoliert und schrittweise umgesetzt werden [Cao2008].

Abbildung 3–14 zeigt das agile Vorgehen und die kontinuierlichen Einflüsse auf die Entwicklungsteams durch das RE. Anforderungen werden parallel zum Projekt entwickelt und umgesetzt. Begonnen wird mit wenigen Anforderungen, die einen großen Einfluss auf Architektur und grundlegende Entwurfsentscheidungen haben. Damit ähnelt das agile RE jenem bei inkrementellen und iterativen Vorgehensweisen, und natürlich haben beide Zweige die gleichen Ursprünge. Allerdings ist das agile Vorgehen sehr konsequent dabei, keine Inhalte zu liefern oder Prozessschritte durchzuführen, die nicht unmittelbar zur aktuell notwendigen – und bezahlten – Projektphase gehören.

Was zeichnet nun das agile RE aus, und worauf ist zu achten? Gemeinsam ist den verschiedenen RE-Vorgehensweisen, dass Anforderungen möglichst im gemeinsamen Kontext ermittelt und analysiert werden. Während die anderen Vorgehensweisen allerdings von einer großen Grundgesamtheit der Anforderun-

3.7 Agiles Requirements Engineering

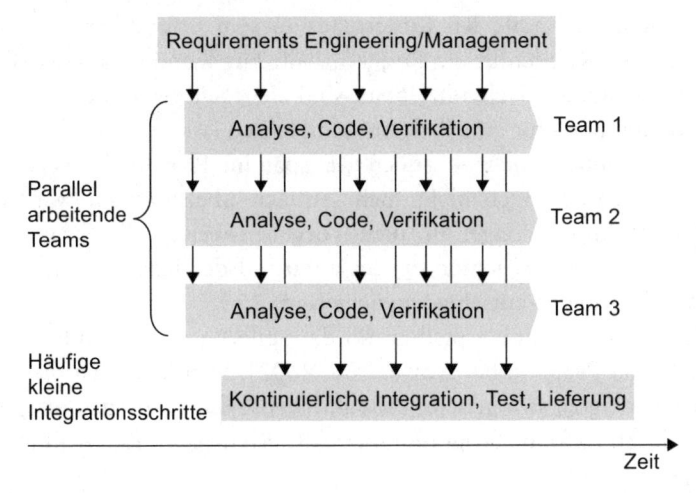

Abb. 3-14 *RE/RM im agilen Entwicklungsprozess*

gen ausgehen, die vor Projektstart bekannt sind und typischerweise im Laufe des Projekts »nur noch« geändert werden, zielt das agile RE darauf, mit einer kleinen Basis kritischer Anforderungen zu beginnen, und danach über die gesamte Projektlaufzeit hinweg weitere Anforderungen hinzuzufügen. Der Aufwand für das RE mit seinen sechs Aktivitäten (d.h. Ermittlung, Spezifikation, Analyse, Vereinbarung, Validierung, Verwaltung) ist in den bisher skizzierten Vorgehensmodellen auf den Anfang konzentriert. Im agilen RE ist der Aufwand für RE über das gesamte Projekt relativ gleichmäßig verteilt. Damit hat das agile RE den Vorteil einer hohen Flexibilität, selbst wenn sich im Verlauf des Projekts neue Randbedingungen und Bedürfnisse ergeben, die zu beträchtlichen Änderungen führen. Unklare Bedürfnisse oder Anwendungsfälle können während der Entwicklung mit dem Kunden konkretisiert werden, sodass die fertige Lösung diejenigen Funktionen enthält, die auch genutzt werden. Es wird weniger Ballast erzeugt, und die typischen Fallen des eher frontgeladenen traditionellen RE, nämlich eine hohe Änderungsrate der Anforderungen sowie sehr viele nicht genutzte Funktionen, werden vermieden.

Da das agile RE ohne ein Gesamtbild des Anwendungsbereiches und des zu entwickelnden Systems beginnt, können Inkonsistenzen in der Begriffsbildung, Architektur und Realisierung entstehen. Diese werden zwar in weiteren Iterationsschritten entdeckt, führen aber zu einem deutlich größeren Gesamtaufwand [Cao2008]. Nichtfunktionale Anforderungen werden häufig nur rudimentär beschrieben und müssen zu einem vergleichsweise späten Zeitpunkt in das Produkt hinein entwickelt werden. Zudem ist die Schätzung des Gesamtaufwands und eine hinreichend präzise Projektplanung kaum möglich. Daher sollte gerade das agile RE die Explorationsphase mit den relevanten Schlüsselgruppen vor Projektbeginn unterstreichen. Zudem sollten mit den Kunden ein Budget sowie Inkrement-Meilensteine vereinbart werden, um das Projekt auf eine definierte

Basis zu stellen. Das agile RE fordert aus diesem Grund die kontinuierliche Einbeziehung der Kunden in die Projektarbeit. Für Kunden ist diese Forderung allerdings nicht immer nachvollziehbar, sind sie doch gewohnt, dass eine klare Spezifikation die Basis für eine Beauftragung bildet.

Natürlich können auch im agilen RE spät im Projektlebenszyklus auftretende, neue Anforderungen nicht mehr einfach übernommen werden. Daher kommt dem Produktmanager in allen Vorgehensweisen die Schlüsselrolle als allein verantwortlicher Wächter zu, der aufgrund der Kosten-Nutzen-Funktion über die Anforderungen entscheidet (siehe Kap. 4.6).

Abbildung 3–15 zeigt beispielhaft für das agile Vorgehen den Produktlebenszyklus für kleine Projekte bei ABB [Wallin2002]. Deutlich wird die Abbildung des allgegenwärtigen stringenten Produktlebenszyklus auf die inkrementellen Schritte im durch Extreme Programming realisierten agilen Entwicklungsprozess.

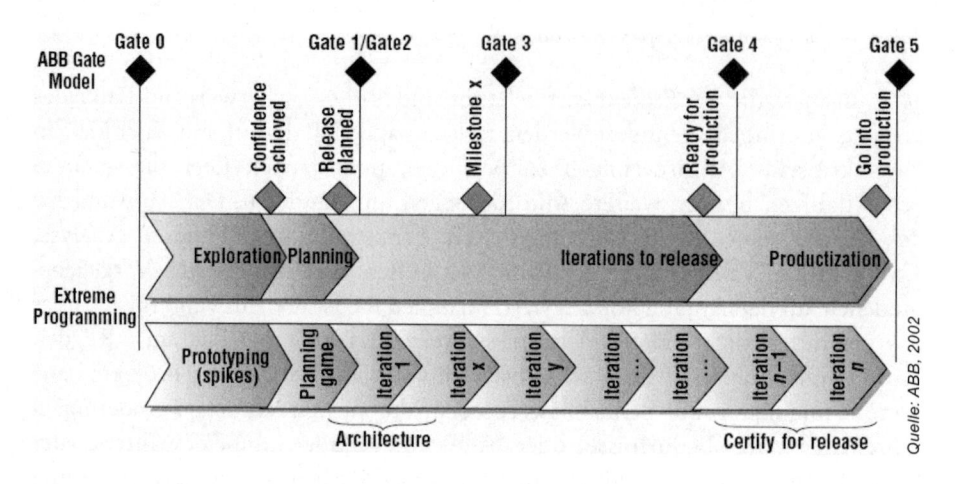

Abb. 3–15   *Agiler Produktlebenszyklus mit Meilensteinen und Phasen bei ABB*

In der Diskussion, wie viel Agilität nun notwendig ist oder ob eine bestimmte agile Vorgehensweise erforderlich ist, sollte es nicht um die oftmals polemische Auseinandersetzung im Sinne von »leicht versus bürokratisch« (oder »agil versus rigoros«) gehen, sondern darum, den richtigen Prozess für eine Aufgabe zu finden und anzuwenden. Ein gelebter agiler Prozess ist besser als der nur dokumentierte, aber nicht praktizierte schwergewichtige Prozess.

3.8 Tipps für die Praxis

- Betrachten Sie RE als projektbegleitend. RE ist nicht mit dem Erfassen von Anforderungen abgeschlossen. Als Prozess begleitet es die weitere Entwicklung bis zum Projektabschluss und darüber hinaus in die Betriebs- und Wartungsphase – bis zum Lebensende.
- Berücksichtigen Sie, dass sich Anforderungen ändern. Anforderungen vor Projektstart einfrieren zu wollen, ist der falsche Ansatz. Wichtig ist es, ein systematisches Änderungsmanagement zu vereinbaren, um später mit Änderungen umgehen zu können. Ihr Vorgehensmodell sollte die zu erwartende Änderungsrate unterstützen. Arbeiten Sie eng mit den wichtigen Interessengruppen zusammen, um die kritischen Anforderungen (z.B. architekturbeeinflussende Anforderungen) vor Projektstart zu kennen.
- Halten Sie die Ermittlungsphase kurz, um die Projektdauer zu begrenzen. Zu lange Analyse führt zu Paralyse. Ein komplexes Produkt, das zu viele Bedürfnisse in einem Schritt erfüllen will, schafft nur Probleme. Nehmen Sie Funktionen heraus, über die man sich nicht einigen kann; sie sind offensichtlich nicht so wichtig. Priorisieren Sie nach Marktwert und Machbarkeit.
- Schließen Sie das Projekt zügig ab, um die Anforderungsfluktuationen zu begrenzen. Vereinbaren Sie eine kurze Projektdauer, und die Änderungen und Unsicherheiten werden reduziert. Wenn Technologien noch nicht ganz bekannt sind, dann teilen Sie das Projekt in Inkremente auf.
- Balancieren Sie Anforderungsänderungen mit den verfügbaren Puffern im Projekt aus. Es macht keinen Sinn, flexibel bis zur Selbstverleugnung zu sein, denn am Ende leidet auch der Kunde, wenn das Projekt verspätet ist.
- Sorgen Sie dafür, dass die Lösungsbeschreibung in jedem Projekt neu geschrieben wird und die Sprache des Kunden spricht. Beachten Sie Urheberrechte der Kunden, wenn eine Lösung auf bestehende Analyse- oder Spezifikationsdokumente aufsetzt.
- Wählen Sie ein Vorgehensmodell, das sich an der Stabilität der Anforderungen und an deren Bekanntheitsgrad und Umfang orientiert. Spezifische Projekteigenschaften verlangen ein darauf zugeschnittenes Vorgehensmodell. Das kann durch ein anpassbares generisches Vorgehensmodell erreicht werden oder durch spezifische Modelle für häufige Projektsituationen. Versuchen Sie allerdings nicht, ein stringentes Modell agil zu machen oder umgekehrt, denn das schafft Konflikte.
- Setzen Sie agile Elemente wie inkrementelle oder iterative Ermittlung der Anforderungen ein, um Kundenbedürfnisse besser zu adressieren.

3.9 Fragen an die Praxis

- In welcher Beziehung steht Requirements Engineering zu den Geschäftsprozessen oder Geschäftszielen eines Unternehmens?
- Wie unterscheiden und spezifizieren Sie in Ihrem eigenen Umfeld die vorgestellten drei Typen von Anforderungen, also Marktanforderungen, Produktanforderungen und Komponentenanforderungen?
- Ist das Requirements Engineering in verschiedenen Entwicklungsprozessen stets gleich positioniert? Betrachten Sie dabei Szenarien mit stabilen und mit sehr unsicheren Anforderungen.
- In welchen Situationen – abhängig von der Stabilität der Anforderungen – wird man einen agilen Entwicklungsprozess wählen?

- Können Sie sich vorstellen, weshalb nach wie vor mehr als die Hälfte aller Entwicklungsprojekte dem stringenten Vorgehen folgen? Ist es nur »Ignoranz« oder »Konservatismus«, die dazu führen, das Wasserfallmodell einzusetzen? Welche Projekte profitieren vom Wasserfallmodell?
- Welche Methoden setzen Sie in der Anforderungsanalyse und in der Lösungsmodellierung ein? Warum? Sind die gewählten Methoden ausreichend genau beschrieben? Sind es branchenspezifische Methoden oder spezifische Anwendungen für Ihr Unternehmen? Werden sie ad hoc eingesetzt oder haben die Mitarbeiter eine methodische Schulung? Sind die Methoden ausreichend, um Produkte und Lösungen in Ihrem Unternehmen zu beschreiben?
- Werden die Methoden, die Sie einsetzen, ausreichend durch Notationen und Werkzeuge unterstützt? Wissen Sie, was es an passenden Werkzeugen am Markt gibt?

4 Rollen und Verantwortungen

*I wondered why somebody didn't do something;
then I realized that I was somebody.*

– Anonym

4.1 Interessenvertreter, Perspektiven und Zielgruppen

Das Requirements Engineering benötigt mindestens zwei grundsätzlich verschiedene Rollen. Es gibt einen Auftraggeber (oder Benutzer, Kunde), der Bedürfnisse hat und dafür eine Lösung sucht, und es gibt einen Lieferanten, der diese Anforderungen in eine Lösung umgesetzt liefert (Abb. 4–1). Beide Rollen können sich in größeren Projekten oder Unternehmen beliebig weiter verfeinern, aber man wird immer trennen müssen, ob eine Rolle auf die linke Seite des Bilds gehört (und damit eine Lösung für ihre Bedürfnisse wünscht und dafür auch bezahlen will) oder auf die rechte Seite (und damit gegen Bezahlung eine Lösung liefern will, die den Bedürfnissen nahe kommt).

Abb. 4–1 *Die beiden grundlegenden Rollen im RE: Auftraggeber und Lieferant*

Wir brauchen diese scharfe Trennung der zwei **Interessensphären** von Auftraggeber und Lieferant, um klar zu verstehen, was das Problem und was die Lösung ist. Eine einzige Rolle, die versucht, beide Perspektiven gleichzeitig zu vertreten, wie man sie manches Mal bei einem Produkt- oder Projektmanager sieht, muss zwangsläufig schiefgehen. Ein Projektmanager kann nicht gleichzeitig Vertreter des Kunden sein und dafür das Maximum an Inhalt zu einem Minimum an Preis herausholen wollen, und dann noch versuchen, das Projekt im Rahmen von Kosten, Zeit und Qualität zu lenken. Man kann nicht gleichzeitig die Benutzerseite und die Lösung optimieren, wie man leicht bei der Optimierung von Preis und Kosten erkennt. Aber man muss die Argumente der jeweils anderen Seite verstehen, um zu Win-win-Situationen zu kommen.

Häufig gibt es Interessengruppen, die versuchen, diese Grenzen zu vermischen (z.B. bei innerbetrieblichen Informationssystemen versucht die Fachabteilung, möglichst viele Funktionen zu erhalten, während die ausführende oder beschaffende IT-Abteilung versucht, Betriebskosten zu optimieren). Dies führt praktisch immer zu Kollisionen. Wir brauchen diese Trennung auch für Situationen, in denen der Benutzer oder Käufer als Person direkt nicht ansprechbar ist, beispielsweise bei Konsumgütern, eingebetteter Software oder völlig neuen Anwendungen, für die noch kein Markt existiert. In allen Fällen muss es auf der Seite des Lieferanten (also rechts im Bild) jemanden geben, der die Rolle des Auftraggebers effektiv einnimmt (also für die linke Seite Position bezieht).

Requirements Engineering bedeutet Zusammenarbeit. Abbildung 4–2 verdeutlicht einige der Schlüsselrollen, die bei der Definition und Bearbeitung von Anforderungen eine Rolle spielen. Sie sind um typische Dokumente des RE herum gruppiert. Damit wird unterstrichen, dass RE formale Artefakte liefert, anhand derer Vereinbarungen getroffen und ausgetauscht werden. Wie bei jedem Prozess kann man geteilter Meinung darüber sein, ob man ihn personen- bzw. rollenorientiert beschreibt oder eher dokumentenzentrisch. Wir versuchen, diese Positionierung offenzulassen, denn zu einem Prozess gehören sowohl die Ausführenden als auch die Ergebnisse. Es hängt eher von der Prozessreife ab, ob die Personen den Prozess stark beeinflussen oder ob ein Unternehmen versucht, den Prozess unabhängig von der Situation und den beteiligten Interessengruppen zu stabilisieren und damit auch verbesserungsfähig zu machen.

Neben den offensichtlichen Rollen, wie beispielsweise den Kunden, dem Projektmanager oder der Entwicklung, gibt es auch weniger auffällige Rollen, die aber trotzdem zusammenspielen müssen. Die Geschäftsführung und das obere Management sind wichtig für RE, da sie die Geschäftsziele und Projektziele definieren, anhand derer die Anforderungen bewertet werden. Ein Produktmanager wiederum muss zwischen Vertrieb, Entwicklung und Projektmanagement vermitteln, um Umsatz- und Gewinnziele zu erreichen. Während eine Projektmanagerin daran gemessen wird, ob sie ihr Projekt pünktlich und mit der richtigen Qualität abschließt, wird der Vertrieb nach Verkaufszahlen beurteilt. Ein typischer Zielkonflikt zwischen diesen beiden Rollen ist die Stabilität

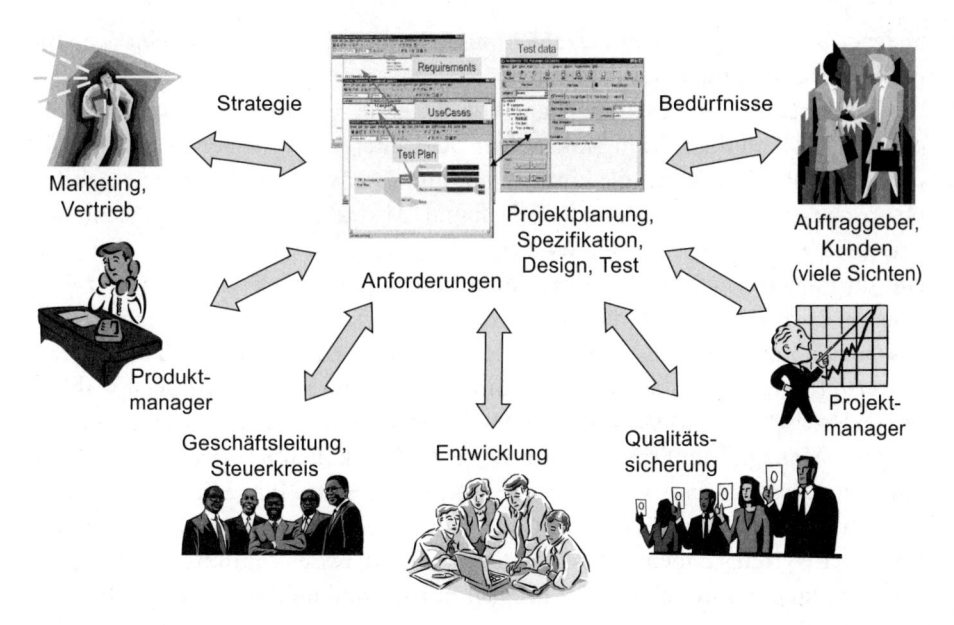

4.1 Interessenvertreter, Perspektiven und Zielgruppen

Abb. 4–2   *Requirements Engineering heißt Zusammenarbeit*

von Anforderungen. Ein Verkäufer ist immer bereit, die Anforderungen opportunistisch anzupassen, um die Verkaufszahlen in die Höhe zu treiben. Die Projektmanagerin auf der anderen Seite will ihr Projekt in trockene Tücher bringen und ist daher an Stabilität interessiert.

Hier kommt nun der Produktmanager ins Spiel, der am Langzeiterfolg und gesamten Ergebnis der Produktlinie gemessen wird. Er muss beide Ziele optimieren, die Kosten und den Umsatz. Denn nur dann stimmt der Gewinn. Ähnlich verhält es sich mit der Geschäftsleitung oder ihrem jeweiligen Management, die hier bewusst genannt sind, obwohl sie theoretisch (sic!) keine dezidierte Rolle im RE spielen dürften. Doch wer kennt es nicht, das Phänomen, dass Kunden und Geschäftsleitung ihre naturgemäß engen Kontakte auch nutzen, neue Ideen zu konkretisieren und dabei häufig Zusagen machen, die niemals mit der unternehmerischen Realität abgestimmt waren. Nicht nur Großprojekte leiden darunter. Gerade auch kleine Beratungsunternehmen und sogar Kleinstunternehmen mit nur wenigen Mitarbeitern laufen in die Falle, Zusicherungen zu geben, bevor sie mit den laufenden Projekten und vorhandenen Kapazitäten abgestimmt sind. Es ist einfach zu verlockend, einen neuen oder erweiterten Auftrag an Land zu ziehen.

Soweit der Kunde nicht direkt für Gespräche oder Workshops zur Verfügung steht, übernimmt im RE-Prozess der Produktmanager die Rolle des Kunden. Dies ist übrigens ein wesentlicher Grund dafür, weshalb agile Vorgehensweisen nicht immer so einfach umzusetzen sind, wie es die Protagonisten gerne sehen würden (siehe Kap. 3.7). Der Vertrieb oder das Marketing können diese Rolle auch spielen, allerdings sollte man Zielkonflikte vermeiden, die darin bestehen, dass der Vertrieb beispielsweise nur eine Region oder einen aktuellen Kunden konkret abdeckt und Erfolg an Umsatzzahlen misst, während das Produkt eine weitaus größere Ausdehnung hat.

Wir sprechen im Zusammenhang von RE gerne von **Interessenvertreter** oder englisch »Stakeholder«. Ein Stakeholder oder Interessenvertreter ist eine Person oder genereller eine Rolle, die Einfluss hat. Interessenvertreter können natürliche, juristische oder sogar abstrakte Personen sein. Abstrakte Personen repräsentieren eine ganze Gruppe von Beteiligten. Beispielsweise haben wir bereits gesehen, dass ein Auftraggeber nicht immer direkt im Projekt repräsentiert sein kann oder will. Aber es ist trotzdem sinnvoll und für das Projektgelingen oftmals unabdingbar, dass jemand die Rolle des Auftraggebers einnimmt. Daher wird man als Interessenvertreter des Auftraggebers eine vorhandene Rolle im Unternehmen wählen, beispielsweise einen Marketingvertreter, einen Produktmanager oder einen Key Account Manager. Im Projekt vertreten sie die Geschäftsinteressen verschiedener Parteien. Beispielsweise vertritt ein Projektmanager die Interessen des Projekts (z.B. Budgetziele). Ein Kundenvertreter vertritt die Geschäftsziele des Kunden. **Interessenvertreter haben untereinander häufig Interessenkonflikte, die ein guter Projektmanager unter einen Hut bringen muss, um damit ein allseits zufriedenstellendes Ergebnis zu erreichen.**

Schlüsselpersonen und Interessengruppen zu kennen und mit ihnen richtig umgehen zu können, ist ein wesentlicher Erfolgsfaktor des RE und damit des ganzen Projekts. Oft bilden die Anforderungen die einzig sichtbare Schnittstelle nach außen und müssen entsprechend diszipliniert kontrolliert und verfolgt werden. Häufig vermischen verschiedene Interessengruppen auf Kundenseite ihre eigenen Bedürfnisse mit denjenigen, die für das Projekt relevant sind (z.B. bei einem Kräftespiel zwischen Verkäufern, die widersprüchliche Projektinhalte wollen, um zu beweisen, dass sie sich durchsetzen können, und dadurch das Projekt verzögern). Ein erster Schritt ist es daher, die Schlüsselpersonen im Projekt zu identifizieren und ihren Einfluss zu bewerten.

Die folgende Vorgehensweise hat sich als hilfreich erwiesen, um mit Interessenvertretern im RE und damit im Projekt umzugehen. Sie geht in Schritten vor und betrachtet zuerst, welche Interessenvertreter im Projekt eine Rolle spielen, und danach, welche Interessenvertreter für das spätere Produkt eine Rolle spielen.

Schritt 1: Identifizieren Sie die Interessenvertreter (engl. Stakeholder) im Projekt. Betrachten Sie dazu Ihr Projekt und seine Umgebung von außen. Sicherlich hilft Abbildung 4–2 für einen ersten Gesamteindruck. Häufig sind allerdings die Rollen etwas differenzierter, vor allem auf Kundenseite. Dort gibt es Benutzer, Einkäufer, Controller oder Betreiber (und im Einzelfall noch ein paar mehr).

Schritt 2: Zeichnen Sie ein Bild mit diesen Interessenvertretern und ihren Beziehungen zum Projekt und untereinander (Bedürfnisse, Ziele). Wer hat Interesse am Erfolg oder Scheitern des Projekts? Eine alte Technik aus Politik und Diplomatie besagt, dass die Welt ein Schachbrett von Interessensphären ist und dass demnach jeder Feind meines Feinds automatisch mein Freund ist. Das ist natürlich sehr holzschnittartig, aber die Technik hilft beim Rastern. Man markiert zuerst die Interessengruppen, deren Rollen ganz klar sind. Oftmals sind die Beziehungen zum eigenen Projekt noch schwer zu erfassen – außer es handelt sich um Personen, die selbst das Projekt oder das Budget haben wollten.

Schritt 3: Arbeiten Sie die Beziehungen zwischen den Interessenvertretern heraus. Welche Beziehungen sind wichtig für das Projekt? Jetzt können Sie die vielen Gruppen ausklammern, die nicht so wichtig für Ihr eigenes Projekt sind. Seien Sie vorsichtig. Anforderungen kommen häufig von sehr verschiedenen Stellen, und seien es auch nur Prozessanforderungen. Welche spezifischen Rollen oder Personen hinter den Rollen wollen Sie gezielt für Ihre Zwecke nutzen? Bei den Kunden gibt es in der Regel solche, die alle Anforderungen im Detail beschreiben und sich in Details der späteren Anwendungsfälle verlieren. Aber es gibt auch solche, die an einer Lösung zu einem geschäftlichen Bedürfnis interessiert sind. Sie erkennen den Unterschied in Interviews daran, dass die erste Gruppe eher bottom-up vorgeht, während die zweite Gruppe eher vom Gesamtnutzen und Geschäft spricht. Man braucht beide Gruppen, um sowohl die Details herausarbeiten zu können als auch den Blick auf das Ganze nicht zu verlieren. Machen Sie sich die zweite Gruppe unbedingt zum Freund. Sie hat in aller Regel das Geld.

Schritt 4: Analysieren Sie mögliche Konfliktpotenziale. Welche Konfliktpotenziale existieren unter den verschiedenen Interessengruppen? Beachten Sie hierbei, dass die Konflikte nicht primär zwischen Auftraggeber und Lieferant auftreten, sondern eher innerhalb der beiden Lager. Wer könnte vom Versagen einer Partei profitieren? Wer würde gerne nachrücken? Hier bieten sich perspektivische Ansätze an (also wechselnde Betrachtungsweisen oder Szenarien), wie sie auch in der Psychologie oder in der Kriminalistik eingesetzt werden. Nehmen Sie selbst oder einige vertraute Mitarbeiter im Projekt spezifische Rollen ein und spielen Sie dann miteinander ein Rollenspiel. Versuchen Sie dabei zu ergründen, was in den bisherigen Gesprächen *nicht* gesagt wurde. Stimulieren Sie Ihre Mitspieler zu übertriebenen Rollen; erst dann kommen Konflikte auf den Tisch. Der berühmte »advocatus diaboli« ist eine Pflichtrolle in diesem Schritt, denn er erleichtert Ihren Kollegen, eine sehr unpopuläre Position einzunehmen.

Schritt 5: Identifizieren Sie die Win-win-Möglichkeiten für jede dieser Schlüsselpersonen – und die damit verbundenen Risiken. Welche Zielgruppen hat das geplante System? Haben Sie in Ihrer ersten Analyse der Interessengruppen wirklich alle berücksichtigt, die nachher das Produkt in irgendeiner Form verwenden? Wie wird das System genutzt? Typische Zielgruppen, die jeweils eigene Benutzerprofile und Perspektiven haben, sind Betrieb, Wartung, Installation, Training, erfahrener Benutzer, Neuling, Vorgesetzter von Benutzern etc. Ihr Ziel als Projektmanager ist es, die Interessengruppen nicht gegeneinander auszuspielen, sondern sie im Rahmen Ihres Projekts optimal zusammenzubringen. Wer wird durch die identifizierten Risiken auf welche Weise beeinträchtigt?

Schritt 6: Arbeiten Sie an der Realisierung der Win-win-Möglichkeiten. Wer könnte beim Abschwächen der Risiken hilfreich sein? Oftmals können Risiken bereits gemindert werden, wenn sich ein Interessenvertreter stärker oder schwächer engagiert. Im Entwickeln von Anforderungen beispielsweise kann es helfen, dass Sie einem sehr ausdrucksstarken und dominierenden Interessenvertreter signalisieren, sich zurückzunehmen oder gar das Terrain vorübergehend zu verlassen (soweit das gelingt). Andere ihnen freundlich gesonnene Schlüsselpersonen könnten innerbetrieblich durch eigenes Budget oder kritische Ressourcen zum Gelingen beitragen.

Schritt 7: Welche Perspektiven (oder Szenarien, Sichtweisen) der Interessenvertreter spielen eine Rolle, um Anforderungen zu entwickeln und herauszuarbeiten? Im Zuge des Ermittelns aller Anforderungen sollten Sie die bereits definierten Interessengruppen und deren Perspektiven ausweiten. Verschiedene Interessenvertreter an dem geplanten System haben unterschiedliche Sichtweisen, wie das Produkt genutzt werden soll oder was es leisten soll. Sie müssen konsequent deren Perspektive einnehmen, um wirklich zu verstehen, was sie damit bezwecken. Was wird der Hauptnutzen, was werden die Nebeneffekte des Produkts sein, wenn es erst einmal ausgeliefert wurde? Welche Schnittstellen gibt es zwischen diesen Szenarien oder Sichtweisen? Manche dieser Schnittstellen sind durch Standards geregelt, manche sind unbekannt und müssen herausgearbeitet werden. Dokumentiert werden diese Akteure und deren Schnittstellen in einem Kontextdiagramm.

Schritt 8: Vervollständigen Sie das Bild der Interessensphären. Welche Interessenvertreter oder Perspektiven haben Sie noch vergessen? Oftmals geht es im Herausarbeiten von Anforderungen um Szenarien, die nicht eintreten dürfen. Man spricht hierbei auch von »Misuse Cases«, also Anwendungsfällen, die nicht eintreten dürfen. Ein Beispiel stellt die Sabotage eines Systems dar. Oftmals ist es dabei hilfreich, Personen hinzuzunehmen, die in diesem Bereich Erfahrung haben. Das amerikanische Militär stellt aus diesem Grund sogar Hacker ein, die nichts anderes machen, als interne Systeme zu sabotieren. Ein anderes Beispiel sind unerfahrene Benutzer, die Bedienungssequenzen eingeben, die einem Entwickler oder erfahrenen Systemnutzer unvorstellbar sind.

Wir wollen abschließend ein kleines Beispiel betrachten, das das Verhalten verschiedener Interessengruppen in einem Projekt zeigt. Es handelt sich dabei um die Entwicklung eines Bankautomaten, der es erlaubt, Geldgeschäfte unabhängig von den Öffnungszeiten einer Bankfiliale in deren Vorraum zu erledigen. Das Szenario ist so, wie Sie es sicherlich bereits selbst in Banken genutzt haben. Der Automat ermöglicht es, Geld einzuzahlen oder abzuheben sowie Buchungen vorzunehmen und Kontostände abzufragen. Die Interessengruppen sind demnach: Bankkunden, Ingenieure, die Hardware und Software entwickeln, Vertreter anderer Banken, die das System eventuell für ihre eigene Bank einsetzen wollen, das Marketing der Bank, das den Automaten zur Kommunikation über neue Produkte nutzen will, Bankeigentümer oder Aktionäre, die das System zu einem guten Preis-Leistungs-Verhältnis wollen, Schaltermitarbeiter, die teilweise um ihren Job fürchten, Service- und Backoffice-Personal, die das System pflegen und warten werden, Sicherheitskräfte, die eine größtmögliche Sicherheit gewährleisten wollen, und Betrüger jeglichen Formats, die darauf aus sind, das System zu missbrauchen, sei es um Nummern von Bankkarten zu erspähen oder um es aufzubrechen und Geld zu stehlen. Die letzte Interessengruppe, die das System missbrauchen will, bringt ganz entscheidende neue Designaspekte ins Spiel. Um das System besser zu schützen, sollte der Teil, der Geld annimmt oder auszahlt, physisch von der Komponente getrennt werden, die nur Transaktionen bearbeitet, aber kein Geld aufbewahrt. Dieser letzte Aspekt führt dazu, dass das System intern in getrennten Subsystemen realisiert wird (sodass beim Aufbrechen des Geldspeichers nicht auch Zugriff auf Software oder Datenübertragung besteht). Wir erkennen damit, dass Missbrauchsperspektiven oder Negativszenarien dabei helfen, eine solide Architektur zu entwickeln.

4.2 Aufgaben, Rollen und Organisationsstruktur

Betrachten wir nun einige konkrete Aufgaben und Rollen im RE-Prozess. Wir wollen keine bestimmte Organisationsstruktur vorstellen, machen jedoch deutlich, wie die betroffenen Personen zusammenarbeiten sollten, um aus Projektsicht den größtmöglichen Erfolg im RE zu erzielen. Die Rollen und Aufgaben leiten sich aus den Geschäftsprozessen (z.B. Marketing) und den unterstützenden Prozessen (z.B. Qualitätssicherung) ab. Vor allem unterstützende Rollen, wie ein Änderungskomitee, werden dabei gerne »vergessen« und ihre Verantwortung unzureichend definiert. Wir wollen hier nur die unmittelbar mit dem RE zusammenhängenden Rollen betrachten.

Eine Person kann mehrere Rollen wahrnehmen – gerade bei kleinen Organisationen. Ein Produktmanager in einem Wartungsprojekt kann auch dessen Projektmanager sein. Das Marketing in einem eng begrenzten Wirtschaftssektor, wo sich die Akteure kennen, ist typischerweise auch für den Vertrieb verantwortlich. In der internen Softwareentwicklung, beispielsweise für innerbetriebliche Informationssysteme, werden die Aufgaben Produktmanagement, Marketing und Vertrieb direkt vom Chief Information Officer (CIO) oder einer delegierten Person wahrgenommen. Hier gibt es vielfältige Überlappungen, die wir nicht diskutieren wollen. Es ist jedoch unabdingbar, dass die Rollen klar definiert sind.

Wenn eine Person mehrere verschiedene Rollen hat, sollte sie sich darüber bewusst sein, dass es durchaus gewünschte Zielkonflikte innerhalb der Rollen gibt. Ein Projektmanager will primär sein Projekt erfolgreich und ohne Störungen abschließen, während der Vertrieb an der langfristigen guten Beziehung zu einem Kunden interessiert ist, selbst wenn das derzeitige Projekt durch verspätete Anforderungen stark gestört wird. Solche Konflikte müssen bewusst aufgelöst werden, was nur funktioniert, wenn die Ziele, Verantwortungen und Schnittstellen eindeutig definiert sind. Dann können auf der Basis von – übergeordneten – Unternehmenszielen einzelne Maßnahmen abgeleitet werden, die für alle Beteiligten (und damit im Interesse von Kunden und Unternehmen) als Team getragen werden.

Auftraggeber, Kunde
Auftraggeber haben Anforderungen an eine Lösung und erwarten diese Lösung innerhalb bestimmter Rahmenbedingungen. Typischerweise kommen Auftraggeber von außerhalb des Unternehmens und erwarten eine Lösung, für die sie zu bezahlen bereit sind. Dieses Außenverhältnis wird vertraglich geregelt. Damit ist auch der Auftraggeber die einzige Rolle, die verbindlich durch die Gesetzgebung vorgesehen ist (siehe Kap. 9.5). Auftraggeber können auch innerhalb eines Unternehmens sitzen (bei innerbetrieblichen Datenverarbeitungssystemen beispielsweise). Auftraggeber kommunizieren je nach Projektumfang und -bedeutung im Unternehmen mit dem Projektmanager, mit dem Vertrieb, mit dem Produktmanager und mit der Geschäftsleitung. Auftraggeber können sehr unterschiedliche Perspektiven einnehmen, wie unser Beispiel in Kapitel 4.1 zeigte. Auftraggeber haben in der Regel nicht einfach auflösbare Konfliktpotenziale, beispielsweise, wenn die vorhandenen Ressourcen nicht ausreichen, um alle wichtigen Anforderungen zu erfüllen. Obwohl sich im Normalfall die finanzielle Seite durchsetzt, kann das nicht absehbare Konsequenzen bei der Abnahme haben. Ein fauler Kompromiss bei Anforderungen, insbesondere bei teuren nichtfunktionalen Anforderungen, bringt spätere Probleme, die nie mehr sauber zu beheben sind.

Benutzer
Benutzer werden das System betreiben oder nutzen. Sie können es weiterentwickeln oder es nur einkaufen, um es als Produktkomponente einzusetzen. Häufig stehen die Benutzer auf der Kundenseite. Bei Konsumgütern sind sie sogar identisch. In vielen Projekten jedoch muss scharf getrennt werden, denn die Betrachtungsweisen zwischen Benutzer und Auftraggeber sind verschieden (z.B. Funktionalität ist für den Benutzer wichtig, während der Auftraggeber eher die Kosten sieht). Bei unserem Aufzugsbeispiel ist der Benutzer eine vielschichtige Rolle, die einmal den Fahrgast betrachtet, aber auch einen Servicetechniker oder sogar das Rettungspersonal im Falle eines Unfalls.

Projektmanager
Jedes Projekt hat *einen* verantwortlichen Projektmanager[5]. Er bringt die verschiedenen Anforderungen zusammen und sorgt dafür, dass Anforderungen, Zeitdauer und Aufwand mit den vorhandenen Ressourcen korrespondieren. Er vertritt »sein« Projekt nach außen und verhindert damit, dass es zu viele Ad-hoc-Schnittstellen gibt. Er wird am Erfolg des Projekts gemessen – also an einem relativ kurzfristigen Ziel. Erfolg heißt, das Projekt im Rahmen der akzeptierten

4.2 Aufgaben, Rollen und Organisationsstruktur

Randbedingungen zu liefern. Das bedeutet aber auch, dass er in der Regel nicht für Folgeprojekte oder gar für langfristige Effekte der Ergebnisse seines Projekts verantwortlich ist. Ob die Anforderungen Sinn machen (solange sie erfüllbar sind), ist nicht seine primäre Aufgabe (obwohl er dies sicherlich entsprechend kommuniziert), sondern jene der Auftraggeber und intern des Produktmanagements oder des Marketings. Er wird Zielkonflikte und unzureichende Anforderungen reklamieren, damit das Projekt realistische Erfolgschancen hat. Er analysiert alle projektexternen Konflikte und natürlich alle Schwierigkeiten innerhalb des Projekts und schlägt Lösungsalternativen vor. Diese Alternativen werden durch den Auftraggeber oder durch den Steuerungsausschuss geklärt.

Produktmanager

Der Produktmanager ist für den wirtschaftlichen Erfolg eines Projekts verantwortlich[6] [Ebert2007b]. Er legt eingangs den Geschäftsplan fest und rechnet Kosten und Nutzen verschiedener Lösungsalternativen durch. Er arbeitet eng mit dem Projektmanager, der Kundenseite und dem Marketing und Vertrieb zusammen, um die verschiedenen Sichtweisen bei der Bewertung von Lösungsalternativen gebührend zu berücksichtigen. Der Produktmanager wird als einzige Aufgabe im Projektkernteam am geschäftlichen Erfolg (engl. Profit and Loss) der Projektergebnisse gemessen. Im Unterschied zum Projektmanager, der an der erfolgreichen Umsetzung seines spezifischen Projekts gemessen wird, hat er ein Interesse am langfristigen Produkterfolg über die einzelnen Teilprojekte oder Versionen hinweg. Bei Investitionsgütern betrachtet er die Folge von Releases und deren Inhalte, während der Projektmanager nur das eine Release im Blick hat, das für sein Projekt relevant ist. In Einzelprojekten (ohne Bezug auf andere Projekte oder Produkte) wird die Rolle des Produktmanagers und des Projektmanagers durch die gleiche Person wahrgenommen. Eine Kernaufgabe des Produktmanagers ist es, die Wirtschaftlichkeitsrechnung aufzustellen und zu pflegen (engl. Business Case) und in Abhängigkeit davon Anforderungen zu priorisieren und damit zu entscheiden, was wann zu welchem Preis geliefert wird. Er definiert –

---

5. Wir verwenden in diesem Buch konsequent die Bezeichnung »Projektmanager« und nicht die eher oberflächliche Bezeichnung »Projektleiter«, wie in mancher deutschsprachigen Literatur. Hintergrund ist die umfassendere Bedeutung des Worts »Manager« und die internationale Übereinkunft, diese Aufgabe (und ihre Ausbildung sowie Zertifizierung) als »Project Manager« zu bezeichnen [PMI2001].

6. Das Buch trennt die Aufgaben des Projektmanagements, Produktmanagements, Marketings und Vertriebs deutlich voneinander. Sie haben sehr unterschiedliche Verantwortungen, die oftmals vermischt werden oder den Beteiligten sogar unklar sind, was zu vielen unnötigen Konflikten führt. Sollten Sie, geneigte Leser, die Meinung oder eine schriftliche Aufgabenbeschreibung haben, die darauf hinaus läuft, dass Sie mehrere dieser Rollen haben, versuchen Sie es zu klären. Hier geht es nicht um weniger Arbeitsbelastung, sondern um die Vermeidung von Interessenkonflikten, die zu suboptimalen Lösungen führen. Eine einfache Lösung ist, dass anstatt einer Vermischung der Rollen von Produktmanager und Marketingmanager für ein Produkt, eher ein Produktmanager und ein anderer Marketingmanager für mehrere Produkte gleichzeitig zuständig sind.

gemeinsam mit dem Projektkernteam – die Ausgestaltung des Projekts, denn er wird anhand des Geschäftserfolgs des entstehenden Produkts beurteilt.

Marketing, Vertrieb

Das Marketing sorgt dafür, dass durch das Produkt ein bestmöglicher Markt adressiert wird. Das Marketing hat einen sehr engen Kontakt zu aktuellen und möglichen Kunden, um deren Bedürfnisse zu verstehen. Märkte und Bedürfnisse müssen oftmals neu geschaffen werden, um ein Unternehmen oder ein Produkt zu positionieren. Der Vertrieb ist die äußere Schnittstelle zum Kunden, vor allem bei größeren Märkten, wo nicht nur ein einzelner Kunde auftritt. Der Vertrieb schließt Verträge zwischen dem Auftraggeber und dem Lieferanten. Da viele Vertriebsrepräsentanten an ihrem eigenen Umsatz gemessen werden, ist ihre Rolle häufig nicht exakt diejenige, die ein Projektmanager erwarten würde. Sie zeigen zum Kunden eine große Flexibilität, um zum Vertrag zu kommen, und bestimmen gemeinsam mit dem Marketing, wie das Produkt inhaltlich und preislich positioniert wird. Für das RE sind Marketing und Vertrieb eine wichtige Quelle für Anforderungen und deren Änderungen. Viele kritische Anforderungen, die später zum Scheitern des Projekts führen können, resultieren ursprünglich aus einem falsch verstandenen Kundenbedürfnis durch den Vertrieb. Dies gilt vor allem für Termine, die gerne sehr restriktiv und oftmals unterhalb der erreichbaren Möglichkeiten gesetzt werden. Hier ist es wichtig, dass Produktmanager und Projektmanager gemeinsam ein starkes Gegengewicht zum Vertrieb bilden. Dieses Innenverhältnis muss sorgfältig austariert werden, um ein erfolgreiches Produkt zu lancieren.

Requirements-Ingenieur, Systemanalytiker

Der Requirements-Ingenieur (auch Systemanalytiker, Anforderungsingenieur, Business Analyst, Requirements Analyst) ist das Bindeglied zwischen Kunden, Benutzer, Marketing/Vertrieb, Produktmanagement und der Entwicklung. Er ist für die Ermittlung und adäquate Dokumentation der Kundenbedürfnisse und der daraus abgeleiteten Markt-, Produkt- und Komponentenanforderungen zuständig. Er ist mit den Methodiken und Tools für das Requirements Engineering und das Requirements Management vertraut und geübt in der zielorientierten Kommunikation mit dem Kunden. Typischerweise verantwortet er den Analyseprozess und leitet andere Ingenieure an oder unterstützt sie im Team. Gemeinsam mit dem Kunden plant und spezifiziert er Softwaresysteme und begleitet diese bei der Umsetzung. Parallel zur Ermittlung und Analyse der Anforderungen gleicht er verschiedene Randbedingungen gegeneinander ab, um Konflikte zwischen den Interessenvertretern frühzeitig zu entschärfen und zu Win-win-Lösungen zu kommen. Der Requirements-Ingenieur berichtet an den Produktmanager oder an den Projektmanager.

Entwicklung

Diese Gruppe im Unternehmen stellt die Ressourcen bereit, um das Projekt auszuführen und eine Lösung zu entwickeln. Entwickler liefern oftmals durch ihre eigene interne Sichtweise auf das Projekt und das zu entwickelnde Produkt eine ganze Reihe von weiteren Anforderungen. Die Aufgabe der Entwicklung ist nicht, Anforderungen zu bewerten, zu interpretieren oder zu ändern. Fragestellungen an Anforderungen müssen immer durch den Projektmanager aufgegriffen und gelöst werden. Allerdings sind die Hinweise von Entwicklern unverzichtbar, um die Anforderungen zu präzisieren. Wir zählen Tester zur Entwicklung, denn immer weniger Unternehmen haben die klassische Trennung zwischen Spezifikation, Entwurf und Codierung in einer Abteilung und Test in einer anderen Abteilung. Sie haben gemerkt, dass Qualität nur dann effektiv und kostengünstig erreichbar ist, wenn sie bereits zu Beginn des Projekts in dessen Zentrum steht – und nicht am Ende »hineingetestet« werden soll. Gerade Tester haben im Prozess des RE eine Rolle, die ihnen keine andere Gruppe abnehmen kann, denn nur sie betrachten die Anforderungen neutral und vor dem Hintergrund, wie sie zu Fehlern führen können.

Qualitätssicherung
Dieses unabhängiges Kontrollorgan sichert die Erfüllung von Qualitätsanforderungen an Produkt und Prozesse. Die Qualitätssicherung ist aus Kostengründen stichprobenartig und kann niemals absolut gewährleisten, dass alle Komponenten allen Qualitätsanforderungen genügen. Daher wird die klassische komponentenorientierte Qualitätssicherung zunehmend durch eine prozessorientierte Qualitätssicherung ersetzt. Eine gute Prozessfähigkeit hilft dabei, dass alle resultierenden Komponenten den gleichen Qualitätsstandards genügen. Qualitätssicherung ist nicht synonym mit Qualitätskontrolle (also Tests, Reviews, Inspektionen etc.), die Bestandteil aller Prozessschritte ist und durch die Entwicklung wahrgenommen wird. Gerade das Testen ist eine wesentliche Komponente des RE, denn dort werden Anforderungen auf Testbarkeit hin geprüft und Abnahmetests spezifiziert. Eine solche Aufgabe muss der Requirements-Ingenieur oder ein Tester wahrnehmen und nicht eine externe Qualitätsfunktion.

Änderungskomitee (engl. Change Control Board oder Change Review Board)
Hierbei handelt es sich um eine formal definierte Gruppe verschiedener Repräsentanten von Interessensphären im Projekt, die über alle Änderungen zur Konfigurationsbasis des Projekts entscheiden. Es besteht typischerweise aus einem Produktmanager oder kommerziell verantwortlichem Projektmanager, der das Komitee leitet, sowie verschiedenen Repräsentanten von Interessengruppen, wie Marketing, Entwicklung, Test, Systemanalyse, Unterauftragnehmer etc. Kunden sind optional an Bord, je nachdem, wie eng die Kundenverflechtungen sind. Je nach Bedarf sind Lieferanten oder auch Outsourcing-Partner mit im Änderungskomitee. Die Hauptaufgabe des Änderungskomitees ist es, vorgeschlagene Änderungen zu Anforderungen, Projektkonfigurationsbasis oder bestimmten Projektergebnissen, die vom ursprünglich abgesprochenen Inhalt abweichen oder ihn noch mehr detaillieren, im Zusammenhang zu prüfen und zu bestätigen. Änderungskomitees tagen regelmäßig (häufig im Wochenabstand) und stützen ihre Entscheidungen auf bereits vorher durchgeführte Einflussanalysen. Nach der Bestätigung durch das Änderungskomitee werden alle beeinflussten Projektdaten konsistent angepasst. Eine Methodik zur

Verfolgung von Anforderungen durch das Projekt hilft dabei, die Änderungen komplett und konsistent durchzuführen (siehe Kap. 10.1).

Projektkernteam, Projektmanagementteam, Leitungsgruppe (engl. Project Core Team)
Das Projektkernteam ist für die gesamte Steuerung des Projekts in all seinen Facetten nach innen und außen verantwortlich. Geführt wird das Projektkernteam durch den Projektmanager. Es umfasst den Projektmanager, den Produktmanager, den Marketingmanager sowie einen Vertreter aus Entwicklung, Betrieb, Qualitätssicherung und Service. Diese Gruppe trifft sich regelmäßig (z.B. wöchentlich), um den Fortschritt des Projekts zu beleuchten und eventuelle Schwierigkeiten oder offene Punkte zu lösen. Da alle Beteiligten am Erfolg des Projekts direkt interessiert sind, ist diese Gruppe zumeist am ehesten in der Lage, bei Risiken oder Konflikten pragmatische Lösungen zu finden. Innerhalb des Produktlebenszyklus ist diese Gruppe für die Reviews bei kritischen Meilensteinen verantwortlich. Eine der Kernaufgaben dieses Teams ist das Änderungsmanagement (engl. Change Control Board), denn nur eine Abwägung aller Implikationen der Änderung oder einer neuen Anforderung hilft dabei, das Projekt zum Erfolg zu bringen.

Geschäftsleitung, Steuerungsausschuss, Steuerkreis
Jedes Projekt und damit jedes Produkt, das aus einem Projekt resultiert, muss zu den Geschäftszielen eines Unternehmens passen. Keiner kann sich den Luxus leisten, aufs Geratewohl zu entwickeln. Das gilt auch für Kundenbeziehungen. Und es gilt für den Ressourceneinsatz, seien es finanzielle Mittel, Mitarbeiter oder Infrastruktur. Und in aller Regel sind die möglichen Projekte und Produkte viel umfangreicher als die verfügbaren Ressourcen. Hier kommt die Geschäftsleitung ins Spiel. Sie gewährleistet direkt oder indirekt über Managementteams in einem größeren Unternehmen, dass die verschiedenen Ziele des Unternehmens bestmöglich durch die Gesamtzahl aller Projekte erfüllt werden. In *größeren Projekten* oder in Situationen mit vielen Interessenvertretern und großem Konfliktpotenzial wird die Geschäftsleitung einen Steuerungsausschuss für das Projekt installieren. Ein solcher Steuerungsausschuss soll dann in das Projekt eingreifen, wenn sich Randbedingungen ändern oder wenn Konflikte zwischen den Interessengruppen im Projekt nicht beigelegt werden können. Dies können neue Anforderungen, Erweiterungen, eine veränderte Ausrichtung, neue Ressourcen oder aber auch das vorzeitige Beenden des Projekts sein. Der Projektsponsor und ein Kundenvertreter sollten in einem Steuerungsausschuss vertreten sein. Der Steuerungsausschuss und die Geschäftsleitung greifen nicht in das Tagesgeschäft ein. Dies ist die Aufgabe des Projektmanagers.

Diese kurze Zusammenfassung von typischen Rollen im RE ist natürlich nicht vollständig und gibt die Verantwortungen und das Innenverhältnis nur holzschnittartig wieder. Zur konkreten Umsetzung in einem Projekt empfehlen wir, dass Sie zunächst die externen und internen Interessengruppen sammeln. Danach sollten Sie eine einfache Tabelle aufstellen, die die wichtigsten Merkmale der Interessenvertreter beschreibt (Abb. 4–3). Je nach Inhalt ist diese Tabelle nicht zur

Weitergabe gedacht und dient primär dem Projektmanager (oder einer anderen Rolle) zur Ausführung seiner Arbeiten.

Interessen-vertreter	Konkreter Name	Beschrei-bung der Rolle	Verant-wortungen	Hintergrund-informationen	Verfüg-barkeit	Adresse, Koordinaten
Produkt-manager	Arnulf Müller	Verantwortet Geschäfts-erfolg	Produkt-strategie, Business Case, Anforde-rungsliste	War vorher Projektmanager; kennt das Geschäft	Täglich; kann zu Hause angerufen werden	am@firma.de Durchwahl: -3456
Nutzer	Bertram Baier	Installiert das System auf Nutzerseite	Installa-tionshand-buch, Abnahme, Service-vertrag	Kennt alle Kon-kurrenzprodukte. Absolut wichtig wegen der Ab-nahme und der Folgeaufträge	Freitags; wurde so mit Kunden abgespro-chen	beba@kunde.de Telefon: 0211-1234-5678
Etc.						

Abb. 4–3   *Beschreibung von Interessenvertretern*

4.3 Der Requirements-Ingenieur

Der Requirements-Ingenieur (auch Systemanalytiker, Anforderungsingenieur, Business Analyst, Requirements Analyst) ist das Bindeglied zwischen Kunden, Benutzer, Marketing/Vertrieb, Produktmanagement und der Entwicklung. Er ist für die Ermittlung und adäquate Dokumentation der Kundenbedürfnisse und der daraus abgeleiteten Markt-, Produkt- und Komponentenanforderungen zuständig. Die konkreten Eindrücke der eigenen Produkte in der jeweiligen Kundenumgebung und von Arbeitssituationen und Szenarien beim Kunden werden von ihm zu Benutzerprofilen, Benutzungsfällen und Szenarien spezifiziert. Es entstehen Szenarien typischer Vorgehensweisen, Arbeitsabläufe oder Algorithmen. Das Spezifizieren hilft dabei, sich den Kontext zu verdeutlichen, in dem die Software eingesetzt werden soll.

Gemeinsam mit dem Kunden plant und spezifiziert er Softwaresysteme und begleitet diese bei der Umsetzung. Parallel zur Ermittlung und Analyse der Anforderungen gleicht er verschiedene Randbedingungen gegeneinander ab, um Konflikte zwischen den Interessenvertretern frühzeitig zu entschärfen und zu Win-win-Lösungen zu kommen. Dadurch wird für das Projektteam transparent, für welche Art von Benutzern in welchen Situationen die Software entwickelt wird. Wichtig für den Requirements-Ingenieur in dieser Schnittstellenfunktion zwischen Kunden und Projekt ist es, den Unterschied zwischen dem, was die Kunden wollen, und dem, was sie wirklich brauchen, herauszuarbeiten und sich nicht vorschnell auf eine bestimmte Lösung festzulegen, selbst wenn sie vom Kunden bereits spezifiziert ist.

Der Requirements-Ingenieur erarbeitet und dokumentiert die Anforderungen an Softwaresysteme. Er ist mit den Methodiken und Tools für das RE vertraut und geübt in der zielorientierten Kommunikation mit dem Kunden. Typischerweise verantwortet er den Analyseprozess und leitet andere Ingenieure an oder unterstützt sie im Team.

Der Requirements-Ingenieur berichtet an den Produktmanager oder an den Projektmanager. Soweit er im Produktmanagement beheimatet ist, verfolgt er die Ziele des Produktmanagers, also den nachhaltigen Geschäftserfolg des Produkts über einzelne Projekte und Releasezyklen hinweg zu gewährleisten. Dies ist sicherlich die beste Positionierung, um zu sichern, dass unterschiedliche Schwerpunkte und Sichten beispielsweise aus Entwicklung und Vertrieb zusammenarbeiten und zu einer Win-win-Situation kommen. Alternativ ist der Requirements-Ingenieur in der Entwicklung oder IT angesiedelt und berichtet an den Projektmanager oder einen IT-Manager. Der große Vorteil dieser Konstruktion ist die Entwicklungsnähe, was dabei hilft, dass Unklarheiten und offene Punkte verbindlich beseitigt und nicht isoliert entschieden werden. Von Nachteil ist die enge Heimat in der Entwicklung aus der Sicht von Vertrieb, Produktmanagement oder von Fachbereichen (bei internen IT-Projekten). Häufig versteht der Requirements-Ingenieur in dieser Konstellation zu wenig vom Geschäftsmodell der internen oder externen Kunden und ist damit nicht in der Lage, Prioritäten, kritische Anforderungen oder mögliche offene Punkte und Unsicherheiten zu erkennen, zu eskalieren und aufzulösen. Wichtig ist, dass der Requirements-Ingenieur unabhängig von seiner aktuellen Position um diese Risiken weiß und sie proaktiv anpackt, bevor das Projekt auf der Basis unzureichender Anforderungen in Schwierigkeiten kommt.

Ein detaillierte Darstellung der Rolle des Requirements-Ingenieur mit Positionsbeschreibung, Stellenausschreibung sowie Kompetenzprofil erfolgt in Kapitel 4.4. Eine Beschreibung der Zertifizierung zum Certified Professional Requirements-Engineer findet sich in Kapitel 4.5.

4.4 Positionsbeschreibung: Requirements-Ingenieur

Dieses Kapitel enthält eine Positionsbeschreibung der Aufgabe eines Requirements-Ingenieurs[7]. Zur Vervollständigung ist noch eine Stellenausschreibung sowie ein Kompetenzprofil beigefügt. Alle drei Beschreibungen hängen zusammen und sollten im Zusammenhang an die jeweilige konkrete Situation in Ihrem Unternehmen angepasst werden. Bei den Beispielen handelt es sich um tatsächlich genutzte Beschreibungen aus der Praxis. Sie sind typischerweise zu einem Grad von über 80 % des Inhalts von generischer Natur, brauchen also keine große Überarbeitung.

---

7. Gilt analog für auch Positionen mit Titeln wie Systemanalytiker, Anforderungsingenieur, Business Analyst, Requirements Analyst.

4.4 Positionsbeschreibung: Requirements-Ingenieur

Positionsbeschreibung

Titel der Position: Requirements-Ingenieur

Spezifische Beschreibung: Requirements-Ingenieur Software der Produktlinie ABC innerhalb des Geschäftsfelds XYZ

Berichtet an: Produktmanager der Produktlinie ABC

Verantwortungen:
- Ermittlung der Anforderungen von Kunden- und Benutzerseite
- Spezifikation der Anforderungen
- Erarbeitung und Pflege des Lastenhefts
- Grundlegende Erarbeitung des Pflichtenhefts
- Modellierung und Analyse der Marktanforderungen
- Entwicklung, Modellierung und Analyse der Produktanforderungen
- Prüfung der Markt- und Produktanforderungen
- Pflege der Anforderungen in den verbindlichen Werkzeugen
- ...

Voraussetzungen, Kompetenzen:
- Diplom oder äquivalenten Abschluss in Informatik oder Elektrotechnik
- Mindestens zwei Jahre Berufserfahrung in einem technischen Feld mit Aufgaben in der Softwaretechnik
- Gute Kenntnisse der eigenen Produkte, des Markts, des Wettbewerbs und der Technologien im Verantwortungsbereich
- Ausgeprägte Kommunikationsfähigkeiten
- Verhandlungsgeschick
- Gute Kenntnisse der englischen und deutschen Sprache
- Beherrschung der aktiven Umsetzung der relevanten unternehmensinternen Prozesse und Werkzeuge (z.B. Produktlebenszyklus, Lieferantenmanagement, Lizenzmanagement, Behandlung von Open-Source-Software, Urheber- und Patentrechte, Kennzahlen, Requirements Engineering und Management etc.)
- Verständnis der relevanten zugrunde liegenden Technologien.

Stellenausschreibung

Ihre Aufgaben: Als Requirements-Ingenieur im Bereich Software der ABC AG erarbeiten und dokumentieren Sie die Anforderungen an innovative und zukunftsfähige technische Softwaresysteme.

Sie sind mit den Vorgehensweisen und Werkzeugen für Ermittlung, Analyse, Modellierung und Management von Anforderungen vertraut und sind sicher bei der Kommunikation mit Kunden und verschiedenen Interessengruppen. Aus dieser Position heraus übernehmen Sie federführend den Analyseprozess und leiten andere Ingenieure an oder unterstützen im Team. Gemeinsam mit dem Kunden planen und spezifizieren Sie Softwaresysteme und begleiten diese bei der Umsetzung im Projekt.

Ihre Qualifikation: Sie haben ein abgeschlossenes Studium in den Fächern Informatik, Elektrotechnik, Maschinenbau oder Physik. Sie sollten bereits berufliche Erfahrung mit Projektarbeit vorweisen können und bei Anforderungsanalysen mitgewirkt haben.

Sie zeichnen sich sowohl durch ein fundiertes analytisches Verständnis als auch durch eine pragmatische Lösungsorientierung aus. Sie sind hartnäckig bei der Klärung offener Punkte, verbindlich bei Zusagen und Ergebnissen und arbeiten strukturiert und prozessorientiert. Wünschenswert sind Erfahrungen in der Softwareentwicklung, vorzugsweise im technischen Bereich, und Kenntnisse mit Werkzeugen wie Caliber oder DOORS.

Sie arbeiten gerne direkt mit dem Kunden zusammen und sind kommunikativ. Sie haben ein sicheres Auftreten, arbeiten selbstständig und zielorientiert und sind qualitätsbewusst, kreativ, offen, teamfähig, mobil. Sie beherrschen Deutsch und Englisch in Wort und Schrift. Als Schnittstelle zwischen der ABC AG und unseren Märkten und Kunden denken und handeln Sie unternehmerisch.

Ihr nächster Schritt: Haben Sie Interesse an einer abwechslungsreichen Aufgabe in einem modernen, zukunftsfähigen und prosperierenden Unternehmen? Dann freuen wir uns auf Ihre vollständigen Bewerbungsunterlagen, gerne auch per E-Mail.

Kompetenzprofil

Persönlichkeit:
- Kommunikationsfähigkeiten
- Analytisches Verständnis
- Lösungsorientierung
- Zielorientierung
- Verlässlichkeit
- ...

Produkte:
- Produktkenntnisse
- Angrenzende Produktlinien X, Y, Z
- Technologien A, B, C
- Marktteilnehmer
- ...

Management (Grundlagen):
- Projektmanagement
- Führung virtueller Teams
- Einfluss außerhalb der Berichtslinie ausüben
- ...

Betriebswirtschaft (Grundlagen):
- Wirtschaftlichkeitsrechnung
- Marketing
- Kundenberatung
- Wertvermittlung
- ...

4.5 Zertifizierung zum Requirements-Ingenieur

Seit kurzem kann sich ein Requirements-Ingenieur (siehe auch Kap. 4.3) an einem internationalen Zertifikat orientieren. Damit geht das RE den gleichen Weg wie vorher auch bereits beispielsweise das Projektmanagement mit seiner Qualifizierung zum Projektmanager auf der Basis des PMBOK [PMI2004]. Eine solche Qualifizierung bietet einige Vorteile:

- Das Berufsbild des Requirements-Ingenieurs wird zunehmend stabiler und hilft dabei, dann auch die Schnittstellen und Verantwortungen zu optimieren.
- Ein qualifizierter Requirements-Ingenieur kann sehr viel leichter zu einem anderen Unternehmen wechseln und dort ähnliche Voraussetzungen und Randbedingungen für die Durchführung dieser Aufgabe erwarten.
- Für die Unternehmen bedeutet die Qualifizierung, dass die Qualität des RE weniger personenabhängig ist und der Weg hin zu einem Team aus gut ausgebildeten Requirements-Ingenieuren definiert wird.

Zwei Organisationen bieten eine solche Zertifizierung zum Requirements-Ingenieur (sog. Certified Professional for Requirements Engineering) weltweit an, nämlich das International Requirements Engineering Board (IREB) [IREB2007] und das Requirements Engineering Qualification Board (REQB) [REQB2007].

Die Zertifikate unterscheiden drei aufeinander aufbauende Stufen, nämlich Foundation-, Advanced- und Expert-Level. Derzeit ist die Ausbildung und Zertifizierung zum Foundation-Level (für Anfänger) verfügbar. Die drei Stufen gliedern sich wie folgt:

- Foundation-Level
Die Person ist mit der Begriffswelt des Requirements Engineering und Management vertraut und ist in der Lage, die grundlegenden Techniken und Methoden des Requirements Engineering anzuwenden. Er vermittelt ein Basiswissen und richtet sich an Neulinge im RE und in der Softwaretechnik. Diese Personen sind nicht selten Quereinsteiger oder Mitarbeiter, die bisher eine andere Funktion im Unternehmen innehatten.
- Advanced-Level
Die Person ist in der Lage, für die gegebene Situation das richtige Vorgehen und den richtigen Mix der Techniken und Methoden auszuwählen und Requirements Management zu betreiben.

- Expert-Level
  Die Person hat sich auf bestimmte domänen- und verfahrenspezifische Themen des RE spezialisiert. Das Zertifikat weist die entsprechenden Domänen und Verfahren aus.

Die zugehörigen Lehrpläne wurden von internationalen Experten aus Wissenschaft und Industrie erarbeitet. Damit wird Requirements Engineering zu anderen Disziplinen klar abgegrenzt, Begriffe und Konzepte werden vereinheitlicht, und das notwendige Fachwissen wird vermittelt. Ausbildungen, die nach dem Lehrplan akkreditiert sind, vermitteln international anerkannte Methoden und Techniken in einer einheitlichen Begriffswelt. IREB und REQB geben die Lehrpläne und Ausbildungsmaterialien vor. Akkreditierte Schulungszentren setzen sie um und nehmen die Prüfungen ab. Dadurch wird sichergestellt, dass sämtliche Inhalte des Lehrplans abgedeckt werden. Konkret werden im Lehrplan des Foundation-Level die folgenden Schwerpunkte adressiert:

- Qualitätskriterien für die Bewertung von Anforderungen und Anforderungsdokumente
- Varianten von Ermittlungstechniken
- Gängige Beschreibungsmöglichkeiten für Anforderungen
- Vorgehensmodell und beste Praktiken für die Anforderungsanalyse
- Methoden und Werkzeuge zur Verwaltung von Anforderungen

Dies schafft die Grundlagen, um die Rolle des Requirements-Ingenieur im Unternehmen zu definieren und zu gestalten – ein weiterer Schritt in der Standardisierung von Prozessmodellen, Methoden, Rollen und Tätigkeiten im Unternehmen.

Eine solche Zertifizierung empfiehlt sich für Profis im RE, denn man kann damit im Lebenslauf Punkte sammeln. Allerdings entwickeln sich die Zertifizierungen momentan noch. Daher empfehlen wir, den Markt und vor allem auch die Erfahrungen in der ausführenden (im Gegensatz zur zertifizierenden) Industrie eine Zeit zu beobachten und nicht sofort als Arbeitsgeber derartige Zertifikate zu fordern oder als Requirements-Ingenieur sich zertifizieren zu lassen.

4.6 Produktmanagement

Produktmanagement ist der Prozess, der ein Produkt (oder eine Dienstleistung) von der ursprünglichen Idee bis zu seinem Ende so steuert, dass der größtmögliche Nutzen für das Geschäft des Herstellers entsteht [Gorchels2005, Ebert2007b]. Produktmanagement ist nicht nur für neue Produkte, sondern auch in der Evolution bestehender Produkte und selbst in einem reinen Projektgeschäft nötig. Der wesentliche Unterschied dieses Geschäftsprozesses ist die auf Nachhaltigkeit angelegte Ergebnisverantwortung.

4.6 Produktmanagement

Der Produktmanager verantwortet Strategie und Ergebnis. Er ist der »Mini-Geschäftsführer«. Der Produktmanager verantwortet das Gesamtergebnis – über das einzelne Entwicklungs- oder Wartungsprojekt hinaus. Er definiert den Geschäftsplan, erhält dafür Geld (Investitionen in die Entwicklung des Produkts) und liefert den versprochenen ROI zurück. Er verantwortet sowohl die Kosten- als auch die Nutzenseite. Er initiiert das Projekt, das dann (unter Leitung des Projektmanagers) die vereinbarten Ergebnisse liefert. Unterstützt wird er dabei durch die Produktentwicklung und damit vom Projektmanager, die sichern, dass Kosten, Termine und Qualität wie vereinbart eingehalten werden, sowie durch Marketing und Vertrieb, die ihrerseits gewährleisten, dass die Verkaufsannahmen nicht unterschritten werden.

Der Produktmanager hat eine kritische Rolle im RE, denn er verantwortet die Markt- und Produktanforderungen, die einem Projekt zugewiesen werden. Und er steuert, welche Anforderungen welchem Release des Produkts zugewiesen werden. Oftmals ist das erste Release noch nicht perfekt und dient dem raschen Markteintritt. Bestimmte Funktionalitäten werden erst in einem späteren Release geliefert. Der Produktmanager verantwortet diesen Gesamtzusammenhang, der bei einem einzelnen Projekt leicht aus den Augen verloren wird, da nur der rasche Projekterfolg (und damit der Zahlungseingang) zählt. Er initiiert das Projekt, das dann im Rahmen der Anforderungen und der Vereinbarungen liefert. Formal betrachtet weist er allein dem Projekt die Anforderungen zu. Nur so ist er in der Lage, den Business Case zu verantworten [Miller2002, Reifer2002]. **Würden zu viele Beteiligte die Anforderungen vereinbaren und einem Projekt zuweisen, wäre das Ergebnis ein Chaos, in dem keiner Ergebnisverantwortung tragen würde.**

Abbildung 4–4 zeigt die drei wesentlichen Rollen, die die Anforderungen von außen bestimmen. Das Marketing erzeugt einen Bedarf. Der Vertrieb arbeitet mit dem Ziel, einen Auftrag zu erreichen. Das Produktmanagement schließlich balanciert Umsatz und Kosten, indem die optimale Lösung definiert wird, die die richtigen Anforderungen liefert, aber gleichzeitig den Kostenrahmen einhält.

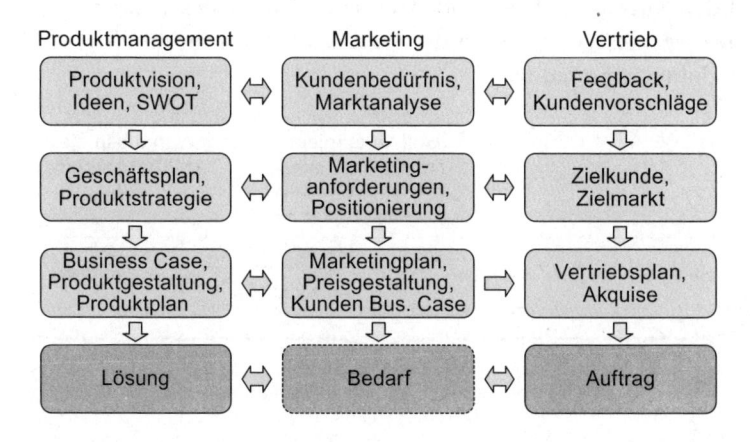

Abb. 4–4 *Produktmanagement, Marketing und Vertrieb*

Für ein erfolgreiches Produktmanagement ist es wichtig, klare Abhängigkeiten zu beachten. Die Hierarchie beginnt mit dem Portfolio, also der Sicht auf alle Produkte und Produktversionen oder -varianten. Die Verantwortung auf dieser höchsten Ebene liegt bei der Geschäftsleitung. Sie steuert die langfristige Strategie und deren Umsetzung in den Produktkatalog entsprechend den wirtschaftlichen Randbedingungen und Zielsetzungen des Unternehmens. Aus dieser Portfoliosicht lässt sich eine bestimmte Produktsicht generieren, die beispielsweise Plattformen und mittelfristige Technologieaspekte berücksichtigt, die für eine bestimmte Produktlinie relevant sind. Diese Produktsicht (oder Roadmap) wird vom Produktmanager verantwortet. Für das Produkt existiert ein Funktionskatalog für ungefähr zwei bis drei Jahre (Vision, Markt, Architektur, Technologie etc.). Daraus lässt sich eine Entwicklungs-Roadmap ableiten, die beispielsweise berücksichtigt, welche Kompetenzen aufgebaut werden oder welche Technologieabhängigkeiten mit Partnern oder Lieferanten geklärt werden müssen.

Projekte werden durch den Produktmanager auf der Basis von Roadmaps und konkreten Kundenbedürfnissen definiert. Da aber der Auftraggeber selten mit einer Zunge spricht und oftmals noch nicht genau weiß, was in seinen Geschäftsprozessen verändert sein wird, wenn das Projekt abgeschlossen ist, ist es hilfreich, spätere Benutzer oder Administratoren so stark wie möglich in die Anforderungsentwicklung mit einzubeziehen. Der Produktmanager kanalisiert diese Diskussionen, denn sonst fordern die Benutzer ein System, das sehr viel mehr kann, als ihre Einkäufer dafür zu bezahlen gewillt sind. Daraus lassen sich die einzelnen Projektpläne und deren gegenseitige Einflüsse ableiten, die jeweils einen Horizont von wenigen Monaten bis maximal einem Jahr haben.

Das Projekt selbst wird durch den Projektmanager verantwortet. Damit wird auch klar, weshalb der Projektmanager keine alleinige Verantwortung für »seine« Anforderungen haben kann. Er wird dafür bezahlt, dass sein eigenes Projekt erfolgreich ist. Der Produktmanager dagegen wird dafür bezahlt, dass die Projektergebnisse wirtschaftlich sind, dass also Kosten und Nutzen austariert sind und der Nutzen die Kosten überschreitet. **Ein Projektmanager wird an den Projektzielen gemessen, während der Produktmanager an der Wirtschaftlichkeit seiner Produkte gemessen wird.**

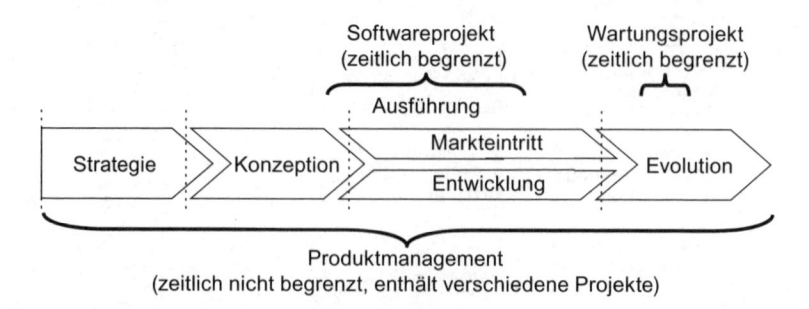

Abb. 4–5 Produktmanagement geht über das einzelne Entwicklungsprojekt hinaus

4.6 Produktmanagement

Gutes Produktmanagement beeinflusst den Projekterfolg, denn es legt die Basis für das Projekt (Abb. 4–6). Wir sehen in der Abbildung zwei wesentliche Teufelskreise, die zu schlechten Projektergebnissen führen [Ebert2007b]. Der erste Teufelskreis beschreibt die Paralyse, die sich häufig in die Projektkonzeption einschleicht, wenn Strategie und Vision unklar sind und daraus eine zusammenhängende Sicht auf die Anforderungen an das Projekt abgeleitet werden soll. Man kann noch so lange Anforderungen definieren und analysieren: Wenn unklar ist, was das Projekt eigentlich bewegen soll und in welchem Zusammenhang es steht, ist es immer schlecht vorbereitet. Daher spricht man auch von »Paralyse durch Analyse«, denn jede Analyse mit fehlendem Fundament führt zu langen, aber wirkungslosen Diskussionen.

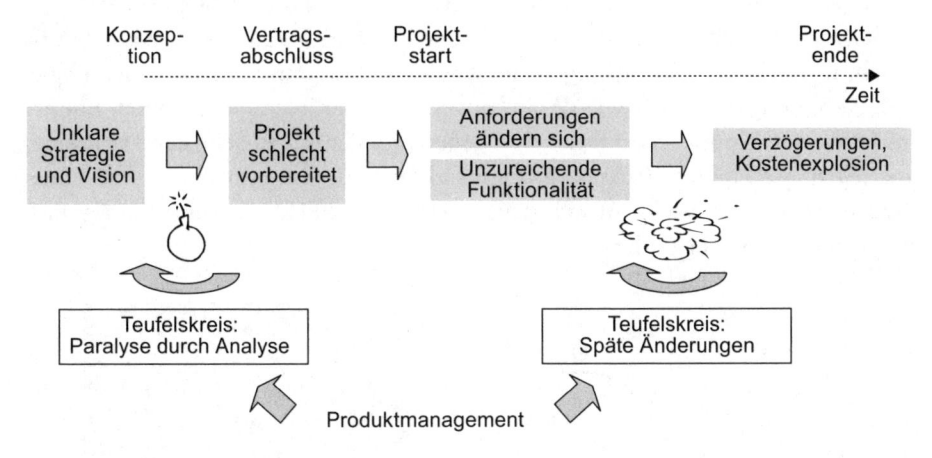

Abb. 4–6 *Produktmanagement beeinflusst den Projekterfolg*

Aus einem schlecht vorbereiteten Projekt erwachsen Anforderungsänderungen. Diese Änderungen häufen sich, je schlechter das Projekt konzipiert und vereinbart ist. Im schlimmsten Fall wird man nicht nur Änderungen haben, weil Abstimmungen übersehen wurden, sondern man wird zunehmend von Funktionen überrascht, die das Produkt unbedingt verlangt, die aber ebenfalls übersehen wurden. Damit ist man mitten im zweiten Teufelskreis, den späten Änderungen. Jede dieser Änderungen hat ihrerseits Einflüsse, die weitere Änderungen an bereits entwickelten Funktionen mit sich bringen. Damit explodieren Kosten, und die Projektvorgaben werden nicht eingehalten.

Beide Ursachen hängen mit unzureichendem Produktmanagement zusammen und nicht mit dem Projektmanagement. Der Produktmanager muss die beiden Teufelskreise aufbrechen, indem er eine Strategie beschreibt, die es erlaubt, Anforderungen und deren Änderungen immer in den gleichen Kontext zu bringen. Die Strategie beschreibt auch, was nach dem Projekt kommt, beispielsweise ein Folgeprojekt oder ein Wartungsauftrag. Beides hilft dabei, nicht zu viele Änderungen im Projekt zu akzeptieren. Schließlich enthält die Strategie auch einen Marketingplan, der zusammenfasst, was von Wettbewerbern zu erwarten ist oder wie bestimmte Funktionen wirken (z.B. wie eine Funktion den Geschäftsplan eines Kunden positiv beeinflusst).

Nicht nur Anforderungen und Projekte müssen gemanagt werden, sondern auch Kunden. Wenn die Prozesse bei Ihren Kunden nicht in Ordnung sind, wird es Ihnen schwer fallen, RE-Techniken einzusetzen, bei denen der Kunde eine Rolle spielt. Also müssen Sie ihn auch an der Hand nehmen und ihn dazu bringen, dass er Einflüsse seiner Änderungen selbst erkennt. Für das Behandeln von späten Änderungen bieten sich priorisierte Anforderungen an, denn dann lassen sich nieder priorisierte Anforderungen in ein Folgeprojekt verschieben. Merke, dass es für beide Seiten eine Win-win-Situation geben kann, wenn der Kunde feststellt, dass Sie flexibel sind und seine Prioritäten zu Ihren eigenen machen, und Sie bereits einen Folgeauftrag für Ihr Unternehmen an Land ziehen können.

Gerade bei neuen Technologien, wie wir sie in Softwareprojekten häufig sehen, muss das Produktmanagement sehr umsichtig und vorausschauend agieren. Abbildung 4–7 zeigt, wie der Lebenszyklus einer Technologie deren Einsatz im konkreten Produkt beeinflusst. Wir gehen (auf der linken Seite der Abbildung) von einer S-förmigen Technologieentwicklung aus, die von einer Lern- oder Hypephase in eine Wachstumsphase übergeht und schließlich in einer Sättigungsphase endet [Bower1995].

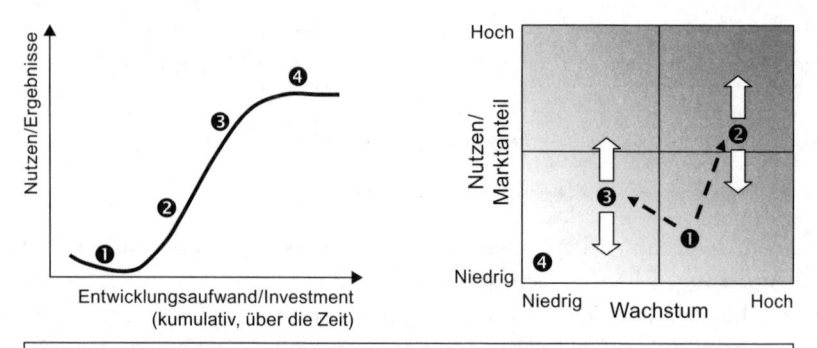

1. Experimentierfeld (Lerneffekte, Investments, keine Payoffs, entscheiden)
2. Wachstumsphase (Nutzen wachsen stark, Marktpositionierung, investieren)
3. Sättigungsphase (Investments je nach Marktposition reduzieren, abschöpfen)
4. Lebensende (rechtzeitig ausphasen, hohe Wartungskosten)

Abb. 4–7 Produktmanagement und Technologiemanagement

Zuerst analysiert der Produktmanager gemeinsam mit den Technologieexperten in der Produktentwicklung, was die Technologie überhaupt für das Geschäft bedeutet. Technikverliebtheit ist kostspielig und keine Antwort. Ist es eine Technologie, die sich weiterentwickelt, oder wird sie das bisherige Vorgehen ablösen? Welches Potenzial hat die Technologie? Wird sie auch in anderen Produkten genutzt? Welche wirtschaftlichen oder technischen Ökosysteme werden die Technologie antreiben (z.B. Kunden, die spezielle Dienstleistungen mit meinem Produkt kombinieren)? Die Hauptfrage, auf die viele Unternehmen keine konsistente Antwort finden, ist, was bei ihnen die »unterbrechenden« Technologien sind. Oft sind es jene Technologien, die zu den heftigsten Diskussionen im Unternehmen führen (z.B. Techniker vs. Marketing oder Marketing vs. Kunden). Danach werden die Technologie und ihre Einflüsse bewertet. Wie relevant ist diese Technologie für die bisherigen oder für neue Produkte? Mit welcher Geschwindigkeit entwickeln sie sich? Was werden sie ersetzen? Gibt es Beispiele aus der Vergangenheit, wo sich vergleichbare Technologieänderungen bemerkbar machten?

Erst dann wird der Produktmanager abschließend über den Einsatz dieser neuen Technologie entscheiden. Sicherlich kann eine mögliche Entscheidung lauten, dass man noch ein Jahr oder einen Produktzyklus abwartet. Das ist legitim und adäquat, um im ständigen Technologie-Hype nicht unterzugehen. Ein Beispiel sind Webservices, die zuerst stark überbewertet wurden, dann aus Mangel an Standardisierung (fehlendes wirtschaftliches Ökosystem, das weitere Services angeboten hätte) drei Jahre zurückfielen, um dann langsam ins Tagesgeschäft einzumünden. Es gibt genügend Technologien, die es nie ins Tagesgeschäft geschafft haben oder sich dort nicht lange hielten. Fragen, die bei der Bewertung helfen, sind: Welcher Markt/Benutzer/Kunde braucht die Technologie als Erster und warum? Wie positionieren Sie die neuen Eigenschaften? Welche Investitionen erlauben Sie? Wie viele Experimente? Welche Nutzenfunktionen und Ergebnisse erwarten Sie wann? Alle diese Fragen haben ein Korrektiv mit eingebaut, das gewährleistet, dass nicht nur die Technologie betrachtet wird (»wir brauchen dieses neue Betriebssystem«), sondern auch deren Wirtschaftlichkeit bewertet wird. Diese Annahmen müssen ständig überprüft werden, vor allem vor dem Hintergrund von neuen Technologien, Lieferanten oder Wettbewerbern, die meinem Produkt gefährlich werden könnten [Porter1998].

Bestimmte Zeitpunkte im Lebenslauf einer Technologie führen zu unterschiedlichen Bewertungen (Abb. 4–7). Wir unterscheiden vier verschiedene Phasen, die den Technologielebenszyklus charakterisieren. In jeder dieser vier Phasen wenden Sie eine andere Strategie an.

Aus dem Experimentierfeld (Punkt 1) kann sich die Technologie bereits unterschiedlich entwickeln. Kommt sie eher langsam (z.B. Webservices) und mit vielen Randbedingungen (Punkte 1 und 2) an, sollten Sie nicht zu früh einem falschen Trend nachlaufen. Das ist kostspielig und Ihre Kunden werden nicht dafür bezahlen. Ist die Technologieänderung und ihr Einfluss dagegen rasch und intensiv (z.B. eingebettete Mobilapplikationen), macht es Sinn, sich schnell zu positionieren, bevor der Markt sich gegen Sie entscheidet (Punkte 2 und 3; Übergang zur Sättigungsphase). Schließlich erreicht jede Technologie einen Punkt, wo Sie sich zurückziehen sollten (Punkt 4; Übergang von der Sättigungsphase zum Lebensende). Diesen Punkt zu verpassen kann auch wieder kostspielig werden, denn Sie müssen Ressourcen und Skills vorhalten, die Ihnen für neue Innovationen fehlen.

Eine verlässliche Release-Roadmap und ein gutes Projektmanagement sind unabdingbare Voraussetzungen für gutes Produktmanagement. Wir haben bereits auf die hierarchischen Abhängigkeiten zwischen Portfolio, Produkt und Projekt hingewiesen. Verlässlich heißt, dass die ursprünglich vereinbarten Meilensteine eingehalten werden. Beispielsweise muss eine Plattform oder ein generisches Produkt einer Produktlinie, auf das viele Anwendungsprojekte aufsetzen, pünktlich sein, und es muss die Funktionen enthalten, die erwartet werden.

Unternehmen mit unvollständigen oder undisziplinierten Prozessen (d.h. bei CMMI Maturity Level 1) haben kaum Chancen, hierbei erfolgreich zu sein. Sie müssen erst einmal ihre Hausaufgaben im Projektmanagement machen (siehe auch Kap. 4.7).

Die folgenden Schritte helfen dabei, eine verlässliche Produktstrategie zu erreichen und umzusetzen:

- Identifizieren Sie Gemeinsamkeiten und Abhängigkeiten zwischen den Märkten.
- Bewerten Sie existierende Funktionalität abhängig von ihrem Kundennutzen (d.h. Investitionskosten, Betriebskosten, Kosteneinfluss, neue Einnahmen, Opportunitätsfaktoren etc.), ihrer Komplexität in der Entwicklung und Erhaltung, Erweiterbarkeit und internen Lebenszykluskosten.
- Beschreiben und pflegen Sie eine inhaltliche (funktionale) Roadmap sowohl für die Produktlinien als auch für die wesentlichen Märkte.
- Bestimmen und verfolgen Sie eine technische Roadmap, die in definierten Schritten technische Neuerungen und die entsprechenden Architektureinflüsse beschreibt.
- Entscheiden Sie, welche Produkte, Plattformen, Funktionen oder Märkte nicht mehr gepflegt werden (können). Vereinbaren Sie eine Migration oder aber das Lebensende mit Produktmanagement und Marketing.
- Identifizieren Sie innerhalb der Spezifikation, Architektur und Roadmap Bereiche, die sich weiterentwickeln. Legen Sie Abhängigkeiten, Prioritäten und Kostenrahmen fest.
- Passen Sie den gesamten Produktdefinitionsprozess und den Entwicklungsprozess an eine inkrementelle und funktionsorientierte Vorgehensweise an. Time-Boxing (also die inkrementelle Entwicklung mit exakter Termineinhaltung) ist ein wesentlicher Faktor, Marktfenster dann zu erreichen, wenn die Gewinnchancen am größten sind.

Ein guter Produktmanager versteht Projektbedürfnisse aus der Sicht des Projektmanagers und weiß, wie er dem Projekt Randbedingungen geben kann, die die Projektrisiken minimieren. Und er versteht die Marktmechanismen und kann in verschiedene Richtungen vermitteln, was für den Kunden die bestmögliche Lösung darstellt. Requirements Engineering ist das Vehikel, mit dem der Produktmanager seine Konzepte kommuniziert und umsetzt. Erst diese Symbiose von (diesen ganz) verschiedenen Sichten und deren Integration durch das RE machen ein Unternehmen wirtschaftlich erfolgreich.

4.7 Projektmanagement

Der Erfolg eines Projekts hängt, wie wir bereits im Kapitel 1.2 sahen, sehr stark vom Requirements Engineering ab. Der falsche Umgang mit den Anforderungen an ein Projekt ist einer der häufigsten Gründe für gescheiterte Projekte. Typischerweise werden 30-50% des Entwicklungsaufwands in einem Projekt für Nacharbeiten, Fehlerbehebung und nicht wertbildende Aktivitäten eingesetzt [Ebert2007a]. Ungefähr die Hälfte dieser Projektschwierigkeiten resultieren direkt aus unzureichendem RE (siehe auch Kap. 1.2 und 12.1).

Wir wollen hier kurz die wesentlichen Risiken im SW-Projekt aus Sicht des RE betrachten. Alle diese Risiken müssen durch den Projektmanager adressiert werden. Wer sich hierbei nicht fit fühlt, sollte sich schulen lassen. Wenn die eigenen Prozesse gutes Projektmanagement mit verlässlichen Ergebnissen nicht erlauben, müssen sie zuerst verbessert werden.

Unklare Anforderungen

Anforderungen, die unbekannt oder nicht klar formuliert sind, werden im Projekt interpretiert. Das führt zu Schätzungenauigkeiten und zu fehlerhafter Implementierung, weil die Interpretationen beliebig falsch liegen können. Anforderungen müssen schriftlich spezifiziert sein und bestimmten formalen Anforderungen genügen, um auch verständlich zu sein. Anforderungen werden geprüft, ob sie für verschiedene Rollen im Projekt gleichermaßen verständlich sind. Reviews durch Tester sind hierbei besonders wichtig und unterstreichen die besondere Bedeutung von Testern in den frühen Phasen eines Projekts.

Sich ändernde Anforderungen

Anforderungen ändern sich in fast jedem Projekt. Änderungen, die ad hoc und unkontrolliert in das Projekt einfließen, verhindern nicht nur die Projektkontrolle, sondern verbauen auch jegliches Konfigurationsmanagement. Wer kann da noch wissen, welche Versionen oder Komponenten nun welche Anforderungen in welcher Form implementiert haben? Ziel muss es sein, eine einzige Schnittstelle zu haben, die als »Wächter« über alle Anforderungen und deren Änderungen bestimmt: den Projektmanager (oder ein dafür beauftragtes Änderungskomitee). Keinesfalls sollte diese Aufgabe an verschiedene Rollen übertragen werden. Genauso wichtig ist es, eine einzige verbindliche Liste mit allen dem Projekt zugeordneten Anforderungen zu haben, die unter Konfigurationsmanagement steht. Bei Änderungen der Anforderungsbasis sollte der Projektmanager immer die Anforderungsliste aktualisieren und dabei dokumentieren, wer die Anforderung konkret veranlasst hat. Ein guter Projektmanager wird bei Änderungen verständlich machen, dass bestimmte Änderungen an den Anforderungen automatisch zu Änderungen in den Planungen führen, die Verzögerungen mit sich bringen können. Eine gute Maßnahme ist es daher, bei Änderungen den Projektplan herauszuholen und zu zeigen, wie sich die Änderungen konkret auswirken. Dann bietet sich die Frage an, mit welchen anderen – möglichen – Änderungen der Auftraggeber (intern oder extern) einverstanden ist, um die Einflüsse seiner eigenen Änderungen abzufangen.

Instabile Produkt- oder Designbasis
Die meisten Projekte sind keine Neuentwicklungen, sondern Änderungen an bestehender Software. Damit stellt sich die Frage, wie gut und stabil eigentlich die Komponenten sind, mit denen gearbeitet wird. Oftmals werden Komponenten extern entwickelt oder stammen von einem anderen Projekt, sodass unklar ist, ob sie halten, was die Autoren versprechen. Auch diese Unsicherheiten führen zu massiven Schätzungenauigkeiten, beispielsweise, wenn Funktionen noch nachimplementiert werden müssen oder wenn das Design so schlecht ist, dass die Komponente gar nicht eingesetzt werden kann. Der Projektmanager muss bei wiederverwendeten Komponenten, bei Wartungsprojekten und bei Unteraufträgen darauf achten, dass die Codebasis gemeinsam mit Anforderungen, Testfällen und Prüfergebnissen geliefert wird, damit er ein Minimum an Kontrolle hat. Bei manchen Unteraufträgen oder Plattformen, die parallel zum Projekt extern entstehen, hilft nur eine stringente Verfolgung der jeweiligen Zusicherungen. Vertrauen Sie keinem Lieferanten und dessen eigenem Projektmanagement blind.

Ad-hoc-Requirements-Engineering mit unklaren Zuständigkeiten
Die Rollen im RE haben wir inzwischen geklärt (Kap. 4.2). Es ist wichtig, diese Rollen sauber zu trennen und für jede Rolle auch eine kurze Rollenbeschreibung als Grundlage für die Zusammenarbeit zu verteilen. Ein guter Projektmanager in einer nicht so guten Umgebung wird dies selbst machen müssen. In professionell arbeitenden Unternehmen liegen diese Rollenbeschreibungen bereits vor, und die Mitarbeiter sind entsprechend der Rolle, die sie ausüben müssen, geschult. Achten Sie als Projektmanager oder als RE-Verantwortlicher darauf, dass Schlüsselrollen nicht vermischt werden. Ein Projektmanager ist kein Produktmanager. Ein Vertriebsbeauftragter oder Key Account Manager macht keine Projektarbeit. Gerade in diesen Rollen sind Konflikte vorprogrammiert und müssen daher auch kontrolliert werden. Beispielsweise vertritt ein Vertriebsmitarbeiter einen oder mehrere Kunden und wird am Verkaufserfolg gemessen. Im Projekt wird er viel zu viele Zugeständnisse machen, um kurzfristige Ergebnisse zu erreichen.

Aggressive Projektdefinition mit nicht erreichbaren Meilensteinen
Das Hauptärgernis bei vielen Projektmitarbeitern sind Meilensteine, von denen jeder weiß, dass sie nicht eingehalten werden können. Dilbert baut seinen Erfolg als Comic auf diesem Fehler auf. Oftmals tituliert das Management solche Planungen als »aggressiv«, obwohl sie im Endeffekt eher »dumm« sind. Dumm sind solche Zeitpläne, weil sie das Vertrauen der Mitarbeiter in das Management nachhaltig untergraben. Dumm sind sie auch, weil sie dazu führen, dass hastig etwas implementiert wird, um zeigen zu können, dass es vorwärts geht. Danach macht sich zumeist Ernüchterung breit, wenn klar wird, dass der Druck gar nicht nötig war und dass falsche Entwurfsentscheidungen getroffen wurden. Diese führen nämlich bei ihrer Korrektur dazu, dass sich das Projekt viel stärker verzögert,

als wenn von Anfang an richtig geplant worden wäre. Dumm kann es für den Projektmanager laufen, wenn er sich auf ein solches Spiel einlässt, denn seine eigene Reputation leidet darunter. Selbst wenn das häufig genannte Argument kommt, dass der Kunde so viel Druck macht, ist es gerade die Aufgabe des Projektmanagers, diesen Druck aus seinem Projekt herauszunehmen. Schließlich lassen sich Kundenabsprachen und Projektpläne entkoppeln. Genauso, wie manche Angebote unter Kosten erfolgen, um einen Markt erobern zu können, können auch Liefertermine zunächst kurzfristiger festgesetzt werden, als dies der Projektplan realistischerweise hergibt. Dies sollte zwar eine Ausnahme sein, denn erreichbar werden die Pläne nie sein. Aber es könnte beispielsweise sein, dass nach Vertragsabschluss das Projekt in zwei Releases aufgeteilt wird, wobei nur das erste Release den Zeitplan einhält. Wichtig ist eine saubere Kommunikation, um zu verhindern, dass diese zwei Pläne durcheinandergeraten.

Oberflächliche oder ungenaue Aufwand- und Einflussschätzung
Dies ist nun eher ein handwerkliches Problem, das ein guter Projektmanager durch Schätztechniken in den Griff bekommen kann. Sicherlich sind Schätzungen keine Sache, die er selbst durchführen kann, da sie Fachkenntnisse erfordern. Es gibt genügend Handreichungen, wie man Schätzungen verlässlich machen kann, beispielsweise durch Kaskadierungen (d.h., wiederholte, sich verfeinernde Schätzungen, die gleichzeitig eine Lösung entwickeln und dabei den Einfluss der Lösung abschätzen) und Delphi-Ansätze (d.h. verschiedene Experten schätzen den Aufwand und tauschen dann ihre Annahmen und Ergebnisse aus, um in einer zweiten Stufe die Schätzung nochmals zu verbessern) [Ebert2007a]. Für den Projektmanager ist es wichtig, dass Schätzungen nicht nur aus dem Ärmel geschüttelt werden, sondern nachvollziehbar sind. Das kann durch eine hierarchische Gliederung von Aufgabenstellungen erfolgen oder auch über konkrete und reproduzierbare Mechanismen, wie Function Points. Schätzungen sollten immer den einzelnen Anforderungen (oder Gruppen von zusammengehörenden Anforderungen) zugeordnet werden, um bei Änderungen die Planungen leichter aktualisieren zu können. Schätzungen werden zu bestimmten Meilensteinen (z.B. zum Architekturabschluss) wiederholt, wenn die Unsicherheiten geringer geworden sind. In jedem Fall gilt, dass nach Projektabschluss eine Verifikation der Annahmen erfolgt, um die Schätzungen im nächsten Projekt zu verbessern.

Nicht verfolgte Pläne im Projekt
Hier geht es einmal mehr um das ureigene Handwerkszeug des Projektmanagers. Projektverfolgung heißt, die abgestimmten Pläne umzusetzen. Abweichungen werden kontrolliert und führen zu Nachplanungen, die wenn möglich innerhalb der abgestimmten Projektparameter liegen sollten. Meilensteine sind feste Bezugspunkte, die zu einem gesamten Review des Projekts führen und beispielsweise auch überprüfen, ob die ursprünglichen Annahmen noch gelten. Dezidierte Maße und Kennzahlen dienen dazu, Fortschritt in unterschiedlichen Dimensionen zu prüfen, so beispielsweise anhand der bereits implementierten oder getesteten Anforderungen.

Unkontrollierte Unteraufträge

Auch das letzte Problem unserer Liste ist oftmals hausgemacht. Wer Arbeiten an externe Lieferanten weitergibt, muss deren Fortschritt genauso kontrollieren wie bei Arbeiten im eigenen Unternehmen. Lieferanten haben zwar die Hoheit über das, was innerhalb ihres Auftrags geschieht, aber der Projektmanager hat dennoch die Aufgabe, Lieferrisiken abzuschwächen oder auszuschalten. Wenn Sie Ihrem Lieferanten nicht trauen, ist es besser, ihn von Anfang an nicht mit ins Projekt zu nehmen. Was für Ihre Projektmitarbeiter gilt, nämlich Professionalität und Disziplin, muss erst Recht für Ihre externen Lieferanten gelten.

Wir wollen nun die Einflüsse des RE auf das Projektmanagement und umgekehrt betrachten. Abbildung 4–8 zeigt das RE innerhalb der Projektphasen bis zum Projektstart. In jeder der vier Projektphasen kommt dem RE eine andere Rolle zu, und es werden verschiedene Arbeitsergebnisse entwickelt.

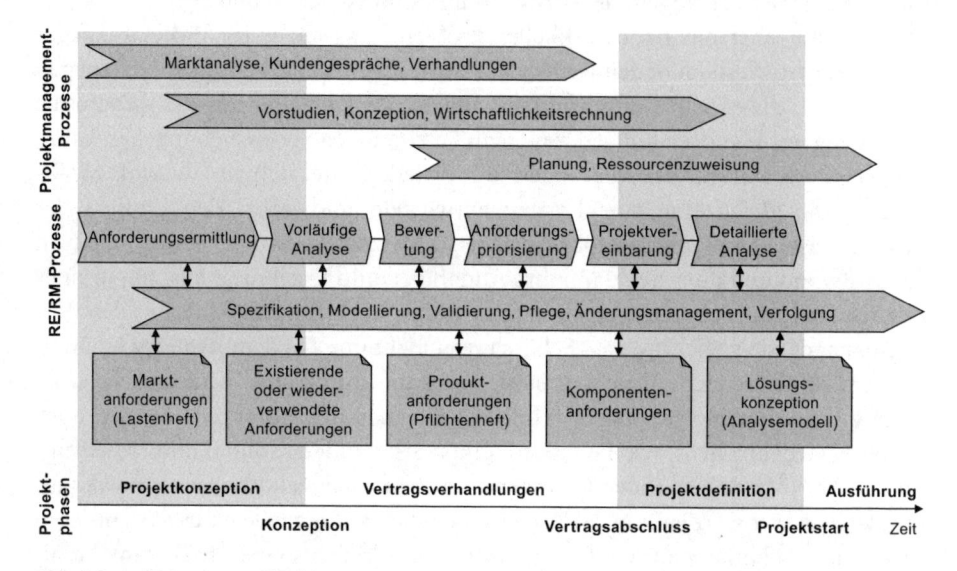

Abb. 4–8   *RE-Prozesse und Projektmanagement*

Projektkonzeption

In dieser Phase, weit vor dem eigentlichen Projektstart, geht es darum, die Marktchancen einer Idee zu erörtern. Verschiedene Konzepte werden evaluiert. Je nach Marktsituation werden diese Konzepte mit unterschiedlichen Interessengruppen entwickelt. Bei der Produktentwicklung für verschiedene, vielleicht unbekannte Kunden stammt die Konzeption aus dem Marketing, Vertrieb und Produktmanagement. Bei kundenspezifischen Projekten ist ein Kundenvertreter sehr frühzeitig beteiligt. In allen Fällen werden Marktanforderungen ermittelt oder aber aus Marketingsicht Schlüsseleigenschaften des Produkts zusammengestellt. Existierende Anforderungen von möglichen Produktkomponenten oder von einer früheren Lösung können in die Konzeption einfließen. Wiederverwendung beginnt in dieser Phase und sie wird sehr stark durch gutes RE von existierenden oder wiederverwendeten Anforderungen bestimmt. Diese Projektphase kann relativ lange dauern. Sie birgt das Risiko, sich in weitgehenden und aufwendigen Vorstudien zu verzetteln, die wertvolle Projektressourcen aufbrauchen. Der Projektmanager hat in dieser Phase noch keine tragende Rolle. Oftmals ist er noch gar nicht benannt.

Vertragsverhandlungen
Die Vertragsverhandlungen (intern oder extern) werden grundsätzlich durch das Produktmanagement und den Vertrieb gesteuert. Der Projektmanager ist noch immer ohne herausragende Funktion, denn das Projekt ist ja noch nicht beauftragt. In dieser Phase geht es primär darum, ein Einverständnis über eine zu entwickelnde Lösung mit dem Kunden zu erreichen. Verschiedene Lösungsmodelle werden entwickelt und analysiert. Sowohl die technischen als auch die wirtschaftlichen Einflüsse werden analysiert und mit den Randbedingungen im Projekt verglichen. Marktanforderungen werden analysiert und bewertet. Nicht alle Marktanforderungen sind realistisch. Manche können sich widersprechen, andere sind noch sehr vage und unvollständig. Hier sind der Systemanalyst und der Produktmanager stark gefordert, um zu ausreichend präzisen Anforderungen zu kommen.

Aus Projektmanagementsicht erfolgt nun die erste Projektplanung, um Anforderungen und Ressourcen zusammenzubringen. Diese Planung geschieht schnell und oberflächlich, da viele Szenarien durchgespielt werden müssen. Daher wird die Analyse auch nur als »vorläufig« bezeichnet, wiewohl es natürlich darum geht, optimale Ergebnisse in kurzer Analysezeit zu erreichen. An der Analyse sind bereits alle internen Gruppen beteiligt, die später Ressourcen für das Projekt bereitstellen müssen. Wenn die vorläufige Analyse nur durch ein zentrales Analyseteam oder durch einen Produktmanager erfolgt, ist die Gefahr groß, dass Aufwände unterschätzt und Einflüsse übersehen werden. Die nicht beteiligten Gruppen würden später den vorläufigen Projektplan nicht akzeptieren und ärgerliche Nachverhandlungen wären die Folge.

Vertragsverhandlungen enthalten auch bereits die Priorisierung der Marktanforderungen. Ein Projektplan mit bestimmten Unsicherheiten in Anforderungen und Aufwandschätzung braucht notwendigerweise priorisierte Anforderungen, um Projektziele präzise einzuhalten. Kunden, die Wert auf Qualität und verlässliche Randbedingungen legen, werden diese Fragen selbst stellen, um sich zu versichern, dass sie mit den Ergebnissen nachher leben können. Schließlich sind Verzögerungen gerade auch auf Kundenseite ein klarer Geschäftsnachteil. Wenn die Priorisierung nicht hier geschieht, ist es schwer, sie später durch die Hintertüre einzuführen. Diese Phase ist sehr iterativ, denn das Ziel ist es, solche Randbedingungen und Inhalte so zu definieren, dass ein größtmöglicher Kundennutzen erreicht wird und gleichzeitig auch ein realistisches Projektszenario aufgestellt wird. Während der Vertragsverhandlungen entstehen Produktanforderungen, denn nun wird konkret mit einem (oder mehreren) späteren Benutzern verhandelt. Die Marktanforderungen entwickeln sich weiter und werden nach Abschluss dieser Phase als vertragsrelevant konfiguriert. Ein Prozess zum Änderungsmanagement der Anforderungen wird intern und extern mit dem Kunden vereinbart. Oftmals ist dieser Prozess vertragsrelevant, denn zu stark hängt der Projekterfolg davon ab, dass die Anforderungen sauber kontrolliert werden. Erst mit der Vereinbarung der Anforderungen und ihrer Zuweisung zu diesem Projekt kann das Projekt selbst definiert und beauftragt werden.

Projektdefinition

Nach Abschluss der Vertragsverhandlungen wird das Projekt auf der Basis der vereinbarten Anforderungen, ihrer Prioritäten und dem bereits intern vorverhandelten Projektplan und Ressourcenbedarf konkret definiert. Dabei werden vor allem die Ressourcen fest eingebunden, sodass sie nicht durch ein weiteres Projekt ebenfalls verplant werden. Diese Phase ist kurz und wird klar von der Verhandlungsphase getrennt, um die verschiedenen Ziele zu trennen. Die Vertragsverhandlungen dienen primär dem Ziel, zu einem wirtschaftlich sinnvollen Vertrag zu kommen. Dabei ist die Projektdefinition immer nachgelagert, denn sie liefert nur Kenngrößen, auf die bei den Verhandlungen geachtet werden muss. Wir haben bereits früher unterstrichen, dass es auch Situationen gibt, in denen der Vertrag Elemente beinhaltet, die ein konservativer Projektmanager nie in seinem Projekt haben wollte. Aber ohne diese Elemente würde der Kunde nicht unterschreiben. Man muss also gut verhandeln und mit dem erzielten Ergebnis das Projekt definieren. Anstatt der vorläufigen Analyse erfolgt nun eine detaillierte Analyse, Produktkomponenten werden im Detail analysiert und der Projektplan wird verfeinert.

Zum Abschluss der Projektdefinition steht ein hinreichend präziser Projektplan mit Arbeitsergebnissen über die Projektlaufzeit sowie den dafür nötigen Ressourcen. Die Lösungskonzeption ist revidiert und das Analysemodell hinreichend genau, um Aufwände und Abhängigkeiten daran festmachen zu können. Ziel dieser Phase ist es, zu einer Übereinkunft mit allen intern beteiligten Gruppen zu kommen, dass die Ressourcen pünktlich zur Verfügung stehen. Anforderungen stehen ab dieser Phase unter Konfigurationsmanagement und werden in allen Erweiterungen oder Änderungen kontrolliert. Sollte es zu Änderungen kommen, müssen nun die vereinbarten Prozesse für das Änderungsmanagement sowohl intern als auch extern mit dem Kunden eingehalten werden.

Diese Phase steht unter der Leitung und ausschließlichen Kontrolle des Projektmanagers, der ja die volle Verantwortung für den Projekterfolg trägt. Was er zu diesem Zeitpunkt von Produktmanagement und Vertrieb als Anforderungen übernimmt, ist nun seine eigene Verpflichtung. Werden Einflüsse übersehen oder Abhängigkeiten falsch eingeschätzt, dann muss (ab diesem Zeitpunkt) der Projektmanager dafür geradestehen.

4.7 Projektmanagement

Projektausführung

Auf der Basis des nun extern und intern fixierten Vertrags startet das Projekt unter Leitung des Projektmanagers. Ressourcen werden wie vereinbart dem Projekt zugewiesen und vom Projektmanager planmäßig genutzt und pünktlich wieder freigegeben. Anforderungen entwickeln sich weiter, denn Marktanforderungen bleiben nur ausnahmsweise während der Projektlaufzeit stabil. Wichtig ist, dass Änderungen der Marktanforderungen oder der Produktanforderungen kontrolliert erfolgen und ab dieser Phase konsistent mit Projektplan und allen bereits entstandenen kontrollierten Arbeitsergebnissen bleiben (siehe Kapitel 9). Ab dieser Phase wird die Verfolgung von Anforderungen in ihren drei Ausprägungen (Marktanforderungen, Produktanforderungen, Komponentenanforderungen) essenziell.

Abbildung 4–9 zeigt die wichtigsten Schritte innerhalb der Ausführungsphase bis zur Auslieferung und damit dem Projektabschluss. Die beiden angrenzenden Phasen, nämlich die Projektdefinition zu Beginn und die Wartungsphase (und demnach ein mögliches Wartungsprojekt) nach dem Projektende sind oben markiert. Dazwischen befindet sich der Entwicklungsprozess des Projekts mit Systemanalyse, Entwurf, Implementierung, Verifikation, Integration, Systemtest und Abnahme (siehe auch Kap. 3.2).

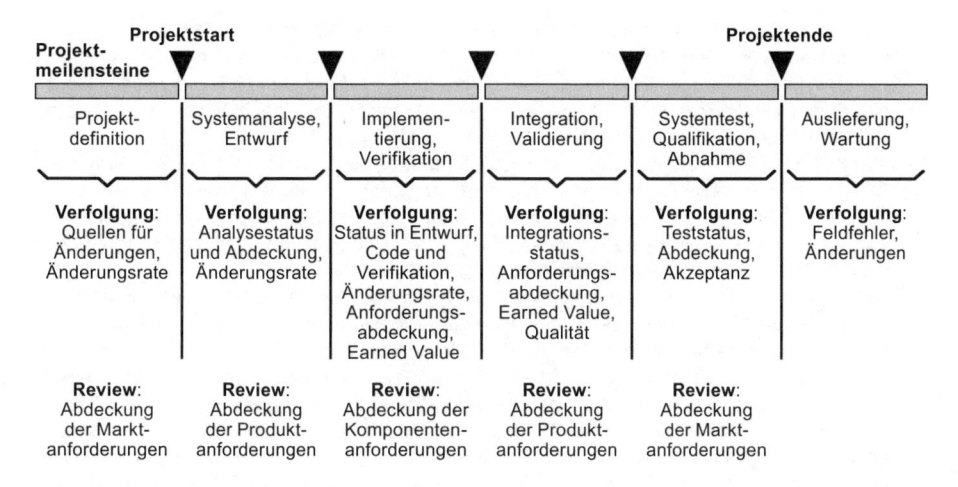

Projektmeilensteine	Projektstart					Projektende
	Projektdefinition	Systemanalyse, Entwurf	Implementierung, Verifikation	Integration, Validierung	Systemtest, Qualifikation, Abnahme	Auslieferung, Wartung
Verfolgung:	Quellen für Änderungen, Änderungsrate	Analysestatus und Abdeckung, Änderungsrate	Status in Entwurf, Code und Verifikation, Änderungsrate, Anforderungsabdeckung, Earned Value	Integrationsstatus, Anforderungsabdeckung, Earned Value, Qualität	Teststatus, Abdeckung, Akzeptanz	Feldfehler, Änderungen
Review:	Abdeckung der Marktanforderungen	Abdeckung der Produktanforderungen	Abdeckung der Komponentenanforderungen	Abdeckung der Produktanforderungen	Abdeckung der Marktanforderungen	

Abb. 4–9 *Projektverfolgung aus Sicht des Requirements Engineering*

In jedem dieser Entwicklungsschritte wird der Projektfortschritt vor allem am Fortschritt der Umsetzung der Anforderungen erkannt. Naturgemäß werden in der Systemanalyse die Markt- und Produktanforderungen betrachtet, während es in der Implementierung und Verifikation die Produkt- und Komponentenanforderungen sind. Danach wird wie in unserem archetypischen Vorgehensmodell (siehe Abb. 3–7) wieder zunehmend abstrahiert, um den Blick auf das gesamte Kundenprojekt nicht zu verlieren. Die Bedeutung einer guten Verbindung (oder Verfolgbarkeit; siehe auch Kap. 9) zwischen den unterschiedlichen Anforderungstypen wird nun sehr deutlich. Je weiter sich das Entwicklungsprojekt verfeinert, desto mehr verlagert sich der Fokus von Kunden- auf Produktanforderungen. Sind die verschiedenen Anforderungstypen aber nicht miteinander verbunden, wird es sehr schwierig, Änderungen oder Fortschritt konsistent zu verfolgen. Reviews sichern, dass diejenigen Anforderungen, die sich von abstrakteren Anforderungen verfeinern, auch untereinander konsistent bleiben.

Die Abdeckung von Anforderungen in den jeweiligen Arbeitsergebnissen wird innerhalb von Reviews der Arbeitsergebnisse untersucht und gesichert. Diese Abdeckung ist normalerweise nur ein Checkpunkt innerhalb der gesamten Checkliste eines Reviews. Damit liefert die Verfolgbarkeit zwischen den Anforderungen selbst in Reviews von Arbeitsergebnissen in Design oder Code eine minimale Validierung und nicht nur Verifikation der Ergebnisse selbst.

Der Aufwand durch Änderungen an Anforderungen wächst in dieser Phase täglich an, und das Ziel ist es, möglichst rasch einen Punkt zu erreichen, wo Anforderungen eingefroren werden können, um den Projektabschluss nicht zu gefährden.

4.8 Tipps für die Praxis

- Versuchen Sie die Kundenperspektive angemessen zu berücksichtigen. Beteiligen Sie den Kunden – in sinnvollem Ausmaß – am Projekt. Es ist der Kunde, der das Projekt bezahlt und der im Endeffekt bestimmt, ob es ein Erfolg war. Falls es keine externe Kundenschnittstelle gibt, fragen Sie im Marketing, Produktmanagement oder Vertrieb nach einem Repräsentanten, der Kundenwünsche und -nutzen diskutieren und erklären kann.
- Klären Sie die Schlüsselpersonen und Interessengruppen im Projekt. Schaffen Sie »Win-win-Situationen«, mit denen sich die wesentlichen Interessengruppen identifizieren können.
- Optimieren Sie das Requirements Engineering, und Sie werden in den Projekten beträchtlichen Aufwand sparen. Systematisches RE reduziert Nacharbeiten, Zusatzaufwände durch Inkonsistenzen und vor allem Fehler, die erst spät entdeckt werden.
- Definieren Sie die Rollen, Verantwortungen und Schnittstellen im RE. Dies beginnt mit dem Kernteam (also Produktmanager, Projektmanager, Produktmarketing, Betrieb) und beinhaltet auch unterstützende Rollen, wie Test oder Konfigurationsmanagement.
- Verwechseln Sie nicht Rollen und Personen. Mehrere verschiedene Rollen können von einer Person wahrgenommen werden – gerade bei kleinen Organisationen. Wenn eine Person mehrere verschiedene Rollen hat, sollte sie sich darüber bewusst sein, dass es durchaus gewünschte Zielkonflikte innerhalb der Rollen gibt. Solche Konflikte müssen bewusst aufgelöst werden, was nur funktioniert, wenn die Ziele, Verantwortungen und Schnittstellen eindeutig definiert sind.
- Als Produktmanager sind Sie für den wirtschaftlichen Erfolg des Produkts verantwortlich. Er vereinbart die Anforderungen. Würden zu viele Beteiligte die Anforderungen vereinbaren und einem Projekt zuweisen, wäre das Ergebnis ein Chaos, in dem keiner Ergebnisverantwortung tragen würde.
- Sichern Sie die volle Unterstützung des Projekts durch den Produktmanager. Klären Sie die Verantwortungen, damit bei Änderungen die richtigen Interessengruppen mitwirken werden.
- Verhindern Sie, dass Personen, die nicht am Erfolg des Projekts (d.h. Projektmanager) oder des Produkts (d.h. Produktmanager) gemessen werden, unkontrolliert Einfluss auf die Inhalte nehmen. Die übliche vielfältige Gemengelage von Interessen und Rollen im Unternehmen und auf Kundenseite muss durch ein klares Rollenverständnis sowie durch diszipliniert umgesetzte Entscheidungs- und Änderungsprozesse kanalisiert werden. →

> - Berücksichtigen Sie bei der Projektplanung die gegenseitigen Einflüsse von Entwicklungsarbeiten. Anforderungen sollten so gruppiert werden (z.B. mit Inkrementen), dass jene Anforderungen, die sich stark beeinflussen, auch gleichzeitig entwickelt werden.
> - Schätzen Sie mögliche Änderungen oder den Einfluss von Unsicherheiten bei Anforderungen vor Projektstart ab. Schätzen Sie mit den Kunden oder Benutzern das Risiko von Änderungen ab. Planen Sie die möglichen Änderungen im Projektplan ein. Wählen Sie eine Architektur, die den Änderungsmöglichkeiten Rechnung trägt.
> - Erarbeiten Sie mit den unterschiedlichen Interessengruppen ein konsistentes Verständnis über die wirklichen Anforderungen. Jede Gruppe sieht nur ihre typischen Anwendungsfälle. Kaum jemand denkt an Ausnahmen oder daran, was andere Benutzer – auch böswillige – mit dem System machen könnten.
> - Holen Sie Gruppen in die Analysephase, die später mit den Anforderungen arbeiten. Das sind vor allem Entwickler und Tester. Gerade Tester helfen dabei, Anforderungen so zu beschreiben, dass sie nachher testbar sind.

4.9 Fragen an die Praxis

- Weshalb wird in der Produktentwicklung so stark zwischen Projektmanager und Produktmanager getrennt? Wie trennen Sie die wichtigsten Ziele der beiden Rollen voneinander? Können Sie sich vorstellen, wie sich die beiden Rollen positiv beeinflussen können? Gibt es Beispiele, wie sie sich negativ beeinflussen?
- Warum spielt das Einverständnis zwischen Kunde und Lieferant im Requirements Engineering eine große Rolle?
- Haben Sie direkten Zugriff auf Ihren Auftraggeber, selbst in kritischen Situationen? Welche Lösung können Sie sich in Ihrem Unternehmen oder in Ihrer Situation vorstellen, wenn der Kunde oder Auftraggeber nicht greifbar ist? Haben Sie Erfahrung mit derartigen Mechanismen?
- Haben Sie einen einzigen und genau bekannten Kunden und Auftraggeber oder ist die Situation »zerfasert«? Wer hat das letzte Wort auf Auftraggeberseite? Haben Sie direkten Zugriff auf jenen Interessenvertreter, dessen Wort am gewichtigsten ist? Welche Eskalationswege und Prozesse bestehen, um Sicherheit bei offenen Fragen zu schaffen?
- Wie gehen Sie in Ihren Projekten mit Unsicherheiten darüber um, was der Kunde wirklich braucht?
- Wo sind Anforderungen in Ihren Projekten zu Problemen geworden? Wann hätten Sie es merken müssen? Welche Form des Risikomanagements hätte dabei geholfen, diese Risiken rechtzeitig zu berücksichtigen?
- Weshalb wird im Requirements Engineering stark getrennt zwischen dem, was ein Kunde will, und dem, was er braucht? Was kann passieren, wenn man genau das entwickelt, was er braucht? Was, wenn man nur das entwickelt, was er will?
- Welche Interessengruppen gibt es in Ihrem derzeitigen Projekt? Zeichnen Sie ein Bild, das die Abhängigkeiten darstellt. Welche dieser Personen oder Rollen sind davon überzeugt, dass Ihr Projekt wichtig ist? Welche sind mit dem Projekt, seiner Organisation oder seinem Inhalt nicht einverstanden?

5 Anforderungen ermitteln

*I cannot give you the formula for success,
but I can give you the formula for failure – which is:
Try to please everybody.*

– Herbert B. Swope

5.1 Die richtigen Anforderungen: Vision und Ziele

Anforderungen konkretisieren Ziele und definieren die Basis, auf der eine Lösung zum Kundennutzen entwickelt wird. Ziele und Anforderungen sind nicht absolut wahr! Verschiedene Interessengruppen haben eine unterschiedliche Wahrnehmung und natürlich divergierende Ziele. Es ist die Anforderungsermittlung, durch die eine Basis gegenseitigen Verstehens geschaffen wird. In einem Projekt ohne definierte und vereinbarte Ziele sind Eigenschaften und Qualität des resultierenden Produkts und damit unser wirtschaftlicher Erfolg von zufälliger Natur. Sie ergeben sich bestenfalls noch teilweise aus offensichtlichen Bedürfnissen der Problemstellung. Zur Hauptsache hängen sie jedoch ab von der Interpretation und den Vorlieben der beteiligten Gruppen (z.B. Produktmanager, Vertrieb, Entwickler, Systemanalysten), von Gruppenstrukturen und von den Beziehungen zwischen diesen Gruppen. Das Projekt ist nicht marktorientiert, und sein Erfolg ist fragwürdig.

Abbildung 5–1 zeigt, wie Anforderungen zielorientiert die Bereiche des Unternehmens auf den Markt und den Kunden einstellen. Im Marketing werden Kaufkriterien bewertet. Der Vertrieb schafft mit dem Marketing und der Produktentwicklung eine Wertvorstellung, die dann durch die Entwicklung umgesetzt wird. Nachhaltiger wirtschaftlicher Erfolg bei Software entsteht durch ein funktionierendes Servicemodell. Damit wird der Wert gesichert und neue Kaufabsichten werden stimuliert. Die verbindenden Pfeile sind die Anforderungen in verschiedenen Stadien. Ein Kreislauf, wie ihn erfolgreiche Unternehmen, wie Apple, Bosch, Daimler oder SAP, ständig vorleben.

Abb. 5–1 Wertschöpfung im Unternehmen wird durch die richtigen Anforderungen bestimmt

Vor dem Ermitteln von Anforderungen muss ein Ziel oder eine Vision stehen. Diese Vision muss über die Anforderungen selbst hinausgehen, um Anleitung und Anhalt zu geben, welche Anforderungen zusammenpassen oder welche Anforderungen priorisiert werden sollen. Ohne eine solche Vision werden Anforderungen zwar erfasst und verwaltet, aber es wird sich kaum ein Produkt oder eine Lösung ergeben, die sich gut und überzeugend verkaufen lässt.

Viel zu häufig werden Anforderungen unzusammenhängend »gesammelt«, anstatt aus einer Wertvorstellung und Vision aus Kundensicht heraus entwickelt zu werden. Abbildung 5–2 veranschaulicht diese übliche Vorgehensweise bei der Ermittlung von Anforderungen. Zuerst werden die Anforderungen »gesammelt«, danach wird das Projekt definiert, daraus ein Produkt entwickelt, das schließlich gegen die ursprünglichen Anforderungen validiert wird. Die Nummern beschreiben die Abfolge der vier Schritte. Das Problem dabei ist, dass Funktionen schrittweise in ein zunehmend komplexes Produkt hineinentwickelt werden, ohne dass eine Sicht auf das endgültige Produkt vorliegt. Zumeist werden die Anforderungen nur oberflächlich beschrieben und nicht im Kontext analysiert, weil dieser nicht klar beschrieben und abgestimmt ist. Die Konsequenz sind viele Anforderungsänderungen und entsprechend Termin- und Kostenüberschreitungen sowie eine immer weniger beherrschte Komplexität des Produkts, was spätestens mit Varianten oder Versionen dann zu unnötigen Fehlern und weiteren Zusatzaufwänden führt.

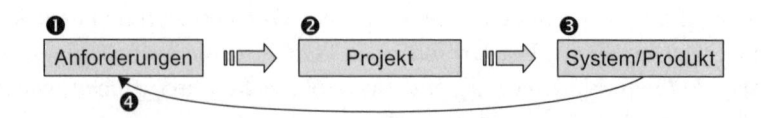

Abb. 5–2 Typische Anforderungsermittlung als Sequenz ohne konkrete Zielsetzung

Abbildung 5–3 zeigt das Vorgehen, das mit einer konkreten Produktvision beginnt. Aus der Kenntnis dieser Vision werden Anforderungen im Kontext entwickelt, modelliert, spezifiziert und analysiert. Das Risiko unvorhersehbarer Änderungen wird stark reduziert. Relevante Funktionen werden zu Beginn priorisiert und dann systematisch umgesetzt, ohne dass es später zu gravierenden Architektureinflüssen kommt, denn die wurden bereits anfangs im Kontext des Gesamtsystems betrachtet.

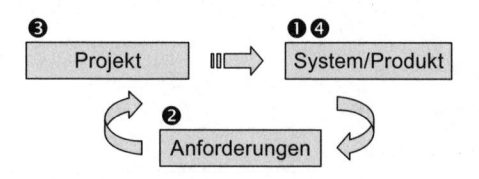

Abb. 5–3 *Anforderungsermittlung mit einer konkreten Zielsetzung*

Das Ziel der Ermittlung der Anforderungen besteht darin, wichtige Kunden, Märkte und Wettbewerber zu identifizieren und zu verstehen. Das Ergebnis ist eine vereinbarte Produktvision. Die **Produktvision** ist eine Leitlinie für das Projekt. Sie orientiert sich an folgenden Fragen:

- Was wird das Produkt verändern?
- Warum ist das Produkt für die Kunden nötig?
- Welche Erfahrung soll der Kunde damit machen?
- Wer wird durch das Produkt profitieren? Wie?
- Wie wird durch das Produkt Geld verdient?
- Welche Kosten und Risiken sind wir bereit zu tragen?

Die Produktvision ist Voraussetzung und Teil des Marketingplans und wird vor der Anforderungsermittlung vereinbart. Sie leitet die Analyse und die Vereinbarung der Anforderungen. Die einzelnen Bausteine der Projekt- oder Produktvision, nämlich die Projektziele, können verschiedene Quellen haben. Sie festzulegen ist die Verantwortung des Produktmanagers gemeinsam mit dem Marketing, dem Vertrieb und dem Projektmanager. Bei Auftragsarbeiten oder einer genau festgezurrten Spezifikation kann der Projektmanager die Projektziele definieren. Ziele und Visionen sind High-Level-Anforderungen, die sowohl aus Markt- als auch aus Produktsicht formuliert werden können. Produktanforderungen müssen mit der Vision und den Zielen konsistent sein; sie sind ihnen untergeordnet und konkretisieren sie.

Zielgerichtetes Arbeiten ist eine notwendige Voraussetzung für jegliche Art von systematischer Entwicklung. Wenn Sie das Ziel kennen, ist es sehr wahrscheinlich, dass Sie es auch erreichen können. Die Wahl der Ziele hat einen erheblichen Einfluss sowohl auf das entstehende Produkt als auch auf den Entwicklungsprozess. Das macht die Bedeutung einer Produktvision aus und erklärt, weshalb praktisch alle Vorgehensmodelle, egal ob agil oder eher schwergewichtig, eine solche Produktvision verlangen. Um ihre Bedeutung auf die Erreichung von Projektzielen zu verstehen, wollen wir einen kleinen geschichtlichen Exkurs unternehmen. Ein von Weinberg und Schulman bereits 1974 durchgeführtes Experiment zeigt dies in eindrücklicher Weise (Tab. 5–1) [Weinberg1974]. Weinberg und Schulman hatten fünf Gruppen von Entwicklern die gleiche Software entwickeln lassen. Die fünf Gruppen hatten allerdings unterschiedliche individuelle Projektziele vorgegeben bekommen. Und praktisch jedes Team rangierte in seinem individuellen, priorisierten Ziel vorne!

Wichtigste Zielsetzung	Ranking der Gruppe
Speicherplatzminimierung	1
Übersichtlichste Ausgabe	1
Übersichtlichste Programmstruktur	2
Möglichst wenige Befehle	1
Geringste Anzahl Stunden	1

Tab. 5–1   Reihenfolge (rechts) von Entwicklungsteams in der Erreichung der jeweils priorisierten Zielvorgabe (links) innerhalb von fünf Entwicklungsteams mit jeweils unterschiedlicher Priorisierungsvorgabe

Wir erkennen an diesem Experiment, dass die Projektziele die erreichbaren Ergebnisse sehr stark beeinflussen. Gute Ziele und eine starke Vision stimulieren Projektteams dazu, diese Ziele zu erreichen. Aber wir erkennen ebenfalls, dass Ziele miteinander konkurrieren können. Die optimale Erreichung eines Ziels geht immer zulasten von anderen Zielen. Dies gilt insbesondere bei nichtfunktionalen Anforderungen, die sich gegenseitig stark beeinflussen und daher gut gegeneinander abgewogen werden müssen. Es macht keinen Sinn, beispielsweise für einen Markt mit hoher Preissensibilität hervorragende Qualität zu liefern, wenn diese die Gesamtkosten und damit den Preis über jenen von Wettbewerbern treiben würde. Entwickler sind typischerweise in der Lage, kundenspezifische Anforderungen punktgenau zu erfüllen. Aber, wenn sie ihr Ziel nicht genau kennen, so ist es sehr unwahrscheinlich, dass sie es erreichen werden. Bei der Planung muss man berücksichtigen, dass Ziele voneinander abhängig sein können (z.B. Termine und Funktionen) und daher keine beliebigen Freiheitsgrade bei der Zielfestlegung bestehen. Da Ziele konkurrieren, ist es sinnvoll, sie mit Prioritäten zu versehen.

Ziele sollten als Zielbereich beschrieben werden und nicht zu spezifisch sein. Je spezifischer ein Ziel beschrieben ist, desto eher wird man es verfehlen und damit einen Grund schaffen, dass das Produkt nicht abgenommen wird. Ein Zielbereich beschreibt das Ziel aus Benutzersicht oder aus der Sicht bestimmter Interessenvertreter als Bereich von akzeptablen Benutzererfahrungen mit den drei Eckwerten: Hervorragend, Ziel, Minimum. Tabelle 5–2 zeigt Beispiele zur Beschreibung eines Zielbereichs.

5.1 Die richtigen Anforderungen: Vision und Ziele

Szenario	Hervorragend	Ziel	Minimum
Personenaufzug: Wartezeit bis eine Kabine den Benutzer erreicht	10 sec	100 sec	300 sec
Internettelefonie: Softwareapplikation auf eigenem PC	Benutzer ersetzt das bisherige Telefonsystem und nutzt im Büro ausschließlich die PC-Anwendung. Ein portables, internetfähiges Telefon sichert Mobilität.	Benutzer ersetzt die meisten Telefone und nutzt nur noch ein Bürotelefon als Rückfalllösung.	Benutzer nutzt die PC-Anwendung dort, wo sich konkrete Vorteile ergeben (z.B. Callback im Internet).

Tab. 5–2   Zielvorgaben sollten als Zielbereich beschrieben werden

Ein häufiges Problem im Setzen von Projektzielen besteht darin, dass nur linear approximiert wird. Bekanntes wird fortgeschrieben und Anforderungen, die schon lange auf der Warteliste stehen, werden in das nächste Release übernommen. Das ist gefährlich, denn damit besteht Vorhersehbarkeit, die zwar manchen Kunden gefällt, aber auch die Eintrittsschwelle für Wettbewerber erniedrigt. Zudem besteht die Gefahr, dass technologische oder benutzerspezifische Trends übersehen werden. Insofern muss das Marketing ständig neue Vorschläge in die Anforderungs- und Ideen-Pipeline einbringen, um zu stimulieren, dass über den Tellerrand hinaus gedacht wird. Der Vertrieb ist wichtig, denn er hat sein Ohr bei den Kunden und Benutzern. Häufig werden Marketing und Vertrieb Restriktionen auferlegt mit der Begründung, dass die Mittel für einen wirklich großen Wurf fehlen. Das ist keine gute Begründung, denn im Normalfall führt es dazu, dass die Dienstleistungen oder Produkte zunehmend altern und sich leicht durch bessere und ganz andere Produkte ersetzen lassen. Gerade das Spannungsfeld aus vielen Ideen und möglichen Visionen auf der einen Seite und begrenzten Ressourcen auf der anderen Seite machen ein gutes und innovatives Umfeld aus.

Produktideen und Produktvisionen orientieren sich an folgenden Einflüssen:

- **Kunden**
  Kundenziele, Umgebung des Kunden, Wettbewerbssituation des Kunden, Kundeninformationen, demografische Entwicklung, Kundenzufriedenheit, verfügbare Ressourcen, um das Produkt zu kaufen
- **Strategie**
  Unternehmensstrategie, Marktpositionierung, Umsatzentwicklung
- **Wettbewerb**
  Wettbewerbsdaten, Marktanteil, Marktentwicklung
- **Produkte**
  Produktalter, Innovationsgrad, Wartungsanteil, Fehlerkosten, Änderungsumfang, Verfügbarkeit, Nutzungsgrad, Kostenstruktur des bisherigen Produkts, Kostenreduzierung, Bedarf an internen Systemverbesserungen oder neuen Plattformkomponenten

- **Technologien**
  ablösende/innovative Technologien, neue Forschungsergebnisse, neue Komponenten, neue Werkzeuge, neue Lieferanten, neue Standards
- **Verfügbare Ressourcen als Restriktion**
  Zeit, Fähigkeiten, Mitarbeiter, Beherrschung von Technologien, Verfügbarkeit von Technologien oder Komponenten

Eine gute Produktvision balanciert diese unterschiedlichen Einflüsse aus und beschreibt, was sich mit dem Produkt ändern wird. **Dies ist die Schlüsselfrage an jede Produktvision: Was wird bei den Kunden oder Benutzern oder in meinem eigenen Unternehmen anders sein, wenn das Produkt ausgeliefert ist?** Wenn diese Frage nicht zufriedenstellend beantwortet werden kann, ist die Vision noch nicht fertig. Wenn die Frage sehr kurz und schlüssig beantwortet werden kann, dann handelt es sich um ein Produkt mit guten Erfolgsaussichten. Wenn die Antwort zudem einen schlüssigen Geschäftsplan aus Kundensicht beschreibt, dann wird es ein sehr erfolgreiches Produkt.

Die Produktvision und die anschließende Beschreibung der konkreten Projektziele sollten iterativ erfolgen. Es sind sehr viele Eingangsparameter zu verarbeiten und jede Zielgruppe will ihre eigenen Ziele als Projektziele sehen. Erarbeiten Sie die Vision schrittweise und bauen Sie die Inhalte des späteren Produkts wertorientiert in einzelnen Schritten auf. Je mehr in einen einzigen Schritt gepackt wird, umso mehr Informationen müssen wir auf einmal verarbeiten und umso mehr Beteiligte müssen gleichzeitig zufriedengestellt werden.

5.2 Die Stimme des Kunden verstehen

Der größte Fehler im Projekt besteht häufig darin, dem Kunden das zu geben, was er braucht, und nicht das, was er will. Oder, etwas vorsichtiger formuliert: Viele Produkte schaffen es nicht, Wünsche und Bedürfnisse zusammenzubringen. Die Nuancierung in diesem einfachen Bonmot besteht im Unterschied zwischen brauchen und wollen. Sicherlich soll der Kunde oder Benutzer ein brauchbares Produkt erhalten. Kein Produkt- oder Projektmanager würde auf die Idee kommen, ein Projekt zu definieren, das sich nicht zum Ziel gesetzt hat, den Kunden zufriedenzustellen. Die Tücke liegt im Unterschied zwischen unserer Wahrnehmung, was der Benutzer braucht, und der Wahrnehmung auf Kundenseite über die Bedürfnisse, die dann im Vertrag paraphiert werden.

Wir können allein aus unserer Perspektive als Lieferant keine Verbindung zu den tatsächlichen Bedürfnissen und Anforderungen herstellen. Abbildung 5–4 zeigt am Beispiel eines Kfz-Kaufs diesen entscheidenden Unterschied. Es sind drei verschiedene Autos, aber noch viel mehr unterschiedliche Visionen, die den Käufern vermittelt werden müssen. Kauft sich jemand einen Pick-up mit hohem Benzinverbrauch? Nein, er sucht Abenteuer oder Unabhängigkeit. Unsere Aufgabe im RE ist es, zu einer Konvergenz zwischen Bedürfnissen und Anforderungen zu

5.2 Die Stimme des Kunden verstehen

kommen. Die Einkaufsentscheidung wird primär durch ein erwartetes Gefühl, also eine Werterfahrung, getroffen.

Ein Mini-Van?	Ein Sportwagen?	Ein Pick-up-Truck?
Nein, sondern: – Familie – Ausflüge – Sicherheit	Nein, sondern: – Spaß – Cool – Lebensgefühl	Nein, sondern: – Abenteuer – Unabhängigkeit

Abb. 5–4   *Visionen sind wertorientiert*

Der Vertrag beschreibt formal, was der Kunde will. Manches Mal stehen im Vertrag Dinge, die nicht aus Benutzersicht beschrieben sind [Simon1998, Gorchels2005]. Manche Vertragselemente können dem Kunden sogar schaden. Nehmen Sie unrealistische Terminvorgaben oder Preisvorstellungen, die in Projektpläne und Angebote münden, die einfach nicht zu realisieren sind. Ein Großteil von abgebrochenen oder stark verspäteten Projekten lief genau in diese Falle. Und damit haben sich die Kunden selbst geschadet. Was nützt es, wenn ein Termin gefordert wird, der es nicht erlaubt, alle nötigen Entwicklungsschritte sauber zu durchlaufen, um dann kurz vor Projektende zu registrieren, dass sich das Produkt und seine Komponenten nicht integrieren lassen oder eine unzureichende Qualität haben? Nachlieferungen und Vertragsstrafen sind dann programmiert, aber diese stellen keine vernünftige Ausgangsbasis für langfristig erfolgreiche Produkte dar. Ähnliches gilt für zu niedrige Kostenvoranschläge in der Verhandlungsphase, die unweigerlich zu faulen Kompromissen auf Lieferanten- oder Kundenseite führen. Wenn die Preise zu niedrig angesetzt sind, kommt unter Umständen ein Lieferant ins Projekt, der der gegebenen Komplexität nicht gewachsen ist und dies viel zu spät feststellt. Häufig treten solche Szenarien dann ein, wenn neue Anbieter in einen etablierten Markt drängen oder wenn die Anbieter in dieser Größenordnung noch keinerlei Erfahrungen mitbringen. Kein Kunde tut sich einen Gefallen, wenn er auf ein solches Angebot eingeht, weil es vordergründig Kosten spart, er aber nachher so große Verspätungen oder Qualitätseinbußen in Kauf nehmen muss, dass der erhoffte Geschäftsvorteil ausbleibt.

Ein guter Projektmanager oder Produktmanager wird daher in der Vorbereitung eines Vertrags bereits auf die Kostentreiber hinweisen und darauf, weshalb seine Erfahrungen höhere Aufwendungen rechtfertigen und damit zu einer Win-win-Situation führen. Win-win-Situationen haben verschiedene Elemente:

- Realistische Projektpläne, die sauber heruntergebrochen werden, um Kostentreiber und kritische Pfade zu veranschaulichen.
- Zusammenstellung der Anforderungen und Bewertung hinsichtlich unterschiedlicher Sichtweisen im Projekt.

- Vorschlag zur Priorisierung von Anforderungen und deren Abbildung auf einen inkrementellen Projektplan, um einen kritischen Termin sicher zu erreichen.
- Risikomanagement gemeinsam mit dem Kunden, anstatt nur Puffer und Sicherheiten einzubauen. Oftmals ist die Abschwächung eines Risikos auf Kundenseite sehr viel einfacher und billiger als dies dem Lieferanten jemals möglich wäre.

Kunden sind einer Win-win-Situation gegenüber immer aufgeschlossen – solange sie klar dargestellt wird. Eine wichtige Fähigkeit des erfolgreichen Produktmanagers oder Requirements-Ingenieurs ist daher, gut kommunizieren und verschiedene Interessen integrieren zu können. **Gute Kommunikation besteht aus Verstehen, Verbinden und Vermitteln.**

Verstehen

Verstehen bedeutet, dass wir zuhören und Begründungen herauszuarbeiten suchen, anstatt zu interpretieren. Das fällt manchem Projektmanager oder Analysten schwer, da er häufig von einer angenommenen Lösung aus startet. Oft suchen wir dann nur noch Stichwörter, die in dieses vorgegebene Raster passen. Manche Ansprechpartner beim Kunden, vor allem diejenigen, die nicht die komplette Übersicht über wirtschaftliche und technische Notwendigkeiten haben, werden an dieser Stelle einknicken und dem Verkäufer die Argumentation überlassen. Sobald aber dieser Rollentausch eintritt, ist die häufige Konsequenz, dass sich die Benutzer im späteren Produkt nicht mehr wieder finden. Paul Watzlawick beschreibt die Situation wie folgt: »Wenn jemand nur einen Hammer hat, sieht er überall Nägel« [Watzlawick1983]. Projektmanager, die nur eine begrenzte Variabilität liefern können, werden versuchen, alles in ihr Raster zu pressen. Verstehen in der Phase der Ermittlung, Sammlung und Definition von Anforderungen heißt, dass der Projektmanager oder der Analyst vor allem gut moderieren kann [Huffman2003]. Ziel ist, alle Bedürfnisse in ihrer Gesamtheit zu verstehen, bevor sie einzeln miteinander verknüpft werden.

Verbinden

Offensichtlich gibt es in jedem Projekt ganz unterschiedliche Sichtweisen auf der Seite der Kunden (siehe auch Kap. 4.1). Klassische Widersprüche treten auf, wenn Benutzer unterschiedliche Prozesse leben und diese im Softwareprodukt realisiert haben wollen. Entweder explodiert die Komplexität wegen der vielfältigen – und sich oft widersprechenden – Anforderungen, die allesamt zu zusätzlichem Konfigurationsaufwand führen, oder aber es fallen jene Elemente heraus, die nicht rigoros genug von Benutzerseite vertreten wurden. Verbinden heißt in diesem Fall, alle Anforderungen zu vergleichen und Diskrepanzen herauszuarbeiten. Diese Widersprüche werden dann bewertet und geklärt. Entscheidungen auf jeglicher Ebene (also im Analyseworkshop oder beim Vorstand im Eskalationsfall) werden dokumentiert, um darauf zurückgreifen zu können. Oftmals ist es gar nicht einfach, verschiedene Sichtweisen zusammen an einen Tisch zu bringen. Klischees und Barrieren sind zwar in aller Regel eliminierbar, aber das erfordert

5.2 Die Stimme des Kunden verstehen

eine Menge von Einzelgesprächen und Coaching, wofür häufig keine Zeit eingeplant ist. Verbinden heißt, dass der Projektmanager oder auch der Analyst darauf achtet, dass Widersprüche nicht nur beschrieben, sondern auch aufgelöst werden. In kritischen Situationen, die sehr viel Durchlaufzeit kosten können, bietet es sich an, externe Berater einzubeziehen, die die Ermittlung, Sammlung und Definition der Anforderungen übernehmen und am Projekterfolg direkt gemessen werden – ohne das Projekt selbst zu implementieren.

Vermitteln
Druck und Spannungen führen dazu, dass nicht mehr zusammengearbeitet wird. Personen helfen sich nicht mehr, da sie nur noch die eigene Aufgabe und den eigenen Nutzen sehen. Häufig resultiert ein solch gravierendes Missverständnis zwischen eigenem und Unternehmenserfolg aus dysfunktionalen Organisationsformen (z.B. eine Abteilungsorganisation soll ein Projekt mit anderen Abteilungen durchführen) oder aus fehlendem Zielmanagement (z.B. eine Gruppe wird primär an der Liefertreue ihrer Anforderungen gemessen, aber kaum am sonstigen Projekterfolg). Ein Beispiel soll das veranschaulichen: Abteilungen bauen gerne einen starken internen Zusammenhalt auf, der fast zwangsläufig zu einer Abgrenzung nach außen führt. Aus einem gesunden Wettbewerb zwischen den Gruppen wird ein Wettkampf auf Kosten des Unternehmens. Analysten beklagen sich beispielsweise über Entwickler und Tester, die jede Funktion exakt beschrieben haben wollen, während der Analyst das große Bild vor Augen hat und sich nicht um diese Details kümmern will. Analysten und Entwickler beklagen das mangelnde Verständnis der Tester für Funktionen und Verhaltensweisen, während die Tester ihren Entwicklerkollegen abfällig bescheinigen, dass sie zu viele Fehler liefern und nicht einmal anständig codieren können. In der Folge werden Ergebnisse von Abteilung zu Abteilung oder von Team zu Team nur noch »über den Zaun geworfen«. Sollen doch die Nächsten in der Pipeline auf die versteckten Unstimmigkeiten kommen und dann formale Änderungswünsche schreiben. Hier stellt sich im Innen- oder Außenverhältnis zuerst die Frage, ob die verschiedenen Parteien überhaupt den Projekterfolg als wichtigstes Ziel betrachten. **Stellen Sie als Projektmanager sicher, dass alle beteiligten Parteien primär am Projekterfolg gemessen werden.** Das kann Zeit erfordern und benötigt in der Regel eine Eskalation zu jener Stelle im Unternehmen, die am Projekterfolg aus eigenem Antrieb heraus interessiert ist.

Kommunikation bedeutet, dass eine »Story« übertragen wird und im Idealfall die gewünschten Reaktionen auslöst. Abbildung 5–5 zeigt, wie erfolgreiche Kommunikation funktioniert. Der Sender hat eine Intention. Er hat etwas zu sagen. Und er hat eine Aufgabe und Rolle, in der er wahrgenommen wird. Der Empfänger interpretiert, was er hört, vor dem Hintergrund seiner Wahrnehmung des Senders. Er ist vielen Störungen ausgesetzt und filtert anhand seiner aktuellen Situation, was ihm wichtig zu sein scheint. Und er orientiert sich grundsätzlich an eigenen kurzfristigen Bedürfnissen. Daher sollte der Sender vor der Kommunikation prüfen, wie der Empfänger seine Botschaft aufnimmt, und die Inhalte ent-

Sender	Empfänger
■ Hat eine Intention	■ Hat andere Ziele als der Sender
■ Hat eine Aufgabe und Rolle, in der er wahrgenommen wird	■ Interpretiert und filtert, was er hört
■ Hat etwas zu sagen	■ Ist Störungen ausgesetzt
■ Muss prüfen, wie der Empfänger seine Botschaft am besten aufnimmt (z.B. Was sind die Ziele des Empfängers?)	■ Orientiert sich an eigenen Bedürfnissen
	■ Nimmt daher nur für ihn angepasste Inhalte auf!

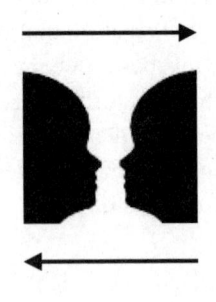

Abb. 5–5   *Erfolgreiche Kommunikation*

sprechend anpassen (z.B. Wie nimmt der Empfänger den Sender wahr? Was sind die Ziele des Empfängers? Was muss er gerade erreichen?).

Win-win-Ergebnisse erfordern, dass Sie beide Seiten verstehen, Interessen verbinden und Konflikte vermitteln und auflösen. Dazu müssen Sie eine fast schizoide Eigenschaft mitbringen, die allen erfolgreichen Verhandlungsführern gemeinsam ist: Sie müssen Sichtweisen und Bezugssysteme schnell wechseln können. Notwendigerweise vertreten Sie den Lieferanten, aber das heißt nicht, dass Sie rigoros nur den Produktkatalog herunterbeten. In aller Regel werden Sie nämlich vom Kunden sehr viel mehr erfahren, wenn er merkt, dass Sie – vorübergehend – auch seine Sichtweise zu Ihrer eigenen machen können.

Die Sichtweise des Lieferanten verlangt im Vertrag und in Verhandlungen folgende Einsichten:

- Missverständnisse, Meinungsverschiedenheiten, unrealistische Zielvorgaben und Zielkonflikte werden offen angesprochen.
- Nachdem die gegenseitigen Ziele verstanden sind, schlagen Sie erforderlichenfalls eine Kompromisslösung vor.
- Bestehen Sie auf einem unterzeichneten Vertrag mit allen Anforderungen. Stellen Sie sicher, dass die Anforderungen verstanden und die Akzeptanzkriterien gemeinsam mit den Anforderungen definiert worden sind.
- Bei Softwarelösungen sollte immer ein Lizenzmanagement eingebaut sein, das es erlaubt, Funktionen freizuschalten oder auf bestimmte Benutzer(gruppen), Konfigurationen oder Zeiträume zu begrenzen. Damit können Sie das Nutzungsrecht bei Vertragsschwierigkeiten zurücknehmen.
- Klären Sie die Eigentumsfrage am Code und das Copyright explizit. Dies gilt vor allem, wenn Sie als Integrator auftreten.
- Verbinden Sie vertraglich die Nutzungsrechte mit den Bezahlungsmodalitäten. Soweit der Kunde eine Freigabefrist vereinbart, in der das Produkt eingeschränkt und zur Probe genutzt werden darf, stellen Sie sicher, dass es wirklich nur eingeschränkt nutzbar ist.

- Vereinbaren Sie explizit im Vertrag alle Haftungs- und Wartungsbedingungen, die nach der Lieferung auf Sie zukommen können. Bei der Integration von externen Komponenten in Ihr Produkt kann das schwierig sein, denn beispielsweise Open-Source-Software (OSS) folgt häufig der GNU Public License (GPL), die ihrerseits Haftungsansprüche ausschließt [Opensource2005, Ebert2004].

Die Sichtweise des Kunden verlangt folgende Einsichten:

- Stellen Sie die Bezahlungsmodalitäten auch aus Kundensicht klar. Vereinbaren Sie, dass dann bezahlt wird, wenn das Produkt die geforderten Funktionen aufweist. Beschreiben Sie, wie dieser Nachweis zu führen ist.
- Verlangen Sie in beiderseitigem Interesse regelmäßige Projektreviews, vor allem bei größeren Projekten oder mehreren Vertragspartnern.
- Beschreiben Sie alle verlangten Anforderungen so präzise, wie es für das Geschäftsmodell des Kunden relevant ist. Decken Sie alle Arten von Anforderungen ab (siehe Abb. 2–4). Vermeiden Sie Details und Überspezifikationen, wo es für den Kunden nicht relevant ist; sie erweitern dadurch Ihren Lösungsraum. Beschreiben Sie mit den Anforderungen auch die Abnahmekriterien, speziell für nichtfunktionale Anforderungen.

Dem Projektmanager, Produktmanager oder Requirements-Ingenieur können wir die folgenden persönlichen Tipps zur effektiven Kommunikation mit auf den Weg geben:

- Ergebnisorientiert kommunizieren. Offene Entscheidungen schließen. Aktionen bis zur vollständigen Klärung verfolgen.
- Konflikte immer mit einem Win-win-Ergebnis schlichten. Zuhören. Vermitteln.
- Nicht nur einem Lager ständig Recht geben. Auf Dauer beiden Seiten Vorteile vermitteln und Kompromisse oder Zugeständnisse abverlangen. Manchmal müssen Konflikte auch opportunistisch angepackt werden, denn Sie müssen mit den Schlüsselpersonen mittelfristig gut zurechtkommen.
- Nicht aus dem Bauch entscheiden. Verschiedene Seiten im Konfliktfall anhören. Sich Zeit nehmen und Druck nicht sofort ins Projekt hineintragen.
- Position zeigen. Entscheidungen klar und konsistent vertreten. Kunden erwarten professionelles Verhalten und keinen Opportunismus. An der richtigen Stelle bereits getroffene Entscheidungen hervorzuholen oder auf einer Analyse zu beharren, wo eine Bauchentscheidung verlangt wird, sprechen für Ihr professionelles Verhalten.

Erfolgreiche Projektmanager sind extrovertiert und ergebnisorientiert. Sie sind rasch im Bewerten von Situationen und setzen Vorgaben und Entscheidungen im Interesse der verschiedenen Interessengruppen um. Obwohl »nur« ein Werkzeug, helfen Persönlichkeitsindikatoren bei der Selbstbewertung. Am populärsten ist der sogenannte Myers-Briggs-Indikator, der die Persönlichkeit in vier Dimensionen bewertet (»extravert/introvert, sensing/intuition, thinking/feeling, judging/

perceiving«) [Ferdinandi98]. Prüfen Sie sich selbst und stellen Sie fest, ob Sie prinzipiell eher ein Projektmanager sind (ExTJ-Profil: extravert, thinking, judging) oder ein Analyst (IxxP-Profil: introvert, perceiving).

5.3 Techniken zur Ermittlung und Entwicklung von Anforderungen

Das Ziel der Anforderungsermittlung ist es, alle gewünschten Funktionen, Eigenschaften, Einschränkungen und Erwartungen zu ermitteln und in einem Zusammenhang mit der Produktvision zu verstehen. Unabhängig davon, ob es sich um ein Auftragsprojekt mit bekanntem Kunden oder um die Marketingphase mit unbekannten Kunden handelt, steht der Kunde und spätere Käufer im Mittelpunkt. Die ermittelten Funktionen müssen einen Zusatznutzen bieten, für den ein Kunde bereit ist, zu zahlen. Lassen Sie daher Funktionen bereits ab der Ermittlungsphase weg, die der Kunde nicht wünscht. Notieren Sie für alle extrahierten Anforderungen immer die Quelle und den wahrgenommenen Wert aus Kundensicht. Achten Sie auf Ausgewogenheit und Vollständigkeit. Häufig springen dem Analysten oder Produktmanager sofort die neuen Funktionen ins Auge, während Eigenschaften und nichtfunktionale Anforderungen oft vernachlässigt werden.

Die Vorgehensweise zur Ermittlung von Anforderungen sieht wie folgt aus, wobei die einzelnen Schritte nicht streng sequenziell durchlaufen werden, sondern sich überlappen und sich wiederholen:

Schritt 1: Verstehen von Kundenbedürfnissen, Märkten, Wettbewerbern und Technologien. In diesem ersten Schritt geht es darum, zu verstehen, was den Kunden, Benutzer oder Markt wirklich bewegt und wie das eigene zukünftige Produkt darauf einen positiven Einfluss nehmen kann. Ziel ist, die ursächlichen Fragen und die Umgebung oder die Kunden des Auftraggebers zu verstehen und Lösungen für bestehende Bedürfnisse zu entwickeln. Hierbei kommt dem Marketing die Schlüsselrolle zu, vor allem bei Lösungen, die verschiedene Kunden als Markt adressieren sollen. Dann verlangt dieser Schritt eine kommerzielle Analyse des Markts, der Wettbewerber, der Preise und deren Elastizität sowie der Segmentierung des Markts.

Die Quellen für Anforderungen und die Bewertung, welche Anforderungen wesentlich sind, sind vielfältig und sollten situativ genutzt werden:

- Marktforschung/Marktstudien, speziell für neue Produkte, in den Bereichen B2B und B2C
- Internet (Blogs, Foren, Bewertungen) für Folgeprodukte und neue Funktionen
- Eigene Forschung für neue Produkte
- Eigene Entwicklung
- Eigenes Marketing und Vertrieb
- Eigener Service für Folgeprodukte, Korrekturen und neue Funktionen
- Benutzergruppen für Folgeprodukte speziell im Bereich B2B und B2C

5.3 Techniken zur Ermittlung und Entwicklung von Anforderungen

- Kundeninterviews, Seminare, Workshops
- Bestehende Lasten- und Pflichtenhefte
- Händler, Vertriebspartner für Folgeprodukte, Korrekturen und neue Funktionen
- Berater (intern, extern) für Strategiedefinition, Vision und neue Produkte

Beispielhaft für eine relativ schnell umzusetzende Marktanalyse auf der Basis von Marktinformationen wollen wir das CET (Customer Evaluation Tool)[8] vorstellen (Abb. 5–6). Das CET ist ein webbasiertes Markt-Simulations-Tool zur einfachen Bestimmung von zukünftigen Kunden- und Umsatzpotenzialen über einen Zeitraum von zehn Jahren. Basierend auf einer Datenbasis aus über 6.000 Datensätzen aus den größten deutschen Markt-Media-Studien werden über die Bildung von Analogien die Marktpotenziale von neuen Produkt- und Service-Ideen berechnet. Das CET evaluiert die Adaptionsgeschwindigkeit und den Markteintritt verschiedener Zielgruppen. Auf Basis der jeweiligen Randbedingungen einzelner Milieus, dem zur Verfügung stehenden Einkommen, den Einstellungen und Motiven sowie dem bisherigen ICT-Nutzungsverhalten kann prognostiziert werden, wie lange es dauert, bis gewisse Zielgruppensegmente mit den neuen Produkten erreicht werden und welche Potenziale dort ausgeschöpft werden können.

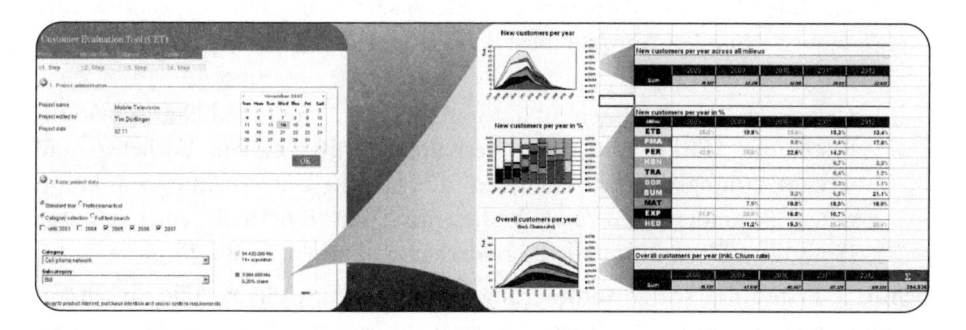

Abb. 5–6 *Marktanalyse mit dem Customer Evaluation Tool (CET)*

Schritt 2: Erarbeiten einer Liste potenzieller Funktionen durch Workshops, Interviews, Brainstorming und andere Kreativitätstechniken. Es gibt verschiedene Techniken, um Anforderungen zu ermitteln und in einem bestimmten Kontext zu bewerten:

- **Kunden und Marktstudien**
  Fragebögen, Interviews, Analyse existierender Dokumente
- **Gruppenarbeit**
  Brainstorming, Fokusgruppen, Rollenspiele, Workshops. Achtung: Diese Techniken müssen sorgfältig moderiert werden, denn sie können auch zu

---

8. Deutsche Telekom Laboratories, *www.telekom.de/laboratories*.

Blockadesituationen führen. Beispielsweise kann ein Brainstorming bei starken Teilnehmern dazu führen, dass gute Ideen der schwächeren Teilnehmer unausgesprochen bleiben und der Lösungsraum viel zu früh eingeengt wird. Rollenspiele wiederum erfordern ein gutes gegenseitiges Verständnis und können nicht über Hierarchieebenen oder Abteilungen hinweg durchgeführt werden.

- **Schrittweise Ermittlung**
Prototyping, Simulation, Ablaufmodell, Benutzerschnittstelle, Experimente, Konzepttests mit Kunden, Anforderungen aus Benutzeraktivitäten synthetisieren

- **Modelle und Analysen**
Konzepte, Szenarios, Bilder, Diagramme, strukturierte und formalisierte Analyseverfahren (z.B. strukturierte Analyse, objektorientierte Analyse, Joint Application Development, Problem Frames, QFD, FMEA), Anforderungen aus existierendem System herausarbeiten, Glossar und Taxonomie als Verständnishilfe aufbauen

- **Kognitive Verfahren**
Protokollanalyse, Verhalten, Persona (d.h. Beschreibung eines archetypischen hypothetischen Benutzers und seiner Ziele, demografische Daten, Verhaltensweisen, Vorlieben und Herausarbeitung und Typisierung der damit verbunden Anwendungsfälle [Cooper1999])

- **Kontextbewertung**
Demografische Analysen (d.h. Analyse von Daten und Statistiken für bestimmte Märkte und deren Verhalten, Kaufverhalten, Vorlieben und Größe), ethnographische Analysen (d.h. gezielte Untersuchung von kulturellen Besonderheiten und Verhaltensweisen innerhalb einer Gruppe [Spradley1979]), kulturelle Besonderheiten, Farben, Symbolik

Schritt 3: Erste Analyse der Anforderungen, um Zusammenhänge und Einschränkungen zu verstehen. In dieser Analyse geht es sowohl um das Produktmanagement als auch um eine technische Analyse. Häufig sind bestimmte Funktionen nicht machbar oder Einschränkungen konkurrieren. Wichtig ist bereits in diesem Schritt, sauber zwischen Anforderungen und Lösungen zu trennen (siehe Kap. 2.1). Manche Anforderungen bedingen andere Anforderungen. Stellen Sie fest, welche Abhängigkeiten (auch ungewollte) bestehen. Prüfen Sie, ob die Anforderungen hinreichend zur Wertschöpfung beitragen, sodass der Kunde bereit ist, dafür Geld in die Hand zu nehmen. Ermitteln Sie, was zum System und was zu seiner Umwelt gehört. Mit der Festlegung der Systemgrenze entscheidet sich der Zweck des Systems, d.h., welche Leistung das System seiner Umwelt bringt und wie es von außen genutzt wird.

Schritt 4: Vorläufige Klassifikation jeder Funktion in »offensichtlich«, »versteckt« und »überflüssig«. Klären Sie, was der Kunde möchte und was er braucht. Stimmen Sie mit ihm ab, was Sie brauchen (z.B. Kostenanforderungen, nichtfunktionale Anforderungen, Plattformvorgaben, technische Einschränkungen). Divergenzen müssen jetzt geklärt werden oder es wird nachher unzufriedene Kunden geben. Sie können aus Ihrem technischen Wissen allein kaum eine Verbindung zu den tatsächlichen Anforderungen herstellen. Sie müssen sich in die Kundensicht einarbeiten.

Schritt 5: Ermitteln von nicht erwähnten Funktionen und Konflikten. Hilfsmittel, um Annahmen und Entscheidungen zu verdeutlichen, sind ein Baumdiagramm, das die Anforderungen herunterbricht, eine Durchführbarkeitsstudie oder Prototyping, ein Modell, das Annahmen beschreibt und untersucht, oder Normen, die mit externen Randbedingungen vergleichen.

Schritt 6: Herausarbeiten von Einschränkungen in der Lösung. Betrachten Sie die Anforderungen im Zusammenhang, um zu verstehen, welche Anforderungen sich widersprechen oder konkurrieren. Modellieren Sie Abhängigkeiten, um die Machbarkeit der Lösung im Kontext zu prüfen. Spielen Sie Szenarien durch, auch solche, die nur ausnahmsweise auftreten. Konflikte sind natürlich und müssen dokumentiert, priorisiert und entschieden werden. Nehmen Sie technische oder projektinterne Konflikte nie persönlich.

Schritt 7: Priorisierung der Funktionen. Die Priorisierung ist eine wirtschaftliche Entscheidung, die vom Produktmanager oder demjenigen getragen werden muss, der für den kommerziellen Erfolg des Produkts oder des Projekts verantwortlich ist. Sie erlaubt, bei Zeitdruck oder drohenden Budgetüberschreitungen, eher unwichtige Funktionen herauszunehmen.

Schritt 8: Entscheidung zu getroffenen Annahmen, akzeptierten Randbedingungen, Einschränkungen und Prioritäten. Solche Entscheidungen können sowohl intern als auch extern fallen. Prioritäten aus Kundensicht werden mit den Kunden getroffen, aber die endgültige Priorisierung, was an Funktionen implementiert wird, wird intern getroffen, um eine bestmögliche Konvergenz von Zielen und Randbedingungen zu erreichen. Jeder dieser Festlegungen muss als Vereinbarung dokumentiert werden und wird zu einem Bestandteil der Anforderungen.

Im Falle unseres Aufzugsbeispiels wollen wir die Schritte illustrieren. Nehmen wir an, der Hersteller der Aufzüge wollte sie direkt mit einem eigenen Rechner koppeln, da dies die Administration und den Service vereinfacht. Kunden sind dem zunächst abgeneigt, da es die Komplexität erhöht und keinen offensichtlichen Mehrwert schafft. Nun entwickelt der Hersteller eine Zusatzfunktion, mit der automatisch Notrufe sicher übertragen werden, was für den Kunden die eigenen Aufwände zur Überwachung reduziert. Nun ist das für den Hersteller technisch notwendige Feature auch für den Kunden ein greifbarer Mehrwert. Hier wird deutlich, dass ein Hersteller in der wirtschaftlichen Gewinnkette immer den Punkt im Auge behalten muss, der wirklich Wert erzeugt, für den bezahlt wird. Häufig wird erst durch die Sicht auf die Kunden der eigenen Kunden offensichtlich, dass eine Lösung für deren eigene Probleme zu neuen Diensten und damit zu Wertschöpfung führt.

Der Einsatz von Methoden der Anforderungsermittlung wurde 2003 in einer breiten Studie konkret untersucht [Colin2003]. Von knapp 1600 angeschriebenen Personen in den unterschiedlichsten Branchen antworteten knapp 200 sowohl aus Großunternehmen (wie Lockheed Martin Management and Data Systems, Merck, SAP, Unisys, M&M Mars, Vanguard, Boeing, AstraZeneca, Dupont, Siemens, Verizon oder GlaxoSmithKline) als auch aus kleinen und mittelständischen Unternehmen. Die Branchen und Projekttypen decken die ganze Bandbreite der Softwareentwicklung ab. Nach wie vor spielt sequenzielles Vorgehen mit dem Wasserfallmodell die dominierende Rolle. Über 40 % der antwortenden Praktiker benutzen dieses Vorgehensmodell. Daneben werden evolutionäre und iterative Vorgehensmodelle von insgesamt knapp 40 % der antwortenden Praktiker eingesetzt. Nur etwa 5 % geben vor, kein Vorgehensmodell zu verwenden. Das gewählte Vorgehensmodell richtet sich nach der Projektdauer. Bei Projekten von über zwei Jahren Projektlaufzeit dominieren iterative Vorgehensmodelle. Prototyping als evolutionärer Lebenszyklus wird vor allem bei der Gestaltung von Benutzerschnittstellen eingesetzt.

Geht man bei dieser Studie mehr ins Detail, stellt man fest, dass ein Drittel aller Unternehmen keinerlei RE-Methodik zur Ermittlung der Anforderungen einsetzt (Abb. 5–7). Die objektorientierte Analyse ist mit 30 % die wichtigste Methode bei denjenigen, die methodisch arbeiten. Damit liegt diese Zahl weit unterhalb des Einsatzes von Szenarien und Use Cases, die von über der Hälfte aller Beteiligten verwendet werden (Abb. 5–8). Strukturierte Techniken sind nach wie vor am gebräuchlichsten und liegen knapp vor der objektorientierten Analyse.

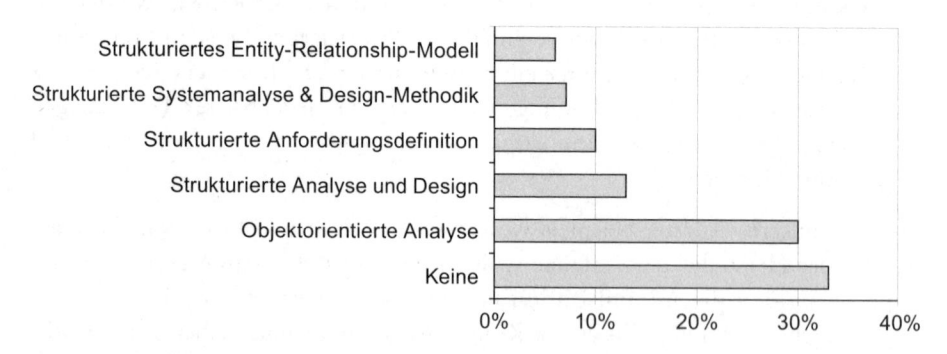

Abb. 5–7 *Methoden, die in der Praxis für RE eingesetzt werden (nach [Colin2003])*

Bei der Ermittlung von Anforderungen dominieren neben den Szenarien und Use Cases vor allem Fokusgruppen (Gruppen mit potenziellen Benutzern des Systems, die untereinander diskutieren oder befragt werden), die es erlauben, gezielt Anwendungsfälle zu extrahieren, sowie informelle und halbformale Modelle. Ein Großteil der Beteiligten (51 %) entschied sich dafür, seine Technik der Sammlung von Anforderungen als informell zu bezeichnen. Darunter fallen praktisch alle textbasierten Anforderungsbeschreibungen, die keinerlei definierte Semantik und Syntax besitzen. Formale Techniken werden entgegen aller Propagierungen über die vergangenen Dekaden kaum eingesetzt. Hier ist der Aufwand zu hoch im Verhältnis zu dem, was die Methoden an Nutzen versprechen.

RE wird in den Unternehmen zu wenig gelebt. Anforderungen werden spontan, isoliert und ohne Methodik gesammelt und umgesetzt. Das ist die Ansicht von 52 % aller Beteiligten an der genannten Studie. Nur 29 % der Unternehmen haben ausreichende Techniken und Methoden im Einsatz. Die Anforderungen selbst werden – so sie einmal spezifiziert sind – geprüft und inspiziert. 59 % aller Beteiligten an der Studie führen Reviews der Anforderungen durch. Damit setzt sich diese so wichtige Technik der Qualitätssicherung im RE zunehmend durch. Allerdings werden formalisierte Prüfverfahren nur von einem Drittel der Unternehmen eingesetzt.

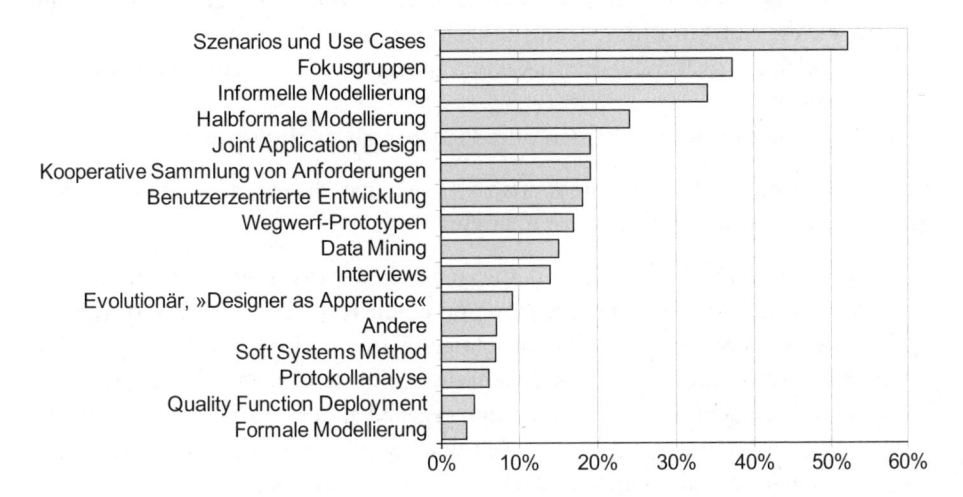

Abb. 5-8 Spezifische Techniken, die in der Praxis zur Ermittlung von Anforderungen eingesetzt werden

5.4 Workshops

Workshops mit verschiedenen Interessengruppen sind ein ideales Mittel, um Anforderungen zu ermitteln. Das Ziel eines solchen Workshops ist es, die möglichen Inhalte, Anforderungen und die Produktvision gemeinsam mit allen Interessengruppen gleichzeitig – also im Zusammenhang – abzustimmen. Der große Vorteil eines Workshops im Unterschied zu individuellen Sammlungstechniken besteht darin, dass die unterschiedlichen Bedürfnisse und daraus resultierende Konflikte offen ausgetragen und nicht später im Projekt geklärt werden müssen.

Ein Grundprinzip in den meisten Unternehmen ist es, dass sich der Stärkere durchsetzt. Das ist häufig derjenige, der Budgetverantwortung trägt oder der das größte Risiko zu tragen hat, oder aber ein Kundenvertreter. Ein Workshop dient allerdings dazu, dass sich die Unterlegenen aussprechen können, dass sie wissen, weshalb sie sich nicht durchsetzen konnten, und dass sie die Konflikte später nicht in das Projekt hineintragen und das Projekt dafür verantwortlich machen.

Ein Workshop setzt sich aus folgenden Teilnehmern zusammen:

- Auftraggeber, der Budgetverantwortung hat und das Geschäft aus Benutzersicht kennt. Der Auftraggeber kann intern oder extern positioniert sein, abhängig davon, ob Sie einen direkten Kundenkontakt haben und wünschen. Falls der spätere Kunde nicht dabei sein kann oder will, muss der Vertrieb oder das Marketing dessen Rolle übernehmen.
- Benutzer, die später mit dem System arbeiten.
- Benutzer, die das System installieren, pflegen oder administrieren (z.B. Systemadministratoren).
- Marketing oder Marktforscher, die sich mit dem Markt intensiv auseinandergesetzt haben und beurteilen können, welche Anforderungen wichtig sind und wie die Marktpositionierung aussieht.
- Entwickler, die technische Einflüsse und die technische Machbarkeit abschätzen können.
- Lieferanten, falls Komponenten oder Plattformen erfolgskritisch sind.

Der erfolgreiche Workshop besteht aus verschiedenen Phasen, die zusammenhängend mit den gleichen Teilnehmern ablaufen:

- Vorbereitung. Diese Phase geht dem eigentlichen Workshop voraus und dient dazu, dass der Moderator versteckte und explizite Ziele versteht und Abhängigkeiten oder Spannungen berücksichtigen kann. In der Vorbereitung spricht der Moderator mit jedem Teilnehmer oder wenigstens den kritischen Teilnehmern und versucht deren Positionierung gegeneinander und Ziele zu verstehen.
- Aufwärmen. Ziele; Zeitrahmen; Zeitplanung für den gesamten Workshop (kann mehrere Tage/Wochen dauern); gegenseitiges Kennenlernen; kurzes Training, um Kontext zu verstehen.
- Rollen klären. Eine einfache Fragestellung wird in der Gruppe bearbeitet. Damit wird klar, wer welche Rolle spielt und wie die Kräfteverhältnisse sind.
- Prozess klären. Mit den nun verstandenen Rollen wird ein Prozess vereinbart, der hilft, das Ziel zu erreichen.
- Aufgabe ausführen. Schrittweise und als Team werden die Aufgaben angepackt, Zwischenergebnisse vereinbart und Probleme gelöst.
- Ergebnisse zusammenfassen. Ergebnisse kommunizieren, die von der Gruppe getragen werden. Erfahrungen aus dem Workshop für das nächste solche Ereignis zusammenfassen.

5.5 Nichtfunktionale Anforderungen

Nichtfunktionale Anforderungen sind Qualitätseigenschaften und Einschränkungen eines Produkts, die die funktionalen Anforderungen ergänzen. Nichtfunktionale Anforderungen sind Produktanforderungen wie auch ihre funktionalen Gegenstücke (siehe auch Kap. 2.3). Sie sind Bestandteil von Anforderungsanalyse, Architekturentwicklung, Systemmodellierung, Performanztests, Systemtest etc.

Eine nützliche Richtlinie zum Identifizieren und Behandeln von nichtfunktionalen Anforderungen ist der Standard **ISO/IEC 9126** »Software Engineering – Product Quality« [ISO2001] (deutsch: DIN 66272). Anwendungsgebiete der ISO/IEC 9126 sind die Identifikation von nichtfunktionalen Anforderungen, die Validierung der Vollständigkeit von Anforderungsdefinitionen, Vorgehensweisen für den Softwareentwurf zu definieren, Testziele zu identifizieren, konstruktive Qualitätskriterien zu beschreiben und Abnahmekriterien für ein fertiges Softwareprodukt zu identifizieren. Die Evaluation von Software selbst wurde in die Norm ISO/IEC 14598 ausgelagert.

ISO/IEC 9126 unterscheidet die folgenden sechs (plus eins) Qualitätsattribute bei Softwaresystemen:

- **Funktionalität**, also das Vorhandensein von Funktionen mit festgelegten Eigenschaften und Randbedingungen. Dazu gehört auch die Interoperabilität, also die Fähigkeit, mit vorgegebenen Systemen zusammenzuwirken. Auch die Informationssicherheit, also die Fähigkeit, unberechtigten Zugriff, sowohl versehentlich als auch vorsätzlich, auf Programme und Daten zu verhindern, gehört zur Funktionalität. Beispiele: Trennung von Datenbeständen, replizierte Datenbestände, Back-up-Mechanismen, Zugriffskontrollen, Authentifizierung, Verschlüsselung. Beispiel: »*Das Aufzugssystem verwendet ein geschlossenes Bussystem auf der Basis von CANopen, dessen Knoten außer einer definierten Benutzungsschnittstelle nicht von außen zugänglich sind.*«
- **Zuverlässigkeit**, also die Fähigkeit der Software, ihr Leistungsniveau unter festgelegten Bedingungen über einen festgelegten Zeitraum zu bewahren. Beispiele: Fehlerdichte, Fehlerhäufigkeit, Zuverlässigkeit (d.h. Fehlverhalten pro Zeit), Fehleranzahl nach Prioritäten, Fehleranzahl nach Lastverhalten, Ausfallzeiten, Verfügbarkeit, Schutz von Menschen, die mit dem System arbeiten oder mit ihm in Kontakt kommen, Vermeiden von unsicheren Zuständen. Beispiel: »*Das Aufzugssystem steht sieben Tage die Woche mit 24 Stunden Betriebszeit zur Verfügung und erreicht eine Zuverlässigkeit auf Systemebene von 99,99%.*«
- **Benutzbarkeit**, also der Grad, zu dem ein Produkt durch bestimmte Benutzer in einem bestimmten Nutzungskontext genutzt werden kann, um definierte Ziele effektiv und effizient zu erreichen, wozu auch die Wartung und Pflege gehören. Beispiele: Verständlichkeit, Erlernbarkeit, Bedienbarkeit, Methodik, Programmiersprache, Stilrichtlinien, Dokumentationsrichtlinien. Beispiel:

»*Das Aufzugssystem unterstützt einen mit dem Auftraggeber abgestimmten Open-Source-Browser.*«
- **Effizienz**, also das Verhältnis zwischen dem Leistungsniveau der Software und dem Umfang der eingesetzten Betriebsmittel unter festgelegten Bedingungen, das Zeitverhalten und das Verbrauchsverhalten der benötigten Betriebsmittel. Beispiele: Anzahl der Benutzer, Lastverhalten, Datenzugriffe, Datenkommunikation, Zugriffshäufigkeiten, Netzwerkauslastung, Prozessorauslastung, erlaubte Reaktionszeiten. Wichtig: Bei Echtzeitsystemen hängt Korrektheit von Rechtzeitigkeit ab. Eine durchgeführte Funktion, die zu spät abgeschlossen wird, ist ein Fehlverhalten (z.B. wenn die horizontale Lage im Flugzeug zu spät ankommt und der Autopilot nicht rechtzeitig gegenlenken kann). Beispiel: »*Das Aufzugssystem reagiert auf einen Fahrgastruf innerhalb von 300 ms mit einer Rückmeldung.*«
- **Änderbarkeit**, also die Möglichkeiten, um Änderungen (Korrekturen, neue Funktionen etc.) durchzuführen. Beispiel: »*Das Aufzugssystem ist zu 100% in der Programmiersprache C++ geschrieben, die mit einem Standardcompiler übersetzt und für den eingebetteten Controller gelinkt werden kann.*«
- **Portierbarkeit**, also die Möglichkeiten, die Software in eine andere Umgebung zu verlagern, dort zu installieren, anzupassen oder Teile auszutauschen. Beispiel: »*Das Aufzugssystem ist so gestaltet, dass Hardwarekomponenten hinzugefügt oder entfernt werden können, während die Software in Betrieb ist.*«
- Jede dieser sechs Kategorien hat noch eine Unterkategorie der sogenannten **Konformität**, also die Erfüllung von anwendungsspezifischen Normen, Vereinbarungen, gesetzlichen Bestimmungen und ähnlichen Einschränkungen.

Das Problem bei nichtfunktionalen Anforderungen ist, dass sie in der Regel unterspezifiziert sind. Sie werden durch Adjektive beschrieben, z.B. wartbar, portierbar oder zuverlässig. Insbesondere werden nichtfunktionale Anforderungen nur selten so formuliert, dass aus Marktanforderungen klare Produktanforderungen abgeleitet werden können (Abb. 5–9). Kunden suchen beispielsweise Produkte, die sie leicht an ihre eigenen veränderlichen Randbedingungen anpassen können. Aus Produktsicht kann das sowohl eine flexible Architektur (Stichwort Portierbarkeit, Interoperabilität) bedeuten als auch mittels anpassbarer Dienstleistungen und zugehöriger SLAs (Service Level Agreements) erfolgen.

Diese vage Beschreibung macht nichtfunktionale Anforderungen bei der Realisierung und vor allem bei der Abnahme zu einer Falle. Da sie nicht präzise beschrieben sind, werden sie im Design nicht beachtet und bleiben auch nicht verfolgbar. Wenn sie sich ändern, lässt es sich kaum nachvollziehen, was sich im Entwurf oder bei der Architektur konkret ändern muss. Wenn es zur Integration und zum Systemtest kommt, lassen sie sich nicht testen, da sie nie testbar beschrieben wurden. Doch bei der Freigabe können sie zu langen Diskussionen und damit zu Verzögerungen oder gar der Ablehnung des Produkts führen, denn der Kunde hatte letztlich doch seine eigenen Vorstellungen davon, was sie darstellen sollen.

5.5 Nichtfunktionale Anforderungen

Marktanforderungen
- Anpassbare Kapital- und Betriebsausgaben
- Wettbewerbsfähige Preise
- Verlässliche Partnerschaft
- Prozessfähigkeit
- Lange Lebensdauer
- Hohe Verfügbarkeit
- Nachweisbare Sicherheit
- Flexibilität
- Nutzerorientiert
- Robust

Produktanforderungen
- Gute Qualität (z.B. Wartbarkeit, Verfügbarkeit, Benutzbarkeit)
- Niedrige Produktkosten
- Service: Termine, SLA
- Sichere Infrastruktur
- Offene Plattformen mit definierten Schnittstellen
- Modular, komponentenbasiert
- Flexibel, selbstkonfigurierend
- Kostengünstige Änderbarkeit
- Wiederverwendbar, anpassbar

Abb. 5–9 Nichtfunktionale Anforderungen aus Sicht des Markts und des Produkts

Daher müssen nichtfunktionale Anforderungen ebenso präzise definiert werden wie die funktionalen Anforderungen, damit sie umsetzbar sind und später validiert werden können. Beispielsweise erfordert eine Beschreibung der Zuverlässigkeit nicht nur einen Grenzwert in Bezug auf das Versagen in einer bestimmten Laufzeit, sondern auch in welcher Art das Versagen vorkommt (also Prioritäten von Fehlern) und in welcher Umgebung (Szenarien, Randbedingungen, Lastanforderungen) es eintreten darf.

Zusätzlich sollten nichtfunktionale Anforderungen immer dahin gehend geprüft werden, ob sie keine versteckten oder impliziten funktionalen Anforderungen beinhaltet, die separiert werden müssen. Beispielsweise enthält eine Formulierung wie »*das System muss sicher sein und den Standard IEC-61508 zur SIL 2 erfüllen*« klare Randbedingungen zur Umsetzung, die funktionaler Natur sind, beispielsweise, wie die Architektur ausgelegt sein muss.

Warum werden nichtfunktionale Anforderungen fast immer übersehen? Weil sie schwer zu beschreiben sind und weil sich Produktmanager und Entwickler davor fürchten, denn sie sind sehr viel schwieriger zu implementieren und zu gewährleisten als funktionale Anforderungen. Im Regelfall können funktionale Anforderungen durch lokal begrenzten Code implementiert werden. Die Realisierung nichtfunktionaler Anforderungen kann sich dagegen durch den gesamten Code ziehen und manches Mal sogar eine Architektur infrage stellen (z.B. bei echtzeitfähigen oder bei sicherheitskritischen Systemen). Oftmals können nichtfunktionale Anforderungen an ein System nur durch eine gleichzeitige Änderung von organisatorischen Randbedingungen verlässlich implementiert werden (z.B. durch Zugriffsrechte und deren Überwachung).

Nichtfunktionale Anforderungen und Einschränkungen müssen parallel zur Definition von Systemfunktionen ermittelt werden. Der folgende Prozess beschreibt die Schritte zur Ermittlung und Bewertung von nichtfunktionalen Anforderungen. Mehr Details dazu finden Sie auch in den späteren Kapiteln zur Analyse (siehe Kap. 8).

Schritt 1: Erstellen einer Liste von möglichen nichtfunktionalen Anforderungen durch Brainstorming und Analyse von existierenden Produkten und Kundenbedürfnissen.

Schritt 2: Gewichten der nichtfunktionalen Anforderungen in die Gruppen »müssen«, »wünschen« und »ignorieren«.

Schritt 3: Identifizieren von bekannten Einschränkungen, beispielsweise aus gesetzlichen Vorschriften oder Verordnungen, die für das Produkt gelten. Häufig enthält dies auch Vorgaben zu Dienstleistungen oder Internetauftritten.

Schritt 4: Zuordnen von nichtfunktionalen Anforderungen und Einschränkungen zu bereits identifizierten Systemfunktionen. Diese Zuordnung unterstützt die Machbarkeitsanalyse ebenso wie die spätere Verfolgbarkeit.

Schritt 5: Erstellen einer Machbarkeits- und Einflussanalyse. Ziel des Schritts ist es herauszufinden, welche dieser Anforderungen zu welchen zusätzlichen Aufwänden führen. Es geht hier auch um potenzielle Konflikte zwischen diesen Anforderungen. Beispiele für typische Zielkonflikte und damit Einschränkungen im Projekt sind Qualität vs. Entwicklungszeit, Kosten vs. geplante Entwicklungszeit, Kosten für geplante Qualität vs. Entwicklungsdauer, Sicherheit vs. Zugriffsmöglichkeiten, volle Funktionalität vs. Zuverlässigkeit, volle Funktionalität vs. Kosten und Budget.

Schritt 6: Klassifizieren und priorisieren. Jeder nichtfunktionalen Anforderung wird ein Wert zugewiesen, der den Kunden- oder Marktnutzen widerspiegelt. Anders als bei funktionalen Anforderungen dient die Priorisierung nicht der späteren Entscheidung im Projekt, ob die Anforderungen noch im gegebenen Zeitrahmen untergebracht werden können oder nicht, sondern einer klaren, geschäftsorientierten Ja-Nein-Entscheidung, *bevor* das Projekt beginnt.

Schritt 7: Bewerten und entscheiden, welche dieser nichtfunktionalen Anforderungen und Einschränkungen übernommen werden. Wichtig ist, dass nichtfunktionale Anforderungen typischerweise im ersten Release noch relativ einfach realisiert werden können. Später führen diese Anforderungen zu einem beträchtlichen Zusatzaufwand. Ein Produkt auf gute Reaktionszeiten oder gute Wartbarkeit hin zu entwickeln ist im ersten Release vergleichsweise einfach. In späteren Versionen kann es fast unmöglich sein.

Schritt 8: Dokumentieren und spezifizieren. Mit den anderen (funktionalen) Anforderungen dokumentieren und regulär verfolgen. Auf Testbarkeit achten. Verfolgbarkeit kann beispielsweise durch aspektorientiertes Design und Programmieren unterstützt werden.

Im Folgenden wollen wir den Umgang mit nichtfunktionalen Anforderungen anhand von drei sehr wichtigen Beispielen (Benutzbarkeit, funktionale Sicherheit, Informationssicherheit) kurz ansprechen.

Benutzbarkeit

Benutzbarkeit (engl. Usability) ist der Grad, zu dem ein Produkt durch bestimmte Benutzer in einem bestimmten Nutzungskontext genutzt werden kann, um definierte Ziele effektiv und effizient zu erreichen. Dazu gehören sowohl der Betrieb als auch der Service, die Wartung und die Pflege des Softwaresystems. Benutzbarkeit in einem Softwaresystem spiegelt beispielsweise wider, wie viel Training man zum Verstehen und Benutzen braucht oder wie leicht das System an die eigenen Abläufe angepasst werden kann. Wichtig ist dabei die subjektiv wahrgenommene Zufriedenheit, die bei der Benutzung des Systems auftritt. Wird das Softwaresystem als Hilfe oder eher als Problem empfunden? Wie viele als unnötig empfundene Schritte muss der Anwender machen, bis das gewünschte Ergebnis oder Verhalten eintritt? Wird das Systemverhalten als reaktiv und determiniert empfunden? Kann der Benutzer im Falle von Unterbrechungen von Arbeitsschritten genau dort wieder einsteigen, wo er unterbrechen musste? Lässt sich das Softwaresystem auf bestimmte Eigenarten und Vorlieben des Benutzers personalisieren? Ist das System so weit fehlertolerant, dass zu erwartende Fehlbedienungen nicht zu Unterbrechungen oder Abstürzen führen? Solche Fragen werden während der Spezifikation und Analyse gestellt, um die spezielle Interpretation der Benutzbarkeit mit den Benutzern herauszuarbeiten und zu präzisieren. Entwickelt wird die Benutzbarkeit vor allem durch die Benutzerschnittstelle und repräsentative Szenarien, die als Anwendungsfälle durchgespielt werden. Getestet wird die Benutzbarkeit mit benutzerdefinierten Szenarien, die unter Aufsicht bearbeitet werden. Dabei arbeiten die Benutzer an möglichst realistischen Aufgaben, die auch im späteren Betrieb wichtig und relevant sind. Abbildung 5–10 zeigt anhand von Vorgaben aus der Norm ISO 9241, wie Benutzbarkeit aus verschiedenen Perspektiven ganz unterschiedlich interpretiert wird [ISO2006b]. Während die ISO 9241 stark den Neuling unterstützt, sind die Vorgaben für einen Spezialisten teilweise eher hinderlich. Der Requirements-Ingenieur muss hier gut prüfen, welche Vorgaben in welcher Form – und wie stark adaptierbar – umgesetzt werden.

Kriterium	Erstbenutzer	Spezialist
Fehlertoleranz	+	+
Lernförderlichkeit	+	-
Aufgabenangemessenheit	+	-
Erwartungskonformität	+	-
Selbstbeschreibungsfähigkeit	+	-
Steuerbarkeit, Benutzerführung	+	+
Individualisierbarkeit	-	+

Abb. 5–10 *Grundsätze der Dialoggestaltung in ISO 9241*

Funktionale Sicherheit

Sicherheit (engl. Safety) ist die Summe der Eigenschaften eines Produkts, die dazu beitragen, dass es frei von nicht vertretbaren Risiken oder Gefahren ist. Sie ist eine Systemeigenschaft und kann nicht auf der Basis einzelner Komponenten beschrieben werden. Funktionale Sicherheit ist gegeben, wenn jede spezifizierte Sicherheitsfunktion ausgeführt wird und der für jede Sicherheitsfunktion geforderte Erfüllungsgrad erreicht wird. Beispielhaft wollen wir als sicherheitskritisches System unser Aufzugsbeispiel betrachten. Bereits in der ersten Charakterisierung des Systems und seiner Kundenanforderungen werden Schlüsselfragen an die Sicherheit analysiert: Wann ist der Aufzug und seine Komponenten als sicher zu betrachten? Wie muss der Aufzug ausgelegt werden, damit er sicher ist? Wie kann die Sicherheit des Systems nachgewiesen werden? Auf Produkt- und Komponentenebene werden die Sicherheitsanforderungen dann immer aus der Systemsicht spezifiziert, also unter Berücksichtigung aller beteiligten Sensoren, Aktoren, Steuergeräte, Hydrauliksysteme etc. Sicherheitsanforderungen können zwar für eine Komponente als Zuverlässigkeitsanforderungen heruntergebrochen werden, aber sie können nur im Systemkontext spezifiziert und geprüft werden (siehe Abb. 5-11). Beispielsweise muss die Motorsteuerung eine bestimmte Zuverlässigkeit haben, die durch die Architektur erreicht werden kann. Eine Komponentenanforderung könnte dies zum Ausdruck bringen, indem zwei Prozessoren mit unterschiedlichen Algorithmen gefordert werden, die durch diverse Watchdog-Funktionen überwacht werden. Aber nur, wenn auch die Anforderungen an die Redundanz der Stromversorgung oder der Verkabelung entsprechend detailliert sind, ist das System komplett spezifiziert. Daher werden Sicherheitsanforderungen auch aus Fehlermodi abgeleitet, die nicht eintreten dürfen. Techniken dazu sind Fehlerbäume (Fault Tree Analysis, FTA) und die Failure Mode and Effect Analysis (FMEA).

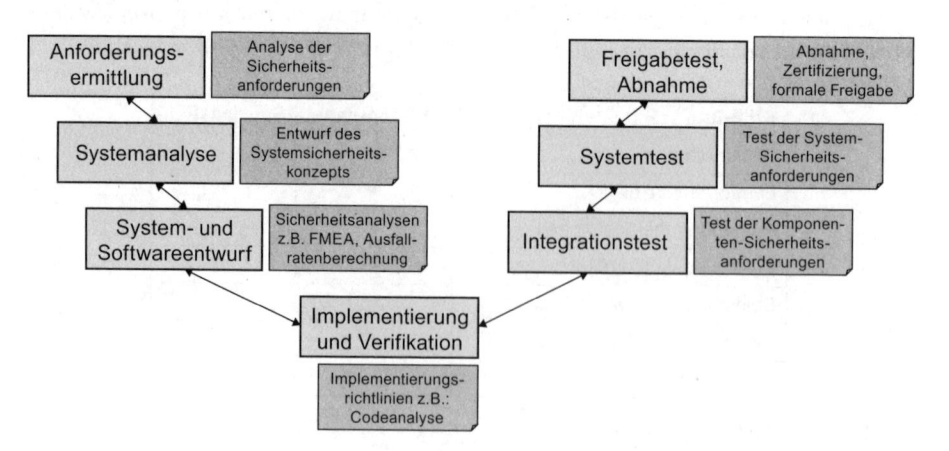

Abb. 5-11 *Sicherheitsanforderungen im Lebenszyklus*

5.5 Nichtfunktionale Anforderungen

Darüber hinaus muss die Diagnostizierbarkeit, also das Erkennen und Behandeln von Fehlersituationen, spezifiziert werden (z.B. mittels Failure Mode, Effect and Diagnostics Analysis, FMEDA). Gerade die funktionale Sicherheit zeigt, dass Produkt- und Komponentenanforderungen sich erst durch die Lösungsmodellierung graduell entwickeln. Daher werden Architektur-Reviews durchgeführt, die zu weiteren Anforderungen auf einer tieferen Ebene führen. Die Verfolgbarkeit der Sicherheitsanforderungen auf Produktebene zu den Komponentenanforderungen und ihrer Umsetzung im Design sind kritisch und müssen – als Vorgabe der einschlägigen Standards wie IEC 61508 – ständig gepflegt werden. Gemeinsam mit den Anforderungen werden daher auch sogenannte »Safety Cases« spezifiziert, die später zur Validierung hinzugezogen werden. Sicherheitsanforderungen werden häufig durch externe Fachleute spezifiziert, denn sie sind in ihrem Bezug zu funktionalen Anforderungen sehr komplex.

Informationssicherheit

Informationssicherheit ist die Summe der Eigenschaften eines informationsverarbeitenden oder -tragenden Produkts, die dazu beitragen, dass Verarbeitung, Speicherung und Kommunikation von Informationen in ausreichendem Maß Vertraulichkeit, Verfügbarkeit und Integrität gewährleisten. Informationssicherheit bedeutet, dass das Produkt mit den von ihm verarbeiteten oder gespeicherten Informationen nichts tut, das von ihm nicht erwartet wird. Wie auch bei der funktionalen Sicherheit steht bei der Informationssicherheit das risikoorientierte Spezifizieren und Entwickeln im Vordergrund, also Identifikation von Risiken und die damit verbundenen Anforderungen, die verfolgbare Umsetzung der Anforderungen in allen Phasen und die Anwendung von informationssicherheitsspezifischen Design-, Verifikation- und Assessmentmethoden. Im Unterschied zur funktionalen Sicherheit muss allerdings nicht nur von zufälligen – also eher seltenen – Ausfällen ausgegangen werden, die zu einem Risiko werden, sondern davon, dass ein bekanntes Schlupfloch praktisch immer zu einem Fehler führt. Als brauchbarer Startpunkt für die Gewährleistung von Informationssicherheit im Produkt hat sich die Technik der Bedrohungsszenarien, Misuse Cases und Negativmodelle herausgestellt [Sindre2005, VanLamsweerde2004]. Abbildung 5–12 zeigt derartige Szenarien an unserem Aufzug. Man beginnt mit einem funktionalen Modell des Produkts, also Zustände und gewünschte Funktionen. Dann wird parallel zu diesem funktionalen Modell ein Negativmodell erstellt, das gezielt Missbrauchsszenarien beschreibt (z.B. Laden von neuer Software), die dann mit weiteren funktionalen Szenarien korreliert werden (z.B. CAN-Bus-Kommunikation). Aus diesen Bedrohungsszenarien werden konkrete Systemanforderungen abgeleitet und umgesetzt (z.B. Ausschluss aller nicht explizit erlaubten Szenarien, die zu einer Überlastsituation auf dem CAN-Bus führen können). Schließlich werden Prüfungen auf Komponenten-, System- und Netzwerkebene durchgeführt, vor allem mittels Codeanalyse, Szenario-Reviews und Angriffstests [Ebert2007c].

Zustand	Funktion	Gebrauchsszenario	Missbrauchsszenario
Aufzug deaktiviert	Software-Update	Lade neue Software und Konfig-Daten durch den geräteinternen CAN-Bus in das Steuergerät.	Lade neue Konfig-Daten über einen Gateway indirekt auf den CAN-Bus und in das Steuergerät.
Aufzug aktiviert	Regulärer Betrieb	...	CAN-Bus wird durch unzulässige externe Signale in Überlastsituation gebracht.

Abb. 5-12 *Missbrauchsszenarien zur Anforderungsermittlung der Informationssicherheit*

5.6 Einschränkungen

Einschränkungen reduzieren den möglichen Lösungsraum, beschreiben aber keine konkreten Funktionen. Sie ähneln also den nichtfunktionalen Anforderungen in ihrer Auswirkung. Beispiele sind gesetzliche Bestimmungen, wie der Datenschutz in Softwaresystemen. Wenn beispielsweise Banken Zugriff auf Konteninformationen haben, ist das normal als funktionale Anforderung. Was aber, wenn Systemadministratoren diese Daten kopieren und damit die Bank verlassen können? Oder wenn Finanzbeamte dies mit den ihnen vorliegenden Informationen machen können? Für Einzelfälle, die auf Papier bearbeitet werden, ist dies kein großes Problem. Der Aufwand, sie zu bearbeiten und manuell zusammenzufassen oder auszuwerten, ist zu groß. In aller Regel lässt sich zurückverfolgen, wer Zugriff zu diesen Papierinformationen hatte. Wenn die Daten aber elektronisch vorliegen und leicht auf Datenträger kopiert werden können, dann ist Missbrauch Tür und Tor geöffnet. Der kann bewusst oder unbewusst auftreten. Beispielsweise kann eine solche Datenbank von außen gehackt werden. Oder aber ein Mitarbeiter des Finanzamts lässt sich namentlich zusammenstellen, wer in seinem Stadtteil welche Einkünfte hatte. Beides ist ein klarer Verstoß gegen den Datenschutz, der zu zusätzlichen Anforderungen führt, die von Kundenseite nicht explizit genannt werden. Sie müssen aus der Einschränkung des Datenschutzes und den bekannten Systemeigenschaften abgeleitet werden.

Eine wesentliche Einschränkung für alle Softwareprojekte sind die sie umgebenden Verträge. Verträge enthalten Einschränkungen, die genau analysiert werden müssen, denn sie bestimmen zu einem hohen Maß, wie die spätere Lösung aussieht und genutzt werden kann (siehe auch Kap. 9.4 und 9.5). Beispiele dafür sind:

- Spezielle Kundenanforderungen sowie allgemein verbindliche gesetzliche Anforderungen an Spezifikation, Konstruktion und Betrieb der Software, beispielsweise für Informationssicherheit oder funktionale Sicherheit
- Gebrauchstauglichkeit
- Abnahmekriterien
- Anforderungen an die Lebensdauer und eventuelle Erweiterungen

5.6 Einschränkungen

- Verfügbarkeit von Entwicklungsdokumenten und Werkzeugen während der gesamten Lebensdauer
- Lizenzvereinbarungen der zu entwickelnden Software aus dem Werk-, Dienst-, Kauf- oder Überlassungsvertrag
- Wartung und Pflege des Produkts nach der Lieferung
- Service Level Agreements
- Lizenzvereinbarungen der eingesetzten Komponenten oder Entwicklungswerkzeuge, beispielsweise Open-Source-Software
- Freiwillige und auferlegte Garantieleistungen
- Haftungsfragen während der Nutzung der Software, beispielsweise aus der Produkthaftung oder der Produzentenhaftung

Anforderungen sollen so eingeschränkt wie möglich sein, aber nicht zu eingeschränkt. Wenn Anforderungen zu offen sind, klingt das zunächst einfacher in der Realisierung. Häufig ist es aber nur ein Indikator dafür, dass die Analyse noch nicht abgeschlossen ist und die Anforderungen unterspezifiziert sind. Nicht eingeschränkte Anforderungen können zu übertreuerten Lösungen führen, denn die Entwickler denken sich die Einschränkungen selbst aus. Zu große Lösungsräume führen zu mannigfaltigen Funktions- und Fehlerkorrelationen, die in Umsetzung und Behandlung viel unnötigen Aufwand verursachen. Menschen benötigen Einschränkungen, um zielorientiert liefern zu können. Dies ist die eine Hälfte des Merksatzes. Die andere Hälfte betrachtet das Risiko, dass Lösungsräume durch zu strenge Einschränkungen verbaut werden. Dann wird ein Produkt unnötig teuer, nur weil bestimmte Einschränkungen einer einfacheren Lösung im Weg standen. Wir wollen für beide Fälle ein Beispiel betrachten.

Fehlende Einschränkungen
Anforderungen gehen zunächst immer von einem als gegeben angenommenen Szenario aus. Eine Heizungsregelung beschreibt in den Anforderungen zunächst einmal, dass eine bestimmte Temperatur in einem Raum eingehalten werden muss. Der zu erreichende und einzuhaltende Temperaturbereich wird als Intervall beschrieben. Dies ist eine funktionale Anforderung. Die Spezifikation beschreibt häufig auch den entsprechenden Regelalgorithmus, um diese Temperatur möglichst effizient zu erreichen. Oder die Zuverlässigkeit der Steuerung und damit die Einhaltung der vorgegebenen Temperatur im Raum wird als Verfügbarkeit beschrieben. Das sind nichtfunktionale Anforderungen. Offen bleibt die Realisierung. Ein Techniker könnte nun dazu eine komplizierte zentrale Steuerung nehmen oder er kann ein vergleichsweise einfaches selbstregelndes Ventil verwenden. Was er dafür wählt, wird entweder durch weitere funktionale Anforderungen bestimmt oder bleibt offen. Dann könnte eine Einschränkung der Form greifen, dass die Kosten pro Raum unter einem bestimmten Kostenrahmen liegen sollen. Gleichzeitig können weitere Einschränkungen zutreffen, beispielsweise Heizungsanlagenverordnungen oder gesetzliche Vorgaben zur Energieeffizienz.

Zu starke Einschränkungen
Der Zeitplan wird häufig als unumstößlich betrachtet, worunter Qualitätsmaßnahmen leiden. Hintergrund ist, dass Projektmanager und Entwickler unter starkem Zeitdruck mehr Fehler machen und weniger Aufwand und Zeit für die frühzeitige Fehlerentdeckung einsetzen. Sie übergehen Reviews und argumentieren, dass die Fehler im Test ja noch gefunden werden. In der Folge ist das Produkt zwar vordergründig fertig, da die Funktionen realisiert sind, aber es lässt sich nicht abschließen, da zu viele Flüchtigkeitsfehler den Testfortschritt verzögern. Wichtige Frage bei solchen Einschränkungen, die als zu stark empfunden werden, sind: Welche Autoritäten sind im Spiel? Welche Priorität hat der Zeitplan gegen Funktionen? Welche Faktoren bestimmen den Termin? Diese Fragen muss der Projektmanager stellen, bevor er das Projekt beginnt. Andernfalls hat er die Einschränkungen angenommen und muss auch liefern. Sie sind Teil der Durchführbarkeitsstudie, die in jedem Projekt vor dem Projektstart stehen sollte (siehe auch Kap. 8.4).

Einschränkungen und nichtfunktionale Anforderungen müssen präzise beschrieben sein. Sie müssen messbar und binär entscheidbar sein, damit ihre Einhaltung überprüft werden kann. Beispielsweise ist die Anforderung, dass ein eingebettetes System portabel sein soll, nicht binär entscheidbar (wie soll man dies allgemeingültig begründen?). Lautet die Anforderung, dass es sowohl in einer Unix- wie auch in einer Linux-Umgebung mit bestimmter Ausstattung (z.B. Kernelversion, Speichergröße) lauffähig sein soll, dann kann dies geprüft werden.

Verhandeln Sie, um einen möglichst großen, also wenig einschränkenden Lösungsraum zu erhalten. Zu viele Einschränkungen limitieren uns psychologisch, indem sie Denkfallen und Barrieren aufbauen.

5.7 Checkliste für die Anforderungsermittlung

Die folgende Checkliste unterstützt Sie bei der Ermittlung, Sammlung und Definition von Anforderungen. Sie basiert auf Vorschlägen, die wir in früheren Kapiteln gemacht haben.

Stellen Sie Fragen immer kontextfrei und offen. Kontextfreie Fragen werden gestellt, um globale Merkmale zu identifizieren und potenzielle Lösungen ausfindig zu machen. Offene Fragen werden gestellt, um den Kunden zum Nachdenken zu bringen. Fragen, die zu eng gefasst sind oder die mit Ja-Nein-Antworten erledigt werden können, vereinfachen und verkürzen zwar die Interviews, aber bringen kaum Zusatznutzen, da der Interviewpartner nicht gezwungen wird, seine eigene Denkweise und Argumentation zu kommunizieren. In der Folge sind Anforderungen unscharf oder falsch verstanden.

5.7 Checkliste für die Anforderungsermittlung

Hier also die Prüfpunkte, die Sie für Ihre eigene Checkliste filtern sollten:

- Wer ist der Kunde für das zu entwickelnde System? Wie definieren Sie den Markt für die zu entwickelnde Lösung? Wer ist nicht Kunde?
- Welche Herausforderungen muss der Kunde in Zukunft bestehen?
- Welches Geschäftsmodell setzt der Kunde künftig ein, und wie kann ich als Hersteller zu dessen Erfolg beitragen?
- Welches Problem soll das System lösen?
- Welchen Nutzen wird der Kunde aus der Lösung ziehen? Wie lautet dessen eigener Business Case?
- Welche Anforderungen haben verschiedene Kunden an dieses Produkt? Brauchen Sie spezielle Dienstleistungen?
- Welche Einschränkungen werden in diesem Markt auftreten?
- Ist eine technische Lösung für diese Anforderungen im Rahmen der Einschränkungen wirtschaftlich vorstellbar?
- Sollen Lösungen patentiert oder lizenziert werden?
- Welche Risiken werden mit der geplanten Lösung auftreten?
- Haben Sie die Ressourcen, um das Produkt pünktlich und mit der richtigen Qualität zu liefern?
- Was exakt muss das Projekt liefern?
- Welche Szenarien (Gebrauch, Missbrauch) sind für den Kunden relevant?
- Welche Kriterien bestimmen die Auswahl des Kunden? Was ist deren Relevanz?
- Wie schneiden die Wettbewerber und deren Produkte anhand dieser Kriterien ab?
- Welche Funktionen und Eigenschaften sind dem Kunden an diesen Produkten am wichtigsten?
- Kommen die Anforderungen von der richtigen Seite? Wurde eine Partei übersehen?
- Welche Interessengruppen spielen für den Erfolg des Projekts eine Rolle? Welche Konflikte herrschen zwischen den beteiligten Parteien? Intern und extern?
- Wie sieht das Umfeld eines solchen Systems aus? Welche Einflüsse bestimmen die zu entwickelnde Lösung im Tagesgeschäft?
- Sind die Anforderungen bekannt? Sind sie verständlich? Sind sie messbar und testbar?
- Sind nichtfunktionale Anforderungen spezifiziert? Wie hängen sie zusammen? Welche davon sind die wichtigsten?
- Was wäre, wenn diese eine Anforderung nicht realisiert werden könnte?
- Sind die späteren Benutzer bekannt?
- Wie werden die Benutzer mit dem System kommunizieren?
- Sind die Anforderungen technisch machbar?
- Wie viel Zeit steht für das Projekt zur Verfügung? Was passiert, wenn sich das Projekt verzögert? Wie ist der Zusammenhang zwischen gewünschten Funktionen und dem Zeit- und Budgetrahmen?
- Was wäre, wenn nur ein reduziertes Budget zur Verfügung stünde? Welche Inhalte würden sich verschieben? Warum?

- Welche Anforderungen können sich wie stark ändern (während der Projektlaufzeit wegen der Termintreue und anschließend, wenn es um Wartbarkeit geht)?
- Wie wird sich die Umgebung des Systems während des Projekts ändern?
- Welche Probleme könnte dieses System verursachen (z.B. Installation, Betrieb, Wartung, Schnittstellen)?
- Welche Genauigkeit muss bei der Herstellung eingehalten werden?
- Welche zusätzlichen Anforderungen und Einschränkungen können später einmal auftreten?

Und zum Abschluss eines jeden Interviews die folgenden Fragen:

- Sind Sie der richtige Ansprechpartner?
- Welche anderen Personen sollte ich noch befragen?
- Haben Sie den Eindruck, ich habe vergessen, Sie etwas zu fragen?

5.8 Tipps für die Praxis

- Sorgen Sie als Projektmanager dafür, dass alle beteiligten Parteien primär am Projekterfolg gemessen werden. Nur dann werden die verschiedenen Mitspieler nicht ihre eigenen Ziele verfolgen.
- Klären Sie zu Beginn der Anforderungsermittlung die Gesamtausrichtung, die Vision und das Budget des Projekts. Jedes Projekt braucht eine Vision, um erfolgreich zu sein. Die Vision setzt sich aus messbaren (und erreichbaren) Zielen zusammen.
- Legen Sie klare Ziele für jedes Produkt und Projekt individuell fest. Definierte, angemessene Ziele werden eher erreicht als vage Vorgaben. Es gibt keine natürlichen Ziele für Projekte. Ziele konkurrieren miteinander um die gleichen Ressourcen. Ziele können voneinander abhängig sein. Die Wahl der Ziele hat einen erheblichen Einfluss auf das Produkt und den Entwicklungsprozess.
- Entwickeln Sie Anforderungen nicht isoliert als technische Features. Die Hälfte dieser Features sind de facto unnötig. Betrachten Sie die Bedürfnisse Ihrer Kunden. Häufig wird erst durch die Sicht auf die Kunden der eigenen Kunden offensichtlich, dass eine Lösung für deren eigene Probleme zu neuen Diensten und zu Wertschöpfung führt.
- Schränken Sie den Problemraum gezielt ein, um den Umfang des Projekts zu verstehen. Anforderungen sollen so eingeschränkt wie möglich sein, aber nicht zu stark eingeschränkt.
- Orientieren Sie sich beim Ermitteln von Anforderungen daran, was der Markt will und wofür ein Kunde zu zahlen bereit ist. Sammeln Sie nicht einfach eine große Zahl von Funktionen, ohne deren Business Case aus Kundensicht zu kennen. Gruppieren Sie die Funktionen zur einer Produktvision, damit wesentliche Nutzen durch Marketing, Vertrieb etc. klar kommuniziert werden können.
- Nutzen Sie Workshops, um die Interaktionen und Ziele verschiedener Interessengruppen im Kontext zu verstehen. Workshops mit verschiedenen Interessengruppen sind ein ideales Mittel, um Anforderungen zu ermitteln. In einem Workshop kommen alle Interessengruppen zusammen, und Sie können Konflikte auf den Tisch bringen. Nutzen Sie diese Chance, denn im Projekt ist es zu spät.
- Modellieren Sie die Anforderungen während der Ermittlung in unterschiedlichen Notationen und mit verschiedenen Methoden. Verbale und grafische Darstellungen ergänzen einander und stimulieren verschiedene Regionen unseres Gehirns, sodass Fehler, Unstimmigkeiten und Lücken schneller identifiziert werden. →

> - Gehen Sie das Risikomanagement im B2B-Projekt gemeinsam mit dem Kunden an, anstatt nur Puffer und Sicherheiten einzubauen. Oftmals ist die Abschwächung eines Risikos auf Kundenseite sehr viel einfacher und billiger, als dies dem Lieferanten jemals möglich wäre.
> - Halten Sie den Ermittlungsprozess kurz. Gerade die Unsicherheiten bei ermittelten Anforderungen führen oft dazu, dass man die Ermittlungs- und Analysephase ausdehnt. Der Kunde wird sich darüber vielleicht sogar freuen, aber er wird seinen Wunschtermin nicht ändern. Also besser einen »Time-out« setzen und zu diesem Termin das Projekt starten.

5.9 Fragen an die Praxis

- Wie formulieren Sie in Ihrer eigenen Umgebung die Projektziele? Wer entscheidet und mit welchen Vorgaben? Gibt es ein Portfoliomanagement, das den Rahmen absteckt? Gibt es regelmäßige Roadmap-Reviews, die Projekte in Ihrem Kontext beurteilen? Welche Voraussetzungen muss ein Projekt in Ihrem Haus erfüllen, um als erfolgreich zu gelten? Geht es dabei nur um Zielerreichung oder um mehr?
- Kennen Sie die Prioritäten Ihrer Kunden? Kennen Sie die Prioritäten der verschiedenen Interessengruppen in Ihrem Projekt? Sind Sie deckungsgleich? Wie gehen Sie mit Konflikten um?
- Wie integrieren Sie den Kunden in Ihren Sammlungsprozess? Kennen Sie den Kunden? Wer repräsentiert die »Stimme des Kunden«? Sind es die Benutzer, die Einkäufer oder die Manager auf der Kundenseite? Wie erreichen Sie die Vollständigkeit der Marktanforderungen?
- Stehen Sie einem einzelnen bekannten Kunden gegenüber oder einem eher anonymen Markt? Wie erreichen Sie Ihre Kunden? Sind Ihr Vertrieb und das Marketing auf der gleichen Linie? Wie werden Konflikte zwischen verschiedenen Kunden ausgetragen? Zerfasert Ihre Produktlinie in zu viele Varianten und Versionen, weil Kundenbedürfnisse nicht abgestimmt und angeglichen werden?
- Wie priorisieren Sie die Anforderungen? Gibt es überhaupt Prioritäten oder ist alles gleich gewichtet? Wie behandeln Sie im Projektplan eventuelle Änderungen von Anforderungen oder ungenaue Schätzungen? Warten Sie ab oder bauen Sie eine Notfalllösung ein, die dabei hilft, den Terminplan selbst bei Änderungen einzuhalten?

6 Anforderungen spezifizieren

The failure of Ariane 501 was caused by the complete loss of guidance and altitude information 37 seconds after start of the main engine ignition sequence. This loss of information was due to specification and design errors in the software of the inertial reference system.[9]

6.1 Sprache und Spezifikation

Nur was klar beschrieben ist, wird auch entsprechend entwickelt. Die Kommunikation von Anforderungen in Form von Post-It-Stickers oder als verteilte E-Mails ist unzureichend und führt ins Chaos. Anforderungen werden zunächst informell und unformatiert ermittelt. Sie werden als Spezifikation strukturiert, dokumentiert und in einen Zusammenhang gebracht. Durch die Spezifikation werden Details klar, Zusammenhänge transparent, und die Anforderungen sind für alle Beteiligten gleichermaßen verfügbar. Alle weiteren Projektergebnisse bauen auf einer solchen Spezifikation auf (Abb. 6–1).

Eine klare und konsistente Spezifikation hat viele Vorteile:

- **Einheitliche Basis für *alle* Anforderungen**
  Wer kennt nicht die Situation, wo der Projektmanager über seinen Satz von Anforderungen verfügt, während der Produktmanager oder Vertriebsbeauftragte bereits eine ganz andere Version mit dem Kunden verhandelt hat? Und was der Tester im Labor vorfindet, ist eine interne Interpretation der Anforderungen, die ihm der Entwickler geschickt hat. Ein solches Tohuwabohu führt nicht nur zu Inkonsistenzen, sondern auch zu viel Nacharbeit und Frustrationen. **Die Anforderungsspezifikation ist ein Dokument, das für alle Beteiligten – intern oder extern – zentral und versioniert vereinbart, was zu tun ist.**

---

9. ESA Board of Enquiry into the loss of Ariane flight 501, http://www.esa.int/export/esaCP/Pr_33_1996_p_EN.html.

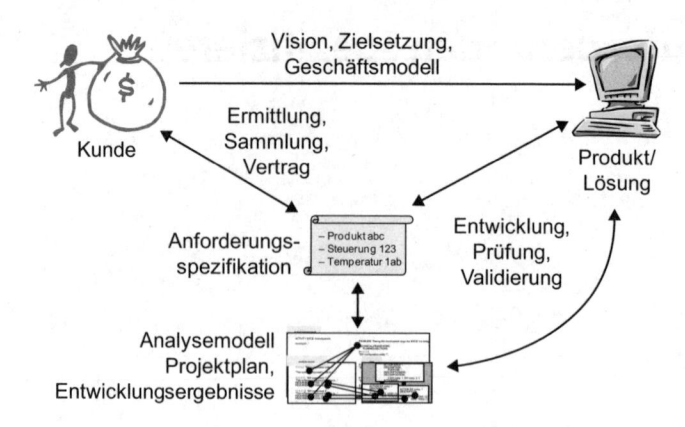

Abb. 6–1 *Anforderungsspezifikationen sind die Basis für alle weiteren Projektergebnisse*

- **Spezifikation als Vertragsbasis**
  Je nach Projektcharakter existieren Verträge mit expliziten Vorgaben aller Anforderungen, oder aber sie beschreiben ein Geschäftsmodell und überlassen dem Lieferanten, wie er es realisiert. In beiden Fällen ist es aus Gründen der Planbarkeit und Kostenkontrolle wichtig, dass die Anforderungen herausgearbeitet und dann als »Anhang« des Vertrags spezifiziert werden. Oftmals ist es für den Kunden ein hilfreicher Meilenstein, die Anforderungen formalisiert beschrieben zu sehen und nochmals prüfen zu können, ob sein Geschäftsmodell oder seine Vorschläge zusammenhängend und vollständig übernommen wurden. Für den Lieferanten ist es fast eine Lebensversicherung, denn nun hat er eine Basis, von der aus er sein Projekt planen und Aufwände abschätzen kann. Inwieweit die Anforderungsliste Vertragsbestandteil oder zur Preisabstimmung genutzt wird, hängt von der beiderseitigen Verhandlungsführung ab. Kunden, Vertrieb oder Marketing spezifizieren ihre Anforderungen, Wünsche und Geschäftsziele zunehmend informell und erwarten umgehend Lösungen. Zykluszeiten sind zu kurz geworden, um vom Kunden oder vom Marketing eine präzise Anforderungsliste vor Projektstart zu erwarten. Der Ausweg ist ein verständlicher Formalismus (z.B. Use Cases, strukturiertes Template), der inkrementell von impliziten Anforderungen zu einer Spezifikation entwickelt wird. Wir wollen solche Beschreibungstechniken in Kapitel 6.4 vorstellen und charakterisieren.

- *Formalisierte* **Beschreibung, was zu tun ist**
  Über den Begriff der »formalisierten Beschreibung« kann man sich lange und trefflich streiten, insbesondere auf akademischer Ebene. In der Praxis geht es vor allem darum, dass sprachliche Unschärfen soweit wie möglich vermieden werden. Die natürliche Sprache ist vieldeutig und kann zu zahlreichen Missverständnissen führen. Eine formalisierte Spezifikation erlaubt die Prüfung, ob die Anforderungen auch das wiedergeben, was die verschiedenen Interessengruppen während ihrer Sammlung und Ermittlung ausgesprochen hatten.

6.1 Sprache und Spezifikation

Sie reduziert oder eliminiert Widersprüche und Redundanzen. Das ist ein großer Aufwand, der nicht leicht zu perfektionieren ist. Vieles in diesem Schritt ist Handarbeit und muss immer wieder geprüft werden. Die Anforderungsspezifikation ist eine Referenz für alle Interessengruppen und Projektbeteiligten, was zu tun ist. Sie definiert eine einheitliche Terminologie und beschreibt alle projektrelevanten Inhalte und Randbedingungen in einem Dokument. Sie ist kein Produktkatalog, der bei einem neuen Release frühere Entscheidungen beschreibt. Die Anforderungsspezifikation ist immer projekt- (und damit release-)orientiert und bildet dadurch auch ein Differenzdokument zu einer früheren Version des Produkts.

- **Testbare und *entscheidbare* Beschreibung der Anforderungen**
  Anforderungen, die beschrieben sind, können als Basis für weitere Entwicklungsschritte dienen. Wenn die Anforderungen bereits in der Spezifikation darauf geprüft werden, wie sie nachher zu testen sind, ist dies ein gutes Hilfsmittel, um die Verständlichkeit und Widerspruchsfreiheit zu verbessern. Ein Testexperte wird schwammige Beschreibungen nicht akzeptieren, denn es ist nachher kaum möglich, daraus verlässliche Testfälle abzuleiten. Entscheidbarkeit bei Anforderungen heißt, dass binär am späteren Produkt entschieden werden kann, ob die Anforderungen erfüllt wurden oder nicht. Das ist insbesondere für die Abnahme wichtig. Abnahmekriterien in die Anforderungen einzubetten und die Anforderungen daraufhin abzuklopfen, ob sie entscheidbar sind, trägt maßgeblich zur Kundenzufriedenheit bei. Nehmen Sie die Anforderung »die Raumtemperatur muss im Tagesbetrieb den Sollwert auf ±0,5 Grad Celsius einhalten«. Das klingt bereits hinreichend präzise, ist es aber noch nicht. Versetzen Sie sich in die Rolle eines Testers. Wie würde er vor der Übergabe entscheiden, dass diese Anforderung erfüllt ist? Offensichtlich nur, indem er noch weitere Attribute hinzufügt, beispielsweise nach welcher Zeit diese Temperatur erreicht wird. Testbare und entscheidbare Anforderungen sind umfangreicher als eine vage Charakterisierung, wie sie aus der Ermittlungsphase resultiert. Diese Präzisierung der Anforderung trägt maßgeblich zum Projekterfolg bei.

- **Klare *Trennung* zwischen Aufgabe und Lösungsbeschreibung**
  Wir hatten bereits in Kapitel 2.1 den Unterschied zwischen einer Aufgabenbeschreibung und einer Lösungsbeschreibung charakterisiert (Abb. 2-1). Häufig verwischt dieser Unterschied, vor allem in Modellierungstechniken, die nicht klar unterscheiden zwischen Anforderungen, ihrer Modellierung und dem Lösungsraum in einer anderen Modellierung. Sicherlich ist dies bei objektorientierten Analysetechniken auch so gewünscht, um Strukturbrüche zwischen Problem und Lösung zu vermeiden. Diese Verwischung führt aber dazu, dass später nicht mehr klar nachzuvollziehen ist, welche Basis – aus Projektsicht – invariant ist, da vom Kunden gewünscht, und was Teil des Lösungsraums ist, und daher geändert werden kann. Wir schlagen daher in

diesem Buch eine klare Trennung dieser Sichtweisen vor. Anforderungen werden strukturiert spezifiziert und separat modelliert. Die Spezifikation dient der Verfolgung und Verwaltung von Anforderungen. Das Modell dient der Analyse und weiteren Entwicklung. Damit kann der Strukturbruch überwunden werden, und es besteht dennoch eine solide Basis für die Anforderungen.

▪ **Kontrollierte Konfigurationsbasis**
Anforderungsspezifikationen sind die erste Konfigurationsbasis in jedem Projekt. Auf dieser Basis bauen viele weitere Dokumente und Arbeitsergebnisse auf. Daher müssen Anforderungen nicht nur archiviert werden, sondern auch versioniert. Nur damit ist klar zu erkennen, welche Basis konkret implementiert wurde. Mit dieser Konfigurationsbasis können Verknüpfungen zu anderen Dokumenten erstellt werden, um Konsistenz und Durchgängigkeit zu sichern (z.B. von Anforderungen zu Testfällen). **Die Anforderungsspezifikation ist der Startpunkt für alle Änderungen am Projektinhalt.**

6.2 Vorlagen für eine individuelle Anforderung

Individuelle Anforderungen müssen klar und deutlich beschrieben werden. Dies ist eine notwendige Bedingung dafür, dass das richtige Produkt entwickelt wird. Der Anforderungstext selbst sollte auch nochmals klar strukturiert werden, damit die individuellen Vorgaben gut verständlich bleiben. Abbildung 6–2 beschreibt eine einfache Vorlage für den Satzaufbau einer Anforderung. Die einzelnen Anforderungen müssen kurz und knapp sein. Nur einige wenige verschiedene Hilfsverben (muss, soll, wird) kommen zum Einsatz. Ein Beispiel veranschaulicht diese Vorlage:

> *Wenn die Ruftaste der Stockwerkskonsole gedrückt wird, muss die Leuchtanzeige aufleuchten.*

Solche Templates oder Schablonen helfen dabei, Anforderungen klar auszudrücken, sie sauber zu strukturieren und sie testbar zu halten. Die Sätze innerhalb eines Templates sind einfach und sollten jeweils nur eine Anforderung enthalten.

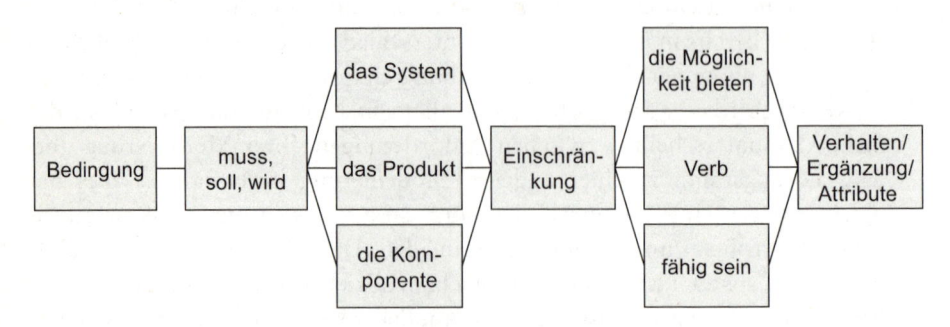

Abb. 6–2 Vorlage für die Beschreibung einer Anforderung

6.2 Vorlagen für eine individuelle Anforderung

Tabelle 6–1 zeigt Mustertexte für verschiedene Arten von Anforderungen.

Anforderungstyp	Template für den Text der Anforderung	Beispiel für den Text der Anforderung
Produktanforderung, Basis	Das <System> soll oder muss oder wird <Verhalten> <Verb>	Nach Betätigen der Ruftaste soll der Aufzug das Stockwerk anfahren.
Produktanforderung, funktional, mit Schnittstelle	Das <System> soll oder muss oder wird <Person> <Verhalten> <Verb>	Bei Ankunft im Zielstockwerk soll der Aufzug für die Fahrgäste die Stockwerksnummer ansagen.
Produktanforderung, funktional, mit Schnittstelle, Einschränkung	Das <System> soll oder muss oder wird <Person> <Verhalten> <Einschränkung> <Verb>	Der Aufzug fährt in die auf der Stockwerkskonsole beim Ruf gewählte Richtung, selbst wenn ein Fahrgast eine Stockwerksnummer in der Gegenrichtung wählt.
Produktanforderung, nichtfunktional, mit Schnittstelle, Einschränkung	Das <System> soll oder muss oder wird <Person> <Verhalten> <Einschränkung> <Verb>	Nach Betätigen der Ruftaste soll der Aufzug innerhalb von 30 Sekunden das Stockwerk anfahren.
Prozessanforderung, nichtfunktional, Einschränkung	Die <Interessengruppe> soll oder muss oder wird in der Lage sein <Eigenschaft> oder <Ziel> zu erreichen.	Der Administrator soll die neuen Ansagen in 10 Minuten aufnehmen können.
Prozessanforderung, nichtfunktional	Das <Prozessergebnis>/der <Prozess> soll oder muss oder wird <Fähigkeit> oder <Eigenschaft> haben.	Die Benutzerdokumentation soll in den Sprachen Deutsch, Englisch, Spanisch und Chinesisch vorliegen.
Prozessanforderung, nichtfunktional, Projektrandbedingungen	Das <Prozessergebnis>/der <Prozess> soll oder muss oder wird <Fähigkeit> oder <Eigenschaft> haben.	Die Projektorganisation soll aus einem Projektmanager, einem Produktmanager und einem Vertriebsbeauftragten bestehen.

Tab. 6–1   Satzstrukturen für Anforderungen (keine komplette Spezifikation)

Ein schlechtes Beispiel ist der folgende Satz:

Der Aufzug soll nach Betätigung der Ruftaste umgehend das Stockwerk anfahren.

Dies kann maximal eine Produktvision sein. Als Anforderung ist der Text zu vage, zu unpräzise und zu abstrakt. Man erkennt die fehlerhafte Struktur sofort, wenn man versucht, einen Testfall dafür zu bilden. Was soll der Aufzug exakt machen? Welches Stockwerk soll er in Konfliktsituationen anfahren? Wie schnell ist »umgehend«? Welche Ruftaste? Vermeiden Sie die Vermischung verschiedener Anforderungen und bleiben Sie sehr konkret.

Legen Sie für die Beschreibung einer individuellen Anforderung ein Template fest, um Klarheit in der Sprache und Nachvollziehbarkeit der Inhalte zu erreichen. Damit ist eine spätere Nachbearbeitung mit Werkzeugen (z.B. RE-Werkzeuge, Konfigurationsmanagement, Testwerkzeuge, Projektmanagement) möglich und wird nicht durch eine geschlossene Struktur (beispielsweise als reines Textdokument) behindert.

Vermischen Sie eine solche Darstellung nicht mit Use Cases, die natürlich anders strukturiert sind. Use Cases (siehe auch Kap. 6.4) beschreiben ein ablauffähiges Szenario. Use Cases sind kein Ersatz für ein Lastenheft oder Pflichtenheft. Markt-, Produkt- und Komponentenanforderungen können ausschnittsweise mit Use Cases modelliert werden, wo es um Abläufe, Szenarien und Verhalten geht. Daten- und Schnittstellenanforderungen, Abhängigkeiten oder nichtfunktionale Anforderungen werden in anderen, passenden halbformalen Notationen beschrieben. Use- Cases dienen der Modellierung und Ermittlung bestimmter Teilmengen von Anforderungen. Beispielsweise kann die Informationssicherheit durch Misuse Cases ergänzend beschrieben werden.

Anforderungen sollten immer so kurz und prägnant wie möglich beschrieben werden. Erklärungen werden hinzugefügt, um die Anforderung und ihren Kontext zu verstehen. Anforderungen sollen sich auf Arbeitspakete oder Inkremente im Projekt abbilden lassen. Jede Anforderung soll einen expliziten Nutzen beschreiben. Schließlich sollen Anforderungen auch psychologische Begrenzungen der Leser berücksichtigen, also beispielsweise Lesbarkeit und Verständlichkeit maximieren und die Kompliziertheit reduzieren. Die Lesbarkeit kann durch eine Längenbegrenzung verbessert werden. Viele Personen können Zusammenhänge, die auf einer einzigen Seite beschrieben sind, besser verstehen und gedanklich verarbeiten, als wenn es sich um mehrere Seiten handelt. Schließlich sollten Anforderungen verfolgbar und im Zusammenhang verständlich bleiben. **Diese Vorgaben führen zur Faustregel, dass Anforderungen auf einer Seite beschrieben werden sollen und dass in einem Projekt zwischen 50 und 100 Produktanforderungen auftreten sollen.**

Wir können die Granularität von Produktanforderungen projektspezifisch ableiten. Wenn ein Projekt ungefähr 6-12 Monate dauern soll, dann darf es maximal 30-50 Personenjahre konsumieren (minimale Projektdauer in Monaten ist als Faustregel gleich 2,5 multipliziert mit der dritten Wurzel aus dem Aufwand in Personenjahren[10] [Ebert2007a]). Dies entspricht einem maximalen Aufwand von 2000 Personenwochen. Im Projekt sollte ein Arbeitspaket typischerweise 1-4 Personenwochen konsumieren, um zwischen Mikromanagement (also zu viel Kontrolle im Detail und dadurch fehlende Freiheiten im Team) und Sichtbarkeit (also greifbarer Fortschritt, indem bekannt ist, welche Anforderungen bereits realisiert wurden) zu balancieren. Damit erhalten wir in diesem Projekt einige hundert Arbeitspakete. **Demzufolge wird eine Anforderung im Durchschnitt durch 10 Arbeitspakete umgesetzt.**

Diese Ableitung gibt eine obere Grenze der Größe einer Anforderung an, denn ein Projekt kann natürlich auch kleiner sein oder die Anforderungen detail-

---

10. Wir rechnen hier nicht mit der minimal möglichen Projektdauer, die durch die Formel beschrieben ist, sondern mit einer realistischen Projektdauer. Ein Projekt mit 100 Personenjahren kann unter maximalem Einsatz und optimalen Randbedingungen gerade noch in 12 Monaten abgeschlossen werden, aber hier geben wir eine gewisse Sicherheitsvorgabe und legen 30-50 Personenjahre als Obergrenze für das einjährige Projekt fest.

lierter. Beispielsweise kann sich ein Use Case sehr viel präziser verfeinern, sodass unsere Regel hier nur den ersten Use Case abdeckt. Auf der anderen Seite gibt es auch Projekte mit einigen Tausend Anforderungen. In diesen Situationen sollte der Projektmanager aber prüfen, ob er das Projekt nicht eher in Teilprojekten iterativ entwickelt. Schließlich wächst das Abbruchrisiko in Projekten mit der Größe überproportional.

Innerhalb meiner Beratungsprojekte werde ich immer wieder auf das Problem angesprochen, wie man in B2B-Projekten mit den sehr heterogenen Kundenanforderungen umgehen soll, wenn man selbst einen Prozess anwenden will, der klar strukturiert zwischen Lasten (funktionale, nichtfunktionale Anforderungen) und Pflichten (Komponentenanforderungen, Entwurfslösungen) unterscheidet. Die Kundenanforderungen sind in der Regel eine Mixtur aus Anforderungen (d.h., was zu tun ist) und Entwurfsvorgaben (d.h., wie etwas realisiert werden soll, z.B. genaue Beschaltungsvorgaben, die 1:1 ins Schaltbild übernommen werden). In solchen Situationen sollte man zunächst prüfen, was die wirklichen Anforderungen sind. Oftmals sind hier Wünsche oder Ideen mit konkreten Bedürfnissen vermischt. Was als Realisierungsvorgaben zusätzlich zu den Produktanforderungen dann übrig bleibt, sind Einschränkungen. Sie sollten dann als Anforderungen spezifiziert werden, und auch in der Analyse und im Angebot explizit berücksichtigt werden. Als Produktmanager oder Requirements-Ingenieur sollte ich dem Kunden klarmachen, dass solche Einschränkungen zu überdeterminierten Randbedingungen führen und zusätzliche Kosten verursachen. Es ist nichts anderes, als wenn Kunden sagen, hier sind 50 Funktionen, zudem soll es billig sein, wartbar, fehlerfrei etc. Hier muss man priorisieren und herausfinden, wie eine optimale Lösung auszusehen hat. Als Regel gilt, mit dem Kunden während der Ermittlung, Analyse und Spezifikation intensiv zu kommunizieren, um unnötige Einschränkungen und nicht realisierbare Ideen rechtzeitig zu verwerfen.

6.3 Vorlagen für die Spezifikation

Mehrere Anforderungen werden in der Spezifikation strukturiert, um sie im Zusammenhang modellieren, analysieren, verfolgen und ändern zu können. Spezifikationen können schnell sehr umfangreich werden und brauchen daher eine klare Struktur. Beispielsweise hat die Anforderungsbeschreibung eines modernen Kombiinstruments im Kfz mehrere Hundert Seiten an Texten, Tabellen und Diagrammen. Ergänzt wird sie durch weitere Dokumente, wie unternehmenseigene Normen, Prüfprozeduren und Variantenbeschreibungen, die ein Mehrfaches dieses Umfangs haben.

Setzen Sie daher für die Spezifikation Templates (Vorlagen) ein, um Ihren Projekten die Sicherheit zu geben, dass die Anforderungen klar und verständlich strukturiert werden. Templates fördern die Disziplin während der Ermittlung und Spezifikation, denn sie geben eine Struktur vor, die eingehalten werden muss. Man sollte dieses Spezifikationsgerüst nicht für jedes Projekt neu erfinden. Templates wurden in den vergangenen Jahrzehnten für ganz unterschiedliche Produkte und Bedürfnisse entwickelt. Einige sind heute standardisiert und können damit leicht die Basis für Ihre eigenen Arbeiten bilden.

Das bekannteste Template für Anforderungsspezifikationen ist im IEEE-Standard 830 beschrieben [IEEE1998b]. Es setzt sich aus einigen wenigen Kapiteln zusammen. Tabelle 6–2 zeigt diese einfache Kapitelstruktur.

Kapitel	Inhalt
1	**Einführung**
1.1	Zweck
1.2	Anwendungsbereich, Marktanforderungen
1.3	Definitionen, Akronyme, Abkürzungen
1.4	Referenzen
1.5	Übersicht
2	**Beschreibung**
2.1	Produktsicht (z.B. Systemschnittstellen, Benutzungsschnittstellen, Hardware-/Software-Schnittstellen)
2.2	Funktionen
2.3	Benutzer, Profile
2.4	Einschränkungen, nichtfunktionale Anforderungen (z.B. Zuverlässigkeit, Sicherheit, Protokolle, Hardware-Einschränkungen, Regelungsalgorithmen)
2.5	Annahmen und Abhängigkeiten
3	**Spezifische Anforderungen** *(Struktur ist nicht vorgegeben)*
3.1	Funktionsdetails (z.B. Gültigkeitsprüfungen, externe Szenarios und Use Cases, spezifische Use Cases nach Benutzergruppen sortiert)
3.2	System und Architektur (z.B. Spezifikation der Systemanforderungen, Datenbankdetails, Systemmodelle, Evolution des Systems)
3.3	Standards
3.4	Detaillierungen zu nichtfunktionalen Anforderungen
	Anhänge
	Index

Tab. 6–2 Template für die Anforderungsspezifikation gemäß IEEE-Standard 830

Wie erkennen bereits in dieser einfachen Struktur die Zweiteilung der Spezifikation in Anforderungen des Benutzers, Markts oder Kunden (sog. Lastenheft) und Produktanforderungen (sog. Pflichtenheft oder Fachkonzept). Sie können dieses Template als Kapitelstruktur für Ihre eigenen Bedürfnisse ergänzen und danach verbindlich für alle Projekte einführen. Ein Template sollte nicht nur das Gerüst anbieten, sondern auch eine Anleitung zum Ausfüllen. Stellen Sie eine gute Spezifikation in Ihr Intranet, damit die verschiedenen Produktmanager und Projektmanager auch ein Beispiel zur Hand haben, wie sie arbeiten sollen.

6.3 Vorlagen für die Spezifikation

Innerhalb dieser Kapitelstruktur werden die einzelnen Anforderungen einzeln spezifiziert, wie in Kapitel 6.2 beschrieben. Tabelle 6–3 zeigt den Aufbau einer einzelnen Anforderung nach den bereits genannten IEEE-Standards [IEEE1998a, IEEE1998b].

Rubrik	Beschreibung
Anforderungs-nummer	Sinnvoller Schlüssel, der in allen Projekten eingehalten wird. Anforderungen werden später extrahiert wieder verwendet, verfolgt oder getestet. Der Schlüssel sollte diese Identifikation unternehmensweit erlauben.
Anforderungstitel	Kurz und aussagekräftig. Wird im Projekt in allen Dokumentationen eingesetzt und sollte daher die Anforderung klar und eindeutig beschreiben.
Status	Realisierungsstatus der Anforderung. Daten früherer Meilensteine sollten bewahrt werden.
Erläuterung	Präzise, verständlich, mit Projektbezug. Erläuterungen können auf weitere externe Dokumente referenzieren. Setzen Sie für Referenzen Textdokumentationssysteme ein, um online und mit Intranet darauf zugreifen zu können. Archivieren Sie solche kritischen Dokumente in einem zukunftssicheren Format (z.B. PDF).
Einschränkungen	Bezug zu nichtfunktionalen Anforderungen oder Einschränkungen (z.B. Normen, Gesetze, Rahmenverträge). Nehmen Sie separate Felder für häufige Einschränkungen, um sie später elektronisch filtern zu können, wenn sich die Basis geändert hat (z.B. was trägt zur Effizienz bei? Was erfüllt ein bestimmtes Gesetz?).
Begründung	Ausreichend, nicht pauschal. Die Begründung muss den Nutzen aus Kunden- oder Marktsicht wiedergeben. Sie können hier auf Quellen (bestimmte Märkte, Kunden- oder Interessengruppen) verweisen oder auf eine projektspezifische Wirtschaftlichkeitsrechnung.
Priorität	Kunden-/Marktpriorität
Querbezüge	Andere Anforderungen, die durch diese Anforderung betroffen, eingeschränkt, erweitert oder geändert werden.
Einflüsse	Systemkomponenten, Funktionen, Hardware, die Einfluss auf die Realisierung dieser Anforderung haben können.
Aufwand	Vorläufige Einflussanalyse und Kostenstruktur. Entscheidung, ob eine darin beschriebene Lösungskomponente extern zugekauft wird, wieder verwendet wird oder neu gefertigt werden muss.
Akzeptanzkriterien	Testfälle, quantitative Vorgaben in messbarer Form
...	
Kommentare	Sammlung von Kommentaren, Änderungen oder Erweiterungen während des Lebenslaufs der Anforderung bis zu ihrer Freigabe

Tab. 6–3   Aufbau von Anforderungen nach IEEE-Standard 830

Verwenden Sie ausreichend Zeit und Energie, dieses Template brauchbar zu machen und an Ihre Bedürfnisse anzupassen. Lassen Sie es von allen Interessengruppen prüfen, und zwar nicht als nacktes Template, sondern als konkretes Fallbeispiel. Fordern Sie die Gruppen auf, damit in einem Projekt zu arbeiten, um

Erfahrungen zu ermitteln. Gerade Templates sollten sehr intensiv pilotiert werden, um sie *vor* dem breiten Einsatz zu optimieren.

6.4 Anforderungen und Spezifikationen strukturieren

Einzelne Anforderungen können auf unterschiedliche Weise spezifiziert werden. Das Template einer Spezifikation, das wir im vorigen Kapitel kennengelernt haben, macht dazu keine Vorschriften. Wir wollen hier verschiedene Beschreibungsformen anhand ihrer jeweiligen Formalität und Präzision unterscheiden. In Kapitel 7 werden wir dann konkrete Modellierungstechniken kennenlernen. Hier geht es also »nur« um die Beschreibung einer Anforderung.

Häufig gehen Zusammenhänge in einer unübersichtlichen Struktur der Anforderungen verloren. Vor allem bei Tabellen und Werkzeugen führt dies zu einer Betrachtung nur von Ausschnitten, und man riskiert, den Wald vor lauter Bäumen nicht mehr zu sehen. Abhilfe schafft dabei eine **gute Organisation der Anforderungen:**

- Klare Nummerierung der Anforderungen
- Änderungen und Beziehungen ständig pflegen und nicht abwarten
- Strukturierung anhand von Klassen und Gruppen
- Segmentierung gemäß Quellen, Funktionen
- Abhängigkeitsbeziehungen zu funktionalen Beschreibungen (z.B. Implementierungssicht, SW-Klassen, Komponenten)
- Attributisierung zum Filtern, Sortieren etc.
- Metainformationen anhand definierter Begriffe aus dem Glossar

Die einfachste Form einer Spezifikation ist **natürlichsprachlicher Text**. Er ist leicht zu schreiben, denn es ist die Form, in der die Kunden oder Benutzer in aller Regel kommunizieren. Abbildung 6–3 zeigt eine solche informelle Beschreibung einer Anforderung. Es ist offensichtlich, dass Prosatext zur Beschreibung ungenügend ist, da Zusammenhänge nur sehr schwer herauszufinden sind. Selbst die Kapitelstruktur hilft nicht dabei, Querverweise praktikabel zu gestalten. Solch unstrukturierter Prosatext ist schwer lesbar und vermischt verschiedene Anforderungen miteinander. Die Verfolgbarkeit von Anforderungen zu Testfällen oder Entwurfsentscheidungen ist kaum möglich. Nachträgliche Änderungen sind mit großer Wahrscheinlichkeit inkonsistent mit Entwurfsdokumenten, denn die unscharfen Begriffe (»zwei Ruftasten«) führen leicht dazu, dass sich die Entwickler ein eigenes Modell zurechtlegen, das nie mehr mit dem ursprünglichen und schwer lesbaren Text abgeglichen wird.

Strukturierte Spezifikationen mit expliziter Kapiteleinteilung verbessern die Identifikation und Verfolgbarkeit von einzelnen Anforderungen. Einzelne Textbausteine werden eingefügt, um beispielsweise Begründungen für Anforderungen auffindbar zu machen oder um Querverweise zu ermöglichen. Abbildung 6–4 zeigt eine strukturierte Spezifikation einer Anforderung.

6.4 Anforderungen und Spezifikationen strukturieren

> **Beispiel**
>
> ...
>
> 3.2. Benutzerfunktionen des Aufzugs Die Stockwerkskonsole erlaubt den Ruf des Aufzugs in den Stockwerken. Die Konsole besteht aus zwei Ruftasten, mit denen die Auf- beziehungsweise Abwärtsrichtung signalisiert werden kann. Der Benutzer ruft den Aufzug durch das Drücken der Ruftaste. Die betätigte Richtungswahltaste wird beleuchtet, um ihren aktivierten Zustand zu kennzeichnen. Zwei Paare von Pfeilsymbolen in der Stockwerkskonsole zeigen dem Benutzer die Kabine und deren Fahrtrichtung, die aktuell auf sein Stockwerk zufährt.
>
> ...

Abb. 6-3   *Spezifikation in informellem unstrukturiertem Text*

> **Beispiel**
>
> ...
>
> 3.2. Benutzerfunktionen des Aufzugs
>
> 3.2.1. Der Aufzug wird mit der Stockwerkskonsole in den Stockwerken gerufen. Die Auf- beziehungsweise Abwärtsrichtung wird durch zwei Ruftasten in der Konsole signalisiert. Der Aufzug wird durch das Drücken der Ruftaste gerufen. Die betätigte Richtungswahltaste wird beleuchtet, um ihren aktivierten Zustand zu kennzeichnen.
>
> Begründung: Der Benutzer muss unmittelbar erkennen können, dass der Aufzug seinen Ruf angenommen hat.
>
> Lösungsspezifikation: Kap. 5.3.
>
> Systemarchitektur: Kap. 4.2.
>
> Entwurf: ~/xyz/elevator/elevator-1000/design
>
> ...

Abb. 6-4   *Strukturierte Spezifikation*

Strukturierte Spezifikationen mit starker Kapiteleinteilung und entsprechender Detaillierung verbessern die Identifikation und Verfolgbarkeit von einzelnen Anforderungen. Ziel ist es, die Anforderungen so weit zu »zerpflücken« und in einzelnen Kapiteln zu beschreiben, dass sie jederzeit referenzierbar sind. Änderungsmanagement wird damit möglich. Abbildung 6-5 zeigt eine solche detaillierte strukturierte Spezifikation. Sie zeigt bereits die strenge und klare Trennung der einzeln identifizierbaren Anforderungen. Abfolgen von Ereignissen werden aus Benutzersicht beschrieben.

Wir erkennen beim Übergang von der strukturierten zur detaillierten Spezifikation, dass die Verständlichkeit für das Überfliegen des Textes zwar zunimmt, aber der Charakter des Texts keinen flüssigen Umgangston mehr zeigt, wie er beispielsweise für Benutzeranleitungen und technische Dokumentationen eingesetzt wird. Sie sollten beim Erstellen der Spezifikation also bereits prüfen, ob der zugrunde liegende Text noch andere Verwendungen hat. In einem solchen Fall muss das Inhaltsmanagement aus Sicht der Wiederverwendung von Inhalten genau abgestimmt werden, um spätere Redundanzen oder Inkonsistenzen zu vermeiden.

In einer halbformalen Spezifikation (Abb. 6-6) wird ein exaktes Template eingesetzt, das die Anforderung intern stark strukturiert (z.B. Funktionalität, Informationsflüsse, Seiteneffekte, Bedingungen). Use Cases (Anwendungsfälle,

> **Beispiel**
>
> ...
>
> 3.2.1. Aufzug rufen
>
> 3.2.1.1. Der Aufzug wird mit der Stockwerkskonsole in den Stockwerken gerufen. Die Auf- beziehungsweise Abwärtsrichtung wird durch zwei Ruftasten in der Konsole signalisiert. Der Aufzug wird durch das Drücken der Ruftaste gerufen. Die betätigte Richtungswahltaste wird beleuchtet, um ihren aktivierten Zustand zu kennzeichnen.
>
> 3.2.1.2. Die Abfolge der Schritte ist wie folgt:
>
>   3.2.1.2.1. Der Benutzer drückt die Ruftaste der gewünschten Richtung.
>   3.2.1.2.2. Die Aufzugssteuerung registriert den Fahrtwunsch.
>   3.2.1.2.3. Die gedrückte Ruftaste leuchtet als Bestätigung.
>
> 3.2.1.3. Das gleichzeitige Drücken beider Ruftasten wird als Fahrtwunsch in beide Richtungen interpretiert.
>
> 3.2.1.4. Wiederholtes Drücken der Ruftaste hat keinen Einfluss.
>
> Begründung: Der Benutzer muss unmittelbar erkennen können, dass der Aufzug seinen Ruf angenommen hat.
>
> Lösungsspezifikation: Kap. 5.3.
>
> ...

Abb. 6–5   Strukturierte detaillierte Spezifikation

> **Beispiel**
>
> ...
>
> | | |
> |---|---|
> | Spezifikation: | ~/answering/anw-1000/design/3.2.1.2 |
> | Funktion: | Aufzug rufen |
> | Beschreibung: | Der Aufzug wird durch das Drücken der Ruftastegerufen. Die betätigte Richtungswahltaste wird beleuchtet, um ihren aktivierten Zustand zu kennzeichnen. |
> | Inputs: | Ruftaste. |
> | Outputs: | Beleuchtung der Ruftaste. |
> | Sequenz: | 1. Der Benutzer drückt die Ruftaste der gewünschten Richtung.
2. Die Aufzugssteuerung registriert den Fahrtwunsch.
3. Die gedrückte Ruftaste leuchtet als Bestätigung. |
> | Ausnahmen: | Im Feueralarmzustand erfolgt keine Bestätigung. |
> | Vorbedingung: | Der Aufzug ist im aktiven Modus und hat das spezifische Stockwerk nicht registriert. |
> | Nachbedingung: | Der Aufzug ist im aktiven Modus und hat das spezifische Stockwerk registriert. |
> | Einschränkungen: | Das gleichzeitige Drücken beider Ruftasten wird als Fahrtwunsch in beide Richtungen interpretiert. Wiederholtes Drücken der Ruftaste hat keinen Einfluss. |
> | Definition: | ~/xyz/elevator/elevator-1000/design/24.11. |
>
> ...

Abb. 6–6   Halbformale Spezifikation

Benutzungsfälle) haben eine solche Struktur. Sie bietet eine sehr gute Unterstützung für Validierung, Konsistenzprüfungen und automatisiertes Konfigurations- und Inhaltsmanagement.

Detaillierte Spezifikationen und halbformale Spezifikationen sind heute am gebräuchlichsten. Oftmals werden spezielle Templates für eine halbformale Spezifikation eingesetzt, um die Inhalte automatisch weiterverarbeiten zu können. Die meisten kommerziellen RE-Werkzeuge legen eine solche Struktur nahe. Eine häufig eingesetzte Technik bei komplexen Abläufen – unabhängig davon, ob es sich um systeminterne oder interaktive Abläufe handelt – sind Szenarien und Use Cases.

Halbformale Notationen mit einer definierten Syntax werden für Softwaresysteme durch die Unified Modeling Language (UML) beschrieben. Im Übergang zur Systemtechnik, beispielsweise bei gemischten Software-Hardware-Systemen, kommt die Systems Modeling Language (SysML) zum Einsatz [Weilkiens2006]. UML 2.0 bietet 13 verschiedene Diagramme zur strukturellen und dynamischen Modellierung von Softwaresystemen. Sie werden vor allem im Entwurf genutzt, während für die Beschreibung von Anforderungen nur die Notation der Use Cases zur Verfügung steht. SysML erweitert die UML um den Diagrammtyp der »Anforderung« (engl. Bezeichnung »Requirement«). Abbildung 6–7 zeigt die verschiedenen Diagrammtypen in der Bezeichnung aus UML. In SysML haben sie teilweise andere Namen, und es wurden auch einige Elemente der UML weggelassen.

Szenarien
beschreiben, wie das System in der Praxis genutzt wird. Sie sind Teil von Anforderungen (z.B. Sonderfälle, Misuse Case) oder fassen verschiedene Anforderungen zusammen (z.B. Administration von Softwareänderungen). Für Benutzer und Produktmanager ist ein Szenario eine große Hilfe bei der Ermittlung von Anforderungen, da es einen konkreten Fall plastisch beschreibt. Anhand des Falls lässt sich die Standardabfolge von einzelnen Schritten ableiten. Sonderfälle, Ausnahmen und auch Fehlersituationen können relativ einfach in ein solches Szenario eingepasst werden. Man spricht daher auch vom »Sonnenschein-Szenario« (engl. *sunny day scenario*«), aus dem dann die »Regentage« abgeleitet werden. Für spätere Benutzer ist das Szenario konkret und passt in ihre eigenen Prozesse. Sie können sich Anforderungen leichter vorstellen, als dies in einem abstrakten Dokument, das Anforderungen wie ein Katalog auflistet, möglich ist. In manchen Situationen sollte das Szenario fast wie ein Drehbuch im Film herausgearbeitet werden. Es lässt sich später einfach in Anforderungen umstrukturieren. Ein Szenario hat die folgenden Inhalte:

- Zustand zu Beginn des Szenarios (Vorbedingungen, Randbedingungen, Benutzerinteraktionen, Datenwerte, Initialisierung bestimmter Prozesse etc.)
- Regulärer Ablauf (»Sonnenschein«) der Ereignisse und Kommunikationen
- Parallel laufende andere Szenarien. Vor allem bei eingebetteten Systemen sind diese weiteren Szenarien sehr wichtig, denn aus ihnen können Störungen resultieren.
- Irreguläre Abläufe mit dem jeweiligen Verzweigungspunkt und dem Auslöser. Der Auslöser ist wichtig, denn man wird in vielen Fällen versuchen, nicht jeden Sonderfall zu beschreiben, sondern eher gemeinsame Auslöser zu identifizieren und diese dann zu isolieren oder unwirksam zu machen.
- Zustand am Ende des Szenarios (Nachbedingungen, geänderte Daten, Ausgaben, Protokolle, Anstoß weiterer Szenarien etc.)

Statisches Modell
(Struktur)

Dynamisches Modell
(Verhalten)

Anforderungen
- Anforderungsdiagramm*
- Use-Case-Diagramm

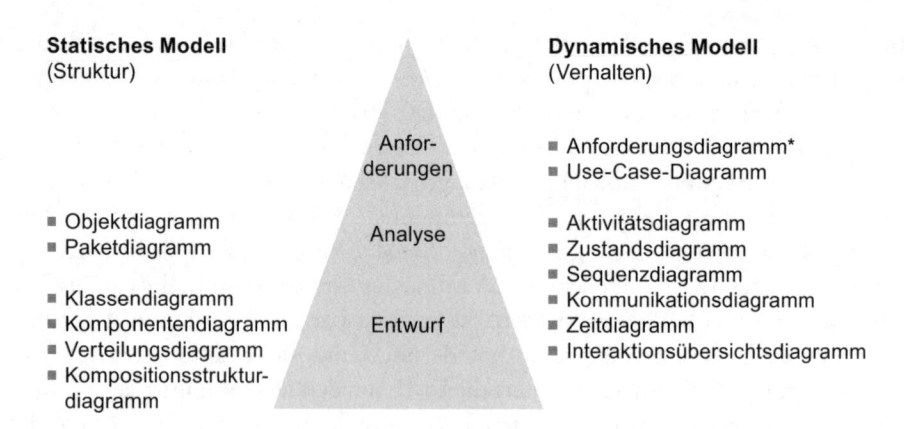

Analyse
- Objektdiagramm
- Paketdiagramm

- Aktivitätsdiagramm
- Zustandsdiagramm
- Sequenzdiagramm
- Kommunikationsdiagramm

Entwurf
- Klassendiagramm
- Komponentendiagramm
- Verteilungsdiagramm
- Kompositionsstrukturdiagramm

- Zeitdiagramm
- Interaktionsübersichtsdiagramm

Abb. 6–7 *Verschiedene Modelle beschreiben unterschiedliche Sichten auf die gleichen Inhalte*
(* Nur SysML)

Use Cases (deutsch Anwendungsfall, Benutzungsfall) sind ein Sonderfall der Szenarien. Sie beschreiben ein Konzept, und zwar das Beziehen einer Systemleistung durch die Außenwelt auf der Basis von Interaktionen. Use Cases beschreiben die Akteure in einem Szenario als äußere Schnittstellen und die Interaktionen dieser Akteure mit dem System. Bei den Akteuren kann es sich um Benutzer, interne Prozesse oder externe Geräte handeln. Typischerweise sollten Use Cases einen erkennbaren Nutzen oder einen definierten Ablauf darstellen. Die Menge aller Use Cases sollte alle möglichen Interaktionen mit dem System wiedergeben. Bei vielfältigen internen Abläufen werden Use Cases mit Ablaufdiagrammen verbunden, um sie nicht zu überfrachten.

Use Cases ähneln in ihrer Struktur sehr der halbformalen Spezifikation, die wir bereits kennengelernt haben. Sie können als Use-Case-Diagramme oder Textvorlagen als eine eigenständige Modellierung in UML (Unified Modeling Language) dargestellt werden. Sie bieten auf höheren Abstraktionsebenen eine grafische (bildhafte) Darstellung an (Abb. 6–8), die aber zweckmäßigerweise auf tieferen Ebenen verbal beschrieben wird, um die reichhaltigen Vorbedingungen, Nachbedingungen, Sonderfälle oder Ereignisse adäquat erfassen zu können.

Ein Use-Case-Modell stellt aus der Sicht des Benutzers dar, was das System tun soll (Akteure und ihr Verhalten gegenüber dem zu entwickelnden System werden für die häufigsten Fälle als Szenarien beschrieben). Use Cases strukturieren das Verhalten und geben den Einsatzbereich und seine Schnittstellen an. Sie sind keine funktionale Beschreibung, und sie beschreiben auch keine Dekomposition der Architektur. Wie nicht anders zu erwarten bei einer Anforderungsspezifikation, geben sie nicht an, wie die Anforderungen implementiert werden. Obwohl sie Bestandteil von UML sind, beschränkt sich ihr Einsatz nicht auf objektorientierte Methoden und Vorgehensweisen. Sie lassen sich sowohl für Systeme mit vielen Benutzerinteraktionen verwenden als auch für eingebettete Systeme, um die Schnittstellen und Ereignisse zur Außenwelt zu erfassen. Anders als viele frü-

6.4 Anforderungen und Spezifikationen strukturieren

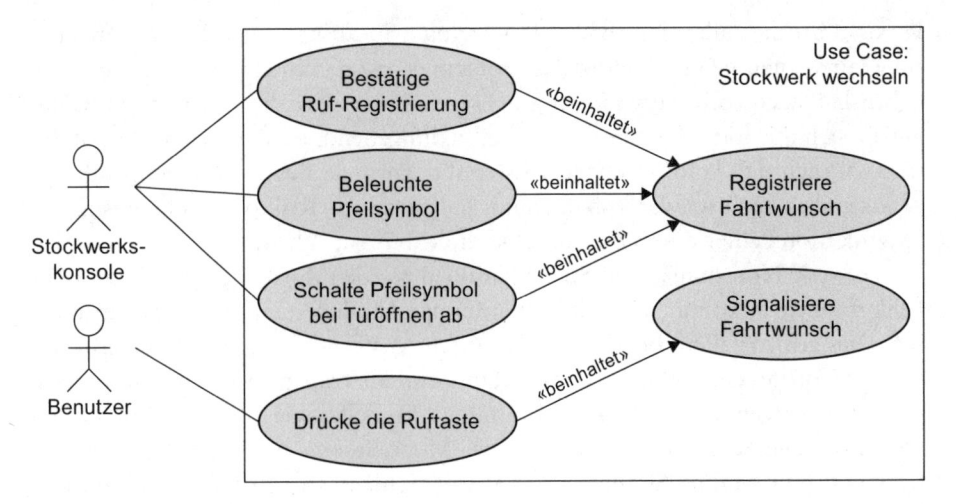

Abb. 6-8 Use-Case-Diagramm

here Beschreibungssprachen für Anforderungen liefern Use Cases eine einfache Beschreibung, die auch Nicht-Softwareentwickler verstehen (z.B. Kunden). Sie nehmen eine ganz explizite Benutzerperspektive ein, was vielen Kunden gefällt, da sie sich schnell in die Beschreibung hineinversetzen können. Dies erleichtert die Prüfung und verbessert damit die Qualität der Anforderungsspezifikation.

In den vergangenen zwanzig Jahren wurden verschiedene **formale Notationen** entwickelt und zur Spezifikation eingesetzt. Diese formalen Notationen erinnern stark an reguläre Programmiersprachen, aus denen sie auch entstanden sind (Abb. 6–9). Ihr Vorteil ist eine präzise beschriebene Semantik, die den bisher beschriebenen halbformalen Notationen, aber auch der UML mit ihren grafischen Modellen fehlt. Formale Notationen, dienen dazu, eine Spezifikation als Basis für spätere formale Verifikationen der weiteren Projektergebnisse zu definieren. Das ist bestechend, denn mit einer formalen Spezifikation ließe sich dann der gelieferte Code automatisch auf völlige Übereinstimmung prüfen. In der

```
Beispiel
...
class ElevatorCall {
    // Stockwerktaste drücken und Aufzug rufen
    public void main (String args[]) {
        FloorButtonPoll {
            check.CallMode.valid () ;   // prüfe Vorbedingungen
            button = FloorButton.readFloorButton () ;
            while ( button = False && Alarm = False )
                // wait state
            ElevatorCall.initialize (Stockwerk) ;
        }
        ElevatorCall.Stockwerk = true ;
...
```

Abb. 6–9 Formale Spezifikation

Praxis führt dies allerdings dazu, dass formale Spezifikationen die Implementierung vorwegnehmen und damit das Problem der Korrektheit nur einen Schritt im Lebenslauf nach vorne verschieben. Die Frage, ob der Code die Spezifikation erfüllt, ändert sich mit formalen Spezifikationen dahingehend, ob die formale Spezifikation wirklich die Anforderungen wiedergibt. Formale Beschreibungen sind sehr präzise, aber auch schwer lesbar. Damit haben sie das Risiko, dass bereits in der Spezifikation Fehler durch die Sprachkomplexität entstehen.

Formale Notationen und Spezifikationen werden dort eingesetzt, wo es auf Fehlerfreiheit ankommt oder wo ablauffähige Modelle eingesetzt werden müssen. Dies gilt vor allem für sicherheitskritische Anwendungen, wie beispielsweise in der Medizintechnik oder in der Luftfahrt und im Transportwesen. Ein weiterer wichtiger Anwendungsfall sind ablauffähige Modelle, wie sie beim Prototyping von grafischen Schnittstellen oder bei der Modellierung eines eingebetteten Systems (z.B. mit Matlab/Simulink) nötig sind. Schließlich werden sie von großen homogenen Kundengruppen mit ähnlichen Zielen eingesetzt, um Spezifikationen austauschen zu können und automatische Konformitätstests zu fahren (z.B. Telekommunikationsprotokolle wie ASN.1 für Mobilfunksysteme und Kommunikationsstacks, LOTOS und SDL für Telekommunikationssysteme, Entscheidungstabellen für regelbasierte Funktionen).

Zur Spezifikation empfehlen wir halbformale Notationen, die mit einem Werkzeug gepflegt und verwaltet werden. Einzelne Anforderungen müssen klar strukturiert sein. Großer Wert sollte auf eine klare Sprache gelegt werden. Die Grammatik kann eingeschränkt werden, um die Les- und Prüfbarkeit zu verbessern. Beispielsweise werden Substantive als Daten, Verben als Aktionen, Adjektive und Attribute als Basis für Testfälle genutzt. Schlüsselwörter werden im Glossar spezifiziert und gezielt zur Filterung von bestimmten Inhalten eingesetzt.

In Zukunft wird es vermehrt anwendungsspezifische, teilweise formalisierte Spezifikationsumgebungen mit definierter Syntax und unterstützenden Werkzeugen geben, die in einem bestimmten Anwendungsbereich eingesetzt werden (z.B. Automobil- oder Flugzeugbau) und dafür ganz spezielle Frameworks für die Modellierung und Bibliotheken zur Wiederverwendung anbieten. Zunehmend werden wir auch visuelle Prototyping-Ansätze sehen, um Spezifikationen schneller und effizienter zu erstellen. Diesen formalen Notationen ist gemeinsam, dass die Notation selbst »unsichtbar« wird und stattdessen Zusammenhänge und Modelle grafisch spezifiziert werden. Daraus wird dann die formale Beschreibung generiert und später auch zur Erzeugung von ablauffähigem Code für das Zielsystem eingesetzt.

6.5 Attribute für Anforderungen

Attribute werden eingesetzt, um die Anforderungen sortieren und filtern zu können. Attribute bilden die »Metainformationen« zu den Anforderungen, ähnlich wie dieses Buch Metainformationen zu Titel, Inhalt, Verlag etc. hat, um in Suchmaschinen oder beim Zitieren oder beim Buchhändler wieder gefunden zu werden. Ohne geeignete Attribute ist es nicht möglich, Anforderungen eine Struktur zu geben und sie in einen gemeinsamen Kontext zu bringen. Ohne gemeinsame Attribute ist weder Projektfortschritt zu erkennen, noch sind die Validierungsvorgaben nachzuvollziehen. Attribute werden während der Spezifikation eingeführt und zur Verwaltung der Anforderungen (z.B. Dokumentation, Verfolgung) genutzt (siehe auch Kap. 10). Spätestens bei der Projektverfolgung sind Attribute verpflichtend, um die Kontrolle zu behalten. Die typischen Attribute sind in Tabelle 6–4 dargestellt:

Attribute	Beschreibung
Anforderungsnummer	Eindeutige Identifikation der Anforderung, die in allen Projekten eingehalten wird.
Version	Referenz auf den aktuellen Versionsstand, um zu erkennen, wie sich die Anforderung entwickelt hat.
Variante	Referenz auf die spezielle Variante dieser Anforderung, wenn sich beispielsweise Anforderungen in Produktlinien bei grundsätzlich gleicher Funktion unterscheiden.
Historie	Beschreibung der Versionshistorie mit den Vorgängern und wesentlichen Gründen für Änderungen. Relevant auch bei Variantenbildung in Produktlinien.
Autor	Erfasser dieser Anforderung, der als Ansprechpartner später zur Verfügung steht, wenn mehr Informationen nötig sind.
Quelle	Ursprung der Anforderung. Sollte in der Lage sein, die Anforderung konkret zu beschreiben und dafür ein Budget zur Realisierung haben.
Workflow	Nächste Rolle, die mit dieser Anforderung arbeitet.
Schlüsselwörter	Einige wenige aussagekräftige Begriffe, die es erlauben, die Anforderungen zu filtern (z.B. Hardwareschnittstelle, GUI, Business-Logik). Wird im Projekt in allen Dokumentationen eingesetzt und sollte daher in der Anforderung konsistent eingehalten werden.
Status	Realisierungsstatus der Anforderung. Daten früherer Meilensteine sollten bewahrt werden.
Einschränkungen	Verweise auf bestimmte nichtfunktionale Anforderungen oder Einschränkungen (z.B. Standards, Gesetze, Rahmenverträge). Auch hier müssen konsistente Begriffe verwandt werden, um später effektiv filtern zu können, welchen Effekt beispielsweise eine Gesetzesänderung hat.
Priorität	Priorität aus der Sicht des Auftragnehmers. Sinnvollerweise werden im Lastenheft die Prioritäten des Kunden und im Pflichtenheft zusätzlich die Prioritäten des Auftragnehmers erfasst. →

Attribute	Beschreibung
Querbezüge	Andere Anforderungen, die durch diese Anforderung betroffen, eingeschränkt, erweitert oder geändert werden.
Einflüsse	Systemkomponenten, Funktionen, Hardware, die Einfluss auf die Realisierung dieser Anforderung haben können.
Aufwand	Vorläufige Einflussanalyse und Kostenstruktur. Entscheidung, ob eine darin beschriebene Lösungskomponente extern zugekauft wird, wiederverwendet wird oder neu gefertigt werden muss.
Akzeptanzkriterien	Testfälle, quantitative Vorgaben in messbarer Form

Tab. 6–4   Attribute von Anforderungen

6.6 Delta-Anforderungen spezifizieren

Software wird in der Regel als Änderungen zu bestehender Software entwickelt, also als Wartungsprojekte oder als Wiederverwendung bestehender Software. Nur selten haben wir die Möglichkeit, ein komplett neues System zu spezifizieren und zu entwickeln. Und selbst dann ist es durchaus möglich, dass viele Komponenten bereits vorhanden sind und integriert werden müssen oder dass frühere Funktionen in das neue System übernommen werden sollen. Das gilt für einen Folgerelease, für eine Variante eines Produkts, für ein Migrationsprojekt, für den Austausch einer bestehenden Funktion oder Komponente oder auch bei der Einführung von Produktlinien. Requirements Engineering muss also Lösungen für die Beschreibung von Delta-Anforderungen bieten.

Eine Delta-Anforderung ist eine Anforderung, die einen Unterschied zu einer bereits existierenden Anforderung beschreibt. Besonders relevant sind Delta-Anforderungen in Wartungsprojekten und bei der Wiederverwendung. Delta-Anforderungen haben immer das Risiko, dass ihr Umfang unterschätzt wird, dass sie isoliert als »Patch« umgesetzt werden und dass zu spät erkannt wird, dass sie umfassende Seiteneffekte haben, die dann nur noch mit Mehraufwand beherrschbar sind.

Der Umgang mit Delta-Anforderungen hängt von zwei Faktoren ab, nämlich von der Dokumentationsqualität des bestehenden Systems und vom Umfang der Änderungen.

Dokumentationsqualität des bestehenden Systems
Der Umgang mit Delta-Anforderungen hängt davon ab, wie gut die bisherige Funktionalität bereits beschrieben ist. Soweit eine bestehende Dokumentation vorliegt, die konsistent und vollständig ist, werden Änderungen direkt eingearbeitet. Man beginnt mit einer Übersicht der Gesamtfunktionalität, typischerweise auf der Basis der Architekturbeschreibung und der Use-Case-Beschreibungen oder der funktionalen Anforderungen auf einer höchstmöglichen Hierarchieebene, die die Änderung noch erkennbar macht. Dort wird die bestehende

6.6 Delta-Anforderungen spezifizieren

Beschreibung erweitert. Abbildung 6–10 zeigt eine solche Änderungsbeschreibung in einem bestehenden Funktionsbaum. Die neue Funktion »Feueralarm« erfordert drei wesentliche Änderungen, die jeweils mit beschreibenden Informationen und Referenzen versehen sind. Diese Metainformationen sind in der Abbildung hervorgehoben. In der Praxis werden sie direkt in die bestehende Dokumentation eingearbeitet (Abb. 6–11).

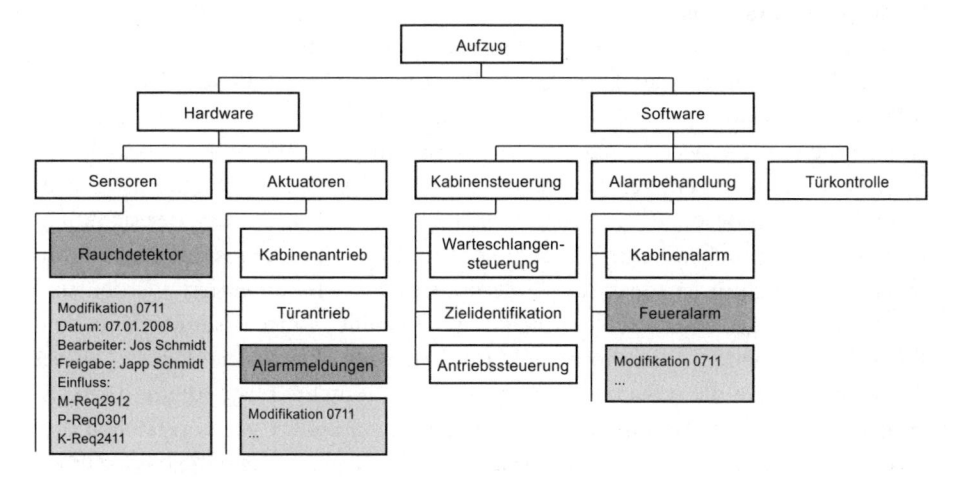

Abb. 6–10   *Delta-Anforderungen in der Funktionsbeschreibung*

Wesentlich ist die Nachvollziehbarkeit, wann und unter welchen Umständen es zu dieser Änderung kam, und wie sie sich durch das Gesamtsystem und seine Dokumentation hindurchzieht. Achten Sie dabei bereits bei den ersten Schritten auf Konsistenz. Ändern Sie Dokumente immer gemeinsam mit allen damit verknüpften oder davon abhängenden Dokumenten und schieben Sie die Dokumentation nicht auf die lange Bank, um die Änderung schnell umzusetzen. Sie sind der Einzige, der die Änderung in ihrem gesamten Umfang kennt!

Falls das bestehende System nicht ausreichend dokumentiert ist, muss es nachdokumentiert werden. Häufig genügt das Einfügen einer neuen Marktanforderung, von der weitere Produkt- und Komponentenanforderungen abgeleitet sind. Beispielsweise könnte ein Use Case eingefügt werden, der die Funktion in ihrer Gesamtheit beschreibt. Damit stellen Sie sicher, dass die Änderung an einer Stelle dokumentiert ist und auf abhängige Dokumente und Entwurfsentscheidungen dann verweisen kann. Je lückenhafter die bestehende Dokumentation ist, desto mehr wird Ihre Erweiterung zu einem isolierten Fragment.

Ein solches Fragment, das in sich geschlossen mit allen wesentlichen Dokumenten (also Marktanforderung, Produktanforderung, abgeleitete Komponentenanforderungen, Architekturbeschreibungen, Testfälle, Benutzerdokumentation) verknüpft ist – die unter Umständen dann ebenfalls komplett neu geschrieben werden –, trägt dazu bei, diese spezifische Änderung in ihrem vollen Umfang zu verstehen. Scheuen Sie sich nicht vor solchen Fragmenten. Klar wäre es besser, das Gesamtsystem nachzudokumentieren, doch dafür fehlt in der Regel die Zeit. Zudem verschlechtert sich die Gesamtqualität nicht, denn der Dokumentationsstand bleibt genau auf dem Stand, bevor es zu der Änderung kam. Eine solche fragmentarische, aber geschlossene Beschreibung ist auf jeden Fall besser als Loseblattsammlungen und Ad-hoc-Kommentare im Quellcode, die später nie mehr nachvollziehbar sind und garantiert zu Folgefehlern führen.

Umfang der Änderungen
Wir definieren den Umfang der Änderungen auf der Basis eines Umfangmaßes, wie Funktionspunkte oder Lines of Code. Dazu benötigen Sie den Umfang des bisherigen Systems sowie die Abschätzung des Einflusses der Änderung. Letzteres ist natürlich vage, aber in der Regel kennt man die Aufgabe und das bestehende Systeme so weit, um ein grobes Raster annehmen zu können. Unser Raster sieht wie folgt aus. Änderungen unterhalb von 10 % mit einem Einfluss, der sich lokalisieren lässt, brauchen keine umfangreiche und in sich geschlossene Nachdokumentation. Wichtig ist, dass die Änderungen exakt dokumentiert werden und davon abhängige Artefakte, beispielsweise Testfälle, Entwurfsdokumente und Benutzerdokumentationen, konsistent zur Änderung aktualisiert werden. Dieser Ansatz geht selbst dann, wenn das bisherige System nicht vollständig und konsistent beschrieben ist. Sie müssen den Bereich, der geändert wird, verstehen und dokumentieren diese neuen Funktionen dann in einem Ausmaß, dass weitere Änderungen dieses Teils vollständig auf Ihrer angepassten Dokumentation aufsetzen können. Vermeiden Sie unter allen Umständen ein Delta zu einem Delta – sei es bei Anforderungen oder bei technischen Dokumenten.

Änderungen oberhalb von 10 % bis ungefähr 30 % müssen hinsichtlich von Seiteneffekten gut analysiert werden. Nur wenn diese Seiteneffekte nach wie vor gering sind, können Sie vorgehen wie bei den kleineren Änderungen. Prüfen Sie dabei, ob es nicht hilfreich ist, bestimmte Dokumente, die bereits jetzt unzureichend dokumentiert sind, neu zu schreiben. Häufig sind es die angenommenen kleinen Änderungen, die über die Zeit zu einem Aufwand führen, den man bei einer besseren Planung zu Beginn gleich in neue Dokumente hätte fließen lassen sollen, um eine verlässliche und lesbare Basis der Funktionalität zu erhalten.

Änderungen, die über 30 % des bestehenden Umfangs umfassen oder auch nichtfunktionale Anforderungen, die im Nachhinein umgesetzt werden sollen (z.B. höhere Anforderungen an die funktionale Sicherheit oder an die Performanz), erfordern in aller Regel eine vollständige Nachdokumentation. Hier wird der komplette Entwicklungsprozess eingesetzt, den wir auch sonst kennen, denn die vielen punktuellen Änderungen werden in der Summe sonst nicht mehr beherrschbar. Statt Delta-Anforderungen wird eine komplett neue Anforderungsbasis beschrieben (die durchaus bestehende Anforderungen und Artefakte, die unverändert bleiben, übernehmen darf). Das Gleiche gilt für andere wesentliche Dokumentationen. Das klingt nach Overhead, und viele Projektmanager oder IT-Verantwortliche werden sich zu Recht fragen, wer dafür bezahlt. Es ist Projekt-

6.6 Delta-Anforderungen spezifizieren

aufwand und muss in die Schätzung einfließen. Allerdings sollten wir uns darüber klar sein, dass im Regelfall bei derart umfangreichen Änderungen zu einem bestimmten Zeitpunkt im Projekt immer erkannt wird, dass isolierte Änderungen in ihrem Zusammenspiel nicht mehr kontrollierbar sind. Dann wurde viel Zeit verloren und zusätzlicher Aufwand muss investiert werden.

In einem Kundenprojekt erlebten wir diese Situation als wir zur Unterstützung gerufen wurden. Das Projekt mit einem Umfang von hundert Personenjahren arbeitete zuerst mit Delta-Anforderungen. Zur Halbzeit wurden wir gerufen, und der Projektmanager klagte, dass sein Projekt »auf Treibsand gebaut sei«. Gemeinsam revidierten wir die Projektplanung, reduzierten die möglichen Inhalte, gaben die volle Priorität und zusätzliche Ressourcen für die vollständige Anforderungsspezifikation und deren Abbildung auf Inkremente, Architekturdokumente und Testfälle. Erst mit diesen Entscheidungen wurde das Projekt dann fortgesetzt – allerdings zu Gesamtkosten, die mehr als 50 % oberhalb der ursprünglich geschätzten Kosten lagen, da die Arbeit im ersten Projektabschnitt kaum mehr brauchbar war.

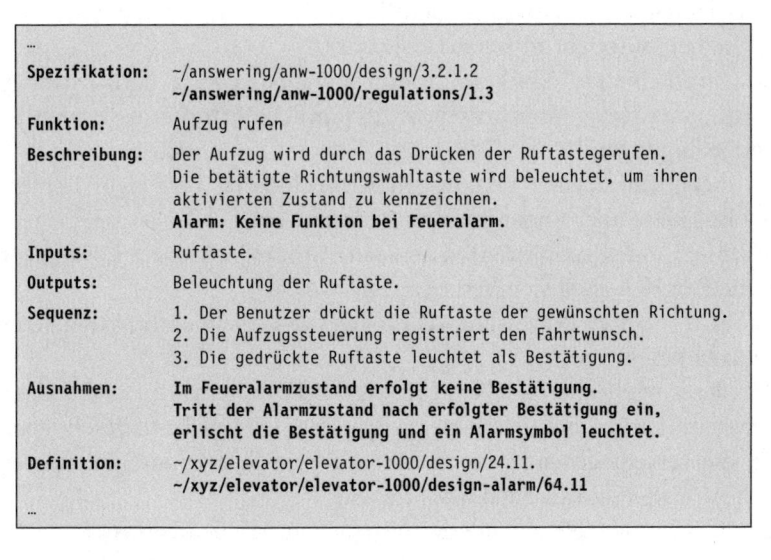

```
...
Spezifikation:   ~/answering/anw-1000/design/3.2.1.2
                 ~/answering/anw-1000/regulations/1.3
Funktion:        Aufzug rufen
Beschreibung:    Der Aufzug wird durch das Drücken der Ruftaste gerufen.
                 Die betätigte Richtungswahltaste wird beleuchtet, um ihren
                 aktivierten Zustand zu kennzeichnen.
                 Alarm: Keine Funktion bei Feueralarm.
Inputs:          Ruftaste.
Outputs:         Beleuchtung der Ruftaste.
Sequenz:         1. Der Benutzer drückt die Ruftaste der gewünschten Richtung.
                 2. Die Aufzugssteuerung registriert den Fahrtwunsch.
                 3. Die gedrückte Ruftaste leuchtet als Bestätigung.
Ausnahmen:       Im Feueralarmzustand erfolgt keine Bestätigung.
                 Tritt der Alarmzustand nach erfolgter Bestätigung ein,
                 erlischt die Bestätigung und ein Alarmsymbol leuchtet.
Definition:      ~/xyz/elevator/elevator-1000/design/24.11.
                 ~/xyz/elevator/elevator-1000/design-alarm/64.11
...
```

Abb. 6–11 *Detailbeschreibung einer Delta-Anforderung*

6.7 Checkliste für die Anforderungsspezifikation

Die Anforderungsspezifikation sollte bereits während ihrer Entstehung daraufhin untersucht werden, dass sie gewisse Mindestanforderungen erfüllt. Hier ist eine kurze Checkliste, die solche Anforderungen an eine Spezifikation beschreibt. Sie ersetzt nicht die umfassendere Prüfliste für die Qualitätskontrolle (Validierung) der Anforderungen und der Spezifikation, die in Kapitel 7.6 vorgestellt wird.

- Beschreibt die Spezifikation ein explizites Ziel, das durch das Produkt erfüllt wird? Ist dieses Ziel konsistent mit der ursprünglichen Vision?
- Ist der Anwendungsbereich des Produkts ausreichend präzise beschrieben? Wird auch beschrieben, was das System *nicht* erfüllen muss?
- Wurden die Bedürfnisse verschiedener Interessengruppen berücksichtigt?
- Trennt die Spezifikation klar zwischen Marktanforderungen (d.h. Kundenwünsche) und Produkt- bzw. Komponentenanforderungen (Realisierung, Abbildung auf das spätere Produkt)?
- Trennt die Spezifikation klar zwischen Lastenheft (was muss getan werden) und Pflichtenheft (wie wird es getan)?
- Existiert ein ausreichend genaues Glossar?
- Sind verpflichtende Marktanforderungen ausreichend berücksichtigt (z.B. Gesetze, Standards, Vorschriften, wirtschaftliche Erfordernisse, physikalische Randbedingungen)?
- Sind die beschriebenen Funktionen wirklich nötig (vor dem Hintergrund, dass die Hälfte aller Funktionen nie genutzt wird)?
- Wurde unnötige Komplexität vermieden? Gibt es einfachere Lösungen für die gleiche Frage? Lassen sich Verzierungen streichen?
- Sind die relevanten Prozessanforderungen sowie die nichtfunktionalen Anforderungen beschrieben?
- Wird der umgebende Geschäftsprozess bei IT-Systemen bzw. die Umgebung im Systemkontext (bei eingebetteten Systemen) hinreichend beschrieben?
- Sind die verschiedenen Aktoren, die mit dem System kommunizieren, und deren Aufgaben hinreichend beschrieben?
- Sind die Schnittstellen zu anderen Systemen ausreichend erfasst?
- Ist die Ablösung eines etwaigen Vorgängersystems (oder einer früheren Version oder Variante des gleichen Produkts) ausreichend beschrieben?
- Sind Interoperabilitätsszenarien mit anderen Systemen und Komponenten beschrieben?
- Wurden die richtigen Techniken zur Spezifikation eingesetzt?

6.8 Tipps für die Praxis

- Spezifizieren Sie mit strukturierten, halbformalen Notationen, die mit einem Werkzeug gepflegt und verwaltet werden.
- Klären Sie den Projektauftrag zu Beginn. Die Anforderungsspezifikation ist ein Dokument, das für alle Beteiligten – intern und extern – zentral und versioniert vereinbart, was im Projekt zu tun ist.
- Strukturieren Sie die Anforderungen. Anforderungen werden individuell spezifiziert, referenziert und modelliert. Eine einzelne Anforderung wird in einem wohlstrukturierten Satz beschrieben. Vermeiden Sie, dass mehrere Anforderungen in einem Satz beschrieben werden. Nur damit lassen sich einzelne Anforderungen später verfolgen oder ändern.
- Beachten Sie den Unterschied zwischen Spezifikationen und Modellen. Die Spezifikation dient der Verfolgung und Verwaltung von Anforderungen. Sie ist komplett und gibt *alle* Anforderungen wieder. Ein Modell dient der Analyse und weiteren Entwicklung. Es gibt immer nur *einen Teil* der Wirklichkeit wieder und ist nicht vollständig.
- Machen Sie die Anforderungsspezifikation zur verbindlichen Referenz für alle Interessengruppen und Projektbeteiligten. Sie definiert eine einheitliche Terminologie und beschreibt alle projektrelevanten Inhalte und Randbedingungen in einem Dokument.
- Setzen Sie Vorlagen ein, um Ihren Projekten die Sicherheit zu geben, dass die Anforderungen klar und verständlich spezifiziert werden.
- Setzen Sie verständliche Sprache konsistent ein. Achten Sie vor allem auf die Verben. Anforderungen setzen die Verben »sollen«, »müssen« und »werden« ein. Optionale Anforderungen müssen klar unterschieden werden (z.B. durch Prioritäten). Vermeiden Sie kryptischen Computerjargon und Mehrdeutigkeiten.
- Führen Sie ab Beginn der Ermittlungsphase ein Wörterbuch (Glossar, Taxonomie) für alle Fachwörter und Abkürzungen. Ein gutes Wörterbuch ist bereits ein Spezifikationsinstrument.
- Spezifizieren Sie die einzusetzenden Daten in einem Data Dictionary. Es fordert Präzision und sichert die Qualität von Schnittstellen.
- Strukturieren Sie den Text mit Layout- und optischen Hilfsmitteln, beispielsweise Kapitelnummern in Standardformat, Markierungen, Unterstreichungen, Referenzen. Vermeiden Sie Farben und Farbcodes, die beim Kopieren verschwinden oder von manchen Menschen nicht sauber getrennt werden können.
- Legen Sie Wert auf eine klare Sprache. Die Basis dieser Sprache kann eingeschränkt werden, um die Les- und Prüfbarkeit zu verbessern. Beispielsweise werden Substantive als Daten, Verben als Aktionen, Adjektive und Attribute als Basis für Testfälle genutzt. Schlüsselwörter werden im Glossar spezifiziert und gezielt zur Filterung von bestimmten Inhalten eingesetzt.
- Vermeiden Sie komplizierte Diagramme. Nicht alle Details müssen im Diagramm dargestellt werden, sondern nur die wesentlichen Elemente in einem bestimmten Zusammenhang.
- Verwenden Sie die richtigen Methoden und Notationen für Spezifikation und Modellierung. Beispielsweise sollte ein GUI mit einem Prototyp und nicht durch einen Use Case, oder eine Datenbeschreibung mit einem Datenmodell und nicht in einer Funktion beschrieben werden.
- Nehmen Sie Use Cases nicht als Ersatz für ein Lastenheft oder Pflichtenheft. Markt-, Produkt- und Komponentenanforderungen können ausschnittsweise mit Use Cases modelliert werden, wo es um Abläufe, Szenarien und Verhalten geht. Daten- und Schnittstellenanforderungen, Abhängigkeiten oder nichtfunktionale Anforderungen werden in anderen, passenden halbformalen Notationen beschrieben.
- Achten Sie bei der Spezifikation auf Attribute wie rechtlich verbindliche Normen, Einschränkungen etc. Referenzieren Sie auf die exakten Quellen, da sich Normen, Standards und Gesetze ändern.
- Geben Sie Dokumente in einem robusten Standard wie PDF oder RIF weiter. Damit können Sie Leserechte, Kopierbarkeit und Weiterverteilung sehr gut kontrollieren, während gleichzeitig eine definierte Qualität beim Druck erreicht wird.

→

- Achten Sie beim Austausch von Dokumenten darauf, dass sie keine vertraulichen Informationen enthalten, die Sie nicht weitergeben wollen. Beispielsweise steckt in Word-Dokumenten (und auch in anderen Microsoft-Office-Dokumenten) oftmals eine Menge von Metadaten (z.B. Autorenname, Unternehmensdaten) und Änderungshistorien, die nicht in fremde Hände gehören. Nutzen Sie RIF für den Austausch.
- Vermeiden Sie eine komplette Änderungshistorie in der Spezifikation, denn sie wird dadurch unleserlich. Pflegen Sie Änderungsstände nicht in der Spezifikation, sondern mit einem speziellen Konfigurationswerkzeug, wo komplette Versionsstände archiviert werden und die Änderungen per Change Request oder Änderungsbeschreibung beschrieben sind.
- Schließen Sie die Ermittlungs- und Spezifikationsphase rasch ab. Eine zu lang andauernde Analyse führt zu Verzögerungen, unnötigen Verschnörkelungen und einem komplexen Produkt, das höchstwahrscheinlich überspezifiziert ist. Setzen Sie konkrete Freigabekriterien, die zeigen, dass die wesentlichen und kritischen Anforderungen hinreichend gut bearbeitet sind, um mit der Entwicklung zu beginnen. Setzen Sie einen Meilenstein, um diese Phase so zu beenden, dass wichtige Projekttermine nicht gefährdet werden.

6.9 Fragen an die Praxis

- Wie sehen Ihre Anforderungen aus? Sind sie sauber spezifiziert? Folgen Sie einem Template und einem Standard, wie die Spezifikation auszusehen hat?
- Wer spezifiziert Ihre Anforderungen? Wer prüft sie? Werden alle Anforderungen formal geprüft? Falls nicht, weshalb nicht?
- Haben Ihre Anforderungen die richtige Qualität? Wie könnten Sie deren Qualität verbessern?
- Ändern sich Ihre Anforderungen häufig? Können Sie diese Änderungen auf bestimmte Auslöser zurückführen? Sind es immer wieder die gleichen Auslöser? Kommen Sie manches Mal in die Situation, dass Anforderungen unsauber spezifiziert werden, da sie sich sowieso noch einmal ändern? Wie lässt sich dieser Teufelskreis durchbrechen?
- Trennen Sie in der Spezifikation klar zwischen Lastenheft und Pflichtenheft?

7 Anforderungen verifizieren und validieren

Qualität ist keine Tätigkeit.
Sie ist eine Gewohnheit.

– Aristoteles

7.1 Qualitativ gute Anforderungen spezifizieren

Fehler in Anforderungen sind im Projekt selbst schwierig zu identifizieren und teuer in ihrer Korrektur. Spezifikationen müssen daher vor Beginn des Projekts auf Korrektheit geprüft werden. Verifikation und Validierung sind die Schlüssel, um Fehler in Spezifikationen zu finden. Da gerade bei Anforderungen der Abgleich mit den externen Bedürfnissen so wichtig ist, fassen wir die beiden verschiedenen Techniken auch unter dem Stichwort der Validierung (im Sinne von »doing the right things«) zusammen.

Eine gute Anforderung beschreibt etwas, das notwendig, überprüfbar und erreichbar ist. Notwendig ist eine Anforderung dann, wenn durch ihr Verschwinden die Abnahme oder die Vertragserfüllung infrage gestellt wäre. Häufig gibt es allerdings keine klare Antwort zum wirklichen Bedarf oder Grenznutzen der spezifischen Anforderung, und man kann die Anforderung streichen oder niedrig priorisieren. Überprüfbar ist eine Anforderung dann, wenn beim Lesen der Anforderungsspezifikation klar wird, wie sie später getestet und abgenommen wird. Erreichbar ist eine Anforderung, wenn sie technisch möglich ist. Sie darf nicht im Widerspruch zu anderen Anforderungen und Einschränkungen wie Budget oder Übergabetermin stehen.

Schlecht beschriebene Anforderungen führen zu kostspieligen Fehlern. Die häufigsten Fehler in einer Anforderung sind die folgenden:

- Anforderungen fehlen (häufig sind dies die nichtfunktionalen Anforderungen).
- Anforderungen werden bei der Ermittlung falsch verstanden und nie mehr gegen die Originalquelle geprüft.

- Anforderungen sind nach Änderungen inkonsistent. Inkonsistenzen können interner Natur sein (z.B. wenn eine Anforderung ein neues Datenformat beschreibt, das aber nicht in anderen Anforderungen übernommen wurde) oder auch externer Natur (z.B. wenn eine Schnittstellenbeschreibung sich ändert, dies aber nicht in allen Anforderungen berücksichtigt wurde).
- Zugrunde liegende Annahmen, z.B. Ziele, Rahmen, Einschränkungen, Bedürfnisse, sind falsch oder unzureichend.
- Die Implementierung (wie?) wird beschrieben statt der Anforderung (was?).
- Anforderungen sind überspezifiziert. Beispielsweise werden unnötige Anforderungen beschrieben, zu starke Einschränkungen vorgegeben oder zu detaillierte Ablaufbeschreibungen.
- Notationen werden unzureichend genutzt (z.B. Nur Use Cases oder Szenarien).
- Inkonsistente Terminologie oder Grammatik wird eingesetzt (z.B. Verbformen »ist«, »soll«, »sollte« werden gemischt).
- Unzulässige Verbformen werden verwandt (z.B. »müsste«, »könnte«, »sollte«).
- Unklare Ausdrucksformen werden eingesetzt (z.B. »unterstützt«, »etc.«, »z.B.«, »und/oder«, »oder mehr«).
- Schwammige und nicht validierbare Bezeichnungen werden zur Spezifikation nichtfunktionaler Anforderungen oder von Qualitätsattributen eingesetzt (z.B. »schnell«, »einfach«, »ausreichend«, »benutzerfreundlich«).

Anforderungen werden geprüft und validiert, um solche Fehler zu entdecken und zu vermeiden. Abbildung 7–1 zeigt die Qualitätskontrolle bei Anforderungen. Zuerst wird die Anforderung ermittelt und spezifiziert. Dabei helfen bereits ein Template sowie Regeln zur Beschreibung der Anforderungen, dass die Beschreibung gewissen Mindeststandards genügt. Beispielsweise sichert ein Template, dass keine wesentlichen Elemente vergessen werden. Danach wird die Spezifikation geprüft. Zu den drei wesentlichen Prüfkriterien gehören formale Checklisten, die sicherstellen, dass Qualitätskriterien wie Verständlichkeit oder Testbarkeit eingehalten werden. Daneben wird auch gegen die Produktvision und Produktstrategie geprüft, denn es macht keinen Sinn, mit Anforderungen weiterzuarbeiten, die einfach nicht in das Produkt und dessen Roadmap passen.

Eine regelmäßige Qualitätskontrolle führt dazu, dass Qualität zur Gewohnheit wird und nicht auf der Ebene einer lästigen Tätigkeit bleibt. Gleichzeitig lernen die Ausführenden (z.B. die Autoren von Spezifikationen oder die Vertriebsingenieure beim Ermitteln der Anforderungen), auf welche Punkte sie bereits im Entstehungsprozess achten müssen. Damit wird die Qualitätskontrolle zunehmend effizienter. Anstatt umfassender Prüfschritte tritt graduell die Fehlervermeidung in den Vordergrund.

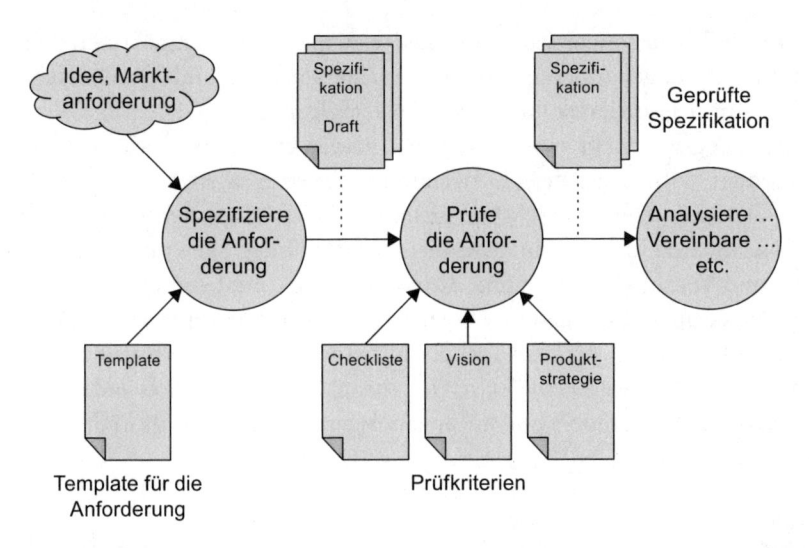

7.1 Qualitativ gute Anforderungen spezifizieren

Abb. 7-1 *Qualitätssicherung von Anforderungen*

Die **Verifikation** prüft Ergebnisse hinsichtlich der Vorschriften zu Beginn der jeweiligen Phase (also, um die Dinge richtig zu tun). Ein Beispiel für die Verifikation ist der Review eines Arbeitsergebnisses. Dazu werden die Anforderungen an den entsprechenden Prozessschritt, der dieses Arbeitsergebnis liefert, betrachtet und mit dem Ergebnis selbst verglichen. Offensichtlich kommt es dabei sehr auf das Verstehen von Entwicklungsdokumenten an. Verifikation ist eine Prozesssicht und vergleicht Prozessanforderungen mit Prozessergebnissen. Im Englischen sagt man dazu auch »Doing things right«. Sie ist eine interne Sicht, die betrachtet, wie gearbeitet wird. Anforderungen werden zum Entstehungszeitpunkt durch Reviews und Inspektionen anhand von Checklisten geprüft. Dabei geht es vor allem um Attribute wie Vollständigkeit, Klarheit oder Verständlichkeit. Anforderungen können durch Reviews und Inspektionen auch validiert werden, indem äußere Maßstäbe eingesetzt werden. Solche äußeren Maßstäbe sind beispielsweise die Produktvision oder weitere Prüfungen durch Vertreter von externen Interessengruppen.

Die **Validierung** prüft die Ergebnisse der Phase daraufhin, ob sie die ursprünglichen (externen) Anforderungen erfüllen (also die richtigen Dinge tun). Die Validierung ist eine externe Sicht und vergleicht Anforderungen an das Produkt mit den jeweils verfügbaren Ergebnissen. Im Englischen sagt man dazu auch »Doing the right things«. Eine Validierung liegt beim Systemtest beispielsweise vor, wo das nahezu fertige System gegen die ursprünglichen Anforderungen getestet wird. Bei den Anforderungen und ihrer Prüfung spricht man in der Regel von Validierung, denn es werden ja vornehmlich externe Beschreibungen gegen entstehende Dokumente geprüft. Dennoch gibt es auch verifizierende Prüfschritte, wie beispielsweise ein Check auf die Lesbarkeit oder auf die Testbarkeit von Anforderungen. Wir haben diese Aktivität dennoch »Validierung« genannt, denn aus wirtschaftlicher Sicht zählt, ob das, was am Ende herauskommt, mit den Marktanforderungen übereinstimmt. Jegliche Prüfung und Qualitätsverbesserung der Anforderungen sollte dieses Ziel verfolgen.

Abbildung 7–2 zeigt, wie im Lebenslauf der Produktentwicklung verifiziert und validiert wird. Zu jedem Entwicklungsschritt existiert auch ein Prüfschritt der Qualitätskontrolle. Diese Qualitätskontrolle ist die Aufgabe derjenigen, die die entsprechenden Entwicklungsschritte auf der linken Seite durchführen. Idealtypisch sind Verantwortungen und Aktivitäten horizontal verbunden und werden durch eine Gruppe durchgeführt. Offensichtlich sind die Prüfschritte am unteren Ende des »V« zeitlich sehr eng verknüpft, während sie im Test weit auseinander liegen. Umso wichtiger ist eine klare Definition ihrer Inhalte. So werden eine Teststrategie für den Systemtest und die zugehörigen Testfälle bereits in der Spezifikationsphase definiert.

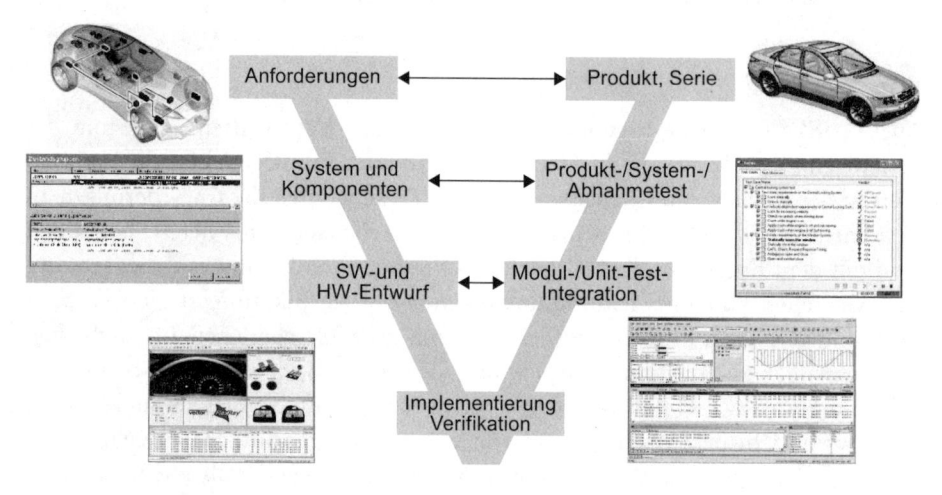

Abb. 7–2   *Verifikation und Validierung*

7.2   Qualitätskriterien für Anforderungen

Was ist eine qualitativ gute Anforderung? Bevor wir uns der Qualitätsverbesserung und Validierung von Anforderungen zuwenden, betrachten wir Kriterien, die eine gute Qualität ausmachen. Der bereits erwähnte IEEE-Standard 830 [IEEE1998b] definiert acht Qualitätskriterien für gute Anforderungen. Anforderungen sollen korrekt, eindeutig, vollständig, konsistent, bewertbar, prüfbar, modifizierbar und verfolgbar sein. Diese Liste genügt für eine formale Prüfung. Allerdings sollte man drei weitere Aspekte berücksichtigen, die gerade in der Praxis eine große Bedeutung haben, nämlich dass die Anforderungen verständlich, notwendig und realisierbar sind. Tabelle 7–1 konkretisiert diese Merkmale. Die Kriterien gelten notwendigerweise sowohl für jede einzelne Anforderung als auch für die gesamte Anforderungsspezifikation.

7.2 Qualitätskriterien für Anforderungen

Qualitätskriterien	Für einzelne Anforderungen	Für die Spezifikation
Korrektheit	Die Anforderung beschreibt eine wesentliche Funktion vollständig und ohne Widersprüche. Die Terminologie entspricht dem Glossar.	Die Spezifikation gibt die Intention der verschiedenen Benutzer und Interessenvertretern vollständig und ohne Widersprüche wieder.
Eindeutigkeit	Die Anforderung ist auf genau eine Art zu verstehen. Sie lässt sich nicht auf unterschiedliche Weise interpretieren. Offene Punkte sind als solche markiert.	Verschiedene Leser der Spezifikation erhalten die gleiche, konsistente Beschreibung der wesentlichen Eigenschaften des Systems.
Verständlichkeit	Die Anforderung ist für die verschiedenen Interessenvertreter verständlich beschrieben. Notationen und Modelle sind entsprechend der Zielgruppe angepasst.	Die Spezifikation ist verständlich beschrieben und verfügt über ein Glossar. Das vereinbarte Template ist umgesetzt. Die definierte Grammatik und Sprachregelungen sind konsistent eingesetzt. Die Sätze sind nicht zu lang und im Aktiv beschrieben.
Vollständigkeit	Jede Anforderung beschreibt die geforderte Funktionalität vollständig. Andernfalls ist sie eindeutig mit »unvollständig« gekennzeichnet.	Die Spezifikation muss alle Inhalte der Vorlage beschreiben. Alle relevanten Anforderungen (Markt, Produkt, Komponenten) sind berücksichtigt. Funktionale und nicht-funktionale Anforderungen sowie Prozessanforderungen sind spezifiziert.
Konsistenz	Die Anforderung ist hinsichtlich Inhalt, Abstraktionsgrad und Beschreibung konsistent mit allen anderen Anforderungen.	Die Anforderungen sind untereinander konsistent.
Bewertbarkeit	Die Anforderung ist hinsichtlich ihrer Bedeutung gewichtet. Diese Bewertung erfolgt auf der Basis von Regeln, der Produktstrategie sowie von Markterfordernissen.	Die Spezifikation verfügt über konsistent eingesetzte Prioritäten, die sich an der Wichtigkeit und externen Erfordernissen orientieren.
Prüfbarkeit	Die Anforderung ist so beschrieben, dass sie testbar ist. Sie ist eindeutig und lässt sich durch eine begrenzte Zahl von Testfällen prüfen.	Die Spezifikation beschreibt mit den funktionalen und nichtfunktionalen Anforderungen ein System, das als Ganzes sowie in Teilen testbar ist.
Modifizierbarkeit	Die Anforderung ist so beschrieben, dass erkennbar ist, was sich ändern könnte, wo Unsicherheiten vorhanden sind. Sie ist über Verknüpfungen so mit anderen Dokumenten verwoben, dass bei Änderungen der Einfluss erkennbar ist.	Die Spezifikation unterscheidet klar zwischen sicheren und unsicheren Inhalten. Inhalte, die sich ändern können, sind markiert. Sie ist modular aufgebaut, sodass einzelne Teile ersetzt oder erweitert werden können und Einflüsse zu anderen Teilen leicht erkennbar sind. →

Qualitätskriterien	Für einzelne Anforderungen	Für die Spezifikation
Verfolgbarkeit	Die Anforderung ist eindeutig identifiziert und verfügt über die vereinbarten Informationen zu Status, Autor, Version etc. Sie ist mit mindestens einem Testfall verknüpft. Die Anforderung ist wo nötig horizontal mit anderen Anforderungen vergleichbarer Abstraktion verknüpft und vertikal mit Dokumenten unterschiedlichen Abstraktionsgrads.	Anforderungen sind anhand der Vorlage strukturiert und zeigen alle nötigen Metadaten. Marktanforderungen sind mit Testfällen und Produktanforderungen verknüpft. Produktanforderungen mit Testfällen und Komponentenanforderungen. Inhalte des Lastenhefts und des Pflichtenhefts beziehen sich aufeinander.
Relevanz	Die Anforderung ist nötig, um eine Eigenschaft zu realisieren, für die es eine Zielgruppe und einen konkreten Nutzen gibt. Die Anforderung bezieht sich auf eine konkrete Zielvorgabe. Es gibt keine Anforderung im Pflichtenheft, die sich nicht auf eine Marktanforderung bezieht.	Die Spezifikation beschreibt ein Produkt, das einen Business Case hat und in dieser Form gefordert wird. Es existiert ein konkreter Auftraggeber für das System, der über das nötige Budget verfügt.
Realisierbarkeit	Die Anforderung ist innerhalb des geforderten Umfangs und der einzusetzenden Technologie umsetzbar. Der Aufwand zur Umsetzung ist abgeschätzt und vereinbart.	Die Spezifikation beschreibt ein System, das mit den geforderten nichtfunktionalen Anforderungen, Funktionen, Technologien sowie innerhalb von wirtschaftlichen und technischen Randbedingungen umgesetzt werden kann.

Tab. 7-1 Qualitätsattribute für Anforderungen und für Spezifikationen

7.3 Hilfsmittel und Prüftechniken

Es gibt einige praktische Maßnahmen, die zu einer besseren Qualität der Anforderungen führen:

Standards und Vorlagen
Folgen Sie einem praktikablen Standard für Spezifikationen (siehe Kap. 6.2). Legen Sie diesen Standard als verbindliche Vorlage (oder Template) fest. Soweit Sie sehr unterschiedliche Arten von Anforderungen haben, legen Sie in der Vorlage fest, wie die Vorlage angepasst oder verschlankt werden kann. Fordern Sie deren Einhaltung ohne Ausnahmen. Prüfen Sie elektronisch, wo möglich, dass Ihre Vorgaben eingehalten werden. Verfolgbarkeit, Verständlichkeit oder formale Vollständigkeit lassen sich automatisch prüfen.

Reviews und Inspektionen
Prüfen Sie alle Anforderungen mithilfe von Inspektionen und formalen Qualitätskriterien (z.B. Fehlerlimit, Verständlichkeit). Setzen Sie Checklisten ein. Als Zielvorgabe und als Planungswert sollten Sie mit 1-2 Fehlern pro logischer (d.h. regulär komplett bedruckter) Seite rechnen, wenn die Anforderungen erst einmal sauber beschrieben sind. Diese Prüfungen lohnen sich also wirklich. Spielen Sie

7.3 Hilfsmittel und Prüftechniken

Szenarien und Abläufe, vor allem auch an externen Schnittstellen, mit verschiedenen Interessengruppen durch. Prüfen Sie Anforderungen aus verschiedenen Perspektiven (z.B. Benutzer, Einkauf des Kunden, eigene Tester und Entwickler).

Linguistische Analyse
Prüfen Sie die Verständlichkeit der Anforderungen. Das kann zunächst einmal formal geschehen, indem Sie mit Texteditoren die Satzlänge oder die Zahl der Substantive optimieren und die Zahl der Passivsätze und Relativstrukturen reduzieren. Zusätzlich bieten sich formale Grammatiken an, die klare Vorgaben machen, welche Wörter, Hilfsverben und Modalstrukturen erlaubt sind und was deren Bedeutung ist. Abbildung 7–3 zeigt eine einfache Analyse der Verständlichkeit mit dem eingebauten Analysewerkzeug von Microsoft Word. Diese Analyse sollten Sie als Minimum durchführen, und sie passt für fast alle Spezifikationen (egal ob Lastenheft oder Pflichtenheft), da viele gebräuchliche Werkzeuge zur Verwaltung von Anforderungen auf Word basieren.

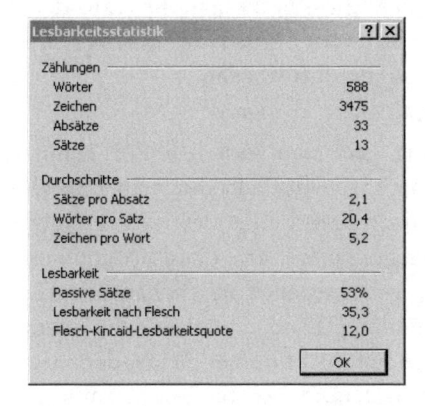

```
Lesbarkeitsstatistik                    ? X
Zählungen
    Wörter                              588
    Zeichen                            3475
    Absätze                              33
    Sätze                                13
Durchschnitte
    Sätze pro Absatz                    2,1
    Wörter pro Satz                    20,4
    Zeichen pro Wort                    5,2
Lesbarkeit
    Passive Sätze                       53%
    Lesbarkeit nach Flesch             35,3
    Flesch-Kincaid-Lesbarkeitsquote    12,0
                                       OK
```

Abb. 7–3 *Textanalyse von Spezifikationen auf Lesbarkeit und Verständlichkeit*

Glossar
Beginnen Sie mit dem Glossar bereits zum Start eines Projekts beziehungsweise beim Ermitteln der Markt- oder Kundenanforderungen. Nehmen Sie dieses Glossar als Hilfe bei Reviews und vor allem bei der Spezifikation und Durchführung von Tests. Prüfen Sie Annahmen zu Benutzerverhalten, Dokumenten etc. anhand des Glossars. Unklarheiten sollten immer auch im Glossar erläutert werden, sodass dieses Glossar die zentrale Anlaufstelle für offene Fragen hinsichtlich der Anwendungsumgebung und ihrer Fachbegriffe ist.

Analyse von Abhängigkeiten
Prüfen Sie die gegenseitigen Einwirkungen von Anforderungen oder Kombinationen von Anforderungen durch Abhängigkeitsprüfungen (z.B. mit der Frage: Wie wirkt sich diese Funktion auf jene andere Funktion aus, wenn sie gleichzeitig ausgeführt werden?) und Quality Function Deployment (also die Abbildung von Anforderungen auf Systemeigenschaften oder auf Systemkomponenten). Sobald

derartige Abhängigkeiten gefunden sind, sollten Sie die horizontale Verfolgbarkeit zur Formalisierung einsetzen, um sie darstellen und pflegen zu können.

Dokumentation der Verfolgbarkeit
Prüfen Sie die Anforderungen darauf, dass sie auf Lösungsbeschreibungen und Testfälle abgebildet sind. Beschreiben Sie für jede Anforderung die jeweilige Quelle und die Erklärung, die zur Anforderung führte. Stellen Sie sicher, dass nichtfunktionale Vorgaben von der Stelle, die an ihnen interessiert ist, spezifiziert werden.

Verbesserung der Klarheit
Starten Sie niemals das Design oder den Test mit unklaren Anforderungen. Machen Sie Ihrem Projektteam klar, dass jede Frage, die durch unzureichende Anforderungen verursacht wird, auch im Team und mit externen Interessengruppen geklärt werden muss. Führen Sie eine *einzige* (und allseits bekannte) organisatorische Schnittstelle ein, die alle solche Fragen klärt. Wenn Entwickler oder Tester Annahmen machen, müssen diese in die Anforderung aufgenommen werden und auf Konsistenz intern (gegen die gesamte Spezifikation) und extern (gegen die Produktvision) geprüft werden.

Benutzerdokumentation
Beginnen Sie frühzeitig mit dem Erstellen der Benutzerdokumentation. Die Benutzerdokumentation ist die ideale Prüfung einer Spezifikation, denn einerseits muss sie sowieso erstellt werden und andererseits erlaubt sie, die Vollständigkeit und Korrektheit der wichtigen Szenarien und Benutzungsfälle zu prüfen. Berücksichtigen Sie dabei die verschiedenen möglichen Benutzer und deren Szenarios, beispielsweise einen regulären Benutzer, einen Administrator oder einen Installateur. Benutzer verhalten sich nicht immer gleich, denn sie haben unterschiedliche Erfahrungen mit dem System. Sehen Sie einen Anfängermodus vor (z.B. nicht erlaubte Eingaben, Rücksprünge, vergessene Passwörter, inkompatible Files, Störungen, Sonderfälle, Ausnahmesituationen), aber berücksichtigen Sie auch, was ein erfahrener Operator an »Abkürzungen« und »Vereinfachungen« einsetzen könnte.

Wiederverwendung
Anforderungen sollten wo möglich wieder verwendet werden (z.B. bei Plattformen oder Produktlinien). Stellen Sie sicher, dass die Anforderungen auch im neuen Kontext gelten. Soweit Sie externe Software (Komponenten, Bibliotheken, Werkzeuge etc.) einsetzen, müssen die Vorgaben aus diesen Komponenten ebenfalls als Einschränkungen spezifiziert werden. Ist die Funktionalität nicht sicher, sollten Sie rigorose Stresstests einplanen.

Modelle
Bereits zur Ermittlung, Dokumentation und vor allem in der Anforderungsanalyse werden Modelle eingesetzt. Sie haben den Vorteil, dass sie wesentliche Aspekte in den Vordergrund stellen und andere Aspekte ausblenden. Damit werden Zusammenhänge leichter erkennbar. Ein gutes Modell dient zur Kommunikation verschiedener Interessenvertreter und hilft offene Punkte hervorzuheben

und zu klären. Modelle erlauben, bestimmte Szenarien unter Berücksichtigung verschiedener Perspektiven systematisch durchzugehen. In der Kommunikation mit späteren Benutzern sind dies Use Cases, Szenarien und Ablaufmodelle.

Prototyping
Falls sehr viele Anforderungen nur vage und ungenau beschrieben sind, müssen weitere Techniken zur Ermittlung der Anforderungen eingesetzt werden. Ein funktionales Prototyping hilft bei der Identifikation von Antwortverhalten. Ein technisches Prototyping hilft bei der Klärung offener technischer Fragen.

Missbrauchsszenarien
Prüfen Sie Fälle und Situationen, die nicht eintreten dürfen explizit. Dazu werden sogenannte »Misuse Cases« oder »Abuse Cases« spezifiziert. Aber auch spezielle Techniken zur Bewertung von Fehlverhalten (z.B. FMEA, FMEDA) und Fehlern (z.B. FTA) kommen zum Einsatz, insbesondere um Risiken und mögliche Schadensfälle explizit auszugrenzen.

Abnahmekriterien
Spezifizieren Sie bereits frühzeitig konkrete Abnahmekriterien gemeinsam mit den Anforderungen. Abnahmekriterien sollten nicht als Einschränkung verstanden werden, sondern vor allem als Unterstützung, welche Merkmale und deren Ausprägung für den Markt oder den Kunden besonders relevant sind. Abnahmekriterien werden in Qualifikationstests übersetzt, aber auch in Teilen bereits im Unit Test oder im Integrationstest als Regression gefahren, um die korrekte Funktion – und Umsetzung der Marktanforderungen – zu gewährleisten.

7.4 Abnahmekriterien

Vor der Inbetriebnahme eines Systems oder einer seiner Komponenten (die ja ebenfalls wieder ein System auf der nächsttieferen Abstraktionsebene darstellen), muss die korrekte Funktionalität geprüft werden. Dies geschieht auf der Basis der zugehörigen Anforderungen und der definierten Abnahmekriterien. Der Auftraggeber nimmt das System gegenüber dem Auftragnehmer formal ab. Dieser Schritt – selbst wenn er informell geschieht – hat eine wesentliche Bedeutung aus der Sicht des Vertrags (siehe Kap. 9). Mit der Abnahme wechseln die Eigentumsverhältnisse, und verschiedene Regelungen zur Haftung (z.B. Gewährleistungspflicht, Produkthaftung) treten in Kraft.

Unklarheiten, Verzögerungen oder gar Streitigkeiten bei der Abnahme werden durch klar definierte Abnahmekriterien vermieden. Oftmals scheuen sich Auftragnehmer davor, solche Kriterien verbindlich zu vereinbaren. In aller Regel ist es zu ihrem Nachteil, soweit es zu Unklarheiten bei der Übergabe kommt. Beispielsweise hat der Autor einmal in einem Projekt gearbeitet, das bereits über eine längere Zeit nicht abgenommen wurde. Der Auftragnehmer sah das Projekt als beendet an, während der Auftraggeber dafür nicht bezahlen wollte. Hintergrund war, dass verschiedene Anforderungen während der Entwicklung in gegenseitigem Einvernehmen geändert wurden. Dies wurde allerdings nicht dokumentiert. Nun musste schrittweise nachdokumentiert, geprüft und vereinbart werden, was der Inhalt des Produkts ist, und was nicht. Danach musste die komplette Bewertung aller Änderungen neu durchgeführt werden, da sich der Auftraggeber natürlich nicht mehr in der Pflicht sah, all diejenigen Änderungen zu akzeptieren, die der Hersteller vorgeschlagen hatte, weil es damals technisch opportun war.

Mit vereinbarten, mess- und prüfbaren Abnahmekriterien ist die Basis klar, auf der das Produkt durch den Auftraggeber übernommen werden muss. Ein Abnahmekriterium wird typischerweise auf der Basis einer Marktanforderung definiert und ist Bestandteil der Anforderungsspezifikation. Ein Beispiel soll dies verdeutlichen:

> *Req007: Bei Rauchentwicklung in der Aufzugskabine oder im Aufzugsschacht ertönt in der Kabine eine akustische Alarmansage und der Aufzug fährt automatisch das nächste Stockwerk an und öffnet die Türe. Danach bewegt er sich nicht mehr und muss manuell wieder entriegelt werden.*
>
> *Abnahmekriterium: (1) Im Aufzugsschacht wird eine Industrierauchkerze entzündet. Der Aufzug muss sich zum nächsten Stockwerk bewegen. Dort kann er nicht wieder in Bewegung gesetzt werden.(2) In der Aufzugskabine wird eine Zigarette entzündet. Nach 20 Sekunden Brenndauer erfolgt die akustische Alarmansage und der Aufzug bewegt sich zum nächsten Stockwerk. Dort kann er nicht wieder in Bewegung gesetzt werden.*

Abnahmekriterien müssen realistisch sein. Es sollten nicht zu viele Abnahmekriterien beschrieben werden, sondern dort, wo Funktionen, Einschränkungen oder NFA für bestimmte Interessengruppen wichtig sind. Zur effizienten Behandlung von Abnahmekriterien sollten sie als Testfälle beschrieben werden. Der Auftragnehmer muss in der Lage sein, sie ohne großen Aufwand durch Simulation, Emulation oder in einer konkreten Betriebssituation durchführen zu können. Sie müssen messbar sein und eine konkrete binäre Aussage ergeben, ob der Abnahmetest erfüllt wurde oder nicht. Schließlich müssen die Abnahmebedingungen reproduzierbar sein, denn falls es zu Nachbesserungen, Erweiterungen oder neuen Randbedingungen kommt, sollte das System ja wieder neu abgenommen werden. Beispielsweise müssen zufällige Tastaturbedienungen konkret spezifiziert werden, und auch zufällige Randbedingungen müssen in einer im Vorfeld (d.h. zum Zeitpunkt der Spezifikation der Abnahmebedingungen) vereinbarten Initialisierungsdatei beschrieben sein.

Abnahmekriterien werden über verschiedene Verfahren spezifiziert:

- **Designkriterien**
  Häufig stehen zu Beginn der Abnahme formalisierte Prüfungen, ob Anforderungen an das Design, die Methodik, den Lebenszyklus, die Entwicklungswerkzeuge oder an die Dokumentation eingehalten wurden. Typische Kriterien umfassen die Untersuchung von Prüfberichten (z.B. statische Codeana-

lyse, Regressionstests) und von spezifischen Kennzahlen aus der Entwicklung (z.B. Testabdeckung, Zuverlässigkeitsmodelle).

- **Funktionsabdeckung**
Die wesentlichen Funktionen werden aus Systemsicht durch Tests beschrieben. Typischerweise existiert für jede Anforderung eine oder mehrere solcher Abnahmebedingungen.

- **Funktionskorrelationen**
Kritische Funktionen werden im Zusammenspiel mit anderen Funktionen geprüft.

- **Randbedingungen**
Die Grenzen und gültigen Wertebereiche werden aus beiden Richtungen geprüft. Ungültige Eingaben sollten nicht nur direkt an der Grenze geprüft werden, sondern auch bei massiven Abweichungen, beispielsweise einem Buffer-Overflow.

- **Datenstichproben und Äquivalenzklassen**
Stichproben von erlaubten oder nicht erlaubten Daten helfen bei Regressionstests. Sie müssen innerhalb eines Wertebereichs das gleiche Verhalten zeigen. Dabei wird der gesamte Wertebereich möglicher Eingaben und Eingangsparameter so in Klassen eingeteilt, dass die Anzahl der Testfälle minimiert wird.

- **Nichtfunktionale Anforderungen**
Abnahmetests für bestimmte nichtfunktionale Anforderungen, wie beispielsweise Informationssicherheit, Portierbarkeit oder funktionale Sicherheit brauchen eine ganze Anzahl von konkreten Bedingungen, die prüfbar beschrieben sind. In der Regel werden solche Abnahmebedingungen nicht durch funktionale Tests beschrieben (wiewohl unser Aufzugsbeispiel oben auch in den Bereich der funktionalen Sicherheit gehört), sondern durch Bedingungen, die in der Implementierung (z.B. Redundanzmaßnahmen, Schnittstellenbeschreibung) geprüft werden. Für Performanzanforderungen sind die nötigen Lastbedingungen exakt zu spezifizieren, denn dies ist sowohl aufwendig in der Realisierung als auch abhängig von zeitlichen Verläufen.

7.5 Test auf Anforderungserfüllung

Das RE hängt sehr eng mit den verschiedenen Testphasen zusammen. Abbildung 7–4 zeigt die grundlegenden Zusammenhänge im testorientierten Requirements Engineering.

Wir betrachten wieder den V-förmigen Entwicklungsprozess, den Sie je nach Ihren Bedürfnissen auch mit Iterationen (also nicht als »V«, sondern eher als »W« mit mehreren Arkaden) darstellen können. Bereits die Anforderungsermittlung beeinflusst den Test. Die zentrale Frage hier lautet: Was sind die wichtigen Nutzen für verschiedene Interessengruppen? Danach richtet sich nicht nur die

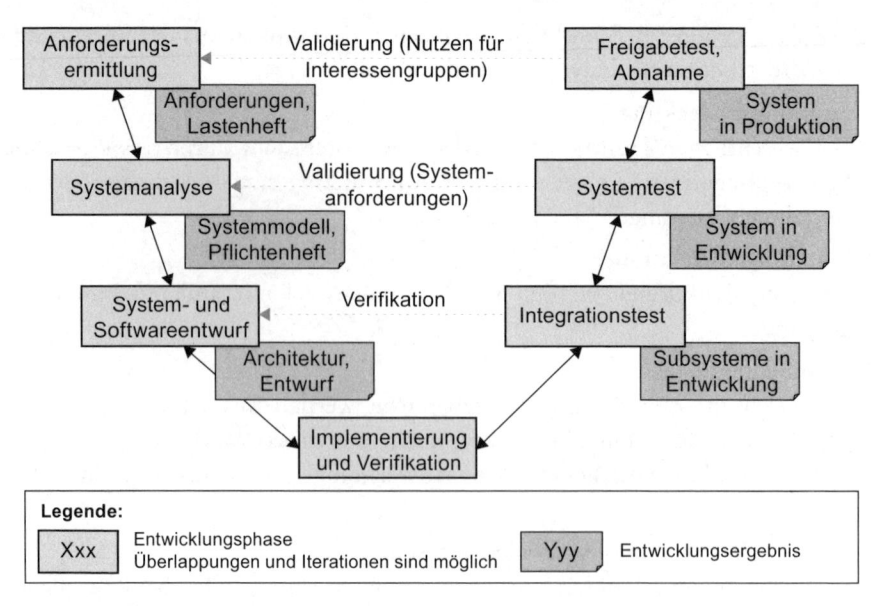

Abb. 7–4 *Testorientiertes Requirements Engineering*

Priorisierung und Iterationsplanung, sondern auch die Testplanung. Schließlich müssen die gelieferten Funktionen im fertigen System mit der richtigen Qualität zur Verfügung stehen. Jede darunterliegende Schicht geht zwar mehr ins Detail, weitet dabei aber immer das RE und den damit verbundenen Test aus. Die Systemanalyse liefert ein Pflichtenheft (oder Fachkonzept bei IT-Lösungen), das als Basis für den Systemtest aus einer internen Sicht dient. Der Systementwurf legt die Hardware- und Softwareanforderungen fest. Entsprechend werden diese Funktionen später im Integrationstest verifiziert. Testorientiertes RE stellt sicher, dass für jede Phase (oder Schicht in der Abbildung) sowohl die Anforderungen als auch die zugehörigen Testfälle spezifiziert werden. Nur diese klare Aufteilung verschiedener Arten von Anforderungen und Testfällen gewährleistet, dass Fehler frühestmöglich in der Phase gefunden werden, in der sie zuerst auftreten.

Dem Testdatenmanagement nutzt ein klarer und konsistenter Verweis auf die Produktanforderungen. Abbildung 7–5 zeigt exemplarisch einen solchen Zusammenhang, wie er in vielen Produkten auftritt. Links ist die Produktsicht dargestellt, zu der eine bestimmte (versions- oder variantenabhängige) Testliste und projektbegleitend die jeweiligen Testergebnisse (z.B. Reports, Testabdeckung, Fehlerzahlen, Korrekturfortschritt, Regressionstests etc.) gehören. Rechts ist – projektübergreifend – die Testbibliothek dargestellt, die es erlaubt, Testfälle in verschiedenen Varianten und Versionen einzusetzen. Konsistenz wird durch die Verweise auf bestimmte Produktanforderungen erreicht.

Gutes Requirements Engineering braucht gute Tester, die im Analyse- und Spezifikationsprozess aktiv beteiligt sind. Und umgekehrt gilt, dass ein brauchbarer Test mit hoher Effektivität und Produktivität bereits in der Spezifikations-

7.5 Test auf Anforderungserfüllung

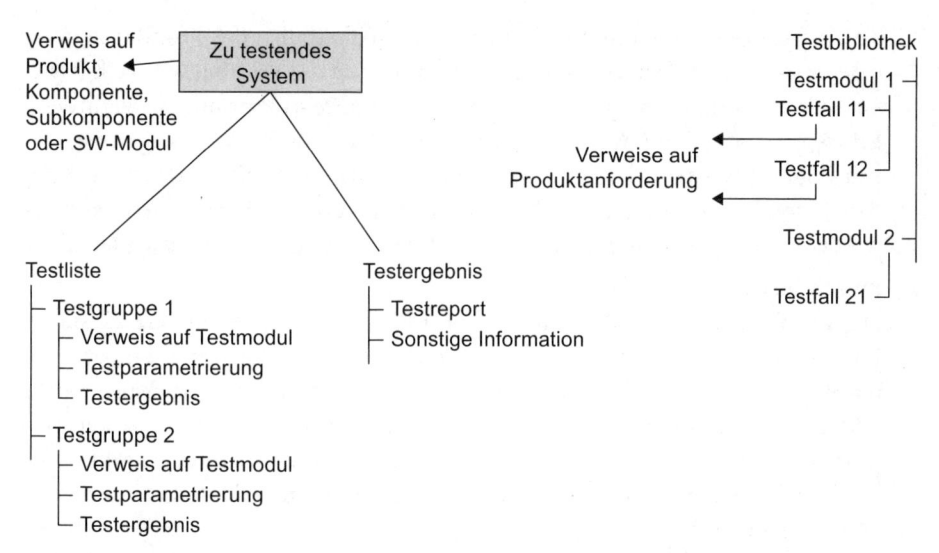

```
Verweis auf        ┌─────────────┐                              Testbibliothek
Produkt,      ◄────│Zu testendes │
Komponente,        │   System    │                              Testmodul 1 ┐
Subkomponente      └─────────────┘                              Testfall 11 ┤
oder SW-Modul         ╱        ╲                                            │
                     ╱          ╲         Verweise auf      ◄───            │
                    ╱            ╲        Produktanforderung Testfall 12 ──┘
                   ╱              ╲                          ◄───
                                                                Testmodul 2 ┐
Testliste                  Testergebnis                                     │
├ Testgruppe 1             ├ Testreport                         Testfall 21┘
│ ├ Verweis auf Testmodul  └ Sonstige Information
│ ├ Testparametrierung
│ └ Testergebnis
├ Testgruppe 2
│ ├ Verweis auf Testmodul
│ ├ Testparametrierung
│ └ Testergebnis
```

Abb. 7–5   *Testdatenmanagement mit Produktanforderungen als gemeinsame Referenz*

phase beginnt. Das Planen und Spezifizieren von Blackbox-Tests hilft beim Spezifizieren und Verstehen von Anforderungen:

- **Vollständigkeit der Anforderungen**
  Tester bemerken sofort, wenn es nicht definierte Bereiche gibt. (Zum Beispiel: Wie soll ich das denn testen? Was wird hier erwartet? Und was passiert, wenn der Benutzer »xyz« eingibt? Was werden Nichtfachleute an dieser Stelle eingeben? Woher erhält dieses System das File »abc«?)

- **Genauigkeit und Klarheit der Anforderungen**
  Oftmals bleiben Anforderungen oberflächlich, weil sie einen faulen Kompromiss enthalten oder weil die Details noch nicht vollständig abgestimmt sind. Damit kann man kein System entwerfen. Zumindest müssen Aspekte beschrieben werden, die noch offen sind, damit man eventuell eine Parametrisierung vorsehen kann. Tester bemerken solche Oberflächlichkeiten und verlangen nach mehr Genauigkeit. (Zum Beispiel: Dieses Szenario erwartet eine Eingabe, die aber in diesem anderen Szenario noch gar nicht abgeschlossen ist. Hier wird ein Signal zur Synchronisation eingesetzt, das nicht immer stabil zur Verfügung steht. Kann sich die Währung noch ändern? Was passiert, wenn an dieser Stelle der Vorgang abgebrochen wird? Wie verhält sich das System, wenn während der Transaktion der Server nicht reagiert? Kann das CPU-Board während der Transaktion wirklich ausgetauscht werden?)

- **Testbarkeit der Anforderungen**
  Anforderungen können genau und vollständig sein und dennoch nicht testbar, weil bestimmte Voraussetzungen noch nicht quantitativ präzisiert sind. Tester sind vor allem daran interessiert, in den Anforderungen auch die späteren Abnahmekriterien wieder zu finden. Nur diese Präzision erlaubt es ihnen, die

Testfälle zu optimieren und nicht mit zu vielen Testfällen das Produkt unnötig teuer zu machen. (Zum Beispiel: Wie soll denn nun die Wartbarkeit nachgewiesen werden? Brauchen wir eine bestimmte Testinfrastruktur, um die geforderte Effizienz zu erreichen? Wie wird der Kunde die gewünschte Gebrauchstauglichkeit konkret feststellen? Gibt es bestimmte Anwendungsfälle, die für den Kunden besonders wichtig sind? Welche Ausnahmesituationen müssen getestet werden? An welchen Szenarien verdient der Kunde später am meisten Geld?)

- **Einschränkungen abschwächen**
  Die Beteiligung von Testern in der Spezifikationsphase verhindert zu starke Einschränkungen. Oftmals werden alle nicht gewünschten Szenarien per Definition ausgeblendet. Dies mag zwar aus Benutzer- und aus Spezifikationssicht einfach sein, reduziert aber auch den verfügbaren Lösungsraum. Tester hinterfragen Einschränkungen genauso wie funktionale oder nichtfunktionale Anforderungen. Schließlich bringt jede Einschränkung ebenfalls eine Menge von Testfällen mit sich.

Blackbox-Tests testen Anforderungen. Ein Tester fragt grundsätzlich bei jeder Anforderung und in jedem Szenario zuerst einmal: »Was wäre, wenn ...?« Soweit die Antwort eindeutig und nachvollziehbar ist, wird er weiter fragen, bis eine Situation auftritt, die noch nicht ausreichend spezifiziert oder gar analysiert und abgestimmt ist. Erst dann kann er zufrieden sein und wird die gefundenen Schwachpunkte in seiner Liste der Auffälligkeiten markieren. Dieses Vorgehen zeigt, dass gute Tester an negativen Ergebnissen interessiert sind. Dies liegt nicht daran, dass sie negativ eingestellt sind, sondern daran, dass sie für den Misserfolg bezahlt werden. Jeder Tester weiß, dass ein gelungener Testfall gar keinen Beweis für die Funktionalität oder Zuverlässigkeit darstellt. Tester werden dafür bezahlt, Fehler zu finden. In der Spezifikationsphase ist diese Einstellung sehr viel wert, denn die meisten anderen Beteiligten wollen nur die Phase schnellstmöglich abschließen – wohlwissend, dass sich Unstimmigkeiten nachher im Projekt zeigen werden.

Wir wollen dieses Vorgehen und seinen Nutzen an einem kleinen Beispiel veranschaulichen. Ein interaktives System soll entwickelt werden, das Kundendaten verwaltet und auf deren Basis Workflows anstößt. Eine der ermittelten Anforderungen verlangt, dass das System »eine Kundenakte automatisch so präsentiert wie beim letzten Mal«. Die Motivation für diese Anforderung ist aus Sicht des Produktmanagers evident. Es geht um eine Verbesserung des Workflow-Managements. Eine einmal – und oftmals mühsam – optimierte Einstellung und Sicht für einen bestimmten Bearbeiter sollte nicht jedes Mal manuell neu eingestellt werden müssen. Nun kommt der Tester ins Spiel. Er entdeckt sofort einige offene Punkte in der Spezifikation: Sollen die Einstellungen pro Kundenakte oder pro Benutzer eingefroren werden? Sind die Sichten beliebig und autonom durch den Benutzer definierbar oder werden sie aus vorkonfigurierten Sichten durch Parametrisierung individualisiert? Sind alle Sichten für alle Benutzer verfügbar oder aber nur diejenigen, die ein Benutzer vorher für sich selbst definiert hatte? Er wird viele solcher Subtilitäten finden, die später im Projekt bestenfalls zu Klärungsbedarf führen, und damit das Projekt verzögern, und schlimmstenfalls zu viel Verwirrung und Fehlern, wenn sie ohne Klärung nach Gutdünken der Entwickler realisiert werden. Nachdem diese offenen Punkte geklärt sind, wird der Tester interne Akzeptanzkriterien vorschlagen und daraus Testfälle ableiten. Eines dieser Szenarios könnte wie folgt aussehen: Logge als Benutzer »xyz« ein. Gehe in den Parametrisiermodus für die Kundenakte. Ändere Bilder und Darstellungen (z.B. Zoom, Fensteranordnung, Ausschnitte). (1) Verlasse die Kundenakte. Gehe zur Akte zurück. Die Akte wird exakt gleich dargestellt. (2) Verlasse das System. Starte neu und logge unter gleichem Namen xyz ein. Gehe zur Akte zurück. Die Akte wird exakt gleich dargestellt. (3) Verlasse das System. Starte neu und logge unter neuem Namen »abc« ein. Gehe zur Akte zurück. Die Akte wird nicht so wie bei Benutzer xyz dargestellt, sondern wie in der letzten Einstellung von Benutzer abc.

Systemtests (Blackbox-Tests, Abnahmetests) müssen bereits ab Projektbeginn konstruiert werden. Daher ist es für den Projekterfolg relevant, dass Tester bereits in der Analysephase zur Verfügung stehen. Das Problem dabei ist, dass die gleichen Tester in der Anforderungsphase benötigt werden, die auch gerade in der heißen Phase des Vorgängerprojekts Überstunden aufhäufen (siehe Abb. 7–6). Abhilfe schaffen dabei dezidierte Expertenteams, die langfristig gebildet werden. In diesen Expertenteams sind verschiedene Expertisen fest eingeplant, die mit einem bestimmten Prozentsatz für die Analyse und für Reviews der Spezifikationen in den frühen Phasen von Projekten zur Verfügung stehen.

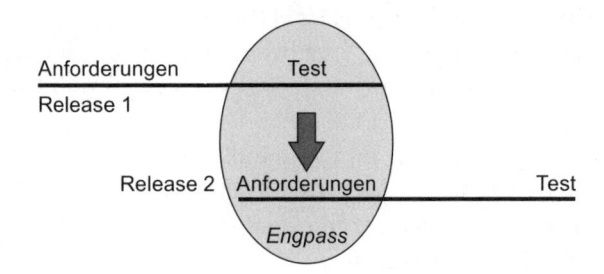

Abb. 7–6   *Planungsaspekte für die Beteiligung von Testern in der Spezifikationsphase*

7.6 Checkliste zur Validierung von Anforderungen

Die Qualität von Anforderungsspezifikationen lässt sich beträchtlich verbessern, wenn die Inhalte und die Struktur während der Erstellung überprüft werden. Diese Prüfungen sind hier nach den Qualitätskriterien aus Kapitel 7.2 sortiert. Sie sollten daraus Ihre eigene Checkliste destillieren, die primär auf jene Qualitätsanforderungen zielt, die für Sie sowie für Ihre Kunden und Märkte am wichtigsten sind.

Korrektheit

- Wurden die Anforderungen durch verschiedene Interessengruppen geprüft?
- Sind die Anforderungen inhaltlich freigegeben?
- Wird klar zwischen Anforderungen und Lösungen unterschieden (Lastenheft versus Pflichtenheft)?
- Folgen alle Anforderungen einem definierten Template? Sind die minimalen Inhalte pro Anforderung beschrieben (also Referenznummer, Titel, Inhalt, Quelle, Erfüllungskriterien, Priorität, Nutzen etc.)?
- Sind Referenzen zu definierten Wörtern konsistent mit ihrer jeweiligen Definition und dem Eintrag im Glossar?
- Werden Begründungen für den Nutzen von Anforderungen im Kontext beschrieben? Ist der Kontext ausreichend?
- Gibt es Anforderungen, die mit gegebenen Einschränkungen nicht konform gehen?
- Wurden die Anforderungen modelliert und geprüft, um Konflikte zu identifizieren (z.B. logisch, temporär, Ausführungsverhalten, Antwortverhalten)?
- Sind die nichtfunktionalen Anforderungen präzise und quantitativ beschrieben?

Eindeutigkeit

- Trennt die Spezifikation sauber zwischen Anforderungen (Lastenheft: Was soll das System erfüllen?) und der Lösungsbeschreibung (Pflichtenheft: Wie werden die Anforderungen implementiert?).
- Gibt es Anforderungen, die verschieden interpretiert werden können? Wie könnte die Klarheit und Eindeutigkeit verbessert werden?
- Sind Anforderungen zu wenig spezifiziert und lassen Fragen offen? Sind Anforderungen überspezifiziert, sodass der Lösungsraum zu stark eingeschränkt wird?
- Ist die Terminologie eindeutig und verständlich? Gibt es ein Glossar (hier als »Data Dictionary« genutzt), das zwischen der Fachsprache im Anwendungsbereich und der Fachsprache der Informatiker übersetzt? Existiert ein Index, der parallel zum Glossar die Fachwörter verfolgbar macht?

Verständlichkeit

- Wurde eine definierte Grammatik oder Fachsprache eingesetzt?
- Sind die Sätze kurz und prägnant?
- Ist die Anforderung verständlich beschrieben? Hat sie sprachliche Unschärfen? Kann sie ein externer Nichtfachmann lesen und verstehen? Sind Abkürzungen und Fachwörter ausreichend beschrieben?
- Können die Anforderungen von einer anderen Gruppe von Entwicklern und Analysten gleichfalls verstanden werden? Wird implizites Wissen vorausgesetzt?
- Werden Einschränkungen sauber beschrieben? Werden sie auf Anforderungen abgebildet?

7.6 Checkliste zur Validierung von Anforderungen

- Werden alle funktionalen Anforderungen durch Benutzer, das System selbst oder andere Systeme angestoßen? Sind diese ausführenden Agenten und deren Interaktion klar beschrieben?
- Gibt es Anforderungen, die beim Lesen Unsicherheiten oder Fragezeichen erkennen lassen? Bei welchen Anforderungen fühlen Sie sich unwohl?

Vollständigkeit

- Wurden die verschiedenen Zielgruppen befragt – auch nach nicht dokumentierten Wünschen an das System?
- Ist die Spezifikation formal vollständig? Folgt sie einem externen (Branchen-)Standard? Genügt sie den Vorgaben für entsprechende Produkte oder Märkte? Existieren Inhaltsverzeichnis, Einführung, Anwendungsbereich, Produktvision, Glossar, Abkürzungsverzeichnis, Lasten- und Pflichtenheft, Beschreibung der gewählten Architektur?
- Sind die nicht technischen Anforderungen und Prozessanforderungen vollständig beschrieben? Sind Marketinganforderungen sauber von den technischen Anforderungen getrennt? Kommen sie aus einer zuverlässigen Quelle oder wurden sie von den Technikern abgeschätzt?
- Werden Annahmen und Voraussetzungen beschrieben? Wird skizziert, wie die Annahmen überprüft werden können? Wird beschrieben, wie im Fall von Änderungen der Annahmen oder Voraussetzungen zu verfahren ist?
- Sind die Systemgrenzen beschrieben? Ist klar, was im Projekt zu erledigen ist und was nicht? Ist die Produktvision verständlich und abgestimmt?
- Sind alle beschriebenen Anlagen (also Dokumente, Standards etc.) verfügbar?
- Sind genügend Abbildungen vorhanden (z.B. Ablaufdiagramme, Kommunikationsdiagramme)? Sind die Abbildungen verständlich und ausreichend beschrieben? Sind Abbildungen, Diagramme und Tabellen hinreichend im Text referenziert?
- Gibt es Bereiche, die bekanntermaßen unvollständig sind (sogenannte »known unknowns«)? Wie kam es dazu? Wie sollen die fehlenden Inhalte später bestimmt werden? Wer entscheidet über die Klärung dieser Sachverhalte? Wie wird vertraglich sichergestellt, dass dadurch nicht neue und versteckte Anforderungen durch die Hintertüre kommuniziert werden?
- Sind alle gewünschten Qualitätsmerkmale explizit beschrieben und gegeneinander priorisiert?
- Sind bei funktionalen Anforderungen die nötigen Attribute beschrieben (z.B. Zeitanforderungen, Antwortverhalten, Lastverhalten, Datentransferraten)?
- Ist die Zuverlässigkeit auf System-, Subsystem- und Komponentenebene hinreichend beschrieben?
- Gibt es Einschränkungen, die noch gegen die Anforderungen überprüft werden müssen? Fehlen Einschränkungen, die Sie erwarten würden?
- Sind für Datenelemente (Eingänge, Ausgänge) die zulässigen Wertebereiche beschrieben? Sind die nötigen Schnittstellen ausreichend beschrieben? Sind

bei externen Eingaben sicherheitsrelevante Vorgaben beschrieben (z.B. Überlaufschutz)? Sind bei eingebetteten Systemen die zeitlichen Gültigkeiten der Ein- und Ausgaben beschrieben? Ist die Periodizität von Schnittstellenabfragen oder -ausgaben beschrieben? Sind die Formate von Benutzerschnittstellen oder von Reports beschrieben? Ist die langfristige Archivierung von Rohdaten beschrieben?
- Sind die nötigen Algorithmen vollständig beschrieben?
- Werden die minimalen nichtfunktionalen Vorgaben beschrieben (also Effizienz, Antwortverhalten, Einschränkungen in Architektur und Technologie, Sicherheit, Datenschutz, Portabilität, Wiederverwendbarkeit, wiederzuverwendende Softwarekomponenten, Wartbarkeit, Lieferanten, Installation, Betrieb, Service, Verständlichkeit, Benutzbarkeit etc.)?
- Sind Hardwareanforderungen und -einschränkungen ausreichend beschrieben (z.B. Speicherplatz, Schnittstellen)? Sind die Hardwarevorgaben ausreichend, um die System- und Softwareanforderungen zu realisieren (z.B. externe Schnittstellen, zu verwendende Plattformen und Middleware, eingesetzte Hardware, Kommunikationsschnittstellen und -infrastruktur, Datendurchsatz, Netzwerke, Klimatisierung, Feuerschutz, Back-ups)? Sind die Hardwarevorgaben zeitgemäß? Können sie hinreichend isoliert werden, falls es zu Hardwareänderungen kommt?
- Sind Einschränkungen durch zugekaufte Komponenten (Hardware, Middleware, Software, Bibliotheken, Werkzeuge) beschrieben?
- Sind Anforderungen hinsichtlich der erwarteten Stabilität charakterisiert? Gibt es Anforderungen, die sich später mit großer Wahrscheinlichkeit ändern?
- Wurden in der Sammlungs- und Spezifikationsphase alle Interessengruppen konsultiert?

Konsistenz

- Steht die Anforderung im Widerspruch zu anderen Anforderungen, zur Produktvision oder zu Einschränkungen – so wie Sie es verstehen?
- Ist die Anforderung zu komplex oder zu einfach? Kann die Anforderung noch in weitere Anforderungen verfeinert werden?
- Wurde die Anforderung im Zusammenhang analysiert und modelliert?

Bewertbarkeit

- Existieren klare und konsistente Kriterien für Prioritäten oder Gewichtungen der Anforderungen?
- Sind alle Anforderungen priorisiert?
- Sind für Anforderungen, die Konflikte auslösen können, die Prioritäten klar beschrieben?
- Ist in der Spezifikation beschrieben, wer über Prioritäten oder Konflikte entscheidet, wenn sie erst zur Projektlaufzeit erkannt werden?

Prüfbarkeit

- Ist die Anforderung testbar beschrieben?
- Hat jede Anforderung ein Gütekriterium, um zu prüfen, ob sie in der Realisierung abgedeckt ist?
- Sind bei nichtfunktionalen Anforderungen alle Inhalte mess- und prüfbar beschrieben?
- Sind Ausnahmeszenarien hinreichend genau beschrieben? Sind sie ausgewogen, um zu verhindern, dass zu viel in die falschen Details investiert wird?
- Wurde detailliert, was für den Kunden besonders wichtig ist?
- Stehen operative Betriebsprofile und entsprechende Szenarien zur Verfügung? Spiegeln sie die spätere operative Auslastung angemessen wider?

Modifizierbarkeit

- Wird sich die Anforderung über die Zeit ändern? Ist die Wahrscheinlichkeit oder die Möglichkeit von Änderungen und deren Ausmaß beschrieben?
- Sind Vorgehensweisen zur Erweiterung oder zur Änderung der Anforderungen beschrieben?

Verfolgbarkeit

- Sind alle Anforderungen zu einem oder mehreren Kundenbedürfnissen verfolgbar?
- Ist jede Anforderung eindeutig identifiziert, sodass Testfälle eindeutig zuordenbar sind?
- Ist jede Anforderung an bestimmte Dokumente gebunden? Können Änderungen in beide Richtungen verfolgt werden?
- Können alle Anforderungen zu einer Quelle auf der Kunden- oder Benutzerseite verfolgt werden? Können Sie zu Marketinganforderungen verfolgt werden?
- Können alle Anforderungen zu einem Testplan für die Abnahme verfolgt werden?
- Während der Projektlaufzeit: Können alle Anforderungen vertikal zu Projektergebnissen verfolgt werden (z.B. Entwurfsdokumente, Testpläne, Modelle, Code)?

Relevanz

- Ist jede beschriebene Anforderung relevant?
- Was passiert, wenn die Anforderung nicht berücksichtigt wird? Welche anderen Anforderungen bedingen diese Anforderung? Welchen konkreten Grenznutzen (d.h. zusätzlicher Wert des Systems) liefert diese Anforderung?
- Sind die geforderten Einschränkungen wirklich nötig? Behindern sie die Entwicklung oder die spätere Erweiterbarkeit?
- Verletzt die Anforderung Annahmen oder Erwartungen einer Benutzergruppe oder einer Interessengruppe?
- Sind die zugrunde liegenden relevanten Annahmen, Vor- und Nachbedingungen, Eingänge und Ausgänge, Benutzer- und Systeminteraktionen oder Szenarien ausreichend beschrieben?

- Steht die Anforderung im Zusammenhang mit anderen Anforderungen? Sind diese anderen Anforderungen hinreichend referenziert?
- Ist die Quelle der Anforderung beschrieben? Ist der jeweilige Kunde als Quelle beschrieben?
- Ist ihr Nutzen quantifiziert?

Realisierbarkeit

- Kann die Anforderung technisch realisiert werden?
- Können die Anforderungen in ihrer Gesamtheit wirtschaftlich umgesetzt werden?
- Wurde der Business Case der Anforderungen geprüft? Sind die Annahmen stimmig und konsistent mit Marktbeobachtungen und strategischen Randbedingungen (z.B. Käuferverhalten, Lieferantenbeziehungen, technologische Entwicklungen)?
- Unterstützen die gegebenen Randbedingungen (technisch, Benutzer, Schnittstellen, wirtschaftlich) die Realisierbarkeit?
- Sind die funktionalen Anforderungen so, wie sie beschrieben sind, ausführbar?

Konsistenz

- Sind die Anforderungen so strukturiert, dass ähnliche Bereiche oder Anforderungen im gleichen Kontext beschrieben werden?
- Gibt es Anforderungen, die nicht implementiert werden können?
- Gibt es Überlappungen in Anforderungen? Gibt es redundante Anforderungen? Weshalb werden sie beibehalten? Wurden die Überlappungen auf Konsistenz überprüft?
- Ist die Terminologie gleichbleibend und mit dem Glossar abgestimmt?
- Gibt es Anforderungen, die bereits Lösungen oder Entwurfsentscheidungen beschreiben? Sind sie nötig?
- Gibt es einzelne Anforderungen, deren inhaltlicher Zusammenhang mit der Produktvision unklar ist?

7.7 Tipps für die Praxis

- Prüfen Sie alle Anforderungen mithilfe von Inspektionen und formalen Qualitätskriterien (z.B. Fehlerlimit, Verständlichkeit). Setzen Sie zur Prüfung Checklisten ein. Prüfungen haben vielfältige Nutzeffekte, neben der Qualitätskontrolle beispielsweise die Schulung der Autoren, eine verbesserte Umsetzbarkeit der Anforderungen und die Gewissheit, dass das Richtige implementiert wird.
- Verifizieren Sie Arbeitsergebnisse regelmäßig. Es gibt bei Spezifikationen nicht den einen verbindlichen Review am Ende, sondern bereits frühzeitige Prüfschritte zur Entstehungszeit, beispielsweise in der Ermittlung bei der Prüfung von Bedürfnissen und Randbedingungen.
- Planen Sie die Zeit für die notwendigen Validierungsschritte explizit ein, insbesondere auch vor Projektstart. Messen Sie den Erfolg der Prüfschritte (Effektivität und Effizienz), um zu vermeiden, dass Aufwand verschwendet wird. →

- Vermeiden Sie bei Reviews »Platzhalter« aus nicht betroffenen Organisationen, die gar kein Verständnis für das Produkt und seine Anforderungen haben. Prüfungen werden durch direkt betroffene Interessenvertreter (z.B. Vertrieb, Marketing, Produktmanagement, Test, Projekt) durchgeführt.
- Verteilen Sie zu prüfende Dokumente nicht einfach per E-Mail und warten dann auf eine Antwort. Das führt zu keinen brauchbaren Ergebnissen, denn die Leute haben anderes zu tun. Laden Sie zu einer Besprechung ein, wo die Ziele, Vorgaben und zeitliche Planung abgestimmt werden.
- Machen Sie Reviews interaktiv. Man liest nicht nur Dokumente, was ermüdend und aufwendig ist, sondern illustriert und diskutiert, wie Abläufe und Funktionen mit den Marktanforderungen korrespondieren. Fehler werden nicht durch das pure Lesen entdeckt, sondern indem die vorgeschlagene Lösung aktiv hinterfragt wird.
- Spezifizieren Sie Abnahmekriterien mit dem Auftraggeber bereits während der Ermittlung, Modellierung und Analyse der Anforderungen. Balancieren Sie die nötigen Abnahmekriterien aus, um zu viele Tests zu vermeiden. Nehmen Sie in die Abnahmekriterien auch interne Prüf- und Prozessdokumente auf, die die korrekte Umsetzung der Anforderungen während der Entwicklung demonstrieren. Zur effizienten Behandlung von Abnahmekriterien sollten sie als Testfälle beschrieben werden.
- Beenden Sie die Validierung nicht auf der Basis entdeckter Fehler. Wenn keine Fehler entdeckt werden, heißt dies noch gar nichts! Gute Qualität bedeutet, dass die relevanten Fehlerquellen geprüft wurden und dass diese Prüfung nachvollziehbar dokumentiert ist.
- Starten Sie niemals das Design oder den Test mit unklaren Anforderungen. Machen Sie Ihrem Projektteam klar, dass jede Frage, die durch unzureichende Anforderungen verursacht wird, auch im Team und mit externen Interessengruppen geklärt werden muss.
- Führen Sie eine einzige (und allseits bekannte) organisatorische Schnittstelle ein, die alle offenen Fragen bezüglich der Anforderungen, ihrer Interpretation, der Annahmen während der Entwicklung und der Randbedingungen klärt.
- Planen Sie den Test als Teil des RE. Das Testen beginnt bereits vor dem Projektstart. Gutes Requirements Engineering braucht gute Tester, die im Analyse- und Spezifikationsprozess aktiv beteiligt sind. Nur dadurch werden Anforderungen testbar und verständlich, was die Entwicklungskosten reduziert.

7.8 Fragen an die Praxis

- Welchen Einfluss hat die Qualität einer Spezifikation auf den Projekt- und Produkterfolg?
- Welche Fehlerarten können mit welchen Verifikations- und Validierungsaktivititäten gefunden werden?
- Welche Fehlerentdeckungsrate (Effizienz) in Fehler pro Personenstunde können Sie bei der Prüfung Ihrer Spezifikationen messen?
- Wie lässt sich die Effizenz der Fehlerentdeckung verbessern?
- Wie viele Fehler werden durch Spezifikationen pro (logischer) Seite einer Spezifikation entdeckt (Effektivität)? Ist dieser Wert gut oder schlecht?
- Wie lässt sich die Effektivität der Fehlerentdeckung verbessern?
- Wie stellen Sie die Testbarkeit der Anforderungen in Ihren Projekten sicher? Berücksichtigen Sie dabei auch die nichtfunktionalen Anforderungen? Werden Abnahmetests mit dem Kunden abgestimmt oder intern festgelegt?

- Zu welchem Zeitpunkt in Ihren Projekten treten die Tester in Aktion? Würde es Sinn machen, dass sie früher aktiv werden? Wie könnten Sie eine solche Änderung rechtfertigen?
- Woher wissen Sie, dass Sie die optimale Zahl von Testfällen haben? Können Testfälle weggelassen werden oder fehlen Testfälle? Wie messen Sie die Abdeckung? Ist sie für diese Art von System optimal?
- Werden Testfälle anhand operativer Kriterien festgelegt? Woher kommen diese operativen Kriterien?
- Wie verändert sich die Qualität einer Spezifikation über die Zeit hinweg? Wird beispielsweise die Lesbarkeit besser oder schlechter, wenn sich Spezifikationen während des Projekts weiterentwickeln?

8 Anforderungen modellieren und analysieren

*Den Flug des Denkens hemme ferner keine Schranke
als die Bedingungen endlicher Naturen.*

– Friedrich Schiller, in Don Carlos

8.1 Lösungen entwickeln

Das Ziel der Anforderungsanalyse besteht darin, die **erste Synthese einer Lösung sowie der Schritte zu dieser Lösung** zu liefern. Die Bandbreite ist dabei groß, geht es doch einerseits um das begleitende Explorieren während der Anforderungsermittlung bis hin zur Abschätzung von Einflüssen und Aufwänden. Das Ergebnis der Analysephase ist die Spezifikation eines Lösungsmodells mit seinen Abhängigkeiten und Randbedingungen, die von der Ermittlung bis zur Vereinbarung ständig präzisiert werden.

Ziele und Anforderungen sind keine absoluten Wahrheiten. Es ist unsere Aufgabe in der Ermittlung und Analyse, die verschiedenen Interessengruppen zu verstehen und zu einer realistischen Einschätzung der Ziele zu kommen. Daher beginnt die Analyse von Anforderungen bereits im Problemraum, wenn aus Marktanforderungen Produktanforderungen entwickelt werden. Danach bewegt sich die Anforderungsanalyse zunehmend im Lösungsraum. Sie hilft, den Bruch zwischen Problem (oder Bedarf) und Lösung zu überbrücken. In der Regel werden verschiedene Lösungsansätze vergleichend bewertet, bevor eine Lösung dann detailliert erarbeitet und beschrieben wird.

Die Lösungsbeschreibung (oder das Lösungsmodell) mündet in die entsprechenden Kapitel des Pflichtenhefts und erweitert damit die Spezifikation (siehe Kap. 3.2). Das Lösungsmodell kann nur entwickelt werden, wenn es verschiedene Blickwinkel betrachtet und integriert. Auch dies ist eine – oftmals zeitliche – Parallele zur Anforderungsermittlung. Aufgrund der Komplexität von Aufgabenstellungen und internen Zusammenhängen werden in der Analyse verschiedene Methoden kombiniert. Nur selten genügt ein einziges Modell oder eine einzige Methode (siehe Kap. 8.3).

Die Wahl einer Methode und eines Modells ist immer eine Einschränkung. Modelle reduzieren die Wirklichkeit, und mit unzureichenden Methoden werden die falschen Anforderungen ermittelt. Um zu einer tragfähigen Lösung zu gelangen, werden daher Ziele und Anforderungen – je nach Zielvorgaben – mit verschiedenen Methoden analysiert. Der Analyst oder Entwickler betrachtet den Einfluss verschiedener Lösungsmöglichkeiten auf die existierende oder zu entwickelnde Systemumgebung. Er schätzt den Entwicklungsaufwand je nach Lösung ab und vergleicht ihn mit den Nutzenpotenzialen. Schließlich verifiziert er die Lösungselemente hinsichtlich Korrektheit, interner Konsistenz, Testbarkeit und Vollständigkeit gegen die Anforderungen.

Den Start für die Analyse und Lösungsspezifikation bildet die Aufgabenbeschreibung, also die Anforderungen und der erlaubte Lösungsraum. Der Lösungsraum wird durch die Systemgrenzen und Schnittstellen sowie durch Einschränkungen und Umgebungseinflüsse beschrieben. Der Analyst muss sich im Rahmen der Analyse ein sehr intensives Bild der Aufgabe und des Lösungsraums machen. Daraus entwickelt er schrittweise und meistens top-down die Beschreibung der Lösung.

Betrachten wir ein **einfaches Beispiel**, das diese Vorgehensweise zeigt. Es geht um die Automatisierung einer chemischen Produktion, in der zwei Flüssigkeiten bei definierter Temperatur und gegebenem Mischungsprofil gemischt werden sollen. Ein Benutzerterminal erlaubt es, die Flüssigkeiten und deren Menge zu wählen und damit Chargen zu spezifizieren. Die Automatisierung des Verfahrens soll Produktbezeichnungen und die zugrunde liegenden Mischprozesse speichern, sodass sie später im Batchbetrieb automatisch wiederverwendet werden können. Eine homogene Emulsion resultiert nur aus einem exakt eingehaltenen Mischungsverhältnis. Wie bei fast allen chemischen Prozessen sind die Umgebungsverhältnisse exakt einzuhalten, also Temperatur und Druck beim Mischen. Aus Gründen der Kostenreduzierung soll die Anlage so flexibel sein, dass sie mit verschiedenen Flüssigkeiten, Umgebungsfaktoren und Mischungsverhältnissen umgehen kann.

Nachdem sich der Analyst mit der Materie vertraut gemacht hat, wird er feststellen, dass viele Fragen offen sind. Fragen resultieren aus unzureichend detaillierten Anforderungen: Wie sieht die Anlage eigentlich aus? Wird sie neu gebaut oder steht sie bereits zur Verfügung? Arbeitet sie derzeit korrekt? Wie sehen die Schnittstellen zur Anlage aus (z.B. Sensorik, Aktorik)? Welche Temperatur- und Druckbereiche sind zulässig? Sind Alarmvorrichtungen und Sicherheitsmaßnahmen vorzusehen? Wie soll die Anlage reagieren, wenn die Menge oder die Qualität der zufließenden Substanzen nicht genügt? Einige offene Punkte werden erst durch die nichtfunktionalen Anforderungen richtig deutlich, wie beispielsweise: Tragen die Flüssigkeiten bei der Reaktion oder beim Mischen zu einer Druck- oder Temperaturänderung bei, die kompensiert werden muss? Kann es zu sicherheits- oder gesundheitskritischen Prozessschritten kommen? Wie kritisch ist die Sauberkeit der Anlage, bevor neue Flüssigkeiten zugeführt werden? Wie erfahren sind die Betreiber der Anlage? Es gibt also sehr viele Fragen, die wahrscheinlich noch weitere Fragen durch die gegebenen Antworten generieren.

8.1 Lösungen entwickeln

Wir erkennen aus diesem Beispiel, **was einen guten Requirements-Ingenieur ausmacht**. Er muss sich eine solide Wissensbasis aus dem Anwendungsbereich erarbeiten, um überhaupt die richtigen Fragen stellen zu können. Reine Informatikkenntnisse reichen nie aus. Das erklärt auch, weshalb gerade bei sehr spezifischen Anwendungsbereichen die Lösungsspezifikation fast immer vor Ort mit den verschiedenen Interessengruppen erarbeitet werden muss. Diese Arbeit wird kaum in ein Niedriglohnland ausgelagert.

Der Requirements-Ingenieur muss hervorragend kommunizieren und vermitteln können. Häufig verstehen die Anwender nicht viel von der Datenverarbeitung oder aber bringen ein gefährliches Halbwissen mit. Umgekehrt gilt dies natürlich auch für das Halbwissen der Entwickler oder des Projektteams zum Anwendungsbereich. Gefährlich ist dieses Halbwissen, weil beide Seiten denken, dass sie bestimmte Dinge als bekannt voraussetzen können und damit oberflächlich und ungenau werden. Oder sie zwingen sich nicht zu Präzision und Korrektheit, da sie davon ausgehen, dass der Requirements-Ingenieur dies ja herausfindet – es ist ja vermeintlich sein Job.

Er muss geduldig sein, denn die Interessenvertreter widersprechen sich, haben gegensätzliche Ziele und können sich häufig im Aufgabenbereich nicht gut artikulieren, da die Prozesse schon so in Fleisch und Blut eingegangen sind, dass sie gar nicht mehr als explizites Wissen abrufbar zur Verfügung stehen. Beim Spezifizieren merken sie dann, dass einiges ungenau ist oder schlichtweg nicht stimmt, was zu anhaltenden Anforderungsänderungen führt. Auch dies ist ein wichtiger Punkt: **Die Beschreibung der Lösung führt nicht nur zu neuen Fragen, sondern auch zu weiteren Anforderungen.**

Requirements-Ingenieure (oder Analysten) müssen kreative Detektivarbeit leisten, um die Elemente der Lösungen zu extrahieren, die alle Anforderungen abdecken. Sie müssen erkennen, wo sich Widersprüche auftun oder wo der Lösungsraum noch nicht ausreichend genau beschrieben ist. Sie müssen wie ein Detektiv ständig die einzelnen Elemente des Puzzles (also die Anforderungen) geistig parat haben, um zu erkennen, ob die Lösung nicht an irgendeiner Stelle einen Widerspruch generiert. Sie müssen wachsam sein, denn gerne bringen spätere Benutzer neue Anforderungen und Bedürfnisse hinein, die nicht von der ursprünglichen Vision und Zielsetzung des Projekts abgedeckt werden. Daher rührt auch der Satz, dass die Lösungsspezifikation die Anforderungen des Kunden implementieren muss und nicht seine Bedürfnisse.

Wenn neue Anforderungen hinzukommen, die über eine reine Klärung von offenen Punkten der bereits akzeptierten Anforderungen hinausgehen, dann muss der Requirements-Ingenieur dies als Änderungsanforderung markieren und an die dafür zuständige Stelle zur Entscheidung geben. In kleinen Projekten kann dies die Analystin selbst sein, aber dann muss sie sehr scharf zwischen diesen beiden grundverschiedenen Rollen trennen. Die Analystin arbeitet im Interesse und Auftrag des Projekts mit dem Ziel, das Projekt – im Kundeninteresse – zu einem Erfolg zu machen.

Ein guter Requirements-Ingenieur nimmt eine ausgleichende und kommunikative Rolle zwischen Kunden und Entwicklern ein. Er versucht, die verschiedenen Positionen zu verstehen und daraus Win-win-Lösungen zu erarbeiten. Er spricht die Sprache aller Interessengruppen und ist in der Lage, Ergebnisse oder offene Punkte in das obere Management auf Kunden- und Lieferantenseite zu tragen und auf Beantwortung zu drängen.

Er beherrscht verschiedene Analyseverfahren, vor allem auch solche, die nicht rein technischen Charakter haben. Er kann damit spielen und so weit abstrahieren, um auch zu einer neuen Methode zu wechseln, wenn eine Situation dies nötig macht. Er ist hinreichend akkurat und diszipliniert, um alle Ergebnisse zu dokumentieren, damit es zu jedem Zeitpunkt eine Basis der Lösungsspezifikation gibt.

Die Lösungsbeschreibung entsteht iterativ durch wiederholtes Verfeinern der vorhergehenden Ergebnisse (also Lastenheft mit den Anforderungen) und der Folgeschritte (also Softwareentwurf). Dies ist in Abbildung 8–1 dargestellt. Jeder Schritt enthält sowohl eine Analyse als auch ein Lösungsmodell. Das Lösungsmodell muss immer wieder im Zusammenhang mit den Anforderungen und den es umgebenden anderen Modellen geprüft und erweitert werden, bis alle Ergebnisse konsistent und hinreichend detailliert sind. Während dieses Bild uneingeschränkt bei der Systementwicklung gilt, werden bei reiner Anwendungssoftware und bei IT-Wartungsprojekten häufig die System- und Architekturanalyse (und der zughörige Entwurf) mit der Softwareanalyse kombiniert.

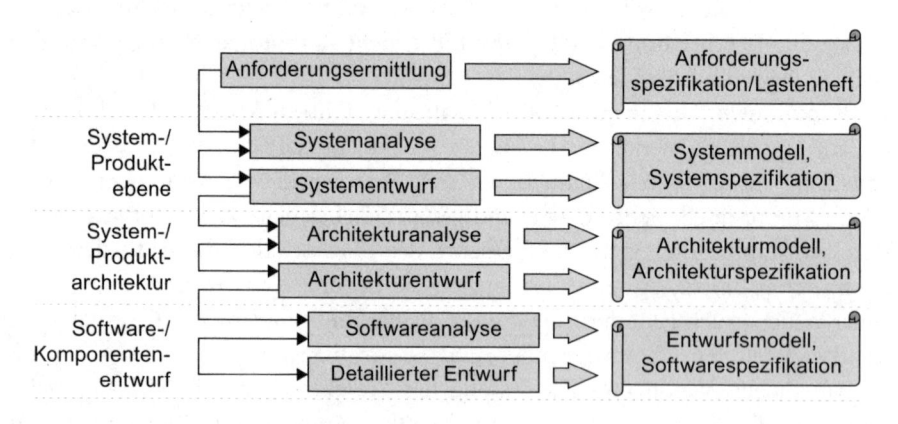

Abb. 8–1 *Eine Lösung wird schrittweise erarbeitet*

Ein rein sequenzieller Übergang von Marktanforderungen zu Produktanforderungen und schließlich zu Komponentenanforderungen ohne parallele Konzeption der jeweiligen Lösungsmodelle ist kein guter Weg, da er den Lösungsraum zu schnell einschränkt und daher Flexibilität nimmt. Da Anforderungen häufig falsch oder unzureichend verstanden werden, führt dieser Ansatz zu hohen Kosten für Nacharbeiten, die erst relativ spät entdeckt werden. Zudem leidet die Verfolgbarkeit zwischen den Anforderungen und den zugehörigen Lösungselementen und Testschritten.

8.1 Lösungen entwickeln

Wir empfehlen daher, nicht nur die Anforderungen zu spezifizieren, sondern gleichzeitig die zugehörigen Lösungen und deren Validierung zu konzipieren. Aus den Marktanforderungen werden frühzeitig entsprechende Testfälle abgeleitet (z.B. Akzeptanz, Freigabe), anhand derer schnell erkannt wird, ob das Problem richtig verstanden und ausreichend spezifiziert ist. Danach werden die Produktanforderungen abgeleitet, die gleichzeitig mit einem ersten Lösungsmodell und den zugehörigen Systemtestfällen detailliert werden. Daraus werden die Komponentenanforderungen abgeleitet und mit einem Modell der Komponenten (und der Softwarearchitektur) sowie den zugehörigen Integrationstestfällen beschrieben. Schließlich werden die Softwareanforderungen an einzelne Komponenten gemeinsam mit dem Softwaredesign und den Unit-Testfällen entwickelt.

Das Systemmodell[11] muss verschiedene Kriterien erfüllen:

- Es muss konkret und verständlich für alle betroffenen Interessengruppen sein, indem verschiedene Blickwinkel und Perspektiven beschrieben werden, z.B. Kontext, Schnittstellen und Umgebung, Abläufe und dynamische Eigenschaften, Benutzereingaben, Datenfluss und Reports, Struktur, Komponenten und Architektur.
- Vollständig und eindeutig
- Konsistent und widerspruchsfrei
- Minimal, also nicht überladen mit Details
- Änderbar und wartbar
- Nutzenorientiert, also den Wert der Lösung aus den vorgegebenen Nutzenpotenzialen der einzelnen Anforderungen, den betriebswirtschaftlichen Randbedingungen und der Produktvision beschreiben.

Die Lösungsspezifikation beschreibt Lösungen zu den gegebenen Anforderungen (sog. Pflichtenheft oder Fachkonzept). Sie umfasst ein Systemmodell sowie eine Systemspezifikation (Abb. 8–1). Dazu gehören nicht nur direkte Antworten auf gegebene Anforderungen, sondern auch Entwurfsaspekte, die zur effizienten und effektiven Implementierung und Realisierung der Lösung beitragen, also beispielsweise die Auswahl eines Vorgehensmodells zur Entwicklung oder die Entscheidung für Produktkomponenten, die von außen zugekauft werden. Gerade die **Entscheidung zwischen verschiedenen Alternativen** ist ein wichtiger Bestandteil der Lösungsentwicklung. Häufig geht es nicht nur darum, ob Komponenten neu entwickelt, wiederverwendet oder von außen zugekauft werden, sondern auch darum, wie eine kostengünstige Lösung auszusehen hat. Weitere Arbeitsergebnisse wie das Architekturmodell oder das Entwurfsmodell können optional zur Lösungsspezifikation hinzugefügt werden, oder aber als separates Entwurfsdokument konfiguriert bleiben.

---

11. Auch hier gilt einschränkend für reine Anwendungssoftware und bei IT-Wartungsprojekten, dass das Systemmodell mit dem Architektur- und Softwareentwurf zusammenfällt.

»Design to Cost«, also ein kostenoptimiertes Lösungsmodell, ist heute eine sehr wichtige Entwurfsvorgabe, egal ob es sich um Software oder um eingebettete Systeme handelt. Bei den Kosten geht es nicht nur um Entwicklungskosten, die noch verhältnismäßig leicht abgeschätzt werden können, sondern um die gesamten Lebenszykluskosten [McGrath2004]. In der Regel müssen diese Gesamtkosten sogar noch unterteilt werden in die Kosten der Lösung (Kapitalkosten) und die Kosten des Betriebs (Betriebskosten). Viele Kunden versuchen heute, die fixen Anfangskosten zu minimieren, denn sie wissen noch nicht, wie weit das angenommene Geschäftsmodell funktioniert und die erwarteten Erlöse einbringt. Je mehr die Kosten der Lösung aus Kundensicht flexibel erscheinen, also mit dem Erfolg des Geschäftsmodells wachsen können, desto freier ist der Kunde in seinen Entscheidungen. Die Kostenanalyse (siehe auch Kap. 8.4) ist ein essenzieller Bestandteil der Lösungsanalyse und damit der Vertragsgestaltung. Wir erkennen einmal mehr, dass **die Analysephase zu einem guten Teil vor Projektbeginn steht.**

Kreativität in der Bestimmung von möglichen Lösungen und die Disziplin, die verschiedenen Möglichkeiten formalisiert und wiederholbar zu bewerten und zu entscheiden, zeichnen eine erfolgreiche Analysephase aus. Innovation ist immer das Produkt aus Inspiration und Disziplin. Beides muss im richtigen Maßstab gemischt werden und bedingt eine gute Mischung von Persönlichkeiten im Analyseteam.

Voraussetzungen für eine gute Analyse sind, dass die Anforderungen zu Beginn der Analysephase organisiert und kategorisiert sind (Kap. 6). Organisierte Anforderungen liegen dann vor, wenn Werkzeuge eingesetzt werden, die das Verstehen und Verfolgen von Anforderungen von Projektbeginn bis zur Lieferung unterstützen (Kap. 11). Am wichtigsten in der Organisation von Anforderungen ist eine klare und strukturierte Beschreibung und Identifikation jeder einzelnen Anforderung. Dazu gehört ein formalisiertes Änderungsmanagement, denn die Analyse bringt viele Änderungen auf den Tisch, die allesamt verfolgbar und entscheidbar gehalten werden müssen. Kategorisierung bedeutet, dass die Anforderungen (hierarchisch) gruppiert sind, um damit Abhängigkeiten und Beziehungen zu abstrahieren und zu verstehen. Es erfordert den konsequenten Einsatz eines Templates für Spezifikationen (z.B. Anwendungsfälle, IEEE 830, IEEE 1233).

Noch ein Wort zu den Aufwänden für diese Analyse. Der Aufwand für viele der vorgelagerten Aktivitäten im RE, also Anforderungen ermitteln, spezifizieren oder analysieren, wird in der Regel vom Auftragnehmer oder Lieferanten getragen. Um diese Aufwände zu begrenzen, sollte er mit dem Kunden (in einem B2B-Projekt) vereinbaren, dass die Analysephase zweigeteilt ist. Nach einer ersten groben Analyse zum Zweck der Angebotserstellung und Planung wird nach Auftragserteilung eine zweite detaillierte Analyse zu Projektstart als Teil des Projekts durchgeführt.

8.2 Der Strukturbruch zwischen Anforderungen und Lösung

Bei der Entwicklung von Softwaresystemen kann es zu einem Strukturbruch innerhalb der verwandten Beschreibungssprachen und ihrer Inhalte kommen [Ebert1995]. Dieser Strukturbruch tritt meistens beim Übergang von der Lösungskonzeption zu einer Systemstruktur mit Software- und Hardwarekomponenten auf, mit der diese Lösungskonzeption verwirklicht wird. Dies bedeutet, dass die als Ergebnis der Anforderungsanalyse vorliegende Struktur des Lösungsmodells (z.B. Algorithmen, Prozeduren, Workflows) einen ganz anderen Charakter haben kann als die vom Entwickler beim Systementwurf festgelegte Struktur (z.B. Modul- oder Taskstruktur, verteiltes Rechnersystem) und damit Konsistenzprüfungen und die Verständlichkeit von Analyse- und Lösungsmodellen schwierig macht. Die Ursache dafür ist die Verschiedenheit der Sichtweisen: Während bei der Lösungskonzeption nur das funktionelle Verhalten im Blickpunkt steht, werden beim Softwareentwurf die durch die einzusetzende Software- und Hardwaretechnik sinnvollen oder aus Effizienzgründen nötigen Strukturen betrachtet.

Durch Strukturbrüche zwischen Spezifikationsergebnissen wird die direkte Verfolgung von Anforderungen erschwert. Der Strukturbruch verhindert aber auch, bedingt durch verschiedene Darstellungsformen, einen einheitlichen Systementwurf. Die häufig geringe formale Basis der Beschreibung einer Lösungskonzeption macht Analysen und frühe Simulationen nahezu unmöglich. Der Zwang zum Arbeiten mit zwei strukturungleichen Modellen für Lösungsmodell und Entwurfsmodell wirkt sich umso störender aus, je stärker in einem Projekt diese beiden Teile miteinander verzahnt sind. Schließlich ist eine interdisziplinäre Kommunikation zwischen den Experten aus dem jeweiligen Fachgebiet, in dem das System eingesetzt werden soll (z.B. Kraftwerksbetreiber oder Krankenhausverwaltung), und den Systemanalytikern, die für die Lösungskonzeption zuständig sind, durch zu heterogene Sprachen äußerst schwierig. Der Strukturbruch entsteht zwangsläufig beim Übergang von der Beschreibungssprache für das Lösungsmodell zu der für das Entwurfsmodell angewandten, wenn diese sehr verschieden und damit nicht wechselweise austauschbar sind. Ein einziges Modell, in dem lösungsorientierte und entwurfsorientierte Komponenten trennbar und identifizierbar sind, wäre wesentlich besser.

Der Strukturbruch zwischen den Ergebnissen verschiedener Entwicklungsschritte als Folge einer unterschiedlichen Betrachtungsweise ist jedoch nicht immer ein unvermeidliches Problem. Dies wurde für die Schritte nach der Lösungskonzeption bereits frühzeitig allgemein und anhand spezieller Formalismen auch für den Übergang von der Lösungskonzeption zum Entwurf dargestellt [Balzer1983].

Für eine eingeschränkte Problemklasse können Umsetzungsregeln definiert werden, mit deren Hilfe eine formalisierte Spezifikation (Aufgabe und Lösung) entweder in eine Entwurfssprache oder direkt in eine Programmiersprache umgesetzt werden kann (z.B. in der strukturierten Analyse eine Umsetzung in Funktionen, Module und Datenflüsse). Auf diese Weise entfällt der sonst notwendige Neuanfang für eine veränderte Struktur im Entwurf.

Grundsätzlich ist bei der Überwindung des Strukturbruchs darauf zu achten, dass die mögliche Problemklasse stark eingeschränkt wird, um die Modelle so weit und so konsistent wie möglich weiter verwenden zu können. Die objektorientierte Analyse und Entwicklung ist ein solches Beispiel, wo durch den Einsatz von übergreifenden Modellierungselementen (z.B. Dokumente innerhalb eines Informationssystems) die Konsistenz zwischen Aufgabe und Lösung hergestellt wird. Ein anderes Beispiel für eine eingeschränkte Problemklasse stellen Benutzeroberflächen dar, die meist frühzeitig exakt spezifiziert werden müssen und dann automatisch in den jeweiligen Programmcode umgesetzt werden.

Beide Beispiele zeigen, dass es nicht primär darauf ankommt, dass sowohl das Analysemodell und das Lösungsmodell die gleichen Modellelemente einsetzen, sondern darauf, dass auch die Entwurfssprache und die Implementierung damit arbeiten. Dies erfordert problemangepasste Sprachen. Der typische Übergang von einer strukturierten Analyse zu einem prozeduralen Programm führt zwangsläufig zu einem Strukturbruch. Im Falle der objektorientierten Analyse wird der Strukturbruch häufig nach vorne verschoben. In der Tat ist das Lösungsmodell – im Idealfall – konsistent in seiner Struktur mit der Lösungsimplementierung und vielleicht sogar mit dem Analysemodell. Aber lassen sich die Anforderungen auf das Analysemodell abbilden? Häufig tritt der Strukturbruch bei der objektorientierten Vorgehensweise bereits an dieser Schnittstelle auf. Damit ist das Problem nur um eine »Phase nach vorne« verschoben worden, denn der Strukturbruch zwischen Lastenheft vom Auftraggeber und der implementierten Lösung bleibt weiterhin bestehen.

Analytiker sollten daher darauf achten, durch Verknüpfungen strukturungleicher Modelle dennoch zu einer Verfolgbarkeit zu kommen (siehe auch Kap. 9). Falsch ist es beispielsweise, das Problem dadurch lösen zu wollen, dass Arbeitsdokumente aus einem bisherigen Ablauf (z.B. Kontounterlagen in einer Bank oder Beschaffungslisten in einem Ingenieurbüro) einfach in die objektorientierte Analyse übernommen werden. Damit hat man zwar den Strukturbruch umschifft, bildet aber eine in der Regel antiquierte Arbeitsumgebung in die neue Lösung ab. Die bereits existierenden Arbeitsdokumente resultieren zumeist aus einem Vorgehen, das in der bisherigen Umgebung funktionierte, aber nichts mit der neuen Lösung zu tun hat. Wenn beispielsweise Beschaffungslisten im Einkauf eine bestimmte Struktur und ein bestimmtes Format hatten, heißt das nicht, dass man sie in dieser Form in einer Supply-Chain-Lösung abbilden sollte. Möglicherweise wird der Prozess feiner aufgeteilt und verschiedene Personen sollen Informationen in unterschiedliche »Dokumente« einfügen. Neue Vorgehensweisen, wie ein Reverse-Auctioning, würden niemals ihren Platz in einer solchen Lösung finden, wenn mit den Dokumenten der bisherigen angebotsorientierten Vorgehensweise gearbeitet würde.

8.3 Analysemethoden und Modellierungstechniken

Die **Systemanalyse** beschreibt ein System sowie seine Grenzen zur Umgebung, in der dieses System arbeiten soll. Die Zielsetzung ist es, ein fundiertes Verständnis von der Umgebung und den Anforderungen an das System selbst zu erhalten, um es beschreiben zu können. Nur mit einer solchen Beschreibung von Funktionen, Schnittstellen, Informationsaustausch, Zuständen und der Interaktion des Systems mit seiner Umgebung ist es möglich, anschließend eine gute Lösung zu entwickeln.

Die Systemanalyse liefert Modelle als hauptsächliches Ergebnis. Diese Modelle sind Abstraktionen der Realität der Systemumgebung und des zu entwickelnden Systems. Sie sind unvollständig und lassen jene Details weg, die nicht direkt zur optimalen Lösung beitragen können. Daher werden unterschiedliche Modelle generiert, um verschiedene Sichtweisen zu erlauben, beispielsweise ein statisches Modell für die Schnittstellen und ein dynamisches Modell zur Beschreibung der Ereignisse an diesen Schnittstellen. Diese unterschiedlichen Perspektiven auf das gleiche zugrunde liegende System helfen dabei, dass alle relevanten Anforderungen und Eigenschaften im Zusammenhang erkannt und berücksichtigt werden. Es ist anfangs nicht perfekt und sollte niemals auf völlige Perfektion getrimmt werden. Der Charme eines Modells liegt darin, das Richtige wegzulassen und sich nicht zu verzetteln. Es dient der Kommunikation und beschreibt keine exakte Implementierung. Die verschiedenen Modelle unterstützen die Kommunikation der Aufgaben- und Lösungsbeschreibung und helfen damit, dass verschiedene Experten mit unterschiedlichem Hintergrund die konsistente und korrekte Wiedergabe der Aufgabe prüfen können.

Ein System, sei es eine Aufgabenstellung, ein Softwaresystem oder ein beliebiger Ausschnitt aus der realen Welt, hat bestimmte Eigenschaften, die bei einer Systemanalyse herausgearbeitet werden.

- Es lässt sich funktional (z.B. Anwendungsfälle, Funktionen) oder prozessorientiert (z.B. Abläufe, Workflows, Vorgänge) beschreiben.
- Es besteht aus einer Menge von Ausführungsszenarien, die seine Interaktionen nach außen wiedergeben.
- Es kann in einfachere Subsysteme zerlegt werden, die wiederum weiter zerlegt werden können, bis hin zu elementaren Bausteinen, wie Daten, Entscheidungen, Ereignissen oder Objekten.
- Es ist technisch gesehen eine Menge von Anforderungen, Dateien, Arbeitsdokumenten, Vorschriften, Regeln etc.
- Es kann zum Ablauf auf einem Rechner realisiert werden oder aber auch als verteiltes System auf verschiedene Rechner aufgeteilt sein.

Eine **Analysemethode** beschreibt eine Vorgehensweise, um ein Analysemodell schrittweise zu entwickeln. Sie gibt Regeln vor, um das Modell anhand einer gegebenen Notation darzustellen. Sie sollte Richtlinien enthalten und beschreiben, um in bestimmten Situationen die wahrgenommene Realität zu interpretieren und in das

Modell umzusetzen. Oftmals liefern Analysemethoden einen Satz von Fragen, die dazu dienen, das Modell so brauchbar und korrekt wie möglich zu beschreiben. Analysemethoden werden für zwei Modelle angewandt, zum einen für das **Anforderungsmodell**, das dazu dient, den Problemraum angemessen zu beschreiben und darin zu erkennen, wie Anforderungen zusammenhängen. Gleichzeitig macht natürlich eine Analyse nur dann Sinn, wenn sie zu einem **Lösungsmodell** führt. Das ist das zweite wichtige Modell, das aus der Systemanalyse resultiert.

Das Anforderungsmodell entwickelt sich in den frühen Projektphasen weiter, wenn sich Anforderungen aufklären und zunehmend präziser werden. Mit besser verstandenen Anforderungen wird dieses Modell zunehmend stabiler. Es dient der Anforderungsanalyse und einer ersten Aufwandabschätzung. Vor allem aber dient das Anforderungsmodell dazu, ein gutes Lösungsmodell zu entwickeln. Das Lösungsmodell entwickelt sich parallel zum Anforderungsmodell und beschreibt, wie die Anforderungen in eine gute Lösung überführt werden können. Es dient dazu, Entwurfsentscheidungen abzuwägen oder bereits existierende Komponenten auf Wiederverwendbarkeit zu untersuchen. Es modelliert die Realisierung von funktionalen und nichtfunktionalen Anforderungen und hat daher oftmals experimentellen oder explorativen Charakter, denn es wird nicht nur durch sich ändernde Anforderungen beeinflusst, sondern auch durch weiter entwickelte Entwurfsentscheidungen. Die Lösungsmodelle beschreiben typischerweise vier Sichten, die aus der Analysephase resultieren [Booch1994, Fowler2003]:

- **Logische Sicht**
  Sie beschreibt das Verhalten aus der Sicht des Benutzers und fokussiert auf funktionale Anforderungen und Verhaltensweisen. Oftmals hängt diese Sicht direkt mit den Anwendungsfällen zusammen und stellt eine konzeptionelle Sicht auf das zu entwickelnde System dar, ohne sich in der Realisierung zu verlieren.

- **Prozesssicht**
  Sie beschreibt, wie das System und seine Teilsysteme untereinander kommunizieren und interagieren. Es ist auch eine logische Sicht, die aber stärker die Zusammenhänge innerhalb des Systems betrachtet. Diese Sicht erlaubt es, nichtfunktionale Anforderungen im Zusammenhang des kompletten Systems zu entwickeln.

- **Implementierungssicht**
  Sie beschreibt, wie sich der Entwurf zunehmend verfeinert bis hin zu konkretem Quellcode. Sie zeigt die Perspektive des Entwicklers und hilft dabei, den Zusammenhang zwischen einzelnen Komponenten aus der Sicht der Implementierung zu strukturieren und damit auch verifizierbar und validierbar zu halten.

- **Installationssicht**
  Sie beschreibt, wie das System aus Komponenten integriert wird und stellt damit die physischen und greifbaren Zusammenhänge dar: die Systemarchitektur, die Komponentendekomposition, die Auslieferung als Komponenten

8.3 Analysemethoden und Modellierungstechniken

oder Subsysteme und deren Installation sowie die Kommunikation zwischen diesen Komponenten.

Beide Modelle dienen zur besseren Planbarkeit des Projekts und werden im Laufe des Projekts mit weiteren Ergebnissen gekoppelt, um zu verfolgen, ob alle Anforderungen richtig implementiert wurden.

Analysemethoden werden für die zusammenhängende Beschreibung eines Satzes von Anforderungen oder einer Beschreibung einer Situation oder eines Zustands eingesetzt. Sie sind in der Regel an funktionalen (operativen) Zusammenhängen orientiert und werden schwerfällig, wenn es um nichtfunktionale oder Prozessanforderungen geht.

Wir wollen im Folgenden einige Analysemethoden und die zugehörigen Modelle betrachten. Tabelle 8–1 gibt eine kurze Zusammenstellung der unterschiedlichen Modelle mit den zugehörigen Prinzipien und der Inhalte oder Schwerpunkte wieder, die den Einsatz der Modelle charakterisieren.

Analysemethode	Modelle	Inhalte
Kontextanalyse	Kontextmodell	Systemumgebung, Schnittstellen, Komponenten, hierarchische Verfeinerung
Analyse von funktionalen Szenarien	Anwendungsfälle (Use Cases)	Systemumgebung, ablauffähige Szenarien aus Benutzersicht, Schnittstellen zwischen Benutzern oder Systemkomponenten
Architekturanalyse und Synthese	Funktionale Dekomposition	Existierende Komponenten werden analysiert, neue Komponenten werden hinzugefügt, hierarchische Verfeinerung der Komponenten
Datenflussanalyse	Datenflussmodell	Dynamische Verhaltensweisen im Datenfluss
Zustandsanalyse	Zustandsübergangsmodell, Petrinetz	Dynamische Verhaltensweisen mit Zuständen, Zustandsübergängen und Ereignissen, die die Zustandsübergänge auslösen
Entscheidungsanalyse	Entscheidungstabelle, Petrinetz	Übergang von Zuständen, Ereignisse und deren Kombination, binäre Entscheidungen, Abhängigkeiten von Entscheidungen
Datenanalyse	Semantisches Datenmodell, Entity-Relationship-Attribute-(ERA-)Modell, Data Dictionary	Datenmodelle, Identifikation und Beschreibung von Datenelementen sowie deren Beziehungen, Datenstrukturen, Beziehungen zwischen Datenelementen, Bedingungen innerhalb von Datenmodellen, Normalisierung von Datenmodellen
Objektorientierte Analyse	Objekt- und Klassenmodell, Sequenzdiagramm	Beziehungen zwischen Objekten (Generalisierung, Vererbung, Interaktionen); Identifikation von Klassen

Tab. 8–1   Analysemethoden und die zugehörigen Modelle

Kontextmodell

Wir beginnen mit der statischen Systembeschreibung, die die zu entwickelnde Lösung in ihrer Umgebung betrachtet. Am häufigsten wird dazu das Kontextmodell eingesetzt (Abb. 8–2). Es hilft dabei, den Kontext des zu entwickelnden Systems und darauf aufbauend eine grundlegende Architektur verschiedener Systemkomponenten darzustellen.

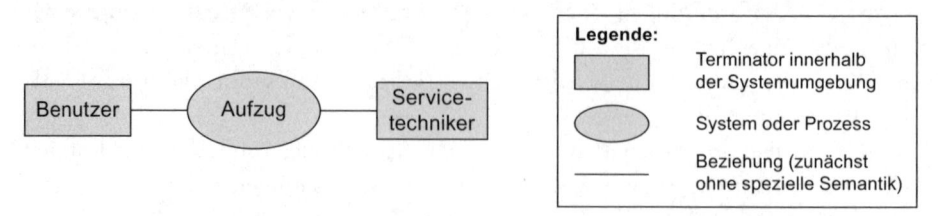

Abb. 8–2 *Kontextmodell*

Das Kontextmodell wird eingesetzt, um die Systemumgebung zu markieren und damit die Grenzen zwischen der zu entwickelnden Lösung und deren Umgebung exakt zu beschreiben. Daraus werden dann weitere Systemkomponenten abgeleitet, beispielsweise Schnittstellen oder verschiedene äußere Einflüsse. Im ersten Schritt haben die Kanten noch keine Semantik, um nicht vorschnell Randbedingungen vorzugeben, die nachher zu einer Überspezifikation führen. So kann eine äußere Schnittstelle durch ein Ereignis genauso gut beschrieben werden wie durch ein zyklisches Abfragen. Wie sie genau aussieht, wird in weiteren Schritten anhand der Anforderungen festgelegt. Bei unternehmensinternen Informationssystemen werden die Systemgrenzen häufig auch durch organisatorische Rahmenbedingungen festgelegt. Sie sind nicht nur durch die vorgefundene Hardware oder Systemlandschaft bestimmt.

Use Cases oder **Anwendungsfälle** dienen zur Modellierung von wichtigen funktionalen Szenarien innerhalb des Systems und seiner Umgebung (Abb. 8–2 und 8–3) [Schneider1998]. Sie beschreiben sowohl externe Schnittstellen (z.B. Benutzer gibt Eingaben in einen Bildschirmdialog ein), Hardwareinteraktionen (z.B. Ausgabe an einen Drucker oder Signal von einem Sensor) als auch interne funktionale Abläufe (z.B. Fehlerbehandlung). Anwendungsfälle sind die einfachste Umsetzung von funktionalen Anforderungen in ein Analysemodell, da sie die Anforderungen nicht erst in eine neue Abstraktion übersetzen. Sie beginnen immer mit dem Systemkontext (siehe Abb. 8–2) und beschreiben, wie ein späterer Benutzer mit dem System arbeitet. Damit helfen sie dabei, die Systemgrenzen auszuloten und festzulegen. Zuerst werden daher alle Aktoren des Systems skizziert. Dafür haben sich die kleinen Männchen eingebürgert (Abb. 8–3, obere Hälfte), obwohl diese Darstellung sicherlich stark vereinfachend ist und niemals alle Zusammenhänge beschreiben kann. Anwendungsfälle haben daher auch eine textorientierte Beschreibungsform, die mehr Details und Formalismus erlaubt (Abb. 8–3, untere Hälfte). Die Männchen können sowohl menschliche Benutzer

8.3 Analysemethoden und Modellierungstechniken

als auch andere Maschinen, die mit dem System interagieren, beschreiben. Nachdem die Aktoren so weit geklärt sind, wird beschrieben, was diese Aktoren mit dem System machen.

Anwendungsfall	Fahranforderung an eine Aufzugskabine
Beschreibung	■ Der Benutzer drückt die Richtungswahltaste der Stockwerkskonsole ■ Es kann nur eine der beiden Richtungswahltasten aktiviert werden ■ Nach Betätigung der Richtungswahltaste wird diese beleuchtet, um ihren aktivierten Zustand zu kennzeichnen ■ Ein Paar von Pfeilsymbolen in der Stockwerkskonsole zeigen dem Benutzer die Kabine und deren Fahrtrichtung, die aktuell auf sein Stockwerk zufährt ■ Die angeforderte Aufzugskabine hat das Stockwerk erreicht
Vorbedingungen	■ Nothalt und Feueralarm ist nicht aktiv ■ Aufzugskabine ist bereit
Nachbedingungen	■ Neue Fahranforderungen werden angenommen

Abb. 8–3 *Benutzungs- oder Anwendungsfälle (engl. Use Cases)*

Jeder dieser Handlungsabläufe entwickelt sich zu einem Anwendungsfall, der separat modelliert wird. Ziel ist es, zunächst die regulären Abläufe zu modellieren und sich dabei auf häufig vorkommende Szenarien zu beschränken. Jeder Anwendungsfall sollte ein konkretes Ziel beschreiben, also eine Änderung im Systemzustand, oder aber eine Aufgabe, die im späteren System genutzt wird. Später können die einzelnen Anwendungsfälle noch um Ausnahmebehandlung und Details erweitert werden. Die tabellarische Darstellung verdeutlicht, wie Anwendungsfälle weiter detailliert werden können, um beispielsweise die Abfolge von einzelnen Schritten innerhalb eines Szenarios zu modellieren. Sie können hierarchisch aufgebaut werden, um die Komplexität eines Anwendungsfalls zu reduzieren und um bestimmte Funktionen wiederverwenden zu können. Anwendungsfälle sollen nicht das gesamte System und sein Verhalten beschreiben, sondern die wichtigen Szenarien, die auftreten können. Daraus können später Testfälle generiert werden, die bei der Vollständigkeits- und Korrektheitsprüfung helfen.

Anwendungsfälle haben nichts mit einer objektorientierten Vorgehensweise zu tun, wie häufig suggeriert wird. Sie sind Bestandteil von UML, da sie sich in der Praxis zur Beschreibung und Modellierung von Anforderungen und Systemverhalten mehr als jede andere Darstellung bewährt haben. Anwendungsfälle eignen sich insbesondere zur Modellierung von dynamischen Beziehungen zwischen verschiedenen Aktoren (extern oder intern). Sie sind nicht geeignet zur Beschreibung von Datenflüssen oder Datenmanipulationen.

Funktionale Dekomposition

Zur Modellierung der Architektur wird gerne die Methodik der hierarchischen Verfeinerung oder der funktionalen Dekomposition eingesetzt (Abb. 8–4). Dabei geht es darum, ein System sukzessive in seine einzelnen Komponenten zu verfeinern. Die Beziehung zwischen den Komponenten ist typischerweise eine »besteht-aus«-Relation. Komponenten auf einer höheren Ebene bestehen aus allen Komponenten auf den tieferen Ebenen des funktionalen Baums. Diese Modellierung wird für Systeme jeder Art eingesetzt. Sie kennen diese Darstellung sicherlich auch aus Organisationsdiagrammen. Das Problem dieser funktionalen Verfeinerung ist die präzise Semantik der Kanten. Man kann nur die Verfeinerung beschreiben, aber nicht die Verwendung oder den Datenfluss. Dazu braucht man andere Diagramme. Daher werden Kontextdiagramme und funktionale Dekompositionen grundsätzlich immer von anderen Modellen begleitet.

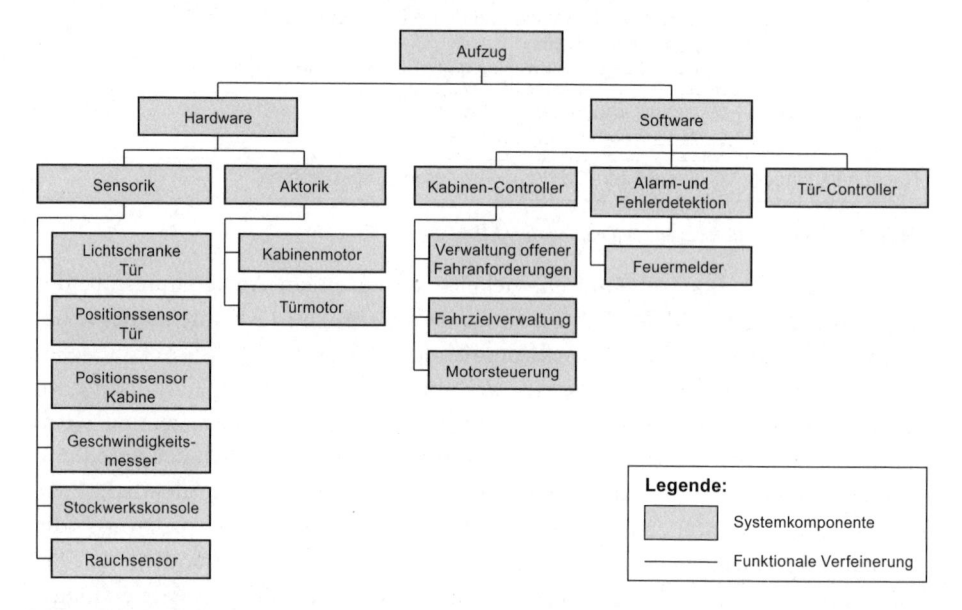

Abb. 8–4   *Funktionale Dekomposition oder hierarchische Verfeinerung*

Eine weitere wichtige Methodik zur Modellierung von Umgebung und Lösung beschreibt die dynamischen Zusammenhänge aus der Sicht von Verhaltensweisen. Wir unterscheiden zwei prinzipielle Methoden, um die dynamischen Zusammenhänge zu beschreiben, die Datenflussanalyse und die Zustandsanalyse. Ursprünglich betrachteten betriebliche Informationssysteme die Verarbeitung von Daten, was Datenflussanalysen nahelegte. Eingebettete Systeme, wie eine Prozessautomatisierung in einer chemischen Produktion, waren stark von äußeren Einflüssen getrieben und ließen daher die Analyse der Zustände und Zustandsübergänge durch solche äußeren Ereignisse ratsam erscheinen. Eingebettete Systeme mussten schnell sein (Echtzeitsysteme) und hatten daher keine komplexen Datenstrukturen und Algorithmen. Man konnte auf Datenflussana-

8.3 Analysemethoden und Modellierungstechniken

lysen verzichten. Heute kommen immer häufiger beide Analysen gleichzeitig zum Einsatz, denn Informationssysteme bilden komplexe Workflows ab, die naturgemäß ereignisgetrieben sind (z.B. Zustandsänderung in einem Dokument), während eingebettete Systeme immer komplexere Algorithmen berechnen und größere Datenmengen verarbeiten müssen. Wir wollen zuerst ein Datenflussmodell (Abb. 8–5) und danach ein Zustandsübergangsmodell (Abb. 8–6) betrachten.

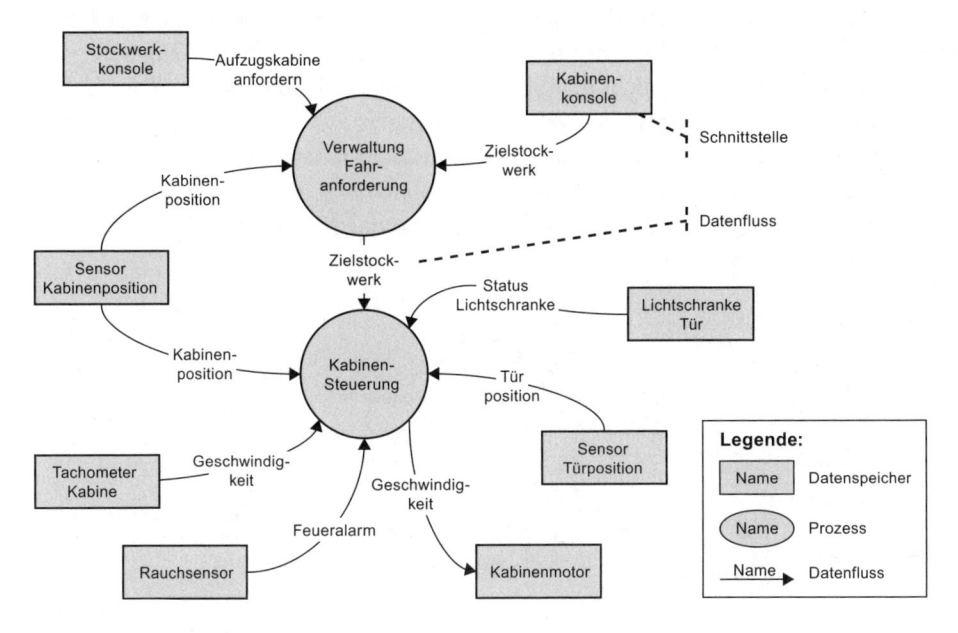

Abb. 8–5   *Datenflussmodell*

Datenflussmodelle beschreiben ein System aus funktionaler Sichtweise. Sie modellieren Funktionen (z.B. Aufnehmen einer Nachricht) und die dazu notwendigen Daten. Funktionen werden durch Kanten verbunden, die den Fluss von Daten beschreiben. Daten, die von verschiedenen Funktionen konsumiert oder geändert werden können, werden in sogenannten »Datenspeichern« abgelegt. Dies ist ein historischer Name und kann alle Formen von Datenstrukturen beschreiben. Der Vorteil dieser sehr alten, aber noch immer weitverbreiteten Modellierungstechnik aus den siebziger Jahren ist die Nähe zu funktionalen Systembeschreibungen. Wenn Funktionen bekannt sind, kann man ein Datenflussmodell sehr leicht entwickeln. Im zweiten Schritt werden dann die erforderlichen Datenflüsse beschrieben, die dafür sorgen, dass die Funktionen alle nötigen Daten haben (Abb. 8–5).

Datenflussmodelle erlauben, wie alle anderen genannten Modellierungstechniken, eine hierarchische Dekomposition, um die Komplexität in einem Diagramm zu kontrollieren. Ein Nachteil dieser Modellierung ist, dass zu wenig Dateninhalte und -strukturen beschrieben werden. Dazu sollte man Entity-Relationship-Diagramme (für Datenbanken) und Data Dictionaries (für Datenbeschreibungen) einsetzen. Die Datenflussanalyse wird im Bereich von Workflow-Management und Informationsverarbeitung zunehmend durch die objektorientierte Analyse ersetzt. Allerdings ist die Datenflussbeschreibung im Unterschied zur objektorientierten Analyse leichter zu kommunizieren. Für Kundengespräche ist ein einfaches Datenflussmodell immer noch eines der aussagekräftigsten Modelle überhaupt.

Zustandsübergangsmodelle (Abb. 8–6) beschreiben ein System als eine Menge von Zuständen und deren Übergänge. Zustandsübergänge sind ereignisgetrieben. Daher wird diese Modellierungstechnik primär für Umgebungen eingesetzt, die mit vielen externen oder nicht planbaren Ereignissen arbeiten müssen. Dies ist beispielsweise in Echtzeitsystemen oder eingebetteten Systemen der Fall, die beide durch externe Signale oder interne Zeitereignisse gesteuert werden. Wenn ein solches Ereignis auftritt, geht das System von einem Zustand in einen anderen Zustand über. In der Regel werden vor allem Standardzustände und kritische Ausnahmesituationen modelliert.

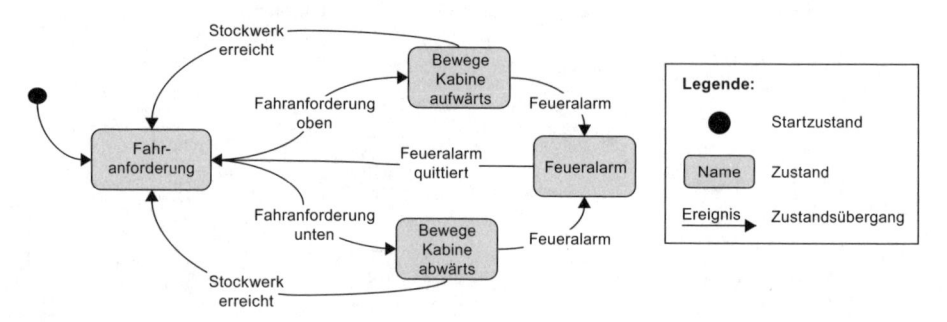

Abb. 8–6   *Zustandsübergangsmodell*

Zustandsübergangsmodelle können so formalisiert werden, dass sie Berechnungen erlauben, ob bestimmte Zustände überhaupt erreicht werden oder ob sie zu blockierenden Situationen führen können. Beides muss man wissen. Blockierende Zustände sollten ausgeschlossen werden (wir kennen das zur Genüge von manchen Betriebssystemen, die dies nicht machen; für Echtzeitbetriebssysteme in sicherheitskritischen Systemen ist es Pflicht). Die Ermittlung nicht erreichbarer Zustände hat zwei Funktionen. Einerseits können Zustände identifiziert werden, die zwar erreicht werden sollen, aber durch einen Entwurfsfehler noch nicht erreichbar sind. Andererseits können bestimmte Situationen beschrieben werden, die unter keinen Umständen erreicht werden sollen, da sie sicherheitskritisch oder anderweitig unerwünscht sind. Man modelliert also die möglichen Zustände und schließt formal aus, dass ein kritischer Zustand erreicht werden kann. Beispielsweise können zusätzliche Hardwarelösungen dazu beitragen, dass eine bestimmte Temperaturüberschreitung oder die Befüllung eines Tanks physikalisch ausgeschlossen sind. Ein sogenannter »Software Watchdog« in einem Betriebssystem schließt aus, dass ein blockierender Zustand eintritt. Zustandsübergangsmodelle können in einer speziellen UML-Notation beschrieben werden.

Petrinetze

Eine spezielle Form der Zustandsübergangsmodelle sind Petrinetze. Sie erlauben es, Nebenläufigkeiten sowie gemischte Kontroll- und Datenflüsse in einem kombinierten Modell zu präsentieren. Sie können als ablauffähige Modelle beschrieben werden, in denen dann bestimmte Situationen simuliert werden können, beispielsweise Ausnahmefälle oder komplexe Bedingungen. Bevor kombinierte Modelle innerhalb von UML gebräuchlich wurden, hat man versucht, Datenflüsse innerhalb von Petrinetzen als sogenannte »farbige Petrinetze« (die Farben waren Marken mit unterschiedlicher Semantik) oder als Prädikat-Transitionsnetze (mit Marken, die sogar komplexe Datenstrukturen abbilden konnten) zu beschreiben [Ebert1998]. Allerdings wuchs die Komplexität damit so stark, dass man innerhalb von Zustandsmodellen wieder davon abkam und heute vorwiegend UML mit separaten – jedoch intern konsistenten – Zustandsübergangsmodellen und Objektdiagrammen nutzt. Daher verzichten wir hier auch auf eine Abbildung.

Entscheidungstabellen

Eine Alternative zu Zustandsübergangsmodellen sind Entscheidungstabellen (Abb. 8–7). Sie erlauben, eine regelbasierte Vorgehensweise zu modellieren. Häufig sind sie für komplexe Bedingungen leichter zu beschreiben und zu prüfen, als dies der Fall für ereignisgetriebene Zustandsübergänge ist. Lücken, Überlappungen oder Widersprüche in den Entscheidungen oder ihren Ergebnissen fallen hier sofort auf. In diesen Tabellen werden verwandte Regeln im oberen Teil der Tabelle beschrieben (hier: R1-R3 sind Regelausschnitte; C1-C4 sind Bedingungen, die die Regeln charakterisieren, also bestimmen, wann sie »feuern«; A1-A2 sind Aktionen, die durch eine »gefeuerte« Regel angestoßen werden; ein leeres Feld in einer Bedingung bringt zum Ausdruck, dass sie für eine Regel ohne Belang ist). Da die Regeln binär verknüpft werden, muss fest gelegt werden, welchen Zustand oder Ereignis die »0« und die »1« jeweils beschreiben. Beispielsweise »feuert« R1, wenn C3 wahr ist und stößt damit A1 an. Diese Aktionen können anhand von Prüfregeln sehr leicht formal verifiziert werden. In Erfahrungsdatenbanken, Workflow-Management-Systemen und für die prädikative Logik können sie ebenfalls eingesetzt werden.

Regeln		R1	R2	R3	Etc.
Bedingungen (»if ...«)	C1 Zustand der Kabinentür (offen/geschl.)	0	0	1	
	C2 Kabine im gewünschten Stockwerk	0	1	1	
	C3 Fahrwunsch aus anderem Stockwerk	1	0	0	
	C4 Lichtschranke unterbrochen	0		0	
Aktionen/ Resultate (»then ...«)	A1 Wechselt in Fahrbetrieb, um Kabine zu bewegen	X			
	A2 Öffne Kabinentür		X		

Etc.

Kein Einfluss

Abb. 8–7 *Entscheidungstabellen*

Semantisches Datenmodell oder ERA-Modell

Zur Modellierung von Daten und deren Zusammenhänge hat sich sehr frühzeitig das semantische Datenmodell in Form des sogenannten »Entity Relationship Attribute«-(ERA-)Modells durchgesetzt (Abb. 8-8). Noch heute wird es für die Datenmodellierung innerhalb von Datenbanken (z.B. für Relationen und deren Zusammenhänge) eingesetzt, obwohl es auch durch Klassenmodelle substituiert werden kann. Der Name »Entity Relationship Attribute« enthält die drei wesentlichen Strukturelemente dieses statischen Modells. Entities oder Einheiten sind die Datenelemente. Relationships oder Beziehungen beschreiben, wie die Datenelemente zusammenhängen. Beispielsweise kann ein Element vom Typ »Aufzugsschacht« 6 Elemente vom Typ »Stockwerktür« enthalten (Abb. 8-8). Ein Attribut beschreibt eine Eigenschaft einer Entität, beispielsweise Ausgangssignale eines Sensors. Einheiten und Attribute können je nach Blickwinkel ausgetauscht werden. Beispielsweise wäre in einer abstrakten Darstellung die Stockwerkszahl ein Attribut des Aufzugsschachts. Wir haben daraus eine Einheit gemacht, um sie in Bezug zu anderen Einheiten zu bringen. Jedes Element kann weitere Attribute aufnehmen, die beispielsweise Initialisierungen, Instanziierungen oder Verfeinerungen beschreiben. Attribute müssen nicht unbedingt im ERA-Modell aufgeführt werden, um die Lesbarkeit zu verbessern. Sie können auch nur im Data Dictionary (Glossar) verwaltet werden, wo sie problemlos aufgefunden werden können, da die beiden Beschreibungen zusammengehören. Daher spricht man auch von ER-(Entity-Relationship-)Modell. Kardinalitäten an den Kanten zwischen den Datenelementen beschreiben, wie viele dieser Datenelemente vorkommen können. Damit hat man die Möglichkeit, die Anzahl zu begrenzen oder auch zu signalisieren, dass es eine offene Zahl von Instanzen gibt.

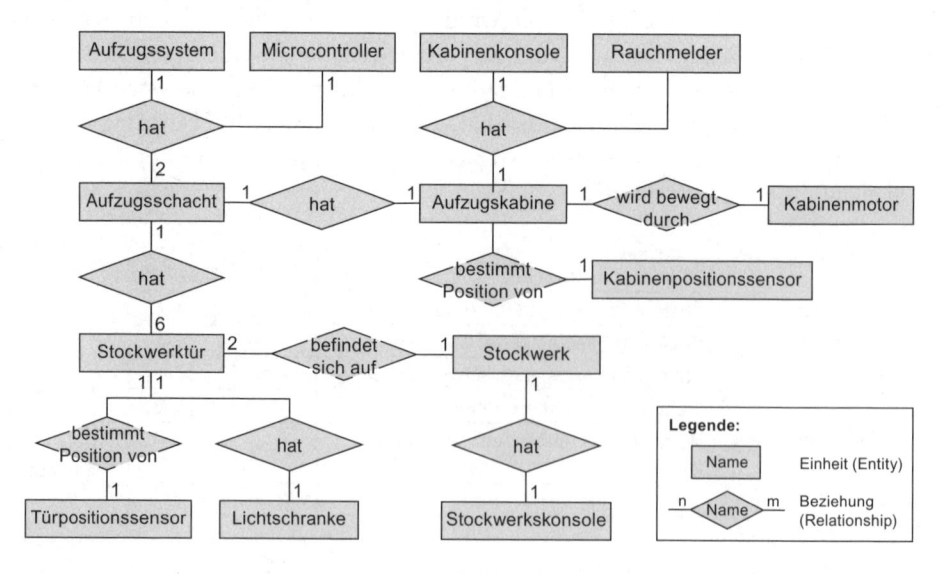

Abb. 8-8 *Semantisches Datenmodell oder ERA-Modell (Entity Relationship Attribute)*

8.3 Analysemethoden und Modellierungstechniken

Mit diesem Modell lassen sich komplexe Datenstrukturen oder Tabellen (Relationen) beschreiben. Die logische Struktur jedes Datenelements und seiner Beziehungen zu anderen Datenelementen wird modelliert. Man kann sich diese Modellierung wie ein Klassendiagramm vorstellen, bei dem man die Operationen weglässt. Diese Modellierung war für die Entwicklung von relationalen Datenbanken und deren Normalisierung die wichtigste Grundvoraussetzung und brachte ihrem Erfinder P.P. Chen einen Platz im Olymp der Informatik ein. Interessant in diesem Zusammenhang ist, dass Chen bereits in den siebziger Jahren des vergangenen Jahrhunderts die Generalisierung von Klassendiagrammen aus Objektmodellen vorweggenommen hat, als er vorschlug, die ERA-Modelle zunächst aus instanziierten Datenelementen zu modellieren und anhand der Häufigkeiten von bestimmten Relationen dann zu generalisieren.

Data Dictionary, Glossar

Ein Data Dictionary (deutsch: Glossar oder Datenverzeichnis) dient zur Dokumentation von Datenfeldern und Datenbankstrukturen sowie zur Beschreibung der Datenverwendung durch Anwendungen, Benutzer, Programme, Transaktionen und deren Verknüpfungen (Abb. 8–9). Es listet alle Datenbezeichner auf, die in dem System oder in seiner Umgebung verwendet werden. Zu diesen Datenelementen sind die Beziehungen zwischen den Datenelementen sowie die Attribute der Datenelemente beschrieben. Das Data Dictionary ist auch heute noch eines der häufigsten Modelle in der Systemanalyse und Systemmodellierung, denn es hat einige Vorteile, die andere Modelle nicht haben. Zunächst erlaubt es, Bezeichner zentral zu verwalten. Damit werden Inkonsistenzen oder Ungenauigkeiten vermieden. Zudem kann es von den ersten Interviews über die Analyse bis hin zum Lösungsmodell, der Testspezifikation und dem Benutzerhandbuch wachsen und damit Konsistenz zwischen den verschiedenen Modellen gewährleisten. Es existieren verschiedene Beschreibungsformen, wobei die verbale Form am häufigsten eingesetzt wird. Für formale Datenmodelle wird die BNF (Backus-Naur-Form) verwendet. Die meisten Werkzeuge des RE und der Anwendungsentwicklung oder Datenbankprogrammierung bieten ein Data Dictionary als grundlegendes Beschreibungsinstrument an.

Bezeichner	Informelle Beschreibung	Typ
Kabinenkonsole	Bedienelement innerhalb der Aufzugskabine	Entity
Stockwerkskonsole	Bedienelement auf jedem Stockwerk	Entity
Lichtschranke	Sicherheitseinrichtung an der Aufzugskabine	Entity
...	...	...

Abb. 8–9 *Data Dictionary*

Objektmodelle fassen die verschiedenen Sichten auf Daten und deren Operationen zusammen. Während das ERA-Modell nur Verfeinerungsbeziehungen beschreibt, erlauben Objektmodelle drei verschiedene Beziehungen, nämlich die **Verfeinerung/Zusammenfassung** (engl. Aggregation), die **Vererbung von Eigenschaften** (engl. Inheritance) und die **aktive Beeinflussung** von Objekten untereinander (engl. Interaction). Diese drei verschiedenen Beziehungen machen die Grundprinzipien der Objektorientierung aus [Balzert1999, Booch1994, Rumbaugh1991]. Alan Kay prägte den Begriff »objektorientierte Programmierung« bereits 1967, um die von ihm mitentwickelte Art der Programmierung mit Objekten zu beschreiben [Kay1996].

Eine Klasse generalisiert die Objekteigenschaften von gleichartigen Objekten (z.B. die Klasse Kontoauszug beschreibt die Eigenschaften von Kontoauszügen im Allgemeinen, wie sie beschrieben werden oder wie sie gedruckt werden). Ein Objekt ist eine Instanz einer Klasse (z.B. ein spezifischer Kontoauszug, der gerade von einem Kunden gelesen wird). Das definierte **Verhalten** und die Struktur der Attribute gelten für alle Objekte einer Klasse. Nur die Werte der Attribute sind individuell für jedes Objekt. Nach Kay [Kay1996] hat der Begriff «Objektorientierung» die folgende Bedeutung: Bei der objektorientierten Programmierung beschreiben Programme, wie Botschaften zwischen Objekten ausgetauscht werden. Ein Objekt ist ein Element, das **Zustände, Methoden und Prozesse** enthält, die es intern versteckt und auf die von außen nur durch den Austausch von **Botschaften** zugegriffen werden kann. Dabei entscheidet das Objekt selbst, wie es auf eine bestimmte Botschaft reagiert. Es sollte möglich sein, dass erst während des Programmablaufs festgelegt wird, welches Objekt eine bestimmte Botschaft erhält.

Diese aktive Beeinflussung von Objekten wird durch **Methoden** beschrieben, die Bestandteil der Objekte sind und als Service innerhalb des Objekts oder auch nach außen zur Verfügung gestellt werden. Objektklassen sind Abstraktionen über gleichartige Objekte und dienen dem Schritt vom instanziierten (oder in der Realität vorgefundenen) Modell hin zu einem generalisierenden Modell, das auch andere Instanziierungen zulässt.

Wir wollen im Folgenden die UML als Notation für Objektmodelle einsetzen [Fowler2003]. In dieser Notation werden Klassen und Objekte als Rechtecke dargestellt, deren Name im obersten Feld steht (Abb. 8-10). Die Attribute der Klasse oder des Objekts stehen in der Mitte des Rechtecks, während die Methoden im unteren Bereich des Rechtecks aufgeführt sind. Beziehungen zwischen den Klassen oder den Objekten werden als Kanten zwischen den Rechtecken dargestellt. Ungerichtete Kanten (obere Bildhälfte) beschreiben eine Verfeinerungshierarchie (also »Aufzugskabine« verfeinert sich in »Aufzugskonsole« und »Rauchmelder«). Gerichtete Kanten beschreiben eine Vererbungshierarchie, wobei der Pfeil in Richtung der vererbenden Klasse (oder Objekt) zeigt (also »Aufzugskonsole« und »Rauchmelder« erben Eigenschaften von der mehr generischen Klasse »Aufzugskabine«).

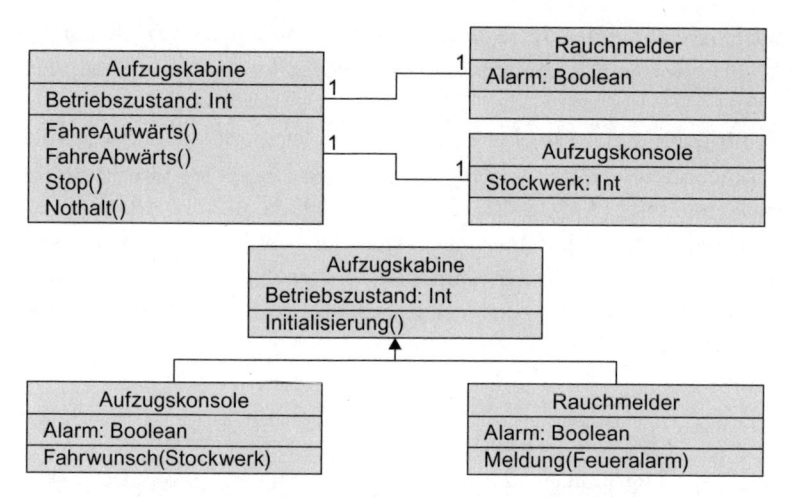

8.3 Analysemethoden und Modellierungstechniken

Abb. 8-10 *Objektmodelle mit Klassendiagrammen (oben: Verfeinerung/Generalisierung, unten: Vererbung)*

Beim Verfeinerungsdiagramm werden Kardinalitäten durch Zahlen an den Kanten beschrieben, wie wir das bereits von ERA-Modellen kennen. Die obere Hälfte der Abbildung 8–10 beschreibt also die Klasse »Aufzugskabine«, die in zwei weitere Klassen verfeinert wird, nämlich »Aufzugskonsole« und »Rauchmelder«. Eine konkrete Aufzugskonsole (also die Instanz der Klasse »Aufzugskonsole«) wird als Objekt bezeichnet. Damit lassen sich die Objektdiagramme leicht vom Speziellen (Objekte werden während der Analysephase ermittelt) ins Allgemeine (Klassendiagramme) überführen. Das Klassendiagramm zeigt durch die Kardinalitäten an den Kanten, dass es zur Laufzeit pro Aufzugskabine einen Rauchmelder sowie eine Aufzugskonsole gibt.

Vererbung wird als generalisierende Beziehung dargestellt und daher geht die entsprechende Kante vom speziellen Objekt aufwärts zum generalisierenden Objekt. Vererbungsmodelle organisieren Klassen in eine Hierarchie. Klassen auf einer höheren Ebene dieser Hierarchie geben ihre Eigenschaften an die direkten Nachkömmlinge ab. Je nach Programmiersprache können diese Eigenschaften geändert (überschrieben) werden, was bei tiefen Vererbungsbäumen zu einiger Unübersichtlichkeit und damit zu höherem Wartungsaufwand führt. Eine gute Vererbungshierarchie aufzustellen, ist sehr schwierig, denn wenn möglich sollten Duplizierungen in parallelen Zweigen oder das Überschreiben von geerbten Eigenschaften vermieden werden.

Klassendiagramme beschreiben die statische Struktur eines Systems. Sie werden sowohl zum Beschreiben des Analysemodells als auch zur Beschreibung des Lösungsmodells eingesetzt und können durch eine durchgängige Struktur und konsistente Verwendung von Klassen in manchen Anwendungsbereichen den Strukturbruch vermeiden. Ein Objektmodell wird in den folgenden Schritten entwickelt:

- Identifiziere die »tatsächlich existierenden« Objekte des umgebenden Systems (z.B. Hardwareeinrichtungen, Dokumente, Bildschirmausgaben, Personen/Rollen).
- Lege für jedes dieser Objekte eine kurze Beschreibung an. Dazu werden gerne die sogenannten CRC-Karten (engl. Class Responsibility Collaboration Cards) eingesetzt (Abb. 8–11). Es handelt sich dabei um Karteikarten, die zur objektorientierten Modellierung verwendet werden. Jede Karte entspricht einer Klasse. Oben steht der Name. Der untere Teil ist in zwei Hälften geteilt. Links stehen die »Aufgaben« der Klasse und rechts die Kollaborationen mit anderen Klassen.

```
Class
Aufzugskabine
```

Responsibilities	Collaboration
• Fahre Kabine nach oben	• Rauchmelder
• Fahre Kabine nach unten	• Aufzugskonsole
• Kabine auf nächstem Stockwerk anhalten	• ...
• Nothalt im Alarmfall	
• ...	

Aufzugskabine
Betriebszustand: Int
FahreAufwärts()
FahreAbwärts()
Stop()
Nothalt()

Rauchmelder
Alarm: Boolean

Aufzugskonsole
Stockwerk: Int

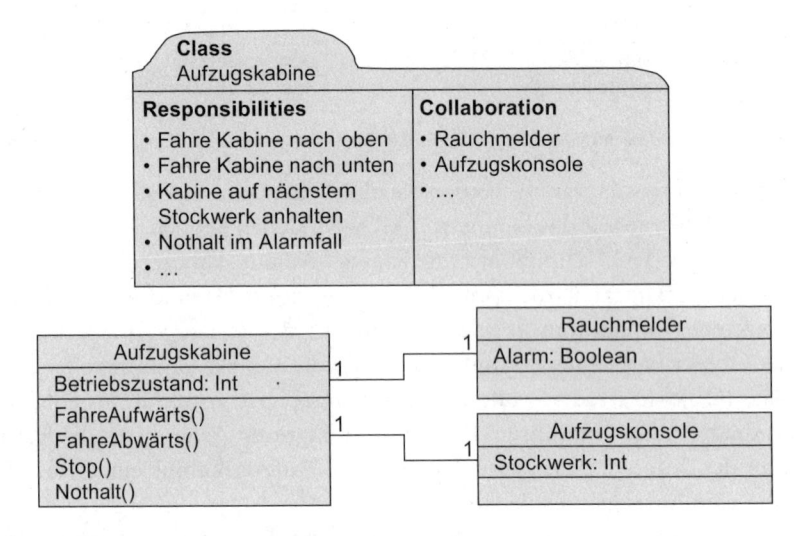

Abb. 8–11   *CRC-Karte und das resultierende Klassendiagramm*

- Die so ermittelten Karten können auf einem Tisch (oder Bildschirm, aber der ist meistens zu klein) anhand des Botschaftenflusses angeordnet werden, um brauchbare Klassenzusammenhänge oder Generalisierungen zu finden. Diese Zusammenhänge sind anfangs nicht stabil und sollten keinesfalls zu früh eingefroren werden. Meistens lernt man erst im Laufe der Systementwicklung, welche Klassen als generalisierende Klassen Bestand haben und welche vielleicht nur als Objektinstanzen einer anderen Klasse infrage kommen.
- Die »Aufgaben« einer Klasse aus der linken Hälfte der CRC-Karte werden in Methoden übersetzt. Zu diesem offensichtlichen Satz von Methoden einer Klasse werden weitere Methoden hinzugefügt, die beispielsweise der Initialisierung dienen.
- Datenattribute werden den Klassen hinzugefügt, beispielsweise, um Zustände und deren Änderung beschreiben zu können. Allerdings sollte man die Klassen nicht mit Informationen und Eigenschaften überladen. Dynamische Zusammenhänge werden in einem Sequenz- oder Zustandsmodell dargestellt.

8.3 Analysemethoden und Modellierungstechniken

Auch Objektinstanzen gehören nicht in das Klassenmodell. Informationen zur Sichtbarkeit von Inhalten der Klasse werden erst später beschrieben.

Ein **Sequenzdiagramm** (engl. Sequence Chart) beschreibt das dynamische Verhalten von Objekten (Abb. 8–12). Horizontal sind die verschiedenen interagierenden Objekte dargestellt, während vertikal eine Ablauflinie verläuft, die die Interaktionen der verschiedenen Objekte in eine ursächliche Reihenfolge bringt. Diese Ablauflinie beschreibt keine Zeitabhängigkeiten, sondern primär Ursachen und Wirkungen im gegenseitigen Einfluss der Objekte untereinander (Objektkommunikation).

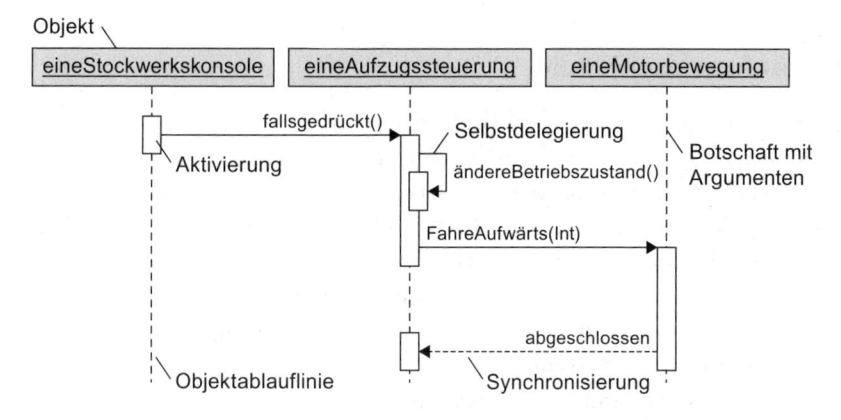

Abb. 8-12 *Sequenzdiagramm: Objektinteraktionen beschreiben das dynamische Verhalten von Objekten*

Sequenzdiagramme beschreiben die Kommunikation (oder den Austausch von Botschaften) zwischen Objekten, um eine Aufgabe zu erfüllen. Sie nehmen damit eine völlig andere Funktion als die statischen Klassendiagramme ein, die jeweils eine Klasse und ihre gesamten Interaktionen mit anderen Klassen beschreiben. Bei den Sequenzdiagrammen geht es um eine Aufgabe, an deren Bearbeitung mehrere Klassen beteiligt sind, die auch noch andere Aufgaben erledigen können. Typischerweise beschreibt ein Sequenzdiagramm einen Anwendungsfall (engl. Use Case), um dessen Komplexität zu reduzieren. Zuerst werden Anwendungsfälle und Klassen modelliert. Dann wird ein Anwendungsfall gewählt, der im Sequenzdiagramm beschrieben werden soll. Danach werden aus dem Klassendiagramm jene Klassen extrahiert, die zur Bearbeitung dieses Anwendungsfalls nötig sind. Daraus wird abgeleitet, wie die Klassen kommunizieren müssen, um den Anwendungsfall zu bearbeiten. Beispielsweise stellt sich heraus, dass Klassen Daten austauschen müssen. Oder sie synchronisieren sich zur Ablaufzeit. Diese Kommunikationen werden durch Botschaften modelliert, die zwischen den Klassen ausgetauscht werden. Sequenzdiagramme helfen dabei, Botschaften zwischen Klassen in einem Kontext zu definieren.

Mit diesen verschiedenen Modellen, von denen wir hier nur einen Ausschnitt betrachten, können die Ergebnisse von objektorientierten Analysemethoden beschrieben werden. Wir haben dabei auch festgestellt, dass es nicht eine bestimmte Notation oder Modellierung und damit Sichtweise auf die Realität gibt, die besser ist als alle anderen. Eine **Analysemethode** beschreibt Regeln zur Nutzung der Notation und zur bestmöglichen Beschreibung einer zu analysierenden Aufgabe. Weiterführende Texte zur strukturierten Analyse finden sich bei [DeMarco1979], zur objektorientierten Analyse und Modellierung bei [Balzert1999, Booch1994, Rumbaugh1991]. Für die Analyse und Modellierung von Echtzeitsystemen bieten sich [Cooling2002] und [Hatley1998] als weiterführende Literatur an.

8.4 Aufwandschätzung

Die Aufwandschätzung ist einer der kritischsten Punkte in jedem Projekt. Oftmals fehlen Erfahrungswerte, und es wird über den Daumen gepeilt. Oder aber, man verwechselt Schätzung und Zielsetzung und lässt sich im Druck des Verhandlungspokers zu einem unerreichbaren Planwert verführen, der nachher nicht gehalten werden kann. Projekte scheitern in der Regel wegen unzureichendem Requirements Engineering und wegen schlechter Planung (siehe Kap. 1.2). Die Aufwandschätzung verbindet diese Problemzonen zu einem Bermudadreieck, das immer wieder Projekte verschlingt.

Bei Schätzungen sind die Interessengruppen in den Verhandlungen an den Antworten zu folgenden Fragen interessiert:

- Wie teuer wird das System?
- Wie lange dauert die Entwicklung?
- Sind die gestellten Anforderungen machbar?
- Welche Qualität hat das entwickelte Produkt?

Obwohl die Aufwandschätzung nur eine interne Planungsgröße ist, kommt ihr die tragende Rolle bei Zeit- und Kostenschätzungen und damit bei der Beantwortung dieser vier Fragen zu. Die anderen Größen können aus der Aufwandschätzung abgeleitet werden [Boehm1981, Ebert2007a, Putnam2003, Briand2000, Kemerer1987]. Wir wollen daher hier primär die Aufwandschätzung betrachten.

Wesentliche Einflussgrößen für den Entwicklungsaufwand sind die Systemgröße und -komplexität, der Projekttyp (z.B. Neuentwicklung, Wartung), die Mitarbeiterproduktivität (und deren Motivation, die allerdings nicht greifbar ist), die Prozessfähigkeit des Unternehmens (z.B. CMMI-Reifegrad), die geforderte Qualität und der Termindruck, die Qualifikation der Projektmitarbeiter, die Teamgröße, Synergien im Projekt, die geografische Verteilung der Mitarbeiter, die Organisation der Mitarbeiter und Teams, die eingesetzten Entwicklungsmethoden und -werkzeuge sowie der Grad der Wiederverwendung von Software. Kommerzielle Schätzwerkzeuge fragen diese Parameter eingangs ab, um zu einem verlässlichen Ergebnis zu kommen.

8.4 Aufwandschätzung

Die Produktivität ist der Quotient aus Outputmenge und Inputmenge eines Prozesses. Der Input ist der entstandene Aufwand, der dem jeweiligen Produkt mithilfe der betriebswirtschaftlichen Kostenrechnung zugeordnet werden kann [Baisch1994, Hitt1995]. Die Outputmenge im Systementwicklungsprozess ist der produzierte Umfang, gemessen entweder in ausführbaren Codezeilen (LOC) oder Funktionspunkten (Function Points), die ein abstraktes Maß für die dem Auftraggeber bereitgestellten Funktionen sind [Ebert2007a]. Vereinfacht wird die Produktivität häufig über folgende Beziehung dargestellt:

Produktivität = Systemumfang / Aufwand

Verschiedene Arbeiten haben diese Zusammenhänge im Detail untersucht. Putnam berücksichtigt bei seinem Schätzverfahren sowohl die Projektdauer (Zeitdruck) als auch den Projektaufwand in Beziehung zum Systemumfang und der Produktivität, wobei die Projektdauer ein höheres Gewicht bekommt als der Aufwand [Putnam2003]. Abbildung 8–13 zeigt die Zusammenhänge zwischen den Einflussfaktoren im Projekt und deren Auswirkungen auf Zeit, Kosten und Qualität. Ein Pfeil nach oben heißt, dass es eine positive Korrelation gibt: Die Fehlerzahl wächst mit dem Umfang. Ein doppelter Pfeil bezeichnet eine weit überproportionale Abhängigkeit, also wächst beispielsweise der Aufwand mit zunehmendem Umfang viel stärker an, als der Umfang selbst zunimmt.

Einflussfaktoren	Kennzahlen Zeitdauer	Aufwand	Fehler
Umfang ⇧	⇧	⇧ ⇧	⇧
Produktivität ⇧	⇩	⇩ ⇩	⇩
Mitarbeiterzahl ⇧	⇩	⇧ ⇧	⇩
Zeitdruck ⇧	⇩	⇧ ⇧	⇧ ⇧

Abb. 8–13 Wenige Schlüsselfaktoren im Projekt beeinflussen Zeit, Kosten und Qualität

Diese Zusammenhänge kennt jeder Projektmanager, aber nicht jeder Entwicklungsleiter oder Produktmanager handelt danach. Für den wichtigsten Einflussfaktor, den Umfang, haben wir versucht, den Zusammenhang nicht nur binär darzustellen, sondern qualitativ als Funktion. Die Berechnung dieses Zusammenhangs aus Umfang, Produktivität und Zeit zeigt, dass der Aufwand nicht linear von Umfang oder Größe und Zeitdruck abhängt. Dabei kommt der Zusammenhang zum Ausdruck, den Putnam zum ersten Mal in geschlossener Form beschrieben und seither verschiedentlich überarbeitet hat (Abb. 8–14) [Putnam2003]. Selbst eine kleine Verkürzung der Zeitvorgabe lässt den Aufwand explosionsartig wachsen. Aus diesem empirisch gewonnenen Zusammenhang lassen sich grundsätzliche Planungsdaten miteinander kombinieren, und der Projektmanager oder Systemanalyst erkennt, dass seine Freiheitsgrade drastisch eingeschränkt sind. Aus einer vorgegebenen Anforderungssituation (Funktionalität und Zeit) lässt sich zusammen mit Erfahrungswerten der Produktivität aus früheren ähnlichen Projekten der Aufwand ableiten.

Wir haben ein solches Planspiel in Abbildung 8–14 kurz beschrieben. Die Abbildung ist nicht ganz einfach zu verstehen, und Sie sollten sich die Zeit nehmen, selbst die beschriebenen vier Szenarien nachzuvollziehen. Es gibt einige Vorgaben, die den Umfang, Liefertermin und die Sollkosten eines Projekts beschreiben. Solche Vorgaben sind entweder frühzeitige Zusicherungen (z.B. das Projekt darf nur x kosten) oder Annahmen aus der Anforderungsanalyse (z.B. der Umfang beträgt ungefähr y FPs oder z KLOC). Der Umfang beträgt hier 150 KLOC (Kilo Lines of Code); die Kosten und der Termin sind nur als qualitative Linie angegeben, da sie fix bleiben. Selbst die Produktivität wird mit berücksichtigt, da sie einen großen Einfluss auf jedes Projekt hat. In der Regel wird sie durch Rückwärtsberechnungen aus abgeschlossenen Projekten extrahiert [Ebert2007a]. Wir haben sie mit dem (dimensionslosen) Wert 10 angenommen. Dadurch, dass die Produktivität ebenfalls feststeht, ist die Situation überbestimmt. Darüber hinaus ist es evident, dass Zeit- und Kostengrenzen nicht gleichzeitig eingehalten werden können. Eine Situation, die Sie bestimmt kennen.

Projektszenarien ① bis ④

Zusammenhang (»Putnam-Formel«):

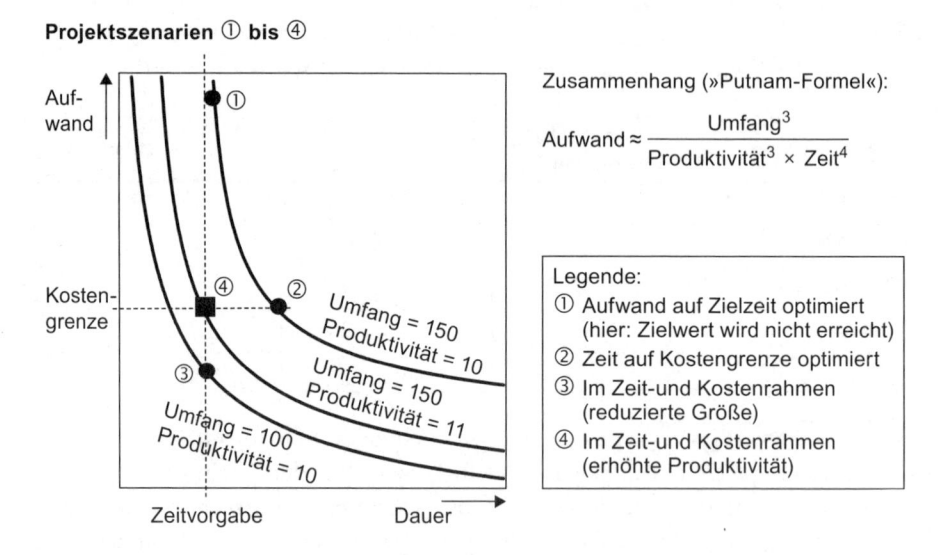

$$\text{Aufwand} \approx \frac{\text{Umfang}^3}{\text{Produktivität}^3 \times \text{Zeit}^4}$$

Legende:
① Aufwand auf Zielzeit optimiert (hier: Zielwert wird nicht erreicht)
② Zeit auf Kostengrenze optimiert
③ Im Zeit-und Kostenrahmen (reduzierte Größe)
④ Im Zeit-und Kostenrahmen (erhöhte Produktivität)

Abb. 8–14 *Machbarkeitsstudie und Risikobewertung (basiert auf [Putnam2003])*

Was lässt sich nun ändern? Sicherlich könnte man auf Zeit (Szenario 1) oder auf Kosten (Szenario 2) optimieren. Aber durch den nicht linearen Zusammenhang wird damit der jeweils zweite Faktor beträchtlich überschritten. Man könnte auch die Produktivität erhöhen (im Bild in Szenario 4 durch den Übergang der Produktivität vom dimensionslosen Wert 10 auf 11 dargestellt). Das ist eine nette Lösung, der jeder Kunde und Manager sofort zustimmen würde – wenn es denn möglich wäre. Wie sollte sich die Produktivität auf Knopfdruck erhöhen lassen? Falls dies ginge, wäre es ja bereits gemacht worden. Wir sollten daher die Produk-

8.4 Aufwandschätzung

tivität immer als Einflussgröße annehmen, die sich nur sehr langsam ändert. Maßnahmen, wie eine Verbesserung der Prozessfähigkeit mit dem CMMI, verbessern die Produktivität nachhaltig, aber eben nicht von »jetzt auf gleich«, sondern über einen längeren Zeitraum. Die einzige realistische Maßnahme besteht in dieser Situation darin, den funktionalen Umfang beträchtlich zu reduzieren (Szenario 3). Das sagt sich einfach, ist aber bei sonst unumstößlichen Randwerten für Kosten und Zeitdauer die einzige Lösung. Alle anderen Szenarien (z.B. ein angenommenes Szenario 4 mit zu optimistischen Annahmen) würden zu einem Projekt führen, das in der Summe schlechtere Ergebnisse zu einem späteren Zeitpunkt liefert, als wenn man von Beginn an realistisch geplant hätte.

Immer wieder kommt ein Projektmanager in die für ihn missliche Situation, Aussagen zu seinem neuen Projekt hinsichtlich der Kosten und insbesondere der Termintreue machen zu müssen, obwohl er nur unzureichende Informationen dazu hat. Häufig steht der Termin sogar bereits fest. Der Auftraggeber will eine Lösung für unzureichend bekannte Probleme in einer fixen Zeit bei guter Qualität und zu den niedrigsten Kosten. Die Güte der Kosten- und Terminschätzung hängt vom Projektfortschritt und der Prozessfähigkeit ab (siehe Abb. 8–15) [Boehm1981, Boehm2000, Ebert2007a], jedoch wird dies selten ernsthaft akzeptiert. Im Gegenteil, Unternehmen mit sehr unreifen Prozessen neigen dazu, sich bei jeder Verhandlung über den Tisch ziehen zu lassen, da sie nicht wissen, wie sie schnell und präzise skizzieren können, was das Projekt an Aufwand und Zeit benötigt, und wie diese Parameter vom Inhalt abhängen.

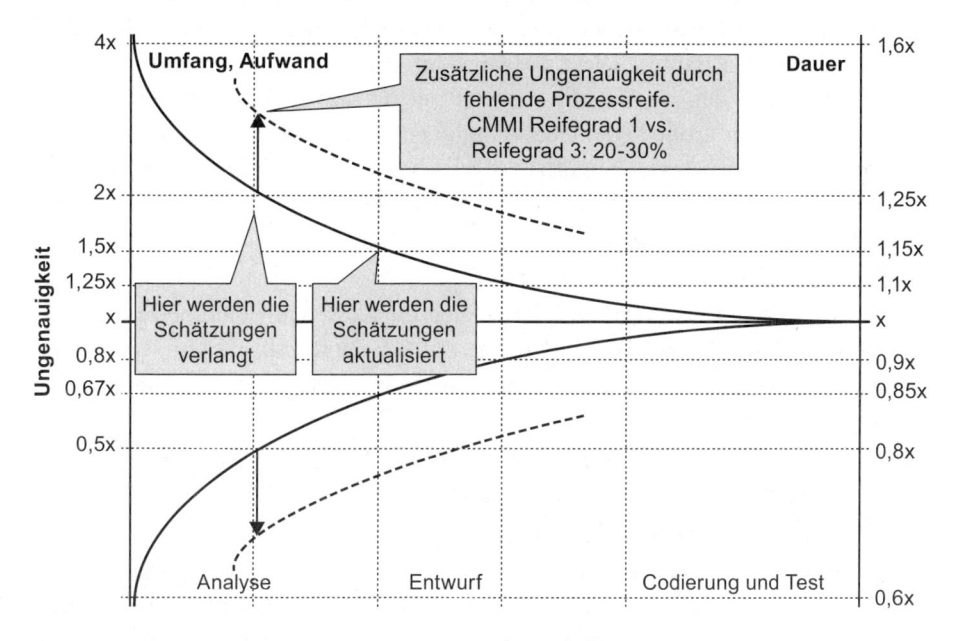

Abb. 8–15 Schätzgenauigkeit in Abhängigkeit von der Projektphase und der Prozessreife

Aufwandschätzungen deuten auf ein Dilemma, das wir bereits früher diskutierten (Kap. 4.6 und 4.7). Einerseits werden eine Vielzahl von Projektinformationen benötigt, um eine hinreichend genaue Abschätzung zu erhalten. Andererseits wollen die verschiedenen Interessengruppen möglichst rasch wissen, wie teuer das Projekt wird. Der Systemanalyst und auch der Projektmanager müssen in diesem Spannungsfeld verlässlich arbeiten und Methoden anwenden, die sie bei der Forderung nach frühzeitiger Aufwandschätzung unterstützen. Der Aufwand für einen Satz gegebener Anforderungen wird durch verschiedene Faktoren beeinflusst. Leider gibt es keine allgemein anerkannte geschlossene Formel, die nach Eingabe einiger Parameter die zu erwartenden Kosten oder die Zeitdauer eines Projekts liefert.

Man unterscheidet in der Praxis zwei Arten von Verfahren zur Aufwandschätzung: die Schätzung durch Analogie und algorithmische Verfahren. Beide Verfahren basieren auf gewonnenen Erfahrungen aus früheren ähnlichen Projekten.

- **Analogieschlüsse**
Bei der Schätzung durch Analogie wird der Aufwand eines Projekts aufgrund der bereits erfassten Eckdaten möglichst ähnlicher abgeschlossener Projekte prognostiziert. Dies geschieht ohne mathematische Formeln und baut allein auf der Erfahrung von bisherigen Projekten auf. Neue oder geänderte Randbedingungen lässt der Analyst aufgrund seiner breiten Erfahrungen einfließen. Genauigkeit der Analogieschätzung kann durch Templates, Richtlinien, wiederholte oder iterative Schätzungen oder eine Anzahl verschiedener Analysten verbessert werden. Eine sehr einfache und auch konsistente Methode der Analogieschlüsse ist, wenn sie immer durch eine Person ausgeführt wird (»frag mal den Paul«). Diese Person baut sich einen Erfahrungsschatz zum Schätzen auf, den sie für alle neuen Projekte nutzen kann. Leider entsteht damit eine sehr große Personenabhängigkeit (und auch Subjektivität), die sich kaum ein Unternehmen längerfristig erlauben will. So wird man immer versuchen, aus diesem Stadium hin zum zweiten Verfahren, den algorithmischen Schätzungen, zu kommen.

- **Algorithmische Verfahren**
Die algorithmischen Verfahren berechnen die Kosten aus Parametern, die das Produkt charakterisieren, und Parametern, die die Randbedingungen der Entwicklung beschreiben. In der Regel wird der folgende Zusammenhang als Basis gewählt:

    $Aufwand = A + B \times Systemgröße^C$ wobei A, B und C Parameter sind, die die Projektrandbedingungen widerspiegeln.

Die Genauigkeit der Schätzung hängt vor allem von der Qualität der im Algorithmus eingesetzten Parameterwerte ab. Zwei Verfahren sind hier zu nennen, die Putnam-Formel, die wir bereits skizziert haben, und das COCOMO-Verfahren (Constructive Cost Model) von Boehm, das ausführlich in [Boehm1981, Boehm2000] beschrieben wurde. Auch das Verfahren der Funktionspunkte

8.4 Aufwandschätzung

(Function Points) gehört in diese Gruppe. Diese Verfahren und ihre zahlreichen Derivate basieren auf einem nicht linearen Zusammenhang zwischen verschiedenen Einflussgrößen, der auf der Basis Tausender abgeschlossener Projekte ständig evaluiert und perfektioniert wird. Algorithmische Verfahren entwickeln sich durch zunehmende Verfeinerung und Formalisierung aus den Analogieverfahren aufgrund der wachsenden Kenntnis und Berücksichtigung von Projektparametern.

In kritischen Projekten sollte die Aufwandschätzung unabhängig durch verschiedene Gruppen und mit Verfahren aus beiden Klassen (also algorithmisch und mittels Analogieschluss) durchgeführt werden. Ein solch iteratives Verfahren wird beispielsweise durch die Delphi-Methode zur Verfügung gestellt.

Zu beachten ist, dass Experten der Systemanalyse in der Regel den Aufwand zu niedrig annehmen, da sie durch ihre eigenen – überdurchschnittlich guten – Fähigkeiten davon ausgehen, dass das ganze Projektteam diese Produktivität mitbringt. Hierfür müssen Korrekturfaktoren eingebaut werden, die leider in die entgegengesetzte Richtung dessen gehen, was viele Projektmanager oder Produktmanager machen, nämlich nach einer Schätzung zu verlangen und danach durch zwei zu teilen. Hier spielen natürlich auch psychologische Einflüsse eine Rolle, denn die Systemanalysten »schieben« die Arbeit nachher weiter in ein separates Projekt, während die Projektmanager ihre eigene Schätzung auch selbst »ausbaden« müssen. Daher fordert das CMMI auch ganz klar, dass den Schätzungen und den davon abgeleiteten Projektplänen von allen Beteiligten zugestimmt werden muss.

Die Systemgröße oder der Systemumfang ist das wesentliche Maß bei der Parametrisierung von beiden Klassen von Schätzverfahren. In der Regel werden Codemaße dazu eingesetzt, die auch zu den Basismaßen eines jeden Projekts zählen [Ebert2007a]. Wir wollen ein realistisches Beispiel betrachten, um die Vorgehensweise klarzumachen (Tab. 8-2).

Es handelt sich dabei um die Entwicklung eines eingebetteten Systems, das naturgemäß eine relativ niedrige Produktivität auf der Basis von gelieferten Codezeilen hat. Aus der Gesamtabschätzung der Größe und der Produktivität (hier 10 Personenmonate pro tausend ausführbaren Codezeilen) können sowohl die Aufwände für einzelne Aktivitäten als auch für das Gesamtprojekt abgeleitet werden. Selbstverständlich müssen die oben genannten Faktoren, wie Prozessreife, Wiederverwendung oder Mitarbeiterfähigkeiten, eingerechnet werden, sodass wir hier nur den Rahmen stecken können.

Albrecht und später Symons haben diesen Zusammenhang zwischen den drei Dimensionen Qualität, Dauer und Kosten von einer codeorientierten Systemgröße auf eine funktionsorientierte Größe verlagert [Albrecht1983, Symons2001]. Die Grundidee des Function-Point-Verfahrens ist der folgende Algorithmus:

1. Der fachliche Inhalt eines Projekts wird aus den Anforderungen in wenige Grundfunktionen abgebildet, die einzeln gezählt werden (Eingaben, Ausgaben, Abfragen, logische Datenbestände, Referenzdaten). Dazu gibt es genaue Regeln, die von der Anforderungsanalyse beispielsweise mit einem Entity-Relationship-Modell oder einer strukturierten Analyse zu einer reproduzierbaren Zählung führen.
2. Diesen Grundfunktionen werden entsprechend einer einheitlichen Skala drei Schwierigkeitsstufen zugeordnet, die die Komplexität jeder einzelnen gezählten Instanz wiedergeben.
3. Die Schwierigkeitsstufen werden mit Funktionspunkten bewertet.
4. Die Summe der Funktionspunkte wird entsprechend den projekt- und organisationsspezifischen Einflussfaktoren gewichtet.
5. Aus der Summe der gewichteten Funktionspunkte wird aufgrund statistisch ermittelter Kurven von bereits abgeschlossenen Projekten der geplante Aufwand für die Softwareentwicklung abgeleitet.
6. Weitere Aufwände, beispielsweise für Dokumentation, werden aus diesem Basisaufwand abgeleitet.

Aktivität	Anteil in %	Personenmonate pro 1000 LOC
Projektmanagement	7	0.7
Analyse, Spezifikation, RE	17	1.7
Entwurf	22	2.2
Implementierung	22	2.2
Integration, Konfigurationsmanagement	16	1.6
Abschluss, Systemtest, Lieferung	16	1.6
Summe	100	10

Tab. 8-2 Beispiel für die Aufwandsverteilung in einem Projekt

Mithilfe der Function-Point-Schätzung wird der gesamte Projektaufwand ermittelt. Dieser Projektaufwand muss dann auf die einzelnen Phasen des Projekts verteilt werden. Da das Function-Point-Verfahren ebenfalls mit historischen Informationen arbeitet, ist die Nachkalkulation der Projekte bzw. das Messen der tatsächlich entwickelten Funktionspunkte und des hierfür benötigten Aufwands sehr wichtig, um die benutzten Formeln und Zusammenhänge ständig zu verbessern. Es ergibt sich ein Zyklus zwischen Messen und Schätzen. Function Points sind in den reinen IT-Projekten sehr beliebt. Das liegt daran, dass sie standardisiert sind, dass Benutzergruppen für den Erfahrungsaustausch existieren, dass es umfangreiche (Benchmarking-)Daten aus der Praxis gibt und dass sie für Aufwand-, Fehler- und Zeitabschätzung anzuwenden sind. Es gibt Umrechnungsregeln für verwandte Maße und sie unterstützen die unterschiedlichsten Programmiersprachen. Allerdings muss man auch mit einigen Nachteilen rechnen, z.B. die begrenzte Anwendbarkeit für typische IT-Projekte, aber nicht für die Produktentwicklung. Zum Perfektionieren der eigenen Schätzmodelle braucht man eigene Daten, was die Einführung schwierig macht. Die Reproduzierbarkeit leidet unter der subjektiven Schätzung der Schwierigkeitsfaktoren. Hier kann die Mischung verschiedener Analysten helfen, die jeweils die Schätzungen ihrer Kollegen prüfen. Schließlich erfordert eine reproduzierbare Zählung der Funktionspunkte detaillierte und sehr präzise Anforderungen, die in vielen Projekten in den frühen Phasen, in denen erste Schätzungen verlangt werden, nicht vorliegen.

Um einige der Nachteile zu reduzieren, wurde das Verfahren durch die International Function Point Users Group (IFPUG) [IFPUG2002] verfeinert. Diese Verbesserungen haben wesentlich dazu beigetragen, dass die häufig kritisierte Subjektivität der Function-Point-Schätzungen vermieden werden kann. Um die Function Points auch für Systeme außerhalb des klassischen IT-Bereichs anwendbar zu machen, wurden sie zu einem internationalen Standard, genannt Full Function Points (FFP), erweitert [COSMIC2007, Ebert2007a].

Die genannten Schätzverfahren lassen sich auch bei Systemabschätzungen anwenden, wo Software beispielsweise in Hardwarekomponenten eingebettet wird. Bei Hardwareprojekten (z.B. mit ASICs oder FPGAs) lassen sich ebenfalls parametrische Schätzverfahren einsetzen, die einen algorithmischen Zusammenhang aufweisen wie die Putnam-Formel oder COCOMO (z.B. ausführbare Statements in der Firmware). Sie werden nach der Anzahl der sogenannten IP-Module (also eigenständige »Intellectual Property«-Einheiten) und deren Stabilität, den Input- und Outputparametern sowie der Komplexität (z.B. Entscheidungen, Geschwindigkeit, Anwendung von Entwurfsregeln) parametrisiert.

Ändern sich im Projektverlauf die Anforderungen, so muss die Projektbewertung aktualisiert werden. Damit können der Auftraggeber und Auftragnehmer frühzeitig erkennen, welche Auswirkungen Änderungswünsche auf das Projekt hinsichtlich Termin und Kosten haben.

Zusammenfassend wird klar, dass es unterschiedliche Aufwandsmodelle gibt, die situativ eingesetzt werden müssen. Ohne eigene Erfahrungen und gesammelte historische Daten, die bereits abgeschlossene Projekte in Bezug auf ihre Produktivität, Qualität etc. kennzeichnen, können die gleichen Modelle für die gleichen Anforderungen sehr verschiedene Aufwandsvorhersagen liefern, je nachdem, wer sie einsetzt.

Es gibt nicht das beste Modell, sondern nur ein relativ gut passendes für bestimmte Situationen. Kunden erwarten heutzutage den Einsatz bestimmter Modelle, um auf der Basis realistischer Szenarien über Inhalte und deren Änderungen sprechen zu können. Viele historische Daten sind nötig, um die Modelle zu kalibrieren und zu validieren. Erfahrungsdaten sind aufgrund verschiedener Randbedingungen und Maßdefinitionen zwischen verschiedenen Unternehmen oder Produkten kaum übertragbar. Leider ist noch immer die Reproduzierbarkeit und Einheitlichkeit von historischen Daten fragwürdig. Sie hängt stark davon ab, wie gut die Messkultur im Unternehmen ist. Diese Messkultur hängt eng mit der Prozessfähigkeit eines Unternehmens und damit dem CMMI-Reifegrad zusammen.

Viele Eingangsparameter der Modelle sind daher subjektiv und schwer zu reproduzieren. Um dem entgegenzuwirken, **muss in einem Unternehmen oder in einer Produktlinie eine präzise Richtlinie für Schätzungen eingeführt und trainiert werden.** Jedes Projekt sollte mehrere Schätzungen liefern, die sich über die Projektlaufzeit zunehmend dem Endwert der tatsächlichen Aufwände nähern (Abb. 8–15).

8.5 Risiken identifizieren und abschwächen

Gutes Requirements Engineering reduziert die Projektrisiken. Wir erinnern uns an unsere Definition des RE, die besagt, dass das Ziel von Requirements Engineering ist, qualitativ gute – nicht perfekte – Anforderungen zu generieren, die es erlauben, das Projekt mit einem akzeptablen Risiko zu beginnen. Und wie wir im Kapitel 4.7 sahen, kann RE auch Teil der Risiken und damit der Projektprobleme werden, wenn es nicht diszipliniert durchgeführt wird. Grund genug, hier kurz die Beziehungen zwischen RE und Risikomanagement und ihren Bezug zum Projektmanagement zu betrachten.

Risikomanagement ist der Teil des Projektmanagements, der sich systematisch mit dem Identifizieren, Analysieren, Dokumentieren und Behandeln von Projektrisiken befasst. Es geht dabei um die Einwirkung auf ursächliche Einflüsse, die zu einem Problem führen können. Entscheidend für gutes Risikomanagement (wie auch für das Requirements Engineering) ist es, frühzeitig und proaktiv in ein Projekt einzugreifen. Um sich nicht in Details zu verlieren – und dies ist sicherlich ein Unterschied zum RE – geht es im Risikomanagement darum, nur die wichtigsten Gefahrenquellen auszuloten und zu reduzieren. **Risikomanagement orientiert sich an der Wahrscheinlichkeit und an den Folgen.**

Ein einfaches Beispiel soll den Zusammenhang verdeutlichen. Wenn wir von einer Anforderung wissen, dass sie noch nicht stabil ist und ihr Änderungsaufwand durch Einflüsse auf die Architektur nicht unbeträchtlich wäre, dann haben wir ein klassisches Projektrisiko. Praktisches Risikomanagement ist nun nahezu deckungsgleich mit Requirements Engineering. Zuerst wird versucht, zu ergründen, wie hoch die Änderungswahrscheinlichkeit ist. Der Produktmanager oder Projektmanager kann während des Definierens der Anforderungen die Frage an unterschiedliche Spezialisten auf Kundenseite stellen, wie stabil diese Anforderung ist. Er wird versuchen, verschiedene Gruppen von Anforderungen zu unterscheiden, je nach der angenommenen Stabilität. Für die als nicht so stabil angenommenen Anforderungen wird im nächsten Schritt der Anforderungsanalyse betrachtet, wie groß der jeweilige Einfluss auf Architektur und Design ist. Damit haben wie die zwei wesentlichen Einflussparameter von Risiken bereits im Blick: Die Wahrscheinlichkeit einer Änderung der Anforderung sowie deren Einfluss auf das Projekt bestimmen zusammen, wie groß das Risiko dieser Anforderung für das Projektgelingen ist.

Eine wesentliche Eigenart des Risikomanagements ist es, nicht alle Risiken zu betrachten, sondern nur die wesentlichen. Typischerweise versucht ein Projektmanager zwischen drei und zehn Projektrisiken (sogenannte »top ten risk list«) im Auge zu behalten. Das hat mit Komplexitätsreduktion zu tun, denn Risikomanagement ist auch Projektaufwand, und es macht wenig Sinn, zu viele hypothetische Szenarien kontinuierlich im Auge zu behalten, wenn es bereits schwer genug ist, das Projekt selbst sauber zu kontrollieren.

Nun werden Maßnahmen untersucht, die dabei helfen, das mit den instabilen Anforderungen verbundene Risiko abzuschwächen. Je nach Anforderungen und Ähnlichkeit der Konsequenzen von Änderungen wird man einzelne instabile Anforderungen betrachten oder aber alle instabilen Anforderungen gemeinsam. Im Fall einer einzigen instabilen Anforderung mit hohem Projektrisiko (z.B. wenn sich die derzeitige Architektur ändern könnte oder wenn wesentlicher zusätzlicher Aufwand nötig wäre, um die Änderungen einzuarbeiten) wird der Projektmanager versuchen, das Design so aufzusetzen, dass die Änderung bestmöglich abgefangen werden kann.

Während der Ermittlung der Anforderungen fragt der Projektmanager, auf welche Weise sich die Anforderung ändern kann. Dann kann er versuchen, die möglichen Optionen in einem Design abzufangen. Diese Vorgehensweise wird auch als »design for change« bezeichnet und wird vorzugsweise bei eingebetteten Systemen oder bei gemischten Hardware- und Softwaresystemen eingesetzt, wo die Hardwarekomponenten sich mit hoher Wahrscheinlichkeit während der Produktlebensdauer ändern werden. Ähnlich sieht es aus, wenn eine Softwarekomponente eingesetzt wird, die man nicht kontrollieren kann. Dies gilt für Middleware wie Betriebssysteme oder Datenbanken. Auch hier sollte der Designer versuchen, mögliche Änderungen bereits frühzeitig abzufangen. Ein Grund übrigens dafür, keine Low-Level-Zugriffe in ein Betriebssystem oder eine Datenbank vorzunehmen, sondern sich immer an den stabilen und definierten Zugriffsroutinen zu orientieren.

Eine andere Vorgehensweise bei einer solchen kritischen Anforderung ist es, sie sehr frühzeitig zu entwickeln, um den Kunden mit den Realisierungsentscheidungen zu konfrontieren und deren Folgen besser ausloten zu können. Das gilt vor allem für Funktionen, die das Betriebsverhalten insgesamt stark beeinflussen. Wenn das Lastverhalten noch nicht ganz klar ist, sollten Szenarien durchgespielt werden, die kritische Kombinationen aufdecken. Dann kann die Architektur so gewählt werden, dass sie lastabhängig leicht skalierbar ist und damit auch wachsen kann, wenn sich herausstellt, dass das System doch anders und stärker genutzt wird als ursprünglich angenommen. Auch Technologieunsicherheiten werden mit dieser Methode abgeschwächt. Gerade bei neuen Technologien ist es nicht immer sicher, ob sie auch rechtzeitig mit der gewünschten Funktionalität zur Verfügung stehen. Der erfahrene Projektmanager wird sein Projekt nicht auf solche Unsicherheiten bauen, sondern alternative Technologien vorhalten oder aber mit einem Zweitanbieter sprechen, der notfalls einspringen kann. Das könnte teurer werden oder zu eingeschränkter Funktionalität führen und muss dann gegen Verzögerungen abgewogen werden.

Technologierisiken lassen sich durch Hinterfragen von Anforderungen und Randbedingungen finden. Hier eine kleine Checkliste:

- Gibt es neue Technologien im Projekt, die bisher nicht eingesetzt wurden?
- Haben die Mitarbeiter die richtigen Fähigkeiten?
- Sind die Schnittstellen zu anderen Systemen oder Komponenten vollständig definiert?
- Hängt das Design von unrealistischen oder zu optimistischen Annahmen ab?
- Ist das Systemverhalten (Performanz etc.) berücksichtigt?
- Haben die externen Komponenten die geforderte Qualität?
- Werden Patente, Copyrights oder proprietäre Technologien eingesetzt, deren Rechtslage oder Folgekosten unsicher sind?
- Welche Open-Source-Software mit welchem Vertragsschema wird eingesetzt?
- Ist die Zielhardware rechtzeitig (zum Test oder zur Integration) verfügbar?
- Sind externe Komponenten hinreichend stabil? Sind sie bekannt? Sind sie rechtzeitig verfügbar?
- Gibt es Unteraufträge (oder Outsourcing, Offshoring)? Sind die Lieferanten im Gesamtkontext bekannt?
- Welches Vertragsschema haben die Lieferanten? Haben Sie ein Interesse, pünktlich und mit guter Qualität zu liefern? Welche Risiken tragen die Lieferanten nicht?
- Gibt es Ersatzlieferanten für kritische Komponenten?

Bei einer Reihe von Anforderungen, die sich ändern können, sind Einzelmaßnahmen nicht praktisch. Ein probates Mittel ist dann, sie in spätere Inkremente zu verlagern, nachdem der Entwurf so ausgelegt wurde, dass die Änderungen abgefangen werden könnten. Wenn sich mehrere solche Anforderungen beeinflussen können, wird man sie in ein bestimmtes Inkrement legen, um Mehrarbeit zu vermeiden. Manche Anforderungen kann man auch durch Prototyping klären und damit ihr Änderungsrisiko mindern. Dies gilt beispielsweise für Benutzerschnittstellen oder bei neuen noch nicht bekannten technischen Umgebungen, in die Software eingebettet wird.

Gutes Requirements Engineering unterstützt das Risikomanagement. Risikomanagement ergänzt RE, weil es Fragen stellt, die zur Klärung von Anforderungen – oder deren Unsicherheiten – beitragen. Halten Sie sich allerdings immer vor Augen, dass es hier um Unsicherheiten geht und nicht um Unwissenheit. **Risikomanagement ist kein Ersatz für Ahnungslosigkeit!**

8.6 Priorisierung von Anforderungen

Projekte sind dann erfolgreich, wenn ihre Ergebnisse pünktlich sind, die richtige Qualität haben und alle vereinbarten Inhalte liefern. Aus firmeninterner Sicht muss das Produkt oder die Lösung zudem im vereinbarten Kostenrahmen oder darunter liegen, um erfolgreich zu sein. Legt man die reale Welt unzureichender

Prozessfähigkeit und unsicherer Anforderungen zugrunde, ergibt sich hier ein offensichtlicher Widerspruch schon allein aus der softwaretechnischen Perspektive, weil der Rahmen überbestimmt ist. Da weder die Einflüsse jeder Anforderung im Detail analysiert noch alle Risiken oder menschlichen Faktoren komplett abgefedert werden können, ist ein Puffer notwendig, damit der Liefertermin gehalten werden kann.

Die Priorisierung von Anforderungen und die damit verbundene inkrementelle Entwicklung ist in diesem Spannungsfeld die einzige allgemeingültige Lösung. Andere Verfahren, wie Ressourcenpuffer, werden nur in Ausnahmesituationen, in denen es nicht so sehr auf die Kosten ankommt, eingesetzt. Sicherlich führen stabile und robuste Prozesse zu einer Verbesserung der Schätzgenauigkeit und damit zu verbesserter Planbarkeit, was geringere Lieferrisiken mit sich bringt – aber die Unsicherheit bei den Anforderungen wird dadurch nicht behoben. Wir favorisieren hier also ganz klar den Ansatz, Anforderungen zu priorisieren und danach das System gemäß den Prioritäten in Inkrementen aufzubauen.

Die Priorisierung von Anforderungen und die inkrementelle Entwicklung gehören zusammen. Anforderungen zu priorisieren und danach als Konglomerat zu entwickeln, macht keinen Sinn, denn es können dann ja nicht gezielt niedrig priorisierte Anforderungen weggelassen werden. Inkremente zu planen, ohne auf die Bedeutung der Inhalte zu achten, hilft zwar dabei, die Funktionalität früher zu stabilisieren, aber das resultierende Produkt ist nicht unbedingt das, was der Markt will. Nur wenn die ersten Inkremente die wichtigsten Anforderungen liefern, besteht die Chance, dass auch ein nicht ganz komplettes Produkt abgenommen wird – unter der Voraussetzung, dass nicht gelieferte Funktionen nachgeliefert werden. Dies kann spezifische Geschäftsmodelle stimulieren, in denen auf jährlicher Basis Updates anhand eines Wartungsvertrags nachgeliefert werden. Auch Produktlinien nutzen diesen Ansatz, um in der generischen Plattform die wichtigsten Funktionen pünktlich zur Verfügung zu stellen (Kap. 12.1).

Prioritäten sind nicht einfach einzuführen. Für jeden Produktmanager oder Kunden wird sofort klar, dass er nur das verlässlich bekommt, was hoch priorisiert ist. Damit sind wir bei der Wunschzettelanalogie aus der Einführung (Abb. 2–3). Kein Kind ist in der Lage, seinen Wunschzettel zu priorisieren. Wenn es sich erst einmal in den Kopf gesetzt hat, dass es den Roller und das Modellauto braucht, dann kann es sich eine Welt mit nur dem Roller oder nur dem Modellauto nicht mehr vorstellen. Und wenn es dann nur den Roller erhält, ist es so verärgert, dass es sich nicht einmal an diesem Geschenk erfreuen kann. Dass es aber auch eine Welt gibt, die weder Roller noch Modellauto liefert, das merken Produktmanager oftmals viel zu spät. Denn schließlich geht es nicht darum, willkürlich weniger zu liefern, sondern zu einem vertraglich festgesetzten Termin in der Lage zu sein, überhaupt etwas zu liefern!

Wenn das Vertrauen in die Entwicklung und deren Prozessfähigkeit und Liefertreue bereits beeinträchtigt ist, werden viele Kunden einer Priorisierung gar nicht mehr zustimmen. In einem solchen Fall sollte die Priorisierung intern vorgenommen werden und parallel dazu möglichst rasch der Entwicklungsprozess verbessert werden, um das verloren gegangene Vertrauen wieder zu gewinnen. Selbst in diesem Fall ist allerdings eine sorgfältig vorgenommene Priorisierung besser, als den Kunden wiederholt zu enttäuschen.

Zur Einführung empfehle wir nur zwei Prioritäten, auf die alle Anforderungen abgebildet werden. Zwei Prioritäten sind verlässlich und reproduzierbar. Man kann dann sprichwörtlich mit dem Daumen entscheiden, was wichtig ist und was nicht. Aus diesen Priorisierungsrichtlinien wird dann ein inkrementeller Entwicklungsplan abgeleitet, der das Ziel hat, pro Inkrement exakt die Zeiten und die Anforderungen mit hoher Priorität einzuhalten. Zeit, Qualität, Aufwand und Inhalt sind innerhalb dieser Regel determiniert.

Die Priorisierung von Anforderungen und die abschließende Umsetzung dieser priorisierten Anforderungen in einen Projektplan und in inkrementelle Entwicklungsergebnisse folgt den folgenden Schritten:

Schritt 1: Analysieren Sie die Anforderungen von Beginn an immer mit der Perspektive, wie sie zusammengehören und welcher Nutzen durch eine eventuelle Gruppierung erreicht werden kann. Anforderungen beeinflussen sich gegenseitig, sodass die Grenzkosten einer weiteren – ähnlichen – Anforderung verschwindend gering werden können, wenn sie gemeinsam implementiert werden.

Schritt 2: Analysieren Sie die Anforderungen vor Projektbeginn mit multifunktionalen Expertenteams. Solche Expertengruppen setzen sich aus Mitarbeitern mit verschiedenem Hintergrund zusammen, also beispielsweise Produktmanagement, Marketing oder Vertrieb, Systemanalyse und Test. Jeder bringt seine Erfahrungen und Vorstellungen zu Randbedingungen ein, was die Analyse sehr viel schneller macht, als wenn Ergebnisse wie beim Tischtennis hin- und hergespielt werden.

Schritt 3: Analysieren Sie den Kontexteinfluss von Funktionen und Inkrementen vor dem Entwicklungsstart. Der häufigste Ansatz sind Tabellen, sowohl als Liste von Anforderungen als auch für einzelne Anforderungen (Abb. 8–16). In einer Tabelle werden waagrecht die einzelnen Marktanforderungen (Lastenheft, Marktanforderungen) eingetragen und vertikal bewertet, wie die Anforderungen zum Wert einzelner Funktionen (Pflichtenheft, Softwarefunktionen oder Produktanforderungen) beitragen. Die Informationen dieser Tabelle sollten als Anforderungsattribute in der Anforderungsspezifikation beschrieben werden. Dabei sollte immer die Marketingsicht dominieren und diese Analyse keineswegs von einem Systemingenieur oder Projektmanager alleine durchgeführt werden. Selbst bei kundenspezifischen Lösungen sollte untersucht werden, ob eine Funktion aus der Sicht des Geschäftsmodells des Kunden wirklich wichtig ist. Eine Basis dafür sind individuelle Kosten-Nutzen-Betrachtungen, wie sie in einem Business Case gemacht werden.

8.6 Priorisierung von Anforderungen

Anf. Nr	Beschreibung der Anforderung	Quelle/ Perspektive	Einfluss der Forderungen auf die Produkteigenschaften				
			F1	F2	F3	F4	F5
A1			N		H		
A2				N	H		
A3				N		H	
A4				N		H	
...							

Legende:
A1 – 4: Anforderungen
F1 – 5: Funktionen: Produkteigenschaften oder Softwarefunktionen
N: Niedriger Einfluss
H: Hoher Einfluss
Leer: kein Einfluss

Abb. 8–16 Tabellarische Einflussanalyse

Es kommen auch komplexere Methoden, wie das Quality Function Deployment (QFD), zum Einsatz, die nicht nur die Priorisierung unterstützen, sondern gleichzeitig auch die Einflüsse auf Entwurf und Realisierung deutlich machen (Abb. 8–17). Im QFD werden in den Reihen einer Matrix ebenfalls die Marktanforderungen dargestellt. Die Spalten bewerten den Einfluss auf bestimmte Produkt- oder Entwurfseigenschaften, zum Beispiel den Aufwand oder wo etwas konkret geändert werden muss, um diese Anforderung zu implementieren. Daraus lassen sich Korrelationen von ähnlichen Anforderungen erstellen. Zudem können durch Gewichtungen von Marktanforderungen oder Produkteigenschaften jene Anforderungen ausgewählt werden, die den größten Wert für das Produkt darstellen und daher hoch priorisiert werden. Weitere Einflüsse, wie Wettbewerberinformationen oder eigene Fähigkeiten, können zusätzlich in die Bewertung übernommen werden.

Aus diesem Schritt resultieren zwei Priorisierungen, nämlich eine technische (Machbarkeit, Grenzkosten, Einschränkungen, Architektureinflüsse etc.) und eine kommerzielle aus Kundensicht (Vermarktbarkeit, Kundennutzen, Geschäftsmodelle, Wettbewerberprioritäten etc.).

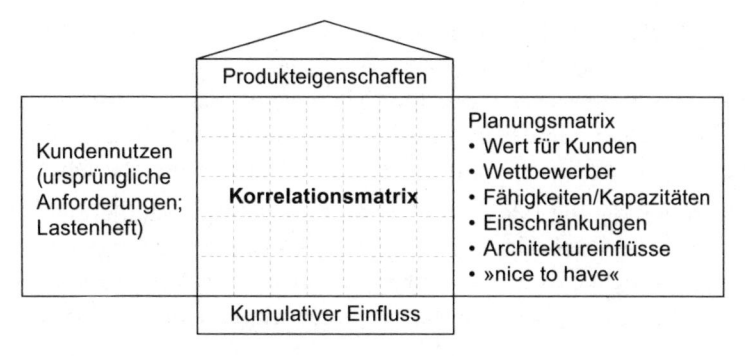

Abb. 8–17 Quality Function Deployment (QFD) als Basis für Einflussanalyse und Priorisierung

Schritt 4: Bringen Sie diese beiden Priorisierungen – mit größtmöglicher Konsistenz – zusammen. Beispielsweise gibt es häufig die Situation, dass eine Anforderung für den Kunden ganz wichtig ist und andere – in der Implementierung ähnliche Anforderungen mit geringem Zusatzaufwand – eine eher untergeordnete Rolle spielen. In solch einem Fall wird man aus technischen Gründen häufig die Anforderungen als Paket in einem Inkrement liefern, um das wiederholte Ändern im gleichen Quellcode zu reduzieren. Abbildung 8–18 zeigt den Prozess des iterativen Abgleichs von technischen und kommerziellen Prioritäten. Damit steht ein wichtiges Zwischenergebnis als Basis für die Projektplanung zur Verfügung, nämlich eine priorisierte Liste der Anforderungen und deren Einfluss auf die Produktarchitektur und -funktionalität.

Schritt 5: Stellen Sie einen Projektplan auf, der ausschließlich auf diesen gruppierten Funktionen beruht. Evaluieren Sie den vorgeschlagenen Projektplan mit Bezug auf die Entwickler, die zur Verfügung stehen. Am Anfang der gelieferten Inkremente stehen grundlegende Plattformentscheidungen sowie Architekturänderungen, die im Produkt in jedem Fall nötig sind, um die hoch priorisierten Anforderungen überhaupt entwickeln zu können. Dann folgen einzelne hoch priorisierte Anforderungen, die in die Inkremente anhand der gegenseitigen Einflüsse gepackt werden. Ziel ist es, Quellcode nicht in jedem Inkrement erneut anzupacken, aber soweit dies möglich ist, nur einmal in einem Release. Die nieder priorisierten Anforderungen mit relativ großem Aufwand kommen am Ende. Parallel zu diesen inkrementellen Schritten muss der Stabilisierungstest eingeplant werden. Der Testaufwand und damit die benötigten Ressourcen wachsen im inkrementellen Vorgehen sehr viel schneller auf die Maximallast an, als dies beim rein sequenziellen Vorgehen der Fall ist.

Schritt 6: Weisen Sie die Verantwortungen von Entwicklern oder Gruppen konkreten und einzeln identifizierten Anforderungen sowie Inkrementen und Meilensteinen zu. **Nur klare Verantwortung in der Entwicklung und im Projekt schafft verlässliche Liefertermine.** Zielerreichung sind getestete und abgenommene Anforderungen. Code, der nicht in das Release übernommen werden kann, muss sofort nachbearbeitet werden, denn sonst türmen sich Qualitätsdefizite auf.

Schritt 7: Verfolgen Sie den Projektstatus auf Basis des erreichten Nutzens – also den Status der priorisierten Marktanforderungen – und nicht auf Pseudofortschritt, wie beispielsweise erstellte Dokumente oder geschriebene Testfälle. Wert ist, was der Kunde sieht und bezahlt. Die Prioritäten helfen dabei, sich immer wieder auf den erreichten Wert aus Kundensicht zu beziehen.

Schritt 8: Testen Sie die Inkremente durch unabhängige Validierungsteams, die nicht das Design gemacht haben. Dieser unabhängige Test gegen die Anforderungen stellt sicher, dass Denkfehler oder unzulässige Vereinfachungen gefunden werden können, bevor die Software gepackt und ausgeliefert wird.

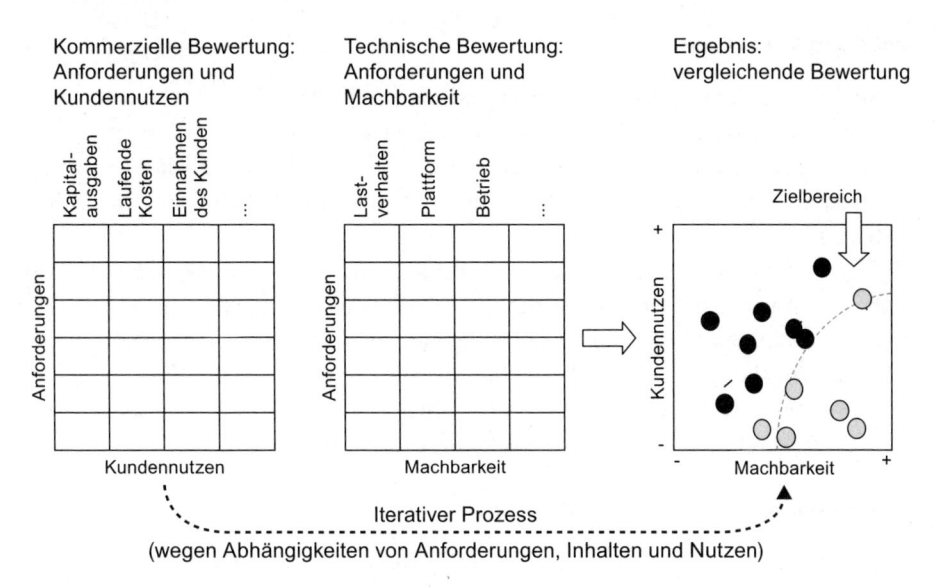

Abb. 8–18 Anforderungen werden technisch und kommerziell priorisiert

8.7 Checkliste für die Anforderungsanalyse

Die folgende Checkliste unterstützt Sie bei der Analyse von Anforderungen und deren Vereinbarung in einem Projekt. Sie basiert auf Vorschlägen, die wir bereits in früheren Kapiteln gemacht haben.

Vollständigkeit (siehe auch Kap. 6.7)

- Sind die Anforderungen nachvollziehbar komplett?
- Wurden die Anforderungen im gleichen Zusammenhang (oder unter den gleichen Annahmen) auf Konsistenz geprüft?
- Sind die regulären und irregulären Benutzungsszenarien adäquat berücksichtigt? Bedenken Sie in diesem Zusammenhang die Notwendigkeit, aus Produkthaftungsgründen sowohl den normalen Gebrauch als auch den zu erwartenden Fehlgebrauch zu beschreiben und zu analysieren.
- Wurden die Qualitäts- und Freigabekriterien angemessen mit den Anforderungen verknüpft? Sind die Anforderungen messbar und testbar formuliert? Kann die Software auf der Basis der definierten Anforderungen abgenommen werden?
- Sind die Anforderungen im Rahmen der festgelegten vertraglichen Rahmenbedingungen machbar? Prüfen Sie diese Randbedingungen exakt, denn wenn Sie Ihren Kunden mit Dumpingpreisen oder -zeiten zunächst überraschen (und nur deswegen einen Auftrag erhalten), kann er die Termine und Inhalte (Qualität) bis hin zur Lieferung durch einen Ersatzlieferanten einklagen (siehe Kap. 13.1).

Schätzungen und Projektannahmen

- Sind die Schätzungen systematisch und nachvollziehbar?
- Auf welcher Basis (Erfahrungswerte) wurden sie getroffen?
- Sind die Schätzungen an der konkreten Qualifikation der Mitarbeiter orientiert?
- Welche Annahmen haben zur Schätzung geführt? Welche Unsicherheiten liegen vor?
- Welche Ereignisse und Aufgaben im Projekt wurden nicht abgeschätzt? Was könnte noch passieren und zusätzlichen Aufwand verlangen?
- Welche Probleme traten in den vergangenen Projekten auf? Machen Sie einige Erfahrungsberichte von 5-10 früheren Projekten und stellen Sie die 10-20 häufigsten Probleme zusammen. Verbinden Sie jedes Problem mit einer Ursache. Das sind häufig auch Ihre Risiken für das neue Projekt.

Projektdefinition und -management

- Gab es bereits Projekte mit ähnlicher Größe und vergleichbarem Inhalt?
- Lassen sich frühere Erfahrungen skalieren?
- Welche (neuen) Fähigkeiten werden gebraucht?
- Sind die richtigen Mitarbeiter und Fähigkeiten dann in der benötigten Zahl verfügbar, wenn sie gebraucht werden?
- Sind die Mitarbeiter und Manager am Projekterfolg interessiert?

Technologiebewertung

- Gibt es neue Technologien im Projekt, die bisher nicht eingesetzt wurden?
- Haben die Mitarbeiter die richtigen Fähigkeiten?
- Sind die Schnittstellen zu anderen Systemen oder Komponenten vollständig definiert?
- Hängt das Design von unrealistischen oder zu optimistischen Annahmen ab?
- Ist das Systemverhalten (Performanz etc.) berücksichtigt?
- Hat das System die geforderte Qualität?
- Ist die Zielhardware rechtzeitig (zum Test oder zur Integration) verfügbar?
- Sind externe Komponenten hinreichend stabil? Sind sie bekannt? Sind sie rechtzeitig verfügbar?

Lieferantenmanagement

- Sind alle Lieferanten im Gesamtkontext bekannt?
- Gibt es Unteraufträge (oder Outsourcing, Offshoring)?
- Gibt es Ersatzlieferanten für kritische Komponenten?
- Werden alle Lieferanten entsprechend Ihrer (nicht ihrer!) Planung liefern?
- Wie werden Lieferanten und Unteraufträge kontrolliert? Werden definierte Techniken für Projektmanagement und Projektreviews eingesetzt?
- Welche Risiken tragen die Lieferanten nicht?

8.8 Tipps für die Praxis

- Beachten Sie, dass es gerade bei Zielen und Anforderungen keine absoluten Wahrheiten gibt. Verschiedene Interessengruppen haben eine unterschiedliche Wahrnehmung und divergierende Ziele. Die Wahl der Methode und des Modells erzeugt ein Abbild der Ziele und der Realität, das beliebig eingeschränkt und sogar falsch sein kann. Arbeiten Sie mit verschiedenen Methoden, Notationen und Modellen. Hinterfragen Sie sich und die betroffenen Interessengruppen, was Sie als »Wirklichkeit« wahrnehmen.
- Analysieren und modellieren Sie auf der Basis von dokumentierten Anforderungen. Voraussetzung für eine gute Analyse ist, dass die Anforderungen zu Beginn der Analysephase klar beschrieben und kategorisiert sind.
- Nutzen sie Modelle als zielorientierte Vereinfachungen. Modelle sind Abstraktionen der Realität der Systemumgebung und des zu entwickelnden Systems. Der Charme eines Modells liegt darin, das Richtige wegzulassen und sich nicht zu verzetteln. Es dient der Kommunikation und beschreibt keine exakte Implementierung. Sie sind unvollständig und lassen jene Details weg, die nicht direkt zur Lösung beitragen. Daher werden unterschiedliche Modelle generiert, um verschiedene Sichtweisen zu erlauben.
- Bauen Sie sich einen Satz von Analysemethoden auf, in denen Sie sich fit halten. Eine einzige Methode ist selten ausreichend, vor allem nicht bei komplexen Systemen.
- Trennen Sie klar zwischen dem Analysemodell und dem Lösungsmodell. Versuchen Sie nicht zwanghaft, alle Strukturen des Analysemodells in das Lösungsmodell zu überführen. Häufig existiert ein Strukturbruch, den Sie mittels verschiedener Modelle und unter Einsatz eines Glossars zur inhaltlichen und sprachlichen Verlässlichkeit überwinden müssen.
- Verwenden Sie eine oder mehrere Methoden zur Anforderungsanalyse. Hinsichtlich der Notationen genügt es, sich in der intern vorgegebenen Notation oder aber in UML auszukennen. Die meisten Notationen sind wie andere Sprachen lediglich Abweichungen von einem grundlegenden Schema. Man kann innerhalb eines Sprachparadigmas relativ leicht umlernen.
- Beachten Sie die Unsicherheiten im RE. Je weniger über ein Projekt bekannt ist, desto unsicherer ist die Aufwandschätzung. Bedenken Sie diese Unsicherheit und lernen Sie, sie als Prozentzahl abzuschätzen. Die Kunst des Systemanalysten besteht darin, Zeitverzögerungen beim Projektstart (bedingt durch den Aufwand, Unsicherheiten zu reduzieren) mit den Zeitverzögerungen bei der Projektausführung (bedingt durch verbleibende Unsicherheiten und Änderungen) auszubalancieren. Treten Sie nicht in die Falle der »Paralyse durch Analyse«.
- Berücksichtigen Sie, dass Schätzungen ungenau sind. Ohne eigene Erfahrungen und gesammelte historische Daten (Erfahrungsdatenbank), die bereits abgeschlossene Projekte hinsichtlich ihrer Produktivität, Qualität etc. kennzeichnen, können die gleichen Schätzmodelle oder -regeln für die gleichen Anforderungen sehr verschiedene Aufwandsvorhersagen liefern.
- Verwechseln Sie niemals eine Aufwand- oder Zeitschätzung mit einer Zielsetzung. Trennen Sie sauber zwischen vertraglich vorgegebenen Zielkorridoren und dem, was Sie selbst realistisch geschätzt haben. Wenn das Unmögliche verlangt wird, planen Sie gezielt das Mögliche. Sie werden damit in aller Regel früher, zu geringeren Kosten und mit besserer Qualität liefern, als wenn Sie mit Zeitdruck und oberflächlicher Bearbeitung versuchen, einen unmöglichen Termin zu halten. Unrealistische Termine reduzieren die Motivation. Zeitdruck erzeugt zusätzliche Fehler, die später korrigiert werden müssen. Beides verzögert das Projekt, anstatt es wie gewünscht zu beschleunigen.
- Priorisieren Sie die Anforderungen als Teil der Analyse. Um Zeit- und Kostenrahmen in Projekten einzuhalten, müssen Anforderungen priorisiert und anschließend in Inkrementen anhand der Prioritäten entwickelt werden. Nur dieser Ansatz stellt sicher, dass Kunde oder Markt eine Lösung erhalten, die die wichtigsten Anforderungen abdeckt.
- Arbeiten Sie inkrementell. Unterteilen Sie ein zu umfangreiches Projekt in Teilprojekte von beherrschbarer Größe.
- Budgetieren Sie eine profunde Analyse mit dem Auftraggeber. Der Aufwand für viele der vorgelagerten Aktivitäten im RE, also Anforderungen ermitteln, spezifizieren oder analysieren, wird in der Regel vom Auftragnehmer oder Lieferanten getragen. Um diese Aufwände zu begrenzen,

→

> sollte er mit dem Kunden (in einem B2B-Projekt) vereinbaren, dass die Analysephase zweigeteilt ist. Nach einer ersten groben Analyse zum Zweck der Angebotserstellung und Planung wird nach Auftragserteilung eine zweite detaillierte Analyse zu Projektstart als Teil des Projekts durchgeführt.

8.9 Fragen an die Praxis

- Warum wird in der Analysephase zwischen Analysemodell und Lösungsmodell unterschieden? Wie sieht diese Trennung in Ihrer eigenen Umgebung aus? Gibt es einen Strukturbruch zwischen Aufgabe und Lösung oder bewegen Sie sich in einem Terrain, das die Analyse geradlinig zu einer Lösung und einem Entwurf hin überführt? Wie gehen Sie andernfalls mit einem Strukturbruch um?
- Haben Sie in Ihrer Umgebung eine bestimmte Analysemethode im Einsatz oder ist es eher eine Notation, die Sie nach Gutdünken anwenden? Was spricht für den Einsatz einer Methode? Welche Methoden kommen infrage? Genügt eine Methode oder sollten es mehrere sein, die sich ergänzen?
- Wie charakterisieren Sie Ihre eigene Entwicklungsmethodik? Zeichnen Sie ein Achsenkreuz (oder Matrix) mit vier Quadranten. Horizontal unterscheiden Sie die Sicht auf die Benutzung und Funktionalität des Systems (rechts) versus dessen Architektur und Design (links). Vertikal unterscheiden Sie die interne »Entwicklersicht« (unten) versus die externe »Benutzersicht« (oben). In dieser Matrix würden Sie beispielsweise Use Cases oben rechts finden. Wo finden Sie Ihre Methoden und Modelle wieder? Decken Ihre Modelle alle vier Quadranten repräsentativ ab? Was passiert, wenn ein Quadrant nicht abgedeckt wird. Ist die Methodik der Use Cases ausreichend als Systemmodell?
- Weshalb wird in der objektorientierten Analyse zwischen den drei Objektbeziehungen der Generalisierung, Vererbung und Interaktionen unterschieden? Nennen Sie aus Ihrer eigenen Umgebung ein Beispiel, das den Unterschied deutlich macht. Pflegen Sie die drei verschiedenen Beziehungen oder dominiert eine davon? Welche der Beziehungen dominiert normalerweise?
- Welche Modelle setzen Sie ein? Welche Modelle setzen Sie nicht ein? Wie wurde die Auswahl getroffen?
- Wie weisen Sie die Anforderungen in Ihren Projekten zu? Welche Basis existiert, anhand der die Anforderungen kontrolliert werden? Ist diese Basis allgemein akzeptiert und auch Basis für Verträge mit Kunden?
- Wie gehen Sie mit unsicheren Anforderungen im Projekt um? Bleibt der Vertrag offen oder hat er einen Puffer für Änderungen eingebaut? Wer entscheidet, wann die Analyse hinreichend abgeschlossen ist, um mit dem Projekt zu beginnen?
- Arbeiten Sie mit priorisierten Anforderungen oder sind alle Anforderungen gleichermaßen wichtig? Wie gehen Sie mit solchen »gleichermaßen wichtigen« Anforderungen um, wenn im Zuge von Termin- oder Kostendruck nicht alle Inhalte wie geplant geliefert werden können?

9 Anforderungen vereinbaren

Projects without clear goals will miss their goals clearly.

– Tom Gilb

9.1 Anforderungen für das Projekt vereinbaren

Die förmliche Vereinbarung von Anforderungen an ein Projekt ist der letzte Schritt in der Vorbereitungsphase *vor* dem Projektstart. Dabei werden ausgewählte Produktanforderungen einem konkreten Projekt zugewiesen (engl. allocation). Damit ist die Basis des späteren Produkts festgehalten und kann in Produktkatalogen oder bei Widerverwendung des Produkts in Folgereleases als definierte Baseline berücksichtigt werden. Dem Projekt zugewiesene Anforderungen werden ab diesem Zeitpunkt kontrolliert, um eine Grundlage für das Projektmanagement und die Entwicklung zu schaffen. Das formale Änderungsmanagement beginnt mit diesem Zeitpunkt.

Nur wenn Anforderungen einem konkreten Projekt zugewiesen sind, lassen sich realistische Vereinbarungen mit dem Kunden schließen. Daher rührt auch das sogenannte ABC des Requirements Engineering: »**allocation before commitment**«, also **Zuweisung vor Zustimmung**. Anforderungen werden einem konkreten Projekt mit Ressourcen, Projektplan, Meilensteinen, Arbeitspaketen, Qualitätszielen etc. zugewiesen, bevor irgendwelche Entwicklungsarbeiten beginnen.

Marktanforderungen können nur vereinbart werden, wenn die zugehörigen Produkt- und Komponentenanforderungen und ihre gegenseitigen Einflüsse (d.h. Personen, Technologien, Inhalte) – eventuell über ein Kundenprojekt hinweg – analysiert sind. Dann werden Teilprojekte auf Komponentenbasis definiert, die aufgrund der entsprechenden Fertigstellungstermine erlauben, das Gesamtprojekt zu planen und realistische Zusicherungen zu geben. Abbildung 9–1 zeigt diesen Zusammenhang der formal und abstrakt zwar mit den Marktanforderungen (oben) beginnt, aber nur dann abgeschlossen werden kann, wenn die Projektplanung der Teilprojekte auf Komponentenbasis gemacht ist (unten).

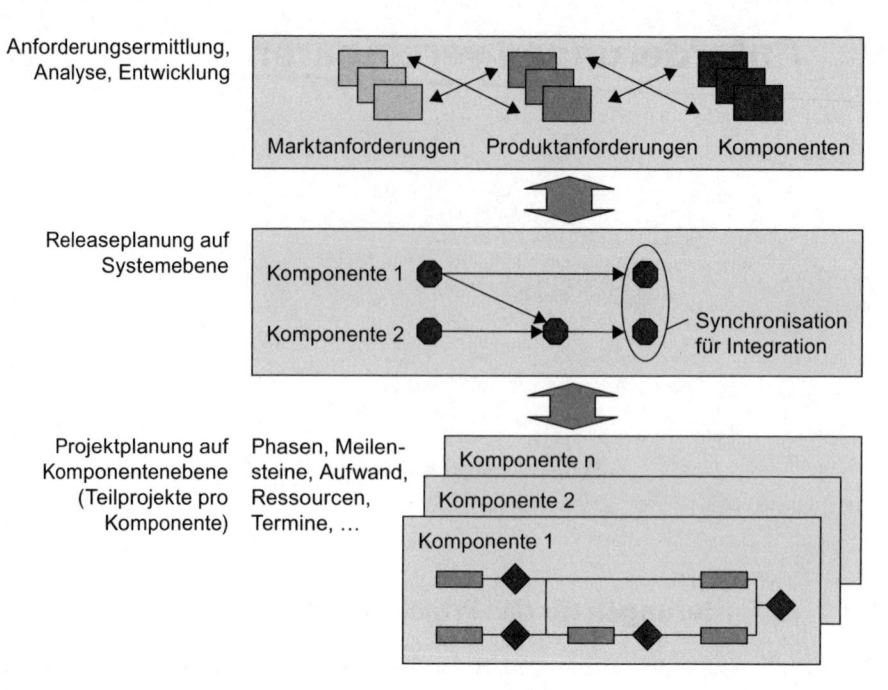

Abb. 9–1 Die Vereinbarung der Marktanforderungen basiert auf Teilprojekten pro Komponente

Abbildung 9–2 zeigt dieses Verhältnis zwischen Produkt- und Komponentenanforderungen bei der Planung. Um die Lieferzeitpunkte der Produktversionen (oder Releases) 1.0 und 2.0 verlässlich planen und vereinbaren zu können, müssen die Produktanforderungen (hier die Produktanforderung 0815 im unteren Teil der Abbildung) auf Komponenten und auf Arbeitsergebnisse abgebildet werden. Diese Arbeitsergebnisse werden in der Regel in verschiedenen Teams realisiert und müssen aufeinander abgestimmt werden.

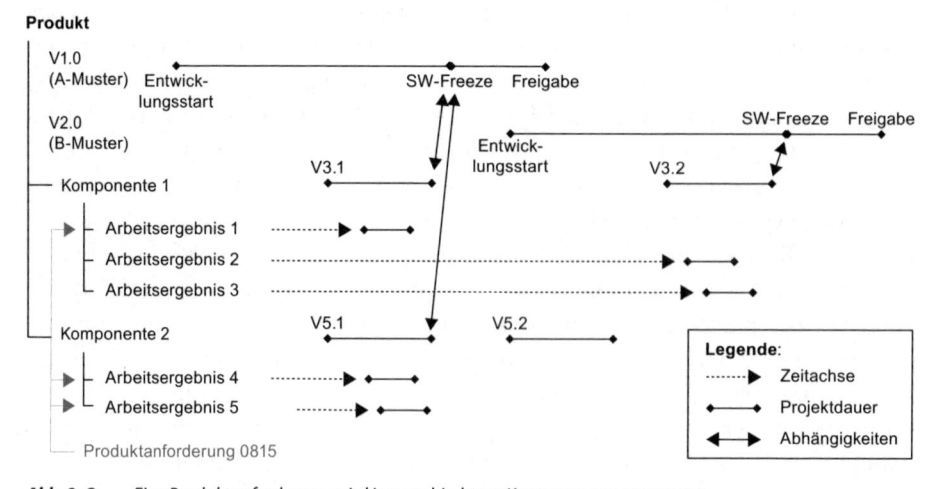

Abb. 9–2 Eine Produktanforderung wird in verschiedenen Komponenten umgesetzt

9.1 Anforderungen für das Projekt vereinbaren

Markt- und Produktanforderungen werden im Kernteam des Projekts vereinbart. Dazu gehören typischerweise vier Rollen (vgl. Kap. 4.2), nämlich der Produktmanager als Vertreter der Interessen des Unternehmens (d.h. Fokus auf langfristigen Bestand des Unternehmens sowie Gewinnmaxierung), der Marketingmanager (d.h. Fokus auf Kunden und Umsatz), der Projektmanager (d.h. Fokus auf Machbarkeit und konkrete Zielerreichung im Entwicklungsprojekt) und der Servicemanager (d.h. Fokus auf den späteren Betrieb, die Wartung und die Aftersales-Prozesse). Geleitet wird dieses Kernteam in der Regel vom Produktmanager. Wo es sich um ein spezifisches Einzelprojekt handelt, kann der Projektmanager auch die Rolle des Produktmanagers haben. Die Vereinbarung von Anforderungen sollte nicht allein von einem externen Steuerkreis gemacht werden, denn dort fehlt häufig die Einsicht in konkrete Fragestellungen und das Verständnis dafür, dass Umsatz und Gewinn nicht losgelöst von der Machbarkeit zu steuern sind. Offensichtlich wird ein Steuerkreis eng mit dem Kernteam zusammenarbeiten, aber nur wenn dieses Kernteam eigenständig Verantwortung trägt und daran gemessen wird, werden die Ziele auch erreicht.

Abb. 9–3   Anforderungen werden im Kernteam vereinbart

Die Vorteile einer verbindlichen und formalisierten Zuweisung von Anforderungen, die danach kontrolliert wird, sind offensichtlich:

- **Das richtige Produkt wird entwickelt.**
  Es existiert eine Basis, nach der alle Projektmitarbeiter (aber auch Marketing und Vertrieb) arbeiten. Vorbei sind die Tage, wo der Projektmanager seine eigene Liste hatte, die ihm zeigte, was er machen kann, während der Vertrieb eine zweite Liste besaß, die sehr viel umfangreicher war und den Kunden bei der Stange halten sollte.
- **Eine einzige Vertragsbasis existiert.**
  Unter Einbeziehung aller Projektpartner wird diese Liste während der Analyse und Spezifikation gebildet und zunehmend präziser. Gleichzeitig wird sie auf ihre Machbarkeit im Zusammenhang aller Anforderungen, sowohl der technischen als auch der kommerziellen Anforderungen, abgesichert.

- Es wird nur das entwickelt, was einen Wert darstellt.
  Die Anforderungsliste beschreibt, wofür Entwicklungsleistung und Projektaufwand eingesetzt werden. Verschnörkelungen, unnötige Funktionalitäten oder Systemverbesserungen, für die niemand zahlen will, fallen heraus. Projektstunden dürfen nur auf diese vereinbarten Anforderungen abgerechnet werden. Wer andere Dinge entwickelt als vereinbart, muss mit Konsequenzen rechnen, da er ein Projektrisiko darstellt. Die Wertorientierung resultiert aus der bereits abgeschlossenen Analysephase, die sowohl Kosten als auch Nutzen jeder Anforderung aus der Sicht des Kunden (Nutzen) und des Lieferanten (Kosten) betrachtet.

- Eine klare Basis im Falle späterer Änderungen wird gepflegt.
  Anforderungen sind per Definition nicht stabil. Die Zuweisung sollte daher nicht mit dem Einfrieren verwechselt werden, obwohl das natürlich auch irgendwann kommt. Es geht hier primär darum, dass ab einem bestimmten Zeitpunkt, der spätestens auf den Projektstart fällt, alle Anforderungen verbindlich kontrolliert werden und Änderungen einem formalen Änderungsmanagement unterliegen. Dadurch werden Softwareplanung, Softwareprodukte und alle entwicklungs- oder wartungsbezogenen Tätigkeiten konsistent mit den zugewiesenen Marktanforderungen gehalten. Auswirkungen von Änderungen können im abgeschlossenen Raum der zugewiesenen Anforderungen untersucht werden, bevor entschieden wird.

- Zeit- und Budgetanforderungen können besser eingehalten werden.
  Das klingt banal oder oberflächlich, ist aber der wesentliche Nutzen einer formalisierten Zuweisung. Solange die Anforderungen nicht zugewiesen sind, kann das Projekt nicht beginnen. Dies erhöht den Druck auf Produktmanager und Verkäufer, Farbe zu bekennen, was eigentlich zu machen ist. Dann legt die Entwicklung in diesem vereinbarten Rahmen los und liefert zum vereinbarten Zeitpunkt. Die Erfolgskontrolle bis hin zur Bezahlung erfolgt auf Basis dieser zugewiesenen Anforderungen, was eine sehr präzise und wertorientierte Verfolgung des Projekts erlaubt.

9.2 Überrumpelung vermeiden

Projektprobleme entstehen am Anfang, und sie sind in der Regel hausgemacht. Nicht umsonst heißt es: »Sage mir, wie dein Projekt beginnt, und ich sage dir, wie es endet.« Die hauptsächlichen Fehler sind:

- Anforderungen sind nicht gut genug.
- Anforderungen schleichen sich in das Projekt unkontrolliert ein.
- Anforderungen werden ohne Analyse, Prüfung und Vereinbarung zugesichert.

Anforderungen sind nicht gut genug. Dies ist der häufigste Fehler. Die Anforderungen sind unzureichend spezifiziert, sie sind inkonsistent, sie sind vage oder auf andere Weise fehlerhaft. Oftmals sind Anforderungen unsicher, aber die Unsicherheiten werden nicht rechtzeitig erkannt und spezifiziert. Solche Lücken treten dann auf, wenn Anforderungen nicht verstanden wurden, wenn sie nicht geprüft wurden, oder wenn bewusst Unschärfen spezifiziert wurden, weil sich niemand traute, ein Problem zu thematisieren. Dann wird auf dieser vagen und unzureichenden Basis das Projekt gestartet und läuft in die typischen Schwierigkeiten, nämlich häufige Änderungen und falsche Implementierungen. Diese Probleme werden nicht durch Kunden verursacht, sondern durch diejenigen, die eigentlich die Aufgabe haben, eine solide Anforderungsbasis zu entwickeln. Verschiedene Maßnahmen haben wir bereits beschrieben (siehe Kap. 7), die hier nochmals zusammengefasst werden. Anforderungen werden formal geprüft und in einem fixierten Dokumentationsstand nach der Prüfung vereinbart. Unklarheiten, offene Punkte oder Konflikte werden behoben oder als solche markiert. Anforderungen, die sich später ändern könnten, weil der Kunde noch nicht genau weiß, wie sie letztlich lauten, werden markiert, um die Änderungsmöglichkeit auch im Design zu berücksichtigen.

Anforderungen schleichen sich in das Projekt unkontrolliert ein. Oftmals beginnt die Entwicklung schleichend. Aus einer Analyse wird eine Studie, aus der Studie ein Prototyp, und schließlich ist man in der Entwicklung, ohne jemals eine verlässliche Basis für das Projekt geschaffen zu haben. Den Kunden ist das anfangs vielleicht recht, können sie doch ihre Unsicherheiten verbergen und das Risiko völlig auf das Projektgeschäft des Lieferanten abwälzen. Gedient ist damit niemand, denn die Ergebnisse sind unkontrollierbar, und die damit verbundenen häufigen Nacharbeiten bringen unnötige Mehrkosten.

Wahrscheinlich wird man den Vertragsabschluss nicht immer formal an den Projektstart koppeln können, und sicherlich sind nicht immer hundert Prozent der Anforderungen glasklar, bevor das Projekt beginnen kann. Aber man braucht eine Basis, auf die das Projekt aufsetzen kann und die als Ausgangspunkt für alle weiteren kommerziellen Vereinbarungen dient.

Genau die gleichen Probleme ergeben sich bei schleichenden und nicht abgestimmten Änderungen von Anforderungen. Dies ist nach unseren Untersuchungen einer der häufigsten Gründe für Projektschwierigkeiten. Zu Beginn des Projekts sind Anforderungen, Randbedingungen, technische Eigenschaften, Schnittstellen etc. noch unsicher oder teilweise unbekannt. Auch von der Kundenseite her sind viele Anforderungen noch unbekannt. Nicht umsonst heißt es oftmals flapsig: »I know it when I see it.« Später, wenn solche Anforderungen und Änderungen klar werden, beeinflussen sie bereits abgestimmte Arbeitsergebnisse – ohne dass sie nochmals in ihrem Einfluss analysiert werden. Damit sind Projektprobleme programmiert, denn es gibt Inkonsistenzen, Fehler und zusätzliche Aufwände.

Machen Sie daher die Zuweisung und Vereinbarung der Anforderungen formal bindend – intern und extern. Die beste Hilfe dafür ist eine Anforderungsdatenbank (siehe auch Kap. 11). Diese Datenbank muss nicht kompliziert und aufgebläht sein. Häufig genügt eine Liste mit den Anforderungen, ihrer jeweiligen Quelle, einigen Referenzen und dem Status (siehe Kap. 6.2). Wichtig ist, dass die Anforderungsliste nur einmal existiert (z.B. eine für alle Projektmitarbeiter und Produktmanager transparente Liste im firmeninternen Intranet), verbindlich ist und kontrolliert wird.

Anforderungen werden ohne Analyse, Prüfung und Vereinbarung zugesichert. Dies ist ein häufiges Managementproblem, das sowohl im Vertrieb auftreten kann, wo es primär um Umsätze und den Vertragsabschluss geht, aber auch durch Druck des eigenen Managements, das nicht verstehen kann, dass Anforderungen und Änderungen auch Aufwand bedeuten. Wir haben mit vielen solcher Projektsituationen zu tun, stellen dann aber in der Regel fest, dass es nicht nur »das Management« und »der Kunde« sind, die solche Anforderungen in das Projekt drücken, sondern in aller Regel fehlen Systematik und Disziplin in Produktmanagement, Projektmanagement und RE. Daher wollen wir drei sehr konkrete Tipps geben, wie man als Requirements-Ingenieur oder als Produkt- und Projektmanager mit solchen Situationen umgeht:

- **Unsicherheiten eingrenzen**
  Jedes Projekt und jede Spezifikation hat Unsicherheiten, also Bereiche, wo der Kunde oder der Produktmanager nicht wissen, was sich noch ergeben könnte. Allerdings sollten diese Unsicherheiten nicht quer durch das Projekt verstreut sein, sondern deklariert sein. Anforderungen, die sich ändern könnten, werden markiert. Bereiche, in denen Änderungen durch Technologien oder Schnittstelleneffekte auftreten können, werden ebenfalls markiert. Bereiten Sie das Projekt und seine Planung auf Änderungen vor, und Sie werden die Überraschungen stark einschränken.

- **Verbindliche Liste der Anforderungen mit Status**
  Damit ist bereits erreicht, dass es eine klare Konfigurationsbasis gibt. Änderungen werden als solche erkannt und können systematisch bearbeitet werden. Externe Interessenvertreter wissen, ob bestimmte Funktionen geplant sind oder nicht.

- **Business Case für das Projekt und seine Inhalte**
  Zu einem Projekt gehört eine Wirtschaftlichkeitsrechnung. Dabei werden die Kosten anhand einer Einflussanalyse und Aufwandabschätzung bestimmt, während die Nutzen anhand der Kunden und Marktinformationen abgeschätzt werden. Wichtig dabei ist, dass bei Änderungen oder neuen Anforderungen eine Schätzung von Aufwand und Nutzen für die spezielle Änderung oder Anforderung erfolgen. Für jede Anforderung muss klar sein, wer sie braucht und wer dafür bezahlt. Ohne Budget wird eine Anforderung nicht übernommen.

9.2 Überrumpelung vermeiden

- **Verbindlicher Projektplan**
  Anforderungen und ein gültiger Business Case alleine machen noch kein Projekt aus. Dazu gehören Ressourcen, die es umsetzen. Der Projektplan spezifiziert, wann wer was zu erledigen hat. Er setzt verbindliche Planungsdaten und Meilensteine und definiert die Abhängigkeiten zwischen Anforderungen, Ressourcen und Arbeitsergebnissen. Änderungen zu Anforderungen führen zu einer Änderung des Projektplans – zumindest auf der Basis der zugesagten Inhalte und der Arbeitsergebnisse. Wenn Sie bei Anfragen nach Änderungen oder weiteren Anforderungen sofort den Projektplan auf den Tisch legen können und darstellen können, wo Sie stehen, und welche Risiken das Projekt hat, stehen Sie in einer stärkeren Position, als wenn Sie nur die Schultern zucken und anmerken, dass Sie das einmal prüfen müssten. Soweit Einfluss und Aufwand einer Änderung unterhalb einer vereinbarten »Rauschgrenze« bleiben, wird die Änderung im betroffenen Team direkt umgesetzt. Wichtig ist, dass die Änderung konsistent dokumentiert wird. Beispielsweise muss ein Testfall bei einer Änderung selbst dann nachgezogen werden, wenn der Aufwand unverändert bleibt.

Exemplarisch wollen wir die Vorgehensweise bei einer Änderung skizzieren. Es gibt drei Gesprächsphasen, in denen Anforderungen oder Änderungen diskutiert werden.

Einstieg: Ihr Manager: »*Hier ist eine neue Anforderung. Sie ist sehr wichtig...*« An dieser Stelle wird einfach etwas vorgeschlagen, was nicht unbedingt nötig ist. Stellen Sie sicher, dass Sie erst einmal zurückfragen: »*Ist es nötig?*«, »*Wer bezahlt dafür?*«, »*Was kann im Gegenzug wegfallen?*« Häufig sind Änderungsvorschläge zunächst einmal »Versuchsballons«. Unvorbereitetes Abnicken gefährdet den Projekterfolg und Ihre eigene Position.

Analyse: Bleiben Sie jetzt faktenorientiert. Es geht nicht um Dringlichkeit oder verhältnismäßig kleinen Änderungen, sondern darum, sich sicher zu sein, was die Änderung mit sich bringt. Weisen Sie auf Risiken, Kosten, frühere Analogien oder mögliche Komplikationen hin. Gibt es kreative Win-win-Lösungen? Beispielsweise könnte Ihre Antwort lauten: »*Hier ist der Projektplan. Wir haben heute diese Ergebnisse. Der kritische Pfad liegt bei diesen zwei Teams und Komponenten. Eine Änderung würde uns zwei Wochen Verzögerung bringen. Ist das dem Kunden bereits klar?*«

Überrumpelung: Ihr Manager: »*Versuchen Sie es trotzdem. Das wird schon klappen.*« An dieser Stelle heißt es, Vorsicht und Diplomatie zu bewahren. Offensichtlich traut der Manager Ihren Analysen und Planungen, will sie aber nicht wahr haben. Oder aber, er hat es bereits geahnt und springt direkt in diesen dritten Teil ein. Bringen Sie Ihr Gegenüber dazu, das Risiko zu tragen. Vermeiden Sie auf alle Fälle, dass Sie als Projekt- oder Produktmanager nachher derjenige sind, der die Änderung oder Anforderung zu verantworten hat. Dokumentieren Sie die Anforderung, deren Begründung, Ihre eigene Einfluss- und Aufwandschätzung, und wie es zur Entscheidung kam.

Klar ist, und das sollten Sie sich als wichtigsten Tipp gegen die Überrumpelung mitnehmen: **Wer sich vorbereitet, wird nicht überrumpelt.** Manager merken schnell, ob noch Raum für Erweiterungen oder Änderungen besteht. Wenn Sie nicht sofort zeigen können, wo das Projekt steht und was mit den aktuellen Ressourcen möglich ist, dann nimmt der Manager mit, dass es prinzipiell geht und nur noch Überzeugung braucht.

9.3 Zügig zum Projektstart kommen

Zeit ist in Projekten häufig eine wesentliche Anforderung. Nur wenn die Zeit zum Profit hinreichend kurz ist, können Unternehmen die für die Entwicklung nötigen Investments überblicken und ihren Geldgebern (Aktionäre, Banken) schmackhaft machen. Allerdings dürfen wir dabei nie andere Anforderungen außer Acht lassen, vor allem nicht die Qualität und Wirtschaftlichkeit. Microsoft beispielsweise war mit allen seinen Schlüsselprodukten niemals der Erste am Markt (allerdings konnte Microsoft auch immer auf hochprofitable Produktlinien setzen, die die Entwicklung neuer Produkte finanzieren). Beim Internet Explorer hatte man sich so stark verschätzt, dass der Markt bereits verteilt war, als das Produkt das erste Mal zur Verfügung stand. Dennoch schafft es der Softwaregigant immer wieder, mit seinen Produkten auf den ersten Platz vorzustoßen. Wie macht Microsoft das? Vor allem durch ein hervorragend kooperierendes Marketing und Produktmanagement, das über die Features und deren Fahrplan entscheidet. Geliefert wird dann nach Priorität und in der richtigen Qualität [Cusumano1998, Cusumano2000]. Microsoft verzettelt sich selten mit unausgereiften technischen Ideen und unzureichenden Geschäftsmodellen. Eine gute technische Idee allein genügt nicht, und oftmals lässt Microsoft andere Firmen solche Ideen explorieren, bevor die erfolgreichen Unternehmen dann aufgekauft werden. Andere, weniger erfolgreiche Unternehmen versuchen zuerst ein Produkt zu entwickeln und dann den Markt dafür zu finden. Diese Reihenfolge hat nichts mit Requirements Engineering zu tun, sondern eher mit Versuch und Irrtum.

Erfolgreich sind Produkte dann, wenn der Eintrittstermin stimmt (selbst wenn man nicht Erster ist), die Qualität den Anforderungen des Markts genügt, der Preis konkurrenzfähig ist und Bedarf am Produkt besteht oder erzeugt werden kann. Marketing ist die unternehmensweite Funktion, die diese vier Parameter ausbalanciert. Produktmanagement antwortet darauf mit konkreten Vorschlägen für Produkte und Lösungen und deren detaillierte Anforderungen. Die Softwareentwicklung entwickelt daraus innerhalb der abgesteckten Randbedingungen ein Produkt. Weniger erfolgreiche Unternehmen lassen sich durch einen dieser Parameter, üblicherweise die Zeit, paralysieren und liefern unfertige Produkte. Häufig stimmt die Qualität dann nicht, und eine sofortige Nachlieferung

9.3 Zügig zum Projektstart kommen

mit fehlenden Funktionen und mehr Stabilität ist nötig. Nur eine dieser Zielfunktionen, beispielsweise die Entwicklungszeit, zu optimieren, ist kurzsichtig, denn in der Regel werden die Qualitätsprobleme oder Kosten zu groß, um noch am Markt bestehen zu können.

Die Ausgangsbasis für kurze Produktzyklen ist also die gleichzeitige Beachtung von Zeit, Kosten und Qualität, wobei die Zykluszeit optimiert wird. RE muss sich an die zeitliche Taktrate anpassen, um die Durchlaufzeiten effektiv zu kürzen.

Eine der wesentlichen Fallen im RE ist die **Paralyse durch Analyse**. Man versucht, zunehmend mehr Details auf einer immer unsicheren Basis herauszufinden. Wichtig ist es daher, bereits vor Projektstart die Kriterien des Projektmanagements anzuwenden und die Analysephase in ihrer Dauer an den gesamten Entwicklungszyklus anzupassen [Ebert2006a]. »**Gut genug**« ist auch im Requirements Engineering ein wichtiges Ziel, nicht nur in der Qualitätskontrolle. Es gibt viele Möglichkeiten, die Analysephase zu verkürzen. Häufig dient sie zum Aufwärmen und hat lange nicht den Druck, den andere Projektphasen haben. Dieser Druck muss gezielt aufgebaut werden, damit die Ergebnisse früher und in der richtigen Qualität kommen. Verkürzung sollte nicht notwendigerweise zu mehr Releases führen. Dies muss in einem Kontext des gesamten Portfolios evaluiert werden, denn jedes Release hat Fixkosten, sowohl auf Hersteller- als auch auf Kundenseite.

Die Analysephase wird nicht dadurch verkürzt, indem alle bisherigen Schritte etwas schneller oder verkürzt ausgeführt werden. Es muss berücksichtigt werden, dass sich die Art, wie Anforderungen beschrieben und artikuliert werden, drastisch ändert. Wo früher sehr präzise Vorgaben zur Verfügung standen, treten heute eher Geschäftsmodelle des Kunden oder abstrakte Benutzerwünsche in den Vordergrund. Nicht mehr die detaillierte Funktionalität eines mobilen Telefons oder PDAs ist wichtig, sondern einige wenige abstrakte Grundfunktionen und dazu Langlebigkeit der Batterien, sichere Kommunikation, im Hintergrund laufende Back-ups etc. Anforderungen sind unvollständig und widersprechen sich. Die Analyse muss die entscheidenden Aspekte herausarbeiten und bei 80-90% der Funktionen auf Wiederverwendung – ohne erneute Analyse – setzen. Nur durch eine solche Fokussierung wird die Durchlaufzeit effektiv gekürzt.

Wann ist der richtige Zeitpunkt, um nach der Zuweisung mit der Entwicklung zu beginnen? Dies ist die Schlüsselfrage in jedem Projekt. Schließlich macht es keinen Sinn, vage bekannte und unvollständig analysierte Anforderungen als Basis zu nehmen, das Projekt zu starten und dann mit riesigen Änderungen zu kämpfen. Das Projekt sollte begonnen werden, wenn die Anforderungen gut genug sind (siehe auch Kap. 7.1 und 9.1).

Was heißt gut genug? Es bedeutet, dass die Anforderungen eine hinreichend gute Qualität haben (z.B. Abschlusskriterien beim Review, Freigabekriterien, Restfehlerdichte) und die kritischen (d.h. Kundennutzen) und architekturentscheidenden Anforderungen so detailliert spezifiziert sind, dass die Entwicklung darauf aufsetzen kann. Eine gewisse Stabilität ist nötig. Andererseits kann man über Monate analysieren und wird merken, dass es ständig zu weiteren Änderungen kommt. Hier geht es um eine heikle Balance, um die Frage angemessen zu beantworten.

Wir wollen uns von beiden Seiten herantasten. Je länger ein Projekt dauert, desto mehr Anforderungsänderungen treten auf. Wir sprachen bereits von 1-5 % Änderungen pro Monat, bezogen auf den Projektaufwand (siehe Kap. 12.1 für eine Definition und Erläuterungen) [Ebert2007a]. Irgendwann kommt der Punkt, an dem eine komplette Neudefinition des Projekts nötig wird. Dabei spielt es keine Rolle, ob das Projekt bereits begonnen hat oder nicht. Änderungen gibt es, und sie wachsen unvorhersehbar. Kommt ein Wettbewerber mit einem neuen Produkt einige Monate früher auf den Markt als erwartet, reicht dies manchmal aus, um das eigene Produkt nochmals grundlegend zu revidieren oder neu zu positionieren. Diesen Fall wollen wir aber hier nicht betrachten. Uns geht es um die erwähnte typische Änderungsrate. **Damit kann man eine sinnvolle obere Grenze für die Projektdauer ableiten, die bei ungefähr 12-18 Monaten liegt.** Oberhalb von 18 Monaten ändern sich *nach Projektstart* ein Viertel bis zur Hälfte der Projektinhalte, was in der Regel nicht mehr wirtschaftlich ist. Projekte mit mehr Inhalt sollten in Teilprojekte heruntergebrochen werden. Teilprojekte können sich an Architekturkomponenten oder an Funktionsgruppen orientieren. In jedem Fall muss ein Teilprojekt auch immer einen Wert aus Kundensicht repräsentieren.

Die minimale Projektdauer ist schwieriger zu charakterisieren, da es auch Projekte gibt, die in einigen Tagen fertig werden müssen (und entsprechend wenige Inhalte haben). Allerdings kann man die Dauer der Analysephase abgrenzen. Deren unteres Ende ist durch die Unsicherheiten der Analyse abgesteckt. Anforderungen gelten dann als stabil, wenn ihr Rauschpegel aus allen Unsicherheiten so gering ist, dass er in den folgenden Projektphasen nicht über die erlaubten Kosten- und Zeitlimits hinaus verstärkt wird. Man kann daher als Faustregel annehmen, dass die Analyse nicht länger als 50 % der reinen Entwicklungsdauer (Beginn des Top-Level-Designs bis Übergabe an den ersten Kunden) bei innovativen oder stark geänderten Produkten dauern darf. Bei Folgeversionen sollte ein Rahmen von 30-50 % nicht überschritten werden. In Zahlen ausgedrückt gilt damit, dass ein Projekt mit einer angenommenen Entwicklungsdauer von 12 Monaten ungefähr sechs Monate brauchen darf, um von der ersten Konzeption bis zum Projektstart vorbereitet zu werden. Es hat also eine Gesamtdauer von 18 Monaten. Diese notwendige zeitliche Limitierung wird noch stringenter, wenn eine saubere Abgrenzung zwischen Portfolio, Produkt und Produkt-/Release-Roadmap bzw. Releases sowie den einzelnen Projekten erfolgt. Für das Produkt sollte ein Funktionskatalog für ungefähr drei Jahre existieren, während das einzelne Projekt einen kurzen Horizont von maximal einem Jahr hat.

Um Kunden oder Märkte nicht zu lange auf Ergebnisse warten zu lassen, sollte inkrementell vorgegangen werden (siehe Kap. 8.5). Dabei werden die dringendsten Kundenbedürfnisse zuerst bearbeitet. Gleichzeitig werden jene Anforderungen mit dem größten Einfluss auf die Architektur umgesetzt, um eine verlässliche Basis für das spätere Produkt zu erhalten. Inkremente werden im Projektplan auf der Basis des jeweiligen Änderungspotenzials der Anforderungen definiert. Dieser Zusammenhang ist in Abbildung 9–4 zusammengefasst. Sie zeigt die typischen Projektphasen aus Sicht des RE für ein Projekt mit einer Entwicklungsdauer von 6-12 Monaten. Gleichzeitig ist der Effekt der Priorisierung von Anforderungen dargestellt. Der Trichter auf der linken Seite wird während der Architekturphase geschlossen, sodass (auf der rechten Seite) die Ausführung nachher so einfach und so schnell als möglich abgeschlossen werden kann. Eine anfängliche Reserve der Anforderungen wird spätestens nach Abschluss des Top-Level-Designs aufgegeben, um zu verhindern, dass damit später unzulässige Kosten entstehen, da erfahrungsgemäß Puffer immer aufgebraucht werden.

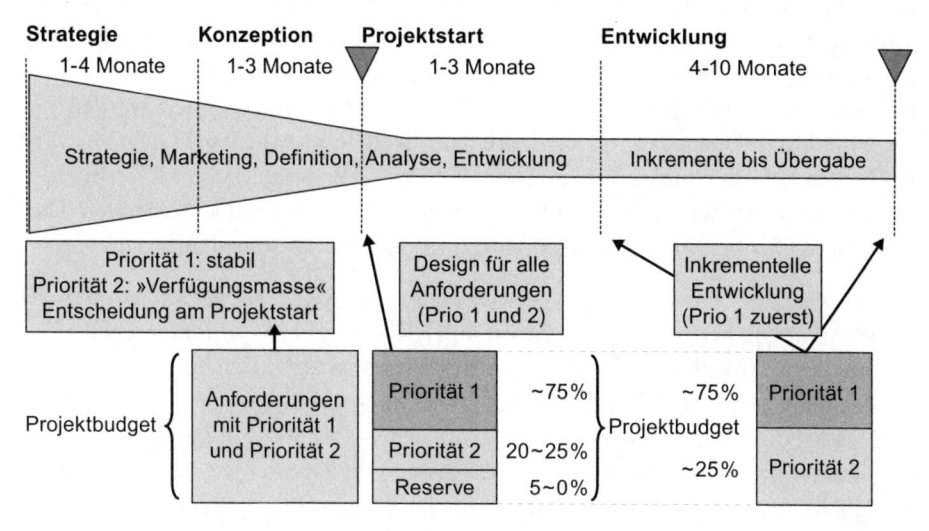

Abb. 9–4 *Projektdefinition und Priorisierung*

9.4 Gesetzliche Rahmenbedingungen

Jedes Projekt und jedes Produkt muss gesetzliche Bedingungen erfüllen. Aus Kundensicht sind dies vor allem Fragen rund um den Kaufvertrag. Aus Produktsicht sind es zusätzlich Punkte, die mit Haftungsfragen oder auch mit Urheberrechten zu tun haben. Aus Produkt- und Projektsicht interessant sind Fragen zu Sach- und Rechtsmängeln und deren Folgen. Wir wollen hier die wichtigen Punkte beleuchten, sodass der Projektmanager, der Produktmanager oder die Entwickler wissen, wie die Randbedingungen aussehen, und welche möglichen Risiken lauern. Wir können aus Platzgründen nicht tief in alle rechtlichen Fragen rund um Verträge, Mängel oder Haftung einsteigen. Dazu ist auch unser Thema des Requirements Engineering nicht geeignet. Sie finden daher weiterführende Literatur bei [Bartsch2000, Bartsch2001, Zahrnt2008, Schröder2004].

Was hat Requirements Engineering mit rechtlichen Fragen überhaupt zu tun? Sehr viel, denn in der Bewertung von Anforderungen werden die Grundlagen für das Projekt und das spätere Produkt gelegt, und damit zu vielen der oben genannten Punkte. Wenn ich Anforderungen falsch verstehe, kann es zu Sachmängeln des Produkts kommen. Wenn ich sie falsch analysiere, kann ich vielleicht die vertraglichen Bedingungen nicht mehr einhalten.

Allerdings sollten wir uns klarmachen, dass eine Spezifikation kein Vertrag ist. Sie kann maximal ein Vertragsbestandteil sein. Beispielsweise ist das SLA beim Outsourcing sehr wohl ein konkreter Vertrag. Viele Spezifikationen dagegen erfüllen nicht die juristischen Kriterien an einen Vertrag. Sie sind nicht hinreichend präzise und eindeutig. Eine solche Präzision wäre auch nicht sinnvoll, denn damit würden die Anforderungen unnötig teuer werden und in der Regel den Lösungsraum viel zu stark einschränken. Schließlich sollten wir uns auch darüber im Klaren sein, dass es nicht das Ziel einer Spezifikation ist, damit gegen den Kunden vor Gericht zu ziehen. Sie ist die Basis für ein gegenseitiges Verstehen von Bedürfnissen und möglichen Lösungen, die zunehmend konkretisiert werden.

Eine kurze Übersicht soll verdeutlichen, welche rechtlichen Fragen relevant sind. Wir beziehen uns hier ausschließlich auf das Bürgerliche Gesetzbuch[12], denn es beantwortet die meisten Fragen bereits hinreichend. Die folgenden Themen sollten Sie bei Ihren Projekten bereits in der Konzeptionsphase beachten:

- Verträge für Softwareprodukte werden in der Regel als Sachkauf oder als Werkvertrag betrachtet. Sie können auch Teil einer umfassenderen Dienstleistung sein. Aus diesen Verträgen folgen vertragstypische Pflichten.
- Bei der Vertragsausführung kann es zu Sachmängeln kommen.
- Das Produkt kann Rechtsmängel aufweisen, selbst wenn diese dem Verursacher gar nicht bewusst sind (z.B. Verletzung von Patenten).
- Aus Mängeln resultieren Folgen, beispielsweise im Schadenersatz.

Verträge für Softwareprodukte
Software wird in der Regel als Sache verkauft oder im Rahmen eines Werkvertrags erstellt. Aus diesen Verträgen resultieren vertragstypische Pflichten, die der Verkäufer einzuhalten hat. Bei einem Kaufvertrag werden diese Pflichten durch § 433 des BGB[13] beschrieben. Es geht primär darum, dass der Verkäufer sicherstellen muss, dass der Käufer das Eigentum an der Software erwirbt und dass diese frei von Sach- und Rechtsmängeln übergeben wird. Der Verkäufer erhält dafür den vereinbarten Kaufpreis. Im Werkvertrag beschreibt § 631 des BGB[14] die Pflichten, die aus dem Vertrag resultieren. Werden Sie sich klar darüber, was Sie verkaufen oder herstellen und was Sie zum Gegenstand des Vertrags machen.

---

12. Alle Gesetzestexte sind dem BGB vom Stand im Frühjahr 2005 entnommen. Dies berücksichtigt die letzten großen Veränderungen nach Anpassungen im Schuldrecht.
13. BGB § 433 Vertragstypische Pflichten beim Kaufvertrag. (1) Durch den Kaufvertrag wird der Verkäufer einer Sache verpflichtet, dem Käufer die Sache zu übergeben und das Eigentum an der Sache zu verschaffen. Der Verkäufer hat dem Käufer die Sache frei von Sach- und Rechtsmängeln zu verschaffen. (2) Der Käufer ist verpflichtet, dem Verkäufer den vereinbarten Kaufpreis zu zahlen und die gekaufte Sache abzunehmen.

Der Vertragsgegenstand beeinflusst, ob Sie an der Software noch weitere Rechte behalten oder nicht. In der Regel werden die Rechte zur Speicherung und Benutzung einer Software verkauft, nicht aber die Urheberrechte. Diese Frage sollte bei der Analyse von Anforderungen beachtet werden.

Verträge beruhen auf einem Gerüst, das eine Partnerschaft voraussetzt, weswegen man auch von Vertragspartnern spricht. Typischerweise wird die Partnerschaft in vier Stufen gelebt, die auch als RCDA-Prinzip bezeichnet werden (vgl. Abb. 9–5). Die jeweils vertraglich relevanten Dokumente werden im Vertrag geregelt. Beispielsweise ist eine Anforderungsliste, wie wir sie in diesem Buch als Lastenheft beschreiben, nicht notwendigerweise Bestandteil eines Auftrags. Hier sind sowohl der Auftraggeber als auch der Auftragnehmer gefordert, Klarheit zu schaffen, auf welcher Basis der Vertrag abgestimmt wird.

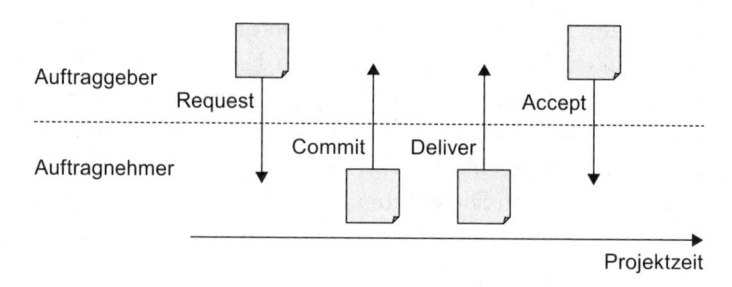

Abb. 9–5 *Verträge beruhen auf einer Partnerschaft, die dem RCDA-Prinzip folgt*

- **Request**
  In dieser Phase werden Inhalte und Vertragsmodalitäten abgestimmt. Der erste Impuls kann zwar von Auftragnehmer durch Marketing oder Vertrieb kommen, jedoch ist es der Auftraggeber, der durch seinen Kaufwunsch den Weg zum Vertrag bereitet. Er stellt auch die Anforderungen, weswegen hier von »Request« gesprochen wird. In der Praxis werden hier Dokumente des Auftraggebers wie der »Request for Information« (RFI), »Request for Tender« (RFT) und »Request for Quotation« (RFQ) verwandt.

- **Commit**
  Der Auftragnehmer verpflichtet sich zur Vertragsleistung auf der Basis der spezifizierten Vertragsbedingungen. Das Commitment ist eine klare und rechtlich wirksame Vereinbarung, die zur Vertragserfüllung verpflichtet. Nun ist das Projekt definiert, und die eigentliche Softwareentwicklung durch den Auftragnehmer beginnt.

---

14. BGB § 631 Vertragstypische Pflichten beim Werkvertrag. (1) Durch den Werkvertrag wird der Unternehmer zur Herstellung des versprochenen Werkes, der Besteller zur Entrichtung der vereinbarten Vergütung verpflichtet. (2) Gegenstand des Werkvertrags kann sowohl die Herstellung oder Veränderung einer Sache als auch ein anderer durch Arbeit oder Dienstleistung herbeizuführender Erfolg sein.

- **Deliver**
  Der Auftragnehmer liefert die Leistung entsprechend den vertraglichen Vorgaben. Abweichungen davon können dazu führen, dass es nur verzögert oder gar nicht zum vierten Schritt kommt.
- **Accept**
  Der Auftraggeber akzeptiert die Leistung. Bei Abweichungen von den vertraglichen Vereinbarungen kommt es in der Regel zu Nachbesserungen oder Gewährleistungen, die durch die jeweiligen Vertragstypen gesetzlich geregelt sind.

Sachmangel

Die vertragstypischen Pflichten im Kaufvertrag (z.B. fertiges Softwareprodukt) in Bezug auf Sachmängel sind in § 434 BGB[15] (in ähnlicher Form in § 633 BGB[16] für Werkverträge) beschrieben. In diesem Zusammenhang wird klar, dass es nicht um Fehlerfreiheit der Software geht, sondern um die erwartete Qualität und die Gebrauchstauglichkeit. Wenn beispielsweise ein Unternehmen ein Softwaresystem zur Erfüllung einer bestimmten Zielsetzung liefern soll und dabei die Dimensionierung zu klein wählt, sodass die Effizienz nicht in Einklang mit den Anforderungen zur Gebrauchstauglichkeit steht, dann liegt eine Verletzung von § 434 oder § 633 BGB vor. Es handelt sich um einen Sachmangel. Wenn dagegen das System viel zu groß dimensioniert wurde und damit sehr viel mehr kostet, als

---

15. BGB § 434: Sachmangel. (1) Die Sache ist frei von Sachmängeln, wenn sie bei Gefahrübergang die vereinbarte Beschaffenheit hat. Soweit die Beschaffenheit nicht vereinbart ist, ist die Sache frei von Sachmängeln, 1. wenn sie sich für die nach dem Vertrag vorausgesetzte Verwendung eignet, sonst 2. wenn sie sich für die gewöhnliche Verwendung eignet und eine Beschaffenheit aufweist, die bei Sachen der gleichen Art üblich ist und die der Käufer nach der Art der Sache erwarten kann. Zu der Beschaffenheit nach Satz 2 Nr. 2 gehören auch Eigenschaften, die der Käufer nach den öffentlichen Äußerungen des Verkäufers, des Herstellers (§ 4 Abs. 1 und 2 des Produkthaftungsgesetzes) oder seines Gehilfen insbesondere in der Werbung oder bei der Kennzeichnung über bestimmte Eigenschaften der Sache erwarten kann, es sei denn, dass der Verkäufer die Äußerung nicht kannte und auch nicht kennen musste, dass sie im Zeitpunkt des Vertragsschlusses in gleichwertiger Weise berichtigt war oder dass sie die Kaufentscheidung nicht beeinflussen konnte. (2) Ein Sachmangel ist auch dann gegeben, wenn die vereinbarte Montage durch den Verkäufer oder dessen Erfüllungsgehilfen unsachgemäß durchgeführt worden ist. Ein Sachmangel liegt bei einer zur Montage bestimmten Sache ferner vor, wenn die Montageanleitung mangelhaft ist, es sei denn, die Sache ist fehlerfrei montiert worden. (3) Einem Sachmangel steht es gleich, wenn der Verkäufer eine andere Sache oder eine zu geringe Menge liefert.
16. BGB § 633 Sach- und Rechtsmangel. (1) Der Unternehmer hat dem Besteller das Werk frei von Sach- und Rechtsmängeln zu verschaffen. (2) Das Werk ist frei von Sachmängeln, wenn es die vereinbarte Beschaffenheit hat. Soweit die Beschaffenheit nicht vereinbart ist, ist das Werk frei von Sachmängeln, 1. wenn es sich für die nach dem Vertrag vorausgesetzte, sonst 2. für die gewöhnliche Verwendung eignet und eine Beschaffenheit aufweist, die bei Werken der gleichen Art üblich ist und die der Besteller nach der Art des Werks erwarten kann. Einem Sachmangel steht es gleich, wenn der Unternehmer ein anderes als das bestellte Werk oder das Werk in zu geringer Menge herstellt. (3) Das Werk ist frei von Rechtsmängeln, wenn Dritte in Bezug auf das Werk keine oder nur die im Vertrag übernommenen Rechte gegen den Besteller geltend machen können.

eigentlich bei den gegebenen Anforderungen des Kunden zu erwarten wäre, dann liegt ein Beratungsmangel vor. Verfehlungen in beide Richtungen können also geahndet werden. Die beiden Beispiele legen nahe, im Requirements Engineering sorgfältig zu prüfen, was der Bedarf des Kunden ist, um bereits das Angebot darauf abzustimmen. Es ist die Aufgabe des Verkäufers oder des Herstellers, den Kunden darüber aufzuklären, wenn er Anforderungen hat, die in ihrer Gesamtheit nicht erfüllbar sind.

Beispielsweise muss der Projektmanager bei einem Werkvertrag nachweisen können, dass die gelieferte Leistung (»Werk«) gebrauchstauglich ist und den Vorgaben entspricht. Dann kann in kritischen Fragen schon einmal der Nachweis erforderlich werden, dass die Anforderungen auch entsprechend den ursprünglichen Vorgaben realisiert wurden. Konsequenzen (z.B. Fehlverhalten eines Systems) durch erwartbaren Fehlgebrauch sollten berücksichtigt werden, um im Schadensfall eine Regressforderung wirksam ausschließen zu können. Auch dies ist eine wichtige Vorgabe für die Anforderungsanalyse (siehe Kap. 8.7).

Allerdings sind die entsprechenden Paragraphen im BGB bewusst offengehalten, um zu verhindern, dass der Käufer ein Produkt wegen Sachmängel zurückweisen kann, wiewohl der Hersteller die nötige Sorgfalt hatte walten lassen. Beispielsweise nimmt die derzeitige Rechtsprechung zur Kenntnis, dass Software für die meisten Produkte nicht fehlerfrei sein kann, weswegen sie eher den Ansprüchen der Gebrauchstauglichkeit als der absoluten – und für den praktischen Gebrauch häufig wenig relevanten – Fehlerfreiheit genügen müssen.

Rechtsmangel
Der Begriff des Rechtsmangels wird in Kaufverträgen durch § 435 BGB[17] und in Werkverträgen durch § 633 BGB[18] beschrieben. Kritisch bei Softwareprodukten sind beispielsweise urheberrechtliche Fragen, die zu späteren rechtlichen Schwierigkeiten und zu unabsehbaren zusätzlichen Lizenzkosten führen können. Dies kann eintreten, wenn Teile des Quellcodes abgeschrieben wurden oder wenn fremde Patente unwissentlich benutzt wurden. In solchen Fällen hat der Käufer das Rechtsrisiko übernommen. Zu seinem eigenen Risikomanagement wird er entsprechende Sicherheiten bereits im Kaufvertrag verlangen, weswegen es für Ihr Projekt zu Anforderungen kommen kann, die im RE zu beachten sind. Wir haben es hier oftmals mit Einschränkungen zu tun, denn die Anforderung lautet kaum, dass der Quellcode selbst entwickelt wird. Wichtiger ist, welche Art der Prüfung des Quellcodes durchgeführt wird, um diese Risiken zu minimieren. Oftmals kann es bedeuten, dass Open-Source-Software (OSS) nicht eingesetzt werden darf, weil bestimmte patentrechtliche Fragen nicht eindeutig geklärt sind.

---

17. BGB § 435 Rechtsmangel. Die Sache ist frei von Rechtsmängeln, wenn Dritte in Bezug auf die Sache keine oder nur die im Kaufvertrag übernommenen Rechte gegen den Käufer geltend machen können. Einem Rechtsmangel steht es gleich, wenn im Grundbuch ein Recht eingetragen ist, das nicht besteht.
18. Siehe in früherer Fußnote.

Folgen von Mängeln

Die Rechte des Käufers bei Mängeln sind für Kaufverträge in § 437 BGB[19] und für Werkverträge in § 634 BGB[20] beschrieben. Prinzipiell kann der Käufer bei Sachmängeln und der Besteller bei Werkmängeln eine Nacherfüllung verlangen, den Mangel selbst beseitigen und Ersatz für seine Aufwendungen verlangen, vom Vertrag zurücktreten oder die Vergütung mindern. In allen Fällen kann er zudem Schadensersatz verlangen.

Der Stand der Technik spielt bei Haftungsfragen in einem Projekt eine zunehmend größere Rolle. Die Basis hierfür ist die Schadensersatzpflicht, die in § 823 BGB[21] und § 249 BGB[22] geregelt wird. Die Verantwortlichkeit des Schuldners ist in § 276 BGB[23] beschrieben. Dabei wird es klar, dass beim Vertrag, egal ob bei einem Kaufvertrag einer Software oder bei einem Werkvertrag einer Softwareentwicklung, die Gebrauchstauglichkeit der Software und die Sorgfaltspflicht bei der Entwicklung maßgebend sind.

---

19. BGB § 437 Rechte des Käufers bei Mängeln. Ist die Sache mangelhaft, kann der Käufer, wenn die Voraussetzungen der folgenden Vorschriften vorliegen und soweit nicht ein anderes bestimmt ist, 1. nach § 439 Nacherfüllung verlangen, 2. nach den §§ 440, 323 und 326 Abs. 5 von dem Vertrag zurücktreten oder nach § 441 den Kaufpreis mindern und 3. nach den §§ 440, 280, 281, 283 und 311a Schadensersatz oder nach § 284 Ersatz vergeblicher Aufwendungen verlangen.
20. BGB § 634 Rechte des Bestellers bei Mängeln. Ist das Werk mangelhaft, kann der Besteller, wenn die Voraussetzungen der folgenden Vorschriften vorliegen und soweit nicht ein anderes bestimmt ist, 1. nach § 635 Nacherfüllung verlangen, 2. nach § 637 den Mangel selbst beseitigen und Ersatz der erforderlichen Aufwendungen verlangen, 3. nach den §§ 636, 323 und 326 Abs. 5 von dem Vertrag zurücktreten oder nach § 638 die Vergütung mindern und 4. nach den §§ 636, 280, 281, 283 und 311a Schadensersatz oder nach § 284 Ersatz vergeblicher Aufwendungen verlangen.
21. BGB § 823 Schadensersatzpflicht. (1) Wer vorsätzlich oder fahrlässig das Leben, den Körper, die Gesundheit, die Freiheit, das Eigentum oder ein sonstiges Recht eines anderen widerrechtlich verletzt, ist dem anderen zum Ersatz des daraus entstehenden Schadens verpflichtet. (2) Die gleiche Verpflichtung trifft denjenigen, welcher gegen ein den Schutz eines anderen bezweckendes Gesetz verstößt. Ist nach dem Inhalt des Gesetzes ein Verstoß gegen dieses auch ohne Verschulden möglich, so tritt die Ersatzpflicht nur im Falle des Verschuldens ein.
22. BGB § 249 Art und Umfang des Schadensersatzes. (1) Wer zum Schadensersatz verpflichtet ist, hat den Zustand herzustellen, der bestehen würde, wenn der zum Ersatz verpflichtende Umstand nicht eingetreten wäre. (2) Ist wegen Verletzung einer Person oder wegen Beschädigung einer Sache Schadensersatz zu leisten, so kann der Gläubiger statt der Herstellung den dazu erforderlichen Geldbetrag verlangen. Bei der Beschädigung einer Sache schließt der nach Satz 1 erforderliche Geldbetrag die Umsatzsteuer nur mit ein, wenn und soweit sie tatsächlich angefallen ist.
23. BGB § 276 Verantwortlichkeit des Schuldners. (1) Der Schuldner hat Vorsatz und Fahrlässigkeit zu vertreten, wenn eine strengere oder mildere Haftung weder bestimmt noch aus dem sonstigen Inhalt des Schuldverhältnisses, insbesondere aus der Übernahme einer Garantie oder eines Beschaffungsrisikos, zu entnehmen ist. Die Vorschriften der §§ 827 und 828 finden entsprechende Anwendung. (2) Fahrlässig handelt, wer die im Verkehr erforderliche Sorgfalt außer Acht lässt. (3) Die Haftung wegen Vorsatzes kann dem Schuldner nicht im Voraus erlassen werden.

9.4 Gesetzliche Rahmenbedingungen

Interessant ist aus der Sicht des Softwareherstellers oder Dienstleisters, was er in seiner Werbung verspricht. Werbung und besonders charakterisierende Produkteigenschaften, die im Vertrag oder in sonstigen vertragsrelevanten Ankündigungen oder Veröffentlichungen publik gemacht wurden, werden als Anforderungen im Sinne der Gebrauchstauglichkeit betrachtet. Wenn also die Werbung, z.B. auf einer Internetseite, explizit auf Produkteigenschaften hinweist, die nachher nicht eingehalten werden, kann der Käufer zu Recht Schadensersatz fordern.

Der Schadensersatz selbst ist in den §§ 280[24] und 281 BGB[25] geregelt. Während die Nachbesserung sicherlich immer die erste Wahl sein sollte und laut Gesetz innerhalb einer angemessenen Frist[26] auch ist, kann der Kunde auch einen anderen Lieferanten wählen, wenn der Lieferant entsprechende Mahnungen ohne adäquate Lieferung hat verstreichen lassen. Besonders bei Softwaresystemen kann dies zu prekären Kosten für den Originallieferanten führen, denn üblicherweise sehen Softwarehäuser die Software eines Wettbewerbers als schwer bis nicht wartbar an. Wenn sich ein Lieferant also durch ein zu unvorsichtiges Dumpingangebot einen Vertrag erschleicht, den er unter den gegebenen Umständen nicht einhalten kann, und er wurde vom Kunden auf Termineinhaltung hingewiesen (schriftlich, denn dies lässt sich leichter belegen), dann kann der Kunde sich das gesamte System von einem anderen Lieferanten zu dessen Bedingungen liefern lassen, wobei der Originallieferant die Differenz der Kosten aus eigener Tasche bezahlen muss.

Solche rechtlichen Themen sollten durch entsprechend ausgebildete Experten beurteilt und vorbereitet werden. Maßen Sie es sich nicht an, Verträge als Projekt- oder Produktmanager in allen Auswirkungen bewerten zu können. Dazu gibt es eine Rechtsabteilung oder externe Experten, die fallweise (vor allem in KMUs) hinzugezogen werden. Abbildung 9–6 zeigt diese Rollenverteilung in der Projektpraxis.

---

24. BGB § 280. Schadensersatz wegen Pflichtverletzung. (1) Verletzt der Schuldner eine Pflicht aus dem Schuldverhältnis, so kann der Gläubiger Ersatz des hierdurch entstehenden Schadens verlangen. Dies gilt nicht, wenn der Schuldner die Pflichtverletzung nicht zu vertreten hat. ...
25. BGB § 281. (1) Soweit der Schuldner die fällige Leistung nicht oder nicht wie geschuldet erbringt, kann der Gläubiger unter den Voraussetzungen des § 280 Abs. 1 Schadensersatz statt der Leistung verlangen, wenn er dem Schuldner erfolglos eine angemessene Frist zur Leistung oder Nacherfüllung bestimmt hat. Hat der Schuldner eine Teilleistung bewirkt, so kann der Gläubiger Schadensersatz statt der ganzen Leistung nur verlangen, wenn er an der Teilleistung kein Interesse hat. Hat der Schuldner die Leistung nicht wie geschuldet bewirkt, so kann der Gläubiger Schadensersatz statt der ganzen Leistung nicht verlangen, wenn die Pflichtverletzung unerheblich ist. (2) Die Fristsetzung ist entbehrlich, wenn der Schuldner die Leistung ernsthaft und endgültig verweigert oder wenn besondere Umstände vorliegen, die unter Abwägung der beiderseitigen Interessen die sofortige Geltendmachung des Schadensersatzanspruchs rechtfertigen. (3) Kommt nach der Art der Pflichtverletzung eine Fristsetzung nicht in Betracht, so tritt an deren Stelle eine Abmahnung. (4) Der Anspruch auf die Leistung ist ausgeschlossen, sobald der Gläubiger statt der Leistung Schadensersatz verlangt hat. (5) Verlangt der Gläubiger Schadensersatz statt der ganzen Leistung, so ist der Schuldner zur Rückforderung des Geleisteten nach den §§ 346 bis 348 berechtigt.
26. Die »angemessene Frist« ist nicht definiert und beträgt üblicherweise einen realistischen Zeitraum oberhalb von vier Wochen. Sie muss verbindlich mitgeteilt werden.

Diese kurze Übersicht hat gezeigt, dass ab der Werbung für ein Produkt oder eine Leistung und dann mit Beginn der Vertragsgestaltung (auch bei der Gestaltung Ihrer allgemeinen Geschäftsbedingungen) im Requirements Engineering einige rechtliche Aspekte zu beachten sind. **Seien Sie bei der Vertragsgestaltung und Projektdefinition nicht zu oberflächlich, denn die Konsequenzen können Sie aus dem Geschäft werfen und heftige Schadensersatzforderungen bedeuten.**

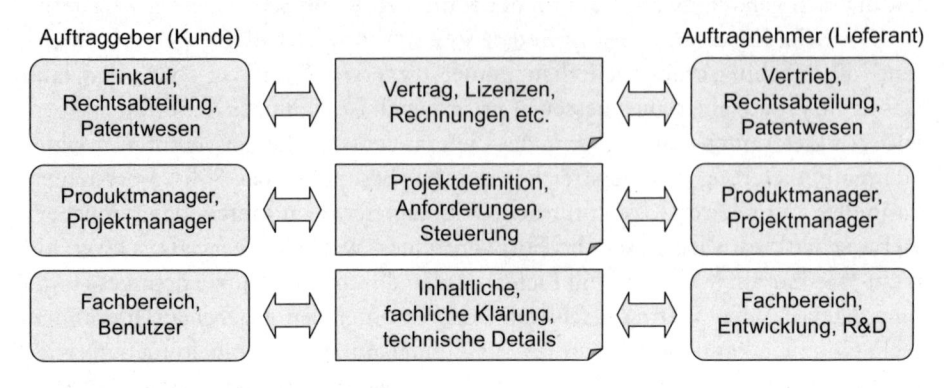

Auftraggeber (Kunde)		Auftragnehmer (Lieferant)
Einkauf, Rechtsabteilung, Patentwesen	⟷ Vertrag, Lizenzen, Rechnungen etc. ⟷	Vertrieb, Rechtsabteilung, Patentwesen
Produktmanager, Projektmanager	⟷ Projektdefinition, Anforderungen, Steuerung ⟷	Produktmanager, Projektmanager
Fachbereich, Benutzer	⟷ Inhaltliche, fachliche Klärung, technische Details ⟷	Fachbereich, Entwicklung, R&D

Abb. 9–6   *Klare Rollentrennung bei rechtlichen Fragen*

9.5 Vertragsmodelle

In Software- und IT-Projekten und zur Produktüberlassung werden unterschiedliche Vertragsmodelle eingesetzt. Abbildung 9–7 zeigt die typischen Modelle und ordnet sie nach einer Bewertung des jeweiligen Kunden- oder Lieferantenrisikos. Verschiedene Vertragsmodelle weisen die auftretenden Risiken unterschiedlichen Parteien zu. Mit wachsendem Risiko für einen Vertragspartner wächst die Flexibilität für den anderen. Das heißt beispielsweise, dass ein Festpreisprojekt zunächst im Projekt selbst dem Lieferanten das größere Risiko zuweist, denn er muss zusätzliche Ressourcen hinzufügen, wenn er sich verschätzt hat oder wenn Risiken zu Problemen geworden sind. Auf der anderen Seite wird er diese Risiken kaum alleine tragen wollen, also werden Angebote oder Folgeabsprachen eher zuungunsten des Kunden ausfallen. Der Kunde hat also im Voraus beim Festpreisangebot bereits die Sicherheit, dass er zwar den Preis drücken kann, solange es eine Auswahl von Lieferanten gibt, dass aber zunehmend höhere und weit reichende Risiken für den Kunden aus schlechter Qualität oder Lieferantenausfall erwachsen. Umgekehrt gilt dies natürlich für aufwandsorientierte Verträge, beispielsweise im Dienstleistungsbereich. Hier werden zumeist niedrige Preise als Einstieg angeboten, die sich später unzumutbar erhöhen, wenn ein »Lock-in«, also eine Abhängigkeit zwischen Kunde und Lieferant, entstanden ist. So interessant daher die beiden Extrempunkte rechts unten und links oben in Abbildung 9–7 aussehen, sie sind nicht immer auf eine nachhaltige Partnerschaft und optimale Ergebnisse hin ausgerichtet.

9.5 Vertragsmodelle

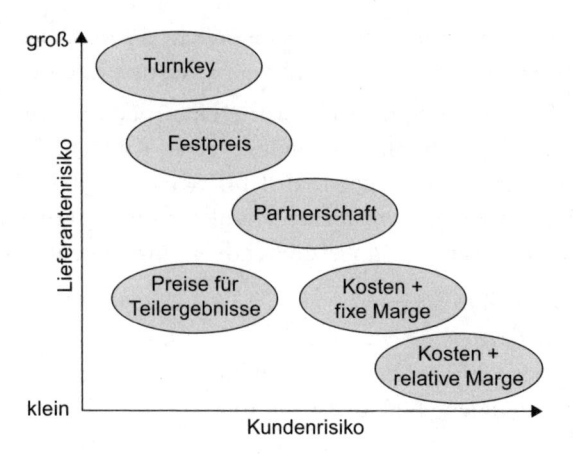

Abb. 9–7 Typische Vertragsmodelle für Software und IT

Die Zielsetzung sollten daher Verträge mit klarer Win-win-Situation für beide Partner sein. Die Theorie dahinter kommt aus der Verhandlungspraxis [Fischer2003] sowie aus der Spieltheorie [Dörner2003]. Viele Studien aus Projekten und Vertragsverhandlungen haben festgestellt, dass nachhaltiger Erfolg, selbst in verzwickten Situationen, nur dann entsteht, wenn die beteiligten Partner im wirklichen Sinne als Partner agieren. Das ist nachvollziehbar für das Geschäftsleben, ist doch ein klarer Grundsatz von Unternehmern und Aktionären der nachhaltige Unternehmenserfolg sowie eine anhaltende Marktpräsenz. Wenn aber zwei Unternehmen am Erfolg interessiert sind und sich eines davon in Verhandlungen mit dem anderen übervorteilt vorkommt, wird es alles daran setzen, zumindest mittelfristig die Situation wieder zu »bereinigen«. Das können im Falle eines unzumutbaren Festpreisvertrags oder einer Klausel, dass Anforderungsänderungen ohne Projektanpassungen akzeptiert werden müssen, sowohl Qualitätsdefizite sein wie auch unzureichender Service oder überteuerte Serviceverträge. Schlimmstenfalls wird der benachteiligte Vertragspartner im Projekt die Karten auf den Tisch legen und mit Rücktritt, Verzug oder unvollständiger Lieferung drohen, was in aller Regel das Gesamtprojekt massiv beeinflusst. Viele Projekte, die wir in Krisensituationen übernommen hatten, um zu retten, was noch zu retten ist, hatten marode Lieferantenbeziehungen. Oftmals wurde anfangs ein Lieferant ausgewählt, weil er einen vermeintlich günstigen Preis hatte, und der große und mächtige Kunde musste im Projekt plötzlich die Notbremse ziehen und den Lieferanten austauschen. In solchen Fällen fragt man sich als Berater, warum hier nicht von Beginn an die Risiken besser verteilt wurden, was die Gesamtkosten für den Kunden deutlich reduziert hätte.

Ein wichtiges Kriterium zur Vertragsgestaltung sollte für beide Seiten daher sein, ob man sich – zum Zeitpunkt der Vertragsunterzeichnung – vorstellen kann, mit dem Partner weitere Projekte durchzuführen. Antwortet eine Seite für sich, dass dies nicht der Fall ist, oder hat sie das Gefühl, dass dies kaum für die andere Seite gelten kann, ist das Risiko hoch, dass auch der entsprechende übervorteilende Vertragspartner nachher Schwierigkeiten hat, die in aller Regel teurer sind, als wenn im Vorfeld eine Win-win-Situation ausgehandelt worden wäre.

Lizenzverträge sind in der Softwareindustrie eines der wichtigsten Instrumente zur vertraglichen und nachhaltigen Bindung eines Kunden. Sie erlauben einen planbaren Kapitalfluss. Ein Lizenzmodell für Software überträgt in der Regel nicht die Urheber- oder Eigentumsrechte. Kunden interessieren sich für nutzungsnahe Lizenzmodelle, um nicht zu viel zu bezahlen. Instrumente dazu sind:

- Bündelung von Lizenzvolumen
- Lizenzen bei Bedarf
- Monatliche oder jährliche Nutzungsgebühren
- Transaktionsgebundene Nutzungsgebühren
- Mietmodelle

Auftraggeber und Lieferanten versuchen mit einem Vertrag, die Risiken auf beiden Seiten abzuschwächen. Häufig versucht eine Seite, alle Risiken zur anderen Seite zu verschieben. Das gefährdet Projekte. Als Auftragnehmer (auch für Unteraufträge) sollte man als Basis immer annehmen, dass alle Risiken, die nicht explizit beim Auftraggeber liegen, beim Auftragnehmer liegen.

Soweit ein Vertrag Strafen, spezielle Anreize, oder konkrete Steuerungsinstrumente enthält, sollte man diese exakt untersuchen. Sie weisen meistens auf – noch verborgene – Risiken hin. Jeder Vertragspartner sollte zum eigenen Schutz Risiken auf seiner eigenen Seite abschwächen. Ein Vertrag schließt nicht alle Risiken aus! Vor Gericht kann es leicht passieren, dass er später als unlauter betrachtet wird.

Abschließend wollen wir darauf hinweisen, dass Software noch kaum vor Gericht zum Laufen gebracht wurde. Man sollte daher nicht darauf spekulieren, dass sich offene Punkte jederzeit durch gute Anwälte klären lassen, selbst wenn das Projekt bereits in Schwierigkeiten ist. Das erste Ziel ist immer, die Software betriebsfähig zu bekommen, um damit Umsatz zu generieren.

9.6 Checkliste für Verträge und für die Anforderungsvereinbarung

Die folgende Checkliste unterstützt Sie bei der Vereinbarung von Anforderungen für ein Projekt. Zusätzlich werden auch Themen zur Vertragsgestaltung und zum Lieferantenmanagement geprüft.

Projektdefinition

- Existiert ein Kernteam aus Produktmanagement, Marketing, Entwicklung (IT) und evtl. Service, das formal für den Projekterfolg und den wirtschaftlichen Erfolg des Produkts verantwortlich ist?
- Haben die beteiligten Manager die Kompetenz und Verantwortung, zu entscheiden?

9.6 Checkliste für Verträge und für die Anforderungsvereinbarung

- Sind die richtigen Mitarbeiter und Fähigkeiten dann in der benötigten Zahl verfügbar, wenn sie gebraucht werden?
- Sind die Mitarbeiter und Manager am Projekterfolg interessiert?
- Funktioniert die Kommunikation im Projekt und an seinen Schnittstellen (Marketing, Vertrieb, Kunden, Management)?
- Welche politischen Einflüsse gibt es auf das Projekt? Wird die Politik die Faktenlage dominieren?
- Sind Mechanismen zur Eskalation und Entscheidung von Konflikten vorgesehen?

Vertragsgestaltung

- Existiert für das Projekt oder das Produkt ein konkreter Vertrag zu Verkauf, Überlassung oder Lieferung?
- Wurde der Vertrag mit Ihren Kunden im Sinne einer Win-win-Situation aufgebaut?
- Haben Sie den Vertrag hinsichtlich der typischen Risiken geprüft (z.B. Vertragsart, Liefertermine, Lieferumfang, Lieferdauer, Bezahlung, Zahlungsfristen, Geheimhaltung, Haftung, Gewährleistung, weiter gehende Dienstleistungen, Gerichtsstand)?
- Sind die AGBs Ihrer Kunden mit Ihren eigenen AGBs kompatibel?
- Wurden bei Abweichungen zwischen AGBs klare Entscheidungen getroffen, was zu beachten ist?
- Wurden Geheimhaltungsvereinbarungen mit den Kunden explizit getroffen (engl. Non Disclosure Agreement, NDA)?
- Haben Sie die Geheimhaltungsvereinbarungen so formuliert, dass Ihr eigenes Geschäftsmodell nicht unzulässig eingeschränkt wird?
- Wurden vertragliche Pflichten und Dienstleistungen nach der Lieferung explizit vereinbart (z.B. SLA)?
- Sind diese Verpflichtungen realistisch und für Sie auf die gesamte Vertragsdauer hin machbar?
- Sind die verschiedenen Vertragselemente für Sie selbst machbar?
- Trägt Ihr eigenes Risikomanagement den Vertragsrisiken Rechnung?

Lizenzvereinbarungen

- Sind die einzusetzenden externen Komponenten, Bibliotheken und Werkzeuge bekannt?
- Wurde für die einzusetzenden externen Komponenten, Bibliotheken und Werkzeuge eine Wirtschaftlichkeitsrechung über den Lebenszyklus aufgestellt?
- Ist die Entscheidung für externe Komponenten oder Werkzeuge klar geregelt – auch und gerade außerhalb der Entwicklung?
- Sind die Lizenzvereinbarungen der externen Komponenten bekannt und klar geregelt?

- Korrespondiert Ihr eigenes Lizenzmodell (inklusive SLA und weiterführenden Dienstleistungen oder Folgeversionen und Varianten) mit den Lizenzmodellen der eingesetzten Komponenten und Lieferanten?
- Sind externe Komponenten hinreichend stabil?
- Sind sie rechtzeitig verfügbar?

Lieferantenmanagement

- Sind alle Lieferanten im Gesamtkontext bekannt?
- Gibt es Unteraufträge (oder Outsourcing, Offshoring)?
- Liegt die Lieferantenauswahl und ihr Management in einer klar definierten Verantwortung?
- Gibt es klare und formal spezifizierte Kriterien zur Auswahl von Lieferanten?
- Werden unbewusst Lieferantenbeziehungen aufgebaut, z.B. bei der Nutzung von Open-Source-Software?
- Werden verdeckte Lieferantenbeziehungen gleichermaßen kontrolliert wie alle anderen Lieferantenbeziehungen (also Auswahl, Bewertung, Entscheidung, Lizenzmanagement, Haftung, Risikomanagement)?
- Werden die Anforderungen an die verschiedenen Lieferanten explizit spezifiziert, vereinbart, kontrolliert und verfolgt?
- Ist die Verantwortung für das Änderungsmanagement und das Schnittstellenmanagement zu den Lieferanten im Projekt konkret geregelt?
- Ist die Verantwortung für das Schnittstellenmanagement und etwaige spätere Änderungen, Erweiterungen, Korrekturen zu den Lieferanten im Produkt für dessen gesamten Lebenszyklus konkret geregelt?
- Welches Vertragsschema haben die Lieferanten?
- Wurde der Vertrag mit Ihren Lieferanten im Sinne einer Win-win-Situation aufgebaut?
- Haben Sie die Verträge mit Ihren Lieferanten hinsichtlich der typischen Risiken geprüft (z.B. Vertragsart, Liefertermine, Lieferumfang, Lieferdauer, Bezahlung, Zahlungsfristen, Geheimhaltung, Haftung, Gewährleistung, weiter gehende Dienstleistungen, Gerichtsstand)?
- Wurden Geheimhaltungsvereinbarungen mit den Lieferanten explizit getroffen (engl. Non Disclosure Agreement, NDA)?
- Haben Sie die AGBs Ihrer Lieferanten beachtet – oder explizit in der Auftragsbestätigung ausgeschlossen?
- Passt das Vertragsschema Ihrer Lieferanten zu den Erwartungen und Verträgen mit Ihren Kunden?
- Gibt es Ersatzlieferanten für kritische Komponenten?
- Gibt es »Nachfolgeregelungen« bei Lieferantenausfall nach der Erstlieferung Ihres eigenen Produkts, damit Sie Ihre SLAs und vertraglichen Verpflichtungen gegenüber Ihren Märkten und Kunden aufrechterhalten können?
- Sind Verträge mit Ersatzlieferanten vereinbart?

- Sind die Lieferanten durch die jeweiligen Verträge stimuliert, entsprechend den Vereinbarungen zu liefern?
- Wie werden Lieferanten und Unteraufträge kontrolliert?
- Werden definierte Techniken für Projektmanagement und Projektreviews eingesetzt?
- Sind Service Level Agreements (SLA) mit den Lieferanten bereits zu Projektstart formal vereinbart?
- Korrespondieren die SLAs Ihrer Lieferanten mit Ihren eigenen SLAs?
- Wie werden Konflikte eskaliert und behoben?
- Welche Risiken tragen die Lieferanten nicht?
- Ist Ihr eigenes Risikomanagement auf die vielfältigen Lieferantenrisiken eingestellt?

9.7 Tipps für die Praxis

- Vereinbaren Sie *vor* dem Projektstart die dem Projekt zugewiesenen Anforderungen förmlich. Dies ist die Basis für die spätere Arbeit, für die Projektverfolgung, für den Vertrag und für das Änderungsmanagement. Halten Sie die vereinbarten Anforderungen in einer einzigen Liste fest. Wichtig ist, dass die Anforderungsliste verbindlich ist und kontrolliert wird.
- Setzen Sie ein Projektkernteam ein, das die volle Verantwortung für das Produkt hat. Anforderungen (und ihre Änderungen) werden durch ein Kernteam mit den wesentlichen Schlüsselpersonen vereinbart. Dies sind der Produktmanager (verantwortlich für Gewinn und langfristig erfolgreiches Portfolio), der Marketingmanager (verantwortlich für Umsatz), der Projektmanager (verantwortlich für Termine, Kosten, Qualität) und der Servicemanager (verantwortlich für effizienten Betrieb und werterhöhende Dienstleistungen).
- Achten Sie auf einen schnellen – aber nicht vorzeitigen – Abschluss des Anforderungsprozesses. Das Ende ist erreicht, wenn alle nötigen Vereinbarungen für das Projekt unterzeichnet sind. Die Beteiligten müssen übereinstimmen, das Ende erreicht zu haben, sonst werden sie nie aufhören, Änderungen durchzuführen.
- Vermeiden Sie Ad-hoc-Entscheidungen zu Anforderungen oder Anforderungsänderungen. Behandeln Sie alle Anforderungen nach dem Schema: Spezifikation, Analyse (Aufwand und Nutzen), Validierung und Vereinbarung. Lassen Sie sich nicht durch Pseudoargumente überrumpeln. Wenn eine Anforderung wichtig ist, gibt es dafür ein Budget und Zeit. Andernfalls ist sie nicht wichtig. Dann muss man nach Alternativlösungen suchen, also beispielsweise andere Anforderungen streichen oder in Inkrementen liefern.
- Nutzen Sie Beratung, Coaching oder Training, falls Sie öfters in Situationen kommen, in denen Ihr Management unrealistische Vorgaben macht. Oftmals gehen einem Manager die Augen erst dann auf, wenn er in der Krise ist oder wenn die mögliche Krise von außen dargestellt wird.
- Beschleunigen Sie Ihre Projekte. Nur ein zügiger Projektabschluss kann Volatilitäten und Änderungen der Anforderungen begrenzen. Merken Sie sich: Auch der Kunde oder der Markt will das Produkt zum optimalen Zeitpunkt ... oder etwas früher.
- Beachten Sie, dass Verträge die Basis aller Anforderungen darstellen. Verträge beinhalten immer Anforderungen, gerade wenn sie nichtfunktional oder prozessorientiert sind. Das gilt für Verträge zwischen Ihnen und Ihren Kunden genauso wie mit Ihren Lieferanten. Prüfen Sie alle Verträge hinsichtlich der Anforderungen und übernehmen Sie diese Anforderungen in Ihre projektspezifische Anforderungsliste. Nur damit werden sie kontrolliert, gepflegt und im Projekt nachvollziehbar verfolgt.
- Wählen Sie Verträge mit Kunden und Lieferanten wenn möglich immer vor dem Hintergrund einer Win-win-Situation aus. Es ist keiner Seite gedient, wenn sich ein Vertragspartner bereits bei Vertragsgestaltung und Paraphierung benachteiligt fühlt. →

- Vermeiden Sie Vertragsschemas, die nur eine einmalige Lieferung der Software oder einer Dienstleistung beinhalten. Entwickeln Sie mit Ihren Kunden dauerhafte Beziehungen, die zu einer Partnerschaft führen.
- Lassen Sie alle Vertragsentwürfe durch Experten prüfen. Dazu gehören die projekt- oder produktspezifischen Verträge (z.B. Kauf, Überlassung, Werk), Lizenzen, AGBs, Gewährleistungen, SLA und Geheimhaltung. Geben Sie den Experten klare Richtlinien, welche Risiken besonderes Augenmerk verlangen. Sollten diese Experten Vertragsänderungen vorschlagen, prüfen Sie, wie realistisch die Änderungen sind. Der kleine Softwarelieferant wird dem Industriegiganten kaum neue AGBs diktieren.
- Lassen Sie die Verträge Ihrer Lieferanten mit ähnlicher Genauigkeit prüfen, wie jene mit Ihren Kunden.
- Installieren und leben Sie einen klaren Prozess zur Lieferantenauswahl und zum Lieferantenmanagement. Dazu gehören alle (also wirklich alle) Lieferanten, beispielsweise auch jene für Entwicklungswerkzeuge, Open-Source-Software etc.

9.8 Fragen an die Praxis

- Ist die Spezifikation für Sie ein Vertrag? Ist sie der Anhang zu einem Vertrag? Ist es überhaupt sinnvoll, die Spezifikation als Vertragsbestandteil zu sehen?
- Würden Sie auf der Basis der Spezifikation mit dem Kunden jemals einen Rechtsstreit beginnen?
- Der »Stand der Technik« ist in verschiedenen Haftungsfragen kritisch, denn er bestimmt, welche Methoden, Vorgehensweise und Werkzeuge heutzutage in Projekten eingesetzt werden sollten. Welche Erwartungen an den Stand der Technik begleiten Ihre Projekte? Wird der Stand der Technik umgesetzt?
- Welches Vertragsmodell setzen Sie in Ihren Projekten ein? Stellen Sie das Risikomanagement und die Projektplanung genau auf dieses Modell ab? Was müsste verbessert werden?
- Welche Arten von Softwarekomponenten setzen Sie in Ihren Produkten ein? Kennen Sie die rechtliche Situation zu diesen Komponenten? Sind die Lizenzvereinbarungen klar geregelt? Wer liefert die Korrekturen bei Fehlern?
- Nach der Produkthaftung ist der Hersteller und Lieferant eines Produkts immer der Erste, der im Schadensfall eintreten muss. Ist Ihr Risikomanagement darauf eingerichtet?
- Haben Sie eine klare Kommunikationsstrategie, wer mit Kunden zu vertraglichen und inhaltlichen Themen spricht, und wie die Ergebnisse abgestimmt, dokumentiert und kommuniziert werden?
- Gab es schon einmal die Situation, dass Anforderungen oder Änderungen gefordert wurden, ohne dass es dafür eine Wirtschaftlichkeitsrechnung oder ein ausreichendes Budget gab? Wie haben Sie reagiert? Was würden Sie im Nachhinein anders machen?
- Regelt Ihre Kommunikationsstrategie, wie mit Risiken und Problemen umgegangen wird? Wer kommuniziert zu welchem Zeitpunkt mögliche Vertragsrisiken? Wie werden Fehler und Probleme kommuniziert?

10 Anforderungen verwalten

*If you don't actively attack risks,
they will actively attack you.*

– Tom Gilb

10.1 Änderungsmanagement

Anforderungen ändern sich ab dem Zeitpunkt, zu dem sie definiert werden. Dies gilt unabhängig davon, ob es sich um Anforderungen für gegenständliche Produkte handelt oder eben um Anforderungen für Software. **Anforderungen an die Software ändern sich sogar stärker als in anderen Branchen.**

Das liegt teilweise daran, dass die Ermittlung und Bewertung von Anforderungen an Softwaresysteme nicht so diszipliniert durchgeführt werden (siehe Kap. 1.2), wie das bei Hardwaresystemen der Fall ist. Während die Hardwareingenieure genau wissen, dass eine Anforderungsänderung bei der ASIC-Produktion sofort eine Verzögerung von Monaten bedeutet und daher entsprechend vorsichtig in der Planungsphase sind, haben Softwareingenieure und -manager nach wie vor die Einstellung, dass sich Software »ja immer noch ändern lässt«. Einflüsse auf Zeitplan und Qualität werden systematisch negiert.

Ein weiterer Grund ist, dass man die Anforderungen, das spätere System sowie die Einflüsse von Anforderungen untereinander sehr viel schwieriger konkretisieren kann. Das liegt an kognitiven Grenzen. Spätere Benutzer können sich das neue System oder Produkt nicht in allen Einzelheiten vorstellen und merken in der Entwicklungsphase, dass sie manche Dinge übersehen haben oder dass das Zusammenwirken von realisierten Funktionen anders ist, als sie es brauchen. Das Phänomen tritt insbesondere bei Benutzerschnittstellen jeglicher Art auf. Hardwaresysteme werden in der Regel modular konzipiert, und jedes Modul folgt seinen eigenen Gesetzmäßigkeiten mit einer definierten Funktion. Ein Satellit beispielsweise besteht aus vielen einzelnen Komponenten, wie Antriebe, Stromerzeugung, Radiokommunikation, Messgeräte und einer Plattform, auf die diese Module aufgebaut werden. Es gibt dann Systemanforderungen und gegenseitige

Einflüsse, wie die Stromversorgung oder den Platzbedarf, die auf Systemebene optimiert werden müssen. Bei Softwaresystemen ist diese Trennung leider nicht so deutlich. Die Subsysteme und Module interagieren sehr viel stärker. Daher sind die Zusammenhänge komplexer und schwieriger zu erkennen und zu modellieren. Der bereits genannte Analystenslogan IKIWISI (engl. »I know it when I see it«) verweist auf dieses Dilemma (siehe auch Kap. 5.2).

Obwohl es stabile Anforderungen geben kann (beispielsweise in hochgradig standardisierten Umgebungen oder bei sehr kurzen Entwicklungszyklen), ist dies nicht die Regel. Gerade bei kundenspezifischen Projekten oder auch bei Märkten, die sich ständig weiterentwickeln, kommt es praktisch immer zu Änderungen der Anforderungen (Abb. 10–1). Wir beobachten in zunehmend mehr Projekten eine Änderungsrate aller Anforderungen von 30-50 % über die Projektlaufzeit. **Der Durchschnittswert ist eine Änderungsrate von 1-5 % pro Monat – normiert auf den Aufwand.** Diese Zahl haben wir in den vergangenen zehn Jahren in Hunderten von Projekten über viele Branchen beobachtet (siehe Kap. 12.1 für mehr Erläuterungen) [Ebert2007a].

Zu postulieren, dass Anforderungen sich nicht ändern dürfen, würde praktisch bedeuten, dass man sich nicht an den Kunden und am Markt orientiert. Wir müssen die Prozesse so gestalten, dass sich Anforderungen ändern können. Jede Änderung hat ihre Bedeutung – entscheidend ist nicht nur wer ihr Urheber ist und was die Gründe dafür sind, sondern vor allem auch, ob sie zum Projektzeitpunkt noch machbar ist, ohne das Projekt insgesamt zu gefährden. Unsere Aufgabe im Projektgeschäft ist es, die Änderungen sorgfältig und diszipliniert zu prüfen, in das Projekt aufzunehmen und im Projekt zu verfolgen. **Ein gutes Projekt beherrscht die Änderungen und wird nicht von ihnen beherrscht.**

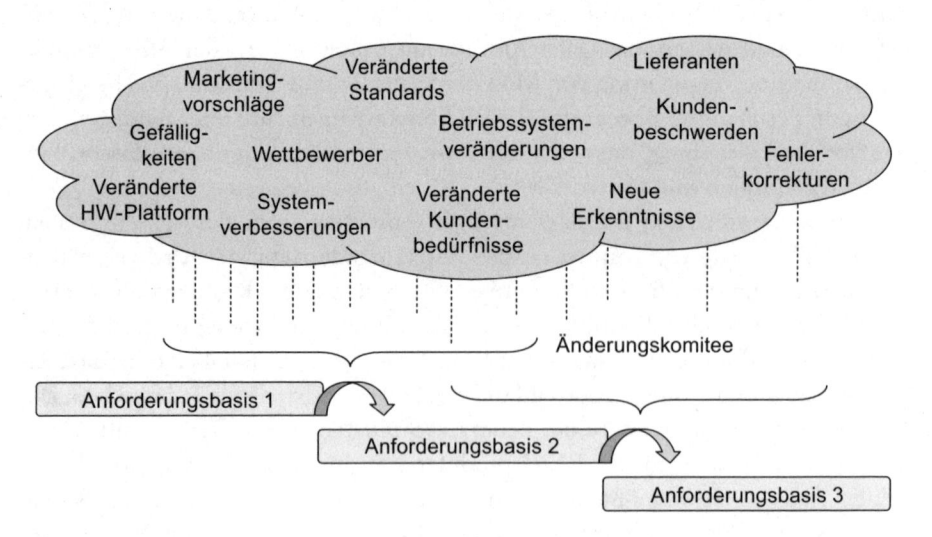

Abb. 10–1   Anforderungen ändern sich kontinuierlich und werden zu bestimmten Zeitpunkten gebündelt bewertet

10.1 Änderungsmanagement

Im Produktmanagement und Marketing gibt es die Regel, **spätere Benutzer** *anfangs* nicht direkt auf eine *mögliche* Lösung aus Lieferantensicht anzusprechen. Kunden, Benutzer, aber auch Produktmanager und Analysten sollten zuerst die Problemstellung und die Produktvision hinreichend exakt spezifizieren. Vorschnelle Lösungen schränken den eigenen Lösungshorizont ein. Problemstellungen werden bei einer konkret angenommenen Lösung nur noch aus der Perspektive dieser Lösung formuliert. Gerade bei innovativen Produkten ist die Vorstellung einer Lösung auf den existierenden Erfahrungsschatz eingeschränkt. Ein Beispiel war der Bau eines Tunnels im Hafen von Hongkong. Während die Skeptiker Vorhersagen auf der Basis des damaligen Schiffsverkehrs machten, orientierten sich die Projektträger eher an Synergieeffekten in vergleichbaren Situationen, die dazu führen, dass neue Produkte völlig neue Bedürfnisse kreieren. Der Tunnel war ein voller Erfolg, und das Verkehrsaufkommen lag von Anfang weit über jenem des früheren Schiffsverkehrs.

Benutzer- und Kundenverhalten lässt sich für innovative Produkte und Lösungen kaum vorhersagen. Im IT-Bereich sind klassische Beispiele die Vorhersagen, wie viele Computer die Menschheit braucht (Ken Olsen von Digital Equipment nahm noch in den siebziger Jahren an, dass ein privater Haushalt niemals einen eigenen Computer brauche) oder wie viel Speicherplatz für Computerarbeiten nötig sei (Bill Gates von Microsoft postulierte Anfang der achtziger Jahre, dass 640 KByte RAM für jegliche vorstellbare Anwendung ausreichen müssten).

Ein zweiter wichtiger Grund für Anforderungsänderungen sind Änderungen der Umgebung, in der das Produkt eingesetzt wird. Man kann hier sogar die Heisenberg'sche Unschärferelation bemühen, die auf RE abgebildet besagt, dass Anforderungen sich bereits durch deren Beobachtung ändern und eine Umgebung sich durch Beobachtung ebenfalls ändert. Vereinfacht gesagt gilt, **dass Anforderungen sich dadurch ändern, dass sie spezifiziert werden**. Wir machen uns ein Bild der neuen veränderten Situation, und es treten neue Bedürfnisse auf, die wiederum die Anforderungen beeinflussen. Die Konsequenz dieser beiden Beobachtungen ist, dass Projekte ohne gutes RE verspätet sind, zu viel kosten und die in sie gesetzten Erwartungen nicht erfüllen.

Wie werden Anforderungsänderungen optimal gehandhabt? Dazu gibt es einige einfache Regeln, die wir Ihnen für die Projektarbeit mit auf den Weg geben wollen. Die meisten der folgenden Regeln beziehen sich auf das Konfigurationsmanagement der Anforderungen und lassen sich leicht verstehen, wenn wir für einen Moment den »Lebenszyklus« einer einzelnen Anforderung betrachten. Abbildung 10–2 zeigt diesen Lebenszyklus beginnend mit der Ermittlung der Anforderung rechts oben. Danach durchläuft sie die verschiedenen Stufen, die wir bereits kennengelernt haben. Sie wird spezifiziert, verifiziert und analysiert. Das Änderungskomitee entscheidet über die Aufnahme in das Projekt, sodass die Anforderung entweder vereinbart oder aber auf ein Folgeprojekt verschoben oder abgelehnt wird. Wir wollen hier nicht auf Spezialfälle eingehen, wie die der unvollständigen Anforderungen, die sich selbst erklären. Der linke obere Pfeil symbolisiert die Entwicklungsarbeit, wobei die Anforderung getestet und schließlich abgeschlossen wird.

Zu jedem Zeitpunkt kann sich eine Anforderung ändern, denn man lernt ständig mehr Details über diese Anforderung. Eine Änderung kann ganz am Ende kommen, wenn die Anforderung bereits abgeschlossen ist. Dies bedeutet ein neues Release, und der Zyklus beginnt von vorne. Sie kann sich auch in den Phasen davor ändern. In diesem Fall muss die Änderung wieder zum Startpunkt rechts oben überführt werden, und die Anforderung muss den gleichen Zyklus wieder neu durchlaufen, um sicherzustellen, dass die gewünschte Änderung erfolgreich durchgeführt werden kann. Änderungen können zu jedem Zeitpunkt dieses Diagramms abgelehnt werden, beispielsweise wenn klar ist, dass das Projekt bereits zu weit fortgeschritten ist.

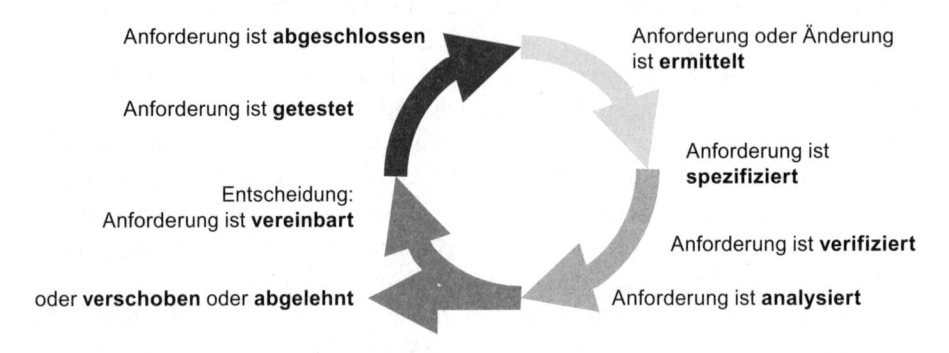

Abb. 10–2 *Der Lebenszyklus einer Anforderung*

Da der Status jeder Anforderung eine wichtige Information sowohl für das Konfigurationsmanagement als auch für das Projektmanagement ist, bietet es sich an, die in Abbildung 10–2 eingeführten Statusinformationen auch für das Monitoring im Projekt zu nutzen. Dazu wird diese Statusinformation der gültigen Zustände im Lebenszyklus als Statusattribut der jeweiligen Anforderung beschrieben. Der Status selbst kann leicht als separates Feld im RE-Werkzeug eingeführt und gepflegt werden. Damit ist auch die Verfolgbarkeit hinreichend unterstützt, denn der Zustand gibt an, wie weit die Anforderung bereits implementiert ist.

Hier nun die wichtigsten Regeln für das Änderungsmanagement:

1. **Arbeiten Sie immer mit einer einzigen Konfigurationsbasis Ihrer Anforderungen.** Die Konfigurationsbasis wird definiert und abgenommen. Sie wird typischerweise vor dem Projektstart definiert. Projektschätzungen, Pläne oder Entwicklungsleistungen werden nur auf diese Konfigurationsbasis aufgesetzt. Es gibt nur eine einzige Konfigurationsbasis, egal ob es sich um Produktmanager, Projektmanager oder Entwicklungsingenieure handelt. Dokumentieren Sie Änderungen bestehender Anforderungen als neue Anforderung und nicht versteckt in einem Kommentar. Konsequenzen auf abhängige Entwicklungs-

ergebnisse (z.B. Kundendokumentation, Testfälle, Regressionstests, Marketing) müssen ebenfalls dokumentiert werden.

2. **Analysieren, bewerten und entscheiden Sie jegliche Änderungen dieser Konfigurationsbasis.**
Es darf keinen Zwischenzustand geben, in dem schon einmal an der Änderung gearbeitet wird, ohne dass bereits klar ist, ob sie etwas im Projekt verloren hat. Vorauseilender Gehorsam bringt gar nichts, wenn nicht alle Parteien auf der gleichen Basis arbeiten.

3. **Folgen Sie bei neuen oder geänderten Anforderungen zur Projektlaufzeit dem gleichen Prozess wie auch bei den ursprünglichen Anforderungen.**
Oftmals wird argumentiert, dass es sich nur »um kleine Änderungen« handelt, die am Telefon abgesprochen werden können. Oder man ist in der Hitze des Gefechts im Projekt und es kommt ein dringender Kundenwunsch, der zu einer kleinen Änderung führt. Das mag richtig sein, wenn man die Änderung nur aus der Sicht des Benutzers sieht. Viele Änderungen jedoch ziehen weitere nach sich, die ebenfalls konsistent gehalten werden müssen (z.B. Pläne und Budgets, abhängige Entwicklungsergebnisse wie Kundendokumentation, Testfälle, Regressionstests, Marketing). Zudem sind Absprachen am Telefon nicht gerade verlässlich, wenn sie nicht sofort dokumentiert und abgenommen werden. Woher wissen die Gesprächspartner, was da gerade am Telefon vereinbart wurde? Hat man über das Gleiche gesprochen?

4. **Lassen Sie Änderungen nicht ins Projekt tröpfeln.**
Legen Sie für alle Beteiligten fest, wie oft Änderungen bearbeitet werden und wie oft die geltende Konfigurationsbasis des Projekts angepasst wird. Häufig genügt ein Wochenabstand, um die Konfigurationsbasis wieder konsistent zu machen. Bündeln Sie Änderungen und verlegen Sie diese Änderungen falls möglich in ein neues Projektinkrement. Bei agilen Projekten muss dies nahezu täglich erfolgen, bei Großprojekten vielleicht nur alle 2-3 Wochen. Die Frist ist nicht so entscheidend wie die Tatsache, dass die Änderungswünsche en bloc evaluiert und in eine aktualisierte Konfigurationsbasis übernommen werden. Abbildung 10–1 zeigt dieses Vorgehen in der Analogie eines Regenfalls. Zu Projektbeginn regnet es viele Änderungswünsche aus der Regenwolke am oberen Ende des Bilds. Diese Regengüsse werden allerdings nicht ständig behandelt, sondern durch das Änderungskomitee gesammelt. Zu bestimmten Zeitpunkten werden sie dann bewertet und entschieden. Danach wird eine neue Konfigurationsbasis kommuniziert, die die Basis für alle weiteren Projektarbeiten darstellt.

5. **Vereinbaren Sie jegliche Änderungen der Anforderungsbasis durch eine festgelegte Instanz.**
Selbst wenn die Änderung als klein angenommen wird, sollte sie immer durch das Änderungskomitee akzeptiert werden (siehe Kap. 4.2). Das Änderungskomitee handelt im Auftrag des Produktmanagers und des Projekt-

managers. Der Projektmanager ist dafür verantwortlich, dass das Projekt übergeordnete Grenzen einhält. Er hat persönlich unterschrieben, einen bestimmten Termin einzuhalten und innerhalb des gesetzten Budgets zu bleiben. Wenn seine Mitarbeiter diese Eckpunkte nicht ernst nehmen, ist das Projekt gefährdet. Diese Verantwortung geht über das einzelne Projekt hinaus. Insbesondere der Vertrieb muss diese Regeln akzeptieren, um den Kunden verlässliche Kosten, Inhalte und Termine garantieren zu können. Lassen Sie sich niemals überrumpeln, indem Sie eine Änderung nur deshalb unbesehen akzeptieren, weil ein Manager oder ein Kunde Sie in die Ecke treibt. Bereiten Sie sich auf solche Situationen vor (siehe dazu Kap. 9.2).

6. **Setzen Sie einen Termin, zu dem Änderungen nicht mehr akzeptiert werden.**
Dieser Zeitpunkt hängt natürlich etwas vom Umfang der Änderungen ab. Allerdings können Sie in jedem Projekt rückwärts vom Liefertermin aus planen, wann Änderungen direkt auf den Liefertermin durchschlagen oder aber die vereinbarten Ergebnisse negativ beeinflussen. In vielen Projekten wird dieser Punkt als »Freeze« bezeichnet, also als Zeitpunkt, zu dem die Anforderungen eingefroren sind. Das »Einfrieren« von Anforderungen setzt eine Wirtschaftlichkeitsrechnung aus Projektsicht voraus. Ab einem gewissen Zeitpunkt werden Änderungen untragbar, da sie das Projekt mehr verlängern und verteuern als ein neues kleines Zusatzprojekt. Das Änderungspotenzial von Anforderungen muss im Voraus abgeschätzt werden, um das Projekt auf diesen Zeitpunkt hin zu planen und dadurch zu einem optimalen Kundenmanagement zu gelangen. Änderungen und Unsicherheiten hängen von Umfang und Komplexität der Anwendung sowie vom Einfluss der verschiedenen Interessengruppen ab. Diese Faktoren bestimmen den Projektplan. Werden die Änderungswünsche während der Projektausführung als umfangreich prognostiziert, sollte das Projekt von Beginn an evolutionär geplant werden (siehe Kap. 3.6). Nur Evolution hilft, kontinuierliche Änderungen einzuführen. Prototyping ermöglicht ein experimentelles Umgehen mit Änderungen in kritischen Bereichen (z.B. Hardware, Schnittstellen zu einem anderen System oder Benutzerschnittstelle). Inkrementelle Entwicklung erlaubt, sich ändernde Anforderungen abzufangen, benötigt aber eine Änderungsabschätzung zu Beginn und »Design for Change«, also eine Architektur, die Änderungen gegenüber hinreichend offen ist.

7. **Machen Sie die Einflüsse von Änderungen transparent.**
Viele Änderungen werden vorgeschlagen, weil die jeweiligen Interessengruppen davon ausgehen, dass die Änderung wohl nur das Ändern einer Programmzeile oder eines Parameters erfordert. Dies ist häufig ein Missverständnis, das ein Projektmanager einfach ausräumen kann, wenn er die Einflüsse von Änderungen in verständlicher Sprache und auf der Basis von Architektur- und Projektdokumenten darstellen kann (Abb. 10–3). Man kann im Hausbau auch als Laie leicht nachvollziehen, dass eine Änderung

10.1 Änderungsmanagement

der Raumeinteilung nach Rohbauabschluss nicht mehr so einfach ist wie in der Planungsphase. Was bei Häusern akzeptabel – und durch gesunden Menschenverstand nachvollziehbar – ist, kann es auch in Softwareprojekten sein. Die meisten Änderungen werden deshalb abgenickt, weil Vertrieb und Kunden das Verständnis für die Einflüsse der Änderung fehlen. Dies immer wieder klarzumachen, ist Aufgabe des Projektmanagers.

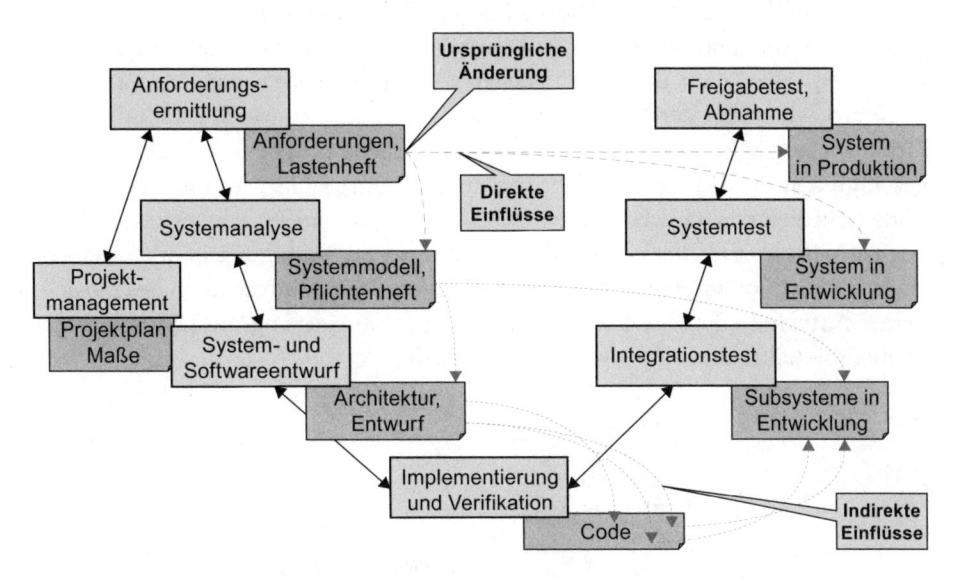

Abb. 10–3 *Verfolgbarkeit erleichtert das Änderungsmanagement*

Anforderungsänderungen sind nur mit einem soliden Änderungsmanagement und einer expliziten Verfolgbarkeit zwischen den verschiedenen Projektergebnissen handhabbar. Abbildung 10–3 zeigt dieses Änderungsmanagement mit einem Beispiel. Eine Anforderung ändert sich in einem laufenden Projekt, das bereits mit der Integration begonnen hat. Die ursprüngliche Änderung betrifft die Anforderungsspezifikation (oben links). Projektergebnisse in darauf aufbauenden Aktivitäten müssen nachgezogen werden. Dies geschieht über die dokumentbezogene Verknüpfung von Projektergebnissen. Die ursprüngliche Anforderungsänderung zieht einige direkte Änderungen im Lastenheft, Pflichtenheft und Abnahmetest nach sich (gestrichelte Pfeile in oberer Bildhälfte). Darüber hinaus gibt es jede Menge kniffliger, darauf aufbauender indirekter Einflüsse, beispielsweise im Entwurf oder im Code sowie in den jeweiligen Testfällen für Integrations- und Unit Test (gepunktete Linien).

Diese Verfolgbarkeit wird nun nicht durch eine direkte Verknüpfung von Anforderungen hin zu jeder Codezeile erreicht, sondern durch eine Kette von Verknüpfungen. Ein Codesegment beispielsweise wird durch einige Unit-Testfälle abgedeckt. Die Verfolgung und damit die Aktualisierung wird durch eine Referenzierung des Unit Test auf eine Klasse oder auf eine Prozedur ermöglicht. Gleichzeitig verweist der Code auf abgedeckte Entwurfsbeschreibungen und auf die Anforderungen, die er (teilweise) abdeckt. Damit können entsprechende Filter relativ einfach jene von der ursprünglichen Änderung beeinflussten Komponenten aufzeigen, sodass sie konsistent nachgezogen werden können.

Die Einflüsse von Anforderungsänderungen aus Projektsicht sind quantitativ in Abbildung 10–4 dargestellt. Das Bild zeigt die (Projekt-)Zeitachse horizontal. Vertikal werden zwei Perspektiven dargestellt, nämlich oben die Anforderungen normiert auf den Aufwand (siehe auch Kap. 12.1) und unten der geschätzte oder realistische Aufwand im Projekt. Vor dem Projektstart (linke Seite) sind die Unsicherheiten, aber auch die verschiedenen Optionen, das Projekt zu realisieren, noch groß. Je näher der Projektstart rückt, desto stärker werden die möglichen Optionen eingeschränkt, um so zu einem hinreichend präzise definierten und eingeschränkten Projekt zu gelangen. Die durchgezogene Linie im unteren Teil des Bilds stellt den tatsächlichen Aufwand dar. Er wird zum Projektstart auf 100 % normalisiert. Dies ist das Budget, das dem Projekt zur Verfügung steht. Die gestrichelten Linien im unteren Teil stellen die Unsicherheiten hinsichtlich des tatsächlichen Aufwands dar. Sie korrelieren mit den Anforderungsunsicherheiten der oberen Bildhälfte und sind leicht asymmetrisch.

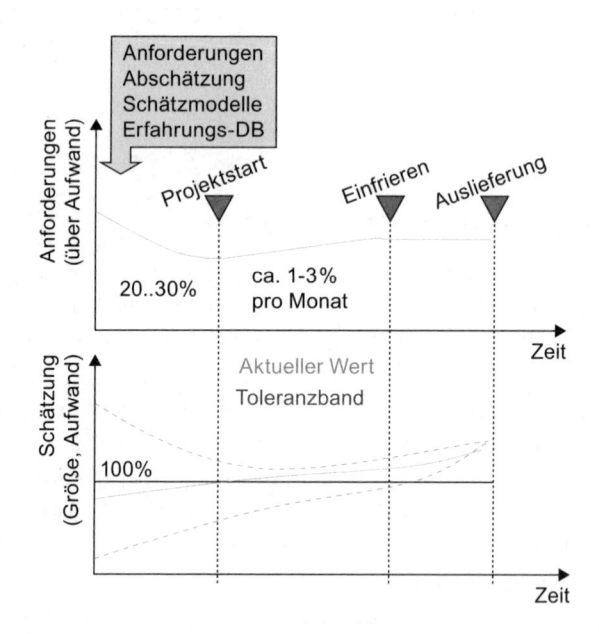

Abb. 10–4 *Anforderungsänderungen und ihr Einfluss auf den Projektumfang*

Wird die Zuwachsrate mit drei Prozent des Aufwands pro Monat eher hoch angenommen, muss die Schätzunsicherheit etwas mehr Puffer nach unten haben als nach oben (d.h., es wird weniger Aufwand gebraucht als abgeschätzt). Diese Asymmetrie verschiebt sich dann im Projekt zunehmend nach oben, da Änderungen der Anforderungen in aller Regel Zusatzaufwand mit sich bringen. Die durchgezogene Linie im Bild wächst daher monoton an. Zum Zeitpunkt des Einfrierens der Anforderungen tritt in der oberen Bildhälfte der Anforderungsänderungen die gewünschte Änderung ein: Die Anforderungen stabilisieren sich, und die Linie des Aufwands wird flach. Nun kommen wie gewünscht keine Projektänderungen mehr durch Anforderungsänderungen zustande. Allerdings ändert sich der Projektaufwand noch immer, was von weiteren Unsicherheiten im Projekt herrührt, die wir hier nicht betrachten wollen, die aber jeder Projektmanager kennt (z.B. unzureichende Qualität, Integrationsprobleme).

10.2 Verfolgung von Anforderungen (Traceability)

Anforderungen, Projektpläne und vor allem Projektergebnisse entwickeln sich im Projekt dynamisch. Änderungen resultieren aus der fortschreitenden Arbeit, aus neuen Erkenntnissen und Zusammenhängen innerhalb des Projekts, die früher nicht bekannt waren, und aus veränderten Kundenbedürfnissen. Die Anforderungen müssen kontrolliert und verfolgt werden, um ihren Einfluss im Projekt und auf die Projektergebnisse erkennen zu können. Für einen Projektmanager ist es wichtig, zu wissen, welche Anforderungen bereits realisiert wurden. Für einen Testleiter ist es wichtig zu erkennen, welche Testfälle sich auf welche Anforderungen beziehen. Oder aber, im Falle von Änderungen einer Anforderung, ist es relevant, abschätzen zu können, wo welcher Zusatzaufwand anfällt. Im Normalfall wird ein System vorwärts aufgebaut. Aus Anforderungen wird ein Entwurf abgeleitet, woraus Code entsteht, der schließlich verifiziert und validiert wird. Eine kleine Änderung, sei es durch neue oder geänderte Anforderungen oder aufgrund von Korrekturen und Änderungen in bestehenden Teilen, wird an der entsprechenden Stelle im Code eingebaut. Dann folgt eine zweite und eine dritte, und ganz langsam rutscht das Projekt in ein Chaos von inkonsistenten Arbeitsergebnissen und unklarem Entwicklungsstand.

Anforderungen müssen verfolgt werden, um zu wissen, wo sie Einfluss haben, wie sich Änderungen auswirken können und in welchem Entwicklungsstand sie gerade sind. Verfolgbarkeit ist formal gesprochen der Grad der Beziehung, der zwischen zwei oder mehr Entwicklungsergebnissen hergestellt werden kann. Verfolgbarkeit erlaubt es, den Zweck oder Nutzen, den jedes Entwicklungsergebnis aus Kundensicht hat, im Projektverlauf zu messen (beispielsweise lässt sich der bisher erreichte Wert eines Projekts aus den bereits getesteten und integrierten Marktanforderungen ableiten). Ein Beispiel für Verfolgbarkeit ist die Verknüpfung zwischen Marktanforderungen und Entwicklungsergebnissen (siehe Abb. 8–16 und Abb. 8–17, die sowohl eine Vorwärtssicht von den Anforderungen auf die Funktionen und deren Wert erlauben als auch eine Rückwärtssicht von den Funktionen auf den ursprünglichen Kundenwunsch und damit den Wert der implementierten Anforderungen).

Eine sauber gepflegte Verfolgung erlaubt verschiedene Analysen, die in Projekten wichtig sind:

- **Einflussanalyse**
  Sie zeigt, wie sich Anforderungen bei ihrer Umsetzung auf die gesamte Lösung auswirken oder aber wie sich Änderungen einer Anforderung auf bereits gelieferte Ergebnisse auswirken. Diese Analyse ist sicherlich die wichtigste und am häufigsten benötigte, hilft sie doch grundsätzlich, zu einem funktionierenden Änderungsmanagement zu gelangen.

- **Abdeckungsanalyse**
  Sie lenkt im Test die Sicht auf bereits erfüllte und getestete Anforderungen und ermittelt daraus der Projektfortschritt auf der Basis getesteter Anforderungen. Insbesondere die sogenannte Earned-Value-Analyse im Projektmanagement benötigt die Abdeckungsanalyse, da nur Wert im Projekt gemessen werden kann, der aus Sicht der zahlenden Kunden existiert.

- **Nutzenanalyse**
  Sie beantwortet die Frage, weshalb bestimmte Entwurfsentscheidungen getroffen wurden oder warum Funktionen überhaupt im System vorhanden sind[27]. Wenn sich Funktionen oder Verhalten nicht auf Anforderungen zurückverfolgen lassen, wurde entweder ein neuer Sonderfall abgedeckt oder aber es handelt sich um unnötige Schnörkel. Beides ist gefährlich, da nicht mehr sichtbar ist, was im Kundeninteresse geschah und von daher bezahlt wird, und was aus der Kreativität des Entwicklers heraus implementiert wurde und später zusätzliche Kosten oder gar Qualitätsprobleme verursacht.

Verfolgbarkeit (engl. Traceability) bietet die Kontrolle, dass alle entscheidenden Schritte des Entwicklungsprozesses durchgeführt wurden. Dabei bleibt die Kundensicht erhalten. Anforderungen werden im Laufe der Verfolgung zu Produkteigenschaften, Komponenten des existierenden Systems oder Arbeitsergebnissen im Entwicklungsprozess. Der grundsätzliche Zusammenhang zwischen Anforderungen und den mehr »flussabwärts« entstehenden Projektergebnissen ist in Abbildung 10–5 dargestellt.

In der Analysephase werden diese ursprünglichen Anforderungen im Lastenheft, dann auf Anforderungen und Eigenschaften in einem Pflichtenheft abgebildet. Zwischen Lastenheft und Pflichtenheft muss ein klarer Zusammenhang bestehen, um zu gewährleisten, dass das Richtige entwickelt wird. Es hilft wenig, den Wald sauber zu roden und dies in einer außerordentlich kurzen Zeit zu machen, wenn nachher festgestellt wird, dass es der falsche Wald war. Die Verfolgbarkeit von der Spitze der Pyramide dient dazu, dass das Richtige gemacht wird. Aus dem Pflichtenheft werden Anforderungen an einzelne (Sub-)Systeme abgeleitet. Hier gewährleistet die Verfolgbarkeit nicht nur, dass sich die ursprüng-

---

27. Viele Funktionen werden entwickelt, ohne dass dafür eine explizite Kundenanforderung zur Verfügung steht. Oftmals liegt nur ein Szenario vor, das dann schrittweise realisiert wird. Dadurch kommen einige neue Funktionen in das System, die vor Projektstart nicht Teil der Lösungskonzeption waren. Dies gilt erst recht für Entwurfsentscheidungen, die kaum eindeutig aus Anforderungen ableitbar sind und sich häufig überlappen.

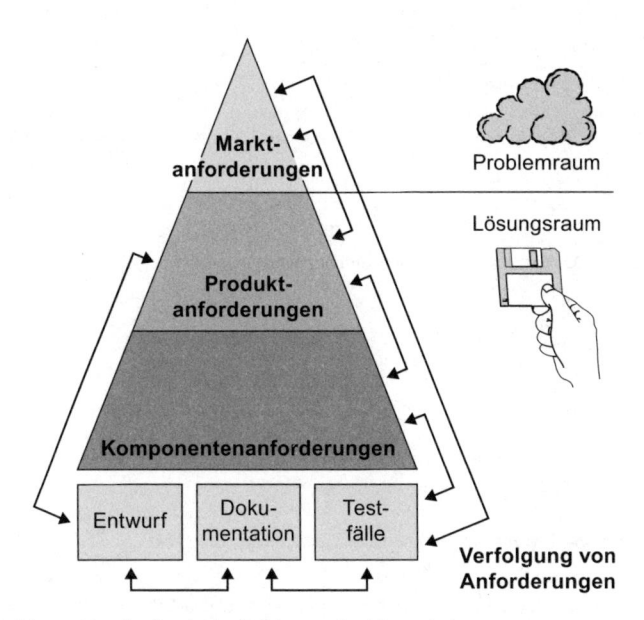

10.2 Verfolgung von Anforderungen (Traceability)

Abb. 10–5 *Verfolgung: Von den Kundenbedürfnissen zu Projektergebnissen*

lichen Marktanforderungen auch in den Details wiederfinden lassen, sondern auch, dass Zusammenhänge und Einflüsse zwischen den verschiedenen Systemen (z.B. Hardware versus Software oder unterschiedliche Softwarekomponenten) beschrieben sind und bei Konflikten verfolgt werden können. Schließlich werden im Projekt Testfälle oder eine technische Dokumentation entwickelt, die sich wiederum auf die davor liegenden Schritte und Anforderungen abbilden lassen müssen, um bei Änderungen zu wissen, wo sich Einflüsse ergeben. Verfolgbarkeit existiert also nicht nur vom Problemraum zum Lösungsraum, sondern auch innerhalb des Lösungsraums.

Abbildung 10–6 zeigt anhand einer konkreten Projektsituation den Nutzen der Verfolgbarkeit von einer Produktanforderung (links) zu verschiedenen Artefakten innerhalb des Projekts. Oben sind produktspezifische Abhängigkeiten (hier Komponenten) dargestellt, auf die sich die Produktanforderung auswirkt. Unten innerhalb der gestrichelten Zone werden implementierungsnahe Arbeitsergebnisse dargestellt, die in der Regel durch das Konfigurationsmanagement kontrolliert werden.

Verschiedene Arten der Verfolgbarkeit (d.h. die Vorbereitung und Aufrechterhaltung von Beziehungen zwischen Arbeitsergebnissen) und Verfolgung (d.h. der Vorgang des Verfolgens selbst) müssen bei Anforderungen gewährleistet werden:

- **Verfolgbarkeit von einer Anforderung zu ihrer Quelle**
  Welche Interessengruppe, welcher Kunde oder welcher Markt will eigentlich diese Anforderung? Wie wirkt sich das Geschäftsmodell dieses Kunden auf die Anforderung aus? Wie wichtig ist eigentlich diese Anforderung speziell im Kontext zu allen anderen Anforderungen? Fragen, die oftmals darüber entscheiden,

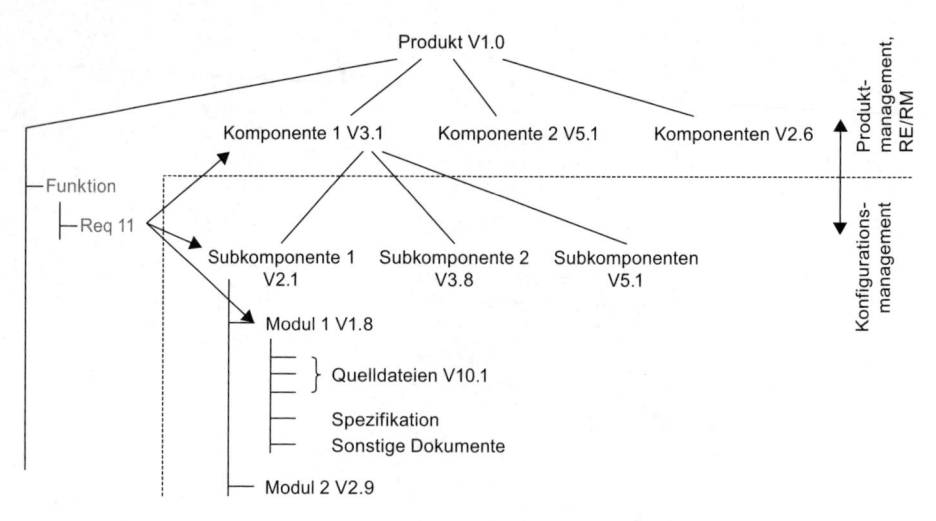

Abb. 10-6 Verfolgbarkeit zu unterschiedlichen Arbeitsergebnissen im Projekt

ob die richtigen Funktionen entwickelt werden oder ob man sich im Projekt verzettelt, weil irrelevante Anforderungen realisiert werden. Diese Verfolgbarkeit ist in Abbildung 10–7 dargestellt, wo Anforderungen auf ihre Quellen abgebildet werden. Sobald sich ein Geschäftsmodell ändert oder eine bestimmte Benutzergruppe »ihren Katalog von Anforderungen« überarbeiten will, ist diese Verfolgbarkeit zurück zur Quelle sehr hilfreich. Sie verhindert auch effektiv, dass sich Anforderungen ohne Quelle einschleichen, was die Komplexität unnötig erhöht und in der Regel zu ausufernden Projektkosten führt. Als Grundregel sollte der Projektmanager immer durchsetzen, dass nur Aufwand auf solche expliziten Anforderungen mit Quelle berichtet wird.

Anforderung \ Quelle	S_1	S_2	S_3	...
R_1	X_{11}	X_{12}	X_{13}	
R_2	X_{21}	X_{22}	X_{23}	
R_3	X_{31}	X_{32}	X_{33}	
...				

Bewertung jeder Anforderung aus Sicht der verschiedenen Quellen (z.B. Nutzen, Wert, Preis)

Abb. 10-7 Anforderungen werden zu ihrer Quelle verfolgt

■ **Bidirektionale Verfolgbarkeit**
Beziehungen und Verknüpfungen sind in der Regel bidirektional, referenzieren also in beide Richtungen, also beispielsweise von der Anforderung zum Testfall, aber auch vom Testfall zur Anforderung. Man sollte genau prüfen, ob eine Beziehung in beiden Ergebnissen gepflegt werden soll oder nur in jenem, das mit der Beziehung arbeitet (also »flussabwärts«, z.B. im Entwurf

oder Code für die abgedeckten Anforderungen). Beziehungen zur Verfolgung können auch in einem separaten Werkzeug, beispielsweise einer Tabelle, aufrechterhalten werden. Dies erlaubt eine vereinfachte formale Nutzung im Projektmanagement oder zur Testfallabdeckung. Allerdings sind die Beziehungen während Änderungen nicht sichtbar und müssen separat gepflegt werden, was leichter zu Inkonsistenzen führt. Der Vorteil einer gepflegten bidirektionalen Verfolgbarkeit ist, dass Abhängigkeiten auch bei Änderungen, die erst später im Projektgeschäft passieren, »flussaufwärts« nachgezogen werden, und damit Konsistenz zwischen den Dokumenten und Arbeitsergebnissen erreicht wird.

Horizontale Verfolgung von Anforderungen untereinander
Wie hängen einzelne Anforderungen zusammen? Wie wirkt sich die Änderung einer Anforderung auf andere Anforderungen aus? Welche Anforderungen beeinflussen die gleichen Subsysteme, Module oder Klassen eines Programmsystems? Welche Anforderungen können und sollen aus Effizienzgründen gemeinsam realisiert werden? Korrelieren Anforderungen miteinander, beispielsweise in der Form, dass die Realisierung einer Anforderung die korrekte Realisierung einer zweiten Anforderung unmöglich macht? Wenn Ihr Telefonsystem beispielsweise eine geschlossene Benutzergruppe anbietet, also nur gegenseitig bekannte Benutzer, ohne die Möglichkeit Dritter, diese Gruppe anzurufen, oder aber aus dieser Gruppe Dritte anzurufen, dann korreliert dieses Dienstmerkmal mit Anrufweiterleitungen, die Sie beispielsweise aus dieser Gruppe hinaus auf Ihr mobiles Telefon machen wollen. Eine andere Form der horizontalen Verfolgung und entsprechend des gegenseitigen Einflusses tritt bei nichtfunktionalen Anforderungen auf. Eine Effizienzanforderung der Form, dass das Reaktionsverhalten innerhalb einer Millisekunde liegen muss, wirkt sich auf viele andere Anforderungen aus. Zur korrekten Implementierung ist ein Modell erforderlich, das dieses Zeitverhalten in Abhängigkeit von unterschiedlichen Szenarien des Einsatzes der restlichen Anforderungen darstellt. Die horizontale Verfolgung von Anforderungen ist schwer zu erstellen, zu komplettieren und zu prüfen. Sie muss sich auf wesentliche Korrelationen zwischen Anforderungen beschränken oder sie wird zur wissenschaftlichen Arbeit ohne Gebrauchswert. Abbildung 10–8 zeigt beispielhaft, wie die Verfolgbarkeit zwischen Anforderungen untereinander (horizontale Verfolgbarkeit) und zu weiteren Projektergebnissen (vertikale Verfolgbarkeit) in der Praxis durch Referenzen dargestellt wird.

Vertikale Verfolgung von Anforderungen zu anderen Projektergebnissen
Vertikal werden Anforderungen verfolgt, um den Projektfortschritt zu jedem Zeitpunkt beurteilen zu können und um Änderungen einer Anforderung kontrollieren zu können. Zuerst geht es um das Projektmanagement. Jede Anforderung muss sich auf eine Abschätzung, auf eine Kosten-Nutzen-Rechnung oder auf einen Projektplan abbilden lassen. Andernfalls hat sie im Projekt

Lastenheft

Req 3: Benutzerfunktionen des Aufzugs
Lastenheft: Überlappt mit Req 4
Pflichtenheft: Sektion 3.2.1
Beschreibung: Der Operateur gelangt durch Eingabe von Code <xyz> in den Programmier-Modus des Bedienfelds, ... Dort kann er die Sprache des Aufzugs einstellen.

Pflichtenheft

Sektion 3.2.1. Ansagen in verschiedenen Sprachen aufnehmen
Lastenheft: Erfüllt Req 3 vollständig. Erfüllt Req 4 teilweise.

3.2.1.1. Der Benutzer kann einen Ansagetext ...
Testfall: ST 345, ST 346, ST 347

Vertikale Verfolgbarkeit

Horizontale Verfolgbarkeit

Bidirektionale Verfolgbarkeit

Projektmanagement

Aktivität 14: Testspezifikation entwickeln
Pflichtenheft: Sektion 3.2.1
Ergebnisse: ST 345, ST 346, ST 347
Beschreibung: abc
Verantwortlich: Paul
Start: 29.12.2007
Aufwand: 30 Stunden

Testfälle

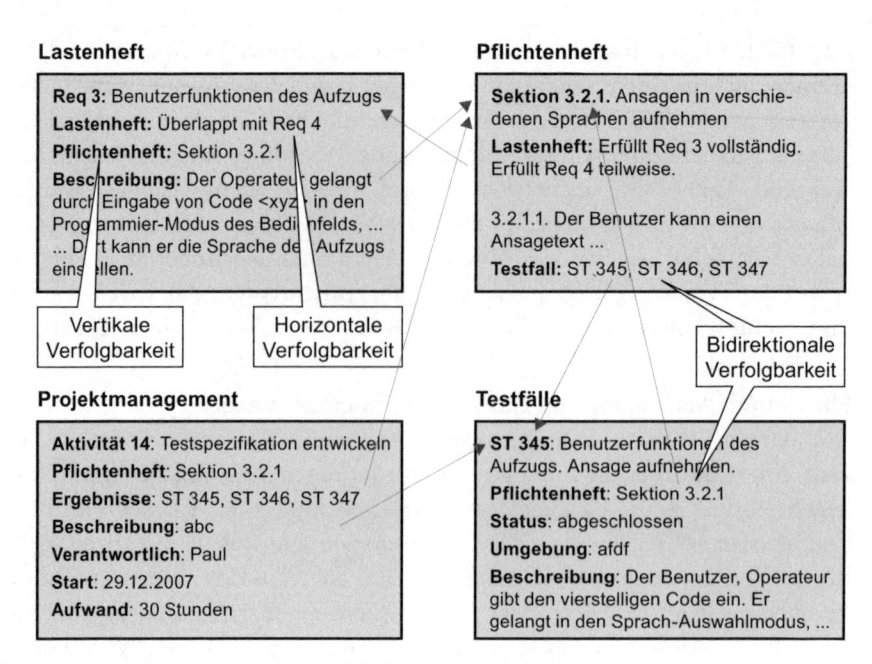

ST 345: Benutzerfunktion des Aufzugs. Ansage aufnehmen.
Pflichtenheft: Sektion 3.2.1
Status: abgeschlossen
Umgebung: afdf
Beschreibung: Der Benutzer, Operateur gibt den vierstelligen Code ein. Er gelangt in den Sprach-Auswahlmodus, ...

Abb. 10–8 Horizontale und vertikale Verfolgbarkeit von Anforderungen

nichts verloren und ist vielleicht nur entstanden, weil jemand noch einige nette, aber unnötige Funktionen realisieren lassen will. Diese Abbildung hilft später im Projekt dem Projektmanager, seinen Mitarbeitern und den verschiedenen Interessengruppen in einem Projektreview klar darstellen zu können, wie weit das Projekt bereits gediehen ist. Er kann anhand des Projektplans beispielsweise den erreichten Nutzen (Earned Value) aus den bis dahin realisierten Anforderungen und ihrem jeweiligen externen Nutzen ausrechnen. Im Änderungsmanagement muss vor allem gewährleistet sein, dass sich Anforderungen auf später entstehende Arbeitsergebnisse abbilden lassen. So werden Anforderungen in Entwurfsentscheidungen referenziert oder im Kopf eines Moduls. Damit erkennt man bei späteren Änderungen der Anforderung, welche bereits fertigen oder gerade entstehenden Elemente des Projekts beeinflusst werden. Die Verbindung einer Anforderung zu einem oder mehreren Testfällen schließlich dient wiederum dem Projektmanagement und der Qualitätssicherung, denn es wird gewährleistet, dass die Anforderung im aktuellen Projektstand genau so implementiert wurde, wie es sich die ursprünglichen Autoren vorgestellt hatten.

Horizontale und vertikale Verfolgbarkeit treten gleichzeitig auf und beginnen bereits sehr früh im Projektlebenslauf, häufig bevor das Projekt überhaupt gestartet wird (siehe Abb. 10–9). Sie sollten nicht voneinander getrennt werden. Aus ganz praktischen Gründen wird die Verfolgbarkeit immer so aufgebaut, dass sie einfach gepflegt werden kann. Wenn die Verfolgbarkeit beispielsweise innerhalb der Arbeitsergebnisse gepflegt wird, was sicherlich der Nutzung dieser Beziehun-

10.2 Verfolgung von Anforderungen (Traceability)

gen dient, dann sind Konsistenz und Pflege ein ganz wichtiges Thema. Aufgestellt werden die Beziehungen immer zum Zeitpunkt der Beschreibung eines Ergebnisses. Zweckmäßigerweise sollten Referenzen nicht zu oft wiederholt werden oder überlappen, da dies zu Inkonsistenzen führt.

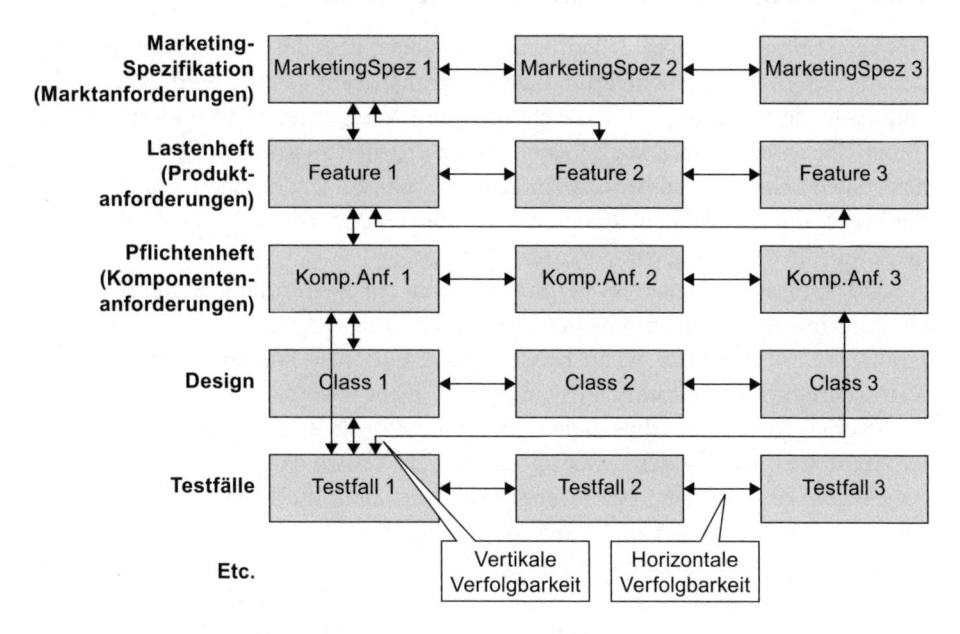

Abb. 10–9   *Horizontale und vertikale Verfolgbarkeit von Projektergebnissen*

Vermeiden Sie Overhead bei den Verfolgbarkeitsbeziehungen und deren Pflege. Verfolgbarkeit ist kein Ziel im Projekt, sondern ein Werkzeug, das unter Kosten-Nutzen-Aspekten umgesetzt wird. Vermeiden Sie aufwendige manuell gepflegte Verfolgbarkeitstabellen, nur weil sie von einem Prozessverbesserungsmodell wie CMMI oder SPICE gefordert werden. Für diese Modelle gilt, wie bereits gesagt (siehe Kap. 2.7), dass sie Ziele vorgeben, während Sie aufgrund Ihrer eigenen Bedürfnisse und Projektsituation die Prozessimplementierung definieren. Pflegen Sie vor allem diejenigen Abhängigkeiten, die Sie wirklich brauchen oder die bei Änderungen zu einem Fehlerrisiko werden.

Moderne RE-Werkzeuge unterstützen die Verfolgbarkeit (siehe Kap. 11). Vor allem tun dies Werkzeuge, die innerhalb einer Werkzeugsuite die Beziehungen zu anderen Arten von Arbeitsergebnissen aufrechterhalten (z.B. von der Anforderung zum Testfall durch Kopplung des RE-Werkzeugs mit dem Testplanungswerkzeug).

Spezielle Werkzeuge zur semiautomatischen Identifikation von Verfolgbarkeitsbeziehungen arbeiten in der Regel mittels Worthäufigkeitsanalysen und dem Aufbau von Beziehungen zwischen diesen Wörtern. Zu den Werkzeugen gehören beispielsweise ExtPhr [Craven2007] und GoldSeeker [GoldSeeker2007]. Dabei kann der Benutzer beispielsweise Wörter aus dem Anforderungsglossar wählen und damit eine Basis für Abhängigkeiten zwischen dem Lastenheft und dem

Pflichtenheft schaffen. Solche Werkzeuge sind insbesondere für Altsysteme oder Migrationsprojekte nötig, wo Abhängigkeitsbeziehungen nie gepflegt wurden.

10.3 Versionierung und Varianten von Anforderungen

Die **Versionierung** von Anforderungen stellt sicher, dass der jeweils aktuelle Stand der Anforderung allgemeinverbindlich und transparent genutzt wird. Sobald sich eine Anforderung ändert, muss sich auch ihre Versionierung verändern, um die inhaltlichen Änderungen auch formal nachvollziehen zu können. Frühere Versionen stellen keine aktiven Anforderungen mehr dar. Im Zuge einer guten Verständlichkeit sollten Versionen immer die komplette Anforderung beschreiben und nicht nur die Änderung zur Vorgängerversion.

Die Versionen müssen immer mit einer kurzen Begründung attributiert werden, um später schnell entscheiden zu können, welche Version zu welchem Zeitpunkt wie relevant war. Wenn beispielsweise eine neue Version aufgrund eines Rechtschreibfehlers entstanden war, ist das nicht relevant. Wenn sie sich aufgrund eines Missverständnisses marginal ändert (z.B. Referenz auf einen aktuellen Standard), ist dies sehr wichtig zu wissen. Versionen sollten unbedingt die Anwendbarkeit in Form eines Status-Flags beinhalten. Beispielsweise könnte der Vertrieb gerade an einer nicht abgestimmten Folgeversion arbeiten, die für die Entwicklung noch nicht relevant ist. Requirements-Management-Werkzeuge unterstützen heute die Versionierung sehr gut und dokumentieren jede kleine Änderung in einem internen Logbuch, das zu jedem Zeitpunkt einen definierten Rückfall auf einen früheren Versionsstand zulässt. Häufig erlauben die Werkzeuge, sogenannte Haupt- und Detailversionen zu führen, wobei Hauptversionen durch den Werkzeugbenutzer definiert werden und die Detailversionen durch das Werkzeug selbst.

Ein Beispiel für eine neue Version ist die Spezifizierung einer Anforderung:

> R2411.1: *Wird ein Ruf getätigt, soll der Aufzug das Stockwerk anfahren, wo der Ruf getätigt wurde.*

> R2411.2: *In 95 % aller Fälle soll der Aufzug innerhalb von 10 Sekunden das Stockwerk anfahren, wo ein Ruf getätigt wurde.*

Typischerweise stellen die Versionen von Anforderungen eine lineare Kette dar, da sie sich nur vorwärts entwickeln. Allerdings ergeben sich in manchen Fällen auch Varianten von Anforderungen oder Versionen, die auf frühere Versionen aufbauen. Das macht dann die Verfolgung der Historie komplexer und verlangt nach einer exakten Deklarierung sowohl des Vorgängers als auch der Versions- und Variantenidentifikation. Beispielsweise könnte durch einen Review mit dem Auftraggeber eines Softwaresystems eine neue Version einer Anforderung als obsolet angesehen werden und dann eine frühere Version wieder als aktive Basis deklariert werden.

Varianten (auch Verzweigungen oder Branches) von Anforderungen werden dann erstellt, wenn sich Anforderungen aus der gleichen Basis in verschiedene Richtungen weiterentwickeln. Eine Variante sollte sich nur in Details unterscheiden, um später in einem Zusammenhang mit der ursprünglichen Anforderung und vor allem auch deren Realisierung oder Testfällen gepflegt zu werden. Varianten werden insbesondere in Produktlinien eingesetzt, um für unterschiedliche Märkte oder Kunden schnell zu einem konsistenten Gesamtbild zu kommen, welche Funktionen realisiert wurden. Gleichzeitig sollen diese Funktionen aber nach wie vor in einem Gesamtkontext gepflegt werden, beispielsweise wenn Fehler korrigiert werden oder wenn sich gemeinsame Randbedingungen für die verschiedenen Varianten ändern. Auch sollten zusätzliche Funktionen, die sich auf alle Varianten beziehen, wieder schnell in ihren Einflüssen analysiert werden.

Ein Beispiel für eine neue Variante ist die Spezifizierung einer Anforderung:

> *R1811.1: Die Protokolldaten von Störfällen werden monatlich auf einem separaten Back-up-Medium gespeichert.*

> *R1811.1.1: Die Protokolldaten von Störfällen werden monatlich auf einem separaten Back-up-Medium in einem anderen Gebäude gespeichert.*

Dagegen ist die folgende Anforderung eine Erweiterung, die nicht mehr als Variante deklariert werden sollte:

> *R1811.1.2: Die Protokolldaten von Störfällen werden monatlich auf einem separaten Back-up-Medium in einem anderen Gebäude gespeichert und an den Aufzugshersteller per DFÜ kommuniziert.*

10.4 Maße und Kennzahlen

Softwarehersteller und deren Kunden merken heute bei vielen Anwendungen, dass komplexe Aufgabenstellungen und fehlende Instrumente, um diese zu beherrschen, dazu führen, dass die Kosten explodieren, Zeitrahmen nicht eingehalten werden können und Qualitätsanforderungen nur teilweise erfüllt werden. Ein wichtiger Hintergrund ist, wie wir bereits in Kapitel 1.2 sahen, dass sich Anforderungen ständig ändern oder dass sie gar nicht hinreichend genau bekannt sind. Häufig genug sprechen wir hier über ein »Bauchgefühl«, das wir nicht quantifizieren können. Viele Unternehmen, mit denen wir bereits gearbeitet haben, klagten über Schwierigkeiten im RE, ohne genau zu wissen, wie viele Anforderungen sich ändern, welche Arten von Anforderungen sich ändern, mit welchen Anforderungen das Geld verdient wird oder wie viele Fehler aus unzureichenden Anforderungen resultieren.

Was liegt also näher, als solchen Fragen selbst mit Zahlen und Maßen zu begegnen? Schließlich lassen sich Gesetzmäßigkeiten nur durch das Messen von Einflussgrößen verstehen, und Projekte lassen sich nur steuern, wenn man einen Plan hat, gegen den man das Projekt verfolgt [DeMarco1982, Ebert2007a]. Egal, ob es sich um Verfahren der Qualitätssicherung oder der Projektkontrolle handelt, eine rein subjektive Beurteilung der Softwareentwicklung und ihrer Ergebnisse ist nicht ausreichend. Im weiteren Teil dieses Kapitels werden einige Verfahren der quantitativen Analyse im Requirements Engineering beschrieben. Konkrete Hinweise zur Messtechnik im Allgemeinen finden sich in [Ebert2007a].

Man kann drei Arten von Maßen im RE unterscheiden:

1. Fortschritt (z.B. Zahl der spezifizierten, realisierten oder getesteten Anforderungen im Projekt)
2. Anforderungsqualität (z.B. Zahl der Fehler aus Anforderungsdokumenten)
3. Modellsemantik (z.B. Abdeckungsgrad der Anforderungen durch das Analysemodell)

Wenige Maße aus diesen drei Kategorien genügen bereits, um Anforderungen zu bewerten und zu kontrollieren:

- **Zahl aller Anforderungen** für das Projekt
  Ein Volumenmaß, das in etwa charakterisiert, wie aufwendig das Projekt einmal wird. Vor allem, wenn die Anforderungen anhand eines stabilen Schemas (Template) spezifiziert werden, ist die Anzahl der Anforderungen bereits ein sehr gutes indirektes Maß für den zu erwartenden Projektaufwand oder die zu erwartenden neuen und geänderten Lines of Code.

- **Status der Anforderungen** (z.B. analysiert, zugewiesen, getestet)
  Der Status von Anforderungen ist das primäre Maß, um Projekte zu verfolgen. Abbildung 10–10 zeigt eine typische Statusverfolgung von Anforderungen im Projekt. Es werden im wöchentlichen Abstand die Anforderungen mit nur drei verschiedenen Informationen verfolgt, nämlich die Gesamtzahl der bekannten (ermittelten) Anforderungen, die Zahl der vereinbarten Anforderungen (die also für das Projekt übernommen wurden) und die abgeschlossenen Anforderungen. Zusätzlich gibt es einen Planwert bis zum Projektende für die geplante Anzahl der abgeschlossenen Anforderungen. Für größere Projekte kann der Projektmanager noch weitere Statusinformationen einführen, beispielsweise, um die Analysephase besser zu verfolgen. Nur die Gewissheit, dass Anforderungen bereits getestet und abgenommen sind, gibt den Fortschritt aus Kundensicht wieder. Projektverfolgung ohne Status der Anforderungen bedeutet, dass Sie im Nebel herumstochern.

- **Earned-Value-Analyse** auf Basis der Anforderungen
  Die Earned-Value-Analyse hat sich in kurzer Zeit zu einem der Standardinstrumente im Projekt-Controlling entwickelt [PMI2004, Ebert2007a]. Der Ansatz dabei ist, zu Projektbeginn einen Plan zu machen, wann welcher konkrete Wert erreicht sein soll (engl. Planned Value). Dieser Planungsrahmen wird dann im Projektverlauf mit dem tatsächlichen Wert (engl. Earned Value) sowie den dafür angefallenen Kosten (engl. Actual Cost) verglichen. Damit lassen sich frühzeitig Abweichungen im Zeitplan oder in den Kosten diagnostizieren –

10.4 Maße und Kennzahlen

Projekt: xyz
Status der Anforderungen

Legende: »Abgeschlossen« »Entwickelt« »Vereinbart« --- Planung »Abgeschlossen«

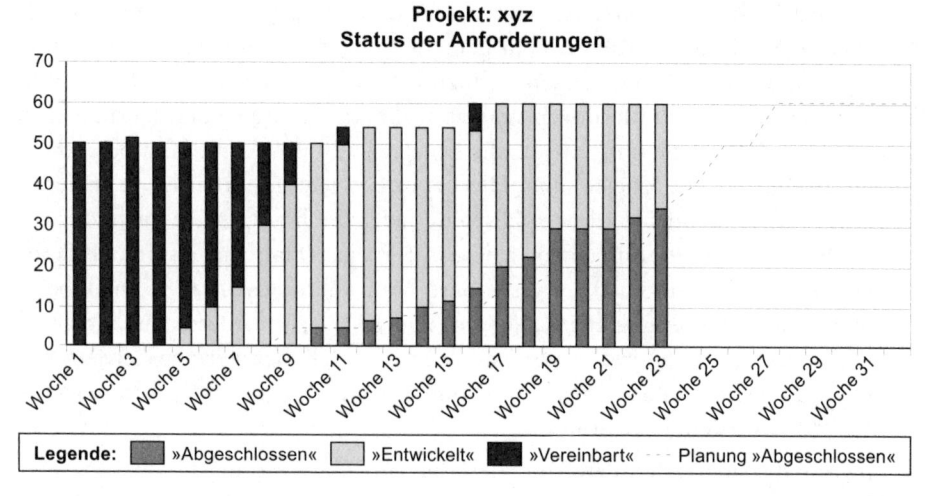

Abb. 10–10 *Status der Anforderungen im Projekt*

weitaus früher als mit den klassischen Techniken aus einem Projekt-Dashboard. Der Planwert wird typischerweise an Arbeitspaketen oder an Anforderungen festgemacht. Anforderungen sind das beste Instrument, denn nur wenn sie erfolgreich implementiert und getestet sind, ist ein Wertzuwachs im Produkt erreicht. Abbildung 10–11 zeigt ein Beispiel, das das Vorgehen darstellt. Das Projekt enthält 10 Anforderungen, die mit einem Wert von 25.000 Euro geschätzt sind. Diese Schätzung ist wichtig, da nur anhand des Wortes klar wird, welche Anforderungen wichtiger sind und welche weniger relevant. Anstatt einer Annahme in Euro lassen sich die Anforderungen auch in einer

Datum: HEUTE	Geplanter Wert	Tatsächliche Kosten	Fertigstellung	Erreichter Wert
Anforderung 1	1.000 €	1.000 €	100%	1.000 €
Anforderung 2	1.500 €	2.000 €	50%	750 €
Anforderung 3	2.000 €	2.500 €	10%	200 €
Anforderung 4	3.000 €	3.000 €	50%	1.500 €
Anforderung 5	10.000 €	8.000 €	50%	5.000 €
Anforderung 6	1.500 €	1.000 €	50%	750 €
Anforderung 7	1.000 €	1.000 €	50%	500 €
Anforderung 8	2.000 €	1.000 €	10%	200 €
Anforderung 9	1.000 €	500 €	10%	100 €
Anforderung 10	2.000 €	0 €	0%	0 €
Summe	25.000 €	20.000 €		10.000 €

Fertigstellung: 100%: getestet, 50%: implementiert, 10%: in Arbeit, 0%: vereinbart	
Terminvarianz = erreichter Wert - geplanter Wert	-15.000 €
Kostenvarianz = erreichter Wert - tatsächliche Kosten	-10.000 €

Abb. 10–11 *Earned-Value-Analyse auf der Basis von Anforderungen*

Rangfolge, beispielsweise von eins bis fünf, darstellen. Nicht immer entsprechen die geschätzten Kosten dem geplanten Wert der Anforderungen. Allerdings sollten die Abweichungen nicht zu groß sein, denn sonst werden eventuell aufwendige Anforderungen realisiert, die kaum Grenznutzen bringen. In unserem Beispiel summieren sich die Kosten zu 20.000 Euro. Nun betrachten wir den Grad der Fertigstellung. Hierbei ist es wichtig, nur leicht zu prüfende Stufen zu verwenden und beispielsweise nicht die häufig nicht nachvollziehbaren Prozentwerte aus einem Microsoft Project Plan. In unserem Beispiel werden nur die Stufen 0 % (vereinbarte Anforderungen), 10 % (in Arbeit), 50 % (Implementierung abgeschlossen) und 100 % (Anforderung ist integriert und getestet) verwandt. Der erreichte Wert, der sich damit ergibt, beträgt zum heutigen Zeitpunkt 10.000 Euro. Damit hat das Projekt 60 % Terminverzug und 40 % Kostenüberschreitung.

- **Anzahl der sich ändernden Anforderungen** pro Entwicklungsphase
Die Änderungsrate von Anforderungen zeigt, wie stabil und robust das Projekt definiert wurde. Wie bereits erwähnt, gibt es eine typische Änderungsrate, die vom Neuigkeitsgrad des Produkts abhängt. Sollte diese Rate überschritten werden, ist Vorsicht geboten: Vielleicht wurden Analyse und Spezifikation nicht sauber abgeschlossen. Auch eine viel zu niedrige Änderungsrate sollte die Alarmglocken läuten lassen: Vielleicht ist der Kunde unzureichend involviert und nimmt nachher das Produkt gar nicht ab? Die Änderungsrate pro Entwicklungsphase sollte im Projektlebenslauf abnehmen. Während des Tests sollten sich Anforderungen kaum mehr ändern.

- **Ursachen für Anforderungsänderungen**
Die Ursachen für Änderungen werden nur ausnahmsweise untersucht und verfolgt, nämlich dann, wenn die Änderungsrate sehr viel höher als erwartet ist. Normalerweise genügt die Änderungsrate als Maß. Sollte die Quote aber zu hoch liegen, dann verdeutlicht die Ursachenanalyse, warum es zu so vielen Änderungen kommt. Über Projekte und Phasen hinweg betrachtet, gewinnen Sie damit eine gute Erfahrungsdatenbank, wie sich Änderungen abhängig vom Projekttyp auf das Projekt auswirken.

- **Qualität und Fortschritt der Modellierung**
Die Ergebnisse des Spezifikationsprozesses (Analyse- und Lösungsmodell) werden betrachtet und beispielsweise deren Konsistenz und Korrektheit oder die Abdeckung der Anforderungen durch Modelle gemessen. Primär geht es bei diesem Maß darum, eine Abbildbarkeit der Anforderungen auf das Analysemodell zu erreichen.

- **Anzahl von Fehlern in Anforderungen**
Fehlerzahlen sind ein Basismaß, das in jedem Projekt verfolgt werden muss. Unter Fehlern in Spezifikationen versteht man fehlende Anforderungen, Inkonsistenzen, falsche Inhalte etc. Dabei wird jeder einzelne Fehler gezählt, um später auch Ursachenforschung betreiben zu können. Fehlerzahlen hängen vom

Umfang der Spezifikation ab. Daher korrelieren die Fehlerzahlen normalerweise mit dem Umfang der Spezifikation. Eine Fehlerdichte in Fehlern pro logischer Seite (also einer Seite mit konstantem Druckinhalt) zeigt auf, wenn bestimmte Anforderungen eine unzureichende Qualität besitzen. Starten Sie in diesem Fall einen expliziten Review der Spezifikation oder jener Teile, die eine hohe Fehlerdichte haben. Nach aller Erfahrung liegen noch sehr viele weitere Fehler in der Spezifikation, wenn schon einige entdeckt wurden.

- **Fehlerarten in Anforderungen** (unklar, falsche Inhalte, oberflächlich etc.)
  Auch dieses Maß ist nur dann wichtig, wenn ein anderes Maß (hier die Fehlerzahl) weit über dem erwarteten Wert liegt. Normalerweise genügt es, die Fehlerzahl zu verfolgen. Wenn diese allerdings plötzlich sehr viel höher liegt (pro logischer Seite der Anforderungsspezifikation), dann sollte nochmals geprüft werden, warum bestimmte Fehlertypen auftreten oder aus welcher Quelle sie stammen.

- **Identifizierbarkeit der Anforderungen**
  Dabei geht es um den Grad der konkret identifizier- und damit verfolgbaren Anforderungen im Verhältnis zu den implizit eingebetteten Anforderungen, die häufig den Großteil der Spezifikation ausmachen. Dazu werden aus einem Lastenheft oder einer Anforderungsspezifikation einige Beispielseiten analysiert. Der Anforderungstext wird sorgfältig gelesen und alle konkreten Anforderungen, Vorgaben und Einschränkungen werden markiert. Diese Zahl wird dann mit der Zahl der im gleichen Text explizit identifizierten Anforderungen (also jene mit einer ID) verglichen. Das Verhältnis aus den Anforderungen mit einer ID zu all den detaillierten Anforderungen ist die Identifizierbarkeit. Ein Wert unter 20% sollte hinterfragt werden, denn offensichtlich wurden nur einige wenige Überschriften als Anforderung markiert. Das wird später im Test oder bei Änderungen der Anforderungen zu viel Mehrarbeit und zu Fehlern führen.

- **Attributierung der Anforderungen**
  Hier werden die Anforderungen hinsichtlich ihrer Attribute und Filterkriterien bewertet. Die Anforderungen mit hinreichender Zahl von Attributen werden verglichen mit der Zahl aller identifizierbaren Anforderungen (also jener mit einer eigenständigen ID). Auch hierfür wird eine Stichprobe genommen, da das Maß typischerweise gut skaliert. Der Zielwert beträgt 100% bezogen auf die identifizierbaren Anforderungen. Da Anforderungen zur besseren Identifizierung, Auswahl oder Wiedererkennung gefiltert werden müssen, sollten diese Filterkriterien oder Attribute gut genutzt werden.

- **Verlinkung der Anforderungen**
  Diese Maß beschreibt die Anzahl der Anforderungen, die ausreichend verlinkt ist. Unter Verlinkung verstehen wir hier die Links, die die spezifische Anforderung mit weiteren Dokumenten verknüpft, beispielsweise Designdokumente, Code, Testfälle oder andere Spezifikationen. Hier wird ebenfalls eine Stichprobe genommen, da das Maß gut skaliert. Ziel ist, dass identifizier-

bare Anforderungen hinreichend gut verfolgbar sind, damit Änderungen leicht nachvollziehbar und konsistent umzusetzen sind.

Wir wollen nun einige dieser Maße für die Projektverfolgung einsetzen. Das folgende Beispiel zeigt den praktischen Einsatz von Kennzahlen für das RE (Abb. 10–12). Die Projektstudie aus einem realen Projekt gibt die Änderungsrate der Anforderungen über der Zeit an. Es handelt sich um ein mittleres Projekt mit ungefähr 100 Anforderungen und einer Dauer von 30 Wochen. Wie unschwer zu erkennen ist, sind es viel zu viele Änderungen, die sich über eine zu lange Zeit erstrecken. Das Projekt ist in Gefahr. Wir trennen daher, wie oben beschrieben, die Ursachen der Änderungen auf. Dabei beobachten wir die folgende Situation. Es gibt eine große Anzahl »neuer« Anforderungen im Projekt (oberer, dunkler Teil der Kurve). Falls keine extreme Sicherheitsreserve geplant wurde, ist das Projekt in Schwierigkeiten, denn die Änderungen können nicht stabilisiert werden.

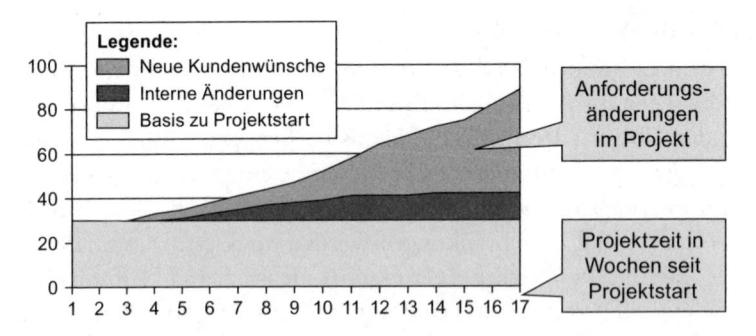

Abb. 10–12 *Anforderungsverfolgung mit speziellen Kennzahlen*

Die Kernfrage zu diesem Zeitpunkt lautet: **Was passiert, wenn die Anforderungen nicht stabil werden?** Wie lange soll der Projektmanager noch warten, bis er die Notbremse zieht? Wir empfehlen in dieser Situation, sofort anzuhalten und zu prüfen, was alles schief läuft. Bis Woche 8 konnte sich der Projektmanager in Sicherheit wiegen, denn alles lief, wie man es in einem solchen Projekt erwartet. 12 Prozent Änderungen in zwei Monaten sind adäquat, vor allem in den ersten Wochen des Projekts. Zudem stammte ein Großteil der Änderungen aus einem vertieften Verständnis des Einflusses der Anforderungen – auch dies ein Grund dafür, dass noch alles im grünen Bereich liegt. Dann allerdings ging etwas gründlich schief. Die Änderungsrate der neuen Anforderungen (oder extern begründeter Änderungen) nimmt drastisch zu. Wie lange soll der Projektmanager in dieser Situation warten? Sicherlich keine zwei Monate, denn die Situation hatte sich ab Woche 10 ja noch verschlechtert. Es war also bereits in Woche 10 ein Projektreview mit allen Interessengruppen erforderlich, der die Frage hätte beantworten sollen, ob es überhaupt klar ist, was da als Projekt entwickelt werden soll. Nun in Woche 16 ist es dafür zwar nicht zu spät, aber das Projekt wird seine Ziele nicht mehr erreichen. Ein klarer Fall eines verkorksten Projektmanagements – wozu man nicht einmal die Ursachen der vielen Änderungen zu kennen braucht.

10.4 Maße und Kennzahlen

Ein wichtiges Maß für den Projektfortschritt ist der Wert oder Nutzen, der durch die bereits realisierten Anforderungen generiert wurde. Abbildung 10–13 zeigt, wie sich bei der inkrementellen Entwicklung die Zahl der erfüllten Anforderungen (untere durchgezogene Linie) und der sichtbare Nutzen (mittlere gestrichelte Kurve) entwickeln. Die Gesamtfunktionalität (also alle Marktanforderungen an das Projekt) ist hier durch die gepunktete 100 %-Linie repräsentiert. In einem gut geplanten inkrementellen Projekt werden Anforderungen so realisiert, dass jene mit dem größten Nutzen aus Kundensicht zuerst verfügbar sind. Daher wächst in der Abbildung der Nutzen stärker an als die Zahl der entwickelten Anforderungen. Sollte das Projekt vorzeitig beendet werden müssen (z.B. wegen Budgetüberschreitungen oder Termindruck), ist jedenfalls sicher, dass der gelieferte Nutzen bereits groß genug ist, um damit bestehen zu können.

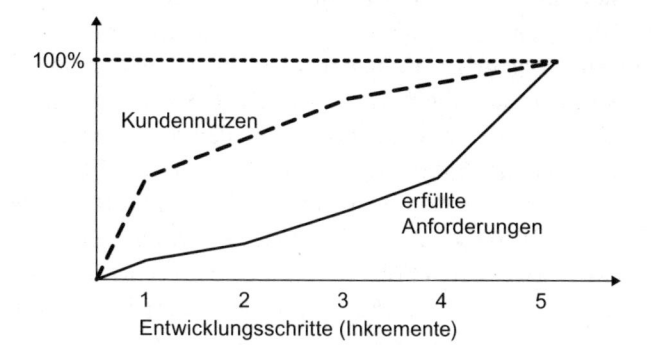

Abb. 10–13 *Inkrementelle Entwicklung*

Das Hauptziel der inkrementellen Vorgehensweise ist die verbesserte Projektkontrolle. Unsicherheiten gibt es zwar in jedem Projekt, aber die geplante inkrementelle Vorgehensweise erlaubt es, im schlimmsten Fall (beispielsweise, wenn das Projekt unterschätzt wurde oder wenn zu viele Änderungen nach Projektstart in das Projekt fließen) nieder priorisierte Anforderungen aus dem Projekt herauszunehmen und dadurch die vereinbarten Termine und das Budget einzuhalten. Die Basis dafür ist die – empirische – Feststellung, dass der Wert von Anforderungen nicht gleich verteilt ist. Einige Anforderungen haben einen sehr viel höheren Wert für den Kunden oder Benutzer als andere. Solche Anforderungen werden höher priorisiert als die Anforderungen, die einen kleineren Grenznutzen haben (siehe auch Kap. 8.5).

Als Vorgehensweise empfiehlt sich, zuerst jene Anforderungen zu realisieren, die einen hohen Kundennutzen haben oder die einen großen Einfluss auf die Architektur ausüben. Vereinfacht gesagt gilt die Regel: Liefere in der ersten Hälfte der Projektdauer die 20-30 % aller Anforderungen, die bereits annähernd 80 % der Funktionalität enthalten. Dazu ist es wichtig, zu jedem Zeitpunkt ein stabilisiertes Produkt (aus Programmier- und Integrationssicht) vorzuhalten, das dann kontinuierlich erweitert und getestet wird. Nur dieser kontinuierliche Build stellt sicher, dass der Wert der bereits realisierten Anforderungen auch wirklich geliefert werden kann. Oftmals dauert der erste Schritt etwas länger, da die Basis für weitere Erweiterungen gelegt wird und die gesamte Architektur bereits definiert und realisiert werden muss. Voraussetzungen für erfolgreiche inkrementelle Projekte sind priorisierte Anforderungen, »Design for Change« (Entwurfsentscheidungen, die sich an der erwarteten Änderungsintensität der Anforderungen orientieren), stabile Schnittstellen zwischen den Komponenten, sodass Komponenten oder Module ausgetauscht werden können, sowie eine kontrollierte Entwicklung, die sich auf das Wesentliche bezieht.

Nichtfunktionale Anforderungen werden auf die gleiche Weise verfolgt. Tabelle 10–1 zeigt anhand von drei Beispielen nichtfunktionaler Anforderungen, wie dies in der Praxis geschieht [Ebert1997]. Jede zunächst nur qualitativ beschriebene nichtfunktionale Anforderung wird in ein oder mehrere messbare Ziele zerlegt. Gleichzeitig wird dadurch eine Möglichkeit geschaffen, die nichtfunktionalen Anforderungen testbar zu machen, indem aus den messbaren Zielen konkrete Freigabekriterien abgeleitet werden. Die Schlüsselfrage dabei ist, wie aus Kundensicht die Erfüllung der nichtfunktionalen Anforderung eigentlich entschieden werden kann. Sobald dies geklärt ist, können dezidierte Maße zur Verfolgung der Implementierung dieser nichtfunktionalen Anforderung durch das Projekt hindurch abgeleitet werden. Konsistent mit dem Vorgehen bei funktionalen Anforderungen wird Fortschritt nur an der Zielerreichung gemessen. Eine brauchbare Technik, um solche nichtfunktionalen Anforderungen im Projekt zu realisieren, ist es, aspektorientiert zu entwerfen und zu programmieren. Dabei werden bestimmte Aspekte (in der Regel nichtfunktionale Anforderungen) unabhängig von einzelnen Architekturkomponenten oder funktionalen Anforderungen wie ein Faden durch ein System hindurch verfolgt.

Wir wollen mit einem kleinen Praxisbeispiel zeigen, wie mit konkreten Kennzahlen das Requirements Engineering verbessert werden kann. Die Ausgangssituation ist wie folgt: Das Projekt wird auf der Basis vorher vereinbarter Anforderungen durchgeführt. Die Anforderungen werden analysiert, abgeschätzt und spezifiziert. Allerdings gibt es viele Änderungsanforderungen bei der Freigabe des Produkts. Die Hauptursache dieser Änderungsanforderungen ist, dass die ursprünglichen Anforderungen »falsch« implementiert wurden. Zudem hat die Lösungskonzeption (oder das Pflichtenheft) Fehler. An vielen Stellen ist sie unpräzise formuliert, sodass die Entwickler sich bei der Umsetzung überlegen müssen, was wohl exakt gemeint ist. Aus diesen Beobachtungen wird ein **konkretes Verbesserungsziel** abgeleitet, das den RE-Prozess an den kritischen Stellen verbessern soll. Das Ziel dabei ist die Verbesserung der Lösungskonzeption während ihrer Entstehung. Mit diesem Ziel kann allerdings noch nicht praktisch gearbeitet werden, denn es fehlen noch die Möglichkeiten, das Ziel und seine Umsetzung zu messen – es fehlen also die Maße.

10.4 Maße und Kennzahlen

Nichtfunktionale Anforderungen	Priorität	Messbare Ziele	Freigabekriterien	Kennzahlen für die Verfolgung
Vollständigkeit	1	z.B. 100% der Anforderungen mit Prio 1 und 50% der mit Prio 2 sind erfüllt	z.B. Verfolgbarkeit von zugewiesenen Anforderungen; Freigabetests zu jeder Anforderung sind erfüllt	z.B. Anteil der Anforderungen, die bereits getestet und integriert sind
Zuverlässigkeit	1	z.B. < 30 hoch priorisierte Fehler pro Monat nach Übergabe	z.B. Restfehlerraten; Zuverlässigkeitsmodell; Fehlertoleranz	z.B. 10 Fehler pro KLOC zu Beginn Systemtest; Fehlertoleranz nachweisbar implementiert
Wartbarkeit	2	z.B. keine Modulauftrennung nach Ende der Codierung	z.B. Verständlichkeit; Vererbungsstruktur; Vollständigkeit und Lesbarkeit der Dokumentation	z.B. Verschachtelungstiefe < 5; Modulgröße < 5 KLOC

Tab. 10–1   Verfolgung von nichtfunktionalen Anforderungen

Mit einer zielorientierten Vorgehensweise ist im nächsten Schritt zu fragen, **wie das Ziel erreicht werden kann,** also wie die Lösungskonzeption von Beginn der Projektarbeiten an konkret verbessert werden soll. Nach einem Brainstorming werden einige Ideen beschrieben. Beispielsweise könnte man eine Checkliste verwenden, um gute und schlechte Teile einer Spezifikation zu trennen und um schlechte Abschnitte zu identifizieren. Schließlich kann man nicht die ganze Spezifikation überarbeiten, sondern sollte mit den schlechtesten Teilen beginnen. Mögliche Fragen in der Checkliste sind wie folgt: Sind Abschnitte zu lang oder zu kurz? Sind sie missverständlich formuliert? Hat jeder Satz ein Verb? Sind grammatikalische Regeln von Spezifikationen beachtet worden (z.B. kein Konditional, kurze Sätze)? Mit diesen konkreten Verbesserungsmaßnahmen lassen sich die beschriebenen Schwachstellen reduzieren.

Daraus werden schließlich Maße abgeleitet, die zur Verfolgung der Umsetzung dienen:

- Anzahl der Abschnitte nach Kategorie (gut, schlecht, Zurückweisung)
- Anzahl der Änderungsanforderungen (vorher/nachher)
- Aufwand für Erstellung der Lösungskonzeption (vorher/nachher)
- Testaufwand (Vorbereitung und Durchführung; vorher/nachher)

Die RE-Maße helfen dabei, immer wieder zu prüfen, ob die Maßnahmen auch in die richtige Richtung weisen und eine anhaltende Verbesserung erreichen.

10.5 Komplexität beherrschen

Wenn die Entwicklung eines Softwaresystems viel Zeit und Ressourcen in Anspruch nimmt, dann gilt es als komplex. Werden am Ende des Projekts viele Fehler gefunden oder nimmt die Rate der gefundenen Fehler nicht ab, dann wird die Qualität als niedrig eingestuft. Die Gründe für derartige Schwierigkeiten können vielfältig sein. Da diese Beobachtungen schon so lange bekannt – und leider auch so aktuell – sind, wie Software entwickelt wird, ist das Thema der Qualitätssicherung in der Softwareentwicklung nicht neu.

Interessant ist auch die Tatsache, dass im Bereich des Requirements Engineering Maße und Komplexitätsbewertungen schon seit den sechziger Jahren diskutiert werden. »A user should be able to specify precisely how good a product (must be) he wishes to buy«, bemerken Rubey und Hartwick schon 1968 [Rubey1968]. Der Artikel beschreibt sogar bereits ein Qualitätsmodell, das die bekannten Ansätze von McCall oder Boehm vorwegnimmt, und diskutiert Kennzahlen, die heute als Komplexitätsmaße bezeichnet werden. Die Qualitätssicherung wird schließlich als Methode beschrieben, die derartige Kennzahlen sowohl während der Entwicklung als auch nach Fertigstellung des Programms bestimmt, um möglicherweise problematische Bereiche innerhalb des Programms herauszufinden. Leider ist die Schlussfolgerung des Artikels »the Statement of these objectives (Qualitätsmerkmale) would almost certainly cause the developer to slant his programming effort in such a way as to achieve higher scores« nach wie vor eher ein Ziel als ein Weg.

Der Begriff der »**Komplexität**« wird, bezogen auf ein technisches System, umgangssprachlich häufig im Sinne von »Kompliziertheit« verstanden, was leicht zu Verwirrungen führen kann. Wörterbücher erklären das aus dem Lateinischen stammende Wort »Komplexität« mit »Vielschichtigkeit« oder »dem vielfältigen Ineinander vieler Merkmale« (entsprechend dem lateinischen Wortursprung: »complector« = zusammenflechten oder umschlingen). Ein System wird als komplex bezeichnet, wenn es vielfältig verknüpft und verflochten ist. Der Begriff »komplex« wird hier als Eigenschaft eines technischen Systems (Hardware oder Software) verstanden, das viele verschiedenartige Komponenten hat, das verschiedene Beziehungen zwischen diesen Komponenten aufweist und das unterschiedliche Zustände einnehmen kann. Die Komplexität beschreibt damit den Zusammenhang beziehungsweise das Zusammenwirken eines Systems und seiner Teile als Objekte.

Die **algorithmische Komplexität** untersucht Software in ihrer Interaktion mit einem Rechner und kennzeichnet einen Algorithmus aufgrund seines Laufzeitverhaltens und seiner Effizienz. Dabei werden die Anzahl von Rechenschritten oder der benötigte Speicherplatz in Abhängigkeit von Eingabegrößen oder von rechnerspezifischen Sprachelementen untersucht. In der theoretischen Informatik wird versucht, ein algorithmisches Komplexitätsmaß zu bestimmen, das die Anzahl der Rechenschritte für ein gegebenes Problem nach oben begrenzt.

10.5 Komplexität beherrschen

Die **technische Komplexität** kennzeichnet als Eigenschaft Software, die aus verschiedenartigen Komponenten besteht, die miteinander in Wechselwirkung stehen und dynamisch unterschiedliche Zustände einnehmen können. Die technische Komplexität ist vom Betrachter unabhängig und somit für ein Softwaresystem objektiv festzustellen, zu reproduzieren und schließlich auch zu messen. Sie beeinflusst maßgeblich den Aufwand für Analyse und Entwicklung von Anforderungen.

Im Verlauf der Entwicklung eines Softwaresystems werden verschiedene Ergebnisse entwickelt, die teilweise aufeinander aufbauen. Ihre Grundlage ist üblicherweise eine Liste mit Anforderungen oder eine Problembeschreibung. Die Komplexität der Problembeschreibung und die der Ergebnisse kann verschieden sein. Die »**lösungsspezifische Komplexität**« entsteht während der Softwareentwicklung. Bestimmte Aspekte der problemspezifischen Komplexität sind untrennbar mit solchen der lösungsspezifischen Komplexität verbunden (beispielsweise beeinflusst die Zahl der Sensoren eines Automatisierungssystems die Schnittstellenbeschreibung im Softwareentwurf). Die lösungsspezifische Komplexität beeinflusst die Projektkosten maßgeblich – und wächst häufig unkontrolliert.

In der Literatur wird »**kompliziert**« im Sinne von schwierig oder verwickelt verwendet (entsprechend dem lateinischen Wortursprung: »complicare« = zusammenfalten oder verwirren). Der Begriff »kompliziert« wird als zusammenfassende Charakterisierung eines technischen Systems verwendet, das schwer zu verstehen, zu durchschauen oder zu handhaben ist. Damit beschreibt die Kompliziertheit das Zusammenwirken zwischen einem System als Objekt und dem Betrachter als Subjekt. Die Kompliziertheit ist eine wahrgenommene – psychologische – Komplexität und hängt vom Betrachter ab. Damit erfasst die Kompliziertheit auch Schwierigkeiten beim Verständnis von grafischen Darstellungen, wie sie beispielsweise als Datenflussdiagramm oder als Petrinetz in der Softwareentwicklung zur Repräsentation von Relationen verschiedener Komponenten häufig verwendet werden (sog. visuelle Komplexität). Solche grafischen Darstellungen können also durchaus einen Zusammenhang von technischer und psychologischer Komplexität schaffen. Die Kompliziertheit eines Softwaresystems hängt ab von den Vorkenntnissen des Beobachters (konkret des Softwareingenieurs), von der Wirkung der Darstellung auf ihn und von der Eignung einer gewählten Darstellung für ein bestimmtes Problem. Eine Beherrschung der Komplexität, wie sie bereits E. Dijkstra 1972 im Rahmen der Verleihung des Turing Award forderte, ist nur möglich, wenn die Kompliziertheit gezielt verringert wird.

Die Bestimmung sogenannter Komplexitätsmaße ist ein quantitatives Verfahren, um interne Merkmale von Software zu untersuchen. Da diese Merkmale objektiv und reproduzierbar sind, können sie automatisch bestimmt werden. Beispiele für Komplexitätsmaße sind der Umfang einer Spezifikation oder die Anzahl der Entscheidungen innerhalb der Entscheidungstabelle einer Anforderung. Zahlreiche Softwareprojekte zeigen deutliche Zusammenhänge zwischen diesen frühen Komplexitätsmaßen und dem Projektaufwand sowie der erreichten Qualität, wie Fehlerzahl oder Wartungsaufwand. Die üblicherweise frühzeitig verfügbaren Komplexitätsmaße haben somit als Indikatoren eine große, weil auch kostenwirksame Bedeutung im Qualitäts- oder Produktivitätsmanagement der Softwareentwicklung.

Das Aufspüren bisher nicht erkannter Regelmäßigkeiten ist ein wichtiges Verfahren, um Softwaresysteme verstehbarer zu machen. Man kann dazu ins Detail gehen und die Strukturen und Abläufe im Kleinen untersuchen, um dann Analogieschlüsse auf andere Teile anzuwenden. Eine andere Vorgehensweise ist die Strukturierung von der höchsten Abstraktionsebene aus nach dem Prinzip der schrittweisen Verfeinerung.

Die vorgenommene Trennung zwischen Komplexität und Kompliziertheit ist in Abbildung 10–14 in zwei Dimensionen eines Koordinatensystems veranschaulicht. Während im oberen Bereich komplizierte Objekte zunächst nur eine vage Form haben, sind sie im unteren Bereich als verstehbare Objekte mit erkennbarer Struktur dargestellt. Der Übergang von einfachen zu komplexen Objekten wurde durch Größenänderungen von links nach rechts abgebildet. Die beiden Pfeile in der Mitte symbolisieren Einflussmöglichkeiten, um sich im Koordinatensystem zu bewegen.

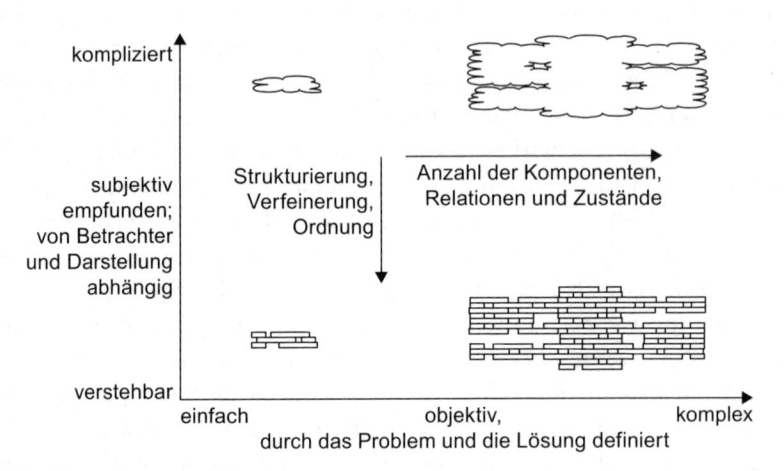

Abb. 10–14 *Komplexität und Kompliziertheit*

Im einfachsten Fall wird die Kompliziertheit einer Sache durch Unterteilung und Klassifikation verringert. Die Klassifikation ist in der Tat eines der wesentlichen intellektuellen Instrumente zum Verständnis umfangreicher Informationsangebote. Die Verarbeitung der vielfältigen Reize unserer Sinnesorgane durch das Gehirn wäre ohne das Auffinden von Relationen zwischen unterschiedlichen Eindrücken unmöglich. Verschieden deutliche, verschieden helle oder verschieden große Ausschnitte eines Gesichtes in einer Menschenmenge werden der gleichen Person zugeordnet: Das menschliche Gehirn sortiert also zunächst redundante

Informationen aus, um dann die restlichen Bildteile so zu ordnen, dass sie in Einklang mit bereits gespeicherten Bildern gebracht werden können. Diese Klassifizierung läuft natürlich nicht nach willkürlichen Regeln ab, die jedes Mal neu entwickelt werden, sondern das Gehirn sucht allgemeingültige Klassifikationsrichtlinien. Ein zunächst unübersichtliches System wird nach festgelegten Regeln in allgemeine Klassen unterteilt. Mit den erhaltenen Elementen wird auf diese Weise weiter verfahren, bis sie in ihrer Einfachheit ganz erfassbar sind. Danach läuft dieser Entwicklungsprozess in der umgekehrten Richtung ab, um über die Verbindungen zwischen den einzelnen Elementen die Struktur, die Eigenschaften und das Verhalten des Ganzen verstehen zu können.

Anforderungen legen durch ihre Beschreibung und Struktur sowohl die problemspezifische Komplexität als auch Teile der lösungsspezifischen Komplexität fest. Wir empfehlen einige konkrete Vorgehensweisen, um die Komplexität und damit die Kompliziertheit zu kontrollieren (siehe auch Kapitel 6) [Ebert2007a]:

- Anforderungen klar strukturieren. Überschriften und Templates einsetzen, damit wesentliche Strukturmerkmale klar erkennbar bleiben.
- Anforderungen kurz und prägnant halten. Eine übliche Faustregel ist, eine einzige Anforderung auf ungefähr ein bis zwei Seiten zu beschränken. Eine einzige Seite hat den Vorteil, dass sie auf einen Blick erfassbar ist. Sobald sich eine Anforderung über mehrere Seiten erstreckt, ist das Risiko groß, dass Zusammenhänge übersehen werden.
- Eine einfache und definierte Sprache verwenden. Häufig haben Anforderungen und Spezifikationen verschiedene Autoren, die ihrerseits eigene Sprachstile bevorzugen. Im schlimmsten Fall werden selbst Fachwörter unterschiedlich eingesetzt. Hier hilft ein Standardwörterbuch (»Data Dictionary«, Glossar), das separat und verbindlich geführt wird. Das Wörterbuch muss während der Erfassung der Anforderungen bereits angelegt werden, denn es hilft auch, Widersprüche in Interviews zu erkennen. Eine Standardgrammatik mit definierten Regeln, welche Hilfsverben einzusetzen sind oder in welcher Person und Zeit Sätze zu schreiben sind, trägt ebenfalls zur Konsistenz und Lesbarkeit bei. Die Satzlänge muss – gerade bei deutschen Autoren – beschränkt sein.
- Bilder sollten einer einfachen Grammatik genügen. Dies gilt nicht nur für die Symbolik, für die UML bereits eine gute Basis liefert, sondern auch für die Anordnung von grafischen Elementen und für Beschriftungen. Hierbei ist UML schwach, da sie (noch) keine durchgängig definierte Semantik bietet. Allerdings lassen sich einfache Regeln aufstellen, die parallel zu Ihrer Projektarbeit wachsen und für Konsistenz sorgen. Beispielsweise sollten Bezeichner bereits Ihren Standards aus der Programmierung folgen. Die Anzahl von Kanten und Elementen in einem Diagramm sollte sowohl nach oben als auch nach unten eingeschränkt werden. Aus der Psychologie nennt man die Anzahl von 7 ± 2 grafischen Blockelementen, die in einem Zusammenhang wahrgenommen und verstanden werden können [Miller1956, Coulter1983, Curtis1986]. Experten allerdings können bis zu 20 gleichartige Elemente in einer Abbildung erfassen.

10.6 Checkliste für die Verwaltung

Die folgende Checkliste unterstützt Sie bei der Verwaltung von Anforderungen im Projekt.

- Sind die Anforderungen mit einer konsistenten Vorlage systematisch spezifiziert?
- Sind wesentliche Attribute für die Anforderungen definiert und umgesetzt (z.B. Identifikation, Version, Variante, Status, Autor, Historie)?
- Haben alle Anforderungen eine eindeutige Quelle, der zur Realisierung auch ein Budget zur Verfügung steht, das im Projekt genutzt wird?
- Besitzen die Anforderungen eindeutige Statusinformationen, die zu jedem Zeitpunkt erlauben, den Projektfortschritt daraus abzuleiten?
- Existiert für Änderungen der Anforderungen ein klar definiertes Änderungskomitee (Change Control Board, CCB), das regelmäßig alle angefallenen Änderungsvorschläge prüft und entscheidet?
- Ist der Prozess für Anforderungsänderungen nach Projektstart oder für neue Anforderungen klar geregelt?
- Wird der Prozess für Anforderungsänderungen nach Projektstart oder für neue Anforderungen systematisch umgesetzt?
- Sind die Anforderungen horizontal verfolgbar, also von einer Markt- oder Kundenanforderung zu einer darauf bezogenen anderen Marktanforderung?
- Sind die Anforderungen vertikal verfolgbar, also von einer Markt- oder Kundenanforderung zu einer darauf bezogenen Produkt- oder Komponentenanforderung?
- Sind Komponentenanforderungen mit Designdokumenten verknüpft?
- Sine Markt- oder Kundenanforderungen mit Akzeptanztests (oder Qualifikationstests) verknüpft?
- Erlaubt Ihr RE-Werkzeug eine angemessene Verfolgung und Kontrolle Ihrer Anforderungen? Können Sie auf frühere Versionen zurückgehen?

10.7 Tipps für die Praxis

- Beschreiben Sie die Beziehungen zwischen Anforderungen untereinander und von Anforderungen zu weiteren Arbeitsergebnissen (horizontale und vertikale Verfolgbarkeit) bereits zu dem Zeitpunkt, wo die Beziehung zum ersten Mal zu erkennen ist. Eine sorgfältig gepflegte Verfolgbarkeit hilft sowohl beim Projektmanagement (wie weit ist das Projekt?) als auch beim Änderungsmanagement (wie wirkt sich dieser Änderungsvorschlag auf mein Projekt aus?).
- Pflegen Sie die horizontalen und vertikalen Beziehungen zwischen Arbeitsergebnissen während des gesamten Projekts. Es nützt nichts, dies nur am Anfang zu machen, weil sich zu viel während des Projekts wieder ändert. Verfolgbarkeit existiert nicht nur vorwärts, sondern wird dann nützlich, wenn sie bidirektional ist.
- Vermeiden Sie Overhead bei den Verfolgbarkeitsbeziehungen und deren Pflege. Verfolgbarkeit ist kein Ziel im Projekt, sondern ein Werkzeug, das unter Kosten-Nutzen-Aspekten umgesetzt wird. Pflegen Sie vor allem diejenigen Abhängigkeiten, die Sie wirklich brauchen oder die bei Änderungen zu einem Fehlerrisiko werden. →

- Gehen Sie davon aus, dass sich Anforderungen zu jedem Projektzeitpunkt ändern können. Jede Änderung hat ihre Bedeutung für ihren Urheber. Ihre Aufgabe im Projektgeschäft ist es, die Änderungen sorgfältig und diszipliniert zu prüfen, in das Projekt aufzunehmen und im Projekt zu verfolgen. Ein gutes Projekt beherrscht die Änderungen und wird nicht von ihnen beherrscht.
- Sprechen Sie proaktiv mit dem Kunden oder Auftraggeber, um Änderungsrisiken abzuschwächen. Nutzen Sie dabei den Wunsch des Kunden, dass das Projekt erfolgreich wird. Bereiten Sie solche Gespräche im Detail vor, denn Sie sollten Szenarios vorstellen und bewerten.
- Schaffen Sie ein klares und verbindliches Änderungsmanagement. Klären Sie, wer die Anforderungen analysiert und wer ihnen zustimmen muss. Etablieren Sie eine einzige und bekannte Schnittstelle (sog. Änderungskomitee), um diese Änderungen zu akzeptieren. Zeigen Sie mithilfe des Projektplans auf, wie sich Änderungen in ihrer Gesamtheit auswirken. Diskutieren Sie Änderungen nie isoliert vom Projekt. Klären Sie vor Projektstart, wer bei Änderungen bezahlen muss. Bestimmen Sie in jedem Projektplan den Meilenstein, ab dem es keine Änderungen mehr gibt. Insbesondere der Vertrieb muss diese Regeln akzeptieren, um den Kunden verlässliche Kosten, Inhalte und Termine garantieren zu können.
- Verknüpfen Sie Projektergebnisse miteinander und mit den Projektanforderungen. Andernfalls sind Änderungen immer Flickschusterei, denn man wird Einflüsse übersehen. Ziehen Sie bei Änderungen alle relevanten Ergebnisse nach. Das ist Aufwand, der im Projektfluss vielleicht stört. Aber ohne diese Konsistenz wird das Projekt schnell insgesamt nicht mehr steuerbar.
- Stellen Sie sicher, dass Entwicklungsleistung nur für Anforderungen eingesetzt wird, die einem konkreten Projekt zugewiesen sind. Arbeiten, die sich nicht auf eine genehmigte Anforderung beziehen, haben in einem gut geführten Projekt nichts verloren.
- Nutzen Sie passende Maße im RE. Eine hohe Änderungsrate der Anforderungen signalisiert, dass das Projekt außer Kontrolle geraten ist. Kurieren Sie nicht die Symptome, sondern reduzieren Sie die Änderungsrate.
- Verfolgen Sie den Anforderungsstatus vor Projektstart, um zu sichern, dass die Anforderungen rechtzeitig analysiert sind.
- Setzen Sie die Earned-Value-Analyse zur Projektkontrolle und Fortschrittsmessung ein. Bei inkrementellen Projekten ergeben die bereits umgesetzten Anforderungen ein ideales Instrument für den wirklichen Projektfortschritt.
- Lernen Sie aus Ihren RE-Erfahrungen. Nach Abschluss des Projekts sollten einige Projektmitarbeiter die Erfahrungen beschreiben und ein bis maximal zwei konkrete Verbesserungsvorschläge ausarbeiten. Nur inkrementelle kontinuierliche Verbesserungen führen zu einem guten RE-Prozess.

10.8 Fragen an die Praxis

- Können Sie alle Anforderungen Ihres derzeitigen Projekts zurück zu Markt- oder Kundenbedürfnissen verfolgen?
- Existiert zu jeder Anforderung eine Kosten-Nutzen-Rechnung, die verifiziert wurde?
- Gibt es für jede Anforderung eine Interessengruppe im Unternehmen, die sie unterstützt? Oder gibt es eine Anzahl von Anforderungen ohne eine klare Quelle?
- Welche Beziehungen zwischen den einzelnen Projektergebnissen pflegen Sie? Warum?
- In welchen praktischen Situationen ist die Verfolgbarkeit von Anforderungen untereinander wichtig?

- Wie beschreiben Sie horizontale und vertikale Verfolgbarkeit in Ihren Projekten? Haben Sie beide Typen der Verfolgbarkeit in Ihrem Projekt eingeführt? Erkennen Sie einen Zusammenhang in der Praxis?
- Wie gehen Sie vor, wenn der Geschäftsnutzen einer Anforderung drastisch schrumpft?
- Können Sie Anforderungen, die an Bedeutung verlieren, einfach aus dem Design ausblenden, oder muss alles, was angefangen worden ist, auch fertig entwickelt werden?
- Wie stark ändern sich Anforderungen in Ihren Projekten?
- Ist die Änderungsrate akzeptabel oder wird dadurch die Qualität der Arbeit oder die Kundenzufriedenheit und damit der Markterfolg negativ beeinflusst?
- Warum ändern sich Anforderungen in Ihren Projekten? Nehmen Sie einige der früheren Änderungen und untersuchen Sie, was die Änderung auslöste, ob man sie hätte bereits früher bemerken müssen und ob die Änderung beherrscht wurde.
- Wie könnten Sie Änderungen der Anforderungen bereits bei der Analyse abschätzen?
- Wie messen Sie Anforderungen (z.B. Fortschritt, Vollständigkeit, Wert der Anforderungen, Messbarkeit von Anforderungen, Performanz des Systems, Anforderungsänderungen, Qualität)?

11 Werkzeugunterstützung

A fool with a tool remains a fool.

– *Anonym*

11.1 Werkzeuge für das Requirements Engineering

Wir haben bisher gelernt, dass ein wichtiger Erfolgsfaktor im Projekt darin besteht, dass Anforderungen systematisch ermittelt, spezifiziert, analysiert zugewiesen und vor allem im Verlauf des Projekts diszipliniert gepflegt und verwaltet werden. Anforderungen allerdings nur auf der Basis von schriftlichen Dokumenten zu pflegen, hat verschiedene Nachteile:

- Die Kommunikation von Änderungen der ursprünglichen Anforderungen und deren Verfolgung ist nur manuell möglich und dpeteraher fehleranfällig (z.B. sind alle Entwickler und Tester informiert?).
- Es ist schwer, zusätzliche Informationen zu Anforderungen leicht zugreifbar und verlinkt darzustellen (z.B. Standards, zusätzliche Kundendokumente, Marketingbeschreibungen).
- Statische Textdokumente lassen sich kaum konsistent und aktuell halten.
- Verschiedene Beteiligte arbeiten mit unterschiedlichen Versionen und Inhalten von Anforderungen und Spezifikationen.
- Anforderungen können kaum zu Use Cases, Entwurf, Code, Testfällen und Projektplänen verfolgt werden.
- Eine Statusverfolgung im Projekt, und damit die Messung des Projektfortschritts aus Kundensicht, ist nur manuell möglich und somit schwer reproduzierbar.

Prozesse brauchen eine gute Werkzeugunterstützung, um optimal gelebt werden zu können [Ebert2007a]. Abbildung 11–1 zeigt die Ergebnisse einer Studie, in der die Effekte von Prozessverbesserungen untersucht wurden. Eine reine Werkzeugeinführung brachte einen kaum relevanten Nutzen (2 % Verbesserung). Prozessverbesserungen ergaben 8 % Nutzen. Prozessverbesserungen unterstützt mit den richtigen Werkzeugen brachten 20 % Effizienzverbesserung. Daher sollte vor der Auswahl und Einführung eines Werkzeugs immer die Festlegung eines – durchaus schlanken und einfachen – Prozesses und einer brauchbaren Methodik stehen. Beides ist gleichermaßen relevant. Der Prozess sichert Effizienz und Disziplin. Die Methodik schafft Systematik und Unterstützung im Engineering. Sie unterstützen die Umsetzung eines Prozesses, aber die Arbeit bleibt weiterhin bei den menschlichen Benutzern.

Ein Werkzeug, um Anforderungen zu speichern und zu verwalten, erleichtert das Requirements Engineering sehr und ermöglicht den schnellen und konsistenten Zugriff auf die Anforderungen des Projekts – gerade auch für interne und externe Interessenvertreter und Mitarbeiter, die an einem ganz anderen Standort arbeiten. Als Werkzeuge kommen verschiedene Lösungen in Betracht, die wir hier kurz vorstellen wollen. Eine Minimalanforderung an ein solches Werkzeug ist, dass es Anforderungen anhand eines von Ihnen gewählten Templates darstellen kann. Zudem sollte es Änderungsmanagement, verteilten Zugriff, Verlinkung zu anderen Anforderungen und auch zu weiteren Projektergebnissen und Entwicklungswerkzeugen erlauben. Damit kommen ganz unterschiedliche Werkzeuge in Betracht, vom einfachen Tabellenprogramm über eine kollaborative Wiki-Umgebung bis hin zu einem »High-End«-Werkzeug mit Lizenzkosten im vier- bis fünfstelligen Bereich.

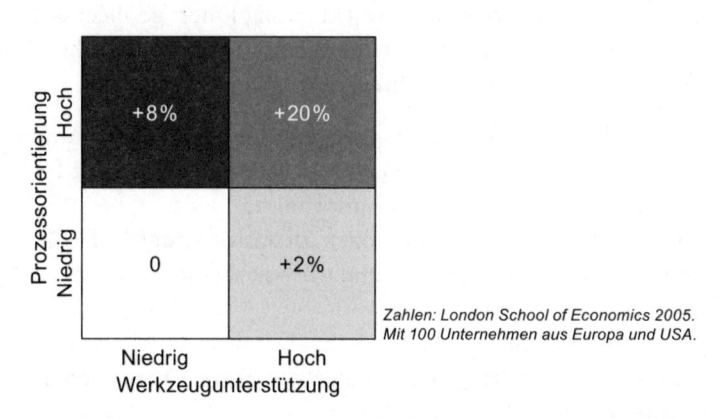

Abb. 11-1 *Effizienzverbesserung durch die richtigen Prozesse und Werkzeuge*

Spreadsheets, Wikis und einfache Datenbanken

Am unteren Ende stehen selbst gemachte Templates in einer Tabellenkalkulation oder auch einfache Datenbanken. Datenbanken können sehr einfach über Wiki-Umgebungen realisiert werden. Wiki-Umgebungen erlauben es, ein vorhandenes Template oder sogar das komplette Hosting von einer externen Quelle zu übernehmen und an die eigenen Bedürfnisse anzupassen. Die meisten Wiki-Anwendungen sind als Open Source realisiert. Ein repräsentatives Beispiel ist das Werkzeug FitNesse, das zur Sammlung von Anforderungen und zur Testspezifikation eingesetzt wird [FitNesse2005]. Es bietet die Möglichkeit, Testfälle interaktiv und verteilt (also durch verschiedene Mitarbeiter an verschiedenen Standorten) als Tabellen von Eingangsparametern oder -szenarien verbunden mit den erwarteten Ausgangsergebnissen zu spezifizieren. Die Benutzer brauchen keinerlei HTML-Kenntnisse, um die Einträge zu bearbeiten oder zu verwalten. OpenCollective beschreibt, wie Wiki-Umgebungen für das Requirements Engineering aufgebaut und genutzt werden [OpenCollective2005].

Alle Ansätze (Templates im Text- oder Tabellenprogramm, eine Datenbank oder eine Wiki-Umgebung) können einen guten und sinnvollen Einstieg in einem kleinen Projekt schaffen. Zu einem späteren Zeitpunkt kann man ein (gutes) Template in ein dediziertes RE-Werkzeug übertragen. Eine Migration zu einem anderen Werkzeug muss häufig Konfigurationsdaten und die historische Entwicklung bestimmter Einträge über die Zeit aufgeben. Zumeist können nur Tabellen und Templates übertragen werden und keine Konfigurationsdaten.

Entwicklungsumgebungen und Modellierungswerkzeuge
Eine weitere Kategorie von Werkzeugen sind die Entwicklungsumgebungen. Sie werden als PLM-Werkzeuge (Produktlebenszyklus-Management) bezeichnet, da sie Informationen über den Lebenszyklus des Produkts hinweg entwickeln, verwalten und pflegen. Früher gab es dafür Bezeichnungen wie CASE-Umgebungen (Computer Assisted Software Engineering) oder IDEs (Integrated Development Environment). Diese Umgebungen bringen in der Regel verschiedene Werkzeuge zusammen, die mehr oder weniger gut integriert sind. Von einer Umgebung spricht man, wenn ein Data-Backbone einen transparenten Datenaustausch ermöglicht, sodass die Inhalte konsistent sind und nur einmal beschrieben werden müssen. Dieser Austausch sollte zumindest inhaltlich unterstützt werden, also Zugriffe auf die gleichen Datenbestände aus verschiedenen Werkzeugen heraus ermöglichen. Darüber hinaus werden oftmals semantische Informationen zur Verfügung gestellt (z.B. Metabeschreibungen zu einem Datenbestand über Versionen, Ursprung, Nutzung und Verlinkungen) und Kommunikationsmechanismen, beispielsweise Trigger, um andere Werkzeuge darauf hinzuweisen, wenn sich in einem Werkzeug etwas geändert hat. Aktuell werden diese Umgebungen in aller Regel auf der Basis von Eclipse erstellt [Eclipse2007]. Nur die großen Werkzeughersteller, wie Borland, IBM, Telelogic oder Vector, bieten eine selbst gepflegte Integrations- und Interaktionsumgebung, die dann aber eine ideale Basis für die saubere Interaktion unterschiedlicher – eigener – Werkzeugmodule darstellt.

Aus der Sicht des Requirements Engineering bieten diese Werkzeugumgebungen einen Analyse- und Design-Arbeitsplatz, der die Erfassung, Analyse und Weiterverarbeitung von Spezifikationen ermöglicht. Dies allein ist natürlich noch kein Grund, von einer Umgebung zu sprechen. Es braucht also auch übergreifende Glossare, die die Daten der Spezifikationen verwalten und kontrollieren. Einige Umgebungen bieten Generatoren an, die Spezifikationen in Entwurfsbeschreibungen und Quellcode umsetzen. Die Qualität der Umsetzung ist zwar nicht besonders gut und in aller Regel nur in der Vorwärtsrichtung brauchbar, aber immerhin wird ein Rahmen erstellt, der sich dann erweitern lässt.

Spezielle RE-Werkzeuge
Eine dritte Gruppe von Werkzeugen, die wir im Folgenden näher betrachten, sind die dezidierten RE-Werkzeuge. Sie bieten die Verwaltung und Verlinkung von Anforderungen, Spezifikationen und weiteren Dokumenten (z.B. Testfällen) sowie die Verknüpfung dieser Dokumente zur Projektverfolgung. Viele stellen eine einfache grafische Umgebung zur Verfügung, mit der auch Modelle beschrieben werden können. Die großen Hersteller setzen allerdings eher auf eine Trennung von RE auf der einen und Modellierung auf der anderen Seite, sodass zwei verschiedene Werkzeuge bei der Spezifikation und Analyse zum Einsatz kommen, eine anforderungsorientierte Datenbank und ein grafisches Modellierungswerkzeug. Heute setzen praktisch alle Modellierungswerkzeuge die UML-Notation ein. Die Unterstützung bestimmter Methoden ist allerdings oft eingeschränkt und sollte exakt evaluiert werden, wenn Bedarf nach einer bestimmten Methode besteht.

Was billig aussieht, bleibt es nicht.
Diese Regel gilt bei Werkzeugen ganz besonders. Oftmals fließen eine Menge versteckter Kosten in »hausgemachte« Werkzeuge, und schließlich wird man feststellen, dass sie den Ansprüchen nicht mehr gerecht werden, und sie werden gegen ein kommerzielles Werkzeug ausgetauscht. Die Kosten eines Werkzeugs resultieren nicht primär aus den einmaligen Lizenzkosten, sondern aus dessen Einführung, Nutzung und Wartung. Beachten Sie daher immer die sogenannten Lebenszykluskosten (sog. Total Cost of Ownership). Wenn sich Benutzer ständig mit dem Werkzeug ärgern und nicht reibungslos damit arbeiten können, ist der Produktivitätsverlust schnell höher als die Anschaffungskosten.

Grundsätzlich gilt heute, dass kein Benutzer mehr solche Werkzeuge selbst entwickeln sollte – außer Sie wollen es anschließend verkaufen oder aber im Bereich von kundenspezifischen Dienstleistungen einsetzen. Das gilt beispielsweise in Situationen, wo das RE-Werkzeug gleichzeitig als Konfigurator für eine Plattform eingesetzt wird, um sie einfach kundenspezifisch zu gestalten. Machen Sie sich im Vorfeld klar, was genau Sie heute brauchen und wohin die Entwicklung führen wird, sodass das gewählte Werkzeug sich leicht einführen und später ersetzen oder erweitern lässt.

Bevor man über RE-Werkzeuge nachdenkt, muss man seine Prozesse im Griff haben.
Werkzeuge ermitteln keine Anforderungen, und sie sind kein Ersatz für einen Prozess! Wir hören bei Kunden oft, dass sie »DOORS eingeführt haben und damit das Thema RE im Griff haben«. In der Tat bringt ein mächtiges Werkzeug zunächst einmal das Gefühl, dass damit alle Probleme beseitigt sind. Nicht beachtet wird, dass ein Werkzeug ohne Prozess zu Komplexität und Mehrarbeit führt. Oftmals sehen wir in solchen Unternehmen eine Schattenwelt aus einfachen Lösungen, die die Ingenieure und Softwareentwickler für den Tagesbedarf nutzen, beispielsweise Spreadsheets für »ihre eigenen Anforderungen und deren Status«. Wenn Artefakte dann fertig sind, werden sie auf einmal in das mächtige Werkzeug übertragen. Die Mitarbeiter klagen in diesen Fällen über Overhead,

11.1 Werkzeuge für das Requirements Engineering

während sich Projektleiter und Vorgesetzte über fehlende Disziplin und Sichtbarkeit beschweren.

Wie werden RE-Werkzeuge eingeführt? Worauf ist dabei zu achten? Abbildung 11–2 zeigt eine Planungsvorlage zur Einführung eines RE-Werkzeugs. Wesentlich dabei ist die enge Verzahnung der drei Themen Veränderungsmanagement, Prozessentwicklung und Werkzeugeinführung. Die Einführung (oder Migration) eines RE-Werkzeugs hat vielfältige Einflüsse auf die Organisation und sollte daher immer mit dem nötigen Veränderungsmanagement begleitet werden. Das ist zwar ein Zusatzaufwand, vor allem, weil dazu externe Unterstützung und Expertise nötig ist, aber wenn man die Aufwände mit dem Risiko eines nicht adäquat nutzbaren Werkzeugs vergleicht, ist der Business Case schnell aufgemacht.

Aus der Vielzahl von Werkzeugen für das Requirements Engineering betrachten wir hier nur jene Gruppe, die im Management von Anforderungen eingesetzt werden. Werkzeuge zur Modellierung und Analyse von Anforderungen, für das Produktdatenmanagement oder für das Projekt- oder Portfoliomanagement lassen wir weg, da sie zumeist ihre Stärke in einem anderen Bereich haben und Anforderungen nur insoweit verwalten oder referenzieren, wie dies für die jeweilige Spezialaufgabe relevant ist.

Tabelle 11–1 listet einige derjenigen Werkzeuge auf, die auf breiter Basis eingesetzt werden. Da oftmals nicht nur die Kernfunktionen zählen, sondern auch die Einstiegskosten, haben wir beide Faktoren aufgeführt. Wir haben bewusst keine Bewertung der Werkzeuge vorgenommen, da sie sich schnell ändern (viele Hersteller liefern einen Update pro Jahr), und so das relative Gewicht ebenso ständigen Änderungen ausgesetzt ist.

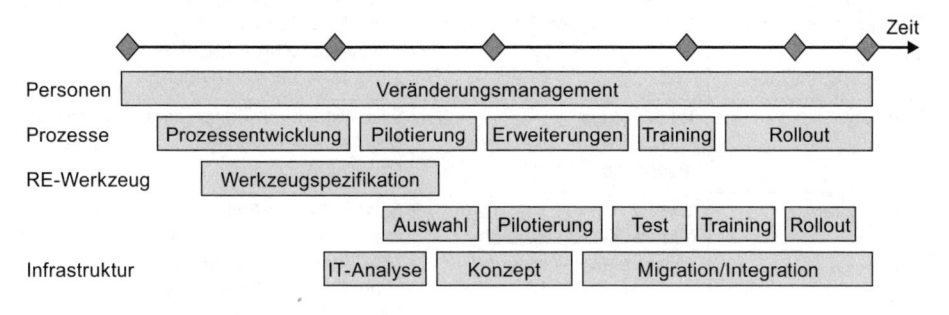

Abb. 11–2 *Template zur Einführung eines RE-Werkzeugs*

Die genannten Kosten beziehen sich auf Einzelplatzlizenzen und die unbedingt nötige Infrastruktur (Hardware, zusätzliche Software, wie externe Datenbanken). Allerdings gleicht sich die Infrastruktur zunehmend an, und die Zeiten sind vorbei, wo ein Werkzeug wie DOORS zuerst Workstations unter Unix unterstützte, bevor die gleichen Funktionen auf dem PC erhältlich waren. Heute sind alle Werkzeuge primär für PCs (sogenannte »Engineering Desktops«) geeignet und beliefern diesen Markt zuerst mit neuen Funktionen. Gleichzeitig sind die

Anforderungen hinsichtlich externer Datenbanken zurückgegangen. Wo früher eine Oracle-Datenbank für die High-End-Werkzeuge unabdingbar war und damit zu den Benutzungskosten direkt beitrug, ist heute oftmals eine kleine proprietäre oder Open-Source-Datenbank eingebaut, die nur für sehr große und verteilte Projekte durch eine aufwendige externe Datenbank ersetzt werden muss.

Werkzeug	Hersteller	Schlüsselfunktionen	Kosten
CaliberRM	Borland http://www.borland.com	Spezifikation, lebenszyklusorientiert, große Systeme, Verfolgbarkeit, TestDirector, Borland Star Team, MS Project	Hoch
CARE (Computer Aided Requirements Engineering)	SOPHIST Technologies http://www.sophist.de	Spezifikation, Datenbanksicht, Use-Case-Unterstützung, MS Office, Lotus Notes	Niedrig
DOORS (Dynamic Object Oriented Requirements System)	Telelogic http://www.telelogic.com	Spezifikation, große Projekte, Produktlinien, lebenszyklusorientiert, Verfolgbarkeit, UML-Tools, XML-Unterstützung, MS Project, API verfügbar	Hoch
eASEE	Vector http://www.vector-informatik.de	Engineering-Umgebung mit Data-Backbone und Modulen, z.B. RE (Spezifikation, Releaseplanung, Verfolgbarkeit), Projektmanagement, CM	Hoch
IRqA (Integral Requisite Analyzer)	Visure http://www.irqaonline.com/	Spezifikation, OO-Analyse und ERM, Verfolgbarkeit, Teststatus, XML-Unterstützung, MS-Office-Anbindung	Mittel
Reqtify	TNI-Valiosys http://www.tni-world.com/reqtify.asp	Spezifikation, Verfolgbarkeit, MS-Office-Anbindung, Simulink-Anbindung	Niedrig-Mittel
RequisitePro	IBM http://www-306.ibm.com/software/sw-bycategory/	Spezifikation, Änderungsmanagement, Verfolgbarkeit, MS Office, XML-Unterstützung, Rational Rose, TeamTest, MS Project, Internet	Hoch
RMTrak	RBC Product Development http://www.rmtrak.com	Einstiegswerkzeug, Spezifikation, MS Office, SQL Interface	Niedrig
Truereq PLM	Truereq http://www.truereq.com	Einstiegswerkzeug, Spezifikation, XML-Unterstützung, kostenlose Einzelplatzlizenz	Niedrig

Tab. 11–1 Werkzeuge für das RE

11.1 Werkzeuge für das Requirements Engineering

Beachten Sie bei den Kosten, dass die Lizenzkosten pro Arbeitsplatz bei mehr als zehn Benutzern bereits stark reduziert sind. Allerdings brauchen nicht alle Mitarbeiter, die Anforderungen bearbeiten, ein solches Werkzeug. Es ist primär für jene Mitarbeiter vorgesehen, die Anforderungen spezifizieren. Oftmals wird man das Tool primär als Repository verwenden, während die große Gruppe der nur lesenden Benutzer keine teure Schreiblizenz benötigt. Stimmen Sie sich hier mit dem Hersteller genau ab, denn die Lizenzmodelle der High-End-Werkzeuge (d.h. CaliberRM, DOORS, eASEE, RequisitePro etc.) variieren stark.

Ein interessanter Kosten-Nutzen-Aspekt, den Sie evaluieren sollten, ist, eher ein teures, aber funktional optimales Werkzeug mit wenigen Lizenzen zu nehmen als ein günstiges Werkzeug, das aber nachher in der Funktionalität und Performanz enttäuschend ist. Oftmals genügt es, wenn die Inhalte des Werkzeugs als Report auf dem firmeneigenen Intranet zur Verfügung stehen, der nächtlich aktualisiert wird. Hyperlinks zu den detaillierten Anforderungsspezifikationen helfen dabei, dass beim nur lesenden Zugriff auf die Werkzeuge trotzdem alle Informationen zur Verfügung stehen. Statusänderungen einer Anforderung, wie sie beispielsweise bei inkrementellem Vorgehen zur Fortschrittsverfolgung auf Gruppenebene nötig sind, können zentral gesammelt werden und durch den Projektmanager einmal täglich aktualisiert werden, ohne dass damit jeder Tester dazu eine Schreiblizenz braucht.

Unabhängig davon, wie Ihre Anforderungen an ein Werkzeug aussehen, sollten Sie das ausgewählte Werkzeug erst einmal für ein Jahr pilotieren, bevor Sie es unternehmensweit einführen. Ein Jahr für die Erprobungsphase mag lang erscheinen, aber Sie sollten bedenken, dass das Werkzeug nicht nur bei der Erfassung von Anforderungen geprüft werden sollte, sondern auch bei Änderungen oder in der Verknüpfung mit anderen Phasen oder in Verbindung mit anderen Entwicklungswerkzeugen. Ein RE-Werkzeug, dessen Funktionen über das reine Editieren hinausgehen, hat seine Feuerprobe erst dann bestanden, wenn es in verschiedenen Produkten und Produktversionen gleichzeitig eingesetzt war. Erproben Sie daher gezielt die späteren Anwendungsfälle, beispielsweise Wiederverwendung von Anforderungen, Konfigurationsmanagement bei Änderungen und Varianten von Anforderungen, Verfolgbarkeit und Verfolgung zu anderen Anforderungen und zu anderen Arbeitsergebnissen (in anderen Werkzeugen). Prüfen Sie insbesondere die Benutzbarkeit bei Personen, die nicht gewohnt sind, mit Softwarewerkzeugen zu arbeiten.

Wir wollen in den folgenden Unterkapiteln (Kap. 11.2 bis 11.5) einige Beispiel skizzieren, die den Einsatz der populären RE-Werkzeuge beschreiben. Wir haben die Hersteller gebeten, für einen typischen Anwendungsfall (z.B. Anforderung spezifizieren) zu beschreiben, wie das Werkzeug eingesetzt wird. Eine solch kurze Beschreibung aus Herstellersicht ist zugegeben etwas unbefriedigend, aber es erschien uns doch noch besser zu sein, als nur trocken über Werkzeuge zu schreiben. Alle Hersteller haben eine Internetseite (siehe Tab. 11–1), wo Sie sich näher informieren können, Demoversionen erhalten können und wo Sie auch einen Vertreter des Herstellers direkt kontaktieren können.

11.2 Beispiel: Anforderungen erfassen und verwalten mit CaliberRM

Borland CaliberRM ist das Werkzeug für Anforderungsdefinition und -management innerhalb der Borland Open ALM Lösungspalette[28]. Das Werkzeug unterstützt die effektive Erfassung, Verwaltung, Verknüpfung und Auswertung von Anforderungen in einem einheitlichen Repository und optimiert die Zusammenarbeit und Kommunikation zwischen allen Beteiligten während des gesamten Lebenszyklus der Softwareentwicklung.

Anhand des Anwendungsfalls »Erfassen, Analysieren, Zuordnen und Versionieren einer Anforderung« zeigen wir die Grundfunktionalität des Werkzeugs auf. Als Beispiel dienen die Anforderungen an das zu erstellende Produkt »CarConfigurator«. Das Produkt existiert bereits mit allen Anforderungen und soll nun um die neue Funktion »Online-Preisberechnung« ergänzt werden (Abb. 11–3). Der Anwendungsfall zeigt den Weg dieser Anforderung in das CaliberRM-System.

Im ersten Schritt wird das Projekt ausgewählt, in dem unsere Anforderung in CaliberRM hinzugefügt werden soll. In unserem Beispiel heißt das Projekt »CarConfigurator«. Da verschiedene Anforderungstypen auch unterschiedlich strukturiert werden, können für jeden Typ spezifische Attribute definiert werden. Bei Benutzeranforderungen sind das in unserem Beispiel die Felder »Machbarkeit«, »Produkteinfluss« und »Komplexität«. Bei Bedarf lassen sich weitere Attribute definieren, wie Datumsfelder, Größenangaben oder Währungsfelder für Kostenabschätzungen. Aus diesen Attributen kann das Produktmanagement letztendlich die richtigen Entscheidungen für oder gegen eine Umsetzung jeder Benutzeranforderung treffen. Unsere Anforderung ist vom Typ »Benutzeranforderung«, wird also dort hinzugefügt. Da bereits viele Benutzeranforderungen existieren, muss sie auch in die richtige Hierarchie eingefügt werden, in diesem Fall ist es der Bereich »Ausgabe«. Hier sind alle ausgaberelevanten Benutzeranforderungen hinterlegt. In der Beschreibung wird auf den Punkt gebracht, was für die Anforderung wichtig ist und nicht in den verschiedenen Attributen festlegbar ist.

CaliberRM bietet für jede Interessengruppe eine einfach zu bedienende grafische Oberfläche. Ausgangspunkt ist die hierarchische Strukturierung der verschiedenartigsten Anforderungen bis zu der gewünschten Granularität. Jede Anforderung hat neben Namen und Beschreibung weitere Systemattribute wie Status oder Priorität (Abb. 11–3). Da unsere Anforderung eine neue Anforderung ist, wird der Status »erfasst« automatisch festgelegt. Der eintragende Benutzer sieht die Anforderung als ein Muss an, also wird das Prioritätsattribut mit »muss« gefüllt.

Die Beschreibung wird in einem Textfeld eingegeben, das einem Textverarbeitungssystem entspricht. Neben den üblichen Formatierungsregeln und einer Rechtschreibkontrolle gibt es die Möglichkeit, Bilder, OLE-Objekte und Tabellen einzufügen. Durch die Unterstützung von Glossaren können nicht nur Abkürzun-

---

28. http://www.borland.com

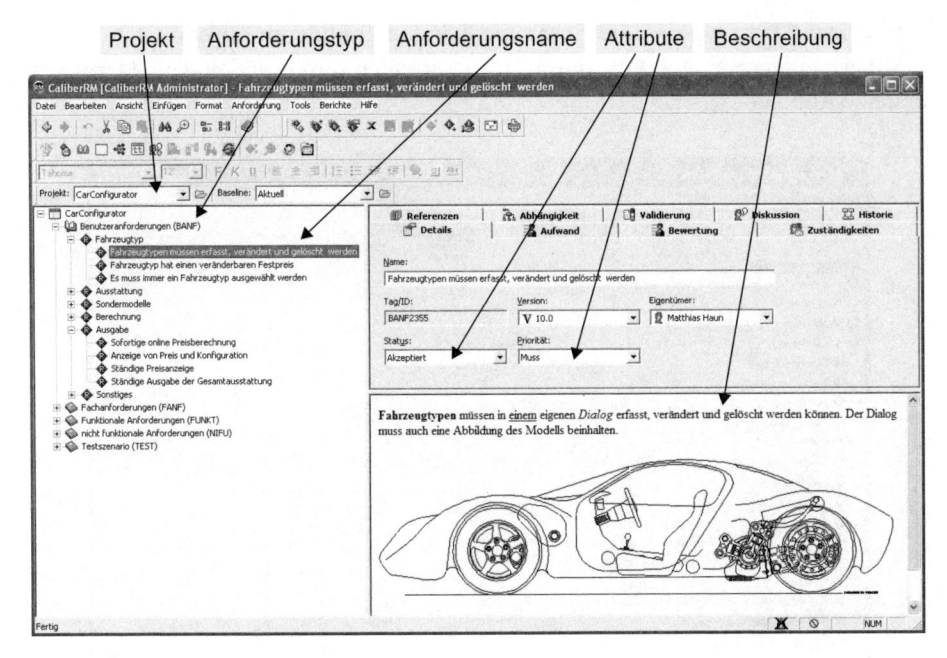

11.2 Beispiel: Anforderungen erfassen und verwalten mit CaliberRM

Abb. 11-3 GUI von CaliberRM

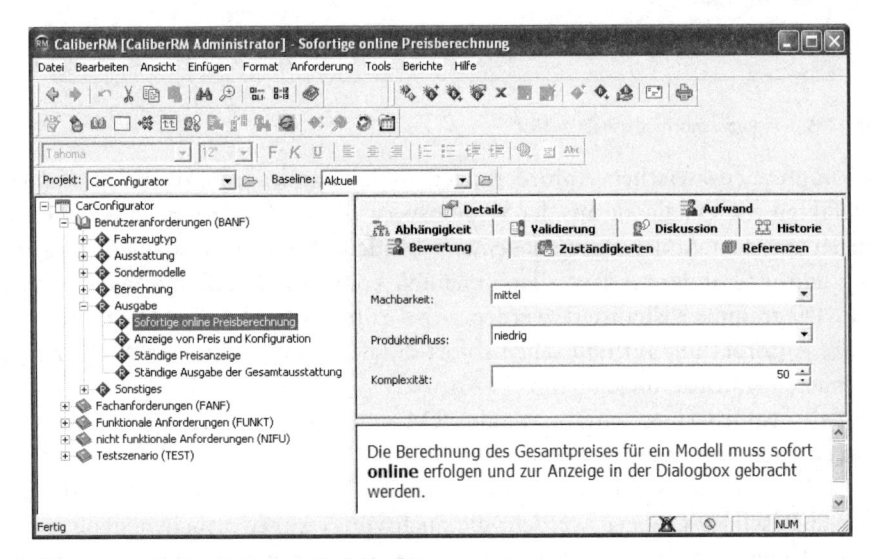

Abb. 11-4 Anlegen einer Anforderung in CaliberRM

gen anschaulich dargestellt werden, auch Wörter, die in einer Anforderung nicht vorkommen sollten (»könnte«, »vielleicht«, »schnell« usw.), können farblich abgesetzt werden.

Mit der alleinigen Erfassung der Anforderung ist es natürlich nicht getan. Die Anforderung muss nun in Zusammenhang mit funktionalen Anforderungen gebracht werden. Dazu ruft man sich die Anforderungsmatrix gefiltert auf den

Bildschirm. Dann werden die Zusammenhänge mit anderen funktionalen Anforderungen eingetragen und die daraus resultierenden funktionalen Anforderungen erstellt (Abb. 11–5).

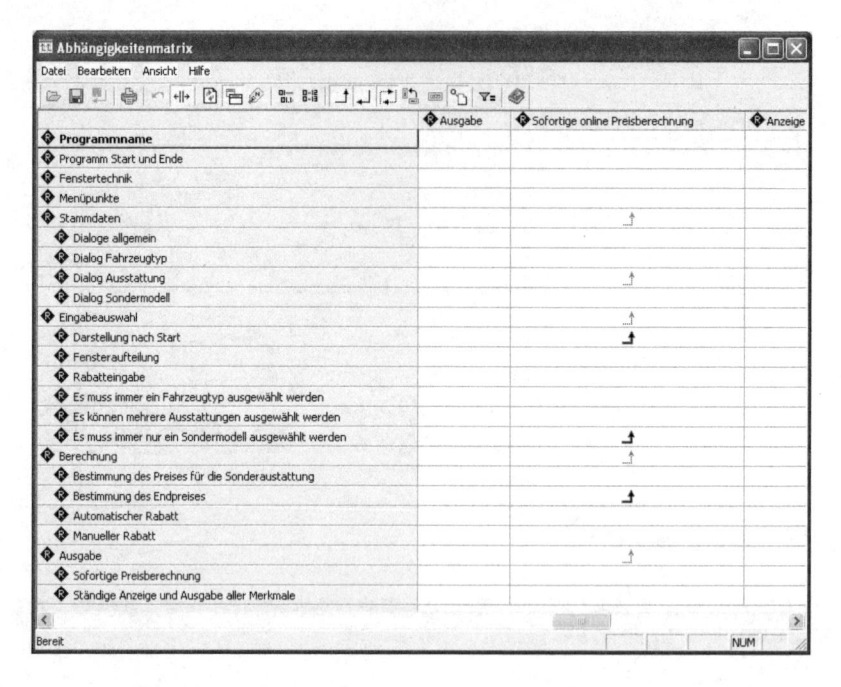

Abb. 11–5 *Anforderungsmatrix in CaliberRM*

Verknüpfungen zwischen Anforderungen untereinander und zu vielen anderen Artefakten wie Quellcode aus der Versionsverwaltung, Änderungen und Erweiterungen aus dem Änderungsmanagement, Modelle aus dem Modellierungswerkzeug und jede andere Art von Dokumenten können anhand einer Matrix bzw. eines Diagramms visualisiert werden. Also rufen wir jetzt das Diagramm für unsere Anforderung auf und sehen sofort die Beziehungen unserer Anforderung zu anderen Anforderungen (Abb. 11–6).

Jede Anforderung wird in CaliberRM automatisch versioniert, Versionen können miteinander verglichen werden (Abb. 11–7).

Soll aus fertiggestellten Anforderungen ein Lastenheft generiert werden, so können Baselines gezogen werden, die auch von Verantwortlichen signiert und mittels Document Factory nach Word ausgegeben werden können (Abb. 11–8). Unterschiede zwischen Baselines können natürlich jederzeit visualisiert werden. In unserem Beispiel wird zunächst die Version »1.0« erzeugt. Ändern wir den Beschreibungstext, so ist das für das System eine Änderung und die Anforderung bekommt die Versionsnummer »2.0«. Nach dem Eintragen von weiteren Benutzeranforderungen halten wir nun den Gesamtumfang aller Benutzeranforderungen in einer Baseline fest, das wird unser neues Lastenheft. Da dieses Dokument

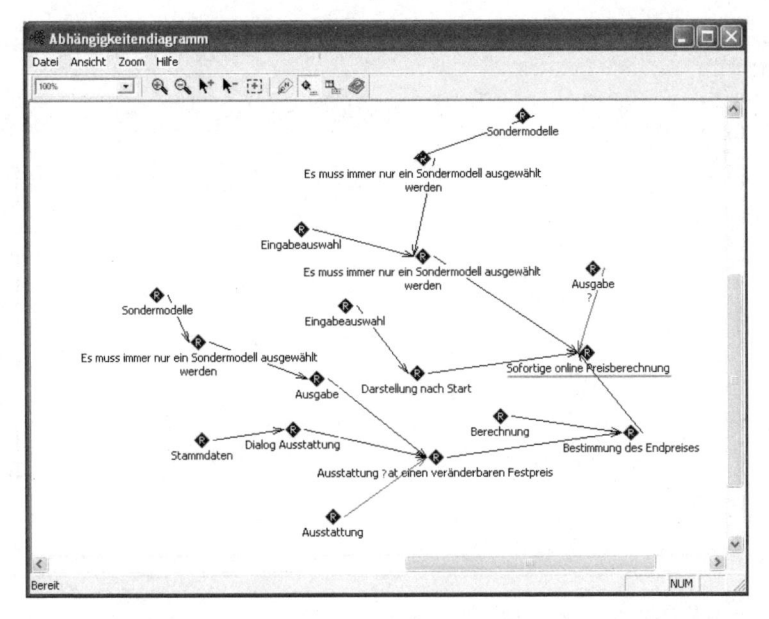

11.2 Beispiel: Anforderungen erfassen und verwalten mit CaliberRM

Abb. 11-6   Anforderungsdiagramm in CaliberRM

Abb. 11-7   Vergleich von Baselines in CaliberRM

als elektronisches Dokument außerhalb von CaliberRM verfügbar sein muss und nicht mehr änderbar sein soll, erzeugen wir in CaliberRM mittels einer Dokumentvorlage und der CaliberRM Document Factory ein Word-Dokument, das wir ausdrucken und als Vertragsgrundlage verwenden können. Der Inhalt des Dokuments ist in CaliberRM in einer Baseline eingefroren und damit jederzeit wieder herstellbar.

Nun ist das Produktmanagement an der Reihe. Die Anforderung wird weiter analysiert und spezifiziert. Ergeben sich aus dieser Benutzeranforderung neue

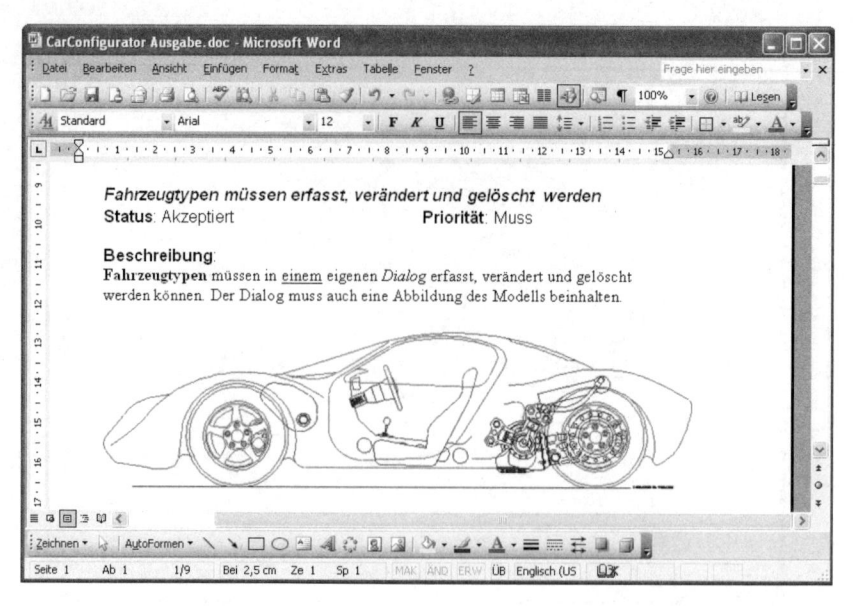

Abb. 11-8 *Ausgabe von Anforderungen mittels Document Factory*

funktionale Anforderungen, so werden diese ebenfalls in der gewünschten Granularität dem System hinzugefügt und mit den Benutzeranforderungen verbunden. Aus allen funktionalen Anforderungen für die neue Version kann das Produktmanagement nun den Aufwand schätzen bzw. Anforderungen auch für kommende Versionen verschieben. Das Ergebnis ist dann das Feinkonzept. Werden nun aus den funktionalen Anforderungen Testfälle erstellt, so ist ein Rückschluss bis zur einzelnen Benutzeranforderung möglich. Ebenfalls kann man daraus die Anforderungsabdeckung durch Testfälle ermitteln. Damit ist unser Anwendungsfall abgeschlossen.

11.3 Beispiel: Use-Case-getriebenes RE mit CARE

CARE (Computer Aided Requirements Engineering) ist ein Lotus-Notes-basiertes Werkzeug der Firma Sophist[29], das Entwickler von technischen und nicht technischen Systemen und Softwareerzeugnissen in dem Prozess unterstützt, Anforderungen an ein neues System oder eine neue Software zu sammeln, zu optimieren und durch alle Iterationen hindurch nachvollziehbar zu verwalten. Es dient primär der Sammlung und Organisation von Anforderungen und beendet die in Projekten häufig anzutreffende Zettelwirtschaft. Als Fallbeispiel für die Umsetzung eines Use Case in CARE möchten wir im Folgenden ein Projekt der Sophisten bei einem großen deutschen Handelsunternehmen heranziehen.

---

29. *http://www.sophist.de*

Zielsetzung des Projekts

In diesem Projekt sollte ein Team bestehend aus 3 Analytikern die bis dato ausschließlich auf Papier abgewickelten Ist-Geschäftsprozesse der Abrechnung des Hamburger Unternehmens spezifizieren, optimierte Soll-Geschäftsprozesse entwickeln und die damit verbundenen abstrakten Anforderungen auf Geschäftsprozesslevel dokumentieren. Aus den Ergebnissen dieser Projektphase werden im aktuellen Folgeprojekt die zu spezifizierenden System- Use-Cases und Systemanforderungen erhoben.

Das Grobziel des Gesamtprojekts ist es somit, in letzter Instanz eine Spezifikation an ein IT-System zu erstellen, das die optimalen Geschäftsprozesse der Abrechnung dieses Unternehmens vollständig unterstützt.

Vorgehen

Der Problemstellung gemäß wurde ein Use-Case-getriebenes Vorgehen mit CARE eingesetzt, wodurch die Analyse der funktionalen Anforderungen in den Fokus rückte. Somit wird bereits hier das Fundament gelegt, auf dem das geforderte Systemverhalten sowie die damit einhergehende Anwenderakzeptanz und somit der Projekterfolg basieren. Im Projekt wurden zunächst Use Cases der Geschäftsprozesse identifiziert und anhand einer Use-Case-Schablone definiert, um anschließend die Basis für die einzelnen Anforderungen zu bilden.

Use Cases in CARE

CARE besitzt für Use Cases standardmäßig eine selbsterklärende Eingabemaske, die sämtliche Attribute enthält, die sich in der Praxis als relevant erwiesen haben (Abb. 11–9). Die Analytiker können die Kurzbeschreibung des Use Case, die verbale Beschreibung des Use-Case-Ablaufs, Abhängigkeiten (sog. includes bzw. extends), Vorbedingungen, beteiligte Akteure, den Zustand des Systems nach Ablauf des Use Case, das fachliche Ergebnis und weitere Informationen in diesen Vorlagen strukturiert dokumentieren.

Dokumenttypen in CARE

CARE unterscheidet verschiedene Dokumenttypen, die individuell auf die dabei jeweils benötigte Funktionalitäten zugeschnitten sind. In diesem Projekt kamen sechs verschiedene Dokumenttypen zum Einsatz: »Interviews«, »Requirements«, »Definitions«, »Questions«, »Annotations« und natürlich »Use Cases«. Den Dokumententyp »Use Case« haben Sie ja eben schon kennengelernt.

Die Geschäftsprozesse und Anforderungen wurden in diesem Projekt mittels Interviews erhoben. Ausschlaggebend für die Wahl dieser Methode war die direkte Bereitstellung von Ansprechpartnern auf Kundenseite sowie die Tatsache, dass das Analyseteam Vollzeit vor Ort beim Kunden sein konnte. Alle Interviews wurden mitprotokolliert und die Mitschriften anschließend als Dokument vom Typ »Interview« in der CARE-Datenbank gespeichert. Anforderungen, die in den Interviews identifiziert wurden, konnten direkt aus dem Dokument heraus erzeugt werden, wodurch CARE die beiden Dokumente bidirektional miteinander verlinkt, was sich als sehr vorteilhaft bei eventuellen Rückfragen erwiesen hat, da man für jede Anforderung genau weiß, wer diese in welchem Kontext gefordert hatte.

Anforderungen wurden im Dokumenttyp »Requirement« festgehalten. Um die Anforderungen leichter lesbar zu machen und immer klar herauszustellen, wer eine Aktion durchführt und was genau geschieht, wurde eine linguistische Anforderungsschablone zum Formulieren der Anforderungen verwendet (Abb. 11-10).

Abb. 11-9 *Vorlage für einen Use Case in CARE*

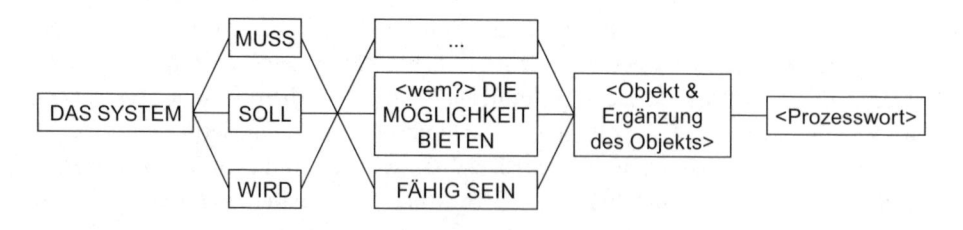

Abb. 11-10 *Prinzip einer vollständigen Anforderungsschablone ohne Bedingungen*

Die Erfahrung zeigt, dass viele weitverbreitete Probleme, die in zweideutigen oder unklaren Anforderungen resultieren, durch den Einsatz dieser Schablone vermieden werden können. Die in dieser Schablone vorgenommene Klassifizierung der Anforderungen (muss, soll, wird) sowie der gesamte Prozess des Schreibens von korrekten und einheitlichen Anforderungen durch das Durchlaufen von sechs vom

11.3 Beispiel: Use-Case-getriebenes RE mit CARE

System vorgegebenen Schritten, werden durch CARE unterstützt (Abb. 11–11). Selbstverständlich können Anforderungen in CARE aber auch in herkömmlicher Weise erstellt werden, durch Eingabe von Text. Des Weiteren steht für Anforderungen eine Reihe an Attributen zur Verfügung, die sich auf Reitern innerhalb der Anforderungsmaske befinden. Einige Attribute wie Autor, Anforderungs-ID, Version und Änderungshistorie werden vom System selbstständig vergeben.

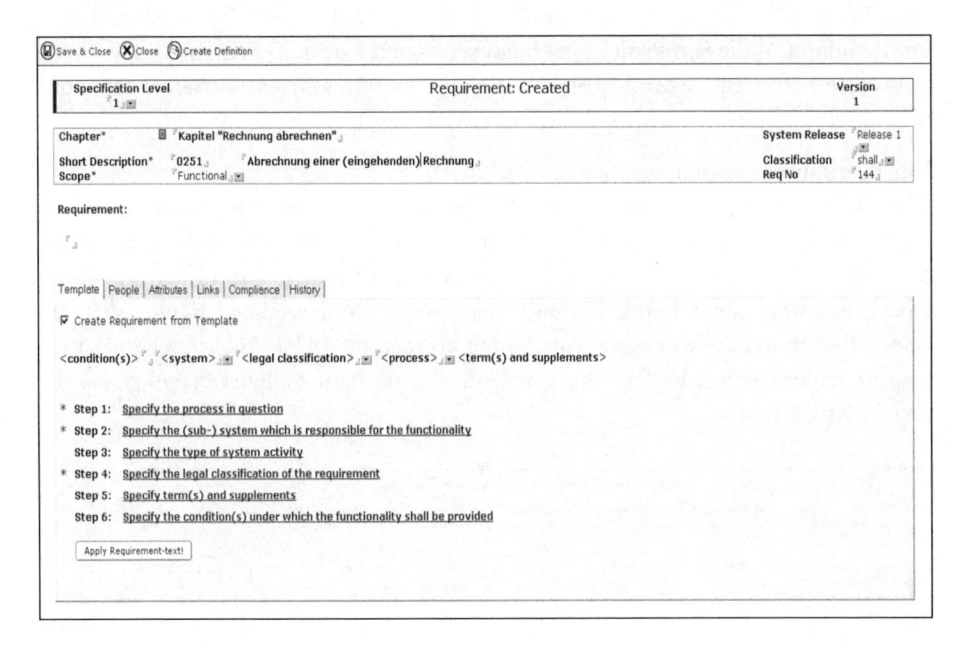

```
Save & Close    Close    Create Definition

Specification Level                    Requirement: Created                Version
  1                                                                          1

Chapter*           Kapitel "Rechnung abrechnen"                  System Release   Release 1
Short Description*  0251       Abrechnung einer (eingehenden) Rechnung   Classification   shall
Scope*              Functional                                   Req No           144

Requirement:


Template | People | Attributes | Links | Compliance | History

☑ Create Requirement from Template

<condition(s)>      <system>      <legal classification>      <process>      <term(s) and supplements>

* Step 1:   Specify the process in question
* Step 2:   Specify the (sub-) system which is responsible for the functionality
  Step 3:   Specify the type of system activity
* Step 4:   Specify the legal classification of the requirement
  Step 5:   Specify term(s) and supplements
  Step 6:   Specify the condition(s) under which the functionality shall be provided

 Apply Requirement-text!
```

Abb. 11–11 *Sechs Schritte zur perfekten Anforderung*

Wie in jedem Projekt kam es auch hier häufig vor, dass sich aus Interviewprotokollen oder Anforderungen Fragen ergaben, die geklärt werden mussten. Hierfür bietet CARE die Möglichkeit, direkt aus einem Interview oder einer Anforderung heraus ein Fragedokument zu erstellen, das hierdurch automatisch mit dem Interview oder der Anforderung verklinkt ist. Ebenso kann mit »Annotations«, Anmerkungen, verfahren werden, wenn Zusatzinformationen z.B. zu Anforderungen gegeben werden sollen oder vielleicht auch nur ein Merker für eine bestimmte Anforderung gesetzt werden soll. Somit gehen Informationen, die zum Verständnis einer Anforderung beitragen, nicht verloren, sondern gehören zu der jeweiligen Anforderung als Antwortdokument. In vorangegangenen Projekten hat sich diese Methode sehr bewährt, da so mit der Zeit Fachwissen nicht verloren geht, Zusatzinformationen aber von der tatsächlichen (rechtlich bindenden) Anforderung klar getrennt werden.

Für Begriffsdefinitionen, Abkürzungsverzeichnis, Rollenbeschreibungen und Prozessdefinitionen steht in CARE der Dokumententyp »Definition« zur Verfügung. Im Rahmen des Use Case »Rechnung abrechnen«, der einen der zu betrachtenden Kernprozesse darstellte, wurden anhand der durchgeführten Interviews drei an der Abrechnung beteiligte Akteure identifiziert – der Abrechner, der Buchhalter und die Postversandstelle. Diese Rollen wurden in CARE definiert und standen ab diesem Moment als definierte »Akteure«, z.B. in der Use-Case-Beschreibung, zur Auswahl.

Definitionen mit CARE können noch feiner klassifiziert werden (müssen aber nicht), indem u.a. zwischen einer Systemdefinition, einer Rollendefinition und einer Prozessdefinition stringent unterschieden wird. Die jeweiligen Definitionen wurden dann in diesem Projekt in einem separaten Kapitel »Begriffe« bzw. »Prozessworte« abgelegt, womit projektbegleitend ein Glossar entwickelt wurde, das über die Projektlaufzeit fortwährend in CARE gepflegt werden konnte.

Der Konfigurationsmanager

Alle Dokumenttypen können in CARE verschiedene Zustände annehmen. Im Falle von Fragedokumenten z.B. »created«, »answered«, »to be incorporated« oder »closed«. Die Konfiguration der einzelnen Zustände je Dokumenttyp, deren Übergänge bzw. die geltenden Konditionen sowie die jeweiligen Rechte der einzelnen Rollen in den jeweiligen Zuständen können in CARE über den Konfigurationsmanager (Abb. 11–12) nahezu vollständig an die jeweiligen Projektwünsche angepasst werden.

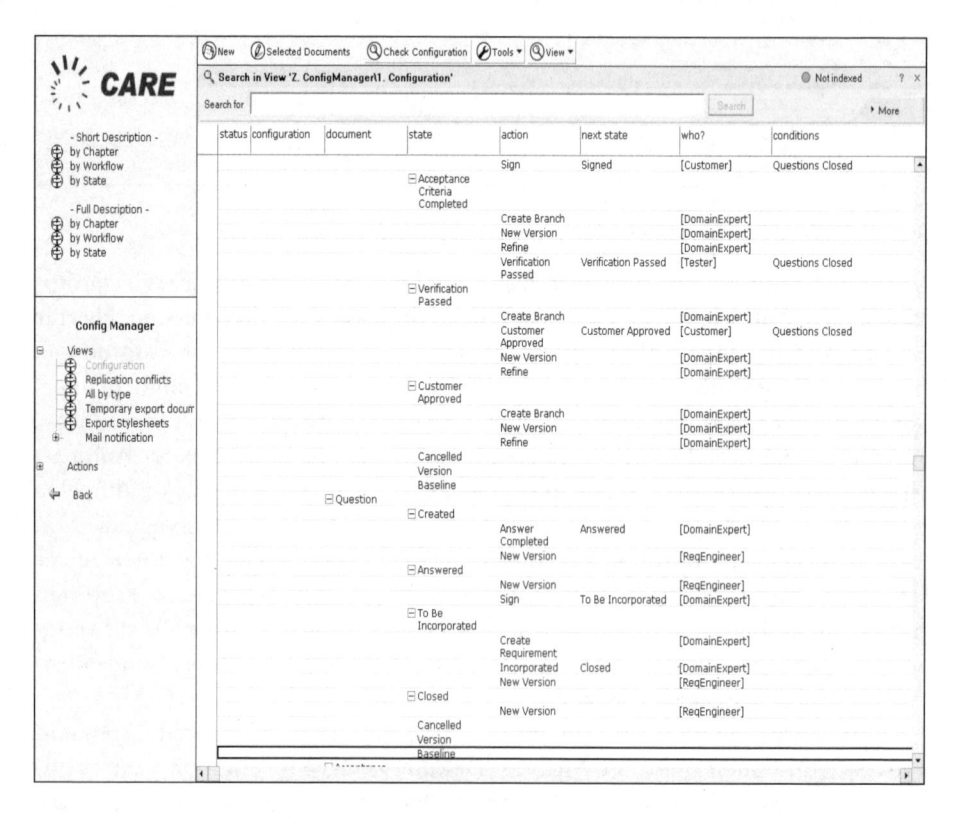

Abb. 11–12 *Teilansicht des Konfigurationsmanagers*

Gliederungsstruktur in CARE

Um nicht jedes Mal das Rad neu erfinden zu müssen, lässt sich in CARE eine vordefinierte Gliederungsstruktur importieren. CARE bietet hierzu direkt den betreffenden IEEE-Standard, das V-Modell Version '97, sowie das Volere-Template in der Version 6.1 (Englisch) von Suzanne und James Robertson [Robertson2007] an. In diesem Projekt wurde das Volere-Template wegen seiner klaren Basisstruktur, besonders bei nichtfunktionalen Anforderungen, und wegen der darin enthaltenen Anleitung für den RE-Prozess genutzt. Die bestehende Struktur musste nun lediglich noch mit projektspezifischen Informationen gefüllt werden. Anforderungen, Use Cases sowie alle weiteren Dokumenttypen können in dieser Struktur hierarchisch geordnet werden. Eine große Anzahl von Standardsichten auf das Anforderungsdokument sowie die Möglichkeit, eigene Sichten zu bilden, erlauben die selektive Betrachtung von Dokumenttypen unter individuellen Gesichtspunkten.

Grafiken und Diagramme

Da in diesem Projekt zunächst ein erster Entwurf der Use-Case-Landschaft geschnitten wurde, bot sich das Use-Case-Diagramm der UML als visuelle Repräsentation an. Als Modellierungstool wurde hier ganz einfach Microsoft Visio eingesetzt. Das modellierte Use-Case-Diagramm wurde per Drag & Drop in der CARE-DB gespeichert und das Microsoft Visio File als Attachment in der CARE-DB zentral abgelegt.

Die bereits importierte Volere-Struktur wurde nun für eine nachvollziehbare Dokumentation um Kapitel erweitert, die wie die identifizierten Use-Case-Bezeichnungen benannt wurden. Insgesamt wurden vier Use Cases identifiziert (»Rechnung abrechnen«, »Rechnung prüfen«, »Rechnung korrigieren«, »Rechnung weiterleiten«), die im Folgenden noch in der Tiefe betrachtet werden mussten. Dazu wurde ein erster Entwurf der Use-Case-Beschreibungen als Diskussionsgrundlage geschaffen, mit dem die Stakeholder dann in Workshops konfrontiert wurden. Use Cases, die fachliche Schnittstellen behandelten (z.B. »Rechnung weiterleiten«), wurden erst freigegeben, sobald alle beteiligten Akteure mit der Beschreibung einverstanden waren. Jeder Altstand wurde versioniert, sodass Änderungen über die gesamte Projektlaufzeit nachvollziehbar blieben. In CARE können sämtliche Altversionen mit dem Grund der Versionierung (sofern vom Analytiker angegeben) bequem eingesehen werden.

In weiteren Interviews wurde ein Aktivitätsdiagramm in Microsoft Visio modelliert und dieses Modell in CARE integriert. Das Aktivitätsdiagramm diente im Projekt neben der tieferen Beschreibungsgranularität sowohl zur Orientierung als auch zur Gliederung der funktionalen Anforderungen. Hierzu wurden weitere Unterkapitel angelegt, die den einzelnen Aktionen innerhalb der Diagramme zugeordnet waren. Diese Unterkapitel wurden nun mit verbalen Anforderungen zu den betreffenden Aktionen gefüllt, wodurch eine übersichtliche Gliederung der funktionalen Anforderungen gewährleistet wurde.

Workflow-Unterstützung
Die Anforderungsermittlung wurde auf verschiedene Teammitglieder aufgeteilt. Sobald ein Mitglied des Teams eine Anforderung im Kapitel eines anderen Teammitglieds erstellt hatte, wurde der Workflow der Anforderung auf den »Besitzer« des Kapitels gesetzt und dieser automatisch von CARE durch eine Nachricht über das neue Requirement informiert. Durch die Sortierfunktion nach Workflows in der Spezifikation oder über verschiedene Sichten auf den Datenbestand konnte der Kapitelverantwortliche schnell erkennen, welche Anforderung an ihn delegiert wurde.

Fazit
CARE ist ein Lotus-Notes-basiertes RE-Tool, das für jegliche Projektgröße eingesetzt werden kann. Die klaren Stärken dieses Tools liegen in einem sehr anpassbaren Status- und Workflow-Modell, wodurch es den Analytikern ermöglicht wird, nahezu jeden Prozess mit CARE zu leben.

11.4 Beispiel: Beschreibung und Verfolgung von Anforderungen mit DOORS

Telelogic DOORS[30] gilt laut zahlreicher angesehener Analysten (z.B. Gartner, Yphise, Standish Group) als Markt- und Technologieführer im Bereich Anforderungsmanagement. DOORS steigert die Qualität durch Verbesserung der Kommunikation und Zusammenarbeit in Projekten und hilft Ihnen, Ihre Spezifikationen, basierend auf beliebigen Standards und Prozessmodellen (wie z.B. CMMI, ITIL, SPICE), zu erstellen und zu pflegen. Weltweit setzen Unternehmen jeder Größenordnung DOORS ein und nutzen die intuitive Handhabung, die Skalierbarkeit auf jede Projektgröße und jede Anzahl von Benutzern sowie die umfassende Unterstützung für die Erfassung, Strukturierung, Verwaltung, Analyse und Verfolgung von Anforderungen. Zahlreiche Integrationen zu den anderen Lösungen von Telelogic und zu Werkzeugen anderer Hersteller erhöhen die Transparenz der Anforderungen und deren Verfolgung über den gesamten Entwicklungszyklus. DOORS passt sich den Prozessen und der Informationsarchitektur im konkreten Einsatzszenario an, ohne den Projekten vorgefertigte Strukturen aufzuzwingen.

Basisfunktionalität
Anforderungen – und andere Informationselemente – werden in DOORS in einer hierarchischen Dokumentenstruktur beschrieben, so wie man es von den klassischen textverarbeitenden Systemen gewohnt ist. Die Klassifizierung von Anforderungen erfolgt über beliebig definierbare Attribute. Abbildung 11–13 zeigt ein Anforderungsdokument in DOORS.

---

30. http://www.telelogic.com

11.4 Beispiel: Beschreibung und Verfolgung von Anforderungen mit DOORS

ID	Stakeholder Requirements		Configuration	Safety
ShR_406	The car shall be suitable for people maximum and minimum weight 35 kilograms to 120 kilograms.		Advanced	
	3 Audio/Video System			
ShR_409	This chapter contains the requirements for the available radio systems.			
	3.1 Radio equipment			
ShR_411	The user shall be able to listen radio broadcasts.		Basic Advanced Business	No
ShR_412	The user shall get traffic alerts via radio broadcasts.		Basic Advanced Business	No
	3.2 Tape equipment			
ShR_417	The user shall be able to listen to tapes.		Basic	No
	3.3 CD equipment			
ShR_418	The user shall be able to listen CD's.		Advanced Business	No
	3.4 Route guidance system			
ShR_419	The user shall be able to use a route guidance system.		Advanced Business	No
	3.5 Video System			
ShR_421	The user shall be able to watch DVD's.		Business	Yes
ShR_422	The user shall be able to see map information from the route guidance system.		Business	No
	4 Seats			

Abb. 11–13 *DOORS stellt die Anforderungen mit den zugehörigen Attributen in Form eines übersichtlichen Dokuments dar*

In einer einzigen Darstellung kann DOORS die unterschiedlichsten Informationselemente aufnehmen und darstellen: Anforderungstexte, Grafiken, Anforderungsattribute, Änderungsmarkierungen, Tabellen und weitere. Das Beispiel zeigt einen Ausschnitt aus den Anforderungen für ein Audio/Video-System als Bestandteil des Infotainment-Systems eines Autos, wobei anhand von Attributen für jede einzelne Anforderung festgehalten wird, zu welcher Konfiguration diese spezielle Funktion zählt und ob die Implementierung sicherheitsrelevante Aspekte berücksichtigen muss (wie die Funktion »watch DVDs«).

Häufig beinhalten Anforderungsdokumente eine Vielzahl von Informationen, von denen ein einzelner Projektmitarbeiter lediglich einen Teil für die Erfüllung einer konkreten Aufgabe benötigt. Diesem Umstand trägt DOORS mit individuell konfigurierbaren Sichten Rechnung, die neben den angezeigten Attributspalten auch Filter- und/oder Sortierbedingungen beinhalten können. Abbildung 11–14 zeigt drei verschiedene Sichtweisen auf ein und dasselbe Dokument des Audio/Video-Systems. Es werden genau die für den jeweiligen Bearbeiter relevanten Informationen angezeigt.

Die Beschreibung der Anforderungen komplexerer Systeme erfolgt selten in einem einzelnen Dokument. Die zunächst sehr grob und oft vage beschriebenen »Kundenanforderungen« werden im Rahmen des Spezifikationsprozesses sukzessive verfeinert und präzisiert, bis sie einen Detaillierungsgrad erreichen, der eine Umsetzung in ein Produkt erlaubt. Um die Zusammenhänge zwischen den Anforderungen der verschiedenen Abstraktionsebenen zu dokumentieren, werden in

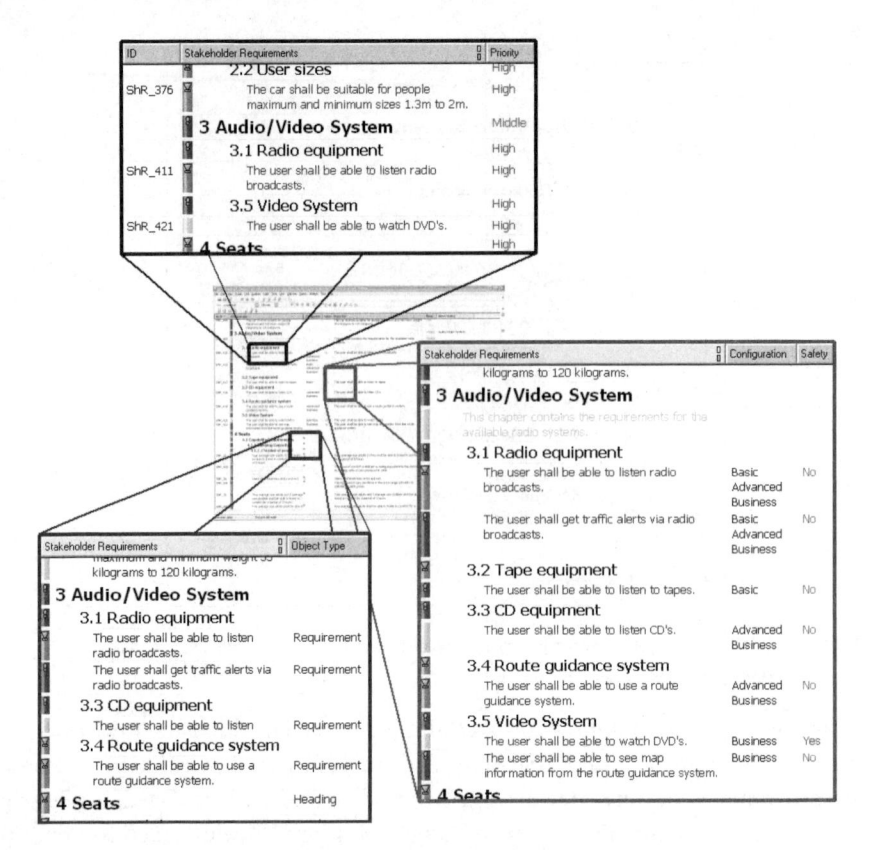

Abb. 11–14 *Verschiedene Sichten auf dasselbe DOORS-Dokument liefern einen rollenoptimierten Ausschnitt aus der Gesamtmenge der Informationselemente*

DOORS Links – z.B. per Drag & Drop – erstellt. Natürlich können auch Zusammenhänge anderer Informationselemente (z.B. Testfälle) auf die gleiche Weise in DOORS hinterlegt werden.

Erlaubt man allerdings die Erstellung beliebiger Links, so erhält man schnell ein undurchschaubares Chaos von Abhängigkeiten, das kaum noch ausgewertet werden kann (Abb. 11–15 links). Aus diesem Grund bietet DOORS die Möglichkeit, die Erstellung von Abhängigkeiten sinnvoll einzuschränken (Abb. 11–15 rechts).

Besonderes Augenmerk gilt bei einem Werkzeug für Anforderungsmanagement den Mechanismen, mit denen sich die Abhängigkeiten zwischen den verschiedenen Informationselementen analysieren lassen. Hier bietet DOORS eine Vielzahl von Möglichkeiten wie z.B. die Navigation über die Linkindikatoren oder die Darstellung der Abhängigkeiten in einer Verfolgbarkeitsmatrix. Eine besonders mächtige Auswertungsmöglichkeit ist der sogenannte »Traceability View«. Dabei werden verknüpfte Informationen aus beliebig vielen DOORS-Dokumenten in einer einzigen Ansicht übersichtlich nebeneinander angezeigt. Das Beispiel in Abbildung 11–16 zeigt das Dokument Customer Requirements

11.4 Beispiel: Beschreibung und Verfolgung von Anforderungen mit DOORS

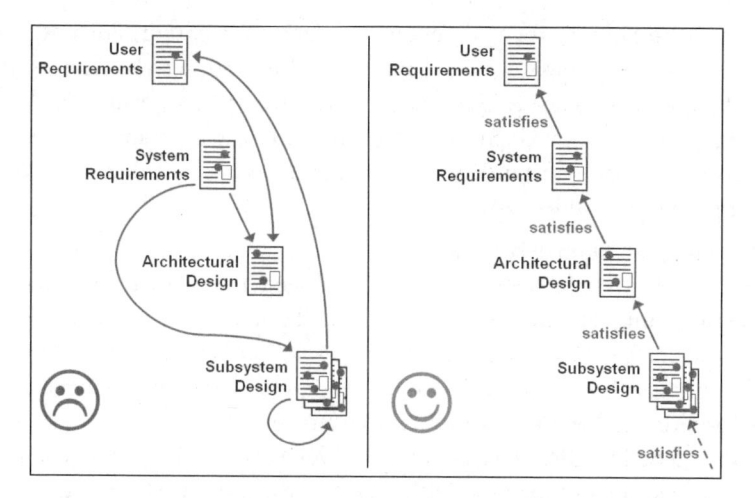

Abb. 11–15 *Gegenüberstellung einer chaotischen und strukturierten Informationsarchitektur*

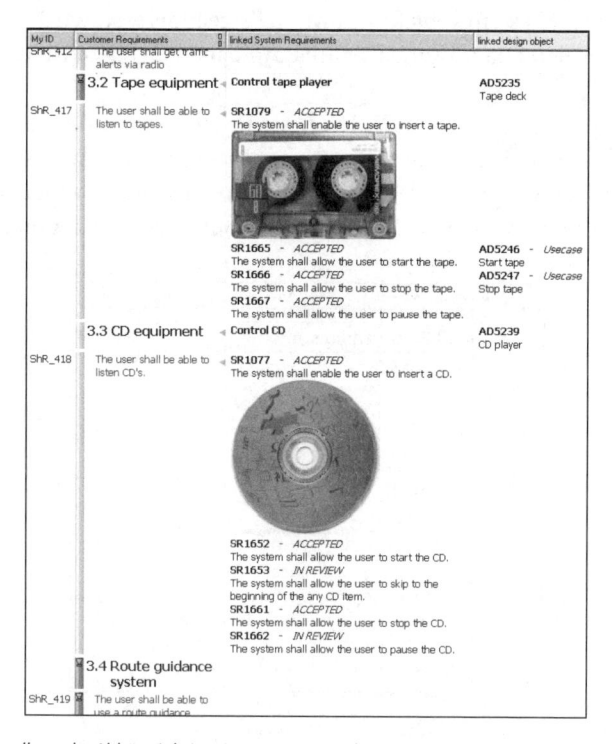

Abb. 11–16 *Darstellung der Abhängigkeiten in einem »Traceability View«*

mit zusätzlichen Spalten für die verknüpften Informationen aus den Dokumenten System Requirements und Architectural Design (vgl. auch Abb. 11–15 rechts).

Mithilfe solcher »Traceability Views« lassen sich mögliche Auswirkungen einer Anforderungsänderung oder Lücken in den Anforderungsspezifikationen mit einem einzigen Mausklick erkennen. Auch die Ursache eines technischen

Details in einem Subsystemdokument ist jederzeit transparent. Für unser Beispiel des Audio/Video-Systems zeigt der Traceability View an, welche Kundenanforderungen (Spalte »Customer Requirements«) schon mit entsprechenden Systemanforderungen (Spalte »linked System Requirements«) weiter spezifiziert wurden. Die letzte Spalte listet vorhandene Designobjekte auf – bzw. deren Fehlen, wenn das entsprechende Feld leer ist.

Modellierung von Anforderungen

Mit DOORS/Analyst können Sie Anforderungen und deren Zusammenhänge durch Verwendung der standardisierten Modellierungssprache UML 2.0 grafisch darstellen (Abb. 11–17). Im Vergleich zu rein verbal beschriebenen Anforderungen wird auf diese Weise das gemeinsame Verständnis des beschriebenen Sachverhalts gefördert, die Kommunikation verbessert und der Designprozess beschleunigt. Dabei geht DOORS/Analyst über die reine Darstellung von Diagrammen hinaus. Im Einklang mit dem modellbasierten Ansatz der UML visualisieren auch in DOORS/Analyst die Diagramme einen bestimmten Aspekt des zugrunde liegenden Modells. Wird ein Objekt des Modells geändert, so wird diese Änderung automatisch in allen Diagrammen sichtbar, in denen das betreffende Objekt referenziert wird.

Für unser Beispiel des Audio/Video-Systems wurden für das Bandabspielgerät die Hauptfunktionen »Band starten« und »Band stoppen« als Anwendungsfälle (Use Cases) beschrieben. Um den Ablauf einzelner Aktionen zum Stoppen des Bandes genauer zu beschreiben, wurde ein Sequenzdiagramm (»Flow of actions«) verwendet.

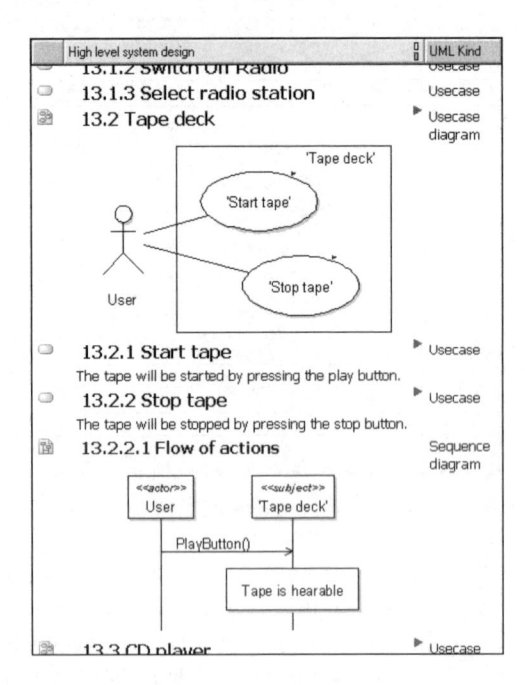

Abb. 11–17 Verwendung von UML 2.0 in einem DOORS-Dokument

Einbettung von DOORS in den Entwicklungsprozess
Viele Projekte scheitern, obwohl bei Design und Realisierung ein hohes technisches Qualitätsniveau eingehalten wird. Wenn das Endprodukt jedoch nicht das leistet, was der Anwender oder Kunde erwartet, ist die technische Qualität irrelevant. Eine Divergenz zwischen den Anforderungen und dem entstehenden System kann nur durch eine enge Verzahnung von Anforderungsmanagement mit allen Phasen des Entwicklungsprozesses auf wirtschaftlich sinnvolle Weise vermieden werden.

Dies wird ermöglicht durch die Verknüpfung von Anforderungen mit den für die Umsetzung relevanten Design- und Implementierungsartefakten. So kann für jede beliebige Anforderung der Weg der Realisierung über den gesamten Entwicklungsprozess verfolgt werden: von der Modellierung über die verschiedenen Stadien der Implementierung bis hin zum Testen. Der Grad der Realisierung ist jederzeit transparent. Ein weiterer entscheidender Nutzen der Verknüpfung zeigt sich bei der Aufwands- und Risikoabschätzung im Falle von Änderungen. Falls sich eine Anforderung ändert, sind die Auswirkungen in allen betroffenen Designelementen und Modulen sofort sichtbar und können realistisch eingeschätzt werden.

11.5 Beispiel: Bewertung und Planung von Anforderungsszenarien mit eASEE

Der Toolsuite eASEE von Vector[31] liegt die Idee zugrunde, dass ein isoliertes Anforderungsmanagement zur Entwicklung komplexer Systeme nicht zielführend ist. eASEE stellt dem Anwender stattdessen eine integrierte Lösung für die nahtlose Verwaltung aller Engineering-Daten und -Prozesse über den gesamten Lebenszyklus zur Verfügung. Die im Prozessverlauf anfallenden Daten werden in einem zentralen »Engineering Data Backbone« integriert und gemeinsam verwaltet. Alle Prozesse – vom Anforderungsmanagement über Design und Implementierung bis hin zu Test und Validierung – setzen auf diesem integrierten Daten-Respository auf und erlauben eine lückenlose Verfolgbarkeit (»Traceability«) von der Anforderung über die Systemmodellierung, die Einplanung von Features bis hin zum Testprotokoll.

Die Toolsuite eASEE verwaltet alle anfallenden Daten als versionierbare Objekte, die in Revisionen und Varianten weiterentwickelt und in Baselines zusammengefasst werden können. Zwischen den Objekten können Relationen frei definiert und damit Zusammenhänge zwischen Objekten transparent und nachvollziehbar gemacht werden. Auf diese Weise lassen sich Anforderungen mit den betroffenen Systemelementen (z.B. Komponenten, Modelle und Signale) verbinden. Auch die zugehörigen Testfälle können über Relationen angehängt werden, wodurch eine Kontrolle der Testabdeckung möglich wird. Die bidirektionale Traceability ist direkt und anwenderfreundlich sichtbar. Zusätzlich besteht die

---

31. http://www.vector-informatik.de

Möglichkeit, einer Anforderung mehrere Requirement Change Requests zuzuordnen und damit ein Änderungskomitee Workflow-basiert zu unterstützen.

Die folgende Fallstudie zeigt den Einsatz von eASEE in der Vector-internen Weiterentwicklung der Toolsuite selbst. Dabei soll die Integration der Prozesse Requirements Management und Projektmanagement besonders herausgestellt werden. Diese ermöglicht die einfache Aufstellung und Bewertung von Planungsszenarien.

Zunächst wurde ein Lastenheft bestehend aus einzelnen Anforderungen aufgebaut und die Aufwände und Randbedingungen ihrer Umsetzung abgeschätzt. Mit diesen Planungsinformationen wurden dann verschiedene Alternativen für die Umsetzung im Projekt, die sogenannten Szenarien, entwickelt.

Abbildung 11–18 stellt einen Ausschnitt aus dem Lastenheft für eASEE dar. Anforderungen werden hier durch die Klasse »REQ« beschrieben, die sich selber enthalten kann. Die Anforderung »Global_Team_Support« und deren Verfeinerungen sind ausgecheckt und können bearbeitet werden, alle anderen Anforderungen sind in diesem Beispiel eingecheckt.

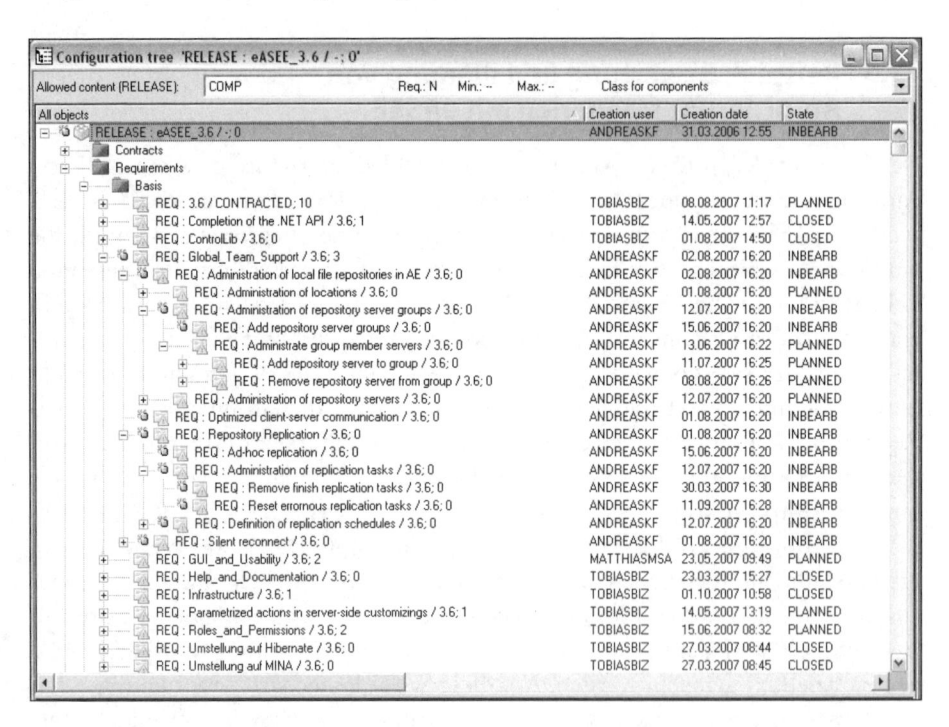

Abb. 11–18 *Ausschnitt aus dem Lastenheft mit eASEE*

Abbildung 11–19 zeigt den »History Tree« der Anforderung »Roles_and_Permissions«. Man erkennt, dass die Anforderung in insgesamt vier Revisionen weiterentwickelt wurde. Außerdem liegt bereits eine abgeleitete Variante zur Beplanung für die eASEE-Version 3.8 vor. Den Unterschied zwischen der ersten und

11.5 Beispiel: Bewertung und Planung von Anforderungsszenarien mit eASEE

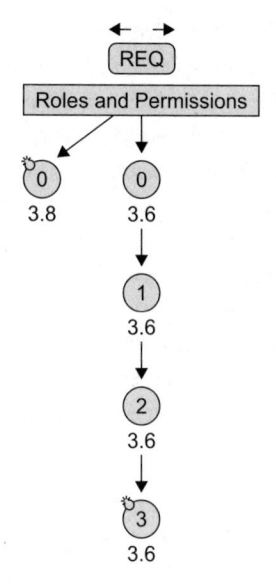

Abb. 11-19 »History Tree« der Anforderung »Roles_and_Permissions«

letzten Revision für das Release 3.6 zeigt Abbildung 11–20. Zwei Anforderungen wurden geändert, eine weitere wurde aus der Umsetzung gestrichen. Für alle an der Entwicklung beteiligten Personen ist damit transparent, welche Anforderungsänderungen zu welchem Zeitpunkt von wem durchgeführt wurden.

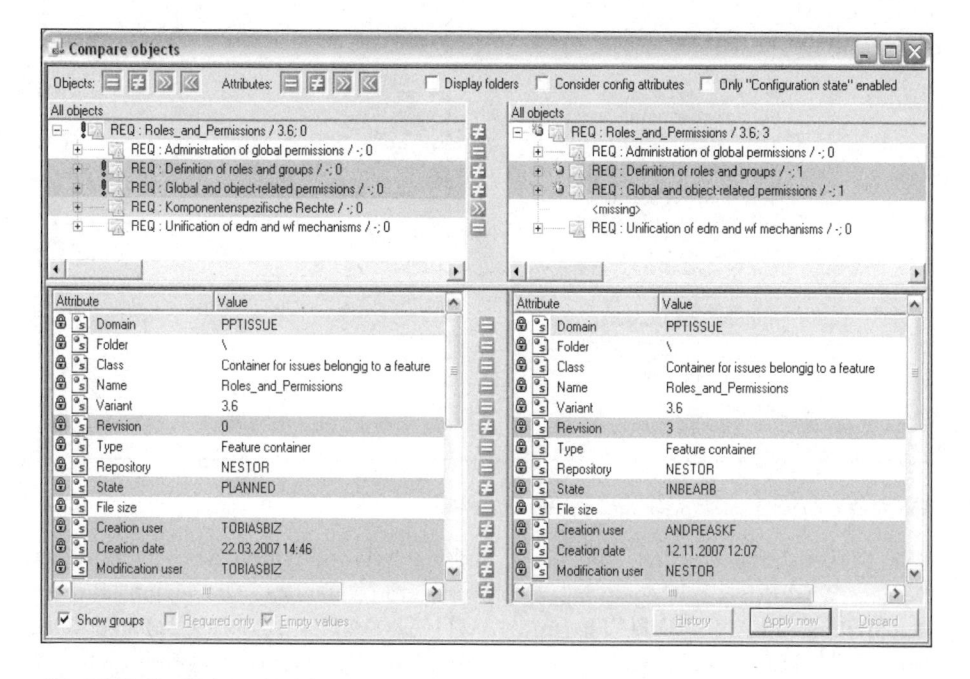

Abb. 11-20 Vergleich verschiedener Versionen

Abbildung 11–21 zeigt die Roadmap-Meilensteine zur Entwicklung des Release eASEE_3.6 – im vorliegenden Beispiel »SYNC_GATES« genannt. Zum ersten Meilenstein, dem »Feature Set A (FS_A)«, waren erst wenige der Anforderungen implementiert, während zum Release-Meilenstein der vollständige Feature-Umfang zu erkennen ist. Das Ausrufezeichen vor der Anforderung »Roles_and_Permissions« weist darauf hin, dass dieser Meilenstein nicht mehr mit der aktuellsten Version dieser Anforderung verknüpft ist. Tatsächlich erkennt man in Abbildung 11–21, dass diese Anforderung inzwischen in Revision 3 vorliegt. eASEE hilft somit der Projektleitung, die Meilensteinplanung aktuell zu halten und frühzeitig auf Veränderungen zu reagieren. Sehr nützlich ist an dieser Stelle, dass die Planung nicht aus künstlich erzeugten Hilfsobjekten aufgebaut ist, sondern die realen Artefakte mitsamt ihrer Historie und Relationen in die Planung eingebunden sind.

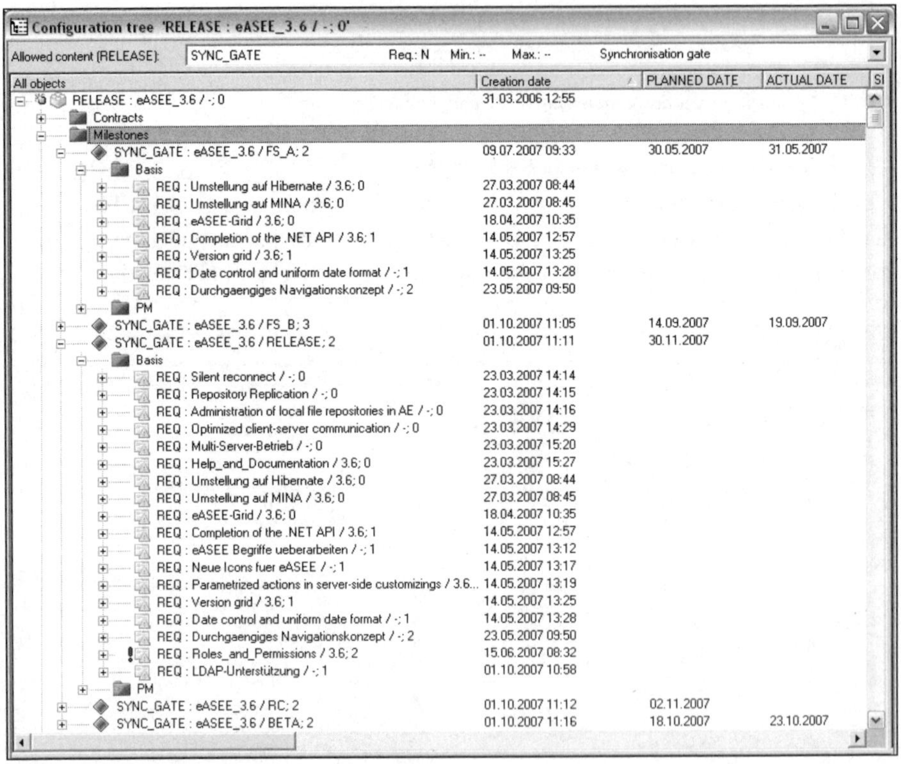

Abb. 11–21   Roadmap-Meilensteine zur Entwicklung des Release

Alle Meilensteine wurden eingeplant und nach Durchlaufen des zugehörigen Review-Workflows mit entsprechenden Istwerten versehen. Die Daten sind in den Spalten »PLANNED DATE« und »ACTUAL DATE« (Abb. 11–21) zu erkennen. Da eASEE Meilensteine genau wie Anforderungen als versionierbare Objekte behandelt, konnten sie im Laufe des Projekts überplant werden, indem

11.5 Beispiel: Bewertung und Planung von Anforderungsszenarien mit eASEE

der Produktmanager Release-Umfänge beziehungsweise Termine in einer neuen Revision änderte, diese eincheckte und anschließend freigab.

Hilfreich für die Abstimmung zwischen Projektleitung und Entwicklung war hier insbesondere die Durchgängigkeit zwischen Anforderungen und typischen Planungsdaten. Liefertermine und geplante Feature-Umfänge bzw. notwendige Verschiebungen bei der Umsetzung bestimmter Anforderungen sowie die daraus abgeleiteten planungsrelevanten Projektmeilensteine standen jederzeit allen Projektbeteiligten konsistent zur Verfügung und halfen, Missverständnisse zu vermeiden.

Mit Unterstützung von eASEE wurde für jede Anforderung eine zunächst grobe Aufwandabschätzung erstellt, die im Verlauf der Entwicklung in die jeweiligen Projektpläne übernommen und schließlich gegen die erfassten Istwerte abgeglichen werden konnte. Hierbei war es besonders hilfreich, dass vor dem eigentlichen Projektstart sowohl die Prioritäten als auch die Aufwände für die Realisierung eines bestimmten Anforderungsumfangs in verschiedenen Szenarien verglichen und bewertet werden konnte.

Abbildung 11-22 zeigt die Aufwandabschätzung für Szenarien mit unterschiedlichen Feature-Umfängen, die vor Projektbeginn diskutiert wurden. Dargestellt werden die geschätzte Aufwände für einzelne Anforderungen sowie die zur Verfügung stehende Kapazität über der Zeitachse. Der im linken Szenario angenommene Feature-Umfang überschreitet mit den abgeschätzten Aufwänden die als weiße Linie dargestellte Verfügbarkeit der Ressourcen erheblich. Das rechte Szenario mit reduziertem Umfang bei einigen der Hauptanforderungen war dagegen günstiger umsetzbar. Die Verfügbarkeit von Entwicklungskapazitäten entsprach in etwa den geschätzten Aufwänden. Tatsächlich konnte auf Basis dieser Szenarien ein realistischer Freigabetermin festgelegt werden, der dann auch ohne wesentliche Abstriche an den Anforderungsumfängen erreicht wurde.

Eine Besonderheit des hier betrachteten Entwicklungsprojekts stellte ferner die starke Abhängigkeit zwischen einzelnen Anforderungen und deren Auswirkungen auf die Gesamtplanungen dar. Zur Umsetzung der Anforderung »Project_Roles« musste beispielsweise das Feature »Roles_and_Permissions« im Wesentlichen

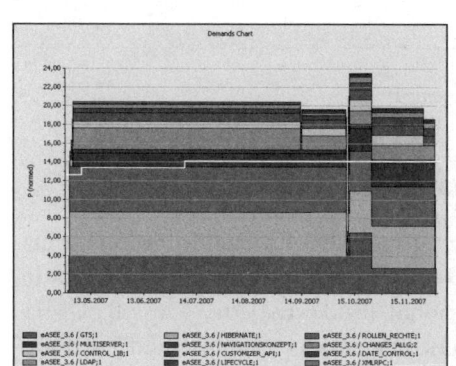

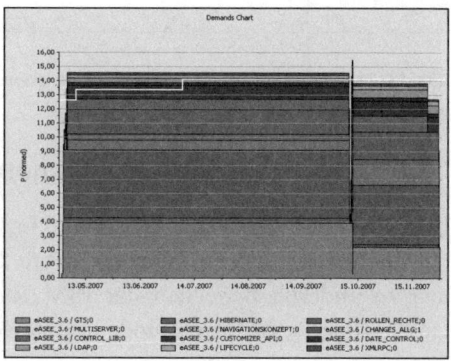

Abb. 11-22 *Aufwandabschätzung für Szenarien mit unterschiedlichen Feature-Umfängen*

umgesetzt sein. In eASEE werden solche Abhängigkeiten grafisch dargestellt (siehe Abb. 11–23).

Die Umsetzung der Anforderung »Roles_and_Permissions« wurde vom zuständigen Teilprojektleiter auf das »Feature Set B (FS_B)« verschoben, diese Anforderung ist aber Voraussetzung für die Implementierung der Anforderung »Project Roles« ab dem 30.5.2007. Aus der inhaltlichen Abhängigkeit der beiden Anforderungen wird in eASEE ein Konflikt auf der Planungsebene erkannt und die Abhängigkeit im Gantt-Diagramm automatisch als rote Linie dargestellt. Damit werden alle Teilprojekte unmittelbar nach der Terminverschiebung von »Roles_and_Permissions« informiert, dass eine weitere Überplanung erforderlich ist. Der Konflikt konnte so zeitnah erkannt und durch geeignete Priorisierung aufgelöst werden.

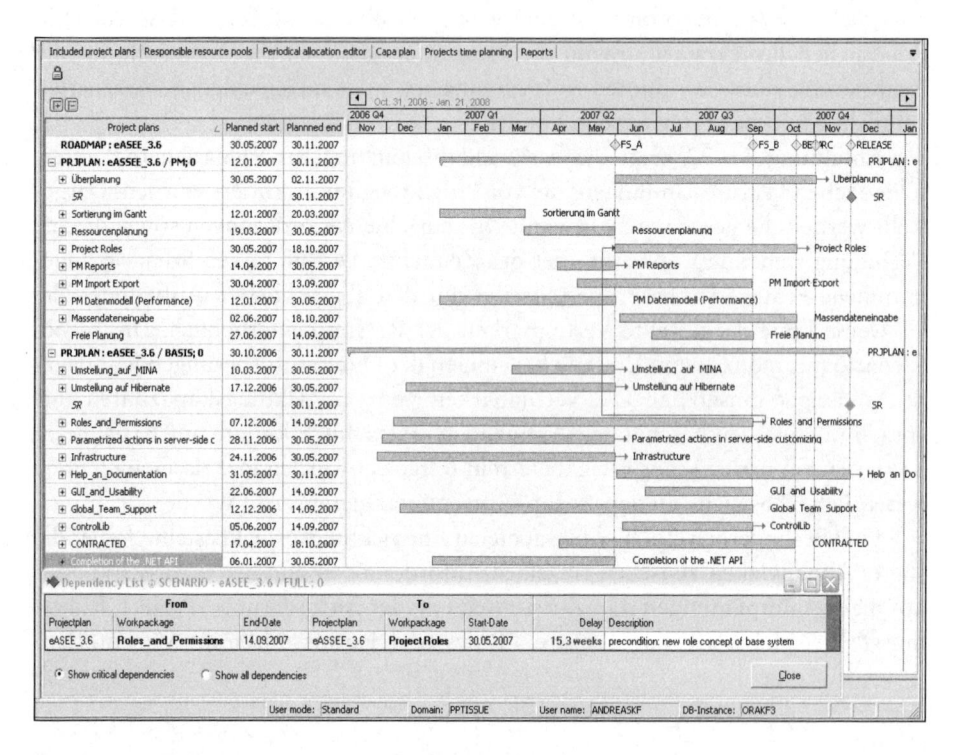

Abb. 11–23 *Umsetzung der Anforderung im Entwicklungsprojekt*

11.6 Beispiel: Anforderungsmanagement mit RequisitePro

IBM Rational RequisitePro[32] ist die Lösung von IBM für das Anforderungsmanagement komplexer Softwareprojekte. RequisitePro bietet vielfältige Integrationen zu anderen Bereichen der IBM Rational Produktpalette, wie z.B. UML-, Geschäftsprozess-, Datenmodellierungwerkzeugen oder Change- und Portfolio-

---

32. *http://www-306.ibm.com/software/sw-bycategory/*

11.6 Beispiel: Anforderungsmanagement mit RequisitePro

management, um eine Nachvollziehbarkeit der Anforderungen und Integration innerhalb des gesamten Softwarelebenszyklus zu ermöglichen. Zusätzlich stehen dem Anwender mit dem IBM Rational Unified Process (RUP) anpassbare Vorlagen und methodische Anleitungen zur Verfügung, die bei der praktischen Umsetzung von Anforderungsprojekten hilfreich sind. Der Hersteller sieht das Werkzeug als übergreifende Lösung für alle Rollen im Softwareentwicklungsprozess, um Kommunikation und Dokumentation zu standardisieren. Um dem Benutzer eine einfach zu bedienende Oberfläche und effizienten Umgang zur Organisation von Anforderungen zu ermöglichen, integriert RequisitePro Microsoft-Word-Dokumente mit anforderungsspezifischen Attributen, die in einer relationalen Datenbank (MS-Access, MS-SQL, DB2 oder Oracle) abgelegt werden.

Die Datenbank speichert auch Metadaten und Sichten sowie die Nutzerverwaltung, wenn kein LDAP verwendet wird. Sichten sind dabei Abfragen auf Anforderungen, um deren Eigenschaften, Zusammenhänge und Statusänderungen zu verwalten. Zusätzlich besteht die Möglichkeit, das Werkzeug für standortübergreifendes Arbeiten über ein Webinterface zu benutzen bzw. E-Mail-Systeme einzubinden. Damit bieten sich je nach Anwendungsfall und Projektorganisation verschiedene Möglichkeiten, RequisitePro einzusetzen (Abb. 11–24).

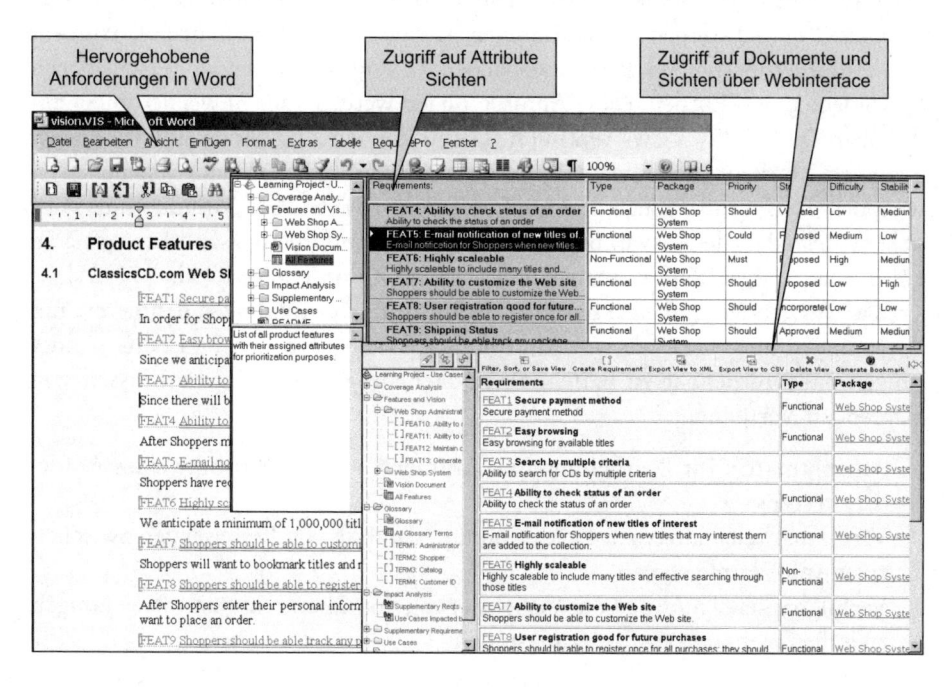

Abb. 11–24 Verschiedene Sichten auf Anforderungen in RequisitePro

Ein Anforderungsprojekt mit RequisitePro startet mit der Auswahl oder Definition einer Projektvorlage für ein konkretes Projekt. Damit können je nach Projekttyp verschiedene Vorgehensweisen gewählt werden. Die Projektvorlage definiert folgende Aspekte:

- Beliebige Anforderungsarten (z.B. Anwendungsfälle, Kundenanforderungen, Performanzanforderung)
- Beliebige Anforderungsattribute je Anforderungsart und deren Datentypen (z.B. Attribut »Priorität« als Aufzählung »hoch«, »mittel«, »niedrig«; »Aufwand« als Zahl)
- Dokumenttypen und deren Wordvorlagen (z.B. Glossar, technische Spezifikation, Gesprächsprotokoll, Use-Case-Spezifikation)
- Sichten auf Anforderungen und deren Filterkriterien (z.B. als Tabelle, Matrix oder Baum)
- Pakete und Dokumente zur Organisation des Anforderungsprojekts
- Anforderungsmanagementplan als Leitfaden zur methodischen Vorgehensweise im Projekt

Diese Informationen können natürlich jederzeit während des Projekts angepasst und erweitert werden. Zusätzlich können Nutzergruppen und Berechtigungen mit dem Werkzeug aufgesetzt werden.

Die Erfassung von Anforderungen erfolgt typischerweise in verschiedenen Anforderungsdokumenten, in denen beliebige Textstellen markiert und als Anforderung hervorgehoben werden können. Die Anforderungen erhalten dabei einen eindeutigen Tag und werden mit spezifischen Attributen versehen. Je nach Dokument und Anforderungstyp im Projekt entstehen so Anforderungen in verschiedenen Dokumenten und Ebenen. Diese Anforderungen werden vom Anwender miteinander über Traceability Views verknüpft. Damit können z.B. Kundenanforderungen aus einem Marketingdokument mit technischen Spezifikationen eines Systemanalysten oder Testspezifikationen verknüpft werden. Durch diese Verknüpfung wird sichergestellt, dass die Auswirkung von evtl. späteren Anforderungsänderungen nachvollziehbar bleiben (Einflussanalyse und suspekte Anforderungen) (Abb. 11–25).

Der Anwender kann sich beliebige Sichten auf Anforderungen definieren, um Beziehungen und Attribute von Anforderungen zu bearbeiten und deren Änderungen nachvollziehbar zu halten. Dabei stehen drei verschiedene Klassen von Sichten zur Verfügung:

- Attributmatrix zur Bearbeitung und Abfrage einzelner Attribute eines Anforderungstyps
- Verfolgbarkeitsmatrix zur Definition und Analyse von Beziehungen zwischen zwei Anforderungstypen
- Verfolgbarkeitsbaum für die Visualisierung von Hierarchie und Beziehungen zwischen mehreren Anforderungstypen

RequisitePro kann die Nachvollziehbarkeit von Anforderungen auch über Werkzeuggrenzen hinweg durch Integration zu anderen Produkten herstellen. So können Anforderungen mit Modellelementen oder Eclipse-Ressourcen verknüpft werden, was durch die Integration des Werkzeugs in die Modellierungstools von IBM ermöglicht wird. So kann ein anforderungsorientiertes Modellieren von

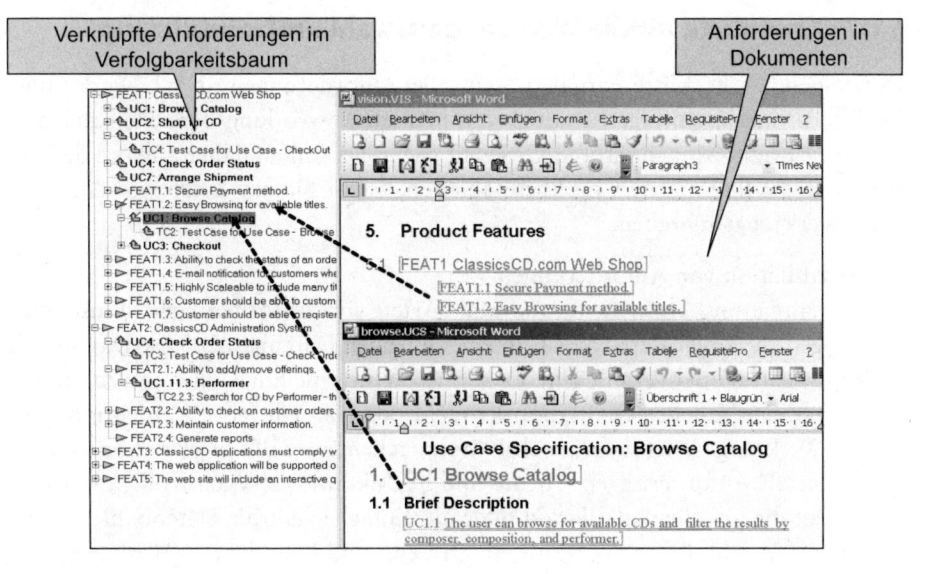

11.6 Beispiel: Anforderungsmanagement mit RequisitePro

Abb. 11–25 *Verkettung von Anforderungen unterschiedlicher Ebenen*

Anwendungsfällen, Geschäftsprozessen, Klassenmodellen etc. erfolgen. Der Architekt bzw. Entwickler kann dabei aktiv auf viele Funktionen des Werkzeugs direkt aus seiner Eclipse-Perspektive zugreifen, um Anforderungen im Kontext der Modellierung zu bearbeiten und zu verknüpfen (Abb. 11–26).

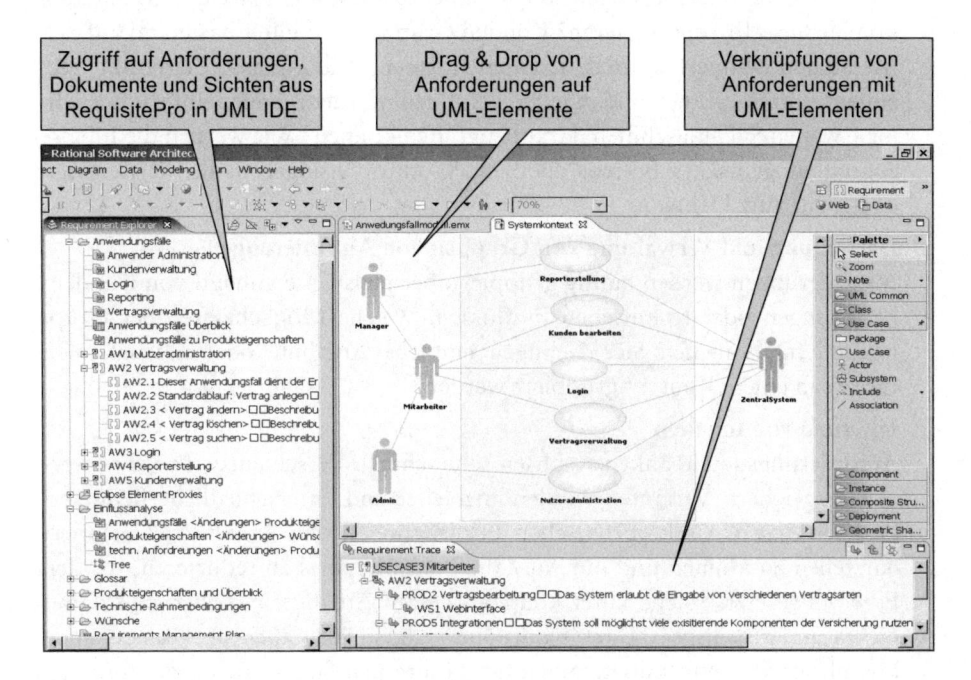

Abb. 11–26 *Anforderungen im Kontext der Modellierung bearbeiten und verknüpfen*

11.7 Checkliste für die Werkzeugauswahl und -einführung

Die folgende Checkliste enthält potenzielle Anforderungen an RE-Werkzeuge. Nicht alle skizzierten Eigenschaften sind in allen Anwendungsbereichen gleichermaßen relevant. Manche stören vielleicht sogar. Sie sollten daher anhand der folgenden Liste Ihre eigene Checkliste ableiten, *bevor* Sie zur konkreten Auswahl eines Werkzeugs schreiten.

- **Spezifikation von Anforderungen**
  Aufnahme und Dokumentation aller Arten von Anforderungen, Einschränkungen etc. sowie deren Status in einer einzigen Datenbank. Diese Datenbank kann zentral oder verteilt sein. Es kann sich um eine Einzelplatzanwendung in Form einer Tabellenkalkulation handeln oder um ein fertig konfektioniertes RE-Werkzeug. Wichtig ist, sich klarzumachen, was die Informationen sind, die Sie als Anforderungen – heute und in Zukunft – ablegen wollen. Oftmals genügt die Tabellenkalkulation oder die einfache zentrale Datenbank als erster Schritt oder Prototyp, bevor ein größeres und komplexeres Werkzeug ausgewählt wird.

- **Organisation von Anforderungen**
  Anforderungen sind zunächst einmal kleine Informationshäppchen. Wie wird diese Information unternehmens- oder projektweit verwaltet? Welche Lebensdauer haben die Anforderungen? Existieren Möglichkeiten, mit Tags und anderen Charakterisierungen, die Inhalte zu verwalten? Welche Metadaten können Sie selbst spezifizieren? Können Gruppen und Filter basierend auf den Metadaten definiert werden? Können Autoren, Änderungen, Zeitpunkte etc. einfach aufgezeichnet und wieder gefunden werden? Sollen Ihre unternehmensweiten Suchmaschinen darauf zugreifen können? Wie werden die Inhalte zugreifbar gemacht? Besteht der Bedarf, Anforderungen in Ihr Wissensmanagement aufzunehmen?

- **Darstellung und Verwaltung von Gruppen von Anforderungen**
  Anforderungen werden häufig gruppiert, beispielsweise anhand von Kundenbeziehungen oder technischen Einflüssen. Welche Möglichkeiten der Gruppenbildung brauchen Sie? Genügen einfache Attribute oder müssen auch Inhalte in einem Kontext gruppiert werden?

- **Filterung von Inhalten**
  Anforderungsdatenbanken wachsen sehr schnell. Verschiedene Projekte werden gespeichert, Varianten werden abgeleitet und unterschiedliche Benutzergruppen arbeiten mit spezifischen Informationen. Um Inhalte zielorientiert darstellen zu können und um Ausgaben oder Reports zu reduzieren, werden Filter eingesetzt. Solche Filter können sich auf Attribute beziehen und damit nichts anderes als ein Datenbank-Query darstellen, aber sie können auch komplexer sein und Inhalte anhand von internen Suchwerkzeugen aufbereiten. Unterschätzen Sie die Bedeutung dieser Filter nicht, speziell, wenn Sie

sehr viele Projekte verwalten wollen. Gerade die Wiederverwendung von Anforderungen verlangt nach schnellen und qualitativ guten Suchfunktionen. Prüfen Sie, ob die Filterfunktionen auch für Reports zur Verfügung stehen, die Sie online im Intranet einsetzen wollen.

- **Flexible Anpassung von Templates und grafische Möglichkeiten**
  Können die Attribute der Anforderungen entsprechend Ihren eigenen Standards leicht angepasst werden? Sind die Berichte und deren Templates leicht auf Ihre Verhältnisse umsetzbar? Brauchen Sie überhaupt ein komplexes Reporting oder genügen Ihnen die Standardberichte, die das Werkzeug bereits als Grundfunktion liefert? Können Reportgeneratoren angeschlossen werden, um andere Formate zu generieren, beispielsweise für ein Office-Werkzeug?

- **Änderungsmanagement der Anforderungen**
  Die Änderungen von Anforderungen sind häufig die Ursache für ständig verschobene Termine und unzureichende Projektergebnisse. Daher ist das Änderungsmanagement ein Hauptgrund, Werkzeuge einzusetzen. Sie erlauben, eine Konfigurationsbasis zu aktualisieren oder kontrollierte Schnappschüsse von Funktionslisten unternehmensweit zur Verfügung zu stellen. Können Sie Änderungen rückgängig machen? Können die Urheber von Änderungen gefunden werden?

- **Konfigurationsmanagement der Anforderungen**
  Welches Konfigurationsmanagement für Anforderungen, Historie und Zwischenversionen (z.B. Produktlinien und Varianten) benötigen Sie wirklich? Variantenmanagement ist eine Schlüsseleigenschaft von RE-Werkzeugen. Anstatt mit Kopien von Anforderungen zu arbeiten, wird eine konsolidierte Basis zur Verfügung gestellt, die dann bearbeitet wird, sodass Variantenbeziehungen nur einmal festgelegt werden müssen und nachher konsistent gepflegt werden können.

- **Kontrolle und Pflege von Abhängigkeitsbeziehungen**
  Anforderungen existieren nicht in Isolation, sondern wirken sich auf weitere Projektergebnisse in ganz anderen Werkzeugen aus (z.B. Design, Testfälle, Produkteigenschaften, Dokumentation). Eine Schlüsselfrage ist, inwieweit die Anforderungen verfolgt werden sollen (d.h. horizontal untereinander und vertikal im Laufe des Projekts) oder gar weiterverwendet werden müssen (z.B. für eine konsistente Dokumentationserstellung).

- **Hypertextlinks zur einfachen Navigation**
  Anforderungen werden selten in nur einem Dokument gepflegt. Oftmals existieren vielfältige Dokumente (z.B. Originalanforderungen, interne Spezifikationen, bereits existierende Funktionen, Gesetzestexte, Standards), die verknüpft werden müssen, aber nicht kopiert werden sollen, um eine konsistente Quellenpflege sicherzustellen. Ein RE-Werkzeug sollte eine brauchbare Navigation mit Hyperlinks in alle Ihre Dokumentdatenbanken erlauben.

- **Zugriff mit anderen Werkzeugen oder auf andere Datenbanken**
Die Anforderungen werden nicht nur über gegenseitige Referenzen gepflegt, sondern sollen oftmals in anderen Werkzeugen betrachtet werden können. Wie weit sollen andere Werkzeuge unterstützt werden, um aus der RE-Datenbank Informationen auslesen zu können? Sollen Informationen aus anderen Werkzeugen im RE-Werkzeug dargestellt werden? Sollen sie dort sogar weiterverarbeitet werden? Besteht der Bedarf zur Integration mit anderen Tools (z.B. haben Sie andere Tools von Borland/IBM/Telelogic/Eclipse im Einsatz) oder genügt ein Datenaustausch? Bestehen gemeinsame Quellen, die von mehreren Werkzeugen gelesen oder sogar bearbeitet werden? Wie soll Konsistenz sichergestellt werden? Wie werden die Schreibrechte verwaltet? Besteht die Möglichkeit, Inhalte in einem separaten und übergreifenden Konfigurationsmanagement zu pflegen?

- **Konsistenz- und Vollständigkeitskontrolle**
Datenbanken haben den großen Vorteil, dass die Inhalte untereinander geprüft werden können. Sobald ein Minimum an Disziplin bei der Erstellung von Referenzen und Bezeichnern herrscht, können die Anforderungen nicht nur verfolgt, sondern auch geprüft werden, ob sie vollständig auf Entwurfsergebnisse, Code oder Testfälle abgebildet wurden. Oder man prüft, welche Anforderungen aus dem Lastenheft (Marktanforderungen) bereits in ein Pflichtenheft übernommen wurden.

- **Reporterzeugung und Datenbank-Queries**
Ein RE-Werkzeug unterstützt nicht nur die Entwicklung und das Änderungsmanagement von Anforderungen, sondern auch die Verwaltung der Anforderungen im Projekt oder in der Produktlinie. Welche Berichte und Dokumente sollen aus den Anforderungen generiert werden? Welche Statusverfolgung wird im Projekt oder vom Kunden nachgefragt? Können Reports einfach systematisiert werden, um bestimmte Formate wiederverwenden zu können? Sollen bestimmte Informationen den Kunden direkt zur Verfügung gestellt werden, beispielsweise als Extranetzugriff? Sind Datenbank-Queries von außen möglich? Wie sind sie geschützt? Gibt es eine offene Schnittstellensprache, um andere Werkzeuge anzuschließen?

- **Sicherheit der Daten in der Datenbank**
Wie stark müssen Daten geschützt werden? Oftmals sind die Anforderungen extrem kritisch, denn sie beschreiben bereits lange Zeit vor der Produktankündigung, was das System einmal machen soll. Erlaubt das Werkzeug eine flexible Zugangskontrolle? Welche Directory-Services setzen Sie ein und wie weit werden diese durch das RE-Werkzeug unterstützt? Benötigen Sie ein namens- oder rollenbasiertes Zugriffsmanagement?

- **Urheberrechte**
Unterstützt das Werkzeug den Schutz Ihrer Urheberrechte? Gibt es beispielsweise einen nicht manipulierbaren Zeitstempel, um eigene Urheberrechte zu

schützen? Lassen sich bestimmte Inhalte einfach ausblenden, um eingeschränkte Reports und Zugriffe beispielsweise für Lieferanten oder für Kunden zu erzeugen?

- **Verteilte Nutzung der Daten und Kollaboration**
Anforderungen werden von ganz verschiedenen Benutzergruppen verwendet (z.B. Projektmanager für Fortschrittskontrolle, Tester für Testplanung etc.). Oftmals sitzen diese Gruppen an unterschiedlichen Stellen – auch räumlich getrennt – im Unternehmen. Beispielsweise könnte ein Verkäufer oder Produktmanager bei einem Kundenbesuch auf die Anforderungsliste zugreifen oder sie gar ändern wollen. Welche Bedürfnisse existieren, um Anforderungen offline zu sehen oder online verteilt zu bearbeiten? Müssen oder sollen Kunden auf Informationen direkt zugreifen können? Besteht Bedarf, kollaborativ mit dem Werkzeug zu arbeiten, beispielsweise mit einem Auftraggeber oder Unterauftragnehmer? Haben Sie einen Outsourcing- oder Offshoring-Partner, der damit arbeiten muss?

- **Workflow-Management**
Brauchen Sie einen automatisierten Workflow für das Änderungsmanagement mit Benachrichtigungen etc.? Welche Basis hat Ihr Workflow-Management (dokumentenzentrisch vs. datenbankzentrisch, getrieben durch Ereignisse oder durch Queries etc.)? Müssen bereits definierte Rollen oder Ereignisse im Workflow berücksichtigt werden? Schrauben Sie Ihre Erwartungen nicht zu hoch. Halten Sie Ihr Workflow-Management modular und föderiert, nicht integriert.

- **Adaptierbarkeit an und Integrierbarkeit mit Ihren Geschäftsprozessen**
Haben Sie bereits definierte Geschäftsprozesse, die reibungslos funktionieren und die durch das Werkzeug nicht beeinträchtigt werden sollen [Ebert2003b]? Muss das RE-Werkzeug mit bereits existierenden oder geplanten Werkzeugen zusammenarbeiten? Unterstützt der Hersteller nur Produkte aus seiner eigenen Werkzeugumgebung (z.B. Entwurf und Modellierung, Testwerkzeuge, Projektmanagement) oder auch andere Werkzeuge über offene Schnittstellen? Je höher Ihre Anforderungen in diesem Punkt sind, desto schwieriger wird die Auswahl und desto mehr Eigenarbeit wird die Lösung verlangen.

- **Unterstützung verschiedener Plattformen**
Dies ist der klassische Check bei jedem Werkzeug. Welche Plattformen wollen Sie heute und in Zukunft unterstützen? Deckt sich diese Basis mit der Roadmap des Herstellers? Werkzeuglieferanten sind opportunistisch und unterstützen primär jene Plattformen, die am häufigsten nachgefragt werden. Bei einer PC-Plattform spielt der Versionsgrad des Betriebssystems auch eine Rolle, immer häufiger sogar der sogenannte Patch-Level. Stellen Sie sicher, dass Ihre Middleware (Datenbanken, Schnittstellen, Reportmanagement, Intranet, Directory-Services etc.) ohne Änderungen einsetzbar ist. Bei größeren Aufträgen lohnt es sich, mit dem Hersteller zu handeln, denn schließlich wollen Sie Ihre internen Kosten so gering wie möglich halten.

- **Austausch von Inhalten des RE-Werkzeugs**
  Im Verlauf des Anforderungsmanagementprozesses ist es oft notwendig, Daten mit anderen Anforderungsmanagementwerkzeugen auszutauschen, beispielsweise bei Beziehungen eines Automobilherstellers zu seinen Lieferanten. Oft setzen die Werkzeughersteller jedoch proprietäre Formate ein, die nicht gemeinsam mit semantischen Informationen oder mit Grafikdetails exportiert und weiterverwendet werden können. Seit einiger Zeit existiert zum Austausch zwischen verschiedenen RE-Werkzeugen ein Standard, das sogenannte **Requirements-Interchange-Format (RIF)** [HIS2007]. RIF basiert auf XML und erlaubt den herstellerunabhängigen Austausch der RE-Daten über Toolgrenzen hinweg. Dies beinhaltet mindestens alle Texte und wird dann erweitert auf eingebettete Objekte. Soweit Sie an einer Werkzeuglösung interessiert sind, die sowohl den Datenaustausch mit Lieferanten oder Kunden unterstützt als auch einen eventuellen späteren Wechsel auf ein anderes Werkzeug, sollten Sie darauf achten, dass das RIF eingesetzt wird, und nicht nur ein normales XML, bei dem viele semantische Informationen verloren gehen. Eine gute Implementierung des RIF-Standards ist das Werkzeug Exerpt der Firma Extessy[33]. Dieses bietet Schnittstellen zwischen führenden RE-Werkzeugen und erlaubt sowohl den bidirektionalen Datenaustausch als auch die Migration von Anforderungen. Mit den kommenden Werkzeugversionen werden alle großen Hersteller dieses Format zunächst über eine externe zertifizierte Schnittstelle unterstützen und später (ca. 2009) zunehmend über integrierte Export- und Importfilter[34].

- **Makrobedienbarkeit**
  Abhängig von der Weiterverarbeitung der Inhalte Ihres RE-Werkzeugs ist auch Remote-Betrieb hilfreich, um beispielsweise eine ganze Anzahl von Anforderungen gemeinsam bearbeiten zu können. Oftmals werden hierfür Makros eingesetzt, die dann einige Kommandos gesammelt abarbeiten und damit Anforderungen im Format konvertieren oder Checks durchführen und einen spezifischen tagesaktuellen Report liefern. Soweit es sich um Webservices oder ähnliche Kommunikationsinstrumente handelt, sollten Sie die zugrunde liegenden Protokolle mit denen Ihrer anderen Umgebungen abgleichen. Oftmals gibt es subtile Unterschiede, die dazu führen, dass Sie auf einer Seite nacharbeiten müssen, was sofort mit Zusatzkosten zu Buche schlägt.

- **Benutzbarkeit**
  Das ist sicherlich eines der wichtigsten Kriterien. Die Benutzbarkeit nimmt mit der Komplexität des Werkzeugs ab. Achten Sie darauf, dass alle vorgesehenen Benutzergruppen mit dem Werkzeug produktiv arbeiten können. Machen Sie konkrete Tests mit Szenarien und Prozessen, die diese verschiede-

---

33. http://www.extessy.com/
34. RIF-Review und Kommunikation mit Werkzeugherstellern und der HIS am 11. März 2008.

11.7 Checkliste für die Werkzeugauswahl und -einführung

nen Benutzergruppen später im Tagesgeschäft einsetzen. Sie sollten gezielt alle Formen der Generierung und Verwaltung von Inhalten prüfen. Wie leicht lassen sich die Editierwerkzeuge verwenden? Wird ein gängiges Office-Programm eingesetzt oder handelt es sich um einen proprietären Editor? Wie leicht lassen sich Tabellen oder Grafiken verwalten? Denken Sie auch an seltene Vorfälle, wie Back-ups oder das Wiederherstellen eines früheren Versionsstands. Können bei einem Fehler in einem einzigen Projekt dessen Inhalte gezielt wiederhergestellt werden oder wird alles ab einem bestimmten Zeitpunkt überschrieben?

- **Hersteller, Stabilität und Support**
  Neben den Werkzeugeigenschaften sollten Sie auf den Hersteller achten. Wie stabil ist der Hersteller? Wie lange ist er schon im Geschäft? Verdient der Hersteller mit dem RE-Werkzeug Geld? Gehört das Werkzeug zu seinem Kerngeschäft? Wer setzt seine Werkzeuge ein? Wie sieht seine Strategie bezüglich von Software- oder System-Engineering-Werkzeugen aus? Arbeitet er mit anderen Herstellern zusammen?

- **Lizenzen**
  Oftmals muss nur eine kleine Gruppe von Mitarbeitern die Anforderungen kontrollieren, während sehr viele Mitarbeiter lesend darauf zugreifen sollen. Besteht die Möglichkeit, die Inhalte als Report mit Lesezugriff auf Ihr Intranet zu bringen? Wie sehen die exakten lizenzrechtlichen Vereinbarungen aus, wenn die Informationen intern (Intranet) oder extern (Extranet, Internet) genutzt werden sollen? Gibt es weltweite Lizenzvereinbarungen, oder sind die Lizenzen an ein Land oder an eine Region gekoppelt? Benötigen Sie Einzelplatz- oder flexible Lizenzen? Seien Sie gerade bei (vermeintlich billigen) Open-Source-Lösungen sehr vorsichtig, denn diese haben oft sehr komplizierte Lizenzvorgaben.

- **Kosten**
  Stellen Sie einen exakten Business Case für die Werkzeugauswahl auf. Beachten Sie Nutzen, aber auch Kosten über den gesamten Lebenslauf (oder die ersten drei Jahre) des Werkzeugs. Schauen Sie nicht nur auf die Anschaffungskosten, um dann für eine Eigenentwicklung zu votieren. Eigenentwicklungen sind in aller Regel sehr viel teurer als kommerzielle Werkzeuge. Kosten- und Nutzenrechnungen sollen verschiedene Gesichtspunkte beachten, beispielsweise Anschaffung, Wartung und Service, Anpassung an Ihre eigenen Templates, Prozesse und Werkzeuge oder Training der Benutzer.

Speziell für das **Veränderungsmanagement** während der Werkzeugeinführung gilt noch die folgende zusätzliche Checkliste:

- **Infrastruktur**
  für Werkzeugbetreuung einrichten. Es braucht gerade in der Einführungsphase gut ausgebildete Personen, die die Benutzer als Coach, Methodenbetreuer oder einfach als Werkzeugadministratoren unterstützen können.

- **Anpassung des Werkzeugs**
  an die bestehende Infrastruktur. Hier geht es um die Abstimmung von Schnittstellen, den Datenaustausch, die schrittweise und geplante Migration von Datenbeständen aus Altsystemen oder die Verifikation der übertragenen Daten. Für nicht mehr aktive Projekte bietet es sich an, Proxies einzuführen, die als Referenz bei Fehlern und Änderungen dienen und auf nicht migrierte Datensätze verweisen.

- **Kompetenz**
  zum Werkzeug in der Organisation aufbauen. Im Unterschied zu Trainern der Werkzeughersteller müssen Sie mit der speziellen Adaption des Werkzeugs an Ihre eigene Umgebung leben und arbeiten. Bauen Sie dazu kompetente Mitarbeiter auf, die bei Neulingen oder beim Start neuer Projekte unterstützen können. Sehen Sie den dafür nötigen Aufwand vor.

- **Training**
  Jedes Werkzeug erfordert ein effektives Training für alle Benutzer. Unterschiedliche Benutzergruppen verlangen nach einem spezifischen Training, das ihren Ansprüchen genügt, ohne sie zu überlasten. Welches Training wollen Sie für die Benutzer vorsehen? Wird diese Trainingsform durch den Hersteller unterstützt? Beinhalten die Lizenzkosten Inhouse-Seminare? Gibt es ein brauchbares E-Learning? Werden neue Versionen oder Änderungen durch ein spezifisches Training unterstützt? Wie teuer und umfangreich wird das Training (Vorbereitung und Durchführung)? Wie wollen Sie die Effektivität des Trainings messen?

- **Schrittweise Einführung**
  mithilfe von Pilotprojekten und einem graduellen Umstieg der Daten. Eine Veränderung braucht Aufwand (also Mitarbeiter mit den richtigen Fähigkeiten) über eine längere Zeit. Typischerweise rechnet man für Prozesse und deren Unterstützung mit einem Aufwand von 2-3 % für die Pflege eines definierten Standes, während eine Veränderung durchaus 5-10 % Aufwand über einen begrenzten Zeitrahmen verlangen kann.

Beachten Sie bei allen in dieser Checkliste genannten Punkten, dass sie immer auch die Kosten beeinflussen. Ermitteln Sie exakt, was Sie wirklich brauchen und was eigentlich nur nett aussieht. Auch die Werkzeugauswahl braucht ein komplettes Requirements Engineering! Nicht alle Inhalte dieser Checkliste sind in Ihrer Situation und Umgebung zwingend anwendbar. Komplexe Werkzeuge werden nach aller Erfahrung viel weniger genutzt als einfache Tabellen und leicht editierbare Inhalte.

11.8 Tipps für die Praxis

- Setzen Sie Methodik und Werkzeuge im RE situativ ein. Ein Werkzeug allein bringt keine Verbesserung. Die Basis für gute Ergebnisse ist Systematik und Disziplin. Zuerst muss ein schlanker Prozess für das RE für alle Projektbeteiligten (auch Vertrieb) verpflichtend vereinbart werden. Der Prozess kann durch sehr einfache Spreadsheets unterstützt werden. Werkzeuge werden dann eingeführt, wenn sie einen messbaren Vorteil bringen.
- Überlegen Sie sich gut, was Sie mit einem RE-Werkzeug erreichen wollen. Was billig aussieht, bleibt es nicht. Hausgemachte Werkzeuge auf der Basis von Datenbanken wachsen oftmals in einen Bereich, wo ein kommerzielles Werkzeug im unteren Kostenbereich sehr viel günstiger gewesen wäre. Grundsätzlich gilt heute, dass kein Unternehmen mehr solche Werkzeuge selbst machen sollte – außer Sie wollen es anschließend verkaufen oder aber im Bereich von kundenspezifischen Dienstleistungen einsetzen.
- Beachten Sie bei Evaluierungen von Werkzeugen die »Total Cost of Ownership« über den Lebenszyklus. Die Kosten eines Werkzeugs resultieren nicht ausschließlich aus den (häufig) einmaligen Lizenzkosten, sondern aus Training, Einführung, Nutzung und Wartung des Werkzeugs.
- Machen Sie sich im Vorfeld klar, was genau Sie heute brauchen und wohin die Entwicklung führen wird, sodass das gewählte Werkzeug sich leicht einführen und später ersetzen oder erweitern lässt.
- Verwechseln Sie niemals Prozesse und Werkzeuge. Werkzeuge ermitteln keine Anforderungen, und sie sind kein Prozessersatz! Sie unterstützen die Umsetzung eines Prozesses, aber die Arbeit bleibt weiterhin bei den menschlichen Benutzern. Nutzen Sie Werkzeuge als Effizienzverbesserung, aber machen Sie sich klar, dass Effektivität (Wirksamkeit) durch Prozesse erreicht wird.
- Seien Sie sparsam mit teuren Werkzeuglizenzen. Nicht alle Mitarbeiter, die Anforderungen bearbeiten, brauchen Schreibzugriff auf ein High-End-Werkzeug. Es ist primär für jene Mitarbeiter vorgesehen, die Anforderungen spezifizieren. Reports lassen sich auch kostengünstiger verteilen.
- Prüfen Sie sorgfältig, bevor Sie sich für ein Werkzeug entscheiden. Komplexe Werkzeuge sind teuer und werden nach aller Erfahrung viel weniger genutzt als einfache Tabellen oder leicht editierbare Inhalte einer Wiki-Anwendung. Arbeiten Sie für ein Jahr mit einem Prototyp, der sich an Ihre Bedürfnisse anpassen lässt, bevor Sie viel Geld ausgeben oder viele Benutzer mit einem unausgereiften oder unpassenden Werkzeug frustrieren.
- Achten Sie darauf, dass alle intendierten Benutzergruppen mit dem Werkzeug produktiv arbeiten können. Machen Sie konkrete Tests mit Szenarien und Prozessen, die diese verschiedenen Benutzergruppen später im Tagesgeschäft einsetzen.

11.9 Fragen an die Praxis

- Welche Rollen und Prozesse im Requirements Engineering profitieren von der Nutzung eines Werkzeugs?
- Wo setzen Sie im RE bereits Werkzeuge ein? Was sind Ihre Erfahrungen? Wird das Werkzeug systematisch genutzt? Wurde damit eine messbare Effizienzverbesserung erreicht?
- In welchen Bereichen könnten Sie eine bessere Werkzeugunterstützung brauchen?

- Falls Sie einfache grafische Editoren einsetzen, die es nur erlauben, Bilder zu zeichnen, aber nicht die Modelle zu prüfen: Haben Sie jemals die Vor- und Nachteile Ihrer Werkzeuge mit kommerziell erhältlichen Werkzeugen (auch Open Source, wie Eclipse) verglichen? Stehen Sie zu Ihrer Entscheidung? Fördern Ihre Werkzeuge Qualität und Produktivität?
- Wie berechnen Sie den Business Case eines Werkzeugs für RE? Wie sehen die Nutzenpotenziale aus? Wo sind sie in Ihrer Umgebung am dringlichsten? Wo können Sie mit einem Werkzeug Zeit und Aufwand sparen? Was sind die Kosten?
- Wie verteilen sich die Kosten über die Einsatzzeit des Werkzeugs (bedenken Sie dabei, dass Kosten für Benutzung und Pflege höher sind als die einmaligen Lizenzkosten)?
- Wie könnten Ihre Prozesse im Requirements Engineering und im benachbarten Projektmanagement (Verfolgung, Planung, Schätzung) durch gezielten Werkzeugeinsatz produktiver werden?
- Wollen Sie in nächster Zeit ein Werkzeug einführen? Haben Sie sich klargemacht, was Ihre eigenen Anforderungen an dieses Werkzeug sind (auch das verfügbare Budget ist eine Anforderung)? Wollen Sie das Werkzeug selbst erstellen? Weshalb? Hatten Sie bereits die Kosten über die Lebensdauer eines solchen Werkzeugs zusammengestellt? Welche Szenarien sind für Sie bei einem Werkzeug am wichtigsten?

12 Aus der Praxis für die Praxis

> *In theory, theory and practice are the same*
> *– but in practice, they're not.*
>
> *– John Rummel*

12.1 Praxisregeln und Gesetzmäßigkeiten

Wir wollen in diesem Kapitel kurz die wichtigsten Gesetzmäßigkeiten des RE zusammenfassen. Gesetze leiten sich aus Beobachtungen ab und sind Hypothesen zu Zusammenhängen, die bisher nicht widerlegt werden konnten. Das heißt allerdings nicht, dass es Naturkonstanten sind (soweit es die in Disziplinen wie Softwaretechnik überhaupt geben kann). Die genannten Gesetze wurden bereits in früheren Kapiteln eingesetzt und erläutert. Eine Übersicht zu den Quellen für viele dieser Konstanten findet sich in [Ebert2007a]. Daher geht es hier nur um eine kurze Zusammenstellung der Gesetze und einige Erklärungen, wie sie am besten beachtet werden.

- **Der größte – vertragsrelevante – Fehler des RE ist es, dem Kunden zu geben, was er braucht und nicht was er will.** Dies ist ein universelles Gesetz, das zusammenfasst, dass RE *Verträge vorbereitet* und demnach auch *verbindliche Ergebnisse liefern muss*, die für beide Parteien (Auftraggeber und Lieferant) gleichermaßen schlüssig sind. Wenn ein Auftraggeber schriftlich beschreibt, was er will, ist dies zum Zeitpunkt der Vertragsunterzeichnung auch verbindlich. Etwas anderes zu liefern ist Vertragsbruch, selbst wenn ein gute Wille dahinter steht. Dies heißt natürlich nicht, dass Projektmanager oder Produktmanager ihre Hände in den Schoß legen sollen. Vor der Vertragsunterzeichnung oder Beauftragung müssen sie Ziele, Nutzen und Anforderungen als Vertrag zusammenbringen. Gutes RE bedeutet, dass gemeinsam mit dem Kunden Lösungen entwickelt werden, die vom Kunden als brauchbar und nützlich betrachtet werden. Ziel des RE ist es, eine Übereinkunft im Interesse des Kunden zu erreichen, sodass er mit dem resultierenden Produkt zufrieden ist.

- **Das ABC des Requirements Engineering: »allocation before commitment«, also Zuweisung vor Zustimmung.** Anforderungen müssen einem konkreten Projekt zugewiesen werden, *bevor* die Entwicklungsarbeiten beginnen. Oftmals beginnt die Entwicklung schleichend, ohne jemals eine verlässliche Basis für das Projekt geschaffen zu haben. Viele Kunden favorisieren diesen Ansatz, denn er erlaubt es, unsichere Anforderungen zu ändern, während bereits entwickelt wird. Allerdings sind bei diesem Vorgehen Aufwände und Ergebnisse nicht kontrollierbar und bedingen häufige Nacharbeiten mit Mehrkosten. Es geht bei diesem Gesetz darum, eine Basis zu schaffen, auf die das Projekt aufsetzen kann und die *gleichzeitig* auch für alle weiteren kommerziellen Vereinbarungen dient.

- **Eine einzelne Anforderung soll auf maximal einer Druckseite beschrieben werden.** Diese Vorgabe hängt mit der Granularität und der Lesbarkeit zusammen. Anforderungen können sehr umfangreich sein, aber man riskiert, dass sie nicht mehr les- und prüfbar sind. Besser ist es, sie in weitere Anforderungen zu gliedern, wenn sie zu umfangreich werden. Das hilft dann auch dabei, Testfälle optimal an die Anforderungen anzupassen. Wir können die Granularität von Anforderungen projektspezifisch ableiten. Wenn ein Projekt ungefähr 6-12 Monate dauern soll, dann darf es maximal 30-50 Personenjahre konsumieren (minimale Projektdauer in Monaten ist als Faustregel gleich 2,5 multipliziert mit der dritten Wurzel aus dem Aufwand in Personenjahren; hier wird eine Sicherheit von 50 % zugegeben). Dies entspricht einem maximalen Aufwand von 2000 Personenwochen. Im Projekt sollte ein Arbeitspaket typischerweise 1-4 Personenwochen konsumieren. Damit erhalten wir in diesem Projekt einige Hundert Arbeitspakete, und eine Anforderung deckt um die 10 Arbeitspakete ab.

- **Unzureichendes RE hat überproportional hohe Folgekosten.** Eine schlechte Anforderungsqualität führt zu Kosten, die erst sehr spät auftreten, aber dann massiv zu Buche schlagen [Ebert2007a, Standish2003, Stevens1998, Leffingwell1997]. Das gilt sowohl für falsch verstandene und umgesetzte Benutzerbedürfnisse als auch für fehlerhafte Anforderungen. Bei den meisten SW-Systemen wird die Hälfte aller Funktionen niemals genutzt. 80 % der Fehler im Test resultieren von fehlenden (31 %) oder falschen (49 %) Anforderungen. 43 % der im Betrieb festgestellten Softwarefehler in eingebetteten Systemen sind auf eine unzureichende Anforderungs- und Analysephase zurückzuführen.

- **RE benötigt 10 % des Projektaufwands.** Wird allerdings dieser Aufwand unterschritten, ergeben sich Zusatzaufwände durch unzureichend analysierte und spezifizierte Anforderungen, unklare Projektziele, zu viele Änderungen der Anforderungen nach Projektstart sowie einer inkonsistenten Dokumentation der verschiedenen Arbeitsergebnisse. Typischerweise werden nur 3-6 % des Aufwands in das RE investiert. Eine Verdoppelung dieses Aufwands hat das Potenzial, über 20 % der Lebenszykluskosten zu sparen, und zwar durch die Vermeidung von Fehlern während der Ermittlung und Analyse, durch frühe Fehlerentdeckung und weniger Nacharbeiten während der Spezifikation und Validierung, durch bessere Konsistenz und Termintreue sowie durch bessere Wartbarkeit im Betrieb (siehe auch Kap. 1.3). Werden nur 5 % des Projektaufwands in die Aktivitäten für RE investiert, ergeben sich Verzögerungen von 50 % und mehr.

- **Die »Requirements-Phase« vor Projektstart beansprucht 10-50 % der Entwicklungsdauer.** Wir vergleichen hier die Dauer der Anforderungsentwicklung vor Projektstart mit der Projektdauer bis zur Lieferung der implementierten Anforderungen. Vor Projektstart liegen Anforderungssammlung, Analyse und Projektvorbereitung. Danach erfolgt Top-Level-Design bis zur Integration und Übergabe an den ersten Kunden. Die genannten Zahlen beziehen sich auf neue, innovative oder stark geänderte Produkte. Bei Folgeversionen sollte ein Zeitrahmen für die RE-Phase von 10-30 % Dauer vor Projektstart nicht überschritten werden. In Zahlen ausgedrückt gilt damit, dass ein Projekt mit einer angenommenen Entwicklungsdauer von 12 Monaten typischerweise 2-3 Monate brauchen darf, um von der ersten Konzeption bis zum Projektstart vorbereitet zu werden. Es hat also eine Gesamtdauer von 15 Monaten. Die Zeitdauer dieser RE-Phase spiegelt nicht den Aufwand wider, der vergleichsweise niedrig ist.

- **Anforderungen ändern sich im laufenden Projekt typischerweise mit 1-5 % des Projektumfangs (Aufwand) pro Monat.** Die Änderungsrate ist der Anteil der geänderten Anforderungen an der Gesamtzahl aller Anforderungen. Änderungen sind neue, gelöschte und inhaltlich geänderte Anforderungen. Um eine projektspezifische Aussage zu erhalten, können die Änderungen auf die geschätzten Projektkosten umgerechnet werden. Dadurch werden Änderungen an umfangreichen und daher aufwendigen Anforderungen stärker berücksichtigt. Eine Änderungsrate von 1 % pro Monat bei einem Projekt von 100 Personenmonaten bedeutet, dass monatlich Anforderungen mit einem Beitrag von einem Personenmonat geändert werden. Die Änderungskosten sind hierbei nicht berücksichtigt, denn sie wachsen gegen Ende der Projektdauer überproportional an. Dieses Gesetz ist eine brauchbare Faustregel für Projektmanager, um Änderungen zu planen. Beachten Sie allerdings, dass der Aufwand für die Änderung selbst nur schwer abschätzbar ist und über die Projektdauer schnell wächst. Was in der Ermittlungsphase noch durch eine einzige Änderung im Lastenheft zu erreichen ist, erfordert später die – konsistente – Änderung einer ganzen Reihe von Dokumenten. Stabilere Anforderungen gibt es nur in Umgebungen, die stark standardisiert oder reglementiert sind. Wenn beispielsweise ein Protokollstack oder eine darauf aufsetzende Infrastruktur entwickelt wird, dann ist das Protokoll stark standardisiert, und es wird kaum zu Änderungen kommen. Ähnliches gilt in Branchen, die sehr hohe Anforderungen an Anforderungsqualität stellen, beispielsweise bei sicherheitskritischen Systemen oder in der Nahrungs- oder Medizintechnik. Auf der anderen Seite gibt es hochinnovative Projekte und solche mit Benutzerschnittstellen und Geschäftsprozessen, die praktisch noch unbekannt sind. Hier wird man sehr viel mehr Änderungen sehen, und es ist für den Projektmanager überlebenswichtig, Grenzen zu definieren, bei deren Überschreitung seine globalen Projektanforderungen (z.B. Kostenrahmen, Liefertermin) nicht mehr eingehalten werden können. Sehr unsichere Anforderungen können durch entsprechende Entwurfsentscheidungen (d.h. Design for Change) gekapselt und eventuell durch Prototyping exploriert werden.

- **Die Produktivität eines Softwareprojekts hängt von der Änderungsrate der Anforderungen ab.** Diese Feststellung ist offensichtlich, denn ohne Stabilisierung der Anforderungen wird es nie zu einem Ergebnis kommen und damit wird die Produktivität bei null bleiben. Quantitative Betrachtungen zu diesem Thema sind allerdings eher selten. Wir haben festgestellt, dass die Produktivität (also der Output aus dem Entwicklungsprozess dividiert durch die dafür eingesetzten Ressourcen) bei einer gesamten Änderungsrate der Anforderungen von bis zu 30% über die Projektdauer nahezu konstant bleibt. Ab dieser Grenze bewegt sich die Produktivität schnell nach unten. Beachten Sie daher in Ihren Projekten diesen Zusammenhang und erlauben Sie nur so viel Flexibilität, wie ihr Produkt verträgt, ohne die angenommene Profitabilität zu reduzieren.

- **Softwareentwicklung folgt dem Pareto-Prinzip.** 20% der implementierten Funktionen vereinigen 60-80% der späteren Nutzungsfälle auf sich. 20% der Komponenten konsumieren 60-80% der Ressourcen. 20% der Komponenten verursachen 60% der Fehler. 20% der Fehler benötigen 60-80% des Reparaturaufwands. 20% der Erweiterungen verschlingen 60-80% der Wartungskosten. Entscheidend ist es, die jeweiligen 20% identifizieren zu können und damit das Projekt besser zu kontrollieren. Eine Maßnahme besteht darin, bereits in der ersten Analyse (und später dann in weiteren Projektschritten) ständig markieren zu lassen, welche Komponenten oder Ergebnisse als übermäßig komplex charakterisiert werden. Über die Zeit erhält man dadurch eine hinreichend brauchbare Taxierung, die dann auch zur Planung genutzt werden kann.

- **Änderungen nach der Übergabe betragen 5-8% neue Funktionen sowie 10% geänderte Funktionen pro Jahr.** Diese Änderungsrate hängt von vielen Faktoren ab, beispielsweise der Dynamik des Markts, legislativen Regelungen, dem Nutzungsgrad des Produkts und der Wettbewerbersituation (z.B.: Gibt es viele aktive Wettbewerber bei geringer Markteintrittsschwelle?). Diese Faktoren zu kennen hilft bei der Ressourcenplanung während der Wartungsphase und dabei, das Projekt und die zugehörige Roadmap zu stabilisieren.

- **Veränderungsmanagement** benötigt dezidierten Aufwand (also Mitarbeiter mit den richtigen Fähigkeiten) über eine längere Zeit. Typischerweise rechnet man für Prozesse und deren Unterstützung mit einem Aufwand von 2-3% für die Pflege eines definierten Standes, während eine Veränderung durchaus 5-10 % Aufwand über einen begrenzten Zeitrahmen verlangen kann. Bereiten Sie sich auf diese Aufwände vor, oder Sie haben danach einen formalen Prozess eingeführt, während die Entwickler in einer »Schattenwelt« leben, wo Prozesse und Werkzeuge nur pro forma eingesetzt werden, weil es das Management so will.

12.2 Fallstudie: Praktisches Requirements Engineering

Wir wollen nun anhand eines kleinen Beispiels die ganz praktischen Aspekte des RE nochmals zusammenfassen und illustrieren. Das Beispiel beschreibt den Übergang von einer Produktvision über Anwendungsfälle und Anforderungen zu Testfällen. Es erläutert alle Schritte im Requirements Engineering und umfasst ein kleines Projekt mit einer kombinierten Spezifikation aus Lastenheft und Pflichtenheft, die schrittweise entwickelt wird. Man findet diese Situation und die sehr konkrete Vorgehensweise vor allem in kleineren Projekten und Unternehmen häufig vor.

Das Beispiel handelt von einer Gebäudeautomatisierung. Wir haben einen Ausschnitt gewählt, der die Beleuchtung des Hauses beschreibt. Dabei geht es um die verschiedenen Beleuchtungsszenarien in Räumen, Fluren und im Garten in Abhängigkeit von Tageszeit, Stimmungen und besonderen Situationen. Das Szenario in diesem Beispiel besteht aus drei Schritten. Zuerst wird eine Produktvision vorgegeben. Darauf werden Anforderungen aufgebaut, und daraus werden schließlich Testfälle abgeleitet. Die folgenden Abbildungen (Abb. 12–1 bis 12-8) zeigen anhand von Ausschnitten aus der Projektdokumentation, wie sich dieses Beispiel langsam entwickelt. Jeweils neue Teile einer Phase während der Sammlung, Analyse und Zuweisung zum Projekt sind grau hinterlegt, um den Unterschied zu veranschaulichen.

Zielgruppe	Hausbesitzer, die ein neues aufwendiges Haus bauen.
Bedarf	Verbesserung der Beleuchtung. Mehr Sicherheit, Komfort, Behaglichkeit, Einfachheit, Einsparen von Energie.
Produkt	Automatische Hausbeleuchtung
Funktion	Hausbeleuchtung mit zentraler Bedienung, automatischer Anpassung von Beleuchtungsmustern, einfach zu bedienen, zu einem vernünftigen Preis
Wettbewerb	Schmitt Beleuchtungstechnik: Schmitt 2000 Micro-Switch: Heimautomatisierung
Wettbewerbsmerkmale	Preis: ca. 30% unter Schmitt 2000, Bedienbarkeit, Installierbarkeit, Einfachheit; Wartungsfreundlichkeit; Kosten pro Betriebsstunde; Energiemanagement

Abb. 12–1 *Requirements-Engineering-Beispiel: Die Produktvision*

Initialer Use Case

Akteure: Bewohner; Eigentümer/Programmierer/Betreiber; Lichter, Schalter etc.; Remote-Betreiber; Service

Use Cases: Bediene Beleuchtung; Programmiere Beleuchtung; Automatisiere Beleuchtung

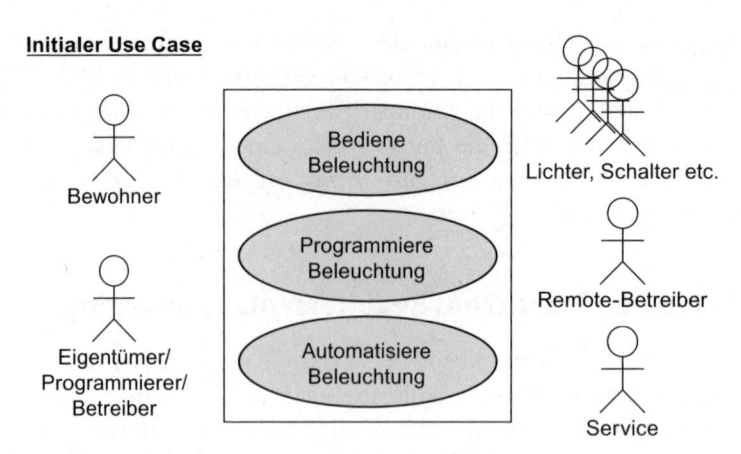

Abb. 12–2   *Requirements-Engineering-Beispiel: Der Top-Level-Anwendungsfall*

ID	Funktion
1	Bilde kundenspezifische Licht-Szenen
2	Automatisiere Beleuchtung (Zeit, etc.)
3	Liefere Sicherheitsfunktionen
4	Stelle 100% Zuverlässigkeit sicher
5	Erlaube einfache Programmierung (ohne PC)
6	Erlaube einfache Bedienung mittels konventioneller Schalter
7	Liefere Urlaubseinstellungen
8	Verwende European Installation Bus
9	Erlaube handelsüblichen PC als komfortable Benutzerschnittstelle

Abb. 12–3   *Requirements-Engineering-Beispiel: Die Anforderungsermittlung*

ID	Funktion	Prio	Aufwand	Risiko
1	Bilde kundenspezifische Licht-Szenen	1	Med	Low
2	Automatisiere Beleuchtung (Zeit, etc.)	1	Low	Low
3	Liefere Sicherheitsfunktionen	2	Med	Low
4	Stelle 100% Zuverlässigkeit sicher	1	High	High
5	Erlaube einfache Programmierung (ohne PC)	2	High	Med
6	Erlaube einfache Bedienung mittels konventioneller Schalter	1	Med	Low
7	Liefere Urlaubs-Einstellungen	2	Low	Low
8	Verwende European Installation Bus	1	High	High
9	Erlaube handelsüblichen PC als komfortable Benutzerschnittstelle	2	Med	High

Abb. 12–4   *Requirements-Engineering-Beispiel: Die Anforderungsanalyse*

12.2 Fallstudie: Praktisches Requirements Engineering

ID	Funktion	Prio	Aufwd	Risiko	Release
1	Bilde kundenspezifische Lichtszenen	1	Med	Low	1.0
2	Automatisiere Beleuchtung (Zeit, etc.)	1	Low	Low	1.0
3	Liefere Sicherheitsfunktionen	2	Med	Low	1.0
4	Stelle 100% Zuverlässigkeit sicher	1	High	High	1.0
5	Erlaube einfache Programmierung (ohne PC)	2	High	Med	2.0
6	Erlaube einfache Bedienung mittels konventioneller Schalter	1	Med	Low	1.0
7	Liefere Urlaubseinstellungen	2	Low	Low	1.0
8	Verwende European Installation Bus	1	High	High	1.0
9	Erlaube handelsüblichen PC als komfortable Benutzerschnittstelle	2	Med	High	2.0

Abb. 12–5   *Requirements-Engineering-Beispiel: Bewertung und Vereinbarung der Anforderungen*

ID	#006
Titel	Erlaube einfache Schalter-Bedienung
Versionskontrolle	1.0 15.03.2001 J. Sterna 2.0 17.04.2001 R. Bischof
Beschreibung	Der Use Case beschreibt, wie das Licht ein- und ausgeschaltet oder gedimmt wird.
Ablauf	Beginnt mit Druck auf Schalter. Sobald Benutzer auf die Taste drückt, läuft ein Timer an …
Ausnahmen	1. Falls Schalter mehr als 1 Sekunde … 2. Falls Glühbirne defekt, …
Vorbedingungen	Der Schalter muss programmiert sein …
Nachbedingungen	Die Helligkeit wird gespeichert.
Erweiterungen	…

Abb. 12–6   *Requirements-Engineering-Beispiel: Ein konkreter Use Case*

Spezifikation

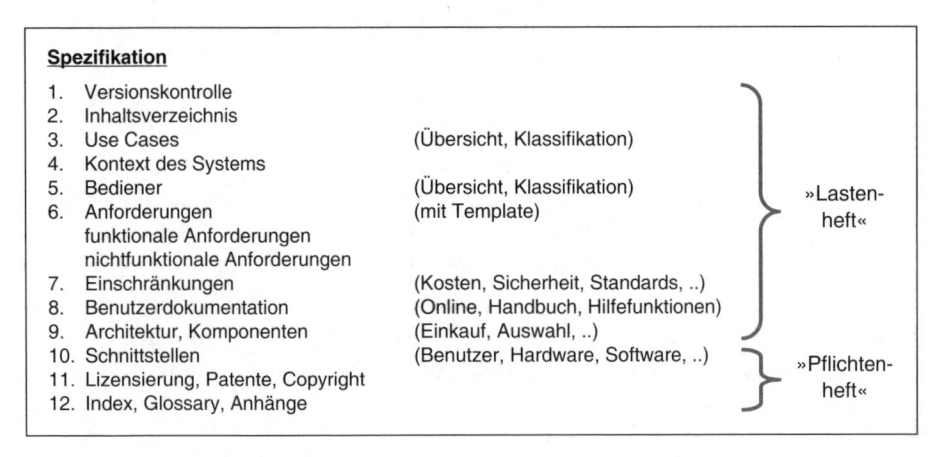

1. Versionskontrolle
2. Inhaltsverzeichnis
3. Use Cases   (Übersicht, Klassifikation)
4. Kontext des Systems
5. Bediener   (Übersicht, Klassifikation)   ⎫
6. Anforderungen   (mit Template)   ⎬ »Lastenheft«
   funktionale Anforderungen   ⎪
   nichtfunktionale Anforderungen   ⎭
7. Einschränkungen   (Kosten, Sicherheit, Standards, ..)
8. Benutzerdokumentation   (Online, Handbuch, Hilfefunktionen)
9. Architektur, Komponenten   (Einkauf, Auswahl, ..)
10. Schnittstellen   (Benutzer, Hardware, Software, ..)   ⎫ »Pflichtenheft«
11. Lizensierung, Patente, Copyright   ⎬
12. Index, Glossary, Anhänge   ⎭

Abb. 12–7   *Requirements-Engineering-Beispiel: Die Spezifikation (Inhaltsverzeichnis und Struktur)*

ID	Anf	Ereignis	Eingabe 1	Eingabe 2	Erwartetes Ergebnis
21	6	Benutzer tippt Lichtschalter	Jeder aktivierte Schalter	Licht war vorher an	Licht geht aus
22	6	Benutzer tippt Lichtschalter	Jeder aktivierte Schalter	Licht war vorher aus	Licht geht an
23	6	Benutzer tippt länger als 1 Sekunde	Licht an	Dimmerfunktion aktiviert	Licht wird dunkler
24	6	Benutzer tippt länger als 1 Sekunde	Licht in Dimmstellung, an		Licht wird heller bis Maximalwert; dann dunkelt es ab.
25	6	Benutzer tippt Lichtschalter	Lampe kaputt	Ersatzmuster aktiviert	Ersatzmuster leuchtet

Abb. 12–8   *Requirements-Engineering-Beispiel: Vom Use Case zur Testspezifikation*

12.3 RE und Produktlinien

In vielen Wirtschaftszweigen wurden Produktlinien bereits im frühen zwanzigsten Jahrhundert eingeführt, um Varianten- und Modell- (oder Versions-)Wechsel einfacher und kostengünstiger handhaben zu können. Ein gutes Beispiel ist die Automobilwirtschaft, wo Henry Ford bereits frühzeitig auswechselbare Komponenten und das Fließband einführte, um qualitativ hochwertige Produkte kostengünstig und schnell zu produzieren.

Auch die Softwarewirtschaft hat sich dieses Themas seit einiger Zeit angenommen [Clements2001, Donohoe2000]. Die erste und noch immer gültige Definition stammt bereits aus den siebziger Jahren [Parnas1976]: »We consider a set of programs to constitute a family whenever it is worthwhile to study programs from the set by first studying the common properties of the set and then determining the special properties of the individual family members.«

Eine Produktlinie ist definiert als Menge von Produkten, die die Anforderungen eines gemeinsamen Anwendungsbereichs abdecken [Clements2001, Donohoe2000]. Eine Programm- oder Produktfamilie hat darüber hinaus eine gemeinsame Basis und unterscheidet sich in – definiert – variablen Teilen [Parnas1976, Clements2001, Donohoe2000]. In der Softwarewirtschaft werden diese beiden Begriffe der Produktlinie und der Produktfamilie synonym betrachtet, da Produktlinien wirtschaftlich nur Sinn machen, wenn sie eine gemeinsame Plattform haben. Beides wird als Produktlinie bezeichnet. Damit ist eine Produktlinie eine Plattform mit den Plattformelementen ($P_1...P_n$) und den Funktionen ($F_1...F_m$). Ein Produkt setzt sich aus Plattformelementen und Funktionen zusammen, z.B. $P_1, P_2, P_5..., F_1, F_3, F_4...$ Manche Elemente und Funktionen sind invariant und nicht austauschbar, beispielsweise um Skalierungseffekte oder gemeinsames »Look & Feel« zu erreichen.

Hintergrund für die steigende Bedeutung von Produktlinien in der Softwaretechnik sind zunehmend anspruchsvollere wirtschaftliche Randbedingungen, die nicht nur im Telekommunikationssektor gelten. Aber dort haben sie zuerst gegriffen. Es ist daher nicht verwunderlich, dass eine Großzahl der Publikationen aus diesem Bereich stammt [Karlsson2000, Ebert2003a, Weiss1999, Perry1998, Kuusela2000]. Der ursprüngliche Schwerpunkt lag zuerst ganz pragmatisch auf Themen wie Konfigurations- und Änderungsmanagement [Karlsson2000, Perry1998] und verlagerte sich dann auf Validierung [Ebert2001b]. Heute betrachtet man zunehmend die Verzahnung mit Marketingaspekten sowie organisatorische Voraussetzungen für eine erfolgreiche Einführung und Pflege von Produktlinien [Weiss1999, Kuusela2000, Bosch2001].

Um erfolgreich zu sein, müssen sich Produktlinien über eine längere Zeit weiterentwickeln. Sie müssen sorgfältig in die frühen Phasen des Lebenszyklus integriert werden, beispielsweise im Marketing, Requirements Engineering oder Portfoliomanagement. Bisherige Veröffentlichungen konzentrieren sich primär auf die Entwicklungssicht, also auf Anforderungsmanagement und Architekturen [Weiss1999, Donohoe2000, Clements2001].

Diese konkrete Fallstudie versucht, eine Brücke zu schlagen vom ersten Konzept einer Produktlinie hin zu ihrer Einführung in eine bestehende Produktlandschaft. Sie entstand aus Erfahrungen, die zwischen 1998 und 2002 in Alcatel-Lucent gewonnen wurden. Sie wurde bereits zu einem früheren Zeitpunkt und in breiterem Umfang veröffentlicht [Ebert2003a]. Alcatel ist ein weltweit führender Lieferant von Kommunikationslösungen. Kundenspezifische Lösungen sind in diesem Markt alltäglich. Die Herausforderung lag – und liegt – darin, diese Lösungen wirtschaftlich aus verschiedensten Plattformen und wiederverwendbaren Komponenten zu entwickeln. Das Produktlinienkonzept war nicht neu für Alcatel, was die Einführung erleichterte. Hardwaregetriebene Produkte wie Mobiltelefone oder auch Satelliten setzen bereits seit Jahren auf Produktlinien. Neu war vielmehr, in einem bestehenden Produkt mit hohem Softwareanteil von einer völlig projekt- und marktorientierten Sicht hin zu einer weltweiten Produktlinie zu kommen – ohne dass Komponenten völlig neu entwickelt werden konnten.

Bestehende Systeme (engl. legacy systems) machen die Einführung einer Produktlinienarchitektur besonders schwierig. Die traditionellen Antworten sind Konfigurationsmanagement und Wiederverwendung. Sie zeigen aber bei komplexen Systemen kaum Skaleneffekte und helfen nur dabei, die Kontrolle nicht ganz zu verlieren. Eine offensichtliche Lösung stellt eine Neuentwicklung dar. Dafür stellt sich aber kaum ein kalkulierbarer mittelfristiger ROI ein, sodass diese Option ausscheidet. Während einzelne Komponenten ständig erneuert werden, geschieht das nie für das Gesamtsystem.

Die erfolgreiche Einführung eines Produktlinienkonzepts hängt vor allem vom Requirements Engineering und vom Marketing ab. Bereits im Marketing – lange vor dem technischen Start der Produktlinie – müssen mittel- bis langfristige Marktentwicklungen mit technischen Bedürfnissen und bestehenden Funktionen abgeglichen werden. Wir wollen hier einige konkrete Erfahrungen aus dem Umfeld RE in Produktlinien herausarbeiten.

Verzahnen Sie Marketing und Entwicklung

Marketing ist der wichtigste externe Schlüsselfaktor für eine erfolgreiche Produktlinienarchitektur. Ohne hervorragende Marktprognosen, Steuerinstrumente hinein in Schlüsselmärkte und eine Verzahnung von technischen Roadmaps mit den jeweiligen Marktentwicklungen ist eine Produktlinie nicht erfolgreich. Eine Produktlinie ist ein Vertrag zwischen Vertrieb, der Funktionen vorschlägt und verkauft, und der Entwicklung, die sich exakt an Inhalte und Zeiten sowie Kosten halten muss (Abb. 12–9). Entscheidend ist für beide Parteien, eine absolute Transparenz der Kosten einzelner Funktionen aktuell zu halten, und das in Echtzeit.

Diese Verzahnung ist in Abbildung 12–9 als Entwicklungsschritt von links nach rechts dargestellt. Auf der linken Seite befinden sich die spontanen Entwicklungsergebnisse, die ohne Produktlinienkonzept entstehen. Sie sind zwar verzahnt, aber mit hohen Reibungsverlusten. Wiederverwendung geschieht ausschließlich opportunistisch und mit Zusatzaufwand in Integration und Test. Auf der rechten Seite steht eine Produktfamilie mit ihren einzelnen Versionen und Varianten. Varianten werden geplant und ergeben sich aus den bekannten Versionen durch eine vereinfachte Anpassung.

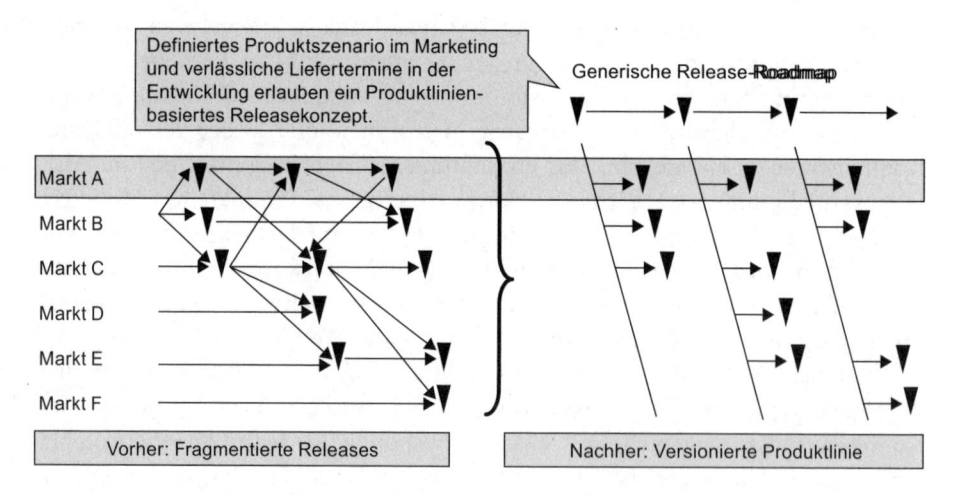

Abb. 12–9 *Das Konzept der Produktlinie*

Markterfordernisse bestimmen die Evolution einer Konfigurationsbasis von Version n zu Version n+1. Da die Inhalte der Konfigurationsbasis bekannt sind und zu einem Teil bereits antizipiert werden können, vereinfachen sich die Anpassungen der Konfigurationsbasis. Nur in Ausnahmefällen und mit einem guten Business Case sollte die Konfigurationsbasis in Version n noch geändert werden, wenn die Arbeiten an Version n+1 bereits begonnen haben.

Was kann man damit für die Kunden erreichen? Zunächst einmal können Sie mehr und interessantere Lösungen anbieten. Neue Anwendungen kommen in der Regel schneller auf den Markt, wenn sie bereits in einem anderen Markt entwickelt wurden. Entwicklungs-, Integrations- und Herstellungsaufwendungen, und damit die Produktkosten, verringern sich durch die Wiederverwendung und den geringeren Anteil zu integrierender Komponenten.

Drücken Sie Anforderungen klar und geschäftsorientiert aus

Ein Schlüsselkonzept von Produktlinien ist die Wiederverwendung. Bereits Anforderungen werden systematisch wiederverwendet. Sie deuten auf eine mögliche Wiederverwendung zwischen Märkten hin. Dies beginnt bereits beim Formulieren und Analysieren von Anforderungen. Wie korrelieren verschiedene Anforderungen untereinander oder zwischen verschiedenen Märkten? Welchen technischen Einflüssen unterliegen sie? Wer hat danach gefragt und welcher Nutzen steht für die Kunden dahinter? Stehen sie für eine Lösung mit direktem Nutzen oder wurde ein Wunsch oder Nutzeneffekt in eine – schlechte – technische Lösung übersetzt?

Um solche Fragen systematisch zu beantworten, müssen Anforderungen diszipliniert und strukturiert dokumentiert werden. Anforderungen müssen in ihrem ganzen Lebenszyklus – der plötzlich sehr viel länger wird als bei Individualprojekten – so beschrieben sein, dass sie jederzeit technische, wirtschaftliche und Marketingaspekte erkennen lassen. In einer erfolgreichen Produktlinie wird jede Anforderung weltweit oder kundenübergreifend gegen einen einheitlichen Produktkatalog und eine einheitliche technische Roadmap evaluiert, um sowohl die Grenzkosten als auch den Grenznutzen verschiedener Lösungsmöglichkeiten zu vergleichen.

Fördern Sie eine verlässliche Produktplanung

Nur eine verlässliche Release-Roadmap schafft eine erfolgreiche Produktlinie (siehe auch Kap. 4.6). Verlässlich heißt, dass die ursprünglich vereinbarten Meilensteine eingehalten werden. Ein generisches Produkt, auf das viele Softwareanwendungen aufsetzen, muss pünktlich sein, und es muss die Funktionen enthalten, die von den Anwendungsprodukten erwartet werden. Es muss unternehmensweit klar sein, wer welche Inhalte im generischen Produkt und wer welche Inhalte in den Anwendungsprodukten abdeckt. Interessenkonflikte zwischen verschiedenen Vertriebspositionen und der generischen Produktentwicklung müssen durch einen starken Produktmanager auf Produktlinienebene ausgeräumt werden. Verantwortungen müssen sauber getrennt sein, wobei klar ist, dass einzelne Anwendungsprodukte unter Umständen als Ressourcenpuffer für das generische Produkt dienen müssen (d.h., sie müssen Mitarbeiter an das generische Produkt abgeben, wenn dieses droht, sich zu verspäten).

Die erste Generation der Anwendungsprodukte stellt ein großes kommerzielles Risiko dar. Daher bietet es sich an, nicht in allen Märkten gleichzeitig umzusteigen. Es darf nicht erwartet werden, dass bereits in der ersten Phase ein positiver ROI entsteht. Andererseits ist der Umstieg häufig überlebensnotwendig und darf nicht aufgrund des Anfangsrisikos zu lange verschoben werden. Jedes Start-up-Unternehmen hat hier einen Riesenvorteil gegenüber länger existierenden Herstellern, da es weniger Ballast – funktional und ideologisch – mitschleppt.

Ermöglichen Sie Wiederverwendung auf der Basis von gemeinsamen Anforderungen

Zu einer Produktlinie kommt es erst, wenn Anforderungen und Funktionen gemeinsam mit Architektureigenschaften wiederverwendet werden. Anforderungen müssen sowohl explizit pro Release sein als auch über Komponenten, Varianten und Versionen hinweg miteinander verbunden werden können. Dieser Schritt ist nötig, um den späteren Erfolg einer Produktlinie bewerten zu können. Während die klassische Wiederverwendung ausschließlich von Entwurfsentscheidungen und -elementen ausgeht, steht bei der Produktlinie die Wiederverwendung von Anforderungen und Funktionen im Mittelpunkt.

Anforderungen für Wiederverwendung sind zentral und müssen explizit definiert und umgesetzt werden. Wie die anderen (Varianten-)Anforderungen müssen sie mit den anderen Entwicklungsartefakten eines gemeinsamen Plattform- bzw. Variantenrelease unter Versionsverwaltung gestellt werden.

In dem Moment, wo eine gezielte Veränderung eines gegebenen Basisprodukts (Plattform) zu einem Anwendungsprodukt (Variante) geplant wird, wird ein Variationspunkt festgelegt. Variationspunkte beschreiben die Abweichungen zwischen der Plattform und dem Anwendungsprodukt. An den Variationspunkten werden für das gesamte Anwendungsprodukt die entsprechenden Anpassungen in Dokumenten, Testfällen etc. abgeleitet, um für Konsistenz innerhalb dieser Variante zu sorgen. Die Anforderungen für Varianten werden als Delta-Anforderungen (siehe Kap. 6.6) spezifiziert und verwaltet. Zweckmäßigerweise sollte dafür ein Werkzeug verwendet werden, das über Attribute und Filter die Gesamtheit aller Anforderungen an ein Release darstellen kann. Dies sollte sowohl für die Marktanforderungen als auch für Produkt- und Komponentenanforderungen möglich sein, um konsistente Kundendokumente, Produktbeschreibungen, technische Dokumente, Testfälle und Freigabekriterien zu haben.

Varianten und Versionen differieren typischerweise zwischen 5 bis 20 % in ihrem Inhalt. Die Differenz (oder Variabilität) wird größer, wenn sich Versionen weiterentwickeln oder wenn es sich um längere Releasezyklen handelt. Die Sammlung von Anforderungen in einer speziellen Datenbank hilft bei der Verwaltung dieser Variabilität beträchtlich. Die anfänglichen Daten müssen mindestens die Anforderungen, ihre Abbildung auf Versionen und Varianten, Realisierungsstatus, Marktdaten, Aufwand, Prioritäten, Abbildung auf die Release-Roadmap und die Abbildung auf Entwurfs-/Codeelemente und Testfälle umfassen. Um einen einfachen Zugriff auf alle Anforderungen und implementierten Funktionen zu geben, sollten alle diese Daten – für die ganze Produktlinie – in einer einzigen Datenbank abgelegt sein.

Priorisieren Sie Anforderungen und Entwicklungspläne

Produktlinien sind nur dann erfolgreich, wenn die zugrunde liegenden generischen Releases pünktlich sind, die richtige Qualität haben und alle vereinbarten Inhalte liefern. Dabei muss das Produkt im vereinbarten Kostenrahmen liegen. Aus der Perspektive der Softwaretechnik ergibt sich hier ein offensichtlicher Widerspruch, weil der Rahmen überbestimmt ist. Da weder die Einflüsse jeder Anforderung im Detail analysiert noch alle Risiken oder menschlichen Faktoren komplett abgefedert werden können, ist ein Puffer notwendig, damit der Liefertermin gehalten werden kann.

Aus Mangel an einem Allheilmittel bleibt die Priorisierung und Inkrementbildung als Puffer das Mittel der Wahl (siehe Kap. 8.5). Aus diesen Priorisierungsrichtlinien wird dann ein inkrementeller Entwicklungsplan erstellt, der das Ziel hat, pro Inkrement exakt die Zeiten und die Priorität-1-Anforderungen zu halten. Zeit, Qualität, Aufwand und Inhalt sind innerhalb dieser Regel determiniert.

Entwickeln Sie in Inkrementen

Die erfolgreiche Einführung einer Produktlinie hängt sehr stark von einer effektiven Arbeitsteilung und Parallelisierung ab. Auf der Basis der priorisierten Anforderungen werden Entwicklungsinkremente definiert, die dann schrittweise integriert werden. Aufgrund der engen Verzahnung der Inkremente für die Plattform und die Plattformelemente sind Produktlinien – mehr noch als reguläre Einzelprojekte – auf Entwicklungsteams angewiesen, die ausschließlich an diesem einen Produkt und an einem Standort arbeiten. Sie sollten funktionsorientiert arbeiten, also eine Reihe von ähnlichen Funktionen als Gruppe entwickeln. Ein Entwicklungsteam sollte lokal so nahe wie möglich zusammenarbeiten, zweckmäßigerweise in einem Raum. Da gerade das generische Produkt keinerlei Verzug haben darf, ist es wichtig, hier genau zu planen, sodass die Mitarbeiter auch wirklich zur Verfügung stehen. Insbesondere ein funktionsorientiertes und inkrementelles Arbeiten ist wichtig, um Stabilität und verlässliche Inhalte zu garantieren (siehe auch Kap. 8.5). Aus diesem Grund wurden die folgenden Änderungen eingeführt:

- Analysieren Sie die Anforderungen von Beginn an immer unter der Perspektive, wie sie zusammengehören und welche Nutzen durch eine Gruppierung erreicht werden können.
- Analysieren Sie die Anforderungen vor Projektbeginn mit multifunktionalen Expertenteams.
- Analysieren Sie den Kontexteinfluss von Funktionen und Inkrementen vor dem Entwicklungsstart.
- Stellen Sie einen Projektplan auf, der ausschließlich auf diesen gruppierten Funktionen beruht.
- Evaluieren Sie den vorgeschlagenen Projektplan mit Bezug auf die Ingenieure, die zur Verfügung stehen.

- Weisen Sie den Teams Verantwortung zu konkreten und einzeln identifizierten Anforderungen sowie Inkrementen und Meilensteinen zu. Nur klare Verantwortungen schaffen klare Liefertermine.
- Verfolgen Sie den Projektstatus auf Basis des erreichten Nutzens – also Status von Marktanforderungen – und nicht nach Pseudofortschritt, wie beispielsweise Dokumenten oder geschriebenen Testfällen. Wert enthält, was der Kunde sieht und bezahlt.
- Testen Sie die Inkremente unabhängig von den Entwicklungsteams.

Abbildung 12–10 zeigt den Zusammenhang zwischen Inkrementplanung und der – eventuell wiederholten – Lieferung von einzelnen Komponenten, um Anforderungen zu implementieren. Die meisten Anforderungen konnten gezielt in eine einmalige Änderung einer Komponente abgebildet werden, was Test und Abhängigkeitsplanung erleichtert. Die Produktanforderung 6 im dritten Inkrement hat Auswirkungen auf drei Komponenten, die gleichzeitig implementiert und dann auch im Zusammenspiel getestet werden müssen.

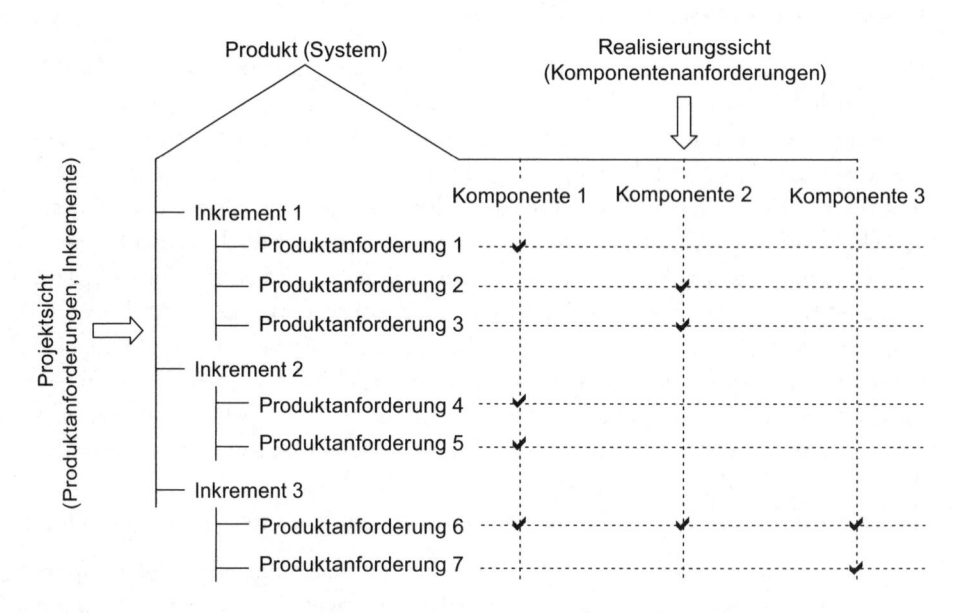

Abb. 12–10 *Die Inkrementplanung berücksichtigt Anforderungen und Komponenten*

Beherrschen Sie das Konfigurationsmanagement

Ein rigoroses Konfigurationsmanagement ist überlebensnotwendig, soll die Produktlinie erfolgreich werden. Konfigurationsmanagement umfasst Prozesse, Verantwortungen und Werkzeuge für Anforderungsverwaltung, Änderungskontrolle, Variantenbildung und Versionierung. Dazu müssen auch die entsprechenden Geschäftsprozesse mit ihren externen Schnittstellen angepasst und vereinheitlicht werden. Ein erfolgreiches Korrekturmanagement braucht Sichtbarkeit über alle

Fehler und zugehörigen Änderungen in der gesamten Produktlinie. Es bewertet die Fehler und die möglichen Einflüsse verschiedener Änderungsmöglichkeiten. Im Gegensatz zur Plattform müssen in den marktspezifischen Varianten keine Änderungen oder Fehlerkorrekturen übernommen werden.

Neben diesen Grundregeln gibt es auch einige Fallen, die bei der Einführung von Produktlinien vor allem in existierenden Systemen lauern:

- Nicht in allen bestehenden Systemen macht die Umstellung auf Produktfamilien Sinn. Häufig gibt es keinen verlässlichen Nutzeffekt, und das wirtschaftliche Risiko ist zu hoch. Ein Hauptgrund sind Beschränkungen innerhalb der Architektur oder ein bereits nahendes Lebensende. Das kann besonders schmerzhaft sein, wenn man den günstigsten Einstiegszeitpunkt verpasst hat und nun mittelfristig keine Gewinne mehr abschöpfen kann, die Produktlinie aber braucht, um überhaupt noch zu konkurrenzfähigen Preisen verkaufen zu können. Meiden Sie solche Abenteuer, denn das Produkt wird sowieso bald eingestellt.
- Produktlinien werden ohne parallel notwendige organisatorische Änderungen eingeführt. Wenn die Entwicklung organisatorisch nicht stark trennt zwischen generischem Produkt und Anwendungsentwicklung, wird schnell beides verwässert. Welcher Entwickler hat schließlich noch Zeit für das generische Produkt, wenn die Kunden nach Service oder kleinen Erweiterungen rufen – und dafür sofort bezahlen?
- Ohne Unterstützung durch Marketing und Vertrieb ist eine Produktlinie zum Scheitern verurteilt – vor allem bei Investitionsgütern. Das heißt auch, dass die unternehmerischen Kennzahlensysteme angepasst werden müssen, oder es werden nach wie vor Insellösungen verkauft, da manche Kunden mehr dafür bezahlen. Ungenügendes Projektmanagement und Portfoliomanagement zerstören Produktlinien. Meilensteine müssen im generischen Projekt eingehalten werden. Inhalte müssen geliefert werden, wie sie vereinbart wurden – und sie sollten ab einem bestimmten Zeitpunkt stabil bleiben. Roadmaps sollten sich nicht ständig ändern.
- Wenn die vielfach genannten Störeffekte aus der bisherigen Vorgehensweise, wie beispielsweise aus der Umgebung, Organisation, Vertrieb, Marketing oder Entwicklung, nicht gleichzeitig abgefangen werden, dann bleibt das Wort »Produktlinie« eine leere Phrase ohne jeglichen wirtschaftlichen Nutzen.

12.4 Fallstudie: Agiles RE für ein Internetprojekt

Das Internetzeitalter hat einige drastische Änderungen in der Softwareentwicklung mit sich gebracht. Entwicklungszyklen werden nicht mehr in Jahren und Quartalen, sondern in Monaten und Wochen gemessen. Oftmals werden neue Softwareanwendungen unfertig auf den Markt geworfen, um schnell ergänzt und verbessert zu werden. Um mit solch häufigen kleinen Änderungen und sehr kleinen Projektgrößen umgehen zu können, hat sich die sogenannte agile Softwareentwicklung etabliert.

Wir wollen nun eine Übersicht darüber geben, wie RE in einem Internetprojekt mit kurzen Entwicklungszyklen effektiv eingesetzt wird. Das Beispiel, das wir in dieser Fallstudie vor Augen haben, war ein IT-Projekt mit einem Aufwand von 3,5 Personenmonaten und einer Dauer von 6 Monaten. Es setzte dabei das sogenannte Extreme Programming (XP) [Beck2000] ein. XP verknüpft verschiedene Praktiken, die insgesamt sehr kunden- und codezentriert sind:

- Planungsspiel (Kunde bestimmt Inhalt und Zeitplan, Entwickler schätzt und verfolgt)
- Kunde ist im Projekt an Ort und Stelle
- Metapher (exemplarische Produktvision)
- Kleine, inkrementelle Releases
- Einfaches Design (engl. »Keep it simple stupid«)
- Starke Coderichtlinien (der Code ist die Dokumentation)
- Pair Programming (eine Person codiert, die andere plant voraus und sucht Fehler)
- Wiederholtes Testen und Codieren (Unit Tests, Funktionstests)
- Kollektives Eigentum (jeder kann alles zu jedem Zeitpunkt ändern)
- Refactoring (die Architektur und das Design iterativ verbessern)
- Kontinuierliche Integration
- 40-Stunden-Woche

Viele der genannten Prinzipien wie beispielsweise die Produktvision, inkrementelle Releases oder die kontinuierliche Integration haben wir in diesem Buch bereits kennengelernt. Im Beispielprojekt wurden die folgenden Prinzipien umgesetzt.

1. »Keep it simple stupid (KISS).«
   Es bedeutet, das einfachste Produkt oder die einfachste Lösung zu entwickeln, die alle benötigten Funktionen enthält. Damit ist die Lösung einfach zu verstehen und zu kommunizieren. Der Entwicklungsaufwand wird auf das Nötigste reduziert. Die Anforderungen und Inhalte sind schnell und verlässlich zu ändern, denn sie lassen sich einfach in die Entwurfsergebnisse übersetzen. Das Produkt erfordert einen reduzierten Testaufwand, denn nur die wichtigsten Funktionen werden gebaut. Komplexe Szenarien und Ausnahmen folgen später schrittweise nach. Schließlich lässt sich ein einfaches Design schnell umstellen und ändern, falls sich eine Technologie ändert.

2. »You ain't gonna need it (YAGNI).«
   Niemals Technologie auf Vorrat bauen. Der Vorteil ist, dass Aufwand nur für Funktionen getrieben wird, die auch sofort bezahlt werden. Ihre begrenzten Ressourcen werden zielorientierter eingesetzt. Der Test und die Abnahme werden vereinfacht, da nur getestet wird, was auch geliefert wird. Schließlich wird keine unnötige Technologie entwickelt, die vielleicht später – ohne Kundennutzen – abgeschrieben werden muss, da sie nie verkauft werden konnte.

YAGNI fordert eine sehr architekturzentrierte Sicht, denn wenn das Produkt wächst, muss die Architektur mithalten können. Dies ist ein schwieriger Balanceakt, denn Technologie soll ja gerade nicht auf Vorrat entwickelt werden. Deshalb greift hier auch das Refactoring, sodass die Architektur in bestimmten Abständen revidiert wird.

3. **Metapher**
   Eine einfache Produktvision steht am Beginn eines jeden Release. Sie wird nahezu wie ein Drehbuch im Film beschrieben und zeigt plastisch, was der Benutzer später vor allem mit dem Produkt machen wird. Dieses kurze Drehbuch, oder auch »User Story«, wird nun in einzelne Aufgaben zergliedert, die als individuelle Anwendungsfälle spezifiziert, analysiert, entwickelt, getestet und integriert werden. Eine solche »User Story« wird auf einer Karte beschrieben und an der Wand befestigt. Die Story wird in ihre Aufgaben aufgeteilt, die auf weiteren Karten direkt unterhalb der eigentlichen Story notiert werden. Die Karten für eine Story oder ihre Aufgaben haben üblicherweise das Format der CRC-Karten (siehe Abb. 8–11), die wir bereits in der Analyse (Kap. 8.3) kennengelernt haben. Weitere Stories folgen und haben Beziehungen zu denjenigen, die bereits an der Wand hängen. Jede Story und auch jede Aufgabe hat ihre eigene ID, um verfolgt werden zu können. Stories werden aus Benutzersicht beschrieben und sollten so viele Details enthalten, dass man den Aufwand und die späteren Testfälle daraus ableiten kann. Aufgaben werden zu diesem Zeitpunkt nun auch in das Format von Anforderungen gebracht, die später im Projekt kontrolliert werden können (also nicht nur an der Wand hängen). So entwickelt sich die horizontale und vertikale Verfolgbarkeit zwischen und aus den Anforderungen. Werkzeuge zu solchen User Stories finden Sie in *http://userstories.com/links.php*.

4. **Planungsspiel**
   Aus den in einzelne Aufgaben unterteilten User Stories werden nun im sogenannten Planungsspiel die Releases abgeleitet. Dazu werden die Aufgaben (spätere Anforderungen) im Zusammenhang analysiert, um Abhängigkeiten zu erkennen. Sie werden priorisiert, um auch wirklich das zu machen, was für den Benutzer am wichtigsten ist und bezahlt wird. Danach werden die Releases geplant, die jeweils eine Gruppe von User Stories enthalten, die in dieser Gruppierung auch ausgeliefert werden sollen. Pro Release werden Iterationen definiert, sodass beispielsweise jede Aufgabe oder jede einzelne User Story eine Iteration darstellt. Iterationen werden nicht ausgeliefert und separat verpackt. Sie dienen der schrittweisen Stabilisierung des Produkts. Sie sind über die IDs mit den User Stories und Anforderungen gekoppelt. Der Code einzelner Iterationen wird nun direkt auf der Basis der Anforderungen und der CRC-Karten (oder der Syntax, die Sie für die Stories gewählt haben) abgeleitet. Die Modellierung und das Design entfallen. Projektfortschritt wird im agilen RE über die Erfüllung von User Stories berichtet (also analog,

wie wir bisher bereits die Fortschrittskontrolle an Anforderungen oder an Anwendungsfällen festmachten).

In dieser Fallstudie wurde ein Iterationsumfang von 4 Personentagen und eine Iterationsdauer von 13 Tagen festgelegt. Die erste Iteration mit den wesentlichen Architekturentscheidungen brauchte allerdings 2 Monate ab Projektstart. Die Iterationen wurden eisern eingehalten, denn nur damit waren die Taktrate und gegenseitige Abhängigkeiten handhabbar. Dazu wurde das Time-Boxing-Prinzip eingesetzt, also definierte Liefertermine und variable Inhalte, die gemäß der vorher abgestimmten Priorität implementiert werden. Als Werkzeuge kamen primär Excel (für Anforderungen, Planung und Fortschrittskontrolle), eine Versionskontrolle, JUnit zum Unit Test sowie spezifische Entwicklungswerkzeuge zum Einsatz. Im Tagesgeschäft wurde täglich kurz abgestimmt, welche Änderungen durchgeführt werden. E-Mails spielten dabei fast keine Rolle, da sie das direkte Gespräch nicht ersetzen. Die häufigen Inkremente trugen wesentlich dazu bei, dass die Software praktisch ab der ersten Iteration stabil lief und nie Schwierigkeiten machte. Kleinere Probleme wurden durch den Unit Test entdeckt und sofort eliminiert. Wichtig dabei war, dass die Komponentenanforderungen immer mit mindestens einem Unit Test gekoppelt waren, sodass zu einem kleinen Hub auch sofort der passende Regressionstest zur Verfügung stand. Die häufigen Inkremente stellten hohe Anforderungen an den Buildprozess, der mittels Tools wie Ant automatisiert wurde.

Zusammengefasst besteht das agile RE aus den Grundelementen, die wir bereits kennengelernt haben. Es setzt eine schnelle und häufige Benutzerinteraktion voraus, denn nur dadurch kann zu jedem Zeitpunkt gewährleistet werden, dass die wesentlichen Inhalte implementiert werden. Aus den klassischen Vorgehensmodellen werden umfangreiche Spezifikationen mit Lastenheft und Pflichtenheft (wiewohl die User Stories und deren Aufgaben durchaus den Charakter des Lastenhefts haben), Modelle und Entwurfsbeschreibungen sowie überlappende Integrationstests eliminiert. Nicht jedes Produkt kann allerdings auf diese Arbeitsergebnisse verzichten.

12.5 RE für extern beschaffte Software (COTS)

Der zunehmende Einsatz von extern beschaffter (kommerzieller; engl. Commercial off-the-shelf – COTS) Software stellt neue Anforderungen an das Vorgehensmodell im Entwicklungsprozess. Dies betrifft vor allem das Requirements Engineering, weshalb wir hier speziell die Fragestellung der Auswahl und Entscheidung von kommerzieller Standardsoftware betrachten. Marktstudien, Lieferantenauswahl, Systemauswahl und externe Verfolgung treten als neue Prozesselemente auf. Die Spezifikation des Systems kann nur iterativ wachsen, denn die Inhalte der extern beschafften Software sind häufig bereits vorbestimmt, sodass durch jede Festlegung auf eine Komponente auch die Einflüsse auf andere

Komponenten und Entwurfsentscheidungen sich ändern. Wird beispielsweise eine betriebswirtschaftliche Anwendung entwickelt, und man entscheidet sich, eine Komponente zum Datenmanagement von außen zu beschaffen, dann hat dies nicht nur Einflüsse auf Datenbanken, die darunter liegen (und damit auch auf Lizenzmodelle etc.), sondern auch auf die Schnittstellen zum Berichtswesen oder zum übergeordneten Workflow. Zudem müssen die Absprachen mit Lieferanten und deren Verfügbarkeit für eventuell notwendige Erweiterungen – selbst wenn diese erst in geraumer Zeit wirklich bekannt und erforderlich werden – gewährleistet werden. All diese Aspekte beeinflusen das RE für kommerzielle Software, sodass es sich von der geschlossenen Vorgehensweise bei der Eigenentwicklung unterscheidet.

Wir trennen bei der kommerziellen Software zwischen zwei verschiedenen Ausprägungen der Anpassbarkeit dieser Software^{35}:

- **Kommerzielle Standardsoftware**
  Standardsoftware umfasst jene extern beschaffte Software, die als fertiges, parametrisierbares Produkt für einen Markt mit verschiedenen Kunden zur Verfügung steht (z.B. SAP-Lösungen, Linux-Betriebssysteme). Softwarekomponenten können zur Standardsoftware gehören, wenn sie standardisiert für verschiedene Kunden angeboten werden.

- **Kommerzielle Softwarekomponenten**
  Komponenten sind modulare Teile eines Softwaresystems, die so strukturiert sind, dass sie in ihrer Umgebung durch eine andere, äquivalente Komponente ersetzt werden könnten. Wir verwenden den Komponentenbegriff hier im Sinne eines Produkts, das extern beschafft wird (engl. Commercial off-the-shelf – COTS), um eine Softwarelösung zu entwickeln. Wir engen den Begriff bewusst nicht auf die objektorientierte Komponentenbeschreibung in UML 2 ein, um auch andere Paradigmen zu erlauben. Eine Komponente kann ein Betriebssystem, ein Plug-in oder eine Klasse innerhalb einer J2EE-Umgebung sein. Komponenten können auch kundenspezifisch entwickelt werden.

Der Hauptunterschied zwischen den beiden Ausprägungen aus Sicht des RE (und auch des Projekts) ist der Grad der Standardisierung. Standardisierte Software – egal, ob es sich um Komponenten oder Anwendungen handelt – kann nur in einem sehr eng begrenzten Rahmen angepasst werden. Häufig beschränkt sich diese Anpassung auf Schnittstellen, die aus anderen Softwaresystemen Daten erhalten, sowie auf Parameter, die aufgrund von Randbedingungen optimiert werden. Beides wird in der Integrationsphase gemacht und erfordert frühzeitig bekannte Anforderungen an Schnittstellen und Funktionen. Bei (nicht standardisierter) Software, die für einen Kunden erstellt wird, der damit ein anderes Pro-

---

35. Wir wollen hier nicht die Quelle oder den Lizenztyp der extern beschafften Software als Unterscheidungskriterium betrachten, obwohl sie ebenfalls Einfluss auf Auswahl und RE/RM haben (z.B. Open Source, Community Source).

dukt entwickelt, stellt sich das RE anders dar. Vereinfacht gesagt ist es ein RE mit den üblichen Inhalten (also Ermittlung von Anforderungen an das Gesamtprodukt, Spezifikation etc.), die zusätzlich noch den Aspekt des Lieferantenmanagements für die spezifische extern beschaffte Komponente umfassen.

Im Folgenden wollen wir exemplarisch eine phasenorientierte Vorgehensweise zeigen, die dabei hilft, die wichtigsten Aspekte des RE auch bei einer externen Beschaffung umzusetzen. Innerhalb jeder Phase wollen wir Fragen formulieren und erläutern, die Sie relativ leicht in Ihrer eigenen Checkliste zur Lieferantenauswahl und zum Beschaffungsmanagement verwenden können. Wir nehmen als Basis wieder den Produktlebenszyklus, den wir bereits in Kapitel 3.3 kennengelernt hatten (Abb. 12–11). Die Abbildung zeigt die vier Phasen im Lebenszyklus, wobei für das Management kommerzieller Software die drei ersten Phasen bis zum Ende der Wartungsphase relevant sind.

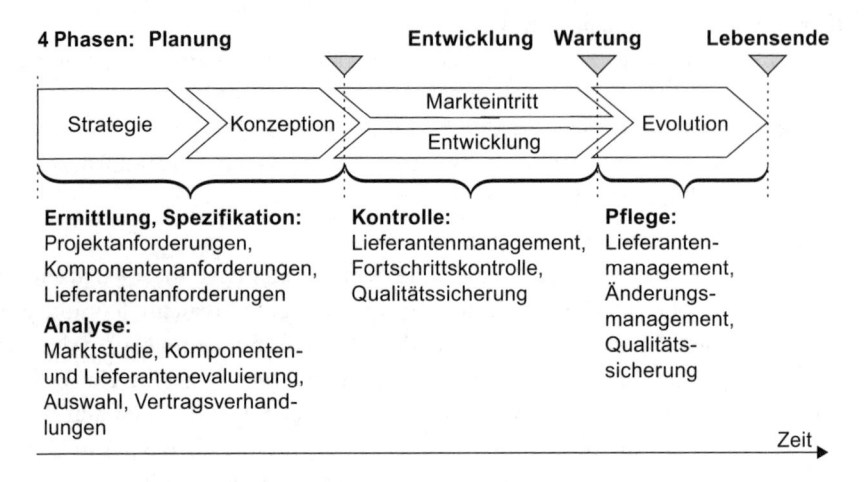

Abb. 12-11 *Der Lebenszyklus in COTS-basierten Softwaresystemen*

1. **Planungs- und Vertragsphase**

   Grundsätzlich muss in jedem Entwicklungs- oder Integrationsprojekt zuerst – und zwingend *vor Projektstart* – geklärt werden, ob kommerzielle Komponenten oder ein externer Lieferant eingesetzt werden. Diese Entscheidung hat immense Einflüsse auf Kosten und Projektplanung, sodass eine verzögerte Entscheidung praktisch immer zu Nacharbeiten führt. Wie bei jedem Projekt beginnt die Anforderungssammlung auf der Ebene des späteren Produkts, also bei Benutzern, bei Kunden etc.

   Nach der Sammlung dieser ersten Anforderungen wird analysiert, wie das Produkt entwickelt wird. Jetzt muss zügig entschieden werden, welche Komponenten extern beschafft werden und warum. Danach werden die Anforderungen auf diese speziellen Komponenten heruntergebrochen, und der Markt wird evaluiert. Je nach Individualität der geforderten Komponente wird ein fertiges Produkt oder aber eine Fremdentwicklung infrage kommen. Fremdentwicklungen kosten mehr und sollten nur in Ausnahmefällen in Betracht gezogen werden. Zwischen den beiden Extremen steht die Anpassung einer existierenden Komponente an die spezifischen Bedürfnisse des Produkts. Der Markt und die infrage kommenden Lieferanten werden bewertet, um eine Vorauswahl zu treffen. Danach werden die Vorgaben formal ausgeschrieben. Es bietet sich an, die Aufgaben bei der Auswahl sauber aufzuteilen. Die Produktentwicklung spezifiziert die Anforderungen an die externe Komponente, während der Einkauf die kommerziellen Verhandlungen führt. Diese Teilung macht das Lieferantenmanagement einfacher, denn sonst werden die Lieferanten immer versuchen, lokale Kontakte in die Entwicklung hinein auszunutzen, damit ihre technische Lösung bereits präjudiziert wird und danach nicht mehr leicht geändert werden kann. Die Bewertung sollte verschiedene Kategorien haben, beispielsweise funktionale Anforderungen, nichtfunktionale Anforderungen, Wartungs- und Vertragsanforderungen, Lieferantenmanagement und Preis.

Bewerten Sie bei extern zu beschaffenden (nicht standardisierten) Komponenten unbedingt die Pläne des Lieferanten, der für Sie eine Lösung entwickelt. Oftmals sind unrealistische Dumpingangebote leicht zu erkennen. Prüfen Sie die Machbarkeit, Planungssicherheit, Kostenstruktur und Prozessfähigkeit des Lieferanten. Dazu bieten sich Schätzwerkzeuge an, die eine Erfahrungsdatenbank enthalten und es relativ leicht machen, vorliegende Pläne anhand der jeweiligen Randbedingungen zu evaluieren [Ebert2007a]. Lieferanten sollten auf CMMI-Reifegrad 3 oder 4 stehen, um nicht ein zu chaotisches Verhalten in das Projekt hineinzubringen (siehe Kap. 2.7).

Mit der Lieferantenbewertung wird auch das Risikomanagement auf Projektseite gestartet. Was ist das Lieferrisiko? Wie gehen Sie bei Lieferantenausfall vor? Welche Druckmittel haben Sie in der Hand, um den Lieferanten zur Pünktlichkeit zu bewegen? Welche Vertragsform (z.B. Kaufvertrag, Dienstleistungsvertrag mit offenem Aufwand, Werkvertrag mit festem Preis; siehe auch Kap. 9.4) ist den beiderseitigen Bedürfnissen und Ansprüchen am ehesten förderlich? Wie werden Konflikte eskaliert und behoben? Welche Qualitätsanforderungen sind nötig? Wie viel Service, Pflege und Wartung benötigen Sie realistischerweise? Werden Sie durch den Vertrag oder die Softwarekomponente von einem Lieferanten abhängig? Brauchen Sie einen Wartungsvertrag oder genügt eine Reparatur auf Einzelfehlerbasis? Welche Regressansprüche müssen Sie vertraglich festschreiben? **Zwingen Sie dem Lieferanten nie einen unrealistischen Plan oder einen nachteiligen Vertrag auf. Am Ende spüren Sie es immer auch selbst, wenn Sie ihn übervorteilen wollten.**

Die Vertragsunterzeichnung sollte mit dem Projektstart synchronisiert werden. Ein Lieferantenvertrag nützt wenig, wenn es schließlich gar nicht zum gewünschten Projekt kommt, weil andere Punkte nicht geklärt waren. Lassen Sie sich ein terminiertes verbindliches Angebot ausstellen, um auf beiden Seiten (und auch bei Ihren Kunden) Planungs- und Budgetsicherheit zu gewährleisten. Der Vertrag umfasst verschiedene Komponenten, die miteinander verbunden sind und schrittweise in Kraft treten. Die erste Vertragsstufe ist ein Rahmenvertrag, der einen bestimmten Anteil des Vertragsvolumens freigibt, damit der Lieferant seinerseits mehr detaillierte Vorarbeiten leisten kann. Danach tritt eine konkrete Spezifikation in Kraft, die alle Produkteigenschaften verbindlich beschreibt (sogenannte Leistungszusicherung). Nun wird ein Rahmen- oder Vorvertrag geschlossen, dessen Volumen noch offen bleiben sollte (d.h. volumenabhängige Preisgestaltung), damit Sie die Zeit haben, Ihr Produkt zu positionieren und zu vermarkten.

Dann wird je nach Arbeitsintensität auf der Lieferantenseite ein Kaufvertrag oder ein Dienstleistungsvertrag geschlossen. Sehen Sie offene Punkte vor, die erst nach Projektstart im Detail geklärt werden können. Beschreiben Sie, ob und wie sich die Preisgestaltung dann noch ändern kann. Fairerweise sollten Sie ebenfalls festschreiben, wieweit sich die Inhalte bis zu welchem Zeitpunkt noch ändern dürfen. Eine Synchronisation Ihres Produktlebenszyklus mit jenem Ihres Lieferanten bietet sich an dieser Stelle an, um beispielsweise Schnittstellenreviews oder Integrationsarbeiten auf beiden Seiten planen zu können. Vereinbaren Sie eine Abnahmeprozedur mit Eskalation und Fehlerbehebungsvorgaben sowie Akzeptanzkriterien für die Abnahme, die für beide Seiten verbindlich sind. Beim Kaufvertrag verpflichtet sich der Verkäufer zu einer bestimmten Qualität, während sich der Käufer zur Abnahme und Bezahlung verpflichtet. Auf dieser Basis kann der Lieferant mit der Arbeit beginnen, während in Ihrem Projekt die Schnittstellen noch zu klären sind. Eine solche Verkettung von Entwicklungsschritten erlaubt es Ihnen, einen Lieferanten auszuwählen und dort auch mit der Arbeit zu beginnen, bevor alle Anforderungen geklärt sind.

2. **Entwicklung**
Wenn Sie Software oder Dienstleistungen (z.B. für Entwicklung, Test oder Wartung) beschaffen, brauchen Sie eine gute Projektkontrolle. Schreiben Sie standardisierte Projektkennzahlen vor, die der Lieferant in allen seinen Projekten einsetzen muss. Nur wenn der Lieferant glaubhaft nachweisen kann, dass seine eigenen Prozesse hinreichend gut sind, sollten Sie aus Kostengründen sein eigenes Reporting übernehmen. Treffen Sie sich mit Ihrem Lieferanten periodisch, um verbindliche Fortschrittsreviews durchzuführen. Sehen Sie, wenn möglich, eine Teillieferung vor, die Ihre Testmannschaft bereits früher prüfen kann. Soweit Codierungsrichtlinien oder Schnittstellenspezifikationen erst jetzt vollständig geklärt werde, sollten sie im Nachhinein noch verbindlich festgeschrieben werden. Prüfen Sie bei der Abnahme all jene Funktionen, die für Sie überlebenswichtig sind.

3. **Wartung, Evolution**
In der Wartung ist es vor allem wichtig, ob ein Wartungsvertrag notwendig wird oder ob einmalige Lieferungen mit Fehlerkorrekturen zu wenigen festen Zeitpunkten ebenfalls genügen. Spezifizieren Sie im Wartungsvertrag, welche Fehler mit welcher Reaktionszeit behandelt werden müssen. Legen Sie fest, wie viele kostenlose Nachlieferungen Sie erhalten und wie oft.

12.6 Fallstudie: Den RE-Prozess verbessern

Die folgende Fallstudie betrachtet einen existierenden RE-Prozess, wie er auch bei Ihnen bereits realisiert sein könnte. Dabei werden wir auch beobachten, was verbessert werden muss, um den Prozess effektiver zu machen. Die Verbesserungen werden schrittweise abgeleitet, in einen Zusammenhang gebracht und dann umgesetzt. Diese pragmatische Art von Prozessverbesserung aufgrund von Beobachtungen zu seiner Effektivität und Effizienz ist spezifisch für einen Geschäftsprozess (hier RE) und verlangt nicht nach einem größeren Rahmen wie ITIL oder CMMI. Diese Art der Prozessverbesserung ist isoliert und versucht, schnell Änderungen in einem begrenzten Umfeld zu erreichen. Oftmals ist dieses Vorgehen vor allem bei kleineren Unternehmen und offensichtlichen Schwachpunkten ohne umfangreiche Querbeziehungen sinnvoll. Das Beispiel betrachtet den kompletten Ablauf einer Verbesserung von der Diagnose von Prozess-Schwächen im Requirements Engineering bis hin zur Planung, Implementierung und Prüfung der Verbesserungsmaßnahmen.

Die Ausgangsbasis der Fallstudie in der täglichen Projektarbeit lässt sich wie folgt charakterisieren. Das Requirements Engineering im Unternehmen funktioniert nur vor dem Projektstart. Anforderungen werden dort ermittelt, spezifiziert und einzeln analysiert. Dann wird das Projekt gestartet, aber im Tagesgeschäft werden jegliche Kontrollmechanismen vernachlässigt. Den Projektmanagern fehlt eine konsistente Sicht auf die Anforderungen. Immer wieder kommen Änderungen, und es hat den Anschein, dass viele Entscheidungen nicht abgestimmt werden.

Als Ziel der Verbesserungsinitiative legt das Bereichsmanagement fest, dass Anforderungen verlässlicher und rechtzeitig abgestimmt werden sollen und die Projektplanung und -verfolgung sich an diesen festgelegten Anforderungen orientieren soll. Die Ziele werden folgendermaßen messbar formuliert:

- Kundenbeschwerden wegen »falscher« Implementierung sollen um 80% reduziert werden.
- Nacharbeiten durch »unzureichende« Anforderungen sollen auf 50% reduziert werden.

Eine kleine Verbesserungsgruppe wird gebildet, denn die Änderungen sollen geplant abgestimmt und umgesetzt werden. Diese Entscheidung ist wichtig, denn Änderungen an betrieblichen Prozessen sind nicht einfach und führen häufig zu Störungen, wenn nicht mehr klar ist, welche Prozesse (alt oder neu) im konkreten Einzelfall gelten. Zudem brauchen Änderungen auch Energie und Aufwand, der für die beteiligten Mitarbeiter eingeplant werden muss. Schließlich zeigen nur die Änderungen anhaltenden Erfolg, die klar kommuniziert und trainiert wurden und die in einen Kontext passen, der auch Methodik oder Werkzeuge berücksichtigt.

Um diese Vorgaben zu präzisieren und vor allem, um nicht im Nebel zu stochern, wird zuerst eine vollständige Diagnose der derzeit gelebten Prozesse durchgeführt. Eine solche Diagnose steht immer am Anfang einer Prozessverbesserung, denn nur ein systematischer Abgleich eines Prozesses gegen bestimmte Vorgaben erlaubt sinnvolle und effektive Aktionen zur Verbesserung. Die Diagnose beurteilt die gelebten Prozesse gegen die betrieblichen Zielsetzungen sowie gegen ein Referenzmodell, das beschreibt, welche Elemente ein guter RE-Prozess aufweisen soll (siehe Kap. 2.7 und Kap. 3). In unserer Fallstudie ergibt die Diagnose Folgendes:

D1. Die Anforderungen sind mehrdeutig und werden nicht von allen betroffenen Gruppen geprüft.

D2. Unwichtige Anforderungen werden geliefert; wichtige fallen durch Termindruck heraus.

D3. Änderungen von Anforderungen werden nicht konsequent bearbeitet, insbesondere gilt das gegen Ende der Entwicklungszeit.

D4. Der Projektplan wird bei Änderungen der Anforderungen nicht sofort angepasst.

D5. Verspätete Marktanforderungen werden üblicherweise ohne Analyse ihrer Auswirkungen in die Entwicklung gegeben.

D6. Ein formales Verfahren, um die vollständige Behandlung aller Marktanforderungen im fertigen Produkt zu prüfen, existiert nicht.

Die Ergebnisse der Diagnose werden mit dem Projektmanager und Management abgestimmt, um sicherzustellen, dass auch die richtigen Probleme und Schwachstellen im weiteren Verlauf betrachtet werden. Aus dieser nun abgestimmten Ausgangssituation leitet das Verbesserungsteam konkrete Verbesserungsziele ab:

Z1. Für alle Anforderungen findet eine Analyse ihres Einflusses statt.

Z2. Die Markt- und Produktanforderungen werden mit allen beteiligten Gruppen vereinbart.

Z3. Die Anforderungen werden priorisiert.

Z4. Änderungen von Anforderungen erfolgen kontrolliert und werden im Projektplan sofort berücksichtigt.

Z5. Alle Anforderungen erhalten einen Status und werden im gesamten Projekt verfolgt.

Bevor nun irgendeine Maßnahme umgesetzt wird, muss erst einmal geprüft werden, ob die gegebenen Verbesserungsziele überhaupt erreichbar sind. Dazu wird eine Matrix aufgestellt, die sehr stark an unsere bekannte Matrix aus dem Quality Function Deployment erinnert (Abb. 8–17, Abb. 10–7). Abbildung 12–12 zeigt die Projektion der fünf vorgeschlagenen Verbesserungsziele auf die sechs Diagnoseergebnisse.

12.6 Fallstudie: Den RE-Prozess verbessern

Ziele	Diagnose	D1	D2	D3	D4	D5	D6
Z1	Einflussanalyse	x		x		x	
Z2	Reviews/Inspektionen	x		x		x	
Z3	Priorisierung			x			
Z4	Änderungsmanagement				x	x	x
Z5	Status von Anforderungen			x		x	x

Abb. 12–12 *Abbildung der Verbesserungsziele auf die aktuelle Situation*

Das Ziel dieser Abbildung von Zielen auf Diagnoseergebnisse ist es, herauszufinden, ob alle identifizierten Schwachstellen auch komplett durch vorgeschlagene Verbesserungsmaßnahmen abgedeckt sind. Oftmals hat man einen »blinden Fleck« und vergisst eine Beobachtung mit einer entsprechenden Verbesserungsmaßnahme zu beheben. Dies scheint hier nicht der Fall zu sein, denn die Matrix ist gut besetzt. Die beiden ersten Vorschläge (Z1 und Z2) scheinen sogar einen völlig identischen Einfluss zu haben. Wir wollen sie dennoch nicht wegfallen lassen, denn sie haben darüber hinausgehende Einflüsse, die mit Schätzung und Testbarkeit zu tun haben.

Im nächsten Schritt werden die vorgeschlagenen Verbesserungsmaßnahmen durch das Änderungsteam priorisiert. Eine Reihenfolge von konkreten Änderungsaktionen wird vorgeschlagen:

A1. Stelle die Liste derjenigen Personen/Gruppen zusammen, die die Anforderungen analysieren, einem Review unterziehen oder ihnen zustimmen sollen.

A2. Lege fest, wer Änderungen verantwortlich abzeichnet und auf welcher Basis.

A3. Kommuniziere jeder dieser Gruppen ihre individuelle Verantwortung im Projekt.

Nun wird die Umsetzbarkeit dieser Aktionen in der konkreten Umgebung geprüft. Das Team befindet gemeinsam mit dem Projektmanager, dass die Liste aller Beteiligten sofort aufgestellt und deren Aufgaben sofort umgesetzt werden kann und dann bei den nächsten Projekten oder sich ändernden Anforderungen getestet werden kann. Eine solch rasche Umsetzung von Vorschlägen ist nützlich, um aus den bisher eher theoretischen Schritten möglichst schnell auch greifbare Ergebnisse zu erhalten.

Zur Sicherheit geht das Team nochmals zur ursprünglichen Diagnose zurück und stellt fest, dass mit diesen Aktionen noch nicht alle Ziele erreicht und damit die entdeckten Schwächen behoben sind. Das Verbesserungsteam stellt die folgenden Lücken fest:

1. Bisher wurden zwar die Rollen und Verantwortungen definiert, aber noch nicht das RE in der Projektarbeit.
2. Die Verfolgung des Status der Anforderungen im Projekt ging völlig unter.
3. Eine Priorisierung der Anforderungen wurde noch nicht beachtet.

Daher werden einige weitere Aktionen vereinbart:

A4. Beschreibe einen vorläufigen und einfachen Prozess zu Sammlung, Spezifikation, Analyse, Review, Zuweisung und Verfolgung von Anforderungen.

A5. Pilotiere die Priorisierung von Anforderungen (enthält Schnittstelle zu Marketing, Vertrieb etc.).

Solche Veränderungen bringen natürlich auch Risiken mit sich, denn sie beeinflussen die Projektarbeit. Diese Risiken müssen sorgfältig analysiert werden. Das Team macht eine Risikoanalyse und schlägt für jedes entdeckte Risiko gleich eine entsprechende Abschwächungsmaßnahme vor:

R1. Zu viele Änderungen in nur einem Pilotprojekt verzögern dieses Projekt.

Abschwächung des Risikos: Verteile die vorgeschlagenen Änderungen auf mehrere Pilotprojekte, um die »Störungen« zu reduzieren und um den Einfluss der Maßnahmen isoliert zu betrachten.

R2. Ein geplantes neues Konfigurationswerkzeug unterstützt die vorgeschlagenen RE-Verbesserungen nicht oder behindert sie sogar.

Abschwächung des Risikos: Fasse die Maßnahmen zusammen, die die gleichen Dinge umsetzen wollen oder die gleichen Prozesse oder Werkzeuge beeinflussen.

R3. Interessengruppen mit unsicheren Anforderungen oder unklaren Bedürfnissen empfinden die Änderungen als zu starr und inflexibel für sich ständig ändernde Anforderungen.

Abschwächung des Risikos: Kommuniziere die Notwendigkeit des vorgeschlagenen Prozesses auf verschiedenen Ebenen in der jeweiligen Sprache. Offensichtlich will ein Vertriebskollege nicht hören, dass Sie in der Entwicklung viel Zeit benötigen, um seine Ideen umzusetzen. Er wird sich eher dafür erwärmen können, wenn er merkt, dass Schätzungen verlässlicher werden und parallel laufende Vertragsverhandlungen beschleunigt werden können.

Schließlich werden die Verbesserungsmaßnahmen zusammenhängend in einem konkreten Verbesserungsprojekt definiert (Abb. 12–13 und 12–14). Abbildung 12–13 zeigt zunächst einige der vorgeschlagenen Verbesserungsaktivitäten in einem Zusammenhang. Die Aktivitäten auf der linken Seite (Experten, Pilotprojekt, Template, Statuskriterien, Maße) beschreiben neue Inhalte im RE-Prozess. Danach folgen jeweils die Kommunikation und das Training dieser neuen Inhalte (Aktivitäten in der Mitte). Schließlich werden die Inhalte pilotiert, also ihre Wirksamkeit und Praxistauglichkeit überprüft. Nur nach Abschluss dieser Schritte kann der Inhalt auch in das Tagesgeschäft (also die Projektarbeit) »verkauft« oder institutionalisiert werden. Mit dieser Darstellung sind Abhängigkeiten zu erkennen, aber auch Ziele, die mit der Änderung erreicht werden. Diese Änderungen (z.B. weniger Reibungsverluste) müssen dann messbar gemacht werden,

12.6 Fallstudie: Den RE-Prozess verbessern

um die Umsetzung anhand der Projektresultate verfolgen zu können. Weniger Reibungsverluste könnten daran gemessen werden, dass Zeiten bis zur Abstimmung der Projektinhalte ermittelt werden. Wichtig ist es, immer den Zustand vor der Änderung mit jenem nach der Änderung zu vergleichen, um den Fortschritt an einem konkreten Bezugspunkt festzumachen. Diese Fortschrittsindikatoren sind natürlich nur während der Änderung wichtig. Wenn sie erfolgreich umgesetzt wurde, werden die Maße wieder aufgegeben, um nicht zu viel Overhead zu erhalten.

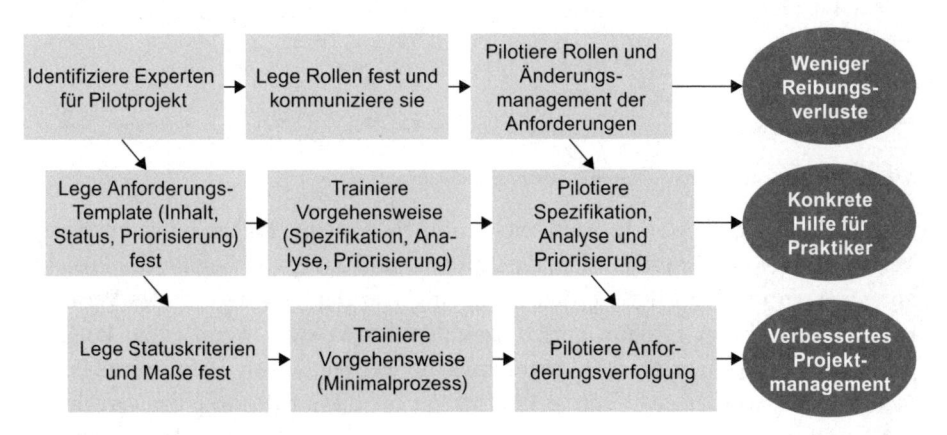

Abb. 12–13 *Verbesserungsmaßnahmen und ihre Umsetzung*

Abbildung 12–14 beschreibt die Einordnung des Verbesserungsprojekts in die Projektlandschaft mit verschiedenen Entwicklungsprojekten. Die gestrichelten Linien stellen die Querbeziehungen zwischen dem Verbesserungsprojekt und den vier Entwicklungsprojekten dar. Das Verbesserungsprojekt (zweite Linie von unten) hat noch ein korrespondierendes Werkzeugprojekt (unterste Zeile). Es macht Sinn, Werkzeugänderungen in einem individuellen Einführungsprojekt leicht verzögert zur Prozessverbesserung zu fahren, um sicherzustellen, dass sich der Prozess stabilisiert hat und das richtige Werkzeug ausgewählt und eingeführt wird. Gepunktete Linien beschreiben Einflüsse auf das Werkzeugprojekt. Diese Darstellung zeigt, wie sich das RE-Verbesserungsprojekt mit seinen Einflüssen (also den konkreten Änderungen) auf die parallel laufenden regulären Entwicklungsprojekte auswirkt. Ein solcher Projektfahrplan hilft bei der Abstimmung von Pilotierungsmaßnahmen und verhindert, dass sich zu viele Änderungen plötzlich alle auf ein Entwicklungsprojekt konzentrieren. Änderungen müssen dosiert umgesetzt werden, um ihren Einfluss zu isolieren (d.h., auch um zu prüfen, ob sie wirklich den erhofften Nutzen bringen) und um in der Realität akzeptiert zu werden. Typischerweise werden Änderungen inkrementell umgesetzt, damit nach jedem Schritt eine neue Konfigurationsbasis sowohl für die Prozesse als auch für Werkzeuge und für das Training der Mitarbeiter zur Verfügung steht.

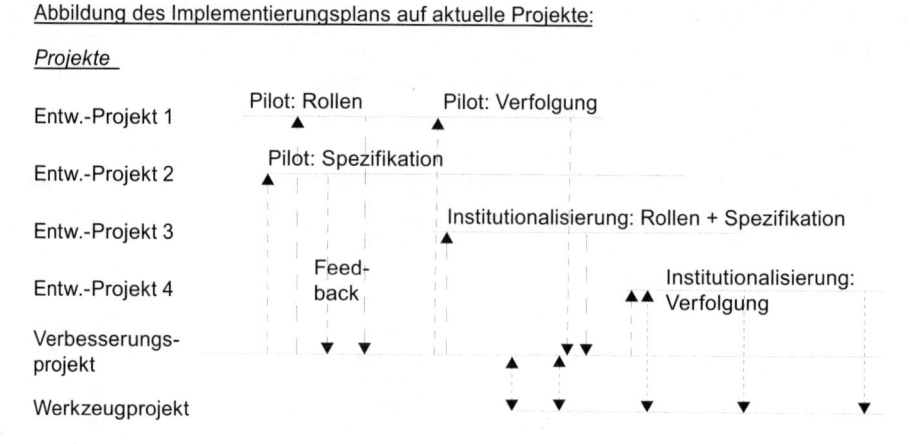

Abbildung des Implementierungsplans auf aktuelle Projekte:

Projekte

Entw.-Projekt 1	Pilot: Rollen	Pilot: Verfolgung
Entw.-Projekt 2	Pilot: Spezifikation	
Entw.-Projekt 3		Institutionalisierung: Rollen + Spezifikation
Entw.-Projekt 4	Feedback	Institutionalisierung: Verfolgung
Verbesserungsprojekt		
Werkzeugprojekt		

Abb. 12–14 *Verbesserungsmaßnahmen im gesamten Projektfahrplan*

Nur Ziele, die gemessen werden, werden auch erreicht. Daher ist es bei einem Verbesserungsprojekt wesentlich, dass Nutzen und Ziele von Beginn des Projekts an gemessen und verfolgt werden. Abhängig von der Performanz des Veränderungsprojekts kann es dann gezielt beschleunigt werden, wenn es zu langsam geht, oder es können Risiken abgeschwächt werden, wenn Verbesserungsziele nicht erreicht werden. Abbildung 12–15 zeigt für diese Fallstudie die Verfolgung der Ergebnisse anhand der beiden externen Ziele »Reduzierung der Kundenbeschwerden« und »Nacharbeit durch fehlerhafte Anforderungen« (oben). Die mittlere Kurve zeigt den dafür nötigen Aufwand, beispielsweise für die sehr viel intensivere Anforderungsanalyse. Der Zusatzaufwand für die Verbesserungen beträgt ungefähr 50 Personenstunden. Gleichzeitig werden ungefähr 200 Personenstunden allein durch die reduzierte Nacharbeit gespart, was zusammen einen ROI von 4 ergibt. Die unterste Kurve schließlich zeigt den Fortschritt der umgesetzten Maßnahmen, indem pro Projekt verfolgt wird, ob bestimmte Maßnahmen bereits umgesetzt wurden. Wie man erkennt, wurden ab dem dritten Quartal 2007 alle fünf Einzelmaßnahmen nachhaltig umgesetzt. Dies ist auch der Zeitpunkt, wo sich die Kosten und die erreichten Einsparungen durch weniger Nacharbeit langsam einschwingen.

Um nachhaltige Verbesserungen zu erreichen, ist ein dezidiertes Verbesserungsprojekt notwendig. Zunächst einmal schafft es den formalen Rahmen, der Ressourcen dann zur Verfügung stellt, wenn eine bestimmte Verbesserungsmaßnahme umgesetzt werden soll. Oftmals braucht das Verbesserungsprojekt die hervorragenden Experten (»Gurus«), um die nötige Akzeptanz zu erhalten und um die richtigen Ergebnisse zu liefern. Um diese Experten konkurrieren aber verschiedene Projekte, sodass eine Abstimmung mit den einzelnen Projektplänen erforderlich ist. Zweitens schafft ein individueller Projektplan für ein solches Veränderungsprojekt die Basis für die Verfolgung der Verbesserungsmaßnahmen und deren Umsetzung. Viele, wenn nicht die meisten Verbesserungsprojekte scheitern nicht aus technischen Gründen, sondern schlicht, weil sie schlecht durchgeführt werden.

12.7 Tipps für die Praxis

Kontrolle der Umsetzung

Nutzen: Kundenbeschwerden [Anzahl], Nacharbeit [Ph]

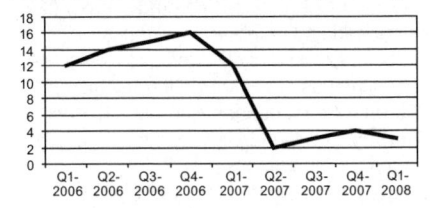

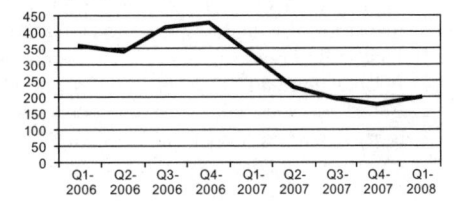

Kosten: Zusatzaufwand durch die Veränderungen [Ph]

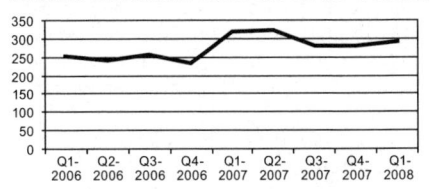

Fortschritt: Durchdringungsgrad [Umsetzung der Maßnahmen]

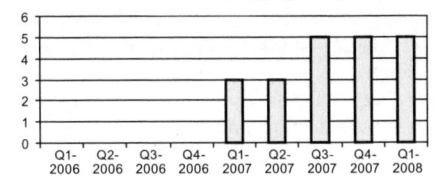

Abb. 12-15 Verfolgung des Effekts der Verbesserungsmaßnahmen mittels der ursprünglichen Zielvorgaben

12.7 Tipps für die Praxis

- Setzen Sie schlanke, agile Prozesse und Vorgehensweisen ein. Agilität heißt, so viel Prozess wie nötig, um die Geschäftsziele anhaltend zu erreichen, und so wenig wie möglich, um Flexibilität, Kreativität und Innovationskraft nicht einzuschränken. Agiles Requirements Engineering wird durch die Risiken und Randbedingungen des Projekts bestimmt. Bestimmte Regeln des RE, wie beispielsweise die Zuweisung von Anforderungen an ein konkretes Projekt, bevor ihnen auf Kundenseite zugestimmt wird (engl. »allocation before commitment«), fallen auch im agilen RE nicht weg.
- Wählen Sie die passenden Prozesselemente anhand der Randbedingungen Ihrer Projekte, Märkte und Produkte aus. Die meisten der agilen Konzepte sind bekannte Praktiken für erfolgreiche Projektarbeit und passen nahtlos zu den bisher diskutierten Praktiken des RE. Sie müssen für die konkrete Situation ausgewählt oder angepasst werden. Unter bestimmten Randbedingungen (z.B. großes Projekt) sind sie kontraproduktiv. Das Ziel ist die Synergie von agilen Prozessen und disziplinierter Arbeit.
- Pflegen Sie Ihre Prozesse kontinuierlich. Prozesse sind kein Buch, das primär der Zertifizierung dient. Ständige Prozessverbesserung ist in Zeiten von Offshoring, Outsourcing und hohem Kostendruck in der Softwarebranche überlebensnotwendig. Prozesse »altern«, denn ihre Umgebung entwickelt sich weiter. Auch die Prozesse des Requirements Engineering müssen von Zeit zu Zeit kritisch überprüft und verbessert werden. Schaffen Sie immer eine direkte Verbindung von Verbesserungsinhalten mit Ihren Unternehmenszielen (z.B. Qualität, Durchlaufzeit, Kosten). Verbesserungen von Prozessen werden nicht um ihrer selbst Willen durchgeführt. →

- Beginnen Sie RE top-down. Gute Prozesse verbessern die Leistungsfähigkeit Ihres Unternehmens nachhaltig und liefern einen greifbaren ROI. Machen Sie Ihrem Management (z.B. dem Vertriebschef, der ständig Dinge verkauft, die Sie nicht pünktlich liefern können) klar, dass Prozesse an der Spitze des Unternehmens beginnen und gelebt werden müssen.
- Lassen Sie gerade in kleineren Projekten und Unternehmen die Spezifikation aus Lastenheft, Pflichtenheft und Testfällen schrittweise als ein kombiniertes Dokument mit verschiedenen Bereichen wachsen. Diese Vorgehensweise reduziert Überlappungen und schafft Konsistenz. Zudem können Produktvision, Anforderungen und Entwurfsentscheidungen abgeglichen werden, um so das »Over-Engineering« wirksam einzudämmen.
- Nutzen Sie Produktlinien zum Variantenmanagement. Der Erfolg von Produktlinien wird primär durch das Requirements Engineering bestimmt. Einige wenige Grundsätze sind zu beachten: Verzahnen Sie Marketing und Entwicklung, drücken Sie Anforderungen klar und geschäftsorientiert aus, schaffen Sie eine verlässliche Produktplanung, ermöglichen Sie Wiederverwendung auf der Basis von gemeinsamen Anforderungen, priorisieren Sie Anforderungen und Entwicklungspläne, entwickeln Sie in Inkrementen, beherrschen Sie das Änderungsmanagement.
- Klären Sie für jedes Entwicklungs- oder Integrationsprojekt vor Projektstart, ob kommerzielle Komponenten oder ein externer Lieferant eingesetzt werden soll.
- Prüfen Sie Ihre Lieferanten und insbesondere deren RE. Kann er Termine halten? Liefert er die Qualität und Funktionalität, die Sie brauchen? Welche Benchmarks haben Sie, um sich wirklich auf ihn zu verlassen? Bewerten Sie unbedingt die vorgelegten Pläne eines externen Lieferanten, der für Sie eine Lösung entwickelt. Prüfen Sie die Machbarkeit, Planungssicherheit, Kostenstruktur und Prozessfähigkeit des Lieferanten.
- Zwingen Sie Ihrem Lieferanten nie einen unrealistischen Plan oder einen nachteiligen Vertrag auf. Am Ende spüren Sie es immer auch selbst, wenn Sie ihn übervorteilen wollten.

12.8 Fragen an die Praxis

Was schlagen Sie in den folgenden Situationen als Maßnahmen zur Risikoabschwächung vor?

- Die Entwicklung hat ihre eigene Sicht, was der Kunde braucht, und arbeitet ohne Kontakt mit Vertrieb und Marketing.
- Verschiedene interne oder externe Interessengruppen haben widersprüchliche Ansichten zu dem, was im Projekt zu tun ist.
- Kundenbedürfnisse ändern sich ständig, und das Projekt kommt nicht voran.
- Das Marketing oder der Kunde verlangen Liefertermine, die von der Entwicklung nicht eingehalten werden können.
- Lieferanten machen offensichtliche Dumpingangebote.
- Eine Produktlinie soll für ein bereits existierendes Produkt eingeführt werden.
- Kommerzielle Komponenten, die noch nicht fertig sind, sollen eingesetzt werden.

13 Zusammenfassung und Ausblick

*The ancients knew something which we seem to have forgotten.
All means prove but a blunt instrument,
if they have not behind them a living spirit.*

– Albert Einstein

13.1 Der »Stand der Technik« des Requirements Engineering

Wir wollen hier nochmals die wichtigsten Tipps und Maßnahmen zu einem erfolgreichen Requirements Engineering zusammenfassen. Diese Maßnahmen repräsentieren rechtlich betrachtet (siehe Kap. 9.4) den »Stand der Technik«, also was »bei Sachen der gleichen Art üblich ist«. Damit können diese unten genannten Praktiken aus der Sicht eines eventuell fehlkalkulierten oder unzureichend durchgeführten Projekts oder im Falle einer Produkthaftungsklage oder Gewährleistung rechtlich wirksam werden.

Diese Praktiken des RE sind nach Umsetzungsschwierigkeiten (d.h., wie leicht lässt sich eine solche Änderung einführen?) und Aufwand für die Umsetzung (d.h., wie viel Kosten oder Personal ist damit verbunden?) bewertet.

Beste Praktiken (»Stand der Technik«)	Umsetzungs-schwierigkeit	Kosten der Umsetzung
Vereinbaren Sie einen verbindlichen RE-Prozess und unterstützende Templates. Halten Sie den Prozess einfach, aber achten Sie auf disziplinierte Ausführung.	Groß	Mittel
Setzen Sie ein Projektkernteam ein, das für das Projekt oder das Produkt und seine Entwicklung verantwortlich ist (Umsatz, Gewinn). Es besteht aus den vier Rollen Produktmanager (Leitung), technischer Projektmanager, Produktmarketing und Service.	Groß	Klein
Vereinbaren Sie ein Budget für alle Aktivitäten des Requirements Engineering. Verfolgen Sie in Projekten die Nutzung des Budgets und schreiten Sie bei Unterschreitung (unzureichende Analyse) und Überschreitung (Paralyse durch Analyse) ein.	Mittel	Klein →

Beste Praktiken (»Stand der Technik«)	Umsetzungs-schwierigkeit	Kosten der Umsetzung
Erarbeiten Sie vor der eigentlichen Analyse eine Produktvision. Die Vision beantwortet die Frage: Was wird durch das Projekt anders?	Klein	Klein
Identifizieren und nutzen Sie alle wichtigen Quellen für Anforderungen. Geben Sie sich nicht mit einem Anforderungskatalog zufrieden, der aus nur einer Quelle stammt.	Mittel	Klein
Involvieren Sie alle relevanten Interessengruppen (z.B. Kunden, Benutzer, Marketing, Vertrieb, Produktmanager und Projektmanager) im Requirements Engineering.	Klein	Mittel
Spezifizieren Sie Anforderungen auf der Basis von Use Cases (Warum, Was) und einer halbformalen Notation (Was, Wie).	Klein	Mittel
Ordnen Sie jeder Anforderung eine eindeutige Identifikation zu, die Sie konsistent zum Referenzieren verwenden.	Klein	Klein
Führen Sie ein Glossar durch das gesamte Projekt hindurch. Beginnen Sie damit, wenn die ersten Anforderungen auftreten.	Klein	Klein
Priorisieren Sie alle Anforderungen und entwickeln Sie anhand dieser Prioritäten in Inkrementen. Prioritäten werden am zu erwartenden Kundennutzen festgemacht.	Groß	Mittel
Planen Sie das Projekt auf der Basis der geschätzten und vereinbarten Anforderungen. Projektaufwand darf nicht in andere als die vereinbarten Anforderungen fließen.	Mittel	Mittel
Beschreiben Sie Anforderungen mess- und testbar, sodass sie als Qualitätskriterien bei Validierung und Freigabe verwendbar sind.	Mittel	Mittel
Verfolgen Sie den Status jeder einzelnen Anforderung im Projekt aus Kundensicht. Messen Sie den Projektfortschritt am Implementierungsstand der Anforderungen.	Klein	Mittel
Vereinbaren Sie das Änderungsmanagement von Anforderungen. Setzen Sie ein Änderungskomitee ein. Bearbeiten Sie auch kleine Änderungen systematisch und diszipliniert.	Mittel	Mittel
Verknüpfen Sie individuelle Anforderungen untereinander (horizontale Verfolgung) und zu späteren Projektergebnissen (vertikale Verfolgung).	Mittel	Groß

13.2 Trends in der IT und Softwaretechnik

RE muss naturgemäß in die Zukunft schauen, denn es geht um Produkte und Lösungen, die erst noch zu entwickeln sind. Was liegt also näher, als kurz zu betrachten, welche Trends die IT und die Softwaretechnik maßgeblich beeinflussen. Bei Vorhersagen innerhalb einer bestimmten Domäne ist es hilfreich, zunächst einmal die Perspektive zu weiten und zu betrachten, welche externen Einflüsse sich insgesamt auf die Domäne auswirken werden. Wir wollen daher zuerst auf einige generelle Trends eingehen, die sich von Änderungen und Entwicklungen in der Gesellschaft auf Verhaltensweisen und damit auf die Informa-

13.2 Trends in der IT und Softwaretechnik

tions- und Softwaretechnik auswirken. In einem zweiten Schritt – und im folgenden Unterkapitel – wollen wir daraus spezifische Trends im RE ableiten.

Wir erkennen die folgenden für IT und Softwaretechnik relevanten Trends:

- Wertorientierung
- Modebewusstsein
- Individualismus
- Schnelle Veränderungen
- Service, Service, Service
- Globaler Wettbewerb
- Ökonomisches und ökologisches Verhalten
- Sicherheit und Stabilität

Wir wollen diese Trends nun etwas genauer betrachten, um ihre Einflüsse im Zusammenhang zu verstehen:

Wertorientierung
Wert ist das, wofür ein Kunde zahlt. Schneller als andere Wirtschaftszweige hat sich die Softwarebranche in Richtung Wiederverwendung von Lösungen und Zulieferung von Komponenten und Plattformen ausgerichtet. Hintergrund dafür sind der Kostendruck aufgrund zunehmender Globalisierung sowie die Aufwärtsbewegung in der Maslow'schen Bedürfnispyramide hin zu zunehmender Individualität. Beides lässt sich nicht im altmodischen Stil der Softwaremanufaktur erreichen, wo praktisch alles selbst entwickelt wird. Man muss existierende Komponenten und Bausteine möglichst effektiv einsetzen und den Zusatznutzen als differenzierendes Element verkaufen.

Wertorientierung hängt mit Wiederverwendung zusammen. Softwarekomponenten werden kommodisiert und als Open-Source-Software oder in Niedriglohnländern entwickelt. Was zählt sind wertorientierte Lösungen, die individuell aus diesen Komponenten erstellt werden. Für die Softwareentwicklung bedeutet dies, dass Komponenten als eigenständige Produkte entwickelt werden, die eine Spezifikation und Schnittstellenbeschreibung nach außen liefern, die eine Aggregierung auf der nächsthöheren Ebene erlaubt. Gerade bei eingebetteten Systemen ist dieser Trend am deutlichsten, denn die Grenzen zwischen Hardware und Software sind bereits heute im Verschwinden begriffen. Rekonfigurierbare Komponenten erlauben es, Entscheidungen innerhalb der Produktentwicklung spät zu treffen, ohne Hardware neu entwickeln zu müssen. Rekonfigurierbare Softwarekomponenten, die erst zur Laufzeit – autonom – entscheiden, ob sie eine interne Aktualisierung vornehmen müssen, werden Softwaresysteme zunehmend flexibler machen. Diese Art der Standardisierung wird zu größeren Stückzahlen beitragen, was die Eintrittsschwelle für neue Marktteilnehmer heruntersetzt.

Softwaresysteme müssen den geänderten Anforderungen hinsichtlich Individualisierung und Modebewusstsein Rechnung tragen. Ausgehend von der Notwendigkeit, einen technischen und betriebswirtschaftlichen Geschäftswert unter sich ändernden Voraussetzungen zu vermitteln, braucht es einen Entwicklungsprozess, der sich entwickelnde Anforderungen und einen fortlaufenden Wandel beherrscht und trotzdem verbindliche (Teil-)Lösungen schafft. Der Einfluss von sich ändernden Anforderungen auf Prozesse und Architekturen muss die Bedürfnisse eines stringenten Projektmanagements mit jenen einer evolutionsfähigen Infrastruktur verbinden. Eine Antwort darauf ist die enge Verzahnung von Roadmaps (Technologien, Märkte) mit Produktmanagement und einer modularen Architektur aus wiederverwendbaren Komponenten.

Modebewusstsein
Mode, oder umfassender gesagt der Wunsch nach einer schnelllebigen Beliebigkeit, beeinflusst bereits heute praktisch jede Produktentwicklung. Der Haupttreiber von Produkten, Dienstleistungen und Lösungen ist das Marketing. Die Kernfrage lautet: Wie kann ich einen Bedarf und damit Kaufwunsch stimulieren? Eine Antwort darauf ist Innovation, also die Umsetzung einer neuen, fortschrittlichen Lösung für ein Problem. Marketing versucht, diesen Innovationsantrieb zu beschleunigen, indem neue »Probleme« – also Bedürfnisse – entwickelt werden.

Der Trend zu Modebewusstsein und kurzen Innovationszyklen hat auch die Software- und Systementwicklung erreicht. Software wird durch Gebrauch nicht schlechter, und damit gibt es auch kaum einen Grund, sie nachzukaufen – vor allem dann nicht, wenn auch ihre gesamte Umgebung unverändert gut funktioniert. Der einzige Grund, einen Kunden zum Neukauf zu bewegen, ist, das Softwareprodukt in der Wahrnehmung »besser« zu machen, also Modebewusstsein zu etablieren. Das inzwischen klassische Geschäftsmodell wurde von Microsoft und Intel entwickelt und damals als »Wintel« verbrämt. Es besteht darin, für unveränderte Bedürfnisse (also beispielsweise einen Text zu schreiben) Nachfrage nach neuen Produkten zu schaffen. Dies wurde durch eine Spirale erreicht, in der neue Software höhere Anforderungen an die Hardware stellte, sodass viele Benutzer sich alle 2-3 Jahre einen neuen PC mit neuem Betriebssystem kauften. Das »Wintel«-Modell generiert allerdings unnötig komplizierte und fehleranfällige Produkte.

Modebewusstsein sollte im Interesse der Benutzer entkoppelt werden von Kompliziertheit und Schwerfälligkeit. Komplizierte Lösungen, nicht intuitiv verständliche Benutzeroberflächen und vielfältige Abhängigkeiten zwischen Softwarekomponenten haben nichts mit Mode zu tun, sondern zeugen von schlechter Qualität. Wie man die notwendige Flexibilität in gute Produkte entwickelt, zeigen die Hersteller von Software für eingebettete Systeme, die eine Systemlebensdauer von mehreren Dekaden erreichen, obwohl die Komponenten ständig modernisiert werden. Wie sie das machen? Sie trennen sauber durch offene Schnittstellen und erlauben den Austausch von Komponenten. Dann kann die neue Peripherie durch das Nachladen eines Treibers auch durch den alten Controller gesteuert werden.

Individualismus
Wir haben in praktisch jedem Lebensbereich mehr Auswahl als jemals zuvor und sind dennoch nicht zufriedener. In einem Forum zu Kommunikationslösungen, das Alcatel-Lucent kürzlich veranstaltete, brachte dies ein Teilnehmer auf den Punkt, indem er sagte: »*I have 100 channels and nothing to watch.*« Das Gleiche gilt für viele Softwareanwendungen, wo die Kunden bereits seit Jahren klagen, dass die Zunahme von – als unnötig und komplex empfundenen – Funktionen ein Hauptgrund dafür ist, ein Produkt nicht mehr zu kaufen. Im Falle von Automobilen ging dies in den vergangenen Jahren so weit, dass die Qualität aufgrund – unbeherrschter – Komplexität so stark abnahm, dass die Hersteller inzwischen selbst zurückrudern. Kunden wollen nicht eine einförmige und sie erschlagende Vielfalt an Funktionen und Möglichkeiten, sondern eine auf ihre speziellen Vorlieben und Bedürfnisse angepasste Auswahl. Diese Auswahl im Einzelfall optimal zu treffen und möglichst nahe am Bedarf des individuellen Kunden zu halten, ist die Kunst von Marketing und Produktmanagement im 21. Jahrhundert.

Die Grenzen zwischen Kommunikation, Information und Unterhaltung verschwinden zunehmend. Benutzer wollen individuell anpassbare Lösungen, um sich zu verbinden, zu organisieren, zu unterhalten und um effektiver und effizienter zu arbeiten. Moderne Informationssysteme tragen dem Rechnung, indem sie flexible und schnell anpassbare Anwendungen und Dienstleistungen zur Verfügung stellen. Für die Betreiber und Hersteller solcher Systeme stellt sich die Frage, welche Architekturen und Vorgehensweisen diese Bedürfnisse optimal adressieren. Die Differenzierung findet nicht mehr auf der Ebene von technischen Produkten statt, sondern durch den vermittelten Geschäftswert von Lösungen. Softwaresysteme müssen sich daher der Herausforderung stellen, eine lange Lebensdauer zugrunde liegender Architekturen, hohe Verfügbarkeit und große Sicherheit mit leichter Änderbarkeit und größtmöglicher Flexibilität unter einem wachsenden Kostendruck zu verbinden.

Lösungen und Produkte, Softwareapplikationen, Dienstleistungen und Geschäftsprozesse werden daher zunehmend spezifisch auf individuelle Bedürfnisse zugeschnitten. Es muss kein Widerspruch sein, mit einer Mode zu gehen und gleichzeitig nach individuellen Lösungen zu fragen. Anstatt eine überwältigende Anzahl fragmentierter Funktionen anzubieten, die kein Benutzer in ihrer Komplexität und Kopplung mehr beherrschen kann, fragen Kunden nach einer möglichst einfachen Antwort auf ein ganz spezielles Bedürfnis. Die Kombination aller Möglichkeiten explodiert zwar weiterhin, aber der individuelle Benutzer möchte davon unbehelligt bleiben und nur das angeboten bekommen, was er situativ benötigt. Um diese Individualisierung in großem Maßstab wirtschaftlich beherrschen zu können, wird die zugrunde liegende Software zunehmend flexibler, damit sie schnell und umfassend angepasst werden kann.

Schnelle Veränderungen
Bedingt durch die bereits genannten Trends des Modebewusstseins und des zunehmenden Individualismus wird sich die Produktentwicklung auf immer kürzere Zykluszeiten einstellen müssen. Innovationen werde heute vorherrschend durch intelligente Softwarelösungen angetrieben. Egal, ob es um Produktinnovationen geht (beispielsweise erreicht die Software bei der Wertschöpfung im Auto in Kürze die 50%-Marke) oder um ganz neue Lösungen und Systeme beispielsweise in der Biologie oder Medizin. Man kann sich kein Produkt vorstellen, das ohne IT entwickelt, produziert und weltweit geliefert und gepflegt werden kann.

Wir sprechen vom sogenannten »Internetzeitalter«, das durch schnelle Produktzyklen geprägt ist. Galt dies ursprünglich primär für Onlinedienste und Konsumgüter, sind heute selbst eingebettete Softwaresysteme, wie Steuergeräte in Autos von Änderungen noch kurz vor dem Start der Produktion betroffen. Dies fordert völlig neue Vorgehensmodelle in der Produktentwicklung, die Agilität und Flexibilität mit rigider Qualitätssicherung (wegen des Trends der Werteorientierung) kombinieren müssen. Gleichzeitig ändern sich damit Geschäftsmodelle, denn aufwendige Varianten und kleine Losgrößen vertragen sich nicht. »Design for Change« wird ein Schlüsselprinzip bleiben, aber kombiniert werden mit »Design to Cost« und einer noch viel rigideren Analyse der Wirtschaftlichkeit von Produkten.

Bedarfsorientierte und kurzfristige Nutzung ersetzen Hersteller- und Technologiedominanz (z.B. das Hosting von Anwendungen oder das Mieten von softwarebasierten Lösungen, wie Textverarbeitung, auf reiner Nutzungsbasis). Temporär agierende Gruppen entwickeln oder pflegen Software anstelle der klassischen Hersteller, die über Jahre als Partner auftraten (z.B. Community-Source-Entwicklung von Software in einer Gruppe von Unternehmen oder Personen, die sich für die Dauer dieser Entwicklung zusammentun und danach die Software zur Pflege anderen Gruppen überlassen). Sourcecode ist zunehmend ein austauschbarer Gebrauchsartikel, der bedarfsgerecht entwickelt, verteilt und gepflegt wird (z.B. Open Source, Offshoring, Komponenten).

Service, Service, Service
Software entwickelt sich von einem Produkt zu einem flexiblen Service. Geschäftsmodelle um die Softwareentwicklung ändern sich. Softwarekomponenten und Dienstleistungen werden opportunistisch verschmolzen (z.B. eine Plattform wird zu einem niedrigen Einstiegspreis angeboten, und ein jährlicher Lizenzvertrag bindet den Käufer über Dienstleistungen, wie Aktualisierungen, verbesserte Sicherheitsprüfungen, Fehlerkorrekturen). Gute Dienstleistungsangebote verhindern die allgegenwärtige Kommoditisierung der Produkte. Haushalte beispielsweise, die drei Telekommunikationsdienste abonniert haben, halbieren die Wahrscheinlichkeit, ihren Lieferanten zu wechseln, im Vergleich zu jenen, die nur einen Service abonnierten.

»Ökosysteme« aus Lieferanten und Benutzern werden sich bilden, die anhaltend innerhalb ihrer selbst gesetzten Grenzen Dienstleistungsbedarf generieren

13.2 Trends in der IT und Softwaretechnik

und stillen können (z.B. SW-Renovierungsfirmen). Wert wird zunehmend durch eingebettete Software erzeugt, die als System in Systemen eingesetzt wird (z.B. autonome Systeme, Agenten, Internet of Things). Bereits heute ist die meiste Software (und auch die meiste produzierte Hardware) vollkommen unsichtbar für die Benutzer. Wer ein Kleidungsstück kauft, wird sich kaum dafür interessieren, ob darin ein Funkchip verborgen ist, der der Waschmaschine oder dem Reinigungsunternehmen mitteilen kann, wie die optimale Reinigung durchzuführen ist. Entscheidend ist die Funktionalität der Lösung und nicht mehr der Software. Damit werden sich Innovationen auf schnell profitable Nutzeffekte innerhalb von greif- und bezahlbaren Dienstleistungen konzentrieren.

Globaler Wettbewerb
Globalisierung ist seit geraumer Zeit ein Schlagwort, das leider häufig eindimensional polemisiert wird. Globalisierung und Internationalisierung der Software heißt zunächst einmal nichts anderes, als dass Märkte vergrößert werden. Globalisierung treibt interne Veränderungen und Produktivitätsverbesserungen und verbessert den Export. Aus der »Softwaremanufaktur« mit großer Fertigungstiefe entsteht eine globale »Softwareindustrie«. Prozesse, Technologien oder Ausbildung werden weltweit standardisiert, sodass aus kreativen Einzelkämpfern zwangsläufig globale Lieferketten werden. Wir haben das in den vergangenen Jahrzehnten bereits im Automobilbau beobachtet, als die altmodischen Kleinhersteller aufgrund ihrer Ineffizienz durch global agierende und sich optimierende Konzerne aufgekauft wurden, und damit ihre Märkte vergrößern und die Kosten verringern konnten.

Globalisierung schafft weltweit netto neue Arbeitsplätze. In Niedriglohnländern entstehen Arbeitsplätze aufgrund des Lohngefälles und weil neue Aufgaben und Unternehmen entstehen, die es dort vorher nicht gab. Die Aufträge in Regionen mit niedrigeren Lohnkosten generieren dort Einnahmen und Gewinne, die je nach Struktur der Handelsbeziehungen wieder als zusätzliche Mittel in den Import von hochwertigen Produkten aus Hochlohnländern fließen. In Hochlohnländern entstehen Arbeitsplätze, weil verringerte Produktionskosten, wie sie sich ergeben beispielsweise durch Outsourcing, in den heimischen Unternehmen die Wettbewerbsfähigkeit, Profitabilität und den Wert eines Unternehmens auf dem globalen Markt steigern. Wenn weniger produktive Arbeiten und Prozesse in Niedriglohnländer ausgelagert werden, können die freigesetzten Arbeitskräfte im Heimatland ertragreichere Arbeiten verrichten (soweit die Ausbildung und Flexibilität der Arbeitskräfte gegeben und der Beschäftigungsstand insgesamt hoch ist, wovon wir in der Informationstechnik ausgehen).

Für die Produktentwicklung hat die Globalisierung zwei direkte Einflüsse. Zunächst die – mögliche – globale Nutzung der Ergebnisse unserer Entwicklung. Während dies die Verkaufszahlen positiv beeinflussen kann, vergrößert es sicherlich die Risiken. Wettbewerber kommen aus allen Bereichen der Welt, Märkte sind nicht mehr abgeschottet und Risiken aus Copyright und Patentverletzungen nehmen zu. Die Analyse von Anforderungen und Lösungen muss sehr viel fundierter und tiefgehender arbeiten, um diese Risiken zu bewältigen. Ein zweiter Aspekt ist die globale Softwareentwicklung mit verteilten Teams. Solche Teams sind nur effektiv, wenn sie die Arbeitsergebnisse möglichst gut nutzen können. Standards in Entwicklung und Design sowie moderne Werkzeuge zur Kommunikation, zum sicheren und schnellen Datenaustausch und zur wirkungsvollen Kollaboration sind dafür gefragt. Darüber hinaus müssen die Teams lernen, effektiv und produktiv miteinander zu arbeiten, anstatt gegeneinander. Wenn die Entscheidung aus betriebswirtschaftlichen Gründen für eine verteilte Entwicklung gefallen ist, dann müssen viele der bisherigen Prozesse stark geändert werden, denn es ist ein großer Unterschied, ob man schnell einmal eine Frage mit einem Kollegen im Büro klären kann oder ob alle Ergebnisse schriftlich bestätigt werden müssen, da die Unterschiede von Zeitzonen, Sprachen und Kulturen es nicht erlauben, sich direkt kurzzuschließen.

Ökonomisches und ökologisches Verhalten

Im Zuge von globalem Wettbewerb, steigenden Preisen und Ressourcenknappheit wächst der Bedarf nach einer Verknüpfung von ökologischem und ökonomischem Verhalten. War dieser Trend bisher eher in einer politischen Denkweise angesiedelt, wirkt er sich nun auf breiter Basis auf Kaufentscheidungen aus – unabhängig von der politischen Einstellung der Menschen. Ökonomisches und ökologisches Verhalten bedingen sich gegenseitig, wenn Nachhaltigkeit gewünscht wird. Dieser verstärkende Effekt treibt zunehmend Kaufentscheidungen gerade bei gut ausgebildeten Zielgruppen.

Das Jahr 2007 war das Übergangsjahr von einem primär auf Eigennutz und Verbrauch hin orientierten Verhalten zu einem Verhalten hin, das durch Ökologie und wirtschaftliches Denken – gemeinsam – bestimmt wird. Ökologisch nachhaltige Entwicklung und Benutzbarkeit ist heute eine Anforderung für viele Produkte. Kunden und Benutzer haben erkannt, dass ökonomisches und ökologisches Verhalten zusammengehören. Es sind nicht mehr die traditionellen Klischees von »Geiz ist geil« und »Grün ist rückwärtsgewandt«, sondern Nachhaltigkeit als Lebenseinstellung. Ökologie hat die Chefetagen erreicht, und viele Kaufentscheidungen werden durch Kriterien wie Nachhaltigkeit entscheidend beeinflusst. Die Auswirkungen auf die Softwareentwicklung und IT-Nutzung sind vielfältig. Da geht es einerseits um »grüne IT«, also Ressourcenschonung und Energieeffizienz, die in und mit IT umgesetzt wird. Andererseits geht es darum, dass Energie durch verstärkte Nutzung von Softwarelösungen gespart wird, also beispielsweise im Transport durch eine bessere Kommunikationsinfrastruktur.

Sicherheit und Stabilität

Wir haben die Liste der Trends, die unser Leben massiv beeinflussen mit Wertorientierung und Modebewusstsein verbunden. Diese zwei Trends scheinen sehr gegensätzlich, geht es doch bei Wert um Nachhaltigkeit und bei Modebewusstsein um Spontaneität. Viele Personen wünschen sich Sicherheit und Stabilität in einer sich schnell ändernden Welt. Sicherheit und Stabilität sind die maßgeblichen

Begrenzungslinien, an denen sich Verhaltensweisen, Wertesysteme und nicht zuletzt die Kaufentscheidungen für IT- und Softwareprodukte ausrichten.

Die zunehmende Vernetzung unserer Welt bringt ständig höhere Anforderungen an die sichere Verbreitung, Speicherung und Nutzung unserer vielfältigen Informationen. Sicherheit hat in diesem Zusammenhang sehr viele Facetten, wie beispielsweise Datensicherheit, Datenschutz oder auch die Wahrung von Urheberrechten. Sicherheitsanforderungen spielen eine zentrale Rolle, weil sie sowohl unsere Persönlichkeitsrechte beeinflussen, und damit direkt aus den wachsenden Bedürfnissen nach mehr Individualisierung resultieren, als auch unsere Wettbewerbsfähigkeit unterstützen, indem sie gewährleisten, dass Innovationen weltweit geschützt werden können, unabhängig davon, wo sie entwickelt werden.

Sicherheitsbedürfnisse müssen konsistent und ab der Produktdefinition berücksichtigt werden. Sicherheit besteht immer und ausschließlich ganzheitlich. Eine fragmentierte Sicherheit auf Komponenten- oder Prozessbasis ist zwangsläufig aus Systemsicht unsicher. Schlechte Beispiele einer fragmentierten Sicherheit gibt es zuhauf, beispielsweise Komponenten unserer Softwareanwendungen auf dem PC, die durch Hersteller ad hoc geschützt werden und dennoch mit jedem neuen Schutzversuch die Tür für weitere Unsicherheiten öffnen. Die sogenannten »Patchdays« großer Hersteller sind Legende, denn regelmäßig kommen einige Tage nach der automatischen Sicherheitsverbesserung die Warnungen, dass die Lösungsvorschläge nichtfunktionieren oder weit größere neue Probleme produziert haben. Ähnlich verhält es sich bei Urheberrechten oder im Datenschutz, wo der gesamte Prozess von Anfang bis Ende eines Dokumentenlebenszyklus gesichert werden muss und nicht nur lose Zugriffsbeschränkungen etabliert werden sollten.

Die IT und die Softwareentwicklung tragen ganz wesentlich zur Umsetzung dieses Trends bei. Sicherheit und Stabilität bedeutet die nachvollziehbare – und wo nötig formal zertifizierbare – Umsetzung kritischer nichtfunktionaler Anforderungen von der Analyse bis zum fertigen Produkt. Das RE spielt dabei eine Schlüsselrolle, muss es doch solch schwer zu fassende Einflüsse bewerten und Prioritäten bei Konflikten setzen.

13.3 Trends im Requirements Engineering

Nach diesen generellen Trends der Software- und Informationstechnik wollen wir auf spezifische Trends im RE eingehen. Sie leiten sich allesamt aus den zuvor genannten Entwicklungen ab, obwohl sie häufig nicht eine alleinige und direkte Konsequenz darstellen. Alle genannten Trends des RE sind heute Gegenstand aktueller Forschung – allerdings mit unterschiedlichem Tiefgang. Wir weisen insbesondere auf Themen hin, in denen noch weitere Arbeit nötig ist, vor allem bei der Umsetzung in die praktische Projektarbeit. Es rundet viele Inhalte der bisherigen Kapitel ab, die praxisorientiert den Stand der Technik beschrieben haben. Mit diesen Schritten, die wir in den kommenden Jahren – hoffentlich gemeinsam mit Ihnen, verehrter Leser – gehen werden, sollte das RE sehr viel stärker und kontinuierlicher in Konzeption, Definition, Gestaltung, Entwicklung, Marketing und Verkauf von erfolgreichen softwarebasierten Produkten und Lösungen integriert werden.

Weiter gehende Hinweise mit detaillierten Berichten oder Referenzen finden sich in [Cheng2007, Aurum2005, Maiden2005]. Der Zusammenhang zwischen diesen verschiedenen Trends ist in Abbildung 13–1 grafisch dargestellt. Die linke Seite dieser Darstellung haben wir bereits im vorangegangenen Kapitel betrachtet. Nun wollen wir uns dem RE zuwenden.

Gesellschaftliche Trends	Trends im RE/RM
■ Wertorientierung	1. Innovation durch marktorientierte Lösungen statt Technologien
■ Modebewusstsein	
■ Individualismus	2. Werterzeugung mit Kunden
■ Schnelle Veränderungen	3. Schaffung neuer Marktregeln und Geschäftsmodelle
■ Service, Service, Service	
■ Globaler Wettbewerb	4. Qualitätsorientierung
■ Ökonomisches und ökologisches Verhalten	5. Systemtechnik
	6. Lieferantennetzwerke und Ökosysteme
■ Sicherheit und Stabilität	7. Agile Vorgehensweisen zum Umgang mit Unsicherheiten
	8. Effektives Wissensmanagement

Abb. 13–1   *Die Zukunft: Verschiedene Trends beeinflussen das RE*

1. **Innovation durch marktorientierte Lösungen statt Technologien**
   Innovationen werden nicht durch Technologie bestimmt, sondern durch Lösungen, die konkrete Bedürfnisse adressieren. Nur eine Minderheit aller Einkaufsentscheidungen sind technologiegetrieben [Deloitte2004]. Technologien sind Treiber, aber keine hinreichenden Lösungen für den Produkterfolg. Anforderungen, die Bedürfnisse mit Technologien innovativ verknüpfen oder unterschiedliche Szenarien zu bewerten helfen, schaffen die Basis für ein erfolgreiches Produkt.

   Umzureichendes RE blockiert Innovationen. Klassische Beispiele sind im Automobilbau (und in vielen anderen Industrien) zu sehen, wo die Hersteller die funktionale Entwicklung ab den neunziger Jahren bis ungefähr 2005 so auf die Spitze trieben, dass ein Großteil der Funktionen für die Benutzer irrelevant wurde, ja sogar störte. Die Kosten explodierten und die resultierende Komplexität war nicht mehr beherrschbar. Hier wurde Innovation nur noch durch Technologie bestimmt – mit den bekannten Problemen der Hersteller am Markt.

   RE ist der Antrieb für Innovationen in der Software und IT. RE verknüpft Bedürfnisse und Lösungen. RE schafft die Basis für innovative und nachhaltige Produkte, die industriefähig entwickelt, produziert, geliefert und gepflegt werden können. Jeder kennt Produkte, die schnell entwickelt wurden, um einem angenommenen kurzfristigen Bedarf Rechnung zu tragen. Und jedem fallen genug Beispiele ein, wo die Idee zwar innovativ war, das Produkt oder der Webservice aber so schlecht realisiert, dass daraus kein kommerzieller Erfolg wurde. Gerade die Geschichte der IT ist mit den Leichen solcher innovativen Ideen reichhaltig gesegnet.

Anforderungen werden seit Jahrzehnten gesammelt, analysiert und umgesetzt. Und seit Jahrzehnten macht man den gleichen Fehler, sie isoliert für ein Projekt oder ein Produktrelease zu betrachten, aber nicht aus der Sicht eines Portfolios von Lösungen oder aus der Sicht der Gesamtkosten und des Gesamtnutzens über den ganzen Lebenszyklus der Lösung. Die Kosten-Nutzen-Rechnung während der Konzeptionsphase muss ganzheitlich betrachtet werden. Die Anforderungsanalyse muss sehr viel enger mit Marketing, Produktmanagement, Einkauf, Service und Qualitätsmanagement verzahnt werden, um die Kosten und Nutzen aus der Sicht des Produkts von der Entwicklung bis zum Lebensende zu betrachten. Klassische Fragestellungen aus der Behandlung nichtfunktionaler Anforderungen müssen in einen lebenszyklusübergreifenden Business Case einfließen. Kostenanalysen müssen die Entwicklung, Produktion, Vertrieb, Service – aber auch die Marktentwicklungen – beobachten. Können Wettbewerber mit einem einfacheren Produkt Punkte sammeln und den Markt neu aufteilen? Welche Produkte werden das gerade definierte Produkt einmal ablösen? Wie viel Aufwand ist über die Lebenszeit des Produkts gerechtfertigt? Wie hängen detaillierte Kostenfaktoren über den Lebenszyklus von heute getroffenen Entwurfsentscheidungen ab? Wie viele Releases (Aktualisierungen und damit Versionen) vertragen der Business Case und die Kunden? Macht es Sinn, halbjährlich neue Funktionen auf den Markt zu werfen? Muss die Frequenz kürzer oder länger werden? Oftmals bedeutet diese ganzheitliche Evaluierung zuerst den Aufbau eines wirksamen Portfoliomanagements, das mit allen Unternehmensbereichen und Funktionen verzahnt ist.

Spezifische Fragestellungen zur Innovation durch RE umfassen folgende Themen:

- Innovationsmanagement als gesteuerte Balance zwischen Nutzen, Kosten und Technologien
- Herausarbeitung und Bewertung von Zielen und Win-win-Lösungen
- Modellierungs- und Analyseverfahren für unterschiedliche Perspektiven
- Erkennung und Bewertung von Interaktionen zwischen funktionalen und nichtfunktionalen Anforderungen
- RE in einer globalen und verteilten Umgebung mit vielen verschiedenen Perspektiven und Zielen
- Methoden und Werkzeuge zur zielorientierten Kommunikation über Zeitzonen, Schnittstellen und Rollen hinweg

2. **Werterzeugung mit Kunden**
Beim wertorientierten RE geht es darum, Anforderungen zu bewerten und anhand dieser Bewertung dann im Projekt zu behandeln. Häufig erfolgen allerdings die Bewertungen nur anfangs im Projekt und typischerweise nur anhand weniger Kriterien. Das wertorientierte RE wird versuchen, diese Bewertung dynamisch zu machen, sodass Parameter und Evaluierungen durch das Projekt hindurch auch angepasst werden können. Darüber hinaus werden immer mehr verschiedene Kriterien betrachtet, sodass die Kombination nicht mehr eine einfache Rechenaufgabe in einem Tabellenkalkulationsprogramm ist. Das RE muss in dieser zunehmend einkaufs- und integrationsgetriebenen Umschichtung eine integrierende Rolle spielen und die Anforderungen so aggregieren, dass sie eine synthetische Produktsicht und gleichzeitig eine analytische präzise Komponentensicht erlauben. Parameter können der Wert aus Kundensicht, aus Entwicklungssicht oder auch aus der Sicht von Folgeprojekten sein. Dabei werden sich die Zusammenhänge dieser verschiedenen Dimensionen marktabhängig ändern müssen, und die Bewertung wird zu jedem Zeitpunkt sowohl Einsicht darauf geben müssen, welche Anforderungen am wichtigsten sind und wie der derzeitige Entwicklungsstand die Umsetzung der Bewertung in Projektentscheidungen beeinflusst. Schließlich hilft es wenig zu wissen, dass eine Anforderung nur noch einen geringen Wert hat, wenn sie bereits komplett implementiert wurde.

Es wird nicht mehr so einfach wie bisher sein, Anforderungen im gleichen Schema und mit einer einheitlichen Struktur zu beschreiben und zu analysieren. Manche Anforderungen werden offengehalten werden müssen, da billige kommerzielle Komponenten eingesetzt werden, auf die der Einkäufer keinen Einfluss hat. Andere Anforderungen werden von diesen Komponenten und deren – zum Analysezeitpunkt – unbekannten Eigenschaften abhängen und müssen diese Abhängigkeiten in robuste Schnittstellen umsetzen. Aus der Mechanik bekannte Regeln zu Toleranzen und Robustheit werden zukünftig in der Software- und Systementwicklung bereits im RE berücksichtigt und modelliert. Die Verlässlichkeit der Funktionalität, die Sicherheit gegen Angriffe und Missbrauch sowie eine Vielfalt nichtfunktionaler Anforderungen müssen in einem Zusammenhang, der nicht präzise definiert und zusammenhängend modelliert werden kann, berücksichtigt und gewährleistet werden.

Der Aufwand in der Produkt- oder Anwendungsentwicklung führt weg von den funktionalen Anforderungen, die in naher Zukunft nur noch einige Prozentpunkte des gesamten Entwicklungsaufwands ausmachen, hin zu Anforderungen, die sich mit systemübergreifender Sicherheit und anderen nichtfunktionalen Aspekten befassen, ohne den Benutzer mit zu viel Komplexität zu erschlagen. Systemtechnik wird auch über das CMMI in die Softwareentwicklung hineingetragen. Während die Softwareentwicklung früher das Paradies von Informatikern mit einer domänenübergreifenden Softwareexpertise war, wird sie nun häufiger von spezialisierten Teams aus Marketing-

13.3 Trends im Requirements Engineering

experten, Anwendern, Fachexperten und Einkäufern dominiert. Es werden Komponenten parametrisiert, die vielleicht noch durch Informatiker entwickelt werden, aber in der Regel erst durch den Systemcharakter wirklich an Wert gewinnen. Dieser Trend zeigt sich bereits in vielen Produkten, wie beispielsweise der Hardwareherstellung (z.B. PCs, Drucker), wo die Wertschöpfung im Marketing, Produktmanagement, Systemtechnik und Verkauf liegt. Andere Funktionen werden ausgelagert.

Spezifische Fragestellungen im wertorientierten RE umfassen die Richtungen:

- Identifikation der Zielgruppen, Interessenvertreter und ihrer Bedürfnisse
- Modellierung, Verknüpfung und Bewertung von Zielen und Nutzeffekten
- Kontextspezifische und individualisierte Techniken zur Ermittlung von Anforderungen (z.B. Metaphern, individuelle Bedürfnisse von einzelnen Benutzern)
- Modellierungsansätze, die spezifisch auf Benutzer und Szenarien zugeschnitten sind
- Wiederauffinden und Wiederverwendung von Anforderungen aus ähnlichen Umgebungen

3. **Schaffung neuer Marktregeln und Geschäftsmodelle**
Durch die verstärkte Systemsicht der Wertschöpfung wird sich die Softwareentwicklung in verschiedene Schichten unterschiedlicher Geschäftsmodelle aufspalten. Während Outsourcing, Rightshoring und Open Source heute bereits standardisierte Geschäftsmodelle sind, werden weitere Formen dazu kommen. Niedrige Einstiegsschwellen im Softwarebereich tragen dazu bei, dass teure und komplexe Softwarekomponenten bereits nach kurzer Zeit auch für Neueinsteiger interessant werden oder in Billiglohnländern, so wie heute Hardwareprodukte, entwickelt werden. Viele dieser Komponenten, die dann zu einem System zusammengesetzt werden, werden aus dem Open-Source-Umfeld kommen. Anforderungen werden durch die zunehmende Wiederverwendung von Softwarekomponenten zwar standardisiert, aber können in ihrer Kombination zu einer personalisierten Lösung gleichzeitig zu einem Geschäftsmodell werden.

Durch die Evolution des RE von seiner traditionellen Rolle als kurzer Phase am Projektbeginn hin zu einer Schlüsselaktivität in der System- und Softwareentwicklung nimmt auch sein Einfluss auf Managemententscheidungen stark zu. RE wird zu einer Disziplin, die viele kundenspezifische, betriebswirtschaftliche, technische und operative Entscheidungen wesentlich beeinflusst. Die Komplexität dieser Entscheidungen nimmt mit den bereits genannten Entwicklungen hin zu mehr Individualität von Lösungen oder hin zu kürzeren Lebenszyklen mit mehr Innovationspotenzial drastisch zu. Anstatt das RE in die Hand eines Projektleiters und einiger Systemanalysten zu legen, wird die Beteiligung aller Interessengruppen unabdingbar für den Erfolg eines Produkts.

Heutzutage sind produktspezifische Entscheidungen oftmals über die einzelnen Interessengruppen aufgeteilt und können weder in ihrer Vorbereitung noch in ihrer Umsetzung nachvollzogen werden. Wichtig ist es, bereits vor Projektstart die Kriterien des Projektmanagements anzuwenden und die Analysephase in ihrer Dauer an den gesamten Entwicklungszyklus anzupassen. »Good enough« ist auch im RE ein wichtiges Ziel, nicht nur in der Qualitätskontrolle. Bereits die Rolle der Analyse ändert sich grundsätzlich. Die Versionsplanung und die Anforderungspriorisierung müssen in einem Kontext des gesamten Portfolios evaluiert werden, denn jedes Release hat Fixkosten, sowohl auf Hersteller- als auch auf Kundenseite. Die Art, wie Anforderungen beschrieben und artikuliert werden, wird sich stark ändern und muss sehr viel stärker Sichtweisen aller Interessengruppen berücksichtigen, modellieren und miteinander verknüpfen.

Konkrete Themen im marketingorientierten RE sind unter anderem:

- RE für Single-Buyer-Segmentierung im Marketing
- RE für individualisierte Dienstleistungsmodelle
- Entscheidung und Unterstützung, welche Komponenten neu entwickelt, wiederverwendet oder extern beschafft werden
- Entscheidung, welche Partner und Lieferanten eingesetzt werden
- Priorisierung von Anforderungen im gesamten Produktlebenszyklus und im einzelnen Projekt und der Abgleich im Portfolio
- Kontinuierliche Lebenszyklusentscheidungen und Risikomanagement
- Auswahl verschiedener möglicher technischer Lösungen und deren Priorisierung im Lebenszyklus

4. **Qualitätsorientierung**

Die Qualitätsansprüche an Produkte wachsen ständig. Selbst Produkte oder Lösungen im unteren Preissegment müssen – zumindest aus Haftungsgründen – über einige Jahre gebrauchstauglich sein. Solche Qualitätsanforderungen sind nicht mehr durch die klassische Sequenz einzelner unabhängiger Verifikations- und Validierungsschritte zu erreichen. Das RE muss zukünftig Möglichkeiten anbieten, Qualität – und dies gilt für alle ihre Dimensionen – präzise zu beschreiben und dann stringent zu modellieren. Tests müssen in Dauer und Kosten gerade im Softwarebereich reduziert werden. Die eingesparten Aufwände müssen in ein modellgetriebenes Qualitätsmanagement verlagert werden. Diese Verlagerung hat bisher in der Softwarebranche noch nicht stattgefunden und führt zu dem Teufelskreis, dass noch immer 40-60 % aller Entwicklungskosten in Test und Validierung fließen [Ebert 2007a], während aus den Entwicklungslabors gleichzeitig zu hören ist, dass eine modellbasierte Analyse (Model Driven Analysis, MDA) und modellgetriebenes Testen aus Kostengründen nicht eingeführt werden können.

Spezifikationen müssen Qualitätsanforderungen explizit modellieren und in allen funktionalen Anforderungen berücksichtigen. Dann können die Spezifikationen ausführbar gemacht werden, um danach (in noch weiterer Zukunft) konsistent und automatisch in weitere Arbeitsergebnisse übersetzt zu werden, so wie heute im Hardwaredesign. Darüber hinaus werden Entwicklungswerkzeuge, vor allem zur Modellierung und Codegenerierung, zunehmend konsistenter, sodass deren Ergebnisse auch ausgetauscht werden können.

Diese zwingende Durchgängigkeit von Anforderungen durch den gesamten Produktlebenszyklus bringt das RE künftig als Leitdisziplin in den Vordergrund der System- und Softwareentwicklung. Das RE wird im Lebenszyklusmanagement eine herausragende Rolle spielen, denn eine erfolgreiche Produktentwicklung bedingt eine umfassende Kenntnis der geforderten Funktionen, eine konsistente Bearbeitung der Anforderungen und eine schnelle Markteinführung dieser Funktionen. Wenn man ein interessantes Produkt einige Monate zu spät auf den Markt bringt, kann es zu einem Flop werden. Man muss also früher mit der Phase der Produktfindung und -entwicklung fertig sein. Gleichzeitig wächst bei Softwaresystemen (egal ob reine oder eingebettete Software) die Bedeutung von Wartung und Service. Je komplexer die Produkte werden, umso mehr verlagert sich die gesamte Wertschöpfung in den hinteren Bereich der Lebenskette, also zu Service und Wartung. Das erfordert eine gute und umfassende Kenntnis des Produktzustandes (Konfigurationen, Funktionen, Versionen von Plattformkomponenten) beim Kunden. Nur ein phasenübergreifendes Produkt- und Entwicklungsmanagement – eben das Produktlebenszyklus-Management – sorgt dafür, dass Durchlaufzeiten kürzer und Geschäftsziele erreicht werden.

Die Werkzeuge werden in Zukunft für bestimmte Domänen und Sprachen zertifiziert, um Arbeitsergebnisse korrekt und konsistent zu halten. In der Verschmelzung von Hardware- und Softwarelösungen ist schließlich ein praxistauglicher Compiler vorstellbar, der ausführbare Spezifikationen direkt in Software- und Hardwaredesigns umsetzt, deren Architekturen und Entwurfsentscheidungen dynamisch und reversibel angepasst werden können, um bestimmte Kosten- oder Qualitätsziele für unterschiedliche Kunden oder Märkte zu optimieren.

Relevante Themen der Qualitätsorientierung im RE umfassen:
- RE für nichtfunktionale Anforderungen und die dafür nötigen Techniken zur Spezifikation, Modellierung und Validierung
- Durchgängige und nachweisbare Qualitätsabsicherung auf der Basis von Anforderungen
- Konsistenzsicherung über Komponenten- und Systemgrenzen hinweg
- Formalisierte und teilautomatisierte Validierung und Qualitätsnachweisbarkeit
- Robustheit und Fehlertoleranz insbesondere für sicherheitskritische Systeme, aber auch grundsätzlich für die Gesamtfunktionalität, um aus zunehmend vielschichtigen Fehlerbedingungen trotzdem eine große Verfügbarkeit zu erreichen.

5. **Systemtechnik**
Fast jede Software ist in ein sie umgebendes System eingebettet. Software ist selten Selbstzweck. Das System wird in vielen Fällen kaum explizit wahrgenommen werden, es kann aus anderen Softwareanwendungen bestehen, oder es kann sich um einen menschlichen Benutzer handeln. In allen Fällen arbeitet die Software nicht für sich alleine. Software ist vernetzt; sie kommuniziert auf den vielfältigsten Kanälen. Ein zunehmend wichtiger Bereich in dieser Sicht auf ein System ist das Thema Sicherheit (siehe Kap. 5.5). Software ist oftmals (und man sollte dies als Regel annehmen) Bestandteil einer feindlich gesonnenen Umgebung, die danach trachtet, die Software anders zu nutzen, als dies ursprünglich gedacht war. Szenarien von Anwendungsfällen (Use Cases) werden durch Szenarien von Missbrauchsfällen (engl. »Abuse Cases« oder »Misuse Cases«) ergänzt. Die Hauptfrage ist nicht mehr, was das Softwaresystem können muss, sondern die, was es verhindern muss. Entsprechend müssen funktionale Anforderungen sehr viel präziser werden und die Grenzen einer Funktion sowie mögliche Missbrauchsfälle beschreiben.

Die Systemsicht im RE wird insbesondere ein RE für Softwarekomponenten benötigen. Dabei geht es um integrierende Unterstützung bei Auswahl und Entscheidung von kommerzieller Standardsoftware. Marktstudien, Lieferantenauswahl, Systemauswahl und externe Verfolgung treten als neue Prozesselemente auf. Die Spezifikation des Systems kann nur iterativ wachsen, denn die Inhalte der extern beschafften Software sind häufig bereits vorbestimmt, sodass durch jede Festlegung auf eine Komponente sich die Einflüsse auf andere Komponenten und Entwurfsentscheidungen ändern. Wird beispielsweise eine betriebswirtschaftliche Anwendung entwickelt, und man entscheidet sich, eine Komponente zum Datenmanagement von außen zu beschaffen, dann hat dies nicht nur Einflüsse auf Datenbanken, die darunter liegen (und damit auch auf Lizenzmodelle etc.), sondern auch auf die Schnittstellen zum Berichtswesen oder zum übergeordneten Workflow-Management. Zudem müssen die Absprachen mit Lieferanten und deren Verfügbarkeit für eventuell notwendige Erweiterungen – selbst wenn diese erst in geraumer Zeit wirklich bekannt und erforderlich werden – gewährleistet werden. All diese Aspekte machen das RE für kommerzielle Software etwas anders, als es (in den Zeiten der Manufaktur) für eine geschlossene Vorgehensweise bei der Eigenentwicklung nötig war.

Spezifische Fragestellungen im RE aus Systemsicht umfassen die Themen:
- Verknüpfung von Systemtechnik und Softwaretechnik
- Komplexitätsbeherrschung, beispielsweise bezüglich Größe, Verteilung auf verschiedene Systeme, Heterogenität der Anwendungen und Benutzer, Vielfalt der Schnittstellen
- Durchgängige Modellierung von den Zielen über externe Systemeigenschaften hin zu Anforderungen und ihrer Umsetzung und Evolution

13.3 Trends im Requirements Engineering

- Modellierungs- und Analyseverfahren für unterschiedliche Perspektiven und eine Vielfalt externer Schnittstellen und Randbedingungen, die sich ständig ändern
- Erkennung und Bewertung von Interaktionen, sowohl bei funktionalen als auch nichtfunktionalen Anforderungen

6. **Lieferantennetzwerke und Ökosysteme**
Softwareentwicklung ist bereits heute keine isolierte Aktivität, sondern von Dienstleistungen, beispielsweise für die Komponentenfertigung oder für Dienstleistungen nach der Lieferung, abhängig. Dieser Trend wird sich verstärken und wird zu komplexen Netzwerken von verschiedenen Dienstleistern entlang des gesamten Lebenszyklus der Software führen. Die Open-Source-Software hat es vorgemacht, und weitere ähnliche Modelle mit ganz unterschiedlichen Aufgabenverteilungen werden folgen. Unternehmen, die ganzheitlich eine Applikation entwickeln und pflegen, werden seltener werden, wie wir das bereits in den neunziger Jahren des vergangenen Jahrhunderts bei der Hardware erlebt haben.

Das RE muss diese Netzwerke und vielfältigen Abhängigkeiten ganz unterschiedlicher Unternehmen unterstützen. Anforderungen, Spezifikationen und Arbeitsergebnisse werden gemeinsam entwickelt, ausgetauscht, verifiziert und umgesetzt. Dienstleistungen für Betrieb, Wartung und Evolution der Software müssen frühzeitig beschrieben und später dann systematisch und häufig weltweit konsistent und nachvollziehbar umgesetzt werden. Anforderungen werden sich einerseits zunehmend an Standards und Normen orientieren, während sich dort, wo es keine formalen Standards gibt, De-facto-Standards entwickeln.

Die Herausforderungen an das RE solcher Lieferantennetzwerke und Ökosysteme umfassen folgende Bereiche:

- Kollaborative Anforderungsentwicklung, Gruppenprozesse und Abstimmung von unsicheren Grundlagen über Zeitzonen hinweg
- Austausch von Anforderungen und Spezifikationen sowie deren Verfolgbarkeit und Test über Unternehmens- und Werkzeuggrenzen hinweg
- Globales Requirements Engineering als Disziplin
- Spezialisierte RE-Dienstleister, die unternehmensübergreifend agieren
- Verständnis und Abschätzung von kulturellen Besonderheiten bei der Anforderungsentwicklung, beispielsweise verschiedene Rollenwahrnehmung oder Kriterien zur Benutzbarkeit von Software
- Nachvollziehbarkeit und Absicherung von Anforderungen in einem verteilten Entwicklungs- und Produktionsprozess
- RE für Komponenten, COTS-Software und deren Pflege
- RE in Evolutionsprozessen, wo sich Software über längere Zeit, über Unternehmensgrenzen hinweg und mit wechselnden »Eigentümern« weiterentwickelt.

7. **Agile Vorgehensweisen zum Umgang mit Unsicherheiten**
Änderungen in Anforderungen oder bereits existierenden Produkten und Lösungen sind aufgrund von dynamischen Märkten und Modeströmungen normal. Mit kürzeren und eher iterativen Produktzyklen können sie reduziert werden. Allerdings werden die betriebswirtschaftlichen Aspekte damit nicht unbedingt optimiert, denn es ist ein großer Unterschied, ob Prozesse mechanisch mit Änderungen umgehen können, oder ob sie Änderungspotenziale und Risiken gezielt identifizieren und behandeln können.

Agile Vorgehensweisen bedeuten den Übergang von reaktiven Prozessen zu proaktivem Handeln. Reaktiv ist unser Handeln heute, denn wir definieren eine Lösung, entwickeln sie und stellen uns dabei darauf ein, dass sich alles ändern kann und daher Änderungsmöglichkeiten gar nicht erst gezielt entwickelt werden. Proaktiv wird das RE, wenn Änderungsmöglichkeiten bei der Analyse von Anforderungen bereits individuell auf einzelne Anforderungen oder Komponenten abgebildet werden (sog. Design for Change). Bei der Systemdefinition und in der Analysephase werden nicht nur die Einschränkungen späterer Entwicklungsarbeiten festgelegt, sondern auch jene Bereiche, die flexibel gehalten werden müssen.

Die Anforderungen an ein Projekt beruhen auf vielen Annahmen, die sich ändern können. Das sind Annahmen zu Märkten, Verkaufszahlen, Nutzenfunktionen einzelner Anforderungen oder auch deren Zusammenhang und Stabilität. Annahmen sind unsicher und ändern sich in aller Regel. Doch wie kann die Genauigkeit verbessert werden? Ein ganz praktischer Aspekt ist, dass diejenigen, die Annahmen treffen (auf denen ja die Zukunft eines Produkts oder eines ganzen Unternehmens ruht), an der Vorhersagegenauigkeit gemessen werden. Erfolgskriterien aus der Analysephase und aus der Produktdefinition müssen direkt auf die Beteiligten angewandt werden. Wird der Business Case innerhalb eines Jahres so erfüllt, wie er vorhergesehen wurde? Sind die Verkaufszahlen wie erwartet? Verhalten sich der Markt und die Wettbewerber wie vorhergesagt? Werden die Anforderungen so genutzt, wie sie beschrieben und bewertet wurden? Ist der Aufwand pro Anforderung wie erwartet? Welche Überraschungen traten ein? Welche Risiken wurden zu Problemen? Wie hätte man sie verhindern können?

Hier ist eine sehr viel engere Verbindung zwischen dem RE, dem Marketing und der Produktentwicklung nötig, um die erforderliche Variabilität sehr früh und präzise vorherzusagen und in allen weiteren Schritten zu berücksichtigen. Gleichzeitig müssen die Unsicherheiten der einzelnen Anforderungen ab der ersten Sammlung bewertet werden. Unsicherheiten kommen nicht nur von den Interessengruppen und deren Unwissen oder fehlender Kompromissfähigkeit, sondern auch von Architektur, externen Komponenten, Technologieänderungen, Kunden, Wettbewerbern, Märkten oder dem eigenen Unternehmen. Diese Unsicherheiten müssen zukünftig mehr explizit modelliert werden, um damit proaktiv in Analyse und Entwicklung umgehen zu können.

Weiterführende Fragestellungen des RE in agilen Umgebungen umfassen:

- Komplexitätsbeherrschung, beispielsweise bezüglich Größe, Verteilung auf verschiedene Systeme, Heterogenität der Anwendungen und Benutzer, Vielfalt der Schnittstellen und die damit verbundenen Änderungen im Umfeld der Software
- Evolutionäre Systeme und deren Konsistenzsicherung über den gesamten Lebenszyklus hinweg
- Adaptierungskriterien für Softwaresysteme, innerhalb deren sich die Software selbst zur Laufzeit an neue Randbedingungen anpassen kann
- Korrektheitsbedingungen und Validierungstechniken, um adaptive Systeme gegenüber den relevanten Randbedingungen und Anforderungen ständig konsistent halten zu können
- Agentensysteme zur Überwachung oder Validierung solch adaptiver Systeme

8. **Effektives Wissensmanagement**
In Anforderungen stecken eine Menge von Annahmen, Aussagen, Unsicherheiten, Fragen und Antworten, die nicht alle explizit beschrieben oder gar modelliert werden (können). Dieses Wissen, das häufig impliziter Natur ist, muss auf einfache Weise »registriert« werden können, ohne dass sich die Autoren mit einem Format oder einer Strukturierung abgeben müssen, die nicht mit dem offenen und flexiblen Umgang mit Anforderungen, vor allem während der Sammlung und Analyse, vereinbar ist. Techniken des Wissensmanagements [Aurum2003] helfen dabei, eine Abstraktionsschicht über die vagen und verbalen Beschreibungen zu legen, die nachher eine vereinfachte Extraktion von bestimmten Parametern erlaubt. Beispielsweise sollen Anforderungen zu einem Thema gefiltert werden können. Dies ist trivial, wenn das Thema vorher bekannt ist und als Filter oder Attribut festgelegt wurde. Was aber, wenn es erst später zu einem Thema wird? Niemand hat die Zeit, alle Anforderungen nachzubearbeiten. Techniken des Wissensmanagements (z.B. semantische oder linguistische Analysen) können selbst im Nachhinein Attribute zuweisen und Metadaten zu Anforderungen im Kontext des Produkts, seines Einsatzes oder der Kundenrückmeldungen anlegen und gegenseitig verknüpfen. Das Gleiche gilt bei der Wiederverwendung von Anforderungen.

Oftmals können bekannte Anforderungen nicht wiederverwendet werden, weil die Abhängigkeiten und Einflüsse zur Projektzeit nicht ausreichend beschrieben wurden. Techniken aus Suchmaschinen oder Data Mining zur Textanalyse von verschiedenen Projektergebnissen werden so weiterentwickelt, dass die Anforderungen im Nachhinein verknüpft werden können. Die gleiche Fragestellung tritt auf, wenn Regressionstests ausgefiltert werden müssen, nachdem sich das bereits fertige oder gerade entwickelte Produkt geändert hat. Schließlich helfen diese Techniken auch dabei, gezielte Fragestellungen vorzubereiten, ohne den Autor dazu zu zwingen, einen übertriebenen und kostspieligen Zeitaufwand für die formale Beantwortung dieser Fragen zu investieren. Beispielsweise könnte zu einem späteren Zeitpunkt die

Frage auftreten, welche Interessengruppen an einer bestimmten Anforderung hängen, die eventuell über Bord geworfen werden muss. Dies geht einfach, wenn die relevanten Interessengruppen während der Anforderungsermittlung berücksichtigt wurden.

Der Bedarf nach effektivem Wissensmanagement umfasst Themen wie:

- Einfache, wiederverwendbare Dokumentation
- Wiederverwendung von Anforderungen
- Automatische Generierung und Pflege von Dokumenteninformationen, Metadaten, Taxonomien, Glossaren und Verfolgbarkeitsbeziehungen zwischen ganz unterschiedlichen Dokumenten- und Modellarten
- Modulare Beschreibungen zur Wiederverwendung von Elementen aus Anforderungen, Spezifikationen und anderen Arbeitsergebnissen zur Dokumentation
- Ablage und Wiederauffinden von Dokumenten und den zugehörigen Arbeitsergebnissen
- Unterstützung bei der Entwicklung und Pflege von Varianten und Versionen mit konsistenter Dokumentation
- Gezieltes Ermitteln und Pflegen von implizitem Wissen

13.4 Ein konstruktiver Ausblick

Die Softwarebranche bleibt – in sich ständig ändernden Anwendungsfeldern – eine Innovationsmaschine, die ihresgleichen auch zukünftig sucht. Software wird neue Unternehmen, Arbeitsplätze und Berufsbilder schaffen, aber auch solche rücksichtslos infrage stellen, die sich nicht schnell genug anpassen. Hiesige Softwareunternehmen spüren branchenunabhängig die gleichen Herausforderungen. Kostendruck, wachsende weltweite Konkurrenz, sich ändernde Geschäftsmodelle im eigenen Unternehmen und bei den Kunden, unklare und instabile Anforderungen, unübersichtliche technische Möglichkeiten sowie eine Differenzierung durch den Wert von Lösungen (Mode, Individualisierung) und nicht mehr durch die eingesetzte Technik bestimmen diese fundamentalen Änderungen.

Das Überleben der Softwareindustrie in Hochlohnländern hängt davon ab, ob wir als Unternehmen und als Mitarbeiter mit diesen Herausforderungen intelligent umgehen. Eine tragende Rolle wird das RE behalten, denn es ist die wichtigste Schnittstelle zwischen Bedarf und Lösung sowie zwischen Wert und Kosten. Produktmanager, Projektmanager und ganz allgemein Interessengruppen, die RE verstanden haben und ernst nehmen und die dazu nötigen Fähigkeiten mitbringen, stellen sicher, dass durch das Projekt ein Wert erzeugt wird. Gutes RE ist die Stellschraube, mit der definiert wird, wie profitabel, innovativ und flexibel unsere Unternehmen, Produkte und Dienstleistungen in Zukunft sind und wie leicht oder schwer wir es Wettbewerbern machen, unsere eigenen Leistungen (und damit Umsatz, Wert und nicht zuletzt Arbeitsplätze) zu ersetzen.

A   Ressourcen im Internet

Die folgende Liste beschreibt die wichtigsten Ressourcen im Internet zum Thema Requirements Engineering. Offensichtlich ist eine solche Liste nie perfekt, denn manche Seiten verschwinden, und andere gewinnen an Bedeutung. Wir bitten deshalb um Ihr Verständnis, wenn manche Links nicht mehr aktuell sind. Um diese unangenehme Fluktuation so klein wie möglich zu halten, sind hier nur solche Links aufgeführt, die bereits seit Jahren existieren und gepflegt werden. Einzig bei Werkzeugherstellern kann es naturgemäß durch Änderungen im Unternehmensnamen oder in der Produktbezeichnung zu spontanen Änderungen kommen. Viele Seiten referenzieren auf weitere Informationen, sodass die im Umfang begrenzte Liste einen guten Einstieg bieten sollte, ohne unübersichtlich zu werden.

Übersicht, Literatur

Literaturdatenbank zu allen RE-Themen (von Alan Davis)
  http://web.uccs.edu/adavis/reqbib.htm

Standards

IEEE 830-1998, Software Requirement Specifications (SRS)
  http://standards.ieee.org/

IEEE 1233-1998, Guide for Developing System Requirements Specifications
  http://standards.ieee.org/

Communities, Journals, Newsletters

Annual International RE Conference
  http://www.requirements-engineering.org

Fachgruppe Requirements Engineering in der GI
  http://www.gi-ev.de/gliederungen/fachbereiche/softwaretechnik-swt/

International Council on Systems Engineering (INCOSE)
  http://www.incose.org/

Requirements Working Group in INCOSE
  http://www.incose.org/practice/techactivities/wg/rqmts/

Gesellschaft für Systems Engineering (German Chapter of INCOSE)
   http://www.gfse.de/

Object Management Group
   http://www.omg.org

Yahoo Newsgroup Requirements Engineering
   http://groups.yahoo.com/group/Requirements-Engineering

Requirements Forum
   http://requirements.seilevel.com/messageboard/

Requirements Network
   http://www.requirementsnetwork.com

RENOIR (Requirements Engineering Network Of International cooperating Research groups)
   http://www.cs.ucl.ac.uk/research/renoir/

Requirements Engineering Journal
   http://rej.co.umist.ac.uk/

Notationen

UML
   http://www.omg.org/uml

SysML
   http://www.omgsysml.org

Vorlagen

Vorlagen für Anforderungen, Priorisierung, Spezifikationen etc. (von Ian Alexander)
   http://www.scenarioplus.org.uk/download_templates.html

Vorlagen für Requirements Management (von Suzanne & James Robertson)
   http://www.volere.co.uk

Vorlage für Anforderungen und Spezifikationen
   http://sunset.usc.edu/research/MBASE/EPG/templates

Methoden

Hinweise und Beispiele für gute Anforderungen
   http://www.complianceautomation.com/papers/incose_goodreqs.htm

Checklisten für Anforderungen und Spezifikationen
   http://www.scenarioplus.org.uk/validation.htm

Kontrollierte Grammatik, Geschäftslogik
   http://www.reengineeringllc.com/rule_examples.html

RE für Altsysteme

RE für Migrationsprojekte
   http://tynerblain.com/blog/2006/03/09/software-requirements-for-migration-projects/

A Ressourcen im Internet

Werkzeugübersichten

INCOSE ReqM Tools Database
http://www.paper-review.com/tools/rms/index.php

RE-Werkzeugübersicht (von Suzanne & James Robertson)
http://www.volere.co.uk/tools.htm

RE-Werkzeugübersicht (von Ian Alexander)
http://easyweb.easynet.co.uk/~iany/other/vendors.htm

RE-Werkzeugübersicht (von Jochen Ludewig)
http://www.jiludwig.com/Requirements_Management_Tools.html

RE-Werkzeuge, Hersteller

CaliberRM von Borland
http://www.borland.com/us/products/caliber/index.html

CARE von Sophist
http://www.sophist.de/sopgroupeng.nsf/(ynDK_framesets)/ ExternLinkHandler?Open&url1=CARE/

Cradle von 3SL
http://www.threesl.com/

DOORS von Telelogic
http://www.telelogic.com/Products/doors/index.cfm

eASEE von Vector
http://www.vector-consulting.de/vc_easee_de.html

FitNesse: Open Source Requirements und Test Wiki
http://fitnesse.org

Internet Business Logic. Ein Wiki für ausführbare RE-Beschreibungen und kontrollierte Grammatik (Shareware)
http://www.reengineeringllc.com

IRqA (Integral Requisite Analyzer) von Visure
http://www.visuresolutions.com http://www.irqaonline.com/

OpenCollective – The Requirements Management Wiki
http://www.codeproject.com/KB/applications/OpenCollective.aspx

Open-Source-RE-Werkzeug
http://www.sourceforge.net/projects/osrmt

Open Source Requirements Management Tool (Verwaltung, Verfolgung)
http://linux.softpedia.com/get/Programming/Quality-Assurance-and-Testing/ Open-Source-Requirements-Management-Tool-12286.shtml

Prototyping-Werkzeug
http://www.irise.com/products/studio_trial_g.php

Reqtify von TNI-Valiosys
http://www.tni-world.com/reqtify.asp

RequisitePro von IBM
http://www-306.ibm.com/software/awdtools/reqpro/

RMLanding von Artifactsoftware (Freeware)
http://www.artifactsoftware.com/products/rmlanding.html

RMTrak von RBC Product Development
http://www.rmtrak.com/

Truereq PLM von Truereq
http://www.truereq.com

VisualUseCase Team Edition für Spezifikation, Verfolgung etc. (Shareware)
http://www.visualusecase.com/

Beratung, Coaching

HOOD Group
http://www.hood-group.com

Vector Consulting Services
http://www.vector-consulting.de

Kompetenzen, Zertifizierung

Certified Professional for Requirements Engineering
http://certified-re.de
http://www.reqb.org

Systemanalyst
http://www.modernanalyst.com/

Glossar

*Was man von einer Sache denkt,
kann nie so gut sein wie das, was man von einer Sache weiß.*

– Jean Paul Getty

Das Glossar basiert auf eigenen Definitionen und hat als Basis die gebräuchlichen internationalen Standards. Verwendet wurden IEEE Std 610 (Standard Glossary of Software Engineering Terminology) [IEEE1990], ISO 15504 (Information Technology. Software Process Assessment. Vocabulary) [ISO2004], ISO 15939 (Standard for Software Measurement Process) [ISO2002], das SWEBOK (Software Engineering Body of Knowledge) [SWEB0K2001] und das PMBOK (Project Management Body of Knowledge) [PMI2004]. Für generalisierende Einträge wurde auch Wikipedia konsultiert und entsprechend aktualisiert, um die einheitliche Begriffsbildung zu forcieren. Obwohl die Definitionen für dieses Buch angepasst sind, lehnen sie sich inhaltlich an die genannten Standards an. Aufgrund der vielen Überlappungen und nur weniger Widersprüche wurden die jeweiligen Standards nicht einzeln zitiert. Wo es dem Verständnis dient, verweisen Erklärungen aufeinander. Solche Querverweise innerhalb des Verzeichnisses sind mit einem → Symbol markiert.

Agile Entwicklung Vorgehensweise zur effizienten Entwicklung von typischerweise kleinen Projekten, die an einem Standort entwickelt werden. Bekannte gute Praktiken der Softwaretechnik werden so gebündelt, dass jeglicher gefühlte »Overhead« wegfällt. Beispiele agiler Methoden sind → Extreme Programming, → Feature-Driven Development, → FDD.

AHP Analytic hierarchical process. Bewertung von Alternativen (z.B. Anforderungen) durch paarweisen Vergleich anhand definierter Kriterien.

Akzeptanzkriterien Die Kriterien, die ein System oder eine Lösung erfüllen muss, um durch einen Benutzer, Kunden oder eine andere autorisierte Interessengruppe akzeptiert zu werden.

Analogieschätzung Methoden zur → Aufwandschätzung und zur Risikobewertung von Softwareprojekten auf der Grundlage des Vergleichs mit bereits realisierten Entwicklungen bzw. zu analogen Entwicklungsabschnitten.

Änderungsanforderung Formalisierte → Anforderung, in einem Projekt, Prozess oder Produkt eine Änderung durchzuführen. Typischerweise das Ergebnis einer Entscheidung im Verlauf eines Entwicklungsschritts, die sich auf die → Konfigurationsbasis auswirkt.

Änderungskomitee Eine formal definierte Gruppe verschiedener Repräsentanten von Interessensphären im Projekt, die über alle Änderungen zu einer → Konfigurationsbasis entscheiden.

Änderungsmanagement Der formelle Prozess, durch den Software nach Etablierung einer → Konfigurationsbasis geändert wird. Teil des → Konfigurationsmanagement.

Änderungsrate Der Anteil der geänderten → Anforderungen an der Gesamtzahl aller Anforderungen. Änderungen sind neue, gelöschte und inhaltlich geänderte Anforderungen. Um eine projektspezifische Aussage zu erhalten, können die Änderungen auf die geschätzten Projektkosten umgerechnet werden. Dadurch werden Änderungen an umfangreichen Anforderungen stärker berücksichtigt. Eine Änderungsrate von 1 % pro Monat bei einem Projekt von 100 Personenmonaten bedeutet, dass monatlich Anforderungen mit einem Beitrag von einem Personenmonat geändert werden. Die Änderungskosten sind hierbei nicht berücksichtigt, denn sie wachsen gegen Ende der Projektdauer überproportional an.

Anforderung
(1) Eigenschaft oder Bedingung, die zur Problemlösung oder Zielerreichung erforderlich ist.
(2) Eigenschaft oder Bedingung, die ein System oder eine Systemkomponente erfüllen muss, um einen Vertrag, Standard, eine Spezifikation oder andere formal festgelegte Dokumente zu erfüllen.
(3) Eine dokumentierte Repräsentation einer Eigenschaft oder Bedingung wie in Teil (1) oder (2) beschrieben. Verschiedene Typen von Anforderungen werden anhand der Präzisierung einer Kundenanforderung hin zu einer Komponentenanforderung unterschieden:
  a) → Markt-, Kunden-, Geschäfts- oder Benutzeranforderungen,
  b) → Produkt- oder Systemanforderungen,
  c) → Komponenten- oder Softwareanforderungen.
Anforderungen sind Bestandteil von Verträgen, Entwicklungsaufträgen, Projektplänen, Teststrategien etc. Sie dienen als Basis für Abschätzung, Planung, Durchführung und Verfolgung der Projekttätigkeiten.

Anforderungsanalyse Das Ziel der Anforderungsanalyse ist, die Anforderungen zu untersuchen (→ Anforderungsmodell) und eine erste Synthese einer Lösung zu liefern (→ Lösungsmodell). Dabei werden alle Anforderungen im Zusammenhang analysiert, gegenseitige Einflüsse berücksichtigt sowie Aufwände abgeschätzt. In der Regel werden verschiedene Lösungsansätze vergleichend bewertet, bevor eine Lösung dann detailliert im → Pflichtenheft beschrieben wird. Teildisziplin des → Requirements Engineering.
Siehe auch → Requirements Management.

Anforderungsänderung Änderung einer bereits genehmigten → Anforderung. Diese Änderungen werden durch das → Änderungskomitee geprüft und in das Projekt aufgenommen oder abgelehnt. Falls die Anforderungsänderung akzeptiert wird, erfolgt eine Aktualisierung der → Konfigurationsbasis.

Anforderungsentwicklung Systematische Ermittlung, Entwicklung und Analyse von Kundenanforderungen sowie daraus abgeleiteten → Anforderungen an Produkte und Komponenten. Teildisziplin des → Requirements Engineering.
Siehe auch → Requirements Management.

Anforderungsingenieur *Siehe* → Requirements-Ingenieur.

Anforderungsmodell Ergebnis der → Anforderungsanalyse. Modelliert die Anforderungen in einem Zusammenhang.
Siehe auch → Lastenheft, → Pflichtenheft.

Anwendungsfall *Siehe* → Use Case.

Attribut Attribute werden eingesetzt, um → Anforderungen sortieren und filtern zu können. Attribute bilden die »Metainformationen« zu den Anforderungen.

Aufgabenbeschreibung *Siehe* → Lastenheft.

Aufwand Die Arbeitseinheiten, die nötig sind, um eine Aktivität oder eine andere Projekteinheit abzuschließen. Wird typischerweise ausgedrückt in Personenstunden, -wochen oder -jahren. Darf nicht mit der Dauer verwechselt werden.

Aufwandschätzung Abschätzung von Aufwand, Kosten oder Dauer eines zu realisierenden Projekts oder einer Aufgabe zum Zeitpunkt vor oder während der Projektausführung. Sollte immer eine Angabe der Genauigkeit beinhalten (z.B. x%).
Siehe auch → Schätzung.

B2B Business to Business. Vertriebskanal vom eigenen Unternehmen zu einem fremden Unternehmen. Beispiel: Beratungslösungen.

B2C Business to Consumer. Vertriebskanal vom eigenen Unternehmen direkt zum (einzelnen) Endkunden. Beispiel: Anwendungssoftware.

B2E Business to Employee. Kanal bei E-Business-Lösungen im eigenen Unternehmen. Beispiel: Anpassung einer → PLM-Software für die eigenen Mitarbeiter.

Baseline *Siehe* → Konfigurationsbasis.

Bedarf *Siehe* → Marktanforderung, → Lastenheft.

Benutzbarkeit Der Grad, zu dem ein Produkt durch bestimmte Benutzer in einem bestimmten Nutzungskontext genutzt werden kann, um definierte Ziele effektiv und effizient zu erreichen.

Benutzer Person oder Organisation, die das System im späteren Betrieb dazu nutzt, um ein bestimmtes Ziel zu erreichen. Nicht immer der vertraglich definierte → Kunde (z.B. eine Standardsoftware wird von einer Einkaufsabteilung gekauft und von der Entwicklung genutzt).

Benutzeranforderung *Siehe* → Marktanforderung, → Lastenheft.

Bidirektionale Verfolgbarkeit Eine bidirektionale → Verfolgbarkeit ist in beide Richtungen einer Beziehung implementiert (z.B. von Anforderungen zu Arbeitsergebnissen und von den Arbeitsergebnissen zu den Anforderungen). Sie erlaubt, die Beziehungen in beide Richtungen direkt und effizient zu verfolgen.

Business Analyst *Siehe* → Requirements-Ingenieur.

Business Case Quantitative Betrachtung eines geplanten Geschäfts unter Berücksichtigung von damit zusammenhängenden Kosten und Nutzen. Wird auch für Bewertungen eines Produkts oder für Anforderungen an ein Projekt eingesetzt. Im Gegensatz zur reinen Wirtschaftlichkeitsrechnung ist der Business Case ein »Fall« (engl. case), der vom Produktmanager operativ im Geschäft verfolgt wird.

Capability Maturity Model Integration *Siehe* → CMMI.

CMMI Capability Maturity Model Integration. Das Modell enthält die wichtigen Elemente für wirksame und effiziente Prozesse in einer oder mehreren Disziplinen (z.B. Software- oder Systemtechnik, Beschaffung). Es beschreibt einen evolutionären Weg von unreifen Prozessen zu disziplinierten, reifen Prozessen mit besserer Qualität und Effektivität. Es basiert of ISO 15504. Das CMMI wird seit vielen Jahren weltweit erfolgreich zur Prozessbewertung und -verbesserung in der IT-, Software- und Systemtechnik eingesetzt. Urheber des CMMI ist das → Software Engineering Institute.

COCOMO Constructive Cost Model. Modell zur → Schätzung des Projektaufwands von B. Boehm auf der Grundlage der (zuvor zu schätzenden) Programmzeilen und anderer Einflussfaktoren des zu entwickelnden Softwareprodukts.

Commercial Off-the-Shelf *Siehe* → Standardsoftware.

COTS Commercial off-the-shelf.
Siehe → Standardsoftware.

CRC-Karten Class Responsibility Collaboration Cards. Es handelt sich um Karteikarten, die zur objektorientierten Modellierung eingesetzt werden. Jede Karte entspricht einer Klasse. Oben steht der Name. Der untere Teil ist in zwei Hälften geteilt. Links stehen die Aufgaben (Methoden) der Klasse und rechts die Kollaborationen mit anderen Klassen.

Data Dictionary Beschreibung der eingesetzten Datenelemente mit Struktur, Syntax, Wertebereichen, Abhängigkeiten und einer kurzen inhaltlichen Beschreibung.

Defekt *Siehe* → Fehler.

Delphi-Methode Verschiedene Experten schätzen oder prognostizieren und tauschen dann ihre Annahmen und Ergebnisse aus, um in einer zweiten Stufe die Schätzung nochmals zu verbessern.
Siehe auch → Schätzung. Wird häufig zur → Aufwandschätzung in wenig bekannten Umgebungen eingesetzt.

Delta-Anforderung Eine → Anforderung, die einen Unterschied zu einer bereits existierenden Anforderung beschreibt.

Design for Change Eine → nichtfunktionale Anforderung, die zu einem änderungsoptimierten Lösungsmodell führt. Der gesamte → Lebenszyklus wird betrachtet, da die meisten Änderungen in einem System erst nach der ersten Lieferung auftreten.
Siehe auch → Wartung.

Design to Cost Eine → nichtfunktionale Anforderung, die zu einem kostenoptimierten Lösungsmodell führt. Bei den Kosten wird der gesamte → Lebenszyklus betrachtet, je nachdem, welche Kosten optimiert werden (z.B. Entwicklungskosten oder Kosten, die den Kunden erwarten).

Glossar

DIN Deutsche Industrie Norm.

Earned-Value-Analyse Wert der bisher erreichten Ergebnisse in einem Projekt im Vergleich zu den projektierten Kosten und dem geplanten Abschlussgrad zu einem Zeitpunkt (deutsch: Arbeitswertanalyse). → Maß für den Fortschritt, der sich aus den bereits verbrauchten Ressourcen und den damit gelieferten Ergebnissen zu einem bestimmten Zeitpunkt durch Vergleich mit den jeweiligen Planwerten zu diesem Zeitpunkt berechnet.

Effektivität Wirksamkeit. Maß der Wirksamkeit einer Maßnahme oder Grad, zu dem Aktivitäten die geplanten Ziele erreichen. Effektiv ist, wenn man »die richtigen Dinge tut«.

Effizienz Wirtschaftlichkeit. Verhältnis zwischen Wirksamkeit (→ Effektivität) einer Maßnahme und deren Kosten. Effizient ist, wenn man »die Dinge richtig tut«.
Siehe auch → Produktivität.

Eigenschaft *Siehe* → Produktanforderung, → Pflichtenheft.

EN Euro-Norm

Entwicklungsfehler Durch menschliches oder maschinelles Fehlverhalten entstandene Ursache für Fehlverhalten eines (Software-)Systems (Beispiel: falsche Anforderungsinterpretation).
Siehe auch → Fehler, → Versagen.

Entwicklungsprojekt Ein Projekt, in dem etwas Neues oder Verändertes (Softwaretechnologie, geänderte Funktionen etc.) als Produkt für einen Markt oder Kunden entwickelt wird.

ERA (Entity Relationship Attribute) *Siehe* → ERM.

ERM (Entity Relationship Model) Modell, das in der → Anforderungsanalyse eingesetzt wird, um die Zusammenhänge zwischen Daten zu verstehen und zu beschreiben.

Extreme Programming Agile Vorgehensweise zur Softwareentwicklung (→ Agile Entwicklung). Beruht auf dem Prinzip, nur das zu entwickeln, was sofort gebraucht wird, und setzt sich aus verschiedenen Elementen zusammen, wie → inkrementeller Entwicklung, Refactoring, Paarweises Programmieren, keine Dokumentation außer dem Code etc.

Fachkonzept *Siehe* → Pflichtenheft.

FDD *Siehe* → Feature-Driven Development.

Feature Abstrakte Eigenschaften und Merkmale eines Systems, beschrieben in Begriffen, die von Kunden, Vertrieb und Entwicklung verstanden werden. Features beschreiben die Realisierung einer oder mehrerer zusammengehörender → Anforderungen.

Feature-Driven Development Abkürzung: FDD. Agile Methodik zur Softwareentwicklung (→ Agile Entwicklung). FDD basiert auf einem → inkrementellen Entwicklungsprozess. → Inkremente sind direkt mit Anforderungen (hier: »Features«) verbunden, damit jedes Inkrement einen externen Wert erzeugt.

Featureliste Strukturierte Darstellung von → Features mit Beziehungen und Attributen. Die Beziehungen beschreiben, wie Features zusammenhängen, sich beeinflussen oder sich hierarchisch verfeinern. Attribute beschreiben die Bedeutung oder Variabilität der Features.
Siehe → Produktlinienentwicklung.

Fehler In einem System oder einer Komponente manifestierte Abweichung von einer Anforderung oder einer Spezifikation, die zu einem → Versagen führen kann. In der Ursache-Wirkungs-Kette wird klar unterschieden zwischen Fehlverhalten (engl. failure), verursacht durch einen Fehler (engl. defect) oder durch einen → Entwicklungsfehler (engl. error).

Feldfehler Fehlverhalten, das »im Feld«, also während der operativen Nutzung bzw. Anwendung eines Produkts auftritt.

FMEA Failure Mode and Effect Analysis. Analyse, um zu bewerten, welche Fehlfunktionen in einem System oder bei seinen Komponenten auftreten können.

FMEDA Failure Mode, Effect and Diagnostics Analysis. Analyse, um zu bewerten, wie kritisch eine Fehlfunktion aus der Sicht des Benutzers ist.

FPA Function-Point-Analyse. Quantitative Methode zur Abschätzung sogenannter Funktionspunkte auf der Grundlage der Bewertung des Softwareentwurfs nach Ein- und Ausgaben sowie Abfragen und Datenbezügen.

Full Function Points (FFP) Erweiterung der → Funktionspunkte, um dieses funktionale Größenmaß für Software in einem erweiterten Kontext einzusetzen (z.B. eingebettete Systeme).

Funktion *Siehe* → Feature, → funktionale Anforderung.

Funktionale Anforderung Funktionsorientierte Beschreibung, was das Produkt tut, in der Sprache des Produkts. Funktionale Definition, wie Eingangsparameter vom Produkt auf Ausgangsparameter abgebildet werden. Bestandteil von → Anforderungsanalyse, Entwurf, Implementierung, Whitebox-Test etc.
Siehe auch → Produktanforderung.

Funktionale Größe Größenmaß eines Softwaresystems, das aus einer Quantifizierung funktionaler → Anforderungen abgeschätzt wird.

Funktionspunkte (FP) *Siehe* → FPA.

Geschäftsanforderung *Siehe* → Marktanforderung, → Lastenheft.

Geschäftsfall *Siehe* → Business Case.

Geschäftsplan Ein Plan, in dem ein Unternehmen seine Strategie für ein Produkt oder das ganze Unternehmen darlegt. Er beschreibt die Umsetzung der → Produktvision in eine konkrete geschäftliche Situation. Der Geschäftsplan beinhaltet den → Business Case.

Geschäftsprozess Ein Geschäftsprozess ist eine Folge zusammengehöriger Aktivitäten, die gemeinsam einen Wert (Leistung/Produkt) erzeugen und deren Ergebnisse strategische Bedeutung für das Unternehmen haben.

Glossar Beschreibung aller Fachbegriffe in einem verständlichen lexikonartigen Stil.

Horizontale Verfolgbarkeit Horizontale → Verfolgbarkeit beschreibt die Beziehung zwischen gleichartigen Arbeitsergebnissen (z.B. Anforderungen untereinander, Schnittstellen gegeneinander, Produktkomponenten untereinander, von Funktionen zu Funktionen).

ICT Information and Communication Technology.
Siehe → Informationstechnik.

IDE Integrated Development Environment. Werkzeugumgebung zur Anwendungsentwicklung, die sowohl Entwurfsphasen als auch Verifikation unterstützt. → Requirements Management und → Test werden oftmals durch weitere spezialisierte Werkzeuge unterstützt, die mit der IDE verbunden werden.

IEEE Institute for Electrical and Electronics Engineers. Größte weltweit aktive Interessensvertretung für Ingenieure verschiedener Bereiche und Informatiker.

Inbound Marketing Identifikation von Bedürfnissen, Erwartungen, Trends und deren fokussierte und ergebnisorientierte Kommunikation in das eigene Unternehmen (z.B. Vorhersagen).

INCOSE International Council on Systems Engineering. INCOSE ist im Bereich des Systems Engineering ein sehr wichtiger internationaler Verband.

Informationstechnik (IT) Oberbegriff für die Informations-, Kommunikations- und Datenverarbeitung sowie die dafür benötigte Software und Hardware. Wird für jegliche Formen der Informationstechnik verwandt, also auch für Kommunikationstechnik oder reine Softwaresysteme und -anwendungen.

Inkrement Entwicklungsinterne Lieferstufe eines Produkts. Häufig werden Inkremente schrittweise geplant und entwickelt, um Funktionen nach ihrer Wichtigkeit oder nach inneren Zusammenhängen schrittweise im Projekt aufzubauen. Inkremente dienen wie → Iterationen dazu, große Projekte zu unterteilen und damit das Risiko beherrschbar zu machen. Iterationen betrachten vor allem Planungsrisiken und -unsicherheiten und sind auch extern als Lieferungen sichtbar. Inkrementelle Schritte haben den Vorteil der besseren Planbarkeit des Gesamtprojekts, da sie kleiner sind und bereits einen ansteigenden sowie messbaren Nutzen im Projekt zeigen. → Earned-Value-Analyse.

Inkrementelle Entwicklung Projekt wird in ausführ- und nutzbaren → Inkrementen schrittweise entwickelt und stabilisiert.

Inspektion Prüfung. Bestimmung, in welchem Ausmaß Forderungen an eine Einheit erfüllt werden. Teil der → Verifikation.

Integrationsprojekt Verschiedene Komponenten werden zu einer Lösung zusammengefasst. Beispiele: Integration von Standardsoftware (wird für Kunden angepasst und in dessen Geschäftsprozesse integriert) oder die Integration von Komponenten (Schnittstellen werden angepasst und zusammengeführt) oder die Integration älterer, separat entwickelter Anwendungssysteme.

Interessenvertreter Personen, die Einfluss auf Projektentscheidungen haben. Sie können natürliche oder juristische Personen sein. Manchmal spielen sie auch nur eine Rolle, da der direkte Zugriff auf die entsprechende Person fehlt. Im Projekt vertreten sie die Geschäftsinteressen verschiedener Parteien. Beispielsweise vertritt ein Projektmanager Budget- oder Qualitätsziele. Ein Kundenvertreter vertritt die Geschäftsziele des Kunden.

ISO International Standards Organization. Von der UNO eingesetzte Organisation, um weltweit gültige Standards zu vereinbaren und durchzusetzen.

IT *Siehe* → Informationstechnik.

Iteration Entwicklungsinterne Lieferstufe eines Produkts. Iterationen werden dann eingesetzt, wenn zu Projektbeginn noch nicht alle Anforderungen oder Einschränkungen bekannt sind. Iterationen dienen wie → Inkremente dazu, große Projekte zu unterteilen und damit das Risiko beherrschbar zu machen. Iterationen betrachten vor allem technische Risiken und Unsicherheiten.

ITIL Die IT Infrastructure Library, kurz ITIL, ist ein Leitfaden sowie eine Liste von Vorgaben an Funktionen und Organisation der Prozesse, die im Rahmen des Betriebs einer IT-Infrastruktur eines Unternehmens nötig sind.

Key Account Manager (KAM) Ein Vertriebsbeauftragter, der einen oder mehrere Schlüsselkunden (»key account«) betreut und im Unternehmen repräsentiert. Key Accounts tragen zu einem Großteil der Umsätze bei und sind daher erfolgskritisch.

Klasse In der → objektorientierten Entwicklung ist eine Klasse die generalisierende Definition der Attribute, Operationen und der Semantik für eine Menge gleichartiger → Objekte. Alle Objekte einer Klasse entsprechen dieser Definition.

KLOC Kilo (tausend) → LOC.

KM *Siehe* → Konfigurationsmanagement.

Komplexität Vielschichtigkeit oder das vielfältige Ineinandergreifen vieler Merkmale (entsprechend dem lateinischen Wortursprung: »complector« = zusammenflechten). Ein System wird als komplex bezeichnet, wenn es vielfältig verknüpft und verflochten ist. Nicht mit → kompliziert zu verwechseln.

Kompliziert Schwierig oder verwickelt (entsprechend dem lateinischen Wortursprung: »complicare« = verwirren). Der Begriff »kompliziert« wird als zusammenfassende Charakterisierung eines Systems verwendet, das schwer zu verstehen, zu durchschauen oder zu handhaben ist. Damit beschreibt die Kompliziertheit das Zusammenwirken zwischen einem System als Objekt und dem Betrachter als Subjekt. Die Kompliziertheit hängt demnach vom Betrachter ab. Nicht mit dem neutralen Begriff → Komplexität zu verwechseln.

Komponente
(1) Ein Teil einer komplexen Gesamtheit (→ Komplexität).
(2) Komponenten (von lat. componere = zusammensetzen) sind modulare Teile eines Softwaresystems, die so strukturiert sind, dass sie in ihrer Umgebung durch eine andere, äquivalente Komponente ersetzt werden könnten.

Komponenten bieten eine Kapselung (information hiding) durch die Trennung von Schnittstelle (Interface) und Implementierung. Sie werden oft als eigenständige → Produkte entwickelt, erlauben also eine rekursive Entwicklung von Systemen. In → UML 2 ist eine Komponente auch ein Strukturelement (Spezialisierung einer → Klasse) und sie kann deshalb Strukturmerkmale wie Attribute oder Operationen haben, an Generalisierungen teilnehmen und über Assoziationen mit anderen Komponenten in Beziehung gesetzt werden.

Siehe → COTS.

Komponentenanforderung Eine → Anforderung an eine → Komponente eines Produkts aus der Perspektive der Realisierung und der späteren Lösung. Komponentenanforderungen beschreiben, wie → Produktanforderungen durch eine Komponente des Produkts (z.B. Benutzerschnittstelle, Betriebssystem) adressiert werden. Sie dienen zur rekursiven Verfeinerung einer Produktanforderung oder eines Systems in handhabbare

Teile. Aus der Sicht eines Lieferanten, der diese Komponente liefert, ist dies wiederum eine → Marktanforderung.
Siehe auch → Pflichtenheft.

Konfigurationsbasis Formal abgenommene Version eines → Produkts, einer Produktkomponente oder eines Arbeitsergebnisses, unabhängig vom Medium, auf dem es geliefert wird. Wird zu bestimmten Zeitpunkten oder Ereignissen des Produkt- oder Komponentenlebenslaufs aktualisiert oder verworfen.

Konfigurationsmanagement Das Konfigurationsmanagement hat die Aufgabe, die Integrität der → Konfigurationsbasis sicherzustellen. Dazu werden Bibliotheken eingerichtet sowie Prozesse vereinbart und diszipliniert ausgeführt, die das Kontrollieren der Inhalte und deren Änderungen erlauben.

Konformität Erfüllung einer → Anforderung.

Konzept Eine Abstraktion, die es erlaubt, einen Sachverhalt aus einer bestimmten oder aus verschiedenen Perspektiven zu modellieren. Konzepte sind universell und lassen sich auf ganz unterschiedliche Sachen innerhalb ihres definierten Anwendungsbereichs einsetzen. Sie bilden die Bestandteile von Methoden.

Kosten Ausgaben für Entwicklung, Produktion, Marketing, Vertrieb etc. eines Produkts oder einer Dienstleistung. Für Softwaresysteme sind dies primär Arbeitskosten plus Ausgaben für Marketing und Vertrieb. Kosten werden typischerweise im Jahr, in dem sie anfallen, mit direktem Einfluss auf Gewinnrechnung und Cashflow berücksichtigt. Bei längerfristigen Investments können diese Kosten mit Einfluss auf den Cashflow (nicht den Gewinn) kapitalisiert werden.

Kunde Organisation oder Person, die eine Lösung, ein Produkt oder einen Service erhalten. Das Verhältnis ist durch den Vertrag präzise definiert, der zwischen Lieferant und Kunde existiert. Nicht immer ist der Kunde auch der → Benutzer.

Kunden-Business-Case Der → Business Case aus der Sicht des Kunden. Im Unterschied zum eigenen Business Case wird die Benutzererfahrung quantifiziert.
Beispiel: Bei einem Anwendungsprogramm wird detailliert, wie viel Zeit oder Aufwand der Kunde durch dessen Einsatz sparen wird.

Kundenanforderung *Siehe* → Marktanforderung, → Lastenheft.

Kundenzufriedenheit Meinung des → Kunden über den Erfolg einer Transaktion mit dem Lieferanten (z.B. Erfüllungsgrad der Erwartungen oder Anforderungen des Kunden).

Lastenheft → Spezifikation, die alle → Anforderungen an das zu entwickelnde System in einem Dokument zusammenfasst. Das Lastenheft darf nicht die Lösung vorwegnehmen (Pflichtenheft) oder die Aufgabe (was ist zu tun?) mit der Lösung (wie wird es gemacht?) vermischen.

Launch *Siehe* → Markteinführung.

Lebenszyklus Die Evolution eines Systems oder eines Produkts ab der Initiierung durch ein Benutzerbedürfnis oder einen Kundenvertrag über die Auslieferung an den Kunden bis zur Außerbetriebnahme. Beinhaltet alle (Zwischen-)Ergebnisse, die im Laufe dieser Evolution entstehen.
Siehe auch → Produktlebenszyklus (PLC) und → Produktlebenszyklus-Management (PLM).

Lebenszyklusmodell *Siehe auch* → Vorgehensmodell.

Leistungsbeschreibung Vertragsrelevante Beschreibung von zu erbringenden Leistungen bei einem technischen oder betriebswirtschaftlichen Projekt. Häufig Teil der → Anforderungen und des → Lastenhefts.

LOC Lines of Code. Das am weitesten verbreitete Umfangsmaß für Software. Es gibt verschiedene Definitionen, was als Zeile gezählt werden soll (ausführbarer Code vs. Gesamtumfang). LOC bilden die Basis für → Aufwandschätzung und Fehlerabschätzungen. Wird auch in der Hardware- und Firmwareentwicklung eingesetzt.

Lösungsmodell Ergebnis der → Anforderungsanalyse. Modelliert eine oder mehrere Lösungen zu gegebenen Anforderungen und Umgebungsparametern in einem Zusammenhang.
Siehe auch → Pflichtenheft.

Lösungsspezifikation *Siehe* → Pflichtenheft.

Marketing Die verschiedenen Aufgaben, Funktionen und Prozesse, die das Unternehmen und seine Position am Markt bewerten und verbessern (z.B. Werbung, Preisgestaltung, Produktvision). Marketing betrachtet das gesamte Geschäft aus der Perspektive des Ergebnisses – also des Kunden. Verständnis und Verantwortung für Marketing muss daher alle Bereiche des Unternehmens durchziehen.

Marketingmanager Der in Produktentwicklung und -vertrieb umsatzverantwortliche Manager.
Siehe auch → Marketing.

Markt Eine Gruppe von Personen oder Institutionen mit einem nicht befriedigten Bedarf und ausreichend Ressourcen, um diesen Bedarf zu stillen.

Marktanforderung Eine → Anforderung an ein → Produkt aus der Sicht des Kunden oder von Vertrieb und Marketing. Marktanforderungen beschreiben den Nutzen und die Erfahrungen aus der Sicht des Kunden. Sie beschreiben eine Eigenschaft in der Sprache des Kunden oder Benutzers. Ihr Wert und Erfüllungsgrad ist die Wahrnehmung oder Spezifikation des Kunden.
Siehe auch → Lastenheft, → Kunden-Business-Case.

Markteinführung Einführung eines → Produkts in einem Markt. → Meilenstein im → Produktlebenszyklus, der bestimmt, wann ein Produkt verkauft oder zum Vertrieb freigegeben werden darf.

Maß
(1) Eine formale, präzise, reproduzierbare, objektive Zuordnung einer Zahl oder eines Symbols zu einem Objekt, um eine spezifische Eigenschaft zu charakterisieren.
(2) Mathematisch: Abbildung M eines empirischen Systems C und seiner Relationen R in ein numerisches System N.
(3) Die Nutzung (Erhebung, Analyse, Bewertung) eines Maßes.
Beispiele: Maß für ein Produkt (z.B. Fehler, Dauer, Planabweichung) oder einen Prozess (z.B. Fehlerkosten, → Effizienz, → Effektivität).

Meilenstein Definierter und geplanter Bewertungspunkt innerhalb des → Lebenszyklus.

Methode Systematisch eingesetzte, wohldefinierte Prozeduren oder Techniken, um vorgegebene Ziele durch die Ausführung von kleinen Schritten in definierter Reihenfolge zu erreichen. Typischerweise abgeleitet oder bestimmt durch → Prinzipien. Beispiel: objektorientierte Analyse (→ OOA).

Metrik
(1) Mathematik: Ein Distanzvektor für zwei → Maße. Aggregierung von zwei oder mehr Maßen.
(2) Softwaretechnik: Oft synonym zu → Maß oder → Messung verwendet.
Den Vorgaben von ISO folgend wird hier konsistent der Begriff »Maß« eingesetzt.

Migrationsprojekt Ein Migrationsprojekt umfasst das geführte Vorgehen zum Ersatz eines Systems durch eine andere Lösung.

Modell Eine abstrakte Repräsentation einer realen Sache in einer beliebigen Form (z.B. mathematische Symbolik, physikalische Formel, grafische Darstellung, verbale Beschreibung), um einen oder mehrere ausgewählte Aspekte dieser Realität vereinfachend darzustellen.

Nichtfunktionale Anforderungen Qualitätseigenschaften und Einschränkungen eines Produkts, die die funktionalen Anforderungen ergänzen. Sind → Anforderungen wie auch ihre funktionalen Gegenstücke. Bestandteil von Anforderungsanalyse, Architektur, Systemmodellen, Performanztests, Systemtest etc. Beispiele: Wartbarkeit, Sicherheit, Verlässlichkeit.

Notation Eine Menge von Symbolen, die es erlaubt, ein oder mehrere Konzepte zu repräsentieren.

Nutzer *Siehe* → Benutzer.

Objekt
(1) Generell: Sache, Einheit.
(2) In der → objektorientierten Entwicklung ist ein Objekt eine konkret vorhandene Einheit mit eigener Identität und definierten Grenzen. Es hat einen Zustand und ein Verhalten. Sein Zustand wird repräsentiert durch die Datenattribute und Beziehungen, sein Verhalten durch Operationen bzw. Methoden. Ein Objekt ist eine Instanz einer → Klasse, die Objekteigenschaften generalisiert. Das definierte Verhalten und die Struktur der Attribute gilt für alle Objekte einer Klasse. Nur die Werte der Attribute sind individuell für jedes Objekt.

Objektorientierte Enticklung In der objektorientierten Entwicklung wird das Verhältnis zwischen → Klassen und → Objekten beschrieben. Dieses Verhältnis kann statischer (z.B. Klassenverfeinerungen, Klassenbeziehungen, Vererbung) oder dynamischer Natur (z.B. Bindung von Objekten, Nachrichtenbeziehungen) sein.

OO Objektorientierung.
Siehe → Objektorientierte Entwicklung.

OOA Objektorientierte Analyse. Ausprägung der → Anforderungsanalyse in der → objektorientierten Entwicklung. OOA identifiziert → Objekte, die in einen Zusammenhang gebracht werden.

OMG Object Management Group. Industrielle Standardisierungsgruppe, die die Standardisierung von → UML und → SysML antreibt.

Outbound Marketing Generierung von Bedürfnissen, Erwartungen und Beeinflussung von Trends anhand eigener Produkte und Lösungen in Märkten und beim Kunden.

PA Process Area.
Siehe → Prozessbereich.

Patch »Flicken«, der als isolierte Änderung in einem Softwaresystem umgesetzt wird. Häufig für Fehlerkorrekturen oder → Delta-Anforderungen eingesetzt. Birgt das Risiko, dass seine Auswirkungen unterschätzt werden und dass mehrere Patches kaum mehr beherrschbar sind.

Peer Review Ein internes Review, in dem ein Arbeitsergebnis in erster Linie von Experten überprüft wird, die mit dem Autor auf derselben Stufe einer Hierarchie stehen.
Siehe auch → Verifikation.

PEP. Produktentstehungsprozess (PEP) ist der Prozess, der firmenspezifisch Konzeption, Entwicklung und Fertigung eines Produkts beschreibt.
Siehe auch → Produktlebenszyklus

Pflichtenheft. Lösungsbeschreibung mit dem Ziel, alle → Anforderungen an das System (→ Lastenheft) abzudecken. Umfasst mindestens ein Systemmodell und eine Systemspezifikation als Antwort auf gegebene Anforderungen. In der Regel werden Lastenheft und Pflichtenheft in einem Dokument, der → Spezifikation, versioniert und kontrolliert. Wird in IT-Projekten auch als Fachkonzept bezeichnet.

Plan. Dokumentierte Sammlung von Aufgaben, die ein Ziel erreichen sollen. Typischerweise verbunden mit einer Zeitvorgabe, einem Budget, Ressourcen, Beschreibung der ausführenden Organisation und Detaillierung der Aufgaben.

Plattform. Eine gemeinsame Grundlage (z.B. ein Baukastensystem), auf der verschiedenartige Produkte aufbauen. Basis für die → Produktlinienentwicklung, wo die Plattform gemeinsame und wiederverwendbare → Features, Designelemente (z.B. Komponenten, Codefunktionen) sowie zugehörige Prozesse und Werkzeuge für die Ableitung von Produkten zur Verfügung stellt. Es gibt Plattformen auf verschiedenen Abstraktionsniveaus (z.B. Features, Design, Test) und für verschiedenartige Anwendungen (z.B. GUI, Middleware, Geschäftslogik).

PLC. *Siehe* → Produktlebenszyklus.

PLE. *Siehe* → Produktlinienentwicklung.

PLM. *Siehe* → Produktlebenszyklus-Management.

PMBOK. *Siehe* → Project Management Body of Knowledge.

Portfolio. Menge aller Unternehmenswerte mit ihrer Beziehung zur Unternehmensstrategie und der jeweiligen Marktposition.

Preis. Der Betrag, den ein Kunde für eine oder mehrere Instanzen eines Produkts bezahlen muss. Für interne Produkte (z.B. IT-Services) wird üblicherweise ein interner Preis festgesetzt, der sich an Transaktionskosten und marktüblichen Preisen orientiert.

Prinzip. Satz von grundlegenden Regeln, die im Zusammenhang nicht hinterfragt, sondern angewandt werden. Reduziert die Argumentationskette, da die Prinzipien wie mathematische Axiome im Zusammenhang angewandt werden.

Priorität. Grad der Wichtigkeit einer → Anforderung, eines Ereignisses, einer Aufgabe oder eines → Projekts.

Produkt. Ein Ergebnis, das einen Wert und eine Erfahrung bringt. Eine Sammlung von Nutzen: Kunden kaufen keine Produkte, sie versuchen, Nutzen zu maximieren. Kann eine Kombination von Systemen, Lösungen, Materialien und Dienstleistungen sein, die – intern (z.B. interne IT-Lösung) oder extern (z.B. SW-Anwendung) – direkt genutzt werden oder als Komponente für ein anderes Produkt (z.B. IP-Stack) dienen.
Siehe auch → Softwareprodukt, Arbeitsergebnisse.

Produktanforderung Eine → Anforderung an ein → Produkt aus der Perspektive der Realisierung und der späteren Lösung. Produktanforderungen beschreiben, wie → Marktanforderungen und Kundenbedürfnisse in ein Produkt umgesetzt werden. Sie beschreiben eine Eigenschaft in der Sprache des Produkts und werden daher auch als Funktionen, Eigenschaften, Qualitätsattribute oder Systemanforderungen bezeichnet.
Siehe auch: → Pflichtenheft.

Produkthaftung Gesetzlich definierte Gewährleistungspflicht des Herstellers bei unzureichender Funktion seines Produkts oder Schadenfällen, die trotz bestimmungsgemäßer Nutzung des Produkts erzeugt werden.

Produktivität Verhältnis zwischen dem, was produziert oder entwickelt wird (Output), und den dafür beim Produktionsprozess eingesetzten Mitteln. Der Output hängt nicht nur von eingesetzten Ressourcen ab (z.B. Mitarbeiter, Kapital), sondern von einer Anzahl (teilweise unbekannter) Umgebungsfaktoren (z.B. Ausbildungsgrad, Motivation, Entwicklungsumgebung).

Produktkomponente *Siehe* → Komponente.

Produktlebenszyklus (PLC) Der Produktlebenszyklus (engl. Product Life Cycle oder PLC) beschreibt alle wichtigen Aktivitäten, um ein Produkt oder eine Lösung und deren Varianten und Versionen zu definieren, zu entwickeln, zu produzieren, zu betreiben, zu pflegen, zu warten, zu erweitern und schließlich aus dem Betrieb zu nehmen. Er wird in einzelne Phasen aufgeteilt, die durch Meilensteine getrennt sind. Eine neue Phase kann nur begonnen werden, wenn der vorhergehende Meilenstein erfolgreich durchlaufen wurde, und damit die vorhergehende Phase abgeschlossen wurde. Damit werden Risikomanagement und auditierbare Entscheidungsbildung erreicht (z.B. wegen Produkthaftung oder Sarbanes-Oxley Act).

Produktlebenszyklus-Management (PLM) PLM ist der Prozess, der Produkte und Lösungen von ihrer Konzeption bis zum Lebensende leitet. Der gesamte Lebenszyklus von Produkten wird als Einheit betrachtet, als ein Prozess, der vereinheitlicht, überwacht, gesteuert, automatisiert und verbessert werden kann. Typischerweise steht dahinter ein Produktdatenmanagement, das es erlaubt, die Wertschöpfungskette und deren individuelle Werkzeuge von den Anforderungen bis zur gelieferten Lösung und deren Wartung zu verbinden.
Siehe → Vorgehensmodell.

Produktlinie Eine Menge von Produkten, die die Anforderungen eines gemeinsamen Anwendungsbereichs abdecken. Eine darin entwickelte Programm- oder Produktfamilie hat eine gemeinsame Basis und unterscheidet sich in – definiert – variablen Teilen. Damit ist eine Produktlinie eine → Plattform mit den Plattformelementen (P1 ... Pn) und den → Features (F1... Fm), die beide anhand der Vorgaben zur Instanziierung eines konkreten Produkts in einem definierten Rahmen ausgewählt oder angepasst werden.

Produktlinienentwicklung Die systematische Vorgehensweise, um eine → Produktlinie zu entwickeln und zu pflegen, mit dem Ziel → Marktanforderungen, Kosten, Komplexität und Variabilität in einem gemeinsamen Rahmen aus wiederverwendbaren Komponenten und gemeinsamen Prozessen und Werkzeugen zu optimieren.

Produktmanagement Produktmanagement ist die Disziplin und der Geschäftsprozess, der ein → Produkt (inkl. Dienstleistung) von der Idee bis zu Lieferung und Service so führt, dass der größtmögliche Geschäftsnutzen entsteht.

Produktmanager Der in der Produktentwicklung ergebnisverantwortliche Manager durch den gesamten → Produktlebenszyklus.
Siehe auch → Produktmanagement.

Produktplan Der Produktplan beschreibt die verschiedenen einzelnen Versionen und Varianten des Produkts, die als individuelle Projekte realisiert werden. Er zeigt die gegenseitigen Abhängigkeiten und integriert den Gesamtnutzen des Produkts. Er bildet die Übersetzung der Produktstrategie in das operative Projektgeschäft.

Produktstrategie Die Produktstrategie beschreibt, wie der Geschäftsplan in konkrete Produkte umgesetzt wird. Sie definiert die wichtigsten Funktionen, mit dem Produkt verknüpfte Dienstleistungen und technische Abhängigkeiten und den damit verbundenen Marktnutzen. Die Abbildung der Produktstrategie auf Versionen und Liefertermine wird im → Produktplan beschrieben.

Produktvision Die Produktvision ist die Leitlinie für das konkrete → Entwicklungsprojekt. Sie ist Teil des Marketingplans und wird vor der Anforderungsermittlung vereinbart. Sie leitet die Bewertung und Auswahl der Anforderungen.

Programmmanagement Erreichen eines übergeordneten Ziels mit einer Gruppe von Projekten.

Project Management Body of Knowledge (PMBOK) Vom Project Management Institute (PMI) herausgegebene Zusammenstellung des Basiswissens für Projektmanager – unabhängig vom Anwendungsgebiet. Dient als Basis für die Zertifizierung zum »Project Management Professional« (PMP).

Projekt Ein temporäres Bestreben, um mit Menschen etwas Einzigartiges (Produkt, Lösung, Service etc.) zu entwickeln. Einzigartig bedeutet, dass man das exakt Gleiche nicht einfach von der Stange kaufen kann. In der Softwaretechnik werden verschiedene Projekttypen unterschieden (z.B., Produktentwicklung, Outsourcing, Pflege).

Projekt-Controlling Analyse und Steuerung eines Projekts und seiner Aktivitäten auf der Basis von Kennzahlen zur Planung und Überwachung.

Projektlebenszyklus Die Menge von sequenziellen Projektphasen, die durch den Kontrollbedarf der in das → Projekt involvierten Organisationen bestimmt wird. Typisch sind vier Phasen, nämlich Konzept, Design, Realisierung und Abschluss. Der Projektlebenszyklus und der → Produktlebenszyklus hängen voneinander ab, d.h., ein Produktlebenszyklus kann verschiedene Projekte beinhalten, und ein Projekt kann aus verschiedenen → Produkten bestehen.

Projektmanagement Der zielgerichtete und systematische Einsatz von Menschen und die Anwendung von Wissen, Fähigkeiten, Werkzeugen und Methoden auf Aktivitäten, um konkrete Anforderungen an das Projekt zu erreichen oder zu übertreffen. Es umfasst Planung, Führung, Kontrolle und Kommunikation.

Projektmanager Person, die ein Projekt leitet und für das Gelingen des Projekts verantwortlich ist. In → Entwicklungsprojekten spricht man auch vom technischen Projektmanager. Umgangssprachlich äquivalent mit Projektleiter.

Prototyping Evolutionäre Vorgehensweise, um bei noch sehr unbestimmten Anforderungen schrittweise eine Lösung zu entwickeln (z.B. Benutzerschnittstelle). Im Unterschied zur → inkrementellen Entwicklung oder bei → Iterationen werden keine marktfähigen Zwischenergebnisse geliefert. Prototypen sollten weggeworfen werden, denn sie sind nicht auf Haltbarkeit und Wartbarkeit gebaut.

Prozess Abfolge zusammengehöriger Tätigkeiten, die Eingangsgrößen in Ausgangsgrößen transformiert, um ein Ziel zu erreichen (Beispiel: Prozess für → Reviews, um Fehler frühzeitig und diszipliniert zu finden).

Prozessbereich Strukturierungselement im CMMI, um zusammenhängende Prozesse zu gruppieren. Beispiel: → Requirements Management.

Prozessfähigkeit
(1) Die Menge erwarteter Ergebnisse aus der Anwendung eines Prozesses.
(2) Fähigkeit einer Organisation, Produkte gemäß vorher definierten Prozessen zu entwickeln und zu liefern.

Prozessverbesserung
(1) Ein Projekt oder Aktivitäten, um die Performanz und Reife der Prozesse einer Organisation zur besseren Erreichung der Geschäftsziele zu verbessern.
(2) Die Ergebnisse eines solchen Projekts.

QFD *Siehe* → Quality Function Deployment.

Qualität
(1) Die Menge aller Eigenschaften eines Produkts oder einer Dienstleistung und deren Ausprägung, die der Erreichung von vorher festgelegten funktionalen und nichtfunktionalen Anforderungen dient.
(2) Grad, in dem ein Produkt oder eine Dienstleistung vorher festgelegte Eigenschaften und deren Ausprägungen besitzt.
(3) Vollständigkeit von erfüllten Erwartungen an Merkmale eines Produkts oder einer Dienstleistung.

Qualitätskontrolle Teil des Qualitätsmanagements, das die Techniken und Aktivitäten umfasst, die zur Erreichung von vorher definierten Qualitätszielen nötig sind (z.B. Test, Inspektionen).

Qualitätssicherung Teil des Qualitätsmanagements, das der Prüfung von vorher definierten Qualitätszielen oder der Einhaltung von definierten Prozessen dient (z.B. Audits).

Qualitätsziel Spezifische Ziele, die im Falle ihrer Erreichung bestätigen, dass die Qualität eines Produkts ausreichend ist.

Quality Function Deployment Methode zur Anforderungspriorisierung oder zur Prozessverbesserung. Auf der Grundlage der Betrachtung der Charakteristika von Anforderungen oder von Entwicklungsdokumenten und deren Auswirkung auf das Produkt werden Prioritäten vorgegeben, die dann akkumuliert werden und zu einer vergleichenden Bewertung des Einflusses führen.

RCDA-Prinzip Grundlegendes Modell von vertraglichen Vereinbarungen, das aus vier Schritten besteht, nämlich Require (Anforderungen des Auftraggebers), Commit (Vertrag), Deliver (Lieferung der vertraglich spezifizierten Leistung durch den Auftragnehmer) und Accept (Annahme durch den Auftraggeber).

Reifegradmodell Modell, das die Prozessreife und die → Prozessfähigkeit in definierte Kategorien abbildet und damit eine verlässliche und wiederholbare Prozessbewertung erlaubt. Ein Reifegradmodell stellt Forderungen an Prozesse und schreibt selbst keine Prozesse vor. Es ist daher kein → Vorgehensmodell. Wird typischerweise zur Bewertung der Prozessreife und zur → Prozessverbesserung sowohl für die eigenen Prozesse als auch für jene der Zulieferer angewandt.
Siehe → CMMI.

Release Ausgelieferte → Version oder → Variante eines Produkts. Jedes Release bildet eine abgeschlossene Version oder Variante mit dedizierter eindeutiger Releasenummer. Versionen sollten aufwärtskompatibel sein.

Requirements Analyst *Siehe* → Requirements-Ingenieur.

Requirements Engineering (RE) Disziplin der → System- und → Softwaretechnik, die sich mit der Umsetzung realer Ziele in ein Produkt befasst. Das disziplinierte und systematische Vorgehen (d.h. »Engineering«) zur Ermittlung, Spezifikation, Analyse, Vereinbarung, Validierung, und Verwaltung von → Anforderungen unter verschiedenen Vorgaben. Das Ziel von RE ist es, qualitativ gute – nicht perfekte – Anforderungen zu entwickeln und sie in der Umsetzung risiko- und qualitätsorientiert zu verwalten. Systematisches RE macht den Unterschied aus zwischen einem erfolgreichen Produkt und einer Feature-Sammlung.

Requirements Management Auch Anforderungsmanagement. Teil des → Requirements Engineering, der sich mit Evolution, Verwaltung und Management von Anforderungen im → Lebenszyklus befasst.

Requirements-Ingenieur Der Requirements-Ingenieur (auch Systemanalytiker, Anforderungsingenieur, Business Analyst, Requirements Analyst) ist das Bindeglied zwischen Kunden, Benutzer, Marketing/Vertrieb, Produktmanagement und der Entwicklung. Er ist für die Ermittlung und adäquate Dokumentation der Kundenbedürfnisse und der daraus abgeleiteten Markt-, Produkt- und Komponentenanforderungen zuständig.
Siehe auch → Requirements Engineering.

Requirements-Interchange-Format *Siehe* → RIF.

Ressource Einfluss- oder Verbrauchsgröße, die auf einen Prozess wirkt (z.B. Personal, Zeit, Budget, Infrastruktur).

Return on Investment (ROI)
   (1) Kennzahl für die Rentabilität einer Unternehmung oder betrieblichen Einheit. Definiert als Verhältnis von Gewinn (aus einem Kapitaleinsatz) und dem Kapitaleinsatz, der diesen Gewinn ermöglicht.
   (2) Das Ergebnis oder der Gewinn aus einem Investment gemessen in Geldwert. Definiert als Verhältnis aus dem Ergebnis einer Investition und der dazu direkt zugehörenden Investition (Aufwand).

Review Geplante und strukturiert durchgeführte Prüfung
   (1) eines → Arbeitsergebnisses mit dem Ziel, dessen Qualität zu verbessern (*siehe auch* → Qualitätskontrolle, → Verifikation), oder
   (2) eines Projekts oder Meilensteins mit dem Ziel der reproduzierbaren Fortschrittskontrolle.

Glossar

RIF Requirements-Interchange-Format. Standard zum Austausch von Inhalten zwischen verschiedenen RE-Werkzeugen. RIF basiert auf XML und erlaubt den herstellerunabhängigen Austausch der RE-Daten über Toolgrenzen hinweg.

Rightshoring Die optimale globale Zuweisung von Entwicklungsleistungen zum richtigen Standort mit dem Ziel, den Nutzen für das Unternehmen zu maximieren.

Risiko Eine mögliche zukünftige Entwicklung, die zu einem ungünstigen Ausgang führen kann. Wird bestimmt durch die Eintrittswahrscheinlichkeit einer Situation und deren negativer Auswirkungen. Häufig errechnet als Produkt aus Eintrittswahrscheinlichkeit und den normierten Auswirkungen.

Risikoabschwächung Teil des → Risikomanagements. Auch als Risikominderung bezeichnete Tätigkeiten, die ausgeführt werden, um zu verhindern, dass ein → Risiko zum Problem wird. Vier Techniken werden unterschieden: Vermeiden, Begrenzen, Behandeln, Ignorieren.

Risikomanagement Managementtechnik, die systematisch → Risiken identifiziert, analysiert, dokumentiert und behandelt. Risikomanagement betrachtet die Auswirkungen heutiger Entscheidungen auf die Zukunft. Ziel von Risikomanagement ist die Erreichung eines bestimmten Sicherheitsniveaus mit minimalem Aufwand bzw. die Minimierung des Gesamtrisikos bei gegebenem Aufwand. Wird sowohl im Projektmanagement für Projektrisiken als auch im Portfolio- oder Produktmanagement für Kunden-, Markt- oder Unternehmensrisiken eingesetzt.
NICHT: Die Behandlung des resultierenden Problems, wenn das Risiko sich materialisiert hat.

ROI *Siehe* → Return on Investment.

Rolle Eine Aufgabe in einem Prozess oder Workflow. Rollen sind nicht auf eine konkrete Person bezogen. Eine natürliche oder juristische Person kann mehrere Rollen haben.

SCAMPI Standard CMMI Appraisal Method for Process Improvement. Evaluierungsverfahren, das im → CMMI eingesetzt wird.

Schätzung Quantitative Bewertung eines erwarteten Betrags oder Ergebnisses. Wird typischerweise für Aufwände, Kosten, Umfang oder Dauer eines Projekts eingesetzt. Sollte immer eine Angabe der Genauigkeit beinhalten (z.B. ±x%).
Siehe auch → Aufwandschätzung.

SEI Software Engineering Institute.

Service Level Agreement (SLA) Das SLA definiert die erwartete Qualität einer Dienstleistung und beschreibt, wie sie operativ gemessen wird (z.B. Kosten, Fehlerzahlen, Flexibilität bei Änderungen). Die Grenzwerte sind Vertragsbestandteil und dienen der anhaltenden Qualitätssicherung. Ein SLA hat drei Elemente: die Messvorschrift, eine Zielsetzung und eine Verrechnungsgrundlage, die Zielerreichung/Leistung und Preis in Beziehung setzt.

Sicherheit Sicherheit ist die Summe der Eigenschaften eines Produkts, die dazu beitragen, dass es frei von nicht vertretbaren Risiken oder Gefahren ist. Sie ist eine Systemeigenschaft und kann nicht auf der Basis einzelner Komponenten beschrieben werden. Funktionale Sicherheit ist gegeben, wenn jede spezifizierte Sicherheitsfunktion ausgeführt wird und der für jede Sicherheitsfunktion geforderte Erfüllungsgrad erreicht wird.

SLA *Siehe* → Service Level Agreement.

Software Die nichtgreifbaren Bestandteile eines Computers, die dazugehörende Dokumentation sowie jegliche Daten, die nötig sind, um ein Computersystem zu entwickeln, zu betreiben und zu pflegen.

Software-Engineering *Siehe* → Softwaretechnik.

Software Engineering Institute (SEI) Forschungsinstitut an der Carnegie Mellon Universität in Pittsburgh, das das Ziel verfolgt, System- und Softwareprozesse zu verbessern. Wurde vor allem durch das dort entwickelte → CMM, → CMMI und Benchmarks bekannt. Weltweit verantwortlich für die Weiterentwicklung des CMMI.

Softwareanforderung *Siehe* → Komponentenanforderung.

Softwareprodukt
(1) Ein → Produkt, das vorrangig aus Software besteht. Dies beinhaltet Softwareanwendungen, Dienstleistungen im Zusammenhang mit Softwareentwicklung, -installation und -pflege und Produkte, in die Software eingebettet ist. Die Perspektive bestimmt, ob ein Produkt Software ist. E-Banking ist im Bankmarkt ein Bankprodukt und gleichzeitig innerhalb einer Bank ein Softwareprodukt.
(2) Ergebnis eines Softwareprojekts, seiner Aktivitäten oder eines Softwareentwicklungsprozesses.

Softwaretechnik
(1) Softwareentwicklung als Ingenieurdisziplin.
(2) Die systematische, disziplinierte und quantifizierbare Vorgehensweise zu Erstellung, Betrieb und Pflege von Software.
(3) Die wissenschaftliche Betrachtung von (2).

Spezifikation Exakte Beschreibung eines Arbeitsergebnisses, das als Eingabe für einen weiteren Prozessschritt genommen werden kann. Im Englischen werden in der »specification« häufig das Lastenheft (Aufgabe) und das Pflichtenheft (Lösung) zusammengefasst.
Siehe auch → Lastenheft und → Pflichtenheft.

Standard Standards sind Anweisungen, die Vereinbarungen zu Produkten, Prozessen oder Vorgehensweisen beschreiben, die von auf nationaler oder internationaler Ebene anerkannten Berufs-, Industrie- oder Berufsverbänden oder Handels- oder Regierungsorganisationen festgelegt wurden. Standards können auch »de facto« von Praktikern in der Industrie oder der Gesellschaft akzeptiert und ausgeführt sein.

Standardsoftware Produkte oder Komponenten, die von einem kommerziellen Verkäufer beschafft werden. Kommerzielle Standardsoftware eines externen Lieferanten, die als fertiges, parametrisierbares Produkt für einen Markt mit verschiedenen Kunden zur Verfügung steht (z.B. SAP-Lösungen, Linux-Betriebssysteme). Auch Commercial off-the-shelf (COTS) genannt. Sie wird unverändert übernommen und in der Regel durch Parametrisierung oder Schnittstellenanpassung integriert. → Komponenten können zur Standardsoftware gehören, wenn sie standardisiert für verschiedene Kunden angeboten werden.

Strategie Die langfristige Planung zur Erreichung des Ziels, oftmals zu »gewinnen«, unter Berücksichtigung komplexer Situationen, der Umgebung und der eigenen Stärken und Schwächen. Erfolg besteht aus der strategischen Planung und deren Umsetzung. Strategie ist daher mehr als nur ein Plan. Sie ist konsistentes, zielgerichtetes Verhalten. Strategie adressiert drei Fragen: Was werden wir tun? Für wen tun wir es? Wie können wir den Wettbewerb dabei vermeiden oder schlagen?

Strukturbruch Die als Ergebnis der → Anforderungsanalyse vorliegende Struktur des Lösungsmodells (z.B. Algorithmen, Prozeduren, Workflows) hat einen ganz anderen Charakter als die später beim Systementwurf festgelegte Struktur (z.B. Modul- oder Taskstruktur, verteiltes Rechnersystem). Dieser Strukturbruch tritt meistens beim Übergang von der Lösungskonzeption zu einer Systemstruktur mit Software- und Hardwarekomponenten auf, mit der diese Lösungskonzeption verwirklicht wird. Konsistenzchecks, Verfolgbarkeit und die Verständlichkeit von Analyse- und Lösungsmodellen werden durch den Strukturbruch schwierig.

SysML Standardisierte, methodenunabhängige → Notation zur Modellierung von Systemen in der Disziplin → Systemtechnik. Basiert auf → UML und wird durch die → Object Management Group (OMG) gepflegt.

System Aus mehreren Teilen zusammengesetztes Ganzes, das aus verschiedenen Prozessen, Hardware- oder Softwarekomponenten oder Ressourcen besteht und die Fähigkeit zur Erfüllung eines definierten Bedürfnisses oder Ziels bietet. Systeme können aus Systemen bestehen.

Systemanalyse *Siehe* → Anforderungsanalyse.

Systemanalytiker *Siehe* → Requirements-Ingenieur.

Systemanforderung *Siehe* → Produktanforderung, → Pflichtenheft.

Systemtechnik Die systematische, disziplinierte und quantifizierbare Vorgehensweise zu Erstellung, Betrieb und Pflege von komplexen → Systemen. Fokus auf → Systemanforderungen, Systementwurf und → Systemtest unter Berücksichtigung des Gesamtkontexts, der durch das System beeinflusst wird.

Systemtest Testaktivitäten zur → Validierung des kompletten Systems (oder Produkt, Lösung) gegen die → Anforderungen.

Tailoring Die Anpassung eines gegebenen Prozesses oder Produkts (z.B. Entwurfsprozess, Standardsoftware) für ein bestimmtes Vorhaben oder Projekt durch Ausschließen und Anpassen gewisser Teile im Rahmen vorher vereinbarter Grenzen.

Test Aktivität, in der ein System oder eine Komponente unter definierten Bedingungen geprüft wird, und das Ergebnis beobachtet wird, um festzustellen, ob der Prüfling ein vorher gesetztes Ziel vollständig, teilweise oder nicht erfüllt. Teil der → Qualitätskontrolle.

Time-Boxing Verfahren im Projektmanagement, um Projekte termingenau abzuschließen. Dazu werden Anforderungen priorisiert und zuerst die wichtigen Anforderungen realisiert. Wurde die Zeitdauer oder der Aufwand unterschätzt, fallen am Ende einige unwichtige Anforderungen weg, damit der Liefertermin eingehalten werden kann. *Siehe auch* → Inkrementelle Entwicklung.

Total Cost of Ownership (TCO) Tatsächliche Gesamtkosten einer Investition diskontiert auf den heutigen Wert (NPV). Diese Kosten beinhalten Kapitalausgaben und alle laufenden Kosten, selbst wenn sie nicht bilanziert werden. Die Nutzeffekte z.B. durch verbesserte Prozesse und damit niedrige Ausgabe werden einbezogen.

Überbestimmt Ein System oder eine Anforderung ist überbestimmt, wenn es mehr Bedingungen gibt, als nötig sind, um den Lösungsraum hinreichend zu beschreiben. Oft führen überbestimmte Systeme oder Anforderungen dazu, dass keine Lösung gefunden werden kann. Beispiel: Tisch mit vier Beinen auf einer gekrümmten Fläche; hoher Zeitdruck, der zu Qualitätsproblemen führt, die wiederum zu Verzögerungen führen.

Übereinstimmung Übereinstimmung eines → Systems oder → Prozesses mit vorgegebenen Anforderungen.

UML Unified Modeling Language.

Unified Modeling Language (UML) Standardisierte, methodenunabhängige → Notation zur Modellierung von Softwaresystemen (z.B. Entwurfsbeschreibungen, Architekturen, Szenarien) in der Disziplin → Softwaretechnik. Herausgegeben und weiterentwickelt durch die → Object Management Group (OMG).
Siehe auch → Modell, → Use Case.

Use Case
(1) Konzept zur Systembeschreibung, das die Beziehung einer Systemleistung durch die Außenwelt darstellt. Charakterisiert durch eine zielorientierte Menge an Interaktionen innerhalb und an den Grenzen des Systems.
(2) Notation aus der → UML, um ein Szenario (Vorgehen, Anwendungsfall) aus Benutzersicht zu beschreiben. Ein Use Case ergänzt → Anforderungen, er ist kein Ersatz.

Validierung Prüfung der Ergebnisse in Bezug auf die ursprünglichen Anforderungen (»doing the right things«). Teil der → Qualitätskontrolle.

Variante Eine inhaltlich exakt definierte Instanz eines Produkts oder einer Komponente, die sich von anderen unterscheidet. Eine Variante wird durch kleine Änderungen aus einer → Version abgeleitet. Varianten werden häufig dann eingesetzt, wenn verschiedene Märkte oder Kunden sehr stark überlappende Anforderungen stellen, die sich nur in Details unterscheiden (z.B. verschiedene Sprachen in Benutzerschnittstelle).
Siehe auch → Konfigurationsmanagement, → Release.

VDE Verein Deutscher Elektrotechniker.

VDI Verein Deutscher Ingenieure.

Verfolgbarkeit Grad der Beziehung, die zwischen zwei oder mehr Arbeitsergebnissen hergestellt werden kann. Vorbereitung und Aufrechterhaltung von Beziehungen zwischen Arbeitsergebnissen. Ziel der Verfolgbarkeit ist eine bessere Effizienz der Entwicklung, ein vereinfachtes Änderungsmanagement sowie eine bessere Qualität von Arbeitsergebnissen, z.B. durch Konsistenzsicherung. Man unterscheidet die → horizontale und die → vertikale Verfolgbarkeit.
Siehe auch → bidirektionale Verfolgbarkeit.

Verifikation Auch Verifizierung genannt. Prüfung der Prozessergebnisse in Bezug auf die Prozess-Inputs (»doing things right«). Teil der → Qualitätskontrolle.

Versagen
(1) Abweichung zwischen dem beobachteten und dem erwarteten Systemverhalten. Die Unfähigkeit eines Systems, eine spezifizierte Funktion weiter zu liefern, oder seine Unfähigkeit, innerhalb von vorher spezifizierten Einschränkungen und Grenzen zu funktionieren.
(2) Auswirkung eines → Fehlers innerhalb eines Systems auf das äußere Verhalten. Fehlerhaftes Verhalten eines Systems oder einer Komponente bei seiner Ausführung aufgrund eines Produktfehlers, eines Bedienungsfehlers oder eines Hardware-/Softwarefehlers.
Siehe auch → Fehler.

Version Eine inhaltlich exakt definierte Instanz eines Produkts oder einer Komponente, die sich von anderen unterscheidet. Eine Version ist in der Regel als Teil einer Kette von Versionen zu sehen. Nicht alle Versionen werden notwendigerweise einem Kunden ausgeliefert. Versionen sollten → aufwärtskompatibel sein.
Siehe auch → Konfigurationsmanagement, → Variante.

Vertikale Verfolgbarkeit Vertikale → Verfolgbarkeit beschreibt den Zusammenhang zwischen verschiedenen Arbeitsergebnissen, die aufeinander aufbauen (z.B. von Marktanforderungen zu Akzeptanztestfällen, zwischen verschiedenen Ebenen von Anforderungen, von Plänen zu Arbeitsergebnissen, von Arbeitsergebnissen zu Produktkomponenten etc.).

Vertrag Eine rechtlich verbindliche gegenseitige Vereinbarung, die einen Lieferanten dazu verpflichtet, ein spezifiziertes Produkt oder eine Dienstleistung zu liefern, und den Auftraggeber dazu verpflichtet, es abzunehmen und dafür zu bezahlen. Im Software- und IT-Bereich in der Form des Kaufvertrags, Werkvertrags oder Dienstvertrags eingesetzt.

V-Modell
(1) Sequenzielles → Vorgehensmodell, bei dem die rechte Hälfte zu einem »V« hochgeklappt wird, um zu verdeutlichen, dass jeder konzeptionelle Schritt auf der linken Seite einen äquivalenten Verifikations- oder Validierungsschritt auf der rechten Seite hat.
(2) De-facto-Standard für das Vorgehensmodell bei öffentlichen Ausschreibungen in Deutschland.

Vorgehensmodell Integrierte Zusammenfassung der Entwicklungs- und Managementprozesse, die im Projekt oder durch den → Produktlebenszyklus hindurch eingesetzt werden. Ein Vorgehensmodell beschreibt, wie die notwendigen (Zwischen-)Ergebnisse zu erzielen sind. Es ist kein → Reifegradmodell!
Siehe auch → Lebenszyklus. Beispiel: → V-Modell.

Wartung Erhaltung oder Erweiterung der Betriebsbereitschaft und Leistungsfähigkeit eines Systems/Systemteils (z.B. Fehlerbeseitigung, Stabilisierung, Tuning, Anpassung an Änderungen in der Basissoftware oder den Schnittstellen, Anpassung an neue/geänderte systemtechnische Richtlinien und Standards). Wartung umfasst aus Controlling-Sicht alle Arbeiten an einem Softwareprodukt nach dem ersten Einsatz.
Siehe → Design for Change.

Wartungsprojekt Dediziertes Projekt für Änderungen an einem existierenden Produkt, um Fehler zu korrigieren oder um neue oder geänderte Funktionen bereitzustellen.

Werkzeug Instrumentierte und (teilweise) automatisierte Unterstützung bei der praktischen Arbeit mit Methoden, Konzepten und Notationen zur Unterstützung von Ingenieuraufgaben.

Wiederverwendung Einsatz einer bereits fertigen Komponente oder eines Produkts zur Entwicklung oder Fertigung eines anderen Produkts.

Wiki Ein Wiki ist eine im Internet oder Intranet verfügbare kollaborative Arbeitsumgebung, die von den Benutzern gelesen und bearbeitet werden kann. Der Name stammt von wikiwiki, dem hawaiianischen Wort für »schnell«. Es gibt verschiedene Wiki-basierte Werkzeuge, um kollaborative Workflows (z.B. Anforderungssammlung oder Testfallplanung) einfach zu realisieren.

Win-win-Methode Verhandlungsstrategie zur Erzielung eines maximalen Ergebnisses für alle beteiligten Parteien. Ziel ist es, dass alle beteiligten Parteien mit dem Gefühl die Verhandlung beenden, dass sie einen Gewinn für sich und ihre Position erreicht haben.

Wirtschaftlichkeitsrechnung *Siehe* → Business Case.

Zertifizierung Bestätigung mit einem formalisierten Verfahren, dass ein System, Prozess oder eine Person spezifizierte Ziele oder Anforderungen erreicht oder einhält.
Beispiel: ISO-9001-Zertifizierung.

Zuweisen Eine → Anforderung wird einem Projekt, einem Prozess oder einem Teil eines Systems zur Erfüllung zugewiesen.

Literatur

[Ahern2003] Ahern, D. M., Clouse, A., Turner, R.: CMMI Distilled – A Practical Introduction to Integrated Process Improvement. 2nd ed. Addison-Wesley, Boston, 2003.
[Albrecht1983] Albrecht, A. J., Gaffney, J. E.: Software function, source lines of code and development effort prediction: a software science validation. IEEE Transactions on Software Engineering, 9: pp. 639-647, 1983.
[Alexander2002] Alexander, I.F., Stevens, R.: Writing Better Requirements, Addison-Wesley, Boston, 2002.
[Aurum2003] Aurum, A. et al. (eds.): Managing Software Engineering Knowledge. Springer-Verlag, Berlin, Heidelberg, New York, 2003.
[Aurum2005] Aurum, A., Wohlin, C. (eds.): Engineering and Managing Software Requirements. Springer-Verlag, Berlin, 2005.
[Baisch1994] Baisch, E., Ebert, C.: Produktivitätsbewertung im Software-Entwicklungsprozeß. In: Theorie und Praxis der Software-Messung, R. Dumke und H. Zuse (Hrsg.), DUV Deutscher Universitätsverlag, Wiesbaden, 1994.
[Balzer1983] Balzer, R., Cheatham, T., Green, C.: Software Technology for the 1990's: Using a New Paradigm. IEEE Computer, Vol. 16, No. 11, S. 39-45, 1983.
[Balzert1999] Balzert, H.: Lehrbuch der Objektmodellierung – Analyse und Entwurf. Spektrum Akademischer Verlag, Heidelberg, 1999.
[Balzert2008] Balzert, H., Ebert, C., Spindler, G.: Lehrbuch der Software-Technik Bd. 2 - Softwaremanagement. ISBN 978-3-8274-1161-7, Elsevier, Heidelberg, 2008.
[Bartsch2000] Bartsch, M.: Qualitätssicherung für Softwareprojekte durch Vertragsgestaltung und Vertragsmanagement. Informatik-Spektrum Nr. 1/2000, S. 3 ff., 2000.
[Bartsch2001] Bartsch, M.: Das neue Schuldrecht – Auswirkungen auf das EDV-Vertragsrecht. Computer und Recht, Nr. 10/2001, S. 649 ff., 2001
[Beck2000] Beck, K.: Extreme Programming Explained: Embrace Change. Addison-Wesley, Boston, 2000.
[Beck2001] Beck, K. et al.: »The Agile Manifesto«, 2001, *http://agilemanifesto.org*.
[Benko2003] Benko, C. A., McFarlan, W.: Connecting the Dots. Aligning Your Project Portfolio With Corporate Objectives. McGraw-Hill, New York, 2003.
[Binney1995] Binney, G., Williams, C.: Leaning into the Future. Nicholas Brealey Publishing, London, 1995.

[Boehm1981] Boehm, B. W.: Software Engineering Economics. Prentice Hall, Englewood Cliffs, NJ, USA, 1981.

[Boehm1988] Boehm, B. W.: A Spiral Model of Software Development and Enhancement. IEEE Computer, 21: 61-72, 1988.

[Boehm2000] Boehm, B. W.: Software Cost Estimation with COCOMO II. Prentice Hall Inc., 2000.

[Booch1994] Booch, G.: Object-Oriented Analysis and Design with Applications, 2nd ed., The Benjamin Cummings Publishing Company, Redwood City, CA, USA, 1994.

[Borland2006] Borland: New Survey Reveals Chasm Between Perception and Reality When It Comes Software Requirements Management.
http://www.borland.com/us/company/news/press_releases/ 2006/09_20_06_new_survey_reveals_chasm.html. Zitiert am 24.12.2007.

[Bosch2001] Bosch, J.: Software Product Lines: Organizational Alternatives. Proc. Int. Conf. On Software Engineering 2001. IEEE Comp. Soc. Press, Los Alamitos, USA, pp. 91-100, 2001.

[Bower1995] Bower, J. L., Christensen, C. M.: Disruption Technologies – Catching the Wave. Harvard Business Review, Jan-Feb 1995.

[Briand2000] Briand, L. C., Langley, T., Wieczorek, I.: A Replicated Assessment of Common Software Cost Estimation Techniques. International Conference on Software Engineering – ICSE, Limerick, pp. 377-386, 2000.

[Brooks1987] Brooks, F. P. J.: No Silver Bullet: Essence and Accident of software Engineering, IEEE Computer, Vol. 20, No. 4, pp. 10-19, 1987.

[Broy2007] Broy, M. et al.: Ein Requirements-Engineering-Referenzmodell. Informatik Spektrum, Vol. 30, Nr. 3, S. 127-142, Jun. 2007.
http://www.gi-ev.de/fachbereiche/softwaretechnik/re/pages/fg_treffen/2006/ geisberger.pdf.

[Bundschuh2004] Bundschuh, M., Fabry, A.: Aufwandschätzung von IT-Projekten. MITP Bonn, 2. Aufl., 2004.

[Cao2008] Cao, L., Ramesh, B.: Agile Requirements Engineering Practices: An Empirical Study. IEEE Software, Vol. 25, No. 1, pp. 60-67, 2008.

[Charette2005] Charette, R. N.: Why Software Fails. IEEE Spectrum, Vol. 42, No. 9, pp. 42-49, Sep. 2005

[Cheng2007] Cheng, B. H. C., Atlee, J. M.: Research Directions in Requirements Engineering. Workshop on Future of Software Engineering, FOSE'07, pp. 285-303. IEEE Comp. Soc. Press, Los Alamitos, CA, USA, 2007.

[Chrissis2006] Chrissis, M. B., Konrad, M., Shrum, S.: CMMI. Guidelines for Process Integration and Product Improvement, 2nd ed., Addison-Wesley, Reading, USA, 2006.

[Clements2001] Clements, P., Northrop, L.: Software Product Lines: Practices and Patterns. Addison-Wesley, Boston, 2001.

[Cockburn2001] Cockburn, A.: Agile Software Development, Addison-Wesley, Boston, 2001.

[Colin2003] Colin, J. N., Laplante, P. A.: Requirements Engineering: The State of the Practice. IEEE Software, Vol. 20, No. 6, pp. 40-45, Nov. 2003.

[Conway1968] Conway, M. E.: How Do Committees Invent? Datamation No. 14, Vol. 4, pp. 28-31, 1968.

[Cooling2002] Cooling, J.: Software Engineering for Real-Time Systems. Pearson Addison Wesley, Boston, USA, 2002.

[Cooper1999] Cooper, A.: The Inmates are Running the Asylum. Macmillan, 1999.

[COSMIC2007] COSMIC: COSMIC FFP Measurement Manual, latest version. *http://www.gelog.etsmtl.ca/cosmic-ffp/index.html*. Zitiert am 24.12.2007.

[Coulter1983] Coulter, N. S.: Software Science and Cognitive Psychology. IEEE Trans. on Softw. Eng., Vol. SE-9, No. 2, S. 166-171, Mrc. 1983.

[Craven2007] Craven, T.: ExtPhr Freeware. Werkzeug zur Textanalyse. *http://publish.uwo.ca/~craven/freeware.htm*. Zitiert am 24.12.2007.

[Curtis1986] Curtis, B., Soloway, E. M., Brooks, R. E., Black, R. E, Ehrlich, K., Ramsey, H. R.: Software Psychology: The Need for an Interdisciplinary Program. Proc. of the IEEE, Vol. 74, No. 8, S. 1092-1106, Aug. 1986.

[Cusumano1998] Cusumano, M. A., Selby, R. W.: Microsoft Secrets. Free Press, New York, USA, 1998.

[Cusumano2000] Cusumano, M. A., Yoffie, D. B.: Competing on Internet Time. Free Press, New York, USA, 2000.

[Davis2005] Davis, A. M.: Just Enough Requirements Management. Dorset House, New York, USA, 2005.

[Deligiannis2004] Deligiannis, I. et al.: A controlled experiment investigation of an object-oriented design heuristic for maintainability. Journal of Systems and Software, Vol. 72, pp. 129-143, 2004.

[Deloitte2004] Deloitte Research: Mastering Innovation. Research Report, 2004.

[DeMarco1979] DeMarco, T.: Structured Analysis and System Specification, Yourdon Press, Englewood Cliffs, 1979.

[DeMarco1982] DeMarco, T.: Controlling Software Projects. Yourdon Press, New York, NY, USA, 1982.

[Dictionary2004] Free On-Line Dictionary of Computing. *http://foldoc.doc.ic.ac.uk/foldoc/foldoc.cgi? query=requirement&action=Search. Queried on 07.07.2004.*

[Dörner2003] Dörner, D.: Die Logik des Mißlingens. Strategisches Denken in komplexen Situationen. Rowohlt, 2003.

[Donohoe2000] Donohoe, P: Software Product Lines: Experience and Research Directions. Kluwer, Dordrecht, NL, 2000.

[Ebert1995] Ebert, C.: Ein Verfahren zur Verfolgung des Komplexitätsverlaufs im Software-Entwicklungsprozeß. VDI Fortschrittsberichte, Reihe 10, Nr. 358, VDI-Verlag, Düsseldorf, 1995. ISBN: 3-18-335810-7.

[Ebert1997] Ebert, C.: Dealing with Nonfunctional Requirements in Large Software Systems. Mead, N. R. (ed.): Annals of Software Engineering, Vol. 3, pp. 367-395, Aug. 1997.

[Ebert1998] Ebert, C.: Experiences with Colored Predicate Transition Nets for Specifying and Prototyping Embedded Systems. IEEE Trans. on Systems, Man, and Cybernetics – Part B: Cybernetics, Vol. 28, No.5, pp. 641-652, Oct.1998.

[Ebert2001a] Ebert, C., DeNeve, P.: Surviving Global Software Development. IEEE Software, Vol. 18, No. 2, pp. 62-69, 2001.

[Ebert2001b] Ebert, C.: Improving Validation Activities in a Global Software Development. Proc. Int. Conf. on Software Engineering 2001. IEEE Comp. Soc. Press, Los Alamitos, USA, 2001.

[Ebert2003a] Ebert, C., Smouts, M.: Tricks and Traps of Initiating a Product Line Concept in Existing Products. Proc. Int. Conference on Software Engineering (ICSE 2003), IEEE Comp. Soc. Press, pp. 520-527, Los Alamitos, USA, 2003.

[Ebert2003b] Ebert, C., DeMan, J., Schelenz, F.: e-R&D: Effectively Managing and Using R&D Knowledge. In: Managing Software Engineering Knowledge. Ed.: A. Aurum et al., pp. 339-359, Springer-Verlag, Berlin, 2003.

[Ebert2004] Ebert, C., Ruffin, M.: Produkte entwickeln mit Open Source Software – Risiken und Erfahrungen. HMD – Praxis der Wirtschaftsinformatik, Heft 238, S. 27-40, Aug. 2004.

[Ebert2005] Ebert, C., Wieringa, R.: Requirements Engineering – Solutions and Trends, In: Aurum, A.,Wohlin, C. (eds.): Engineering and Managing Software Requirements. Springer-Verlag, New York, USA, 2005.

[Ebert2006a] Ebert, C.: Understanding the Product Life Cycle: Four Key Requirements Engineering Techniques. IEEE Software, Vol. 23, No. 3, pp. 19-25, May 2006.

[Ebert2006b] Ebert, C.: Trends im Requirements Management. HMD – Praxis der Wirtschaftsinformatik, Heft 248, S. 92-107, Mai 2006. *http://hmd.dpunkt.de/248/11.html*.

[Ebert2007a] Ebert, C., Dumke, R.: Software Measurement. Springer-Verlag, Heidelberg, New York, 2007.

[Ebert2007b] Ebert, C.: The Impacts of Software Product Management. The Journal of Systems and Software. Vol. 80, Issue 6, pp. 850-861, June 2007.

[Ebert2007c] Ebert, C.: Software Quality Management. In: Encyclopedia of Library and Infomation Science. pp. 188-210, Ed.: A. Kent, Marcel Dekker, New York, 1999, 2002, 2007. Also available as an online version of Encyclopedia of Library and Information Science: *http://www.dekker.com/sdek/issues~db=enc~content=t713172967*.

[Ebert2008] Ebert, C.: Software Requirements Engineering and Management. In: Encyclopedia of Software Engineering. Ed.: Phillip A. Laplante. Taylor & Francis Group, 2008. Online: www.informaworld.com.

[Eclipse2007] Eclipse Open Source Community. *http://www.eclipse.org*. Zitiert am 24.12.2007.

[Emam98] Emam, K. E., Drouin, J.N., Melo, W.: SPICE – The Theory and Practice of Software Process Improvement and Capability Determination IEEE Computer Society Press, 1998.

[Ferdinandi1998] Ferdinandi, Patricia L.: Facilitating Communication. IEEE Software, Vol. 14, No. 5, pp. 92-96, Sept. 1998.

[Fischer2003] Fischer, R., Ury, W., Patton, B.: Das Harvard-Konzept. Campus-Verlag, 23. Aufl., 2003.

[FitNesse2007 FitNesse Wiki-Umgebung. *http://fitnesse.org*. Zitiert am 24.12.2007.

[Forsberg1997] Forsberg, K., Mooz, H.: System Engineering Overview. In: Software Requirements Engineering, eds.: M. Dorfman, R. Thayer. IEEE Comp. Soc. Press, Los Alamitos, USA, 1997.

[Fowler2003] Fowler, M.: UML Distilled: A Brief Guide to the Standard Object Modeling Language. 3rd ed., Addison-Wesley, Boston, USA, 2003.

[Glass1998] Glass, R.: Software Runaways. Lessons learned from Massive Software Project Failures. Prentice Hall PTR, NJ, USA, 1998.

[GoldSeeker2007] The GoldSeeker Project. *http://goldseeker.sourceforge.net/*. Zitiert am 24.12.2007.

[Gorchels2005] Gorchels, L.: The Product Manager's Handbook. McGraw-Hill, 3rd. ed., New York, USA, 2005.

[Graham2005] Graham, J. R. et al.: The Economic Implications of Corporate Financial Reporting. Duke University, 2005. *http://faculty.fuqua.duke.edu/~charvey/Research/Working_Papers/W73_The_economic_implications.pdf*.

[Hamel2007] Hamel, G., Breen, B.: The Future of Management. Harvard Business School Press, Boston, USA, 2007.

[Hatley1998] Hatley, D. J., Pirbhai, I. A.: Strategies for Real-Time System Specification. Dorset House Publishing Company, USA, 1998.

[Hatton1998] Hatton, L.: Does OO sync with how we think? IEEE Software, Vol. 15, No. 3, pp. 46-54, 1998.

[Highsmith2002] Highsmith, J.: Agile Software Development Ecosystems. Addison-Wesley, Boston, 2002.

[HIS2007] Herstellerinitiative Software (HIS): Requirements Interchange Format (RIF). *http://www.automotive-his.de/rif/doku.php*. Zitiert am 24.12.2007.

[Hitt1995] Hitt, L., Brynjolfsson, E.: Productivity, Business Profitability, and Consumer Surplus: Three Different Measures of Information Technology Value. MIS Quarterly, Vol. 20, pp. 121-142, 1995.

[Hooks2001] Hooks, Ivy F., Farry, K. A.: Customer-Centered Products: Creating Successful Products Through Smart Requirements Management. Amacom, New York, 2001.

[Huffman2003] Huffman Hayes, J.: Do You Like Pina Coladas? How Improved Communication Can Improve Software Quality. IEEE Software, Vol. 20, No. 1, pp. 90-92, Jan. 2003.

[Humphrey1987] Humphrey, W. S.: A Method for Assessing the Software Engineering Capability of Contractors. Carnegie Mellon University, Technical Report, CMU/SEI-87-TR-23, Sep. 1987.

[IEEE1990] IEEE Standard 610.12-1990. IEEE Standard Glossary of Software Engineering Terminology. IEEE, New York, NY, USA, 1990.

[IEEE1998a] IEEE Standard 1233-1998: Guide for Developing of System Requirements Specifications. IEEE, New York, NY, USA, 1998.

[IEEE1998b] IEEE Standard 830-1998: Recommended Practice for Software Requirements Specifications. IEEE, New York, NY, USA, 1998.

[IEEE1998c] IEEE Standard 1362-1998: Guide for Information Technology – System Definition. IEEE, New York, NY, USA, 1998.

[IFPUG2002] IFPUG, IT Measurement – Practical Advice from the Experts. Addison-Wesley, Indianapolis, 2002.

[IREB2007] International Requirements Engineering Board. *http://certified-re.de*. Zitiert am 24.12.2007.

[ISO1995] ISO/IEC 12207:1995. Information technology – Software life-cycle processes, ISO, *http://www.iso.org*, 1995.

[ISO1997a] ISO 1074:1997. Standard for Developing Software Life Cycle Processes. ISO, *http://www.iso.org*, 1997.

[ISO1997b] ISO 12207:1997. Standard for Software Life Cycle Processes. ISO, *http://www.iso.org*, 1997.

[ISO2000] ISO 9001:2000. ISO Standard for quality management systems – requirements. ISO, *http://www.iso.org*, 2000.

[ISO2001] ISO/IEC 9126:2001. Software Engineering – Product Quality. ISO, *http://www.iso.org*, 2001. Deutsch: DIN 66272.

[ISO2002] ISO/IEC 15288:2002. System Life Cycle Processes. ISO, *http://www.iso.org*, 2002.

[ISO2003] ISO/IEC 15504:2003 Information Technology – Process Assessment – Part 2: Performing an assessment. ISO, *http://www.iso.org*, 2003.

[ISO2004] ISO/IEC 15504-1:2004. Information Technology – Process Assessment – Part 1: Concepts and vocabulary. ISO, *http://www.iso.org*, 2004.

[ISO2006a] ISO/IEC 15504-5:2006 Information Technology – Process Assessment – Part 5: An exemplar Process Assessment Model. ISO, *http://www.iso.org*, 2006.

[ISO2006b] ISO 9241-110:2006. Ergonomics of human-system interaction – Part 110: Dialogue principles. ISO, *http://www.iso.org*, 2006.

[Karlsson2000] Karlsson, E. A. et al.: Daily Build and Feature Development in Large Distributed Projects. Proc. Int. Conf. on Software Engineering 2000, pp. 649-658. IEEE Comp. Soc. Press. Los Alamitos, USA, 2000.

[Kay1996] Kay, A. C.: The Early History of Smalltalk. In: Bergin, T. J. et al. (ed.): History of Programming Languages II. Addison-Wesley, Boston, USA, 1996. pp. 69-96.

[Kemerer1987] Kemerer, C. F.: An Empirical Validation of Software Cost Estimation Models. Comm. ACM Vol. 30, No. 5, pp. 416-442, 1987.

[Kneuper2003] Kneuper, R.: Verbesserung von Softwareprozessen mit Capability Maturity Model Integration. dpunkt.verlag, Heidelberg, 2003.

[Kuusela2000] Kuusela, J., Savolainen, J.: Requirements Engineering for Product Families. Proc. Int. Conf. On Software Engineering 2000, pp. 61-69. IEEE Comp. Soc. Press, Los Alamitos, USA, 2000.

[Lawrence2001] Lawrence, B., Wiegers, K, Ebert, C.: The Top Risks of Requirements Engineering. IEEE Software, Vol. 18, No. 6, pp. 62-63, Nov. 2001.

[Leffingwell1997] Leffingwell, D.: Calculating your return on investment from more effective requirements management.
http://www.ibm.com/developerworks/rational/library/347.html.
Zitiert am 24.12.2007.

[Leffingwell1999] Leffingwell, D., Widrig, D., Yourdon, E.: Managing Software Requirements: A Unified Approach. The Addison-Wesley Object Technology Series. Addison-Wesley, Boston, USA, November 1999.

[Maiden2005] Maiden, N., Robertson, S., Ebert, C.: Special Issue´on Requirements Engineering. IEEE Software, Vol. 22, No.1, Jan. 2005.

[McGrath2004] McGrath, M. E.: Next Generation Product Development: How to Increase Productivity, Cut Costs, and Reduce Cycle Times. McGraw-Hill, New York, 2004.

[Miller1956] Miller, G. A.: The magical number seven, plus or minus two: Some limits on our capacity for processing information. The Psychological Review, Vol. 63, No. 2, pp. 81-97, 1956.

[Miller2002] Miller, A., Ebert, C.: Software Engineering as a Business. Guest Editor Introduction for Special Issue. IEEE Software, Vol. 19, No. 6, pp.18-20, Nov. 2002.

[OpenCollective2007] OpenCollective – The Requirements Management Wiki. By Tyler Jensen. *http://www.codeproject.com/aspnet/OpenCollective.asp*. Zitiert am 24.12.2007.

[Opensource2007] *http://www.opensource.org*, *http://www.opensource.org/licenses/*. Zitiert am 24.12.2007.

[Parnas1976] Parnas, D. L.; On the Design and Development of Program Families. IEEE Transactions on Software Engineering, Vol. SE-2, No.1, Mrc. 1976, pp. 1-9.

[Perry1998] Perry, D. E., Siy, H. P., Votta, L. G.: Parallel Changes in Large Scale Software Development: An Observational Case Study. Proc. Int. Conf. on Software Engineering, IEEE Comp. Soc. Press, pp. 251-260, 1998.

[PMI2004] PMI: A Guide to the Project Management Body of Knowledge (PMBOK). 3rd ed., PMI (Project Management Institute). American National Standard ANSI/PMI 99-001-2004, 2004.

[Pohl2006] Pohl, K.: Requirements Engineering – Grundlagen, Prinzipien, Techniken. dpunkt.verlag, Heidelberg, 2006.

[Porter1998] Porter, M. E.: Competitive Strategy. Free Press, New York, USA, 1998.

[Putnam2003] Putnam, L. H., Myers, W.: Five Core Metrics – The Intelligence Behind Success-ful Software Management. Dorset House Publishing, New York, 2003.

[Reifer2002] Reifer, D. J.: Making the Software Business Case. Addison-Wesley Longman, Reading, USA, 2002.

[REQB2007] Requirements Engineering Qualifications Board. *http://www.reqb.org*. Zitiert am: 24.12.2007

[Robertson2007] Robertson, S., Robertson, J.: VOLERE RE templates. *http://www.volere.co.uk*. Zitiert am 24.12.2007.

[Rubey1968] Rubey, R. J., Hartwick, R. D.: Quantitative Measurement of Program Quality. Proc. 23rd Nat. Conf. ACM, S. 671-677, 1968.

[Rumbaugh1991] Rumbaugh, J. et al.: Object-oriented Modeling and Design. Prentice Hall, Englewood Cliffs, USA, 1991.

[Rupp2006] Rupp, C.: Requirements Engineering und -Management. Hanser, 2006.

[Schneider1998] Schneider, G., Winters, J. P., Jacobson, I.: Applying Use-Cases: A Practical Guide. Addison-Wesley, Boston, USA, September 1998.

[Schröder2004] Schröder, G. F.: IT-Verträge von A-Z. Interest, 2004.

[Simon1998] Simon, H., Homburg, C.: Kundenzufriedenheit Konzepte – Methoden – Erfahrungen. Gabler, Wiesbaden, 1998.

[Sindre2005] Sindre, G., Opdahl, A. L.: Eliciting security requirements with misUse-Cases. Requirements Engineering, No. 10, pp. 34-44, 2005.

[Sommerville1998] Sommerville, I., Kotonya, G.: Requirements Engineering: Processes and Techniques. John Wiley & Son Ltd, September 1998.

[Spradley1979] Spradley, J.: The Ethnographic Interview. Harcourt Brace Jovanovich, 1979.

[Standish2003] Standish Group: What are your Requirements? West Yarmouth, USA, 2003.

[Standish2007] Standish Group, Chaos Reports: *http://www.standishgroup.com*. Zitiert am 24.12.2007.

[Stevens1998] Stevens, R. et al.: Systems Engineering: Coping with Complexity. Pearson Education, London, UK, 1998.

[SWEBOK2001] Guide to the Software Engineering Body of Knowledge (SWEBOK). Prospective Standard ISO TR 19759. (2001) See also at *http://www.swebok.org*. Zitiert am 24.12.2007.

[Symons2001] Symons, C.: Come Back Function Point Analysis (Modernized) – All is forgiven. In: Proceedings of FESMA-DASMA 2001, Heidelberg, 2001.

[VanLamsweerde2004] Van Lamsweerde, A.: Elaborating security requirements by constructing of intentional anti-models. Proc. Intl. Conf. Software Engineering (ICSE'04), pp. 148-157, IEEE Comp. Soc. Press, 2004.

[VDI2001] VDI-Richtlinie: VDI 2519 Blatt 1. Vorgehensweise bei der Erstellung von Lasten-/Pflichtenheften. Dez. 2001.
http://www.vdi.de/vdi/vrp/richtliniendetails_t3/?&no_cache=1&tx_vdirili_pi2 [showUID] =90166&L=0. Siehe auch VDI/VDE 3694 (Vorgehensweise bei der Erstellung von Lastenheften in der Automatisierungstechnik) für deren Struktur *http://www.vdi.de/vdi/vrp/richtliniendetails_t3/?&no_cache=1&tx_vdirili_pi2 [showUID]=92651&L=0*. Zitiert am 24.12.2007.

[Vigenschow2007] Vigenschow, U., Schneider, B.: Soft Skills für Softwareentwickler. dpunkt.verlag, Heidelberg, 2007.

[Wallin2002] Wallin, C. et al.: Integrating Business and Software Development Models. IEEE Software, Vol. 19, No. 6, pp. 28-33, Nov. 2002.

[Watzlawick1983] Watzlawick, P.: Anleitung zum Unglücklichsein. Piper, München, 1983.

[Weilkiens2006] Weilkiens, T.: Systems Engineering mit SysML/UML. dpunkt.verlag, Heidelberg, 2006.

[Weinberg1974] Weinberg G., Schulman, E.: Goals and Performance in Computer Programming. Human Factors Vol. 16, No. 1, pp. 70-77, 1974.

[Weiss1999] Weiss, D. M., Lai, C. T. R.: Software Product Line Engineering. Addison-Wesley. Reading, USA, 1999.

[Wiegers1999] Wiegers, K. E.: Software Requirements. Microsoft Press, Seattle, Washington, USA, September 1999.

[Zahrnt2008] Zahrnt, C.: Vertragsrecht für IT-Fachleute. Hüthig, 2008.

Index

A

Abdeckungsanalyse 266
Abhängigkeiten 175
Abnahme 177
Abnahmekriterien 177
Abnahmetest 183, 263
Agile Entwicklung 66, 73, 343, 376
Agiles Manifest 74
Agiles RE 73, 376
Albrecht, Allan 219
Allocation before Commitment 330
Analogie 218
Analyse 191
Analysemethode 199, 214
Änderbarkeit 132
Änderung 162
Änderungskomitee 89
Änderungsmanagement 54, 257
Änderungsrate 53
Anforderungen 21
   Attribute 161
   Fehler 169
   Granularität 150
   Maße 274
   Status 260
   Vorlage 148
Anforderungsänderung 276, 332
Anforderungsermittlung 124
Anforderungsingenieur 88, 91
Anforderungsmodell 200
Anforderungsqualität 183
Anforderungsspezifikation 55
Anforderungsverfolgung 265

Arbeitsergebnis 54
ASN.1 160
Attribute 161
Attributierung 277
Auftraggeber 79, 86
Aufwand 9
Aufwandschätzung 214

B

Backus-Naur-Form 209
Benchmarks 9
Benutzbarkeit 131, 135, 324
Benutzer 5, 30, 79, 86, 118, 259
Benutzerschnittstellen 73
Beschaffung 346
Bewertbarkeit 186
Beziehungen 268
BGB 248
Bidirektionale Verfolgbarkeit 268
Blackbox-Tests 182, 183
Boehm, Barry 218
Borland 296
Business Case 6, 97

C

CaliberRM 294, 296
CARE 294, 300
CASE 291
Change Review Board
        Siehe Änderungskomitee
CMMI 4, 39, 349
COCOMO-Verfahren 218
Community Source Software 364
Conways Gesetz 26

COTS 346, 347
CRC-Karte 212

D

Data Dictionary 208, 209, 285
Datenflussmodelle 205
Delta-Anforderung 162
Design for Change 364
Design to Cost 196, 364
Dienstleistungen 364
Dienstleistungsvertrag 350
Dokument 54
Dokumentation 66, 176
DOORS 294, 306
Dumpingangebot 249

E

Earned Value 274
Earned-Value-Analyse 266
eASEE 311
Effizienz 132
Eindeutigkeit 184
Einflussanalyse 266
Einschränkungen 138, 182
Entity Relationship Attribute (ERA)-Modell 208
Entity-Relationship-Modell (ERM) 208
Entscheidungstabellen 207
Entwickler 88
Entwicklung 63
Entwicklungsprozess 63
Entwicklungszyklen 343
Evolution 67
Externe Komponenten 361
Extreme Programming 344

F

Fehler 169, 276
Fehlerarten 277
Fortschritt 274, 276
Full Function Points 221
Function-Point-Verfahren 219
Funktionale Anforderung 27
Funktionale Dekomposition 204
Funktionalität 131
Funktionspunkte 218

G

Gebrauchstauglichkeit 246
Geschäftsleitung 90
Geschäftsmodelle 370, 371
Gesetze 243
Gesetzmäßigkeiten 329
Globalisierung 365
Glossar 175, 208, 209, 285, 383
Gut genug 242

H

Haftungsfragen 248
Halbformale Spezifikation 155
Hardware 32, 221, 257
Hierarchische Verfeinerung 204
Horizontale Verfolgung 269

I

IBM 316
IDE 291
IEEE-Standard 1233 45
IEEE-Standard 1362 45
IEEE-Standard 830 45, 152
Implementierungssicht 200
Individualisierung 363
Industriestandards 29
Informationssicherheit 137, 322, 366
Inkrementelle Entwicklung 72, 225, 279, 341
Innovationsmanagement 73, 125, 364, 368
Inspektionen 7, 174
Installationssicht 200
Integrierbarkeit 323
Interessengruppen 129
Interessensphäre 80
Interessenvertreter 82
Internetressourcen 379
ISO-Standard 12207 44
ISO-Standard 15288 44
ISO-Standard 15504 40
ISO-Standard 9001 44
ISO-Standard 9126 131

K

Kaufvertrag 246, 350
Kennzahlen 274, 329
Key Account Manager 82

Index

Klarheit 176, 181, 184
Klasse 210
Klassendiagramm 211
Kommunikation 121, 236
Komplexität 2, 282
Komplexitätsmaße 283
Komplexitätswachstum 2
Kompliziert 283
Komponenten 347
Komponentenanforderung 22, 29, 51
Konfigurationsbasis 89, 148
Konfigurationsmanagement 260, 342
Konformität 132
Konsistenz 186, 188, 271
Kontextmodell 202
Konzept 37
Korrektheit 184
Kostenschätzung 214, 217
Kunde 5, 25, 31, 79, 86, 118, 225, 259
Kundenorientierung 50, 370

L

Lastenheft 7, 33, 55, 333
Lebenszyklus 60
Lebenszyklusmanagement 68
Leitungsgruppe 90
Lieferanten 79, 349
Lieferantenbewertung 349
Lieferantenmanagement 230, 250, 254, 346, 375
Linguistische Analyse 175
Lizenzvertrag 252
Logische Sicht 200
Lösung 21
Lösungsmodell 191, 200
Lösungsraum 21
Lösungsspezifikation 55
LOTOS 160

M

Marketing 25, 88, 117, 118, 125, 240, 259, 338, 362, 371
Marktanforderung 22, 50
Markteintritt 66
Marktforschung 125
Marktregeln 371
Maße 274, 329

Metapher 345
Methode 36, 210
Methodik 49
Microsoft 240
Migrationsprojekt 1, 162
Missbrauch 177
Misuse Case 177
Mode 362
Modell 37, 176
Modifizierbarkeit 187
Myers-Briggs-Indikator 123

N

Newsletter 379
Nichtfunktionale Anforderung 28, 131, 280
Notation 37
Nutzen 279
Nutzenanalyse 266

O

Objekt 210
Objektmodelle 210
Objektorientierung 210
Offshoring 365
Ökologie 366
Ökonomie 366
Ökosystem 364, 375
Open-Source-Software 364
Outsourcing 365

P

Pareto-Prinzip 332
Perspektive 80
Petrinetze 207
Pflege 349
Pflichtenheft 7, 33, 55, 333
Pflichtverletzung 249
Planungsspiel 345
Plattform 336
PLM 68, 290, 291
Portierbarkeit 132
Positionsbeschreibung 92
Prinzipien 35
Priorisierung 225, 341
Problemraum 21
Produkt 30
Produktanforderung 22, 26, 50

Produktivität 215
Produktlebenszyklus 61
Produktlinien 336
Produktmanagement 96, 259
Produktmanager 81, 87, 97, 102, 225, 259
Produktplanung 339
Produktvision 115
Projektausführung 109
Projektdefinition 108
Projekterfolg 3
Projektfortschritt 109, 217
Projektkernteam 90
Projektkonzeption 106
Projektmanagement 31, 103
Projektmanagementteam 90
Projektmanager 5, 6, 80, 86, 103, 120, 217, 247
Projektphasen 106
Projektplan 239
Projektreview 5
Projektschwierigkeiten 103
Projektverfolgung 105
Projektziele 116
Prototyping 177
Prozess 38, 43, 63, 210, 214
Prozessfähigkeit 217
Prozessorientierte Anforderung 26
Prozesssicht 200
Prozessverbesserung 41, 351
Prüfbarkeit 187
Putnam, Lawrence 215

Q

Qualität 9, 169, 183, 274, 372
Qualitätskontrolle 170
Qualitätskriterien 172
Qualitätssicherung 89
Quality Function Deployment 227

R

Realisierbarkeit 188
Rechtsmangel 247
Referenzen 271
Regressforderung 247
Reifegradmodell 41
Relevanz 187

Reporterzeugung 322
REQB 95
Requirements Engineering
  Analyse 128
  Aufwand 9
  Ausblick 378
  Definition 21, 33, 34
  Ergebnisse 54
  Gesetzmäßigkeiten 329
  Glossar 383
  Methoden 128
  Methodik 49
  Nutzen 9
  Prozessverbesserung 351
  Risiken 4
  ROI 9
  Stand der Technik 359
  Trends 367
  Werkzeuge 290, 293, 372
Requirements-Ingenieur 88, 91, 92, 193
RequisitePro 294, 316
Reviews 7, 174
Rightshoring 365
Risiko 4, 217, 224
Risikomanagement 3, 103, 169, 222, 349
Roadmap 339
ROI 9, 97

S

Sachmangel 246
Schadenersatzpflicht 248
Schätzung 214, 218, 230
Schlüsselpersonen 82
SDL 160
Sequenzdiagramm 213
Service 349, 364
Sicherheit 136, 366
Software-Engineering 30
Softwarekomponenten 347
Sophist 300
Spezifikation 145, 154, 333
SPICE 40
Stabilität 366
Stakeholder 82
Stand der Technik 359
Standards 38, 379
Standish Group 3

Index

Status 274
Steuerkreis 90
Strategie 62
Strukturbruch 23, 197
Strukturierte Spezifikation 154
Symons, Charles 219
SysML 157
Systemanalyse 199, 219
Systemanalytiker 88, 91
Systemmodell 195
Systemtechnik 30, 374
Systemtest 183
Szenario 157

T

Technologiemanagement 100, 224, 230, 368
Telelogic 306
Template 151, 174
Terminschätzung 217
Termintreue 9
Test 179
Testbarkeit 181
Tester 89, 180
Time-to-Market 50
Time-to-Profit 50
Training 326
Trends 367

U

UML 157, 158, 203, 210
Unit Test 263
Unsicherheit 34, 238, 376
Unteraufträge 106
Use Case 155, 157, 158, 202

V

Validierung 170, 171, 179
Variante 273
VDI-Richtlinie 2519 46
Vector 311
Veränderungsmanagement 325, 332
Verbesserungsmaßnahmen 356
Verbesserungsziel 280
Vereinbarung 233
Vererbung 210
Verfolgbarkeit 176, 187, 263, 265, 266, 269
Verfolgung 54, 265, 269

Verhalten 210
Verhandlung 122, 236, 348
Verifikation 171
Verknüpfung 268
Verlinkung 277
Versionierung 272
Vertikale Verfolgung 269
Vertrag 119, 122, 146, 244, 348, 349
Vertragsmodelle 250
Vertragspartner 245
Vertragsrecht 244
Vertragsverhandlung 107
Vision 33, 52, 114, 115, 259
V-Modell 63
Vollständigkeit 181, 185
Vorgehensmodell 60, 62, 128
Vorlage 151, 174

W

Wahrnehmung 118
Wartung 67, 349
Wasserfallmodell 63
Watzlawick, Paul 120
Werbung 249
Werkvertrag 247
Werkzeug 38, 290, 293, 320
Werkzeugkosten 325
Wert 279, 361
Wertorientierung 361, 370
Wettbewerb 117
Wiederverwendung 176, 340
Wiki 290
Win-win-Situation 83, 122
Wissensmanagement 377
Workshops 129

Z

Zeitschätzung 214
Zertifizierung 95
Ziele 114, 116
Zustand 210
Zustandsübergangsmodelle 206
Zuverlässigkeit 131
Zuwachsrate 264